기독교
영성
탐구

하나님을 향한
SOUL'S SPIRITUAL JOURNEY TO GOD
영혼의 여정

한국기독교영성학회 지음

한국장로교출판사

하나님을 향한
영혼의 여정

초판발행	2018년 2월 10일
2쇄발행	2019년 4월 5일
지은이	한국기독교영성학회
펴낸이	채형욱
펴낸곳	한국장로교출판사
주　소	03129 / 서울 종로구 대학로 19, 409호(연지동, 한국기독교회관)
전　화	(02)741-4381 / 팩스 741-7886
영업국	(031)944-4340 / 팩스 944-2623
등　록	No. 1-84(1951. 8. 3.)

ISBN 978-89-398-4303-5 / Printed in Korea
값 25,000원

편집장	정현선		
교정·편집	아슬기 김효진 김자웅	표지디자인	최종혜
업무부장	박호애	영업부장	박창원

※ 이 출판물은 저작권법에 의해 보호를 받는 저작물이므로 무단전재와 무단복제를 할 수 없습니다.

▶ 머리말

한국 교회가 영적으로 쇠퇴하고 있습니다. 한때는 교회사에서 유례를 찾기 어려울 정도로 급성장했던 교회가 한국 교회였습니다. 그리고 그러한 급성장의 요인 중 하나는 한국 교회의 신자들이 매우 영적인 신앙생활을 했다는 것입니다. 영적인 신앙생활이란 여러 가지로 정의할 수 있을 것입니다. 한국 교회가 보였던 영적인 신앙생활로는 기도, 성경공부, 부흥회 등을 말할 수 있을 것입니다. 하지만 한국 교회의 영성 생활은 통전적인 영성은 아니었습니다. 통전적 영성이란 복음서에 나타난 예수님의 영성이라고 할 수 있습니다. 즉, 기도, 성화, 복음 전도, 성령의 능력, 이웃 사랑과 사회 정의가 균형을 이루는 것이 통전적 영성이라고 할 때 한국 교회의 영성 생활은 균형을 상실한 영성이었다고 말할 수 있습니다. 그러므로 한국 교회는 영적인 요인 때문에 성장했었지만 진정으로 영적이지 못했기에 쇠퇴하고 있다고 할 수 있습니다. 한국 교회가 직면한 영적인 위기에 대해 하나의 대안을 제시하고자, 이번에 한국기독교영성학회에서 이 책을 출판하게 되었습니다. 이 책은 다음과 같은 몇 가지 특징을 지니고 있습니다.

첫째, 이 책은 영성학 연구에 관한 최근의 경향을 소개하고 있습니다. 주지하듯이 영성학은 개신교에서는 20세기 후반부에 주목받기 시작한 신학의 분야입니다. 그만큼 영성에 대한 정의는 물론 영성학의 연구 대상과 연구 방법론에 대한 논의가 정착되어 가는 단계라고 할 수 있습니다. 그런데 다행히 이 책에서는 전체 4부 가운데 1부를 영성학 연구 방법론으로 할애하여 그에 관한 세 편의 논문들을 소개하고 있습니다. 따라서 한국 교계와 신학계에서 영성학에 대한 체계적인 연구에 관심 있는 분들은 이 책을 통해 좋은 안내를 받을 수 있다고 사료됩니다.

둘째, 이 책은 이론과 실천이 균형을 이룬 책이라고 할 수 있습니다. 국내 신학계에는 그동안 서구의 영성학자들이 저술한 다양한 책들이 소개되었습니다. 그들 가운데 이론과 실천을 균형 있게 다룬 책들도 있지만 아쉬운 점들이 없지 않는 것도 사실입니다. 먼저, 이론적 탐구를 위해 이 책은 연구 방법론 외에 영성의 성서적 그리고 신학적 이해와 영성의 역사적 이해를 2부와 3부에서 다루었습니다. 그리고 4부에서는 영성의 실천신학적 이해를 다루었습니다. 모름지기 실천은 실천하는 신자들의 문화와 전통을 고려해야 할 것입니다. 그런데 이 책은 그동안 한국 교회의 상황 속에서 동·서방 교회의 전통적인 영성 훈련들을 적용해 본 신학자들이 저술한 것이기에 의미가 있다고 할 것입니다.

셋째, 이 책은 다수의 학자들이 공저한 책이기에 가치가 있습니다. 종종 탁월한 한 학자에 의해 저술되는 좋은 책들이 있습니다. 하지만 한계가 있을 것입니다. 이 책은 22명의 학자들이 각자 자신의 연구 분야에 대한 주제를 다루고 있기에 다양성과 전문성을 보여 줍니다. 특별히 영성학 이외에 영성학과 관련이 깊은 역사신학, 목회상담학, 영성목회학을 가르치는 교수들이 참여한 것은 큰 의미가 있습니다. 영성학은 신학이라는 학문 중에서 가장 융복합적 연구를 지향하는 분야이기 때문에 그렇습니다. 이 책을 통해 삶의 통합을 지향하는 영성의 고유한 특성과 함께 융복합적 연구를 지향하는 현대 학문의 연구 경향도 느낄 수 있기를 소망합니다.

하지만 22명의 다양한 학자들의 논문들을 중심으로 편집했다는 점에서 이 책의 아쉬움이 없지는 않습니다. 그러한 것은 학회 차원에서 한국 교회를 위한 사명감을 가지고 계속 보완해 갈 것입니다. 그럼에도 불구하고 이 책은 앞에서 언급한 몇 가지 장점들로 인해 한국 교계에서 전문적으로 영성을 연구하려는 사람들이나 신학생들, 나아가 신학교나 목회 현장에서 영성을 체계적으로 가르치기 원하는 사람들에게 좋은 안내서가 된다고 확신합니다.

끝으로 이 책이 나오기까지 헌신하신 분들의 수고에 감사의 말을 전하고 싶습니다. 먼저, 이 책이 나올 수 있도록 귀한 옥고를 게재해 주신 22명의 교수님들께 깊이 감사드립니다. 그리고 편집위원회 위원으로 애쓰신 교수님들께 감사드립니다. 유해룡, 이강학, 최승기, 오방식, 유재경, 최광선, 김경은, 김수천 교수님이 편집위원으로 수고하셨습니다. 특별히 유해룡 교수님은 편집위원회의 고문으로 많은 지도편달을 해 주셨습니다. 또한 한국영성학계의 선구자이자 한국기독교영성학회의 초대 회장으로 한국 신학계에서 독보적인 역할을 해 오셨습니다. 그리고 이 책의 교정을 위해 헌신해 준 이화여대 대학원 기독교학과에 재학 중인 문희은 자매님께 깊은 감사를 드립니다. 아울러 재정적으로 어려운 출판계의 여건에서도 이 책을 기꺼이 출판해 주신 한국장로교출판사의 채형욱 사장님께 깊이 감사드립니다.

모든 영광을 주님께 올립니다.

2018년 1월
편집위원장 **김수천**

차 례

머리말 _ 3

I 부 영성학 연구 방법론 이해
    1. 영성과 영성신학 | 유해룡 / 10
    2. 해석학적 연구 방법론 | 최승기 / 29
    3. 연구 방법론 : 종합적 방법론(multidisciplinary approach)과 역사 서술적 방법론 (historiographical approach) | 양정호 / 49

II 부 영성에 대한 성서적 그리고 신학적 이해
    1. 신구약에 나타난 영성 이해 : 성서 영성(Biblical Spirituality)이란 무엇인가? | 이경희 / 78
    2. 시편의 영성 이해―비탄, 해방을 위한 '새 노래' : 고통의 기억 속에서 시편 137편 읽기 | 권혁일 / 105
    3. 마르틴 루터의 칭의의 영성 이해 | 이종태 / 124
    4. 생태영성의 이해 | 최광선 / 143
    5. 폴 틸리히(Paul Tillich)의 기도 신학 이해 | 백상훈 / 173

Ⅲ부　영성에 대한 교회사적 이해
　　1. 사막 수도자들의 영성에 관한 사회학적 고찰 : 21세기 한국 교회를 위한
　　　 전략적 요소 | 조성호 / 198
　　2. 에바그리우스 폰티쿠스(Evagrius Ponticus)의 영성과 인간 이해 | 유재경 / 215
　　3. 기독교적 완전에 대한 니사의 그레고리오스의 교훈 | 김수천 / 238
　　4. 어거스틴의 종교적 회심과 영성 이해 | 김동영 / 261
　　5. 아빌라의 테레사의 영성 이해 | 박세훈 / 294
　　6. 요한 웨슬리의 영성 세계 | 이후정 / 316
　　7. 한국 교회의 기도원 영성 이해 | 김영수 / 341

Ⅳ부　영성에 대한 실천신학적 이해
　　1. 개신교 영성 훈련의 현재와 전망 | 김경은 / 364
　　2. 현대 관상 기도 이해 | 오방식 / 384
　　3. 영성지도의 현대적 이슈들 이해 | 이강학 / 411
　　4. 예술목회와 영성 수련 | 이주형 / 435
　　5. '관계'에 대한 대상관계이론과 관계적 영성 | 김홍근 / 460
　　6. 목회상담과 영성지도의 관계 이해 | 권명수 / 491
　　7. 도시의 세속화와 오순절 영성 목회 | 김상백 / 514

미주 _ 541

I부

영성학 연구 방법론 이해

영성과 영성신학[1]

유해룡(장로회신학대학교, 기독교 영성학)

1. '영성'에 대한 시대적 요청

요즈음 미국 사회에서 사람들이 교회를 떠나는 주된 이유 중의 하나가 더 깊은 영적 의미를 원하고 있기 때문이라고 한다.[2] 그들은 보다 깊은 영적인 경험을 하고자 하는 열망으로 동양 종교나 대체 종교적인 성격을 띠고 있는 갖가지 정신적 수련에 참여하고 있다. 이러한 상황은 한국 사회에서도 예외가 아니다.[3] 이러한 종교적 성향의 변화에 따라 영성에 대한 관심과 그 논의가 활발하게 이루어지고 있다. 그럼에도 불구하고 그 용어에 대한 분명한 정의를 요구받으면 망설여지는 것은 무엇 때문일까? 두 가지 측면으로 생각해 볼 수 있다. 첫째, 영성이라는 말은 이론적인 문제가 아니고 복잡한 경험적 문제이기에 간단한 서술적 정의로 표현하는 데에 어려움이 있다. 둘째, 오늘 우리가 사용하고 있는 영성이라는 말에 상응하는 유사한 기존의 표현들이 존재하고 있다. 예를 들면 영적이라든지, 사상이라든지, 헌신이라든지 등의 말이 곧 영성이라는 말을 대체할 수 있다고 생각한다. 그러나 그러한 종류의 표현들을 영성이라는 말과 상호 교환적으로 사용할 수 있는지는 의문의 여지가 있다. 왜냐하면 영성이라는 말과 이에 상응하는 기존의 용어들 사이에는 연속성만 있는 것이 아니라, 적지 않은 불연속성도 내재되어 있기 때문이다. 이러한 복잡한 상황이 오늘날 우리를 영성에 대한 폭넓은 논의로 인도하고 있다. 그래서 회자되고 있는 영성이 기독교적인 신앙과 신학이 어떤 관계인지, 그리고 할 수 있는 만큼 영성에 대한 보편적인 의미와 학문적 탐구 영역으로서의 영성신학이 무엇인지를 고찰할 필요가 있다.

2. '영성'이라는 말의 역사적 변천과정

라틴어인 'spiritualitas'(영성)라는 말의 뿌리는 5세기까지 바울서신에 나타나는 헬라어의 'pneuma'(영)라는 명사와 'pneumatikos'라는 형용사를 번역하는 과정에서 나온 말이다. 처음에 제롬이 'spiritualitas'를 사용한 것으로 알려져 있지만, 그것도 바울신학에 기초를 둔 성령의 능력 안에서 사는 삶이라는 의미와 크게 다르지 않다.[4] 그 말은 육체적인 것이나 물질적인 것에 대해서 부정적으로 이해하는 데 사용된 것이 아니고, 단지 성령 안에서 하나님의 뜻에 순종하느냐 그렇지 않느냐를 가늠하는 의미로 사용되었다. 그런데 12세기에 들어 신학방법론에 철학을 받아들이면서 그 이전의 수도원적 신학[5]과는 사뭇 다른 스콜라주의가 태동하게 된다. 수도원 신학에서 사용되어 온 신학의 자료는 주로 성경과 교부들의 가르침이었다. 그들의 신학적 작업은 영적 생활에 직접적으로 영향을 주지 못하는 사변적인 신학 활동에 대해서는 그렇게 반가워하는 분위기가 아니었다. 그러나 철학적 사상과 방법이 도입된 스콜라주의에서는 신앙적 활동과 순전히 사변적 활동에 머물고 있는 신학 활동이 반드시 일치되어야 한다는 구속력이 없어진 상태였다. 스콜라주의라는 말이 전해 주는 의미가 그러하듯이 그것은 상아탑 안에서 쌓아 가야 할 연구 업적과 관련되었다.

이러한 신학적 사조에 발맞추어 'spiritualitas'라는 말은 바울신학적인 의미의 범위로부터 점점 벗어나 그 의미가 확대되기 시작했다. 이 용어는 물질세계와 영적 세계를 분명하게 구분 짓도록 했다. 영적인 존재란 비이성적인 피조물에 반하여, 지성적인 존재(인간)를 일컫는 말이 되었다.[6] 이렇게 해서 영성이란 말은 성령의 이끌림을 받는 삶의 상태를 일컫는 바울신학적인 차원과는 다른 의미의 용어로 변화되어 갔다. 그럼에도 불구하고 그 시대의 영성이란 말이 바울신학적인 의미에서 완전히 새로운 차원으로 대체된 것은 아니다. 13세기에 들어서는 바울신학적인 의미도 받아들이면서 동시에 다른 의미로 확대·발전되어 갔다. 그렇게 확대된 의미로 영성이란 말을 사용한 대표적인 사람이 토마스 아퀴나스이다. 그는 영성을 바울신학적인 의미와 동시에 반물질적(anti-material) 의미를 담고 있는 말로 사용했다. 뿐만 아니라, 아퀴나스는 영성의 제삼의 의미라고 할 수 있는 교회법적인 용례를 남겼다.[7] 예를 들자면 직분상의 성격과 그 특성에 있어서 성직자들을 일반 평신도들과 구분하는 의미로 영성이라는 말을 사용하였다. 이러한 영성의 의미는 13세기부터 16세기 사이에 가장 흔한 용례가 되었다.

17세기에 이르러서는 영성에 대한 주제와 그 용어가 영성 생활과 관련하여 프랑스에서 가장 활발하게 논의되고 사용되었다. 이 용어는 한편으로는 긍정적인 의미로 사람들의 입에 오르내렸다. 신앙인들과 하나님과의 관계를 언급할 때, 개념적 차원이 아니라 인격적이고 감성을 동반한 경험적 차원을 지칭하는 의미였다. 다른 한편으로는 부정적이고 냉소적인 의미로 사람들의 입에 오르내리는 용어가 되었다. 지성을 경멸하는 듯한 감성적 열광주의나 인간의 의지적 활동을 무시하는 듯한 정적주의 운동을 조롱하는 말이 되기도 하였다. 예를 들자면 18세기에 대표적인 계몽주의 사상가였던 볼테르는 마담 귀용(Madame Guyon)이나 페넬롱(Fenelon) 같은 사람들을 일컬어 살롱 신비주의(salon mysticism)라고 칭하였다. 이것은 그들의 영성 생활이 일상적인 그리스도인들의 삶과는 너무나 동떨어진 종교적 엘리트주의로 치우쳐 있다는 것을 비난하는 의미였다.[8] 그래서 각 전통들은 이러한 부정적인 용어보다는 이에 상응하는 다른 용어들을 선택하였다. 예를 들자면 살레의 프란시스(Francis de Sales)나 영국성공회의 신비가인 윌리엄 로(William Law) 같은 사람들은 '헌신'(devotion)이라는 말을, 웨슬리(John Wesley)와 감리교인들은 '완덕'(perfection)이라는 말을, 복음주의자들 사이에서는 '경건'(piety)라는 말을 선호하였다. 각각의 말들은 각 전통의 역사적이고 신학적인 의미들을 담고 있는 고유한 용어들이기는 하지만, 보다 넓은 의미에서 들여다보면 오해받기 쉬운 영성이라는 말 대신에 각 전통의 사상을 보다 분명하게 드러낼 수 있는 용어로 대체되었다고 할 수 있다. 이와 같이 18세기에 들어와서는 영성이라는 말을 기피하는 현상이 뚜렷하게 드러났다. 로마 가톨릭에서도 종교적 열광주의나 정적주의라는 오해를 불식시키기 위해서 이 용어 사용을 지양하였다.[9]

이렇게 조롱 조로 사용되어 오던 영성이라는 말은 사라졌지만, 소위 '영적이라는 것'에 상응하는 '기독교적 완덕의 삶'에 대한 주제들을 담은 저술들은 계속해서 나타났다. 이제까지는 어떤 삶의 방식이나 그 실재를 설명하거나 수식하는 용어로 영성이라는 말을 사용했을 뿐, 그것이 구체적으로 무엇을 의미하거나 무슨 주제를 다루는 것인지에 대한 독립적인 연구나 저술들은 거의 없었다. 물론 5~6세기에 위 디오니시우스(Pseudo-Dionysios)가 쓴 "신비신학"(mystical theology)이라는 글이 오늘날 영성 생활에 상응하는 연구 주제에 적지 않은 영향을 미친 것은 사실이나, 18세기까지 주로 사용되어 왔던 그런 의미와는 사뭇 다른 것이었다. 디오니시우스의 신비신학은 영적 진보를 위한 여러 수단들이나 신비적인 일치에 대한 관심보다는 온전한 신적 지식에 이르는 길을 제시하고 있다. 즉, 그의 신비신학은 지성과 이성의 산물을 통해서 획득한 상징이나 개념들을 뛰어넘어서, 하나님에 대한 진정한 지식에 이르는 그 길이 무엇인지를 탐구하고 있다.[10] 그러나 전통적으로 사용되어 오던 의미를 담고 있으면서 동시에 보다 확장된 현대적 의미를 전해 주는 데 역할을 했던 저서들이 18세기 때 예수회의 수도자로부터 나왔다. 스카라멜리(Giovanni Battista Scaramelli, 1687-1752)가 쓴 「수덕의 길」(*Direttorio ascetico*, 1752)과 「신비의 길」(*Direttorio mistico*, 1754)이 대표적인 작품들이다. 여기서 처음으로 영성이 구체적으로 무엇을 다루는 영역인지를 보여 주는 용어가 나왔는데, 그것이 수덕적(ascetical) 그리고 신비적(mystical)이라는 말이다. 동시에 영성이 수덕신학과 신비신학이라는 영역으로 구분되면서 보다 구체적으로 탐구되기 시작했다.

   수덕신학은 기독교적 삶의 능동적인 출발부터 수동적인 완덕에 이르기까지의 과정과 그 형태를 다루었고, 신비신학은 신비적 일치에 이르기까지의 단계들을 보다 세부적으로 다루었다. 그 이후 150여 년 동안 수덕신학과 신비신학이 '영성신학'(spiritual theology)으로 자리를 잡게 되었다. 그리고 수덕주의와 신비주의라는 말은 보다 완전한 기독교적 삶에 접근하는 중요한 방식으로 이해되어 왔다. 이러한 방식으로 저술된 영성신학적인 작품들은 '원칙'과 '적용'이라는 부분으로 나뉘는 경향이 있었다.[11] '원칙'이라는 측면에서 영성신학을 말하자면, 그것은 교리신학의 한 영역이라고도 말할 수 있다. 그 원천이 교리신학적인 배경을 안고 있기 때문이다. 다른 한편으로 그 원칙은 영성 생활에 실제적인 적용을 전제로 하기에, 단순히 영성신학을 교리신학 혹은 조직신학의 한 부류라고 말하는 것은 적합하지 않다. 적용이 없는 원칙은 더 이상 영성신학의 영역이라고 말할 수 없기 때문이다. 그래서 자주 영성신학을 교리신학의 한 분류로 보기보다는 윤리신학의 한 분류로 보는 것을 더 선호하기도 했다.

예를 들어 후기 중세 시대의 토마스 아퀴나스의 「신학대전」(*Summa Theologiae*)으로 거슬러 올라가 보자. 「신학대전」은 창조와 구원이라는 두 궤도로 토마스 아퀴나스의 구상을 실현해 낸 책이다. 모든 것이 하나님으로부터 비롯되었고, 또 하나님에게로 회귀한다는 순환의 두 궤도, 즉 발원(exitus)과 귀환(reditus)이라는 구조로 「신학대전」을 전개해 가고 있다.[12] 첫 궤도로서 신학대전의 첫 부분은 창조의 원칙으로 하나님을 다루고 있으며, 두 번째 궤도로서 두 번째 부분은 창조의 목적으로 하나님을 다루고 있다. 이것을 오늘날의 신학적 분류로 이해하자면 전자는 교리신학 혹은 조직신학적인 내용을 담고 있고, 후자는 윤리신학적인 내용을 담고 있는데, 후자 부분에 이미 위에서 언급한 수덕적이고 신비적인 신학의 내용이나 완덕을 향한 실천적 삶을 포함하고 있다.[13] 이런 의미에서 영성신학과 윤리신학은 매우 밀접한 관계처럼 이해되어 왔다. 그럼에도 불구하고 두 신학 사이에는 연속성과 불연속성의 논란이 끊이지 않았다.

수덕신학과 신비신학이라는 용어가 활발하게 회자되면서 영성신학에 대한 다양한 입문서들이 나타났는데, 제2차 바티칸 공의회 이전까지 로마 가톨릭 신학교에서 가장 잘 알려진 작가들은 땅끄레(A. A. Tanquerey)와 길베르(J. de Guibert), 그리고 라그랑주(R. Garrigou-Lagrange) 등이 있다. 즉, 그리스도인의 삶에 있어서 일상적인 삶의 방식(수덕적인 삶)과 초월적인 은혜의 삶(신비적 삶)의 방식 사이에 어떤 상관성이 있느냐에 대한 논란이다. 즉, 그 둘 사이의 신학이 서로 연속적이냐, 아니면 불연속적인 별개 영역이냐에 대한 논란이 있었다. 땅끄레는 이 두 신학 사이에는 근본적인 분리가 있을 수밖에 없다는 주장이다. 일반적으로 수덕적인 삶(윤리적인 삶)은 일상적 삶의 과정에서 수반되는 평범한 삶의 방식과 관련되어 있고, 신비적인 기도나 관상적 일치는 탁월한 하나님의 선물로 이해되어 왔기 때문이다. 수덕적인 실천이란 갖가지 윤리덕을 실천해 가면서 단계적으로 성장해 갈 수 있지만, 신비적인 상태는 소수에게만 허락된 초월적인 하나님의 은혜로 이해되었다.

반면에 라그랑주는 그리스도인의 삶은 모든 면에서 일치성과 연속성이 있다는 것을 강조한다. 왜냐하면 모든 사람들은 관상적인 삶으로 부름을 받았고, 하나님의 은혜를 수여받았기 때문이다. 신비적인 삶의 방식이 수덕적 삶의 방식에 비해서 탁월하기는 하나, 그러한 삶이 본질적으로 매우 제한적인 사람들에게만 허락된 삶의 방식이라는 주장에 대해서는 동의할 수 없었다.[14] 이런 논란으로부터 영성신학에 대한 오해들이 있었다. 즉, 영성신학이란 영적인 삶을 다양하게 분류하고 등급을 매기는 것과 관련된 신학이라는 것이다. 그리고 그 단계들을 어떻게 극복할 수 있는지에 대한 일반적인 법칙을 제시해 주며, 사회적 차원을 무시하는 매우 개인주의적인 경향을 띤 것이 영성신학이라는 오해를 불러일으키기도 했다.[15]

그래서 수덕신학과 신비신학을 포함하는 의미로서 영성신학이라는 말 대신에 "영성"이라는 말을 더욱 선호하게 되면서, 영적 생활 그 자체의 본질과 포괄성과 다양성에 대한 논란이 활발하게 일어나기 시작했다.[16] '영성'이라는 말은 이전의 '영성신학'이라는 말보다 훨씬 더 포괄적이고 보편성을 지닌 표현이다. 필립 셀드레이크(Philip Sheldrake)는 서방 교회에서 지난 20여 년 안에 나타난 '영성'이라는 말이 기존의 '영성신학'과 어떤 차이점이 있는지를 이렇게 서술하고 있다. 첫째, 영성이란 말은 특정한 기독교적 전통과 연관을 맺을 필요가 없이 유연성을 지니고 있다. 심지어 영성은 더 이상 기독교적인 전통 안에서만 사용되는 용어가 아니다. 둘째, 영성이란 어떤 절대적인 교리적 원칙을 삶에 적용하는 방식을 말하지 않는다. 셋째, 영성은 기독교 완덕의 삶을 정의하는 데 관심을 두기보다는 살아 있는 절대자와의 관계 아래에서 복합적인 인간 성숙의 신비를 살펴보는 것이다. 마지막으로 영성은 단순히 내적 삶에만 그 관심을 국한시키지 않고, 인간 삶과 그 경험 전 면모를 통합하는 데 관심을 둔다.[17] 전통적으로 이해해 왔던 영성신학은 한 개인의 내면적인 삶이나 그 삶에 대한 단계적 등급을 구분하는 등의 역할을 한다는 인상을 주었지만, 현대적 의미의 영성은 그러한 전통적인 이미지를 완전히 배제하지 않으면서, 그 경험이나 폭이나 깊이에 있어서 인간의 삶 전 면모를 다루는 경향이 있다.

3. 현대적 의미에 적합한 영성의 특성

1) 영성에 대한 접근 방법

지금까지 살펴본 바와 같이 오늘날 사용되고 있는 '영성'이라는 말이 전통적으로 사용되어 왔던 '수덕-신비신학'이나 '영성신학'과 같은 기존 개념과 동일한 의미로 사용되고 있지 않다는 것을 알게 되었다. 사용되는 범위와 깊이가 훨씬 넓어지고 깊어졌다. 독특성이 사라졌다고 할 만큼 인간 삶 전 영역을 지칭하는 용어가 되었다. 이렇게 폭넓어진 영성으로부터 기독교 영성을 이해하는 데에는 다음과 같은 두 가지 입장으로 접근해 갈 수 있다. '위로부터의 정의'라고 할 수 있는 교리적 입장에서 본 연역적 접근법과 '아래로부터의 정의'라고 할 수 있는 인간학적 경험의 측면에서 본 귀납적 접근법이 있다. 전자의 접근법은 성령의 교통과 계시에 의해서 지배받는 기독교적 삶을 영성과 동일시하는 방법이다. 이것은 초기 교회 시대부터 이해되어 왔던 바울신학적인 이해에 바탕을 둔 견해와 차이가 없는 접근법이다. 그러나 후자는 보다 풍요롭고 진정성 있는 인간 이해에 도달하기 위해서 인간학적인 물음과 경험적 실존을 바탕으로 한 삶을 영성으로 이해하고자 하는 것이다.[18] 그런데 이 둘의 입장을 상호 배타적인 접근법으로 볼 필요는 없다. 보다 보편적이고 객관적인 의미를 담고 있는 영성을 추구하려는 과정에서 채택할 수 있는 보완적인 접근법으로 이해해야 한다. 만약 교리적인 입장이 기준이 되어서 그 원리에 바탕을 둔 삶만이 영성에 해당하는 의미라고 제한한다면, 비종교적인 인간 활동에서는 영성에 대한 어떠한 언급도 가능하지 않다. 또 순전히 인간론적인 입장에서만 영성의 의미를 찾는다면, 인간의 활동과 경험에 진정성을 부여할 아무런 기준도 제시할 수 없게 된다. 특별히 기독교적 영성을 말할 때 이 두 접근법은 매우 생동력 있는 유효한 주장이다. 그럼에도 불구하고 폭넓은 영성에 대한 학문적 의미와 해석학적인 이해를 갖추기 위해서는 교리적 입장보다는 인간론적인 입장에서 영성의 의미를 접근하는 것이 더욱 타당성 있는 연구라 할 수 있다.[19]

2) 영성과 심리학

영성은 무엇보다도 전통적으로 인간의 가장 중심이라고 믿어 왔던 영과 매우 밀접한 관계를 맺어 왔다. 헬미니엑은 인간을 몸과 마음이라는 기본적 구조로 설명하면서, 마음을 또다시 영과 심리로 확장시켜 이해하고 있다. 그리고 영은 인간의 한 활동으로 이해되어야 하기 때문에 영성은 인문학이어야 한다고 주장하며, 동시에 영을 심리학적인 형태로 이해할 수 있다고 주장한다.[20] 그러므로 영성이 무엇인지에 대한 물음은 인간이 무엇인지에 대한 물음으로부터 출발하는 것이 적합하다. 영성이란 인간이 되어 간다는 깊은 의미가 무엇인지를 가장 함축적으로 보여 주는 용어라 할 수 있다. 또 한편으로는 인간이 되어 간다는 것은 인간이 그렇게 되어 가도록 부여받은 독특한 특성을 지니고 있다는 의미에서 그것을 영성이라고 말할 수 있다. 그러므로 인간은 영성적인 존재이면서 동시에 영성적으로 되어 가라는 명령을 부여받은 존재이다. 영성을 인간학에 초점을 두고자 하는 것은 인간 자체에 대한 형이상학적인 담론이나 신학적 인간론에 관심을 두고자 하는 것이 아니고, 인간의 경험적 차원에 관심을 두고자 함이다. 이런 의미에서 헬미니엑은 영성을 심리학적인 문제로 다루는 것이 마땅하다고 주장한다.

영성을 신학적인 주제보다는 심리학적인 주제로 끌고 가는 데 가장 크게 기여를 한 신학자는 버나드 로너건(Bernard Lonergan)이다. 그는 영성과 의식이라는 용어를 상호 교환적인 의미로 사용하고 있다.[21] 그는 두 종류의 의식을 제시하고 있는데, 하나는 대상을 인식하는 의식이 있고, 다른 하나는 대상을 인식하는 그 주체를 인식하는 의식이 있음을 확인했다. 예를 들자면 소리를 듣는 것을 인식하지만, 동시에 소리를 듣고 있는 자기 자신을 인식하기도 한다. 색깔을 보기도 하지만, 색깔을 보는 자기 자신을 인식하기도 한다. 그래서 마침내 그 소리가 무슨 소리이며, 그 색깔이 무슨 색깔인지를 인식하게 된다. 전자를 객관적인 대상에 대한 의식이라고 한다면, 후자는 주관적인 대상에 대한 의식이라고 할 수 있다.[22] 전자는 대상에 대한 주체의 관찰이고 후자는 결코 관찰의 대상일 수 없으며, 경험으로 알려질 뿐이다. 만약에 관찰의 대상으로 삼으려 한다면 이미 그 대상은 사라진 후이다. 헬미니엑은 이러한 현상에 대해서 전자를 반추적 의식이라 하고 후자를 비반추적 의식이라 한다.[23] 논리적으로 볼 때는 후자가 전자를 선행한다. 대상을 인식하는 주체를 먼저 의식할 때에, 그 의식 안에 이미 객관적 대상에 대한 인식이 포함되어 있다. 그래서 마침내 객체와 주체가 일치됨으로써 객관적 대상에 대한 지식을 습득하게 된다. 그러나 실제적으로는 반추적 의식과 비반추적 의식은 동시적이며 상호 수반적으로 일어나는 의식이다.[24] 예를 들자면 우리가 책을 읽는다고 할 때 우리는 대상으로서 책을 인식하고 동시에 인식하는 주체로서 우리 자신을 인식한다. 이 두 가지가 동시에 이루어질 때 비로소 우리는 인식하는 그 대상과 일치함으로서 그 책에 담겨진 지식을 얻게 된다. 이렇게 활동을 개방적으로 끝없이 꼬리를 물며 계속하도록 우리 자신을 인식의 주체로 만드는 실존을 영이라 한다. 그 영을 우리는 객관적인 대상으로서 경험하지 않지만, 주체적인 실존으로서 경험한다.[25]

로너건에 의하면 이러한 의식의 활동을 통하여 여러 차원들의 의식을 만들어 가는데, 경험적 차원, 지성적 차원, 이성적 차원, 책임적 차원으로 발전해 간다. 우리가 느끼고, 감지하고, 상상하고, 움직이는 것들을 인식하는 활동을 경험적 차원의 의식이라 하고, 그 경험한 것을 탐구하고 이해하고 표현하게 되는 인식의 활동을 지성적 차원의 의식이라 한다. 지성적으로 파악한 그것들이 진실인지 거짓인지를 판단하고 인식하는 활동을 이성적 차원의 의식이라 한다. 판단한 것을 평가하고 결단하고 행동에 옮기려는 인식 활동을 책임적 차원의 의식이라고 한다.[26] 영성은 과학적으로 접근할 수 있는 실증주의적인 학문이어야 한다는 주장을 펴는 헬미니엑은 이러한 심리적 활동을 관찰하고 탐구하는 것이 영성을 이해하는 데 매우 유용한 접근법이라고 이해하고 있다.[27]

그런데 이러한 접근에 전적으로 의존할 경우 배제할 수 없는 위험이 따른다. 즉, 모든 영적인 경험이나 활동들을 심리주의적 작용으로 돌리려는 심리환원주의의 덫에 걸릴 수 있다는 사실이다. 융 전문가인 로버트 도란은 영적인 활동을 경험적인 차원에서 심리적 작용으로 이해함으로 로너건과 같은 입장을 취하고 있다. 그래서 그는 로너건의 의식의 차원을 그대로 영적 성장발달 과정으로 받아들이는 것을 주저하지 않는다. 그러나 그는 심리환원주의에 대한 위험을 의식한 듯 한 걸음 더 나아가 로너건이 제시한 의식의 네 차원으로부터 다섯 번째의 차원을 제시한다. 앞에서 언급한 로너건의 네 의식의 차원들은 하나님과의 사랑의 관계의 실재를 전해 주는 신비적 차원의 의식으로 발전되어 간다고 한다.[28] 이 차원의 의식에서 기도, 예배, 신비적 경험, 영혼의 어두운 밤, 살아 있는 사랑의 불꽃, 거룩을 추구하고 발견하기 등이 일어난다. 하나님과의 관계 안에서 자신을 발견하기 위해서 갖가지 영적인 수단을 받아들인다. 여기서 영적 지도, 피정, 영적 일기 쓰기 등이 등장한다. 이 다섯 번째의 의식은 앞의 네 차원의 의식들과 매우 밀접하게 영향을 주고받는다. 즉, 이 다섯 번째의 차원의 의식이 거꾸로 네 번째, 세 번째…… 첫 번째의 의식의 차원으로 영향을 미치며, 하나님의 사랑 안에서 완전한 조화와 평화를 만들어 간다.[29] 이상과 같은 논의에 따르면 영성이라는 주제 아래에서 영을 이해할 때 심리학적 작용을 이해의 기재로 받아들이지 않을 수 없으나, 영은 또한 의식적 차원 그 너머의 또 다른 차원으로 보완되어야 할 것이다.

3) 초월적 활동으로서의 영성

우리는 인간을 인간 되게 하는 핵심적인 요소를 오랫동안 '영'이라는 말로 이해해 왔다. 그 영의 활동을 성경은 유비적으로 바람과 공기 등으로 묘사한다. 바람과 공기는 명확히 잡거나 파악할 수는 없어도 그것은 자극을 주고 움직이게 하며, 삶과 죽음을 명백히 가려내는 역동성을 부여하는 것이 분명하다. 이에 대해서 월트 아히로트는 "바람이 불 때 그리고 인간이 호흡을 할 때에 고대인들은 신의 신비를 찾아내었다. 그리고 이런 자연적 현상 안에서 (인간은) 신과 아주 가까이 있음을 보았고, 이해할 수는 없지만, 신비의 접근성이라는 상징을 보았으며 신적인 활동을 보았다."[30]고 한다. 인간은 이런 경험들을 통해서 물리적 세계 안에서, 인지적으로 파악할 수 없는 신비로운 세계와의 접촉이 가능하다는 것을 보여 주고 있다. 그동안 신플라톤주의적 영향 아래에서 꽃을 피워 온 서구 신학적 입장과는 달리 히브리적 문서에서 영적인 것은 물리적 세계와 분리되어 스스로 존재할 수 없으며, 영이 그 자체를 표현하기 위해서는 육체 안에 침투되어야 한다고 이해했다. 그래서 구약성경은 하나님이 사람을 흙으로 빚으사 그곳에 생기를 불어넣었더니 생령이 되었다고 기록한다. 이렇게 성경은 보이지 않는 영의 실재가 보이는 육체 안에서 경험적으로 현실화된다는 것을 말하고 있다. 그럼에도 불구하고 여전히 파악하기 어려운 이유는 영이란 제한된 사고의 범주 안에 담아 둘 수 없을 뿐만 아니라, 측량할 수 없는 역동체이기 때문이다. 그래서 예수님도 영의 성격을 이렇게 표현하였다. "바람이 임의로 불매 네가 그 소리는 들어도 어디서 와서 어디로 가는지 알지 못하나니 성령으로 난 사람도 다 그러하니라"(요 3 : 8).

그런데 이 영은 하나님의 영이다. 이 영은 다름 아닌 하나님 자신이시다. 인간의 실존 안에서 영으로서 하나님을 경험하는 것은 하나님의 접근성과 초월성을 매우 적절하게 묘사해 준 틀이라고 할 수 있다. 그 영의 실존을 인간의 육체 속에서 경험한다는 것은 곧 자신을 내어 주시는 사랑의 아버지로서의 하나님을 경험하는 것이며, 동시에 그 영의 실존이 잡히지 않고, 파악되지 않은 신비적 근원으로 남아 있다는 것은 여전히 하나님은 절대 타자성으로 남아 있다는 것을 말해 주고 있다.[31] 이러한 인간적 경험을 통해서 인간이 영적인 존재라는 의미가 무엇인지를 어렴풋이 파악하게 된다. 즉, 영은 하나님과 인간이 공유할 수 있는 어떤 것이며, 영이 하나님이시라는 것은 곧 하나님이 인간 안에 존재하며, 그래서 인간이 인간 된다. 그것은 하나님이 인간을 흙으로 빚으시고 그 코에 생기를 불어넣으셨다는 것이 무엇인지를 이해하게 한다.

이렇게 인간이 영이라고 부르는 것은 경험적으로 무엇을 의미하는가? 인간은 육체적인 존재이다. 그러나 인간은 시간과 공간의 제한을 받고 있는 육체적 한계 속에 갇혀 있는 폐쇄적 존재로 머물러 있지 않는다. 지속적으로 자신을 뛰어넘어 새로운 세계를 지향하는 초월적인 능력을 발휘하는데 이것이 곧 경험적으로 영적인 실존이 무엇인지를 보여 주는 예이다. 영은 개방적이고 창조적이며 자유로워서 주어진 환경과 상태를 넘어가는 능력을 지닌다. 그 능력은 또한 자기 의식과 자기 비판, 이해, 책임감, 진선미의 추구, 지적인 추구, 사랑의 확장을 통한 공동체의 형성 등을 통하여 생명의 풍요로움을 가능하게 해 준다.[32] 인간은 죄로 인하여 이 생명의 영을 충분히 감지하지도 못하고 또 누리지도 못하지만, 그럼에도 불구하고 그 죄가 인간이 인간 되기를 멈추게 하지 못하며, 여전히 영의 활동의 지배를 받고 있다. 그래서 타락한 인간적 실존 속에서 인간은 여전히 영적인 존재이다.

맥쿼리는 이러한 신학적 이해를 바탕으로 영성이 무엇인지를 어원적으로 설명한다. 그가 채택한 용어는 'exience'라는 단어이다. 그는 이 단어를 통해서 영적인 실존은 그 자체에 머물지 않고 끊임없이 역동적으로 움직이고 나아가는 형태를 묘사하고자 한다. 즉, exience라는 단어는 영성이 '자기 자신을 초월하는 능력'이라는 것을 설명하기 위해 맥쿼리가 제시한 신조어이다. 그러나 뿌리가 전혀 없는 맥쿼리 자신의 독창적 언어라기보다는 'existence'로부터 비롯된 신조어이다. 그는 existence라는 말을 실존주의 철학자들이 개방성이나 자아 초월과 같은 의미로 채용한 것으로 이해한다. 어원적으로 볼 때 existence란 'ex-sisting' 혹은 'standing out'이라는 의미의 단어로서, 인간이 실존한다는 것은 자기 자신을 벗어나 존재할 수 있는 독특한 모형을 설명하는 말이다. 이것이 바로 영과 밀접한 관계를 설명하는 말이다. 그러나 앞에서 언급한 대로 영이란 정체적(停滯的)이라기보다는 동력적 특징을 지니고 있다는 의미에서 맥쿼리는 'standing out'으로서의 'existence'라는 말보다는 'going out'의 의미가 담긴 existence에서 파생한 'exience'라는 용어를 제시한다.[33]

그러면 그 자아 초월적인 능력이 무엇을 지향하는가라는 물음이 제기될 수 있다. 오늘날 영성에 대한 폭넓은 이해를 제공하고 있는 세계 영성에 대한 크로스로드(Crossroad)사의 시리즈의 서문에서 밝힌 이워트 카즌스(Ewert Cousins)의 정의가 있다. 이 시리즈는 전통적으로 인간의 깊은 내면의 차원을 '영'이라는 부르는 것에 주목하고 있다. 이 심원한 중심, 즉 영으로부터 인간은 초월적인 차원을 향하여 개방되어 있다. 그리고 거기서 우리는 궁극적인 실재를 경험한다.[34] 일반적으로 영성을 정의할 때 자기 초월적 속성을 언급하는데, 이워트 카즌스는 이 차원이 '궁극적 실재'를 지향하고 있다고 밝힘으로써 정체적인 의미보다는 동적인 의미를 덧붙이고 있다. 즉, 영성이란 끊임없이 움직이고 활동하는 어떤 것임을 암시하고 있다. 그런데 이러한 정의가 '종교'라는 정의와 구분될 수 있는 어떤 특이성이 있느냐라는 문제에 부딪히게 된다. 그래서 카즌스는 크로스로드사의 시리즈인 "세계 영성"(World Spirituality : An Encyclopedic History of the Religious Quest)의 서문 부제에서 영성을 정의하면서 그것은 종교와는 다른 의미를 지니고 있다는 것을 명백히 하고 있다. 예를 들자면 이 시리즈의 마지막 책의 제목이 「영성과 세속적 탐구」(Spirituality and the Secular Quest)라는 것에서 보여 준 대로, 영성은 결코 종교를 개입시키지 않을지라도 그 자체로 충분한 의미를 지니고 있다는 것을 말해 주고 있다.[35]

샌드라 슈나이더스는 오늘날 영성에 대해서 말하는 모든 사람들은 자기 초월의 문제에 깊은 관심을 가진다고 말한다. 자아 초월은 궁극적인 지평을 향해 영적 여정을 가고 있는 사람들에게 방향을 제시해 줌으로써, 그들이 전인적인 삶을 이루어 가도록 삶의 전 영역에 걸쳐 온전한 의미를 제공해 준다고 한다.[36] 그녀는 영성이 초자연적인 어떤 실재라는 것을 말하는 대신에 '궁극적 지평'이라는 말과 더불어 "전인적인 삶을 향하여 온전한 의미를 제공한다."는 설명을 붙임으로써 '자기 초월'의 의미를 구체화하고 있다. 즉, 영성이란 "단절과 자기 몰입의 차원이 아니고, 우리가 파악하는 궁극적인 가치를 향하여 자기를 초월함으로써 자기의 삶을 의식적으로 통합하려고 노력하는 경험"[37]이라고 정의하여, 초월과 내재라는 상반된 개념을 통합시키고자 하는 노력을 보여 주고 있다. 이러한 정의로부터 우리는 영성의 세 가지 특징을 정리해 볼 수 있다. 첫째, 전통적으로 일컫는 존재의 핵(영)이 부적합한 자기 몰입 혹은 자기 집착으로부터 분리되어야 한다. 인간의 영의 속성이 끊임없이 자기 초월적인 지향성을 지니고 있지만, 동시에 타락된 인간의 본성은 그 지향성을 가로막고 자기 집착에 사로잡히도록 하는 경향성이 있기도 하다. 그러므로 영성적인 실현을 위해서 인간은 자신에게 선물로 주어진 의지적 활동으로 끊임없이 자기 몰입적 집착으로부터 벗어나고자 하는 시도를 해야 한다.[38] 둘째, 자기 집착에서 해방된 사람들은 대안적인 새로운 가치를 지향해야 한다. 이러한 상태를 건강한 애착이라고 할 수 있다.[39] 여기에서 우리는 궁극적인 가치를 추구하게 된다. 셋째, 이해되고 파악된 그 궁극적인 가치가 현재적인 삶 안에서 통합되어야 한다.

이렇게 해서 성숙하고 진보된 삶의 열매를 맺도록 하는 인간의 삶의 모든 과정을 영성으로 이해하자는 것이다. 슈나이더스는 만약 지향하고 있는 궁극적인 가치나 관심이 예수 그리스도 안에서 계시된 하나님이며, 교회라는 공동체 안에서 성령의 은사를 통해서 경험된 하나님이라면, 그것이 바로 기독교 영성이라고 말한다.[40] 그러나 슈나이더스가 정의하고자 하는 것은 영성을 객관적인 학문의 차원으로 이해한다면 영성이 반드시 종교적이어야 할 필요는 없다는 입장이다. 포괄적으로는 자기 몰입적이고 역기능적인 삶으로부터 벗어나 궁극적인 가치를 향해 자기를 초월해 가는 삶의 형태라면 그것이 기독교적이든 비기독교적이든, 종교적이든 비종교적이든 잠재적으로 영성적 삶을 살고 있다고 할 수 있다.[41] 버나드 맥긴은 영성이란 '살아 있는 믿음의 경험'이라고 했는데,[42] 이것 역시 자신이 궁극적인 가치라고 여겨지는 것에 대한 헌신적 삶의 형태를 말한다. 어쨌든 앞에서 제시되는 영성은 자기 초월, 궁극적인 실재 혹은 가치, 믿음과 헌신, 살아 있는 경험, 그리고 현재적 삶으로의 통합 등과 밀접하게 연결되어 있는 용어이다.

4. 이 장의 요약

이제까지 영성을 인간의 독특한 삶의 과정으로 논의해 왔지만, 동시에 학문적 영역으로 다룰 수도 있다. 이미 앞에서 전제한 대로 영성은 건강한 인간을 형성하도록 도와주는 인간학과 연결되어 있다. 영성을 학문적인 영역 안에서 다루고자 하는 것도 바로 그러한 관점에서 비롯된다. 헬미니엑은 그 특성을 이렇게 말한다. "우리는 살아갈 뿐만 아니라, 삶에 대해서 생각할 수도 있다. 그렇다면 영성은 살아 있는 실존에 대하여 생각하고 반추하고 연구하는 것과 관련될 수 있다."[43] 이러한 차원에서 영성을 다루고자 할 때 영성학이라는 말이 적합하다. 영성학에서 다루어야 하는 것은 경험적인 차원의 내용들을 표현하고 해석하고 그 내적인 의미를 찾아내는 일이다. 이러한 목적을 달성하기 위해서 영성학은 간학문적인 접근을 하지 않을 수 없다. 즉, 성경적이고, 신학적이고, 역사적이고, 사회적이며, 심리학적인 보완 비교 방식을 사용하게 된다.

영성과 신학을 구분함에 있어서도 이러한 접근법이 가능하다. 신학이 이론적인 영역을 탐구하는 것이라 한다면 영성은 경험적이고 실천적인 영역을 탐구하는 것으로 이해할 수 있다. 이러한 의미로 영성과 신학을 구분한다면 엄격히 말해서 영성학은 조직신학이나 기독교 윤리와 연결시켜 이해할 수는 있으나 그 하부 분야로 이해해서는 안 된다. 본래적인 의미에서 영성이 살아 있는 신학을 전개하도록 도와주는 역할을 할 수는 있지만, 신학이 영성을 통제할 수는 없다. 예를 들자면 예수 그리스도의 삶이 있었고, 십자가의 죽음과 부활이라는 경험이 기독론을 태동시킨 것이지, 기독론이 그리스도의 생애를 가능하게 하거나 십자가의 경험을 가능하게 하지 않는다는 의미에서 그렇다.[44] 그러나 영성학이 신학의 한 분야라고 주장하는 사람들도 있다. 그들은 영성학이 계시적 사건이나 경험을 신학적으로 체계화시켜 놓은 조직신학이나 기독교 윤리, 그리고 성서신학 등으로부터 그 원리를 끌어내고 있다고 생각하기 때문이다. 이렇게 영성학을 신학의 한 분야로 보려는 사람들의 입장은, 좋은 신학은 신앙적 경험에 뿌리를 두어야 하며 그러한 경험을 반영할 때 신학자와 교회 공동체에 풍성한 영적 경험을 전해 줄 수 있다는 것이다.[45] 그들은 보편적인 그리스도인의 영적 생활을 해석해 주는 데 있어서 신학이 필수적이며, 동시에 영성학은 신학이 고려할 만한 질문과 신학적 반추를 위한 자료들을 제공한다고 여긴다.[46]

그래서 이워트 카즌스는 "영성은 신학을 위한 원천"이라는 입장을 취하면서 그 원천적인 자료의 예들로 어거스틴의 「고백록」, '수도원적 신학,' 베르나르드의 「아가서의 설교들」(Sermons on the Song of Songs), 보나벤투라의 「하나님에게로의 영적여정」(The Soul's Journey into God), 「생명의 나무」(The Tree of Life), 「프란치스꼬의 대전기」(The Life of St. Francis) 등의 저서들을 소개한다. 생동력 있는 이러한 영적 경험들의 자료들을 생각하고, 반추하고, 연구함으로서 갖가지의 사상과 신학적 아이디어를 얻게 된다.[47] 이렇게 생동력 있는 신학적 자료로서 신학을 영성과 구분하고자 하는 사람들은 영성학(spirituality)이라는 말을 선호하고, 이 둘이 서로 견제하고 영향을 주고받는 매우 밀접한 관계를 맺고 있다고 생각하는 사람들은 영성신학(spiritual theology)라는 용어를 선호한다. 그런데 우리가 어떤 신앙적인 경험을 연구할 때에 중립적인 위치에서 그 연구가 가능한지는 의문이다. 특별히 개인의 경험이 아닌 어떤 문서에 나타난 자료들을 가지고 그 경험에 관련된 연구를 하려 할 때, 신학적 고려가 없이는 불가능하다. 그러므로 그것이 경험적이고 실천적인 자료에 기초를 둔 문서라면 영성신학적인 입장에서 접근할 수밖에 없다.

신학과 영성과의 관계에서 영성신학의 사명은 이미 표현된 신학적 문서 안에 내포되어 있는 신앙적 경험의 세계를 맛보도록 인도해 주는 역할이다. 이워트 카즌스는 신학으로부터 영적 경험을 끌어내려 할 때 사용할 수 있는 '모델 방법'을 제시한다. 이 모델 방법은 신학적 언어와 상징들을 "과학적 모델이 물리적 세계의 어떤 것을 드러내는 것처럼,[48] 하나님에 대한 어떤 것을 드러내는" 모델로 생각한다.[49] 신앙적 경험이란 감추어진 인간 영혼의 깊은 곳에서 일어나는 현상이다. 그런데 우리는 일반적으로 그러한 경험들을 계시나 은혜, 신적 조명 등의 용어로 설명하고자 한다. 그러나 그 표현적 차원의 용어들이 얼마나 경험적 세계를 대표할 수 있는 모델이 될 수 있느냐에 따라서 그 신학은 생동력 있는 신학이 될 것이고, 그 안에서 영적 경험들을 끌어내는 데 기여를 할 수 있다. 그러므로 영성신학은 잘 드러내기가 쉽지 않은 경험적 차원의 세계를 다른 사람들에게 전해 줄 수 있는 살아 있는 표현적 모델을 찾아내는 일에 헌신되어야 하며, 동시에 표현적 차원으로부터 그 경험적 세계를 드러내어 그러한 삶으로 인도해 주는 역할을 해내야 한다. 예를 들자면 기독교 전통에서 인간의 특징을 설명해 주는 대표적인 표현 모델로서 '하나님의 형상'이라는 용어가 있다. 이 표현적 모델은 객관적이고 주관적인 의미를 포함한다. 객관적인 관점으로 보자면 인간은 지성을 가지고 있으며, 그것은 하나님의 지고의 지성적 속성을 닮은 흔적이다. 주관적인 관점으로 보자면, 인간은 자기의 내면 깊은 곳에서 하나님의 현존을 발견할 수 있다는 말이다.[50] 그러므로 영적 여정이란 존재의 심연에서 하나님을 발견할 때까지 계속되는 내면으로의 끝없는 여정을 말한다. 이러한 경험들을 드러낼 수 있는 가장 적합한 문서 중의 하나를 들자면 어거스틴의 「고백록」이다. 그러므로 영성신학은 조직신학이나 기독교 윤리 등과 같은 하나의 분류라기보다는 신학과 역동적인 관계를 지닌 독립적인 학문이라 할 수 있다.

해석학적 연구 방법론[1]

최승기(호남신학대학교, 기독교 영성학)

1. 샌드라 슈나이더스의 공헌

영성학은[2] 현재 학문의 세계에서 하나의 학문으로 확고하게 자리 잡아 가고 있다. 북미주만이 아니라 유럽에서도 영성학에 대한 관심은 더욱 고조되고 있으며, 박사 과정을 통한 박사학위자들이 지속적으로 배출되고 있고, 학부와 석사 과정에서의 영성학 과목들도 증가 추세에 있다. 한국에서도 영성학 과목을 개설한 신학교들이 확대되고 있다. 미국에서는 영성학 학회(the Society for the Study of Christian Spirituality)가 1991년에 설립되어 활동하고 있고, 학회의 학술 저널(Spiritus : A Journal of Christian Spirituality)도 2001년부터 발간되어 많은 영성학 논문들이 발표되고 있다.[3] 그러나 이러한 현상들만으로는 영성학이 하나의 고유한 학문임을 입증하기에 충분하지 않다. 고유한 학문으로서의 타당성은 그 학문의 연구 대상(주제), 연구 목적, 그리고 연구 방법론의 적절성에 달려 있다. 따라서 영성학이 독립적인 학문으로 더욱 견고하게 자리매김하기 위해서는 앞에 언급한 세 가지가 보다 더 명확하게 제시되어야 한다.

영성학을 학문의 한 분야로 자리 잡게 하기 위해 많은 학자들이 노력했다. 그들 중에서도 샌드라 슈나이더스(Sandra Schneiders)의 공헌이 두드러진다. 그녀가 영성학에 끼친 공헌은 크게 세 가지로 알려진다. 첫째는 영성학 박사 과정을 도입한 것이고, 둘째는 논문들을 통해 영성학을 학문의 한 분야로 정치시키는 이론적 뒷받침을 한 것이고, 마지막으로 그리스도교 영성학 연구회에 참여한 것이다.[4] 여기서 필자의 주 관심은 그녀의 두 번째 공헌이다. 그녀는 영성학을 정의하고, 영성학의 연구 대상, 목적, 방법론에 대한 자신의 의견을 빈번하게 피력했다.[5] 특별히, 그녀는 영성학 방법론에 관해 가장 활발한 논의를 펼친 학자이다.[6] 이 점에서 그녀의 영성학 방법론에 대한 정확한 이해는 더욱 견고하고 적절한 영성학 방법론을 구축하는 데 중요한 디딤돌이 될 것이다. 따라서 필자는 슈나이더스가 제시한 영성학 방법론에 대한 정확한 이해를 도모하고자 한다.[7]

2. 영성학 연구 대상과 연구 목적

1) 영성학의 연구 대상

영성학의 연구 대상(subject matter)은 영성이다. 슈나이더스는 위로부터의 관점이 아니라 아래로부터의 관점, 즉 인간 자체에서 출발한 관점에서서 영성을 정의한다. 이 관점은 영성이 인간 본성과 인간 체험의 한 요소라는 점을 강조한다. 영성학자의 다수가 이 관점을 취하고 있다.[8] 슈나이더스에 따르면, 영성은 "자신이 감지한 궁극적 가치에 합당하게끔 고립이나 자기 함몰의 방식이 아니라 자기 초월의 방식으로 자신의 삶을 통합하기 위해 의식적으로 노력함으로써 얻게 되는 체험(experience)"이다.[9]

브래들리 한손(Bradley C. Hanson)은 그녀의 정의가 지닌 특징을 다섯 가지로 간추린다. 첫째, 계시에서 출발한 위로부터의 접근이 아니라 인간에서 출발한 아래로부터의 접근이다. 다시 말하면, 그녀의 정의는 자기 초월이 가능하게 되는 영역인 인간의 영에 초점을 맞춘 인류학적 접근을 취한 것이다. 둘째, 각 개인이 감지한 궁극적 가치의 본질은 개방되어 있다. 물론 그리스도교 영성에서 궁극적 가치는 성령의 도움을 받아 예수 그리스도 안에서 체험되는 하나님, 즉 삼위일체 하나님을 의미한다. 그러나 사람마다 궁극적 가치로 감지하는 것이 다를 수 있으며, 그 궁극적 가치의 본질은 종교적 영역 안에만 머무르지 않고 사회문화 현상으로까지 확대된다. 셋째, 영성은 개인의 체험으로 이해된다. 영성은 사상과 제도와 관련이 있지만, 우선적으로 개인의 체험을 지칭한다. 넷째, 관심의 대상이 되는 초월 체험은 주체로 하여금 그 체험과 일치하는 방향으로 삶을 통합하도록 추동하는 체험이다. 다섯째, 진보(progress)와 주의 집중(attentiveness)을 중요하게 여긴다. 자신의 삶을 통합하기 위해 의식적으로 노력한다는 것은 진보와 주의 집중의 의미를 내포한다. 삶의 통합을 위해 의식적으로 노력하면 할수록 그 삶은 궁극적 가치와 점점 더 일치하게 되며, 그렇게 상승하는 일치의 과정이 진보이다. 그리고 의식적인 통합을 이루기 위해서는 궁극적 가치에 대한 주의 집중이 필요하다. 그렇게 의식적 통합의 과정에서 하나의 삶의 방식이 형성되며, 그 형성된 삶의 방식이 영성이다.[10]

영성이 감지한 궁극적 가치와 부합되도록 자신의 삶의 전 영역을 통합해 가면서 얻게 된 체험이라면, 영성학은 그 체험을 "학제 간(interdisciplinary) 방식으로 연구하는 학문"으로 정의된다.[11] 다시 말하면, 영성학은 구체적 개인이 그리스도교 신앙을 삶으로 구현해 가는 과정에서 얻게 되는 체험을 학제 간 방식으로 연구한다. 구체적 개인의 체험이라 하여 공동체성이 배제되는 것은 아니다. 인간은 관계적 존재이며, 감지한 궁극적 가치와 일치하도록 삶을 의식적으로 통합해 가는 체험도 시간과 공간의 영향을 받는다. 또한, 그리스도인이 그러한 삶의 통합을 이루도록 그 체험의 주체를 변혁시켜 나가는 모태는 신앙 공동체이다. 그러므로 영성학의 연구 대상이 되는 개인의 체험은 개인적이면서 동시에 공동체적이다. 영성학은 이러한 공동체적 요소를 본질적으로 내포하고 있는 그리스도인 개인의 체험을 이해하기 위한 학문이다.[12] 이렇게 개인의 체험을 연구한다는 점에서, 영성학은 리쾨르(Ricoeur)가 언급한 "개인적인 것들의 과학"(science of the individual)의 한 예가 된다.[13]

영성학이 인간 존재의 한 현상인 개인의 체험을 연구 대상으로 삼았을 때 두 가지 질문이 제기될 수 있다. 하나는, 영성학 고유의 연구 대상이 존재하는가의 여부이다. 일련의 학자들은 영성학이 고유한 연구 주제를 설정할 수 있다는 데 회의적인 시각을 지닌다. 그들은 다음의 질문들을 한다. 영성학이란 단순히 체험에 기초한 신학이거나 좋은 신학을 일상의 삶에 적용하는 차원의 것이 아닌가? 영성학은 이미 종교학자들이 다루고 있는 것의 한 부분이 아닌가? 즉, 영성학은 이미 형성된 학문들 — 신학, 교회사, 초개인 심리학, 비교종교학 — 의 연구 주제들 중 하나가 아닌가?[14] 그러나 영성학은 체험에 기초한 신학과는 다르다. 그것은 우선 영성학의 연구 주제가 신학과 다르기 때문이다. 영성학은 그리스도인의 전인격적 종교 체험을 다룬다. 이때 영성학은 신학뿐만 아니라 개인의 성격을 다루는 학문, 사회과학, 문학, 미학, 역사학, 비교종교학 등의 다양한 학문 분야들의 참여를 필요로 한다. 예를 들면, 영적 생활의 발달에 영향을 미치는 문화와 신앙과의 상호 작용, 기도와 사회 정의의 관계, 심리적 성숙과 영적 성숙과의 관계 등을 영성학에서 연구할 때 신학, 사회학, 미학, 성서학, 역사학 등의 방법론들과 비교 방법론이 학제 간 방식으로 사용된다.[15] 또한 영성학은 단순히 신학의 교리들을 삶에 적용하는 차원의 것이 아니다. 만약 영성학이 좋은 신학을 삶에 적용하는 차원이라면, 교회사 안에 빛났던 영성가(mystics)들의 다양한 영성들과 영성 생활의 지속적 발달에 대해서는 설명하기 어렵게 된다.[16]

다른 하나는, 영성학의 연구 대상이 체험이라면, 날 것 그대로의 체험이 존재하는가의 여부이다. 대답은 부정적이다. 연구자 그 누구도 연구 대상이 되는 체험 그 자체에 직접적으로 접근할 수는 없다. 즉, 그 누구도 해석과 표현 이전에 존재하는 날 것 그대로의 체험을 연구할 수는 없다.[17] 그러나 체험에는 체험의 주체와 대상이 있다. 비록 말로 표현하기 힘든 신비적 체험의 경우에도, 체험의 주체는 독자나 청취자가 자신의 체험에 접근할 수 있도록 무언가를 설명할 수 있다. 종교적 체험은 오직 설명된 것을 통해서만 접근 가능하다. 이 설명은 주로 문헌들을 통해서, 부수적으로는 예술 작품들을 통해서 전달된다. 영성학의 연구 대상이 되는 체험을 담은 문헌들은 주제화되거나 공식화되지 않은 특정한 체험 그 자체를 표현해 놓은 문헌들이다. 영성학자는 자신이 겪은 체험을 바탕으로 하여 유비적으로 연구 대상이 되는 체험을 이해한다. 이 점에서 영성학은 연구자 자신의 자기 참여적 성격을 지닌다.[18]

2) 영성학의 연구 목적

슈나이더스에 따르면, 영성학의 연구 목적은 예술의 목적과 마찬가지로 다양하며 하나로 정리될 수 없다. 예를 들면, 영성 생활의 방법을 배우기 위함, 영성 생활을 이론적으로 이해하기 위함, 영성 생활의 구조와 기능을 이해하기 위함, 영적 체험이 지닌 신학, 심리학, 사회적 맥락과의 관계를 알기 위함 등이 영성학의 연구 목적이 될 수 있다. 이러한 다양한 연구 목적들은 상호 배타적이지 않으며, 상호 결합하여 연구 주제에 적합한 복합적 연구 목적을 구성한다. 이처럼 다양한 영성학의 연구 목적들은 크게 두 가지로 구별된다. 하나는 이론적 목적이며, 다른 하나는 실천적 목적이다. 영성학의 이론적 목적은 개인의 영성, 즉 개인의 영적 체험 자체를 이해하는 것을 목적으로 삼는다. 참된 연구에 따른 이해는 본질상 잠재적인 변혁적 힘을 지닌다. 이 잠재적인 변혁적 힘이 연구자의 개인적 성숙을 가능하게 한다. 이 점에서 영성학의 이론적 목적은 그 자체 안에 실천적 목적을 일정 부분 내포하고 있다. 영성학의 실천적 목적은 연구자 자신과 타인의 영적 성숙을 돕는 것이다. 이론적 목적과 실천적 목적은 분리 불가능한 동전의 양면이다. 그 어떤 영성학의 연구도 순전히 이론적이거나 혹은 전적으로 실천적이기만 할 수는 없다. 이론적 목적과 실천적 목적의 결합 비율은 기계적이지 않고, 연구 대상과 연구의 주 독자층에 따라 역동적으로 결정된다. 그러므로 영성학은 이론적 목적과 실천적 목적이 변증법적 관계를 통하여 하나로 통합된 연구 목적을 지닌다고 말할 수 있다.[19]

슈나이더스는 영성학 연구의 이론적 목적과 실천적 목적의 변증법적 통합을 우선적으로 강조하면서, 동시에 실천적 목적이 우선적이고 직접적인 목적이 되어서는 곤란하다는 입장을 피력한다. 다만, 그녀는 영적 형성(spiritual formation) 프로그램이나 실천 중심의 석사 과정 안에서 이루어지는 연구는 예외적으로 실천적 목적을 우선적 목적으로 삼을 수 있다는 점을 인정한다.[20] 그녀는 이렇게 영적 형성을 주 목적으로 삼고 연구에 접근하는 것을 형성적 접근(formative approach)이라고 부른다. 형성적 접근을 하는 사람들은 영성학이 신학교 교과 과정에 채택된 주된 이유가 목회자 후보생들의 영성 생활 함양에 있다고 본다. 영성학 과목을 듣는 신학생들 대부분도 자신과 타인의 영적 성숙을 돕는 것을 수강 목적으로 삼는다. 형성적 접근을 하는 사람들은 영적 체험을 연구할 때 신학적 분야에 초점을 맞추는 경향이 강하다. 즉, 이들의 연구 목적은 신앙적 교리와 규범들을 개인에게 적합하게 만드는 것이다. 그러나 영성학을 실험적이고 이론적으로 연구하는 주류의 영성학자들은 개인의 영적 체험 그 자체를 명확하게 이해하기를 원한다. 이것은 마치 사회학자가 사회 운동을 자연적 현상으로 간주하고 그 현상 자체를 이해하는 것을 연구 목적으로 삼는 것과 동일하다. 주류의 영성학자들은 형성적 접근의 영성학이 독립된 학문으로서의 타당성을 지니는가에 대해 의문을 제기한다. 슈나이더스는 영적 형성을 주 목적으로 삼는 형성적 접근의 영성학과 영적 체험 자체의 이해를 주 목적으로 삼는 조사와 연구 중심적 접근의 영성학이 서로 연관되어 있으나, 학문의 영역에서는 후자에 무게 중심을 두어야 한다고 주장한다. 그녀에 따르면, 전자는 목회자의 양성과 영성의 분야에 종사할 사역자를 양성하기 위한 석사 과정에 적합하다. 반면 후자는 대학원 이상의 석사와 박사 과정에 합당하며, 형성 자체보다는 연구 조사를 통한 체험의 바른 이해가 동반하는 변혁적 가능성을 추구한다.[21]

3. 영성학 방법론

샌드라 슈나이더스는 영성학 방법론을 구축하는 데 큰 공헌을 했다. 그녀의 공헌에 대해 필립 셀드레이크(Philip Sheldrake)는 이렇게 말한다.

> 영국의 신학자 그라함 워드(Graham Ward)는 정확하게 우리에게 상기시킨다. 신학은 항상 자신의 경계를 넘어서 진행되어 왔다. 왜냐하면 신학적 주제를 다루는 것은 다양한 학문들을 필요로 하기 때문이다. 슬프게도 지난 2세기 동안 다양한 영역으로 나누어진 신학의 분열은 자신의 경계를 넘어서는 신학의 특성을 모호하게 하는 경향이 있다. 그러나 학제 간 연구가 영성학의 중심적인 방법론적 원리가 된 것은 샌드라 슈나이더스의 중요한 유산들 중 하나이다.[22]

그는 이어서 "해석학적 방법론이 영성학 연구 방법론의 중심에 자리하게 된 것은 샌드라 슈나이더스의 또 다른 유산이다."라고 말한다.[23] 셸드레이크가 언급한 것처럼, 그녀의 영성학 방법론의 중심에는 해석학적 방법론과 학제 간 방법론이 자리 잡고 있다. 그녀는 이 두 가지 중심적 방법론에 자기-참여적 방법론을 추가하여 자신의 영성학 방법론으로 해석학적 방법론, 학제 간 방법론, 자기-참여적 방법론을 제시한다.

1) 해석학적 방법론

슈나이더스는 자신의 해석학적 방법론을 제시하기 위해 먼저 영성학 연구에 접근하는 세 가지 접근법을 언급한다. 그것들은 역사적 접근, 신학적 접근, 해석학적(인류학적) 접근이다. 첫째, 영성학 연구에서 가장 논란이 적은 것은 역사적 접근이다. 역사적 접근을 주 방법론으로 사용하는 학자들은 주로 영성학자라기보다 영성의 역사를 연구하는 역사학자들이다. 이들이 다른 역사학자들과 구별된 점은 방법론에 있지 않고 연구 주제에 있다. 그들의 연구 주제는 그리스도인의 종교적 체험이다. 이 종교 체험은 진공 상태가 아니라 특정한 사회적 맥락과 문화적 맥락에서, 그리고 타인과의 상호 작용을 통해서 발생한다. 이 점에서 영성학의 모든 영역은 역사적이다. 역사적 접근을 통한 영성의 연구 목적이 주어진 현상의 역사(영성의 역사)를 제공하는 것이든, 혹은 그 현상 자체를 이해(역사적 영성)하는 것이든 상관없이 모두 역사적이다. 20세기 전반까지 역사적 접근은 주로 역사비평 방법을 통해 실제로 발생했던 현상에 접근하려고 했다. 그러나 20세기 후반부터는 역사적 자료가 객관적 실재라기보다 자료 저술가의 입장이 반영된 부분적으로 유용한 자료라는 인식이 역사적 접근을 취하는 학자들 사이에 지배적이다. 따라서 오늘날 영성을 연구하는 역사학자들은

객관적 사실을 밝히는 것에만 배타적인 관심을 갖지 않고 그 해석에도 관심을 갖는다.[24]

둘째, 신학적 렌즈를 통해 영성에 접근하는 신학적 접근법이다. 이 신학적 접근법은 영성신학이 아니라 신학적 영성학으로 불리는 것이 더 타당하다. 왜냐하면 신학적 영성학은 조직신학(교의신학)이나 윤리학(규범신학)의 하위 분야로 존재했던 과거의 영성신학과 구별되기 때문이다. 신학적 영성학은 영성신학과 달리 초점이 신학이 아니라 영성에 있다. 영성신학의 일차적 관심은 모든 그리스도인들에게 적용 가능한 영성 생활의 이론을 세우는 것이나 영적 발달을 위해 필요한 영성 생활의 방안을 처방하는 것에 있는 반면, 신학적 영성학의 일차적 관심은 영적 체험을 이해하는 데 있다. 또한 영성신학은 명백한 신학적 전제나 조건으로부터 연구를 출발하지만, 신학적 영성학은 영적 체험 그 자체로부터 연구를 출발한다. 다시 말하면, 신학적 영성학은 개인이나 공동체의 영성 생활의 내용이나 동력을 명백한 신학적 전제로부터 연역해 내지 않는다. 그럼에도 신학적 영성학을 신학적 접근이라 칭한 이유는 영적 체험을 분석하고 비판할 때 그리고 그 작업의 결과들을 조직할 때 신학적 틀이 주요하게 사용되기 때문이다. 예를 들면, 믿음을 하나의 종교적 체험으로 연구할 때, 신학적 영성학은 믿음을 신학적 미덕으로 정의하거나, 성령의 은사로 규정하거나, 믿음이 지닌 윤리적 의무들을 명시하는 것으로 연구를 시작하지 않는다. 대신, 인간이 어떻게 믿음에 이르게 되는가, 인간적 신뢰와 종교적 믿음 사이에는 어떤 관련이 있는가, 믿음의 발달 패턴은 무엇인가 등과 같은 질문으로 연구를 시작한다. 물론 믿음의 신학적 특성이 조사와 분석과 자료의 평가에서 중요한 역할을 감당하지만, 정답이나 처방전을 제시하는 것처럼 연역적이거나 지시적으로 작용하지는 않는다. 결국 신학적 접근은 연구 대상인 종교 체험의 그리스도교적 특성을 강조하며, 연구를 위해 필요한 여러 학문들 가운데서 신학이 구성적 역할을 감당해야 한다는 것을 강조하는 입장이다.[25] 슈나이더스는 이런 신학적 접근이 지닌 한계를 지적한다. 그녀에 따르면, 종교 체험은 신학적으로 진술된 믿음 이상의 것들을 포함한다. 한 인간 개인의 고유성과 복합성이 종교 체험에 관여한다. 따라서 신학만으론 종교 체험을 결코 온전히 이해할 수 없다. 다양한 학문들이 학제 간 방식으로 연구에 참여할 때 종교 체험의 이해는 온전함에 더욱 다가간다. 그리고 신학이 학제 간 연구에서 반드시 구성적 역할을 맡아야 하는 것도 아니다. 그것은 연구 주제에 따라 달라질 수 있다.[26]

셋째, 해석학적 접근이다. 슈나이더스는 원래 '인류학적'(anthropological) 접근이란 용어를 사용했다. 그러나 그녀는 버나드 맥긴(Bernard McGinn)이 제시한 '해석학적' 접근이 더욱 타당하다는 점을 인정하면서 인류학적 접근을 해석학적 접근으로 수정한다. 그녀가 인류학적 접근이란 용어를 사용했던 이유는 영성학의 연구 대상인 영성이 인간 존재의 특징적 현상이란 점 때문이었다. 그녀는 인류학적 접근의 핵심에는 해석학적 방법론이 자리 잡고 있다고 주장했다. 왜냐하면 연구의 주요한 초점은 연구 대상의 해석이기 때문이다.[27] 이 점에서 해석학적 접근이란 용어로의 변경이 결코 인류학적 접근에 담긴 내용을 근본적으로 수정한 것은 아니다. 반면, 그녀는 인류학적 접근이란 용어가 유발할 수 있는 두 가지 오해를 수정 이유로 제시한다. 하나는, 인류학적 접근은 마치 인류학이란 학문이 영성학 연구 방법을 지배하는 듯한 잘못된 인상을 줄 수 있다는 점이다. 그녀는 영성학 연구에 가장 적합한 접근은 다학문적(multi-disciplinary)일 뿐 아니라 학제 간(inter-disciplinary)이라고 확신한다. 다른 하나는, 인류학적이란 용어는 영성학과는 구별되는 종교의 역사나 종교의 과학적 연구와 종교학적 연구를 제안하는 것 같은 잘못된 인상을 줄 수 있다는 점이다.[28]

슈나이더스는 해석학적 접근이 영성학 연구에 가장 적합한 방법론이라고 생각한다. 그 핵심적 이유는 영성학의 연구 대상이 종교 체험이며, 영성학의 가장 주요한 목적은 그 체험을 이해하는 것이고, 그 이해를 바탕으로 그 체험이 오늘의 상황에 어떤 의미가 있는가를 발견하는 것이기 때문이다. 이 점에서 셸드레이크는 해석학적 방법론이 영성학을 내용의 문제를 넘어서서 앞으로 살아갈 지혜를 구하는 것으로 나아가게 한다고 말한다.[29] 그런데 어떤 종교적 체험을 이해하기 위해서는 해석(interpretation)의 과정이 필요하다. 이 해석의 과정에 주도적으로 참여하는 지적 작업은 정교하고 분명한 해석의 전략을 요구한다. 이러한 해석의 전략이 해석학이다. 따라서 슈나이더스는 영성학 연구의 목적인 체험의 이해와 그 체험이 지닌 현실 적합성의 발견을 충족시키기 위한 가장 적절한 방법론은 해석학적 접근일 수밖에 없다고 주장한다.[30]

해석학적 접근은 세 국면으로 구성되며, 이 세 국면은 하나의 순환적 원을 형성하면서 상호 작용을 한다. 해석학적 접근의 세 국면은 서술(description), 비판적 분석(critical analysis), 건설적 해석(constructive interpretation)이다. 첫째, 연구 대상의 현상을 서술하는 단계이다. 즉, 연구할 체험에 관한 자료들의 외형을 살펴본다. 따라서 이 국면에서는 역사적, 문헌적, 비교적 연구가 주요한 역할을 담당한다.[31] 예를 들어, 수녀원의 기도실에서 고난받는 그리스도의 상을 보았을 때 회심하게 된 아빌라의 테레사(Teresa of Avila)의 회심 체험을 연구한다고 가정하자. 이 연구의 서술의 국면은 역사적 사실, 회심 체험의 문헌적 증언, 16세기 스페인의 역사적 상황, 신학적 그리고 교회론적 상황, 고난받는 그리스도 상의 예술적 특성, 테레사가 지녔던 심리적 압박, 회심에 근접한 시기에 읽었던 어거스틴(Augustine)의 유사한 회심 체험이 테레사의 체험에 영향을 미쳤을 가능성 등을 자세히 서술하는 단계이다.[32]

둘째, 비판적 분석의 국면은 연구 주제에 대한 분석과 비판을 통해 설명과 평가를 도출하는 단계이다. 이 국면에서는 신학적, 인문학적, 사회학적 비판과 분석이 주요한 역할을 수행한다.[33] 앞서 언급한 아빌라의 테레사의 회심 체험 연구를 예로 들어보자. 비판적 분석의 국면에서 신학적 비판과 분석은 그녀의 회심이 그리스도교의 여러 회심의 종류 중에서 어떤 종류의 회심인지를 묻고 응답을 추구하는 것이다. 예를 들어, 그녀의 회심은 지적 회심인가? 종교적 회심인가? 사회적 회심인가? 정서적 회심인가? 인문학적 비판과 분석은 심리학적 관점이 개입된 아빌라의 테레사의 중년기 삶에 관한 발달 단계론적 질문, 테레사의 저술의 일반적 특징인 에로틱 상징주의와 형상에 대한 문학적 질문, 그리스도의 상에 대한 미학적 질문, 남성의 고난에 대한 건강하지 못한 책임 의식을 여성에게 심어주는 것에 관한 사회학적 혹은 여성주의적 질문, 테레사의 사회적 위치와 교육에 대한 사회문화적 질문 등을 제기하고 그에 대한 응답을 추구하는 것이다.[34]

마지막으로, 건설적 해석의 국면이다. 영성학 연구의 목적인 영적 체험의 이해는 체험의 현상에 대한 지적인 독해만이 아니라 그 체험의 현상이 지닌 오늘날을 위한 의미를 묻는 리쾨르의 해석학적 개념인 동화(자기화, appropriation)를 포함한다. 이 동화가 바로 건설적인 해석의 국면의 핵심이다. 이 국면에서는 해석학적 이론이 연구를 주도한다. 동화는 그 체험이 지닌 본질과 가능성이 연구자를 변혁시키는 것을 포함한다. 연구 대상인 체험은 연구자의 이해의 지평을 넓혀 줄 뿐만 아니라 연구자 자신의 삶에 새로운 체험의 가능성을 제공한다.[35] 이것이 바로 리쾨르가 언급한 연구자의 존재의 확장이다. 따라서 영성학 연구는 오늘날의 영적 생활의 흐름을 밝히 볼 수 있도록 도와주며, 영적 생활의 새로운 방향을 제시하는 데도 통찰을 제공할 수 있다. 테레사의 회심에 대한 연구는 종교적 회심의 과정, 역동, 기준에 대한 오늘날의 견해, 종교 체험에서의 예술의 역할, 종교 체험의 연구에서의 성별(gender) 분석의 중요성, 혹은 그 외에도 다양한 오늘날의 영성의 주제들과 대화할 수 있다. 그러므로 영성학의 연구는 완전히 서술적이거나 혹은 비판적이거나 하지 않고 동시에 건설적이다. 심지어 어떤 영성학 연구가 보다 직접적으로 혹은 배타적으로 서술적 국면이나 비판적 국면에 초점을 맞추는 경우에도 그렇다.[36]

2) 학제 간 방법론

해석학적 방법론과 더불어 학제 간 방법론은 슈나이더스가 영성학 방법론 구축에 남긴 또 다른 유산이다. 영성학의 연구 대상인 체험은 복합적이다. 따라서 어떤 체험이 어느 한 학문 분야의 관점에서만 연구된다면, 그 체험은 충분하게 이해될 수 없다. 따라서 영성학 연구에는 여러 학문의 관점이 관여하게 된다. 그러나 이 말은 영성학 연구가 단순히 다학문적 연구(multi-disciplinary)라는 의미만은 아니다. 영성학 연구가 본질적으로 학제 간 연구(inter-disciplinary)라는 사실이 보다 더 중요하다. 다시 말하면, 영성학 연구에서는 단지 여러 학문이 병렬적으로 참여하는 것이 아니라, 특정한 연구의 내용과 관련하여 여러 학문들이 복합적 층을 형성하여 참여한다는 뜻이다.

슈나이더스는 영성학 연구에 참여하는 여러 학문들을 크게 두 개의 층(layer)으로 분류한다. 하나는 필수적인 구성 요소에 해당하는 학문 분야의 층이며, 다른 하나는 문제를 다루는 학문 분야의 층이다. 구성적인 학문 분야(constitutive disciplines)는 연구 주제와 관련하여 필수적으로 기능하는 분야이다. 왜냐하면 구성적인 학문 분야는 그리스도인의 종교 체험의 명백한 자료뿐만 아니라 종교 체험의 규범과 해석학적 정황도 제공하기 때문이다. 그녀는 이러한 구성적 학문 분야에 속한 것으로 성서학과 교회사를 든다. 반면, 문제를 다루는 학문 분야(problematic disciplines)는 연구되는 현상의 문제들을 해결하는 데 주도적으로 사용되는 방법론들을 제공하는 학문을 의미한다. 물론 구성적 학문 분야에 속한 성서학이나 교회사도 특정한 연구 주제의 경우에는 주도적인 문제를 다루는 학문이 되기도 한다. 그러나 더욱 빈번하게는 심리학, 사회학, 문학, 과학, 혹은 다른 학문들이 연구 주제에 더 잘 접근할 수 있는 통로를 제공하는 주도적인 문제를 다루는 학문이 된다. 그런데 신학의 경우는 두 개의 층과 모두 관련된다. 성서와 그리스도인의 체험에 대한 교회의 성찰인 신학은 영성학의 어떠한 연구 프로젝트에도 직간접적으로 작용한다. 이 점에서 신학은 구성적 학문 분야에 속한다. 반면, 신학은 영적 체험을 구성하는 두 기둥인 신적인 자기 계시나 그 계시에 대한 인간의 응답에 관한 일차적 자료를 제공하지 않는다. 신학은 두 기둥에 대한 성찰의 결과인 이차적 자료만을 제공한다. 따라서 신학은 일차적으로 영적 체험의 이해를 위한 분석적이고 비판적인 도구이다. 이 점에서 신학은 기능적으로 문제를 다루는 학문에 속한다.[37]

구성적 학문 분야에 속한 성서학은 그리스도인이 계시에 접근할 수 있는 토대와 규범을 제시한다. 성서는 초대 교인들의 체험에 관한 자료, 그리스도교의 기본적인 상징 체계, 그리고 그리스도인 개인과 공동체의 이야기가 통합되어 자리를 잡을 수 있는 큰(meta)-이야기를 제공한다. 따라서 그녀는 영성학자들이 성서학자처럼 성서학의 전문 지식을 모두 알 필요는 없지만, 성서에 대한 기능적 지식을 지녀야 한다고 주장한다. 다시 말하면, 영성학자들은 성서의 내용과 흐름에 정통해야 하며, 성서 자료를 책임감 있게 다룰 수 있는 방법론에 익숙해야 한다. 예를 들어, 마가복음에 나타난 제자도의 영성이란 주제는 명백하게 성서적이어서, 연구자는 성서학 방법론을 광범위하게 사용해야 한다. 이 경우 성서학은 구성적 학문이면서 동시에 문제를 다루는 학문이 된다. 그러나 예를 들어, 익명의 알코올 중독자 프로그램의 영성에서 초월적 힘이 지닌 역할이란 주제를 다룬다면, 성서적 하나님 이미지가 주요한 참조 자료가 되긴 하지만 심리학, 사회학, 혹은 중독 생리학 같은 학문이 문제를 다루는 학문이 된다.[38]

또 다른 구성적 학문에 해당하는 교회사는 2,000년간 그리스도인들의 종교 체험의 자료를 제공한다. 또한 교회사는 과거나 현재의 종교 체험의 현상을 해석하기 위한 일반적인 해석학적 틀을 공급한다. 영성학의 교회사적 초점은 교리나 교회론의 발달 과정에 있지 않고 각 시대에 나타난 거룩을 향한 탐구에 있다. 성서학과 마찬가지로 교회사는 구성적 학문일 뿐만 아니라 문제를 다루는 학문의 역할을 할 수 있다. 예를 들어, 12세기까지 수녀원의 발달이란 주제를 연구한다면, 교회사는 주도적인 문제를 다루는 학문이 된다.[39]

슈나이더스에 따르면, 문제를 다루는 학문은 특정한 연구 주제를 다루는 데 필요한 핵심적인 학문이다. 예를 들면, 연구 주제가 아빌라의 테레사의 영성에서 물의 비유가 차지하는 역할이라면 문제를 다루는 가장 주요한 학문은 문학이 된다. 반면, 아빌라의 테레사의 영성에서 자존감과 성취의 역할이란 주제를 다룬다면 발달심리학과 여성학이 문제를 다루는 주도적 학문이 된다.[40] 이처럼 문제를 다루는 주도적인 학문들은 연구 주제에 따라 달라질 수 있다. 그러므로 영성학 연구는 연구 주제에 따라 구성적 학문들과 문제를 다루는 학문들이 복합적으로 관여하는 학제 간 연구로 이루어진다.

3) 자기-참여적 방법론

연구 대상인 영적 체험의 현상을 이해할 수 있기 위해서는 연구자 개인의 체험을 필요로 한다. 연구자 자신의 유비적 체험이 없이는 연구가 성립하기 어렵다. 자신의 영성은 영성의 현상을 연구하는 데 공감적 통로를 제공한다. 이 점에서 영성학은 본질적으로 자기-참여적이다. 연구자가 완전히 배제된 객관적인 연구는 과학적 혹은 인문학적 연구에서 가능하지 않다는 것이 대부분 학자들의 일치된 견해이다. 설령 완전히 객관화된 현상학적 접근이 가능하다 할지라도, 그것은 영성학 연구에 부적합한 접근이다.[41] 그러기에 오늘날 제기되는 질문은 연구자 개인의 영적 체험이 그들의 연구에 역할을 하는가의 여부에 관한 것이 아니라, 그것이 어떻게 연구에 적절하게 통합될 수 있는가에 관한 것이다. 이 질문은 세 가지 초점을 지닌다. 어떻게 연구자의 체험이 연구에 생산적으로 작용할 수 있는가? 연구 대상을 이해하는 데 구축된 개인의 체험들의 적절한 역할은 무엇인가? 영성학 연구의 경험적 열매는 무엇인가?[42]

연구자의 체험을 연구에 생산적으로 사용하는 것에 관한 질문에 슈나이더스는 체험의 비판적 사용이란 해법을 제시한다. 체험의 연구를 위해 연구자의 유비적 체험이 필요하다. 따라서 연구자의 영적 체험이 깊으면 깊을수록, 연구자는 타인의 영적 체험을 더 잘 이해할 가능성이 있다. 그렇다고 심리학자가 정신병리 현상을 연구하기 위해 정신질환자가 될 필요는 없듯이, 영성학자가 영적 체험을 이해하기 위해 신비가(mystic)가 되어야 하는 것은 아니다. 반면, 연구자의 참여가 지나치게 강해서 연구를 망칠 수도 있다. 그러므로 영성학 연구에는 자기-참여가 적절하게 이루어지도록 하기 위해 방법론적으로 개발되어야 할 적절한 객관성이 존재한다. 연구 대상보다 연구자 자신이 초점이 되지 않도록 해야 한다. 연구는 연구 대상을 이해하는 것이지, 연구자 자신의 문제를 투사하거나 자신의 체험의 정당성을 확보하기 위한 것이 아니다.[43]

구축된 개인의 체험들이 연구 대상을 이해하는 데 어떤 역할을 하는가에 관한 질문은 강의실에서 영성학을 가르치는 것과 관련이 있다. 예를 들면, 이 질문은 기도에 관한 강의에서 수강자들의 기도 체험 보고서를 요구하는 것이 적절한가의 여부를 묻는 질문과 같다. 이 질문에 대한 답은 학자들에 따라 긍정과 부정으로 갈린다. 긍정의 답을 한 학자들은 개인의 체험이 영성학 연구에 적합한 프락시스(praxis) 모델에 통합될 수 있다고 주장한다. 그러나 부정의 답을 한 학자들은 개인의 체험이 의도적일 수 있으며 연구를 위한 진정성을 장담할 수 없다고 주장한다. 여기에서 슈나이더스는 이 질문이 제기되는 정황에 따라 답이 달라질 수 있다는 입장을 견지한다. 목회자를 양성하는 형성 프로그램에서는 적절하게 잘 구성된 영성 훈련을 수강자들에게 요청하는 것이 그들 자신의 영적 성숙이나 타인의 체험을 이해하는 데 도움이 된다. 그러나 영성학 박사 과정의 강의나 연구에서는 그러한 요청이 적절하지 않다.[44]

영성학 연구의 경험적 열매에 관한 질문에 대한 답은 연구자 자신의 변혁이다. 영성학 연구는 변혁적 잠재력을 지니며, 참된 연구는 본질적으로 변혁적이다. 연구와 연구자의 성장 사이의 상호 작용이 조용하게 이루어지든 혹은 극적으로 이루어지든, 그 상호 작용은 영성학이 지닌 자기-참여적 성격의 가장 중요한 측면이다.[45]

4. 이 장의 요약

지금까지 샌드라 슈나이더스의 영성학 방법론인 해석학적 방법론, 학제 간 방법론, 그리고 자기-참여적 방법론을 살펴보았다. 이제 보다 견고한 영성학 방법론의 구축에 필요한 심화된 논의를 위해 몇 가지 요구되는 점을 제안하고자 한다.

첫째, 해석학적 방법론은 하나의 해석학적 이론의 적용이나 하나의 학문에 속한 해석법으로 축소되지 말아야 한다.[46] 예를 들면, 로욜라의 이냐시오(Ignatius of Loyola)의 만레사(Manresa) 신비 체험들을 심리학자가 심리학적 접근만을 통해서 연구할 수 있다. 심리학자는 이냐시오의 신비 체험들을 심리적 용어들을 사용하여 설명한다. 그러나 이러한 연구는 영성학의 연구라기보다 심리학의 연구에 더 가깝다. 다시 말하면, 이냐시오의 만레사의 신비 체험은 종교적 체험인데 반하여, 심리학자는 이냐시오의 심리적 체험만을 다루고 있다. 영성학에서 종교 체험을 연구하기 위해서는 종교적 측면과 심리학과 같은 특정한 분야의 측면이 동시에 다루어져야 한다. 이냐시오의 만레사 신비 체험을 보다 더 잘 이해하기 위해서는, 만레사 신비 체험이 지닌 신학적 측면, 그 체험의 배경이 되는 16세기 스페인의 명예를 기반으로 한 사회 문화적 측면, 그리고 이냐시오의 심리적 측면 등이 상호 대화를 하는 가운데 그 신비 체험을 연구하여야 한다.

둘째, 해석학적 연구를 통해 제시된 어떤 종교 체험에 대한 이해는 하나의 해석이라는 사실을 망각하지 말아야 한다. 종교 체험은 여러 측면을 지니고 있어서 하나의 해석 안에 갇혀 있을 수 없다. 그리고 종교 체험은 본질상 신비이기에 완전히 말로 설명이나 이해될 수 없다. 또한 종교 체험의 연구자는 연구 대상인 구체적 체험에 해석의 새로운 빛을 비추어 줄 자신의 체험과 가정들을 해석의 행위에 동반한다. 따라서 연구자에 따라 다양한 해석이 가능할 수 있다.[47]

셋째, 해석학적 방법론은 해석자가 지닌 맹점을 고려해야 한다. 해석학적 방법론의 질문은 단순히 연구 대상을 이해하는 데 적합한 해석학적 도구는 무엇인가라는 차원을 넘어선다. 연구자는 자신이 지닌 문화적 지평이란 한계 안에서 연구 대상에 접근한다. 그런데 모든 문화적 지평이 그러하듯이, 연구자의 문화적 지평은 맹점을 지니고 있다. 따라서 연구자는 그 맹점을 드러낼 필요가 있다. 이를 위해서는 해석학적 도구를 찾는 질문을 넘어선 다음과 같은 더 큰 차원의 질문이 보완되어야 한다. 연구자는 왜 그 연구 대상의 자료에 접근하려고 하는가? 연구자가 이런 방식으로 그리고 이런 이유 때문에 연구 대상에 접근할 때 어떤 일들이 발생하겠는가? 이러한 연구자의 연구 동기와 해석학적 도구 선택의 동기 등을 비판적으로 살펴보는 것을 비판적 이론이라고 한다.[48] 연구자는 비판적 이론의 적용을 통하여 자신의 문화적 지평이 지닌 맹점을 빛 아래 드러낼 수 있다. 따라서 슈나이더스의 해석학적 방법론은 비판적 이론의 보완을 필요로 한다.

넷째, 학제 간 연구 방법론이 단순한 다학문적 연구의 차원을 벗어나서 명실상부한 학제 간 연구가 되기 위해 필요한 결합의 실이 제시되어야 한다. 즉, 여러 학문의 방법론들을 사용하여 발견한 연구 주제에 대한 다양한 이해들을 화해시키고 통합시키는 결합의 실이 필요하다는 것이다. 슈나이더스는 이러한 화해나 통합이 어떻게 가능한지에 관해서는 명확한 언급을 하지 않았다.[49] 그러므로 그녀의 학제 간 연구 방법론에는 결합의 실이 보완되어야 한다. 만약 그렇지 않는다면, 그녀의 학제 간 연구 방법론은 영성학 나름의 독자적인 방법론이라기보다 방법론적 원리(methodological principle)에 더 가깝게 되기 때문이다.[50]

다섯째, 학제 간 연구 방법론은 영성학이 다른 학문의 방법들을 도구적으로만 사용하고 그 학문들에게 보상해 주는 것은 없는가라는 질문을 야기한다. 만약 그렇다면, 영성학은 적절한 학문적 정체성을 지니지 못해서 가능한 많은 다른 학문들의 방법들과 도구들을 사용하려 한다는 비판, 즉 값싼 학제 간 연구라는 비판을 면치 못하게 된다.[51] 따라서 이 질문은 영성학이 다른 학문들에게 공헌할 수 있는 방식과 내용이 무엇인가를 숙고하도록 요청한다. 학제 간 연구는 종종 학문들 사이의 교환 영역(trading zones)을 언급한다. 교환 영역은 학제 간 연구가 학문들 사이의 상호 작용, 대화, 서로를 풍요롭게 하는 것이 되어야 한다는 것을 암시한다. 슈나이더스의 견해는 언뜻 보기에 영성학이 일방적으로 다른 학문들의 경계를 넘어 그들의 방법론을 차용하기만 하는 것처럼 오해될 수 있다. 그러나 그것은 그녀가 다른 학문과 구별하여 영성학과 그 방법론을 정의하고자 하는 목적에 충실했기 때문이다. 영성학자들은 영성학 연구가 신학의 여러 분야뿐 아니라 문학, 사회학, 심리학 등 신학 이외의 학문에도 어떤 공헌을 할 수 있는지를 심각하게 고민해야 한다.

여섯째, 자기-참여적 방법론은 연구자의 적절한 객관성을 확보할 수 있는 장치를 마련해야 한다. 슈나이더스가 언급한 것처럼, 완전히 객관화된 현상학적 접근은 가능하지 않다. 그러나 자기-참여적 방법론 안에는 연구자 개인의 영적 실천이 연구를 대치하거나, 개인의 종교적 헌신이 비판적 판단을 가릴 위험성이 상존한다. 이 경우 영성학 프로그램이 형성 프로그램이나 복음화의 도구로 기능할 위험성이 있다. 슈나이더스 또한 이러한 위험성을 지적하나 연구자의 적절한 객관성 확보 방안을 명확히 제시하지 않고 있다. 따라서 자기-참여적 방법과 연구의 객관성 확보 사이의 적절한 경계는 무엇인가에 대한 답을 줄 수 있는 척도를 마련해야 하는 과제가 영성학자들에게 주어져 있다.

슈나이더스가 영성학 방법론 구축에 끼친 공헌은 지대하다. 그녀의 지속적인 논의가 없었다면, 영성학이 독립된 하나의 학문으로서의 경계를 설정하고 그 위치를 확보하는 데 적지 않은 어려움이 따랐을 것이다.

연구 방법론 :
종합적 방법론과
(multidisciplinary approach)
역사 서술적 방법론[1]
(historiographical approach)

양정호(장로회신학대학교, 기독교 영성사)

1. '기독교 영성'의 주체와 객체 간의 긴장 관계

'기독교 영성'이라는 용어는 일반적으로 두 가지 측면에서 설명할 수 있다. 필립 셸드레이크(Philip Sheldrake)가 편집한 「웨스트민스터 기독교 영성 새 사전」(*The New Westminster Dictionary of Christian Spirituality*)에서 샌드라 슈나이더스(Sandra M. Schneiders)는 영성의 개념을 설명하기 위하여 영성을 두 가지 측면으로 나누고 정의한다. 하나는 기독교 신앙에 대한 삶의 체험으로서의 기독교 영성이고, 다른 하나는 학문으로서의 기독교 영성이다.[2] 삶의 체험으로서의 기독교 영성과 학문으로서의 기독교 영성이라는 기독교 영성의 두 가지 측면을 기독교 영성의 주체와 객체라는 점에서 살펴보는 것도 필요하다. 왜냐하면 개신교 신학 안에서뿐만 아니라, 교회 현장에서는 여전히 '영성'에 대하여 오해하고 거부감을 드러내면서 개신교와는 상관이 없는 가톨릭적인 것으로 여기며 배척하는 교인들 때문에 어려움을 겪는 목회자들의 목소리를 듣게 되기 때문이다. 이러한 오해는 기독교 영성의 주체가 개신교인과는 상관없으며, 기독교 영성의 객체 역시도 개신교 전통과는 상관이 없다는 생각과 연결되어 있는 듯하다. 기독교 영성에 대한 오해를 없애고 이해를 새롭게 하기 위해서 기독교 영성을 주체와 객체라는 관점에서 다시 살펴본다면, 그리스도인이라면 누구나 주체가 되어 기독교 영성을 연구하고 실천할 수 있다는 것과 객체를 연구하기 위한 방법론을 어떻게 발전시켜야 하는지에 대한 논의를 시작할 수 있을 것이다.

주체라는 관점에서 보면, 학문으로서의 기독교 영성은 대체로 이론 신학보다는 실천 신학의 영역에 위치한다. 실제로, 국내에서 활동하고 있는 영성신학자들은 실천신학회 영성분과를 중심으로 모이고 있다. 다른 관점에서 기독교 영성의 객체를 설명해 본다면, 기독교 영성의 주체인 기독교 영성학은 그 연구 대상을 기독교 신앙에 대한 삶의 체험으로 삼고 객체로 여긴다. 학문으로서의 기독교 영성은 이미 오래전부터 독자적인 학문 분야로서의 위치를 굳건히 하고 있는 인접 학문들, 곧 성서학, 신학과 종교철학, 역사학, 심리학 등과 같은 분야의 도움을 받아서 30여 년 전에 등장하여 독립적인 학문 분야로 발전해 왔다. 그러나 기독교 신앙에 대한 삶의 경험으로서의 기독교 영성이라는 개념은 현대에 들어와서 생겨난 것이 아니다.[3]

영어에서 영성을 의미하는 단어 'Spirituality'는 라틴어의 명사 'spiritualitas'에서 파생되었다. spiritualitas는 그리스 단어의 명사 'pneuma'와 형용사 'pneumatikos'의 라틴어 번역과 연결되어 있는데, 그 의미는 하나님의 영에 힘입은 사람들에게서 나오는 삶의 특성들을 지칭한다. 예를 들면, 고린도전서 2:14~15에서 사도 바울은 영적인 것과 물질적인 것, 살아 있는 것과 죽은 것, 선과 악을 대조시키는 것이 아니라, 성령의 영향력 아래에 있는 사람과 신앙이 없는 일반적인 사람을 대조시키고 있다 : "육에 속한 사람은 하나님의 성령의 일들을 받지 아니하나니 이는 그것들이 그에게는 어리석게 보임이요, 또 그는 그것들을 알 수도 없나니 그러한 일은 영적으로 분별되기 때문이라 신령한 자는 모든 것을 판단하나 자기는 아무에게도 판단을 받지 아니하느니라" 여기서 신령한 자와 육에 속한 사람이 대조되어 나타나는데, 신령한 자 'πνευματικος'(pneumatikos)의 반대 개념으로 제시되어 있는, 육에 속한 사람이라고 번역된 부분이 헬라어 본문에는 'ψυχικος ανθρωπος'(psychikos anthropos)로 되어 있고 새미국표준역(New American Standard Version)에는 'natural man' 그리고 공동번역 성경에는 '영적이 아닌 사람'이라고 번역되어 있는 것을 확인하면 pneumatikos의 영어 번역인 'spiritual man'의 의미가 분명해진다.

  17세기와 18세기에 청교도들, 경건주의자들, 감리교도들과 같이 그 시대의 영성을 대표하는 사람들은 '경건, 신앙이 깊은, 성결, 헌신, 그리스도인의 완덕' 등의 용어를 사용하여 영성이라는 의미를 표현하였다.[4] 개역한글이나 개역개정 성경에도 경건이라는 단어가 약 37회 정도 등장을 하지만, 영성이라는 단어는 전혀 찾아볼 수가 없다. 상황이 이렇다 보니 일부 학자들은 경건이라는 용어를 영성이라는 용어보다 선호하는 듯하다. 영성이라는 단어가 주로 동방정교회와 로마 가톨릭 그리고 성공회 전통에서 비교적 최근까지도 폭넓게 사용되어 왔기 때문에, 뿐만 아니라 기독교 이외의 종교에서도 — 예를 들어 힌두교나 불교와 같은 무신론적 혹은 다신론적 동양 종교에서도 — 종교성으로서의 영성을 강조하고 있기 때문에, 영성이 개신교 전통과는 상관없다고 여겨지기도 한다. 그 결과, 영성이라는 단어가 지칭하는 것이 주체로서의 기독교 영성이든 객체로서의 기독교 영성이든 상관없이, 영성이라는 것이 개신교 전통과는 아무런 상관이 없는 것으로 오해할 수도 있다.

  바로 이 지점에서, 기독교 영성의 주체와 객체 간의 긴장 관계가 존재한다. 이러한 상황적 맥락에서, 영어로는 모두 'subject'로 표기되는 기독교 영성의 주체 혹은 주어(subject)와 주제(subject)라는 이중적 의미를 고찰할 필요가 생겨난다. "기독교 영성이란 무엇인가? 기독교 영성의 주체(subject)는 누구인가? 기독교 영성의 주제(subject) 혹은 객체는 무엇인가?", "누가 어떤 내용을 주제로 기독교 영성을 연구하는가?" 등과 같은 질문들을 통하여 기독교 영성의 주체와 객체 간의 긴장 관계를 이해하고, 기독교 영성학의 방법론을 기독교 영성의 주체와 객체라는 관점에서 살펴봄으로써, 기독교 영성의 역사 안에서 연속성과 불연속성 모두를 탐구하기 위한 도구를 제공받을 수 있을 것이다. 기독교 영성의 주체와 객체에 그리고 양자 간의 관계에 대하여 적절한 이해를 바탕으로 개신교 전통 안에서 주체로서의 기독교 영성을 확립하고, 30여 년간 영성학을 확립해 온 선구자들의 연구와 업적을 토대로 연구 주제를 확장해 나가며, 확장되어 가는 연구 주제에 발맞추어 기독교 영성을 연구하는 새로운 접근 방법을 시도할 필요가 있다.

2. 기독교 영성의 주체 : 학문으로서의 기독교 영성, 기독교 영성에 대한 작업적 정의

「하나님을 향한 목마름 : 기독교 영성의 역사」(*Thirsty for God : A Brief history of Christian Spirituality*)의 저자 브래들리 홀트(Bradly Holt)는 이 저서에서 그의 책이 단순히 기독교 영성에 관한 '정보'(information)를 제공하기 위한 것이 아니라 기독교 영성의 '형성'(formation)을 의도한다고 언급한다.[5] 미국 내의 노르웨이계 루터란에 의해서 설립된 신학교들 가운데 가장 오래된 아우스버그 대학교의 명예교수인 홀트는 이 책에서 기독교 영성의 역사를 개신교 전통이라는 관점에서 다루고 있다. 그는 형성이라는 용어와 정보라는 용어를 사용하여, 기독교 영성의 두 가지 측면을 설명하고 있다. 첫째로 기독교 영성은 그리스도인답게 매일의 삶을 살아갈 수 있도록 기독교적 삶을 형성해 가는 방법이다. 둘째로 기독교 영성은 그리스도인들에게 어떻게 살아야 하는가, 어떻게 기독교 신앙을 실천할 수 있는가, 그리고 어떻게 기독교 신앙에 관한 삶의 경험을 해석할 수 있는가에 관한 정보와 지식을 제공한다. 이와 같은 기독교 영성의 두 가지 측면의 상호적 관계성에 대하여 홀트는 다음과 같이 적고 있다 :

> 나는 신학의 여러 분야들 가운데 두 가지 내용에 특별한 관심을 가지고 있다. 하나의 관심은 기독교 영성의 역사이고, 다른 하나는 서구권 밖에 있는 세계의 교회들이다. 첫 번째 관심사는 그리스도인의 삶에 관한 내 자신의 시각에서 비롯되었다 : 내가 믿기로, 우리가 하나님과 올바른 관계를 맺게 된 것은 하나님의 은혜라는 선물에 의해서 된 것이지, 영적 여정에서 우리가 성취한 것들에 의해서 된 것이 아니다. 나는 또한 그러한 영적 여정과 실천은 우리로 하여금 하나님의 임재와 변화의 능력을 향하여 마음을 열게 하며, 배우고 가르칠 만하다고 여긴다.[6]

브래들리 홀트가 언급한 것처럼, 기독교 영성의 역사와 기독교인의 삶은 상호적으로 연결되어 있기에, 역사와 삶의 관계에 대해서 고찰해 볼 필요가 있다. 역사가들이 역사를 연구하는 이유 역시 '그렇다면, 우리는 어떻게 살아야 하는가?'라는 질문에 대답하기 위함이다. 프란시스 쉐퍼(Francis A. Schaeffer) 역시도 서구의 사상과 문화의 역사를 탐구한 그의 대작에 「그러면 우리는 어떻게 살 것인가?」[7]라는 제목을 붙였다. 영성도 사상이나 문화와 마찬가지로, 한 사람이 생각하고 느끼고 행동하고 살아온 경험과 밀접하게 연관되어 있다는 것을 염두에 둔다면 역사 연구와 영성 연구는 밀접한 관계가 있다고 하겠다.

일반적으로 학문의 분야나 영역은 구체적인 연구 대상에 의해서 정의된다. 그 연구 대상은 해당 학문의 연구 방법론을 결정한다는 점에서 또한 중요하다. 샌드라 슈나이더스에 의하면, 대부분의 학자들은 기독교 영성의 구체적인 연구 대상이 '기독교 신앙의 삶'(the lives of Christian faith)[8] 이라는 데 동의한다. 그러나 슈나이더스는 '기독교 신앙'이라는 정의에 충분히 만족하지는 않는다고 하면서, 일반적인 공식을 약간 수정하였다. 그녀는 '기독교 신앙에 대한 체험'(the lived experience of Christian faith)[9] 이라는 정의를 제안하였는데, 그녀가 제안한 정의에서는 '경험'이 강조된다.

슈나이더스가 기독교 영성을 경험이라는 개념으로 정의하였다면, 데이비드 페린(David Perrin)은 기독교 영성을 정의하기 위해 경험이라는 개념 자체를 발전시키려는 시도를 하였다. 페린은 '경험으로서의 경험'(experience as experience)이라는 표현을 사용하면서, 슈나이더스와 마찬가지로 기독교 영성의 객체가 경험이라는 것을 강조한다. 페린은 '경험으로서의 경험'을 다음과 같이 설명한다.

> '경험으로서의 경험'이라는 표현은 경험 자체가 자명하게 드러나는 것은 아니라는 사실을 인정한다. 다르게 표현하자면, 경험은 스스로 말하지 않는다. 삶의 경험이라는 객체가 기독교 영성을 포함하는 영성학의 연구 대상인 까닭에, 우리는 바로 이 삶의 경험이 형성되는 방법을 찾아야 할 것이다. 경험했던 것을 간직하기 위해서, 혹은 기억하기 위해서 사람들은 자신이 경험한 사건들을 언어로 기술할 수 있어야 한다는 필요조건이 성립된다. 아울러, 사람들은 자신들이 경험한 사건들을 비판적으로 생각해 보기도 하고, 그 사건들을 해석하기도 하며(기독교 영성의 해석학적 작업), 새로운 의미를 부여하기 위해 탐구하기도 한다. 이렇게 함으로써, 사람들은 경험한 사건을 습관적으로 해석하는 방법에서 벗어나서 하나님의 영이 이 세상 가운데 활동하신다는 것을 인정하며 경험한 사건을 새롭게 해석하는 방법들을

향해 가능성을 열어 놓게 될 것이다.[10]

페린이 "경험은 스스로 말하지 않는다."고 강조하는 것은, 마치 역사가들이 "사료는 스스로 말하지 않고, 역사가들이 사료로 하여금 우리에게 말하게 만든다."[11]고 강조하는 것과 같다. 페린에게는 '경험으로서의 경험'이 영성에서 탐구 혹은 관찰의 대상일 뿐만 아니라 해석 혹은 의미 부여의 대상이기도 하다. 그 대상을 알아 가고 해석해 나가는 과정에서 우리는 세상에서 활동하시는 하나님의 영에 대해 알 수 있는 새로운 방법을 발견할 수 있다. 아울러, 페린이 주장하듯 새로운 의미를 부여하기 위해 새롭게 해석하는 방법들을 향한 가능성을 열어 놓으라고 강조하는 것에 찬성한다면, 경험 자체를 새로운 방법으로 해석할 수 있는 시도의 가능성들, 예를 들어 페미니즘의 관점에서 신앙의 경험을 해석하는 것에도 가능성을 열어 놓을 수 있을 것이다.

슈나이더스와 페린이 '경험'을 영성학의 객체 혹은 대상이라고 주장할 때, 메리 프로리히(Mary Frohlich)는 '내면성'이라는 개념이 영성학의 연구 대상이자 아울러 영성학의 방법론적 원리라고 주장한다.

> 개인과 공동체를 연구하는 데 있어서 — 공시적이든 통시적이든 — 그들의 삶으로 그리고 내면으로 깨닫게 되는 '삶의 충만함을 향한 역동적인 변화' 과정의 증거에 주목하는 것이 우리의 연구를 실제적인 영성 연구가 되게 하는 핵심 요소라는 사실을 확증해 주는 것은 방법론적 원리로서 내면성이다. 앞에서 언급한 것처럼, 우리가 연구하는 그 '무엇'은 꿈에서 서정시에 이르기까지 그리고 옷을 입는 방식에 이르기까지 거의 모든 것이 될 수 있다. 내가 주장하는 바는 우리의 연구가 영성 연구가 되려면, 그와 같은 다양한 대상들이 어떻게 그와 같은 변화의 과정과 연결되어 있는가에 초점을 맞추어야 한다는 것이다. 그 변화의 과정이 단지 ('외적인' 것과는 반대 의미의)

'내적인' 것에 그치는 것이 아니라, 오히려 그 과정이 관상 전통에서 '하나님의 임재'라고 부르는 것을 향한 갈망을 포함하는 인간 개인과 깊이 있는 차원에서 반드시 연결되어야만 한다는 것이다.[12]

프로리히가 설명하는 경험은 '충만한 삶을 향한 역동적인 변화'이다. 한 걸음 더 나아가, 그녀는 내면성을 하나님을 향한 열망과 연결시킨다. 프로리히에게 기독교 영성의 객체는 주로 충만한 삶을 향한 역동적인 변화로서의 경험들과 내적인 동기로서의 내면성으로 구성되어 있는데, 그 내적인 동기는 다양한 기독교 영성의 객체들이 그러한 역동적인 변화의 과정과 어떻게 연결되어 있는가를 설명한다. 만약 우리가 페린의 '경험으로서의 경험'이라는 관점에서 '변화'라는 단어를 다시 생각해 본다면, 그것은 하나님의 은혜에 의해서 또는 하나님을 향한 열망에 의해서 '삶이 변화된 경험'으로 설명될 수 있다.

방법론에 관해서 말하자면, 슈나이더스는 "학문 영역에서의 영성"(Spirituality in the Academy)[13]이라는 논문에서 기독교 영성학을 위한 두 가지 유형의 접근 방법을 제시한다 — 하나는 교리적 입장으로 '위로부터의 정의'를 뒷받침하는 것이고, 다른 하나는 인류학적 입장으로 '아래로부터의 정의'를 뒷받침하는 방법이다.[14] 앞서 "영성과 영성신학"(유해룡)에서 설명되어 있는 것처럼, 이 둘의 입장은 상호 배타적인 접근이라고 말할 수는 없고 상호 보완적이어야 하지만, 그럼에도 불구하고 폭넓은 영성에 대한 학문적 의미를 파악하고 해석학적인 이해를 갖추기 위해서는 교리적 입장보다는 인간론적인 입장에서 영성의 의미에 접근하는 것이 더욱 타당성 있는 연구라 할 수 있다.[15] 그래서, 슈나이더스는 다음과 같이 충고한다. "멘토들은 학제적 연구 방법을 확보할 수 있어야만 하는데, 학제적 연구 방법은 학생들이 자신의 연구를 수행하는 동안 충분히 폭넓게 또 충분히 집중할 수 있게 해 주어서 폭이 좁은 일반론자가 되거나 또한 학계를 떠도는 외로운 배회자가 되지도 않게 할 것이다."[16] 요약하자면, 슈나이더스는 영성학을 연구하는 방향이라는 점에서는 세 가지 방법을 언급한다 : 위로부터 또는 교리로부터의 정의, 아래로부터 또는 경험으로부터의 정의, 그리고 양방향으로부터의 정의. 이 세 번째 방향 혹은 방법이 바로 슈나이더스의 가장 위대한 업적 가운데 하나인 '학제적 연구 방법론'(inter-disciplinary approach)이다.

슈나이더스가 학제적 연구 방법에 토대를 마련하였다면, 버나드 맥긴(Bernard McGinn)은 "문자와 영 : 학문으로서의 영성"[17]이라는 글에서 슈나이더스가 언급한 세 번째 방법인 양방향 모델이라는 제삼의 길을 '역사적-상황적 연구 방법'이라는 이름으로 발전시켰다.

> 내가 생각하기에 그 그림은 실제적으로는 그것보다 더 복잡한데, 그 이유는 세 번째 선택 사항, 곧 역사적-상황적(historical-contextual) 방법이 있기 때문이다. 나는 역사적-상황적 방법이 양방향 모델(the model of above and below)보다 더 나은 방법이라고 제안하는데, 양방향 모델은 현대 신학이 하나님과 세상의 관계라는 문제에 대해서 얼마만큼 다루고 있는가에 대한 미묘한 차이를 다루는 관점으로서는 적합하지 않다. 영성에 관한 최근의 관점에 대하여서는, 제한적인 가치 체계와 무제한적인 가치 체계 사이의 연결을 이해하는 다양한 신학적, 인류학적 그리고 역사적-상황적 방법을 관련시키는 시도라고 생각하는 편이 좋을 것이다. 많은 연구자들이 기독교 영성에 대한 과학적인 정의와 함께 영성에 대한 일반적인 정의도 함께 제공하는데, 그 정의들은 그 연구자들로 하여금 종종 두 개 혹은 세 개의 접근 방법 모두를 결합할 수 있도록 하는 하나의 과정이라는 사실을 인지하는 것이 중요하다.[18]

이 세 번째 방법론적 모델은, 슈나이더스가 제안한 표현으로는 학제적 연구 방법이라는 명칭으로 가장 잘 설명될 수 있다. 슈나이더스나 맥긴 모두는 학제적 연구의 중요성을 강조하고 있다는 점에서는 큰 차이가 없다. 그러나 맥긴이 역사적-상황적 접근 방법을 제안한 이유는 기독교 영성학의 객체가 단지 상황으로서의 '삶의 경험'일 뿐만 아니라 그 경험이 기독교 전통이나 또는 역사로서의 기독교 신앙 안에서 의미를 가지고 있어야 하기 때문이다. 나아가 적어도 맥긴의 시각에는 양방향 모델을 대표하는 학제적 연구보다 역사적-상황적 방법이 위로부터의 모델, 아래로부터의 모델 그리고 양방향 모델 등 세 가지 접근 방법 모두를 포함하는 폭넓은 해석학적 이해를 제공하리라고 생각했기 때문이라고 설명할 수 있을 것이다. 맥긴은 역사적-상황법이 슈나이더스의 양방향 모델보다 발전된 방법이라고 제안하면서 "다양한 접근 방법 모두를 결합할 수 있도록 하는 하나의 과정"이라고 강조하였다.

맥긴은 폭넓은 해석학적 지평 위에서 한 개인이나 집단의 신앙 체험이 어떠한 의미를 갖는지 다양한 차원에서 해석될 수 있는 공간을 만들어 냈다고 하겠다. 역사와 상황이 만나면 다른 각도에서 체험이 해석될 수 있는 여지가 생기는데, 이는 성서 본문이나 역사 사료를 연구할 때도 마찬가지이다. 역사 사건을 기록한 공식적인 사료에만 집중하는 것이 아니라 비공식적인 자료와 사건과 관련된 인물의 개인사나 시대적 정황까지를 고려한다면 다른 해석이 더해질 수 있다. 역사와 상황 사이의 역동에서 비롯된 해석에서 한 걸음 더 나아가, 그 해석에서 비롯된 적용의 상호 작용을 통하여 새로운 의미가 생성되고 또 다른 변화의 경험을 가능하게 하는 것까지도 생각해 보아야 한다. 그 이유는 경험과 경험에 대한 해석과 해석의 내용을 영적 성장을 위하여 행동 가능한 목표로 전환하는 것 사이에는 여전히 간격이 존재하고 있기 때문이다.

슈나이더스가 학제적 연구 방법을 강조하고, 맥긴이 역사적-상황적 연구 방법을 강조할 때, 페린은 '종합적 연구 방법'(multidisciplinary approach)을 영성학의 핵심적인 방법론적 원리들 가운데 하나로 제시하였다.[19] 이들은 모두 해석학의 중요성과 학제적 연구의 중요성에 대해서 의견을 같이하고 있지만, 페린은 학제적 연구 방법을 종합적 연구 방법과 구별하고 있다는 것을 확인할 수 있다. 그는 「기독교 영성 연구」서론에서 핵심적인 연구 방법의 원리로 다음과 같은 일곱 가지 내용을 제시하고 있다[20] : ① 영성에 대한 폭 넓은 이해(A broad understanding of spirituality), ② 기독교 영성과 신학과의 관계(Relationship between Christian spirituality and theology), ③ 연구 대상으로서의 경험(Experience as the object of study), ④ 컨텍스트의 중요성(Importance of context), ⑤ 역사 의식(Historical consciousness), ⑥ 종합적 방법(Multidisciplinary approach), ⑦ 해석학적 이론(Hermeneutical theory).

페린이 서문에서 기독교 영성 연구의 핵심적인 방법론적 원리로 학제적 방법 대신 종합적 방법을 강조한 것에 주목할 필요가 있다. 한편, 색인에서 학제적 방법과 종합적 방법을 찾아보면, 학제적 방법은 "interdisciplinary approach to Christian Spirituality"라는 표제어로 알파벳 I 항목에 위치한 반면에, 종합적 방법(multidisciplinary approach to)은 Christian spirituality의 하위 항목에, 연구 목표(aims in studies of), 작업적 정의(working definition) 등과 함께 나란히 위치하고 있어 알파벳 C 항목에서 찾을 수 있다. 페린의 책을 구조적으로 분석해 보면, 서론에서 제시한 일곱 가지 핵심적인 연구 방법의 원리로 학제적 방법이 아니라 종합적 방법을 제시하고 있을 뿐만 아니라 색인에서 기독교 영성 항목의 하위 항목에 연구 목표 그리고 작업적 정의와 나란히 종합적 방법을 위치시킴으로써 기독교 영성 연구 방법으로 종합적 연구 방법을 강조하고 있음을 확인할 수 있다. 학제적 연구와 종합적 연구에 대하여 페린은 다음과 같이 설명한다 :

해석학은 종합적 접근 방법을 포함할 뿐만 아니라, 학제적 접근 방법도 포함한다. 신학, 철학, 심리학, 사회학, 인류학 등의 학문이 모두 다(all be used) 인간의 삶이라는 현상들을 연구하는 데 사용되는데(종합적 연구 방법), 이들 학문들은 또한 양자 간에 대화(dialogue with each other)할 수 있도록 이끌고 와야 한다(학제적 연구 방법). 인간의 경험, 경험으로서의 경험은 — 이것은 영성학이나 기독교 영성의 독특한 대상 혹은 객체는 아니다. 그러나 각각의 학문 분야는 자신의 독자적인 질문들을 제기한다 — 기독교 영성학을 포함한 모든 학문 분야의 공통된 주제들이다. 인간의 경험에 관한 충분한 설명은 오직 모든 관련 있는 학문 분야들이 서로 결합될 때에만 얻어질 수 있다.[21]

　인간 경험을 충분히 이해하기 위해서는 가능한 모든 학문을 사용해야 한다고 강조할 때는 종합적 방법이라는 용어를 사용하고, 양자 간(each other)의 대화를 강조할 때는 학제적 방법이라는 용어를 사용한다. 페린의 관심은 가능한 모든 학문 분야를 아우르는 것으로 그치는 것이 아니라, 모든 학문 분야들이 상호적으로 융합되어야 한다는 데 있다는 것을 전제로 하고 있기에 종합적 방법과 학제적 방법을 동시에 강조하고 있다. 그럼에도 불구하고 페린이 학제적 연구라는 용어 대신에 종합적 연구를 선택하면서 해석학적 방법으로 제시하는 이유에 대해서 생각해 볼 필요가 있을 것이다. 양자 간의 대화(일대일 대응뿐만 아니라 일대다 대응을 포함하는 양자 간의 대화)를 전제로 하면서 모든 가능한 학문 분야들이 협력하여 인간의 경험을 분석해야 한다는 페린의 주장은 영성학 분야를 넘어서서 현대 학계의 동향을 반영하는 것으로 이해할 수 있다.[22]
　과거 다학문적 접근 방법(multi-disciplinary approach)이라는 용어가 처음 사용된 것은 2차 세계대전 때로, 군-산 복합체(military-industry complex)를 지칭하면서 사용되었다. 이는 단순히 서로 다른 학문적 배경을 가지고 있는 연구자들이 일부분의 연구 주제를 할당받고 독립적으로 연구를 수행하여 전체의 연구 결과 중에서 일부만 작성하게 되는 연구라는 의미로 사용하는 경우이다. (이러한 용례를 염두에 두고 페린의 방법론을 다학문적 연구라고 번역하지 않고 종합적 연구라고 번역하였다.) 과거의 용례가 현재의 학제적 연구 방법(interdisciplinary approach)이 함의하는 화학 반응과 같은 융합성을 내포하지 않는 단순한 물리적 나열이었다면, 페린이 강조하는 종합적 연구 방법은 슈나이더스의 학제적 연구 방법을 원리로 하여 그 범위를 확대하고 있다고 이해할 수 있을 것이다.[23] 말하자면, 다학문적 접근 방법을 리프레이밍(reflaming)하여 사용한 것으로 이해해야 한다.

한편, 해석학적 방법을 강조하는 슈나이더스와 페린의 제안은 점점 더 중요성이 증가하고 있으나, 해석학적 방법에 관한 페린의 설명은 필립 셀드레이크가 프랑스 역사학파인 아날 학파[24]의 새로운 역사에 의해 영감을 받아 제시한 역사적 접근 방법과 크게 다르지 않다. 아날 학파 역사가들은 인간과 관련된 모든 것이 역사 연구의 대상이라고 주장하였다. 비록 인간과 관련된 모든 것이 역사학과 영성학의 공통된 연구의 대상이라고 하더라도, 그 방법론에 따라서 역사학이 되거나 영성학이 될 수도 있다는 것을 강조할 필요가 있다. 동일한 연구 대상이라고 하더라도 연구 방법을 어떻게 사용하느냐에 따라서, 아울러 동일한 방법이라고 하더라도 그 대상을 어떻게 정하느냐에 따라서 학문의 영역이 정해진다는 사실은 연구 결과를 어떻게 기술하고 해석하느냐의 문제, 즉 역사 서술의 문제로 귀결된다. 이러한 점에서 우리는 역사적 접근 방법과 역사 서술적 접근 방법을 구분할 필요가 있다. 역사 서술적 방법에 대해서는 "4. 기독교 영성 연구 방법론"에서 다시 살펴볼 것이다.

이제 우리는 다음의 질문들에 답을 할 수 있게 되었다 : "기독교 영성이란 무엇인가? 누가 기독교 영성을 연구하는가?" 이러한 질문들은 기독교 영성의 주체와 관련된 질문들이다. 슈나이더스, 페린, 홀트, 맥긴, 셀드레이크, 그리고 프로리히의 도움을 받아 필자는 학문으로서의 기독교 영성에 대하여 다음과 같은 작업적 정의를 제시하고자 한다. 기독교 영성은 행위와 감정에 있어서 개인적이고, 상호적이고 공동체적인 경험들, 곧 성경의 본문과 기독교 신앙 전통을 통해서 해석되어질 수 있는 경험들에 대하여 종합적이고 역사 서술적인 접근 방법을 사용하여 정보 제공(information), 영성 형성(formation), 삶의 변화(transformation) 혹은 영적 성장이라는 목적을 가지고 연구하는 것이다. 행위와 감정에 있어서 개인적이고, 상호적이고 공동체적인 경험들, 곧 성경의 본문과 기독교 신앙을 통해서 해석될 수 있는 경험들에 대하여 정보 제공, 영성 형성, 삶의 변화라는 목적을 가지고 연구하기를 원하는 모든 그리스도인들이 기독교 영성의 주체가 될 수 있다.

3. 기독교 영성의 객체 : 역사 안에 나타나는 개인적이고, 상호적이고, 공동체적인 경험으로서의 인간의 삶

기독교 영성의 주체 또는 학문으로서의 기독교 영성은 실제로 다룰 수 있고 해석할 수 있는 신앙의 체험들을 기독교 영성의 객체로 삼아 연구한다. 간단히 말하면, 기독교 영성의 객체는 인간의 삶이다. 삶이나 신앙의 체험들에 관하여 말하자면, "나는 어떻게 살아야 하고 행동해야 하는가"의 문제는 "나는 누구인가"라는 질문, 곧 그리스도인으로서의 정체성과 연결되어 있다. 아울러, 기독교적 삶과 기독교적 정체성은 이상적인 역할 모델로서의 예수 그리스도의 삶을 떠나서는 생각할 수 없다. 따라서 기독교 영성에서 체험이라는 측면을 이해하기 위해서 우리는 먼저 예수 그리스도의 삶과 가르침, 곧 복음의 관점에서 기독교적 삶의 핵심 가치를 고려해야만 한다. 그와 동시에, '내적인 정체성과 외적인 삶 사이의 긴장관계'를 고려하는 것도 필요하다. 기독교 영성이라는 체험에는 두 가지의 층이 존재한다. 첫 번째는 외부적인 층으로서 행동과 사건들이고 두 번째는 내부적인 층으로서 이성, 능력, 그리고 어떤 일을 하기 위한 동기 등에 해당된다. 경험의 외적인 층에 대하여, 윌리엄 스트링펠로우(William Stringfellow)는 그의 저서 「영성의 정치학」에서 영성이 무엇이어야 하는지에 관한 폭넓은 관점을 제시한다.

> 영성은 아마도 스토아적인 태도, 오컬트 현상, 마인드 컨트롤의 실천, 요가 수행, 현실 도피자들의 판타지, 내적인 여정, 동방 종교에 대한 관심, 여러 가지 경건 훈련, 초자연적인 상상들, 집중적인 글쓰기, 역동적인 근육 훈련, 엄선된 식단, 명상, 조깅하기, 수도원적 열정, 육체의 고행, 광야 체류, 정치적 저항, 명상, 단식, 환대, 자발적인 가난, 비폭력, 침묵, 기도, 순종, 관대함, 성흔 드러내기, 고독한 곳으로 들어가기, 또는 이 모든 것들, 그리고 또 다른 많은 것들, 주상 고행 등.[25]

스트링펠로우가 제시하는 영성은 외적인 층에 해당되는 것으로서 추진력이나 내적 동기보다는 행위와 사건들로 나타난다. 스트링펠로우가 위에서 언급한 모든 행위와 경험들은 외적인 층으로서 영성의 실천이라고 할 수 있다. 그러나 몇 가지 실천들은 ― 예를 들어, 오컬트 현상, 마인트 컨트롤의 실천, 요가 수행, 현실도피자들의 판타지 등은 ― 기독교 영성과는 아무런 상관이 없다. 스트링펠로우와는 다르게, 데이비드 페린은 영성의 또 다른 측면인 내적인 층에 해당되는 동기와 수용 능력의 중요성을 지적하고 있다. 페린이 스트링펠로우보다 더 설득력이 있다고 보는 이유는, 많은 경우에 있어서 한 사람의 태도와 의도는 그 사람의 행동과 행위와 떼어 놓고 생각할 수 없기 때문이다. 이와 관련하여 예수께서는 다음과 같이 가르치셨다 : "선한 사람은 마음에 쌓은 선에서 선을 내고 악한 자는 그 쌓은 악에서 악을 내나니 이는 마음에 가득한 것을 입으로 말함이니라."[26]

이러한 주장을 뒷받침하기 위해서 페린은 그의 「기독교 영성 연구」에서 진정한 영성이라는 개념을 가지고 두 가지 주요한 특성을 제시한다. 그는 진정한 영성에 대하여 다음과 같이 진술한다 :

> 진정한 영성은 단순히 한 개인이 자기 자신이나 세상에 대하여 좋다고 느끼도록 만드는 의미를 생산해 내는 수단이 아니다. 진정한 영성은 통일된 전체 안에서 삶의 모든 측면에 대한 통합을 포함한다. 진정한 삶은 선한 의지라는 통전적인 영 안에서 살아가는 것을 가리킨다. 진정한 삶은 또한 자신과 자신이 맺고 있는 관계에 대하여 비판적으로 관찰하라는 위탁인 동시에 삶의 모든 측면에 대하여 객관적으로 그리고 규칙적으로 질문하는 것에 대한 개방성을 가리킨다. 이 모든 것은 자기 자신을 다른 사람에게 내어 주는 것만이 아니라 자신의 진가에 대하여 깊이 있게 인정하는 것을 목적으로 존재한다……. 둘째로, 영성은 하나님 또는 다른 초자연적인 존재를 믿는 믿음과 반드시 연결되어 있는 것은 아니다. 신에 대한 믿음이 자아 정체성의 핵심을 이루고 있는 신앙인들의 공동체에 속해 있지 않아도 어떤 사람들에게는 영성이 삶의 중요한 부분이 될 수 있다. 그러나 영성은 그와 같은 믿음을 배척하지도 않는다. 공적인 영역에서, 영성은 신 존재에 대한 인식을 포함하고 있지 않은 신앙 체계를 가리킬 뿐만 아니라 신의 존재에 대한 인식을 포함하는 특별한 신앙 체계 내에서 인간의 삶에 대한 표현을 가리키기도 한다.[27]

기독교 신앙이라는 관점에서 보면, 우리가 살아가는 방법은 다른 사람들과 그리고 하나님과의 특별한 경험들을 통해서 형성되고 변화된다. 따라서, 영성이 삶의 방식과 연관되어 있다고 할 때, 기독교 신앙과 기독교적인 삶의 방식은 모두 양자의 통합이라는 관점에서 고려되어야 할 필요가 있다.

로완 윌리엄스(Rowan Williams)는 「지식의 상처 : 기독교 영성, 신약에서 십자가의 성 요한까지」에서 다음과 같이 제안한다. "영성은 이제 인간 경험의 모든 영역들을 다루어야 한다. 공적이거나 사회적인 경험, 고통의 경험, 부정적인 경험, 심지어 병리학적인 정신의 굴곡조차도, 도덕적이고 관계적인 세상에서의 경험 모두를 포함해야 한다."[28] 윌리엄스의 정의 혹은 제안이 비록 다루기 쉽지 않거나 복잡한 것이라고 하더라도 그는 영적인 탐구에 있어서 인간의 총체적인 경험을 강조하는 것처럼 보인다. 비록 어떤 경험들은 부정적으로 보이기 때문에 기독교 영성의 객체라는 범주에 포함시키기에는 적절하지 않다고 할 수도 있다. 그러나 이미 경험했던 바로 그 부정적인 경험들 때문에, 다른 사람들에 대한 이해를 증진시킬 수도 있고 컴패션을 실천할 수도 있다. 아울러, 바로 그 부정적인 경험들이 성령의 능력으로 인하여 변화될 것과 하나님의 영광을 위하여 사용될 것을 기대할 수도 있다. 이러한 가능성은 시각 장애를 가지고 태어난 사람에 대하여 예수 그리스도께서 하신 말씀을 통해서 확인할 수 있다.

> 예수께서 길을 가실 때에 날 때부터 맹인 된 사람을 보신지라. 제자들이 물어 이르되 랍비여 이 사람이 맹인으로 난 것이 누구의 죄로 인함이니이까 자기니이까 그의 부모니이까. 예수께서 대답하시되 이 사람이나 그 부모의 죄로 인한 것이 아니라 그에게서 하나님이 하시는 일을 나타내고자 하심이라.[29]

제자들이 죄의 결과라고 보았던 한 개인의 부정적인 경험에서 예수께서는 하나님의 일과 하나님의 영광을 보았던 것이다. 예수의 가르침을 따라 로완 윌리엄스의 통합적인 참여라는 관점에서 본다면, 의미 없는 경험들이란 없다고 할 수 있을 것이다.

궁극적인 가치라는 관점에서 본다면, 삶의 경험으로서의 영성은 하나님을 향한 목마름이라는 비유로 가장 잘 설명될 수 있다. 브래들리 홀트는 기독교 영성사에 관한 그의 저서의 제목을 「하나님을 향한 목마름」(Thirsty for God)이라고 붙이고, 영적 목마름에 대해서 다음과 같이 설명한다.

> 어떤 영성이든지 가장 기초적인 전제들 가운데 하나는 우리의 비물질적인 자아 역시 목마르다는 것이다. 기독교 영성은 우리가 실제로 갈망하는 것이 하나님의 생수, 곧 신선하고 입안을 톡 쏘는 듯 시원하고 순수한 물과 동일시한다. 우리의 더 깊은 갈증을 표현하는 또 다른 방법은 사랑을 향한 갈망으로 표현된다. 우리는 사랑 받기를 갈망하고, 사랑하기를 갈망하며, 사랑으로 특징 지워진 세상에 살기를 갈망한다.[30]

홀트에 의하면, 궁극적인 가치는 하나님과의 관계 안에서 그리고 다른 사람들과의 관계 안에서 서로 사랑하는 것이다. 다른 말로 표현한다면, 영성은 관계성이다. 이러한 통전적 영성에 관해서, 구체적으로는 진정한 관계에 관해서 예수께서는 다음과 같이 가르치셨다. "너는 마음을 다하고 뜻을 다하고 정성을 다하여 주 너의 하나님을 사랑하라 그리고 네 이웃을 네 몸과 같이 사랑하라."[31] 예수 그리스도의 가르침에 의하면 관계성에는 하나님과의 관계, 이웃과의 관계뿐만 아니라 자기 자신과의 관계도 포함된다고 할 수 있다. 왜냐하면 시간적인 순서나 논리적인 순서를 따른다면 내 몸을 사랑하는 것이 먼저이고, 그다음이 이웃을 사랑하는 것이기 때문이다. 따라서 홀트의 주장을 보충하여 다음과 같이 말할 수 있을 것이다. 궁극적인 가치는 하나님, 이웃, 자기 자신과의 관계 안에서 서로 사랑하는 것이기에, 궁극적인 가치를 추구하는 영성은 관계성이라고 할 수 있다.

페린, 윌리엄스 그리고 홀트와 더불어 필자는 신앙적 삶의 체험이라는 차원의 기독교 영성의 객체에 대하여 다음과 같이 재진술하고자 한다 : 생동감 넘치는 삶의 경험으로서의 기독교 영성의 객체는 인간의 삶과 삶의 방식에 방향을 설정하는 경험들인데, 그 삶의 방식 안에서 하나님과 타인들 그리고 자신과의 올바른 관계를 통해 궁극적인 가치를 구현해 내기 위하여 의식적, 무의식적, 잠재의식적 경험을 예수 그리스도의 생애와 가르침에 따라서 그리스도인의 정체성과 기독교 신앙으로 통합하는 것을 말한다.

4. 기독교 영성 연구 방법론 : 종합적 연구 방법과 역사 서술적 연구 방법

브래들리 홀트의 주장대로, 기독교 영성과 기독교 역사는 밀접하게 연결되어 있다. 기독교는 태생적으로 역사적인 종교인데, 그 이유는 그리스도 예수가 인간의 몸을 입고 특정한 시간에 특정한 문화권 안으로 오신 성육하신 하나님이라고 믿기 때문이다. 다시 말해, 기독교는 영원하신 하나님이 인간의 역사 안으로 들어오신 사건을 믿는 믿음 위에 세워진 종교이다. 또한 그리스도인들은 하나님이 역사의 주관자이시며, 하나님께서는 자신의 백성을 섭리로 인도하시고, 인간의 역사는 구원의 역사를 통해서 완성된다고 믿는다. 한편, 기독교 역사를 연구하는 것은 기독교인으로서의 정체성을 알아 가는 것과 다르지 않다.

이와 같은 정체성 이슈에 대해서 필립 셸드레이크는 「영성과 역사 : 해석과 방법의 질문들」에서 다음과 같이 주장한다. "누군가에게는 역사를 알 수 있도록 허용하고 또 다른 누군가에게는 허용하지 않는가는 중요한 이슈인데, 그 이유는 기억이나 이야기가 없는 사람들은 삶도 없기 때문이다."[32] 셸드레이크가 지적한 대로 역사나 이야기가 없으면 삶도 없다는 점에서, 역사를 알고 기억하는 것은 매우 중요하다. 만약 누군가가 자신의 삶에 대한 경험을 기억하지 못한다면, 그 사람의 정신 상태는 기억상실증에 걸린 것과 다르지 않을 것이다. 나아가, 만약 누군가가 개인적이고 상호적이고 공동체적인 역사나 혹은 기독교의 이야기를 기억하지 못한다면, 그는 그리스도인으로서의 정체성이 분명하지 않기에 기독교 공동체의 진정한 구성원이라고 보기 어려울 것이다. 오늘날 한국 사회는 역사와 기억이 점점 사라져 가는 사회가 되어 가는 것처럼 보인다. 이러한 사회 현상은 우리의 삶의 방식과 영성에 심각한 타격을 줄 수 있다. 이와 같은 이유로, 우리는 역사와 기독교 영성의 관계를 기독교인으로서의 정체성과 방법론이라는 점에서 고찰해 볼 필요가 있다.

연속되는 시간의 흐름 속에는 역사에 대한 싫증 그리고 역사에 참여한다는 개념에 대한 싫증이 있다. 오늘날 사람들은 일반적으로 역사란 단지 과거를 가리킨다고 믿는 것 같다. 그러나, 학문으로서의 역사의 특징을 이해하는데 있어서 가장 중요한 금언들 가운데 하나는 E. H. 카아(Edward Hallett Carr)의 다음과 같은 선언으로, 역사란 단지 과거를 가리키는 것이 아니라는 점을 강조한다 : "'역사란 무엇인가?'는 역사가와 그가 다루는 역사적 사실들 사이의 계속되는 상호 작용의 과정, 곧 과거와 현재와의 끊임없는 대화이다."[33] 이 금언은 우리에게 역사 연구는 단지 과거를 위한 것이 아니라 현재를 위한 것이기도 하다는 것, 그리고 과거와 현재 사이에 긴장관계가 존재한다는 것을 보여 준다.

역사학에서는 역사를 연구하는 것과 역사적 사건들을 연구하는 것을 동일시하는 경향이 있다. 실제로, 역사적 접근 방법을 사용하여 연구한다는 것은 역사적 사건들과 역사적 인물들 그리고 역사적 문서들과 같은 역사적인 내용들을 연구하는 것을 가리키기도 한다. 역사를 연구하는 이유는 호기심을 충족하거나, 남의 이야기나 옛날이야기에 관심을 가지고 지적 유희를 즐기기 위함이 아니다. 과거의 역사적인 내용을 재구성하여 이해했다고 해서 모든 작업이 끝난 것이 아니라, 그 역사적 사건으로부터 "그렇다면, 오늘 우리는 어떻게 살 것인가?"라는 질문에 대한 답을 얻기 위함이다. 특별히 기독교 영성의 역사를 연구하는 이유는 영성 전통에 나타난 중요한 내용들을 이해하는 것으로 그치는 것이 아니라, 그 이해한 내용을 오늘의 삶에 적용하여 영적 성장과 삶의 변화의 토대로 삼기 위함이다.

기독교 영성사에 나타난 영성의 객체인 신앙의 체험을 연구할 때 맥긴이 제시한 역사적-상황적 연구 방법을 사용하여 해석을 했다면, 그 이후에는 그 해석을 통해서 깨달은 바를 지금 여기에서 나와 공동체의 삶에 적용하는 것으로 이어져야 한다. 영성이 삶의 변화와 영적인 성장을 통해 궁극적 가치를 실현해 내는 것을 목적으로 한다면 반드시 실천이나 프락시스(praxis)가 있어야 한다. 적용이나 실천이 없이는 삶의 변화가 없기 때문이다. 적용은 해석과는 또 다른, 그러나 반드시 병행되어야 하는 작업이다. 이것은 마치 성서를 텍스트로 연구하는 것과 텍스트를 연구한 후에 회중들을 위한 설교문을 작성하는 것과의 차이라고 설명할 수 있다. 서로 연결은 되어 있지만 전자는 성서학이, 후자는 설교학이 담당하는 부분이다. 이러한 구분을 통해서 필자는 역사적-상황적 접근 방법과 역사 서술적 접근 방법의 차이를 드러내고자 한다. 영성신학의 도구들 가운데 역사학적, 신학적, 해석학적 연구 방법과 병렬로 놓인 도구로서가 아니라, 맥긴이 제시한 역사적-상황적 방법을 보충하는 연구 방법으로서의 역사 서술적 방법이다. 맥긴의 역사적-상황적 연구가 주로 해석에 관한 것이라면, 그 해석을 넘어 적용에까지 이르게 하는 방법으로 '역사 서술적 방법'을 제안한다. '가위와 풀'을 가지고 역사 사료를 나열하는 것을 '역사 서술'이라고 하지 않는다. "나는 어떻게 살아야 할 것인가?"라는 질문을 가지고 자신의 관점으로 역사를 해석하고 적용하는 것을 역사 서술이라고 한다.

역사와 역사 서술과의 관계는 인식론이라는 점에서 볼 때 역사 연구에 있어서 중요한 문제이다. 역사 서술은 인식론과 직접적으로 연결되어 있고 다분히 철학적이고 이론적인 성격을 띠지만, 그 목적은 교육이기에 이론적인 동시에 실천적인 성격을 함께 갖추었기에 기독교 영성 연구에 있어서 적극적으로 사용해야 할 방법론이라고 할 수 있다. 역사를 연구하는 것과 그 역사를 교육하는 것은 연속선상에 있으나 역사 연구가 먼저이고 역사 교육이 그 뒤를 따른다. 역사적-상황적 연구 방법으로 객체로서의 영성을 연구했다면, 그것을 연구하고 해석한 내용을 삶에서 실천하도록 교육하는 것이 역사 서술방법의 목적이다. 역사가의 작업은 과거의 사건들에 대한 발굴과 정확한 재진술뿐만 아니라 오늘의 시대에 주고 있는 충격과 영향에 대한 설명까지 포함해야 한다. 과거는 단순히 일어난 어떤 일뿐만 아니라 우리의 현재를 보증하며, 우리로 하여금 미래에 대해서 그리고 우리가 간절히 바라는 것에 대해서 깊이 생각하도록 초대하는 특별한 것이다. 역사 서술적 접근 방법은 교육적인 목적을 위해 역사적인 내용들을 연속성과 불연속성이라는 긴장관계 안에서 해석학적 설명으로 기술하는 것을 의미한다. 예를 들어 관상의 역사적 전통을 연구한다면, 우리는 이제 어떻게 기도해야 하는가를 질문하고 그 질문에 답할 수 있어야 할 뿐만 아니라 실제적으로 기도해야 한다.

역사 서술 방법의 한 예로써 토마스 키팅이 우리에게 소개하는 "전통과의 블렌드"(traditional blend)[34]라는 개념을 제시하고자 한다. 키팅은 전통과의 블렌드의 결과물인 향심 기도에 대하여 다음과 같이 소개한다.

> 향심 기도는 이러한 전통들로부터 가지고 온 요소들의 혼합물이다. 우리의 주된 재료는 '무지의 구름'(The Cloud of Unknowing)이지만, 다른 '차'(tea)들을 혼합하여 특별한 것을 만들었다. 기독교 전통으로부터 특별한 블렌딩 허브차를 개발하는 동안, 향심 기도는 또한 이러한 가르침을 우리 시대의 심리학적 발견들과 다른 현대 과학들 간의 대화 안에 위치시키려고 노력해 왔다.[35]

토마스 키팅이 기독교 전통에서 재료를 가지고 와서 현대 과학들과 대화하면서 향심 기도를 만들어 낸 것과 마찬가지로, 우리 역시 전통과의 블렌드라는 방법을 사용하여 자기 자신의 전통과 관점으로부터 기독교 전통을 계승하며 수정하고 보완하여 발전시켜 나갈 수 있을 것이다.

역사를 연구하는 목적들 가운데 하나는 과거라는 창문을 통해서 현재를 어떻게 이해해야 하는가를 알기 위해서이고, 나아가 현재 우리는 어떻게 살아야 하는가를 알기 위해서이다. 과거와 현재와의 간격에 다리를 놓기 위해서 역사가들은 과거와 현재의 사건을 자신의 상황 안에서 해석하고 비교문화적인 관심을 가지고 설명한다. 이렇게 다리를 놓는 작업은 "잃어버린 신앙, 잃어버린 가치, 잃어버린 삶에 대한 조망, 그리고 아마도 잃어버린 통찰과 이해에 대한 발견에 관심을 갖는다."[36] 잃어버린 역사의 퍼즐 조각들을 발견하는 과정을 통해서, 우리 자신의 전통을 풍요롭게 해 줄 수 있는 이른바 '잃어버렸던 연결고리'를 가지고 보다 세밀하게 과거라는 그림을 그릴 수 있을 것이다.

역사와 기독교 영성의 관계에 관하여 말하자면, 페린이 주장한 대로 역사는 기독교 영성 연구에 있어서 가장 중요한 동반자이다.

> 역사는 이번 장에서 설명해 온 대로 기독교 영성 연구의 가장 중요한 동반자이다. 역사가 없이는, 기독교 공동체가 과거에 어떻게 살아왔는지에 대해서뿐만 아니라 또는 미래를 위해서 가지고 가야 할 필요가 있는 것이 무엇인지에 대해서도 아는 것은 불가능하다. 기독교 역사에 대한 여러 지식이 없이는, 오늘의 기독교적 삶에 대하여 이해하는 것이 거의 불가능하다. 기독교 영성의 역사는 우리로 하여금 과거에 살았던 사람들의 영적 여정과 그 영적 여정이 오늘을 살고 있는 사람들의 삶에 어떻게 정보를 주는지에 대해서 이해할 수 있는 상황적 맥락을 제공한다.[37]

페린이 "미래를 위해서 가지고 가야 할 필요가 있는 것"이라고 지적한 것은 주목할 만한데, 그 이유는 그가 우리에게 역사의 과거나 현재의 차원만이 아니라 미래적 차원에 대해서도 상기시켜 주고 있기 때문이다. 페린과 더불어 우리는 역사의 연속성이라는 점에서 기독교 영성사의 지평을 초대 교회의 그리스도인들, 곧 영적인 선조들의 삶에서부터 비교적 최근의 일이나 현재를 포함하여 우리의 후손들에게까지 확장해 갈 수 있을 것이다.

역사는 기독교 영성에 풍부한 자료와 구체적인 예를 제공한다. 여기서 한 걸음 더 나아가, 기독교 영성의 역사는 우리로 하여금 어떻게 기독교 영성 전통에 참여할 수 있을지를 알게 도와준다. 기독교 영성의 역사를 알아 가는 과정에서, 우리는 믿음의 선배들이 믿었던 것이 무엇이며, 어떻게 그들이 기독교 영성을 실천했고, 어떻게 오늘의 사람들이 기독교 전통의 유산으로부터 영향을 받았는지를 이해할 수 있게 된다. 해석되고 반응된 영적인 경험들을 통해서, 현대인들은 그들의 앞선 시대를 살았던 사람들에 의해 결정된 일련의 결과물들을 삶으로 살아 내고 있다는 사실을 이해할 수 있다.

기독교 영성의 역사는 또한 하나의 상황적 맥락을 제공하는데, 그 안에서 우리는 과거에 살았던 사람들의 영적인 여정을 이해할 뿐만 아니라, 이러한 과거의 영적 여정에 관한 정보가 오늘을 살아가는 사람들의 삶을 형성하고 변형할 수 있는지에 대해서 이해하게 된다. 영성의 객체로서 영적인 경험들은 정의하기가 어려울 뿐만 아니라, 그것을 결정하고 특징지을 수 있는 역사적이고 문화적인 상황에서 일어난다. 결과적으로, 기독교 영성은 사회적으로 조건지워진다. 셀드레이크는 역사적 맥락과 영성과의 관계를 설명하면서 다음과 같이 적고 있다 : "13세기 탁발 수도 운동의 영성에 나타난 급진적인 가난에 대한 강조는 단지 성경적인 가치일 뿐만 아니라, 당시의 사회적 조건에 대한 영적이고 사회적인 반응이었다."[38]

역사 연구는 어떻게 살아야 하는가라는 점에서 삶에 대한 균형 잡힌 시각을 제공해 준다. 기독교 역사 연구를 통해서 그리스도인들은 자신들의 기독교적 정체성을 인지할 수 있게 된다. 역사 연구의 이러한 장점들에 대해 인정하게 된다면, 역사 연구는 이론적인 일이라기보다는 실천적인 일이라는 것이 분명해질 것이다. 사람들이 과거로부터 교훈들을 받아들인다면, 자신에 대해서 자신이 실천하는 것들에 대해서 그리고 자신들이 믿고 있는 바에 대해서 알게 될 것이다. 과거의 이슈들이 오늘과 비교할 때 매우 다른 상황적 맥락에서 다루어진다고 하더라도 많은 이슈들이 근본적으로는 동일한 상태로 남아 있다. 과거의 사람들이 이러한 이슈들과 어떻게 씨름했는지를 연구하면서, 오늘과 미래를 살아가는 데 필요한 보다 많은 지혜를 얻게 될 것이다. 기독교 영성에 대한 이해는 기독교 영성의 역사를 알아 감으로써 얻어질 수 있다. 이러한 점에서 역사는 기독교 영성 연구가 가장 좋은 동반자이다. 한 걸음 더 나아가 전통의 혼합 방법이라는 이름으로 역사 서술적 접근 방법을 사용하는 것이 필요하다.

5. 이 장의 요약

학문의 한 분야로서 기독교 영성은 연구 대상과 연구 방법으로 정의될 수 있다. 이 글에서 필자는 기독교 영성을 주체와 객체 그리고 양자 간의 긴장 관계를 해소하는 연구 방법론이라는 관점에서 살펴보면서 하나의 작업적 정의를 다음과 같이 제시하였다. 학문으로서 기독교 영성은 행위와 감정에 있어서 개인적이고, 상호적이고 공동체적인 경험들, 곧 기독교 신앙과 전통에 의해서 해석될 수 있는 의식적이고 무의식적이고 잠재의식적인 경험들을 종합적인 방법을 사용하여 정보, 형성, 그리고 변화라는 관점에서 연구하는 것이다. 따라서 기독교 영성의 주체는 행위와 감정에 있어서 개인적이고, 상호적이고 공동체적인 경험들, 곧 기독교 신앙과 전통에 의해서 해석될 수 있는 의식적이고 무의식적이고 잠재의식적인 모든 경험들을 정보 제공, 영성 형성, 그리고 삶의 변화라는 관점에서 연구하기를 원하는 그리스도인이라고 할 수 있다.

일반적으로 기독교 영성의 객체는 경험이다. 그러나, 부정적인 경험을 영성의 객체로 포함시켜야 하는지에 대해서는 합의가 이루어져 있지 않은 것처럼 보인다. 필자는 삶의 변화를 강조하기 위하여 그 변화의 결과로 소멸되어 없어져야 하는 부정적이고 병리적인 경험까지도, 예를 들어 알콜 중독까지도 '경험으로서의 경험'에 포함시켰다. 모든 개별적인 경험들이 의미 있는 경험들로 해석될 수 있다는 점에서 필자는 기독교 영성의 객체를 다음과 같이 제시하였다 : "행위와 감정에 있어서 개인적이고, 상호적이고 공동체적인 경험들, 곧 기독교 신앙과 기독교적 삶의 통합이라는 관점에서 해석될 수 있는 의식적이고 무의식적이고 잠재의식적인 경험들". 요약하면, 기독교 영성의 객체는 기독교 신앙과 전통에 따라서 해석될 수 있는 인간의 삶이다.

인간의 삶과 경험을 연구하고 해석하기 위해서 학자들은 학제적 연구 방법을 넘어서 종합적 연구 방법을 사용하고 있다. 이러한 종합적인 연구 방법은 어느 둘 혹은 셋 이상의 학문 간의 상호 협조와 대화를 넘어서, 인접해 있거나 전혀 다른 둘 이상의 학문 영역에 걸쳐서 방법론과 연구 성과를 공유하고 혼합하는 과정에서 새로운 해석을 이끌어내기도 한다는 점에서 반드시 필요한 연구 방법이라고 하겠다. 단순한 다학문적 연구의 차원을 벗어나서 관련된 모든 학문들이 긴밀하게 연결되고 그 모든 학문들을 결합할 수 있는 실이 필요하다는 제안에 따라 역사 서술 방법을 모든 학문 분야들을 연결하는 하나의 '실'로 제안하면서, 학제적 연구를 토대로 하는 종합적 방법론을 제시하였다. 이러한 방법론을 사용하는 것은 단순히 과거에 일어난 일을 알고 재구성하기 위해서가 아니라, "그렇다면, 이제 우리는 어떻게 살아야 하는가?"라는 질문에 삶으로 대답하기 위해서 관련된 모든 분야를 망라하는 방법론이다. 마치 프랑스의 아날 학파가 이른바 '새로운 역사'를 주창하면서 인류학과 경제학, 심리학, 지리학 등의 연구 방법을 적극 수용하여 심성사와 전체사를 기술하려고 시도했던 것과 같이, 필자는 인간의 삶의 내면적인 측면과 외형적인 측면 모두를 이해하기 위한 기독교 영성 연구의 방법으로 종합적인 방법론과 역사 서술 방법을 제안하였다.

토마스 키팅이 현대 과학과의 대화를 통해서 기독교 전통으로부터 향심기도를 제시한 것과 같이, 우리 자신의 균형 잡힌 시각을 통하여 이른바 '전통과의 블렌드'라는 점에서 기독교 전통을 변형하고 재구성할 뿐만 아니라 지금 여기에서 나와 공동체의 영적 성장을 위해 실천할 수 있는 내용을 만들어 낼 수 있어야 하고 또 실천해야 한다. 이 말이 의미하는 것은, 한편으로 우리의 영적 여정이나 영성 연구를 위해서 자신의 교단적 배경이나 전통을 바꿀 필요가 없다는 것이고, 다른 한편으로 우리는 모든 기독교 전통, 로마 가톨릭이나 동방정교회나 다른 어떤 이름이 붙어 있는 기독교 전통이라고 할지라도 그 모든 전통들을 사용할 수 있어야 한다는 것이다. 우리 개신교인들은 모든 기독교 영성 전통에 나타난 경험들을 종교개혁 전통이나 개신교 전통이라는 관점에서 종합적인 방법으로 연구하고, 그것을 역사 서술적 방법론을 이용하여 "그렇다면 오늘날 우리는 어떻게 우리의 영적 여정을 해 나갈 수 있을 것인가?"라는 질문에 삶의 변화를 통해서 대답해 나가야 할 것이다. 모든 기독교 전통을 포괄하고 불연속성과 연속성을 함께 고려하여 '전통과의 블렌드'를 만들어 가는 과정에서 우리는 우리의 개신교 전통을 더욱 풍요롭게 만들 수 있을 것이다.

Ⅱ부

영성에 대한 성서적 그리고 신학적 이해

신구약에 나타난 영성 이해 : 성서 영성(Biblical Spirituality)이란 무엇인가?[1]

이경희(횃불트리니티신학대학원 초빙교수, 기독교영성학)

그리스도교 영성이란 무엇인가? 필립 쉘드레이크(Philip Sheldrake)는 "그리스도교 영성은 그리스도교 역사 안에 사용되었던 신학적 (사변이 담긴) 언어에 기반을 두지 않고 하나님 경험에 근거를 둔다."[2]라고 주장한다. 그는 그리스도교 영성이라고 언급할 때는 단순히 언어로 설명된 기도의 기술을 말하는 것을 넘어서, 하나님과 예수님과 성령님과 교회 공동체 안에 의식적으로 참여할 때 일어나는 변화라고 설명한다. 엘리자베스 드리어(Elizabeth Dreyer)는 "그리스도교 영성은 매일, 공동체적으로, 한 성도의 궁극적 믿음의 살아 있는 표현이다. 이 믿음은 그리스도를 통하여 또한 성령의 능력 안에서 초월적 하나님의 사랑과 자아와 이웃과 세계를 향해 열려 있다."[3] 드리어(Dreyer)는 그리스도교 영성이 초월자 하나님의 신비를 경험하고 매일의 삶의 여러 관계 속에서 하나님의 임재를 적용하는 것이라 주장한다. 샌드라 슈나이더스(Sandra Schneiders)는 그리스도교 영성이란 인식된 궁극적 가치를 목표로 하여, 자기 초월을 통한 삶의 전인격적이고 통전적인 통합의 과정 안에 의지적으로(의식적으로) 참여하여 얻는 경험이라고 정의한다.[4] 이렇듯 영성은 신비적인 경험에 의한 것이든, 기도에 의한 것이든, 말씀에 의한 것이든, 성례전에 의한 것이든 그 속에서 하나님과의 직접적인 만남의 경험을 기초로 한다.[5] 즉, 그리스도교 영성이란 개인이 내 삶의 현장(성과 속으로 나누지 않고, 개인과 사회적 영역을 구분하지 않고 통합하면서) 안에서 삼위일체 하나님이 어떻게 매일 일하시는지 알아차리고, 그분의 임재를 통해 매일 새로워지는 영적 형성(Spiritual Formation)을 경험하는 것이다.

앞에서 정의한 그리스도교 영성의 모체가 되는 것이 성서이다. 성서는 역사 속에서 믿음의 선배들이 고민했던 현장의 냄새가 배어 있는 "하나님 경험의 보고(寶庫)"이다. 성서는 수천 년 전에 아브라함, 룻, 다윗, 에스라 등의 인물이 어떻게 고민했는지 그리고 이스라엘 백성이 어떻게 실수와 고통의 문제를 끌어안으며 몸부림쳤는지 생생하게 보여 주고 있다. 즉, 성서는 수많은 사람들이 어떻게 하나님을 경험하고 이해했는지 그리고 그 후에 믿음의 공동체는 어떻게 하나님의 말씀을 해석하여 매일의 삶에 적용시켰는지를 보여 주는 그리스도교 영성의 모체(母體)이다.

필자는 본 논고에서 먼저 역사 속에서 어떻게 성서가 이해되었는지, 즉 사람들은 역사 안에서 성서를 어떻게 해석하려 했는지를 살펴볼 것이고, 두 번째로 성서 해석을 담당하는 두 분야, 성서학과 성서 영성에 대해 살펴볼 것이며, 마지막으로 사무엘하 11~12장을 분석하면서 성서 영성의 방법이 어떻게 사람들의 영성을 고취할 수 있는지 살펴보려 한다.

1. 성서 해석의 변천과 흐름

본격적인 논의에 들어가기에 앞서 두 가지의 전제를 먼저 다루기 원한다. 먼저 성서는 역사의 산물이라는 것과, 둘째로 영성은 역사 속에서 사람들의 희로애락(경험)을 담아내는 지혜 문학과 깊은 관련이 있다는 점이다. 첫째, 성서는 역사적 사건들의 내러티브들의 집합체이다. 그리스도교 영성의 탄생은 성서가 전해 준 역사 속의 내러티브에서 출발한다. 창조, 아브라함의 이동, 요셉의 꿈, 모세와 함께한 출애굽, 모세의 율법과 성막, 다윗의 통치, 솔로몬의 성전 내러티브 등의 역사적 사건들의 이야기는 독자들을 영성의 세계로 이끌어 준다. 이런 구약성서의 역사적 사건들이 그리스도교인에게 의미가 있게 되는 것은 신약성서가 소개하는 나사렛 예수 그리스도의 생애와 고난 그리고 죽으심과 부활을 자신의 사건으로 경험함에서 시작된다. 예수 그리스도의 부활을 맛본 제자들과 사도 바울을 비롯한 초대 교회 그리스도교인들은 구약의 율법과 신약의 복음이 한 문맥으로 이어짐을 맛보게 되었고(행 15 : 6-11), 구약과 신약이 예수 그리스도 안에서 완성되는 신비를 경험하게 된다(갈 3 : 23-29, 롬 8 : 31-39). 그러므로 그리스도교 영성의 핵심은 — 바로 이렇게 구약과 신약의 내러티브 안에 드러나신 — 하나님이 어떻게 예수님 안에서 자신을 계시하시고, 그리스도교인들이 어떻게 성령의 역사하심으로 하나님을 매일의 삶의 현장에서 경험하는가의 문제임을 알 수가 있다.

둘째, 이런 하나님 경험, 즉 영성을 담아내는 내러티브는 지혜 문학과 깊은 관련이 있다. 지혜 문학은 하나님의 말씀이 날 것 그대로 드러나는 율법서나 예언서와는 달리, 인간 본성의 유치함과 절박함 그리고 간교함과 부르짖음이 가감 없이 그대로 드러나는 작품이다. 율법서나 예언서와 다르게 지혜 문학 안에는 인간의 모든 영역을 포함하는 실제적인 어조가 들어 있고 해학과 풍자가 곁들여 표현되기도 한다. 이 지혜 문학의 가치는 무엇인가? 그것은 율법서나 예언서가 하나님의 말씀이 그대로 쏟아지는 하늘의 언어라고 한다면, 그것을 받는 믿음의 사람들이 그 믿음을 앎에서 실천으로 옮기는 과정 중에 일어나는 '해석의 유기적 연동'이라 하겠다. 예를 들면, 지혜 문학의 최고봉이라 하는 욥기는 어떻게 믿음의 사람 욥이 그의 믿음을 앎에서 실천으로 받아 내는지 잘 보여 주고 있다. 그러면서 독자는 욥이 어떻게 친구들과의 치열한 토론을 통해 믿음을 단지 머리로만 아는 것이 아닌 몸으로 받아 내고 있는지, 또한 그 과정을 어떻게 눈물겹게 겪고 있는지, 그 생생한 경험을 보게 된다. 욥은 믿음이 앎의 자리에서 삶의 자리로 내려오는 '살아 낸 경험'(lived experience)을 하게 된다. 이것이 영성의 뿌리다. 성서 영성은 이런 지혜 문학과 결을 같이한다. 이런 '믿음-앎-실천'의 '해석의 유기적 연동'이 지혜 문학에서 끝나지 않고, 신약에서도 나타난다. 특히 사도 바울은 믿음을 앎의 단계에서 해석의 단계를 거쳐 실천의 단계로 가지고 와서, 그만의 독특한 영성인 '십자가 신학'(케리그마)을 선포한다. 이처럼 그리스도교 영성은 (물론 성서의 전 부분에서 잘 드러나지만 특별히) 지혜 문학과 바울서신서에서 드러나듯이 '믿음-앎-실천'의 자기 해석을 통한 유기적 연동과 깊은 관련이 있고 이런 연동에서 나온 하나님과의 '살아 있는 경험'이, 그 신비가, 그리스도교 영성이라 하겠다.

그럼 초대 교회부터 21세기까지, 하나님을 경험한 자들은 어떻게 성서를 이해하고 해석했는가? 어떻게 성서를 글의 영역에만 가두지 않고, 살아 있는 유기체로 만들고 해석자와 연동시켜 삶의 실천의 자리까지 이끌어 왔는가? 이를 총 여섯 시대로 나누어 살펴보도록 한다.

1) 초대 교회와 교부 시대

초대 교회에서는 최소한 몇 가지 방법으로 성서가 일반 문학과 다르다고 가정했다. 성서의 모든 단어들이 하나님의 감동하심을 받은 것이며 신적 계시를 내포하고 있다고 믿었다(딤후 3:16). 결과적으로 해석자가 본문을 올바르게 이해하기 위해서는 신적 도움 — 대체로 내적 조명이라고 이해된다 — 이 필요했다. 이로 인해서 초대 교회의 가장 위대한 성서학자인 오리겐(Origen)은 알렉산드리아에 있는 자기의 요리문답 학교의 학생들이 준(準) 수도원 생활을 해야 한다고 주장하게 되었다. 왜냐하면 깨끗한 양심과 열심 있는 기도가 실질적으로 그들의 학문의 질을 결정한다고 생각했기 때문이다.[6]

초대 교회의 성서 해석의 관심은 어떻게 구약성서에 내포된 사건들 속에서 예수님을 찾아낼 수 있는가이다. 예를 들면, 마태는 유대인들을 향해 예수를 새로운 모세로, 또한 예수의 탄생을 구약성서의 예언의 성취로 보여 준다. 마태복음 2 : 13~23에서 예수님의 출애굽은 모세의 출애굽을 연상시키며, 마태복음 4장에 기술된 예수님의 40일간의 광야 시험은 모세가 출애굽 후 40일간 시내산에서 하나님과 친밀히 있었던 시간을 기억시킨다(출 24장). 예수님의 산상수훈(마 5 : 21-48)은 모세의 십계명의 향수를 불러일으키며, 마태복음 8~9장의 10개의 기적은 출애굽 직전 이스라엘이 경험했던 10개의 기적과 궤(軌)를 같이한다. 마태복음에는 모세오경을 그려 볼 수 있도록 다섯 개의 말씀 모음이 있다. 마태복음 5~7장, 10장, 13장, 18장, 23~25장의 예수 말씀 모음 다섯 개는 마태가 어떻게 구약성서에 숨어 있는 나사렛 예수의 이야기를 그리스도적 사건으로 해석하고 천착(穿鑿)했는지 보여 준다.

이렇듯 초기 교회(초대 교회와 1-4세기까지의 교부 시대)의 그리스도교 영성은 신적 자기 계시의 풍성한 유대교 전통에 근거한 예수님으로 시작한 것이고, 예수님에게 반응하는 사람들(그리스도교인)의 살아 있는 경험들에 기초한 것이다. 이러한 경험은 언어로 전환되어 사람들과 향유되었다.[7] 교부 시대에는 크게 두 가지 언어적 해석 방법이 등장한다. 하나는 "문자적"(Literal) 접근 방식이며 다른 하나는 "문자적인 것 이상의 접근 방식, 또는 우의적"(Allegorical) 접근 방식이라고 불리는 것이다. 아프리카에 소재하여 헬레니즘 문화가 융숭하게 발전한 알렉산드리아는 '우의적' 해석 방법의 진원지이다. 유대인 필로(Philo, ca.20 BCE-50 CE)와 클레멘트(Clement, ca.150-215)와 오리겐(Origen, ca.185-254)은 우의적 해석 방법을 발달시킨 대표적 인물들이다. 이들이 이 해석 방법을 주장한 목적은 히브리 성서의 영적 의미와 플라톤 철학의 통찰들 사이에 양립성을 증명하기 위한 것이었다. 이들은 우의적 석의 안에서 그리스도교의 그노시스(gnosis)의 보화 그리고 믿음에 입문한 자들을 위해 비축된 비밀스러운 지혜가 감추어져 있는 성서의 상징들을 푸는 열쇠를 발견할 수 있다고 주장했다.[8] 이런 우의적(Allegorical) 해석은 영적 해석으로 받아들여졌는데, 그중 오리겐은 그의 「아가서 주석」에서 솔로몬과 술람미 여인의 관계를 교회와 그리스도의 관계로 해석함으로 당대의 기념비적인 이정표를 세웠다.

여기에 반발하며 등장한 해석 방법이 '문자적' 접근 방식이다. 사모사타의 루시안(Lucian of Samosata, 312년경 사망), 타르수스의 디오도루스(Diodorus of Tarsus, 392년경 사망), 존 크리소스톰(John Chrysostom, 347-407), 히포의 어거스틴(354-430)은 알렉산드리아 학파의 학자들만큼 '문자적 해석 이상의 것'(우의적, 알레고리적 방법)에 능숙했지만, 그들의 초점은 조금 달랐다. 안디옥 학파의 석의는 유대교 해석의 특징이었던 '축어적 직역주의의 형태'(Verbal literalism)를 물려받은 것이었다. 이들은 유대교 해석의 전통을 따르는 듯한 문자주의로 시작하지만 다른 한편으로는 그리스도의 부활과 재림을 통해 명백해지는 의미를 발견하는 '테오리아'(theoria, 문자적 의미에서 시작해 영적 의미로 귀결 짓기)에 더 큰 의미를 두어 유대교와 다른 해석 방법을 갖게 되었다.[9] 해석자들은 이런 테오리아의 방법을 통해 하나님과의 연합을 경험하게 되고, 성서 해석을 통한 고독의 과정에 들어가 하나님과 하나 됨의 신비를 알아 가게 되었다. 이런 경험이 후에 동방 교회의 영성에 큰 영향을 주게 된다.

2) 중세 전반부 시대(5-11세기)

로마 제국의 멸망부터 12세기 스콜라 철학이 대두되기 전까지의 수도원 중심의 성서 석의의 발달 시기를 중세 전반부 시대라 부른다. 이 시기의 성서 해석은 하나님과의 더욱 친밀한 교제를 사모한 사람들로 인하여 자발적으로 생겨난 사막의 수도원을 중심으로 일어났다. 사막의 수도사들은 하나님의 말씀을 양식으로 먹고 살아갔다. 그들은 하나님과 깊은 관계에 머물기 위해 성서로 변화되기를 구하는 자들이다. 성서는 단지 해석되는 책이 아니라 자신의 삶과 몸을 하나로 만들어 주는 동역자였다. 초기 수도사들에게 중요한 질문은 "어떻게 고대 문서에서 현재에 적용할 수 있는 의미를 도출해 낼 수 있을까"이다. 수도사들은 성서의 말씀을 큰 소리로 암송하며 익혀 자기 것으로 만들었다.[10] 수도사들은 교부들의 저술들을 지침으로 성서를 석의했으며 전통적 성서 묵상법인 '거룩한 독서'(lectio divina)를 통해 성서 연구에 참여했다.[11] 또한 존 카시안(John Cassian/ca. 360-435)이 「집회서」(Conferences of the Fathers)를 통해 서방 수도원 운동에 소개한 '사중 해석 방법'의 지배를 받았다. 이 방법은 성서 구절에서 '네 가지 의미'를 끌어내는 것으로, 중세 시대 작자 미상의 구절 2행으로 요약할 수 있다.

> Littera gesta docet, quid credas allegoria ;
> Moralis quid agas, quo tendas angogia.
> "문자는 무엇이 일어났는지를, 우의적 의미는 무엇을 믿는지를 ;
> 도덕은 무엇을 행해야 할지를, 신비는 어디로 가는지를 가르친다."

그러므로 문자적 의미는 유대 역사상의 사건들과 실체들을 언급하고, 본문의 그리스도교적 의미와 신학적 의미는 우의적 의미이고, 그리스도교인 개개인이 본문을 실천하려는 것은 도덕적 의미이고, 종말론적 성취를 가리키는 것은 신비적 의미이다.[12] 이런 해석 방법들은 중세 전반기에는 수도원 안에서 발전되다가 11세기에 들어서면서 새로운 흐름을 맞이한다. 수도원 안에 성당 부속 학교들이 세워지고 그 안에서 조직신학과 성서 연구가 중심이 되는 대학의 형태가 들어선다. 이제 스콜라 시대라 불리는 변증법의 시대가 열리게 되는 중세 후반기를 맞이하게 되었다.

3) 중세 후반기 시대(12-14세기)

이 후반기 시대에는 신생 대학(University)의 발달로 성서 해석과 성서 영성이 대두되었다. 이 시기는 신학과 영성의 중심지가 수도원에서 대학으로 옮겨 가면서 성서보다는 철학이 신학적 사유의 관심 대상이 되었다.[13] 그중 토마스 아퀴나스(1225-1274)는 이 시대를 대표하는 인물이다. 그는 기존에 영향을 주던 플라톤적 성속의 개념과 영·육·혼의 개별 개념을 극복하려고 애쓴 인물이다. 그는 아리스토텔레스적 철학에 근거하여 성서를 해석하며 영성을 고취하려 했는데, 그중에 대표적으로 성서를 해석하고 읽는 것 혹은 기도하고 가르치는 것은 — 기존에 플라톤적 철학에 근거해 하나님을 경배하는 것만 성스러운 것이라는 주장과 다르게 — "하나님을 사랑하기 위해서만이 아니라 인간을 사랑하기 위해서다."라고 주장했다. 이렇듯 그의 영과 육의 개념을 이분법적으로 분리하지 않는 아리스토텔레스적 철학은, 성서 해석에 있어서 자구적 해석과 우의적 해석을 나누는 플라톤적 방법을 피하며 통전적 관계 안에서 성서를 해석해야 함을 피력했다.

그의 이름은 몇 가지 중요한 점에서 인구에 회자되고 있다. 첫째, 그는 성서의 저자들인 인간에 관심을 가졌다. 이들이 의도한 의미들, 즉 문법적이고, 역사적이고, 문학적인 관점을 중요하게 여겼다. 이러한 움직임은 구약성서에 대한 새로운 흥미를 불러오기에 충분했다. 둘째로, 비록 하나님을 향한 인간의 영적 갈망을 부정하지는 않지만, 그는 구약성서의 영적 의미를 많이 축소시켰다. 지나치게 영적이라고 여겨지는 우의적 표현보다는 본문의 문학적 접근에 방점을 찍으려 노력했다. 결국 그는 아주 다루기 힘든 우의적이고 영적이라 여겨지는 문제들을 다루었다. 마지막으로 ― 같은 연장선상에 있는 문제지만 ― 그는 신학적 진리는 반드시 영해의 관점이 아닌 문학적 방법(비록 이 방법은 역사 속에서는 부정되어 오던 방법이었지만)으로 풀어야 한다고 주장했다. 그에게 있어서 성서는 하나님의 살아 계심을 나타내는 증거이기도 하지만, 신학적 논쟁을 잘 설명해 주며, 통찰을 제공하며, 믿음에 대해 확언해 주는 책으로 이해되었다.[14] 중세 후반기 시대는 이런 변증법적 이성의 발달을 특징으로 하는 스콜라 철학으로 인해 성서 해석에 큰 틀의 전환을 가져왔다. 초대 교회, 교부 시대, 중세 전반부의 성서 해석은 성서의 모든 단어와 문장을 하나님이 말씀하신 것으로 이해했다. 또한 각 책의 저자는 이것을 받아썼기 때문에 본문의 참 의미는 하나님의 말씀을 받아쓴 각 책의 저자들의 본문을 보면 알 수 있다고 여겼다. 그러나 중세 후반기와 르네상스를 거치면서 이성을 통한 본문의 객관성에 관심을 갖게 되었다. 즉, 본문의 참된 의미는 저자에 의해서만 결정될 수 없으며, 본문의 의미를 이성적으로 잘 분석하고 삶의 현실의 문제를 계시적 사건으로 해석하면서 찾을 수 있다는 이해의 토대를 두게 되었다. 이런 토양에서 성서 해석은 르네상스와 종교개혁을 맞이한다.

4) 르네상스와 종교개혁 시기(15-17세기)

스콜라 철학에 기초한 성서 해석은 르네상스와 종교개혁 시기를 지나면서 사유의 눈을 뜨게 되었다. 이 시기의 성서 해석 풍토는 (중세까지의 교회 안에서 유지되어 온) 기존의 모든 해석의 체계와 해석 전통의 권위에 질문을 하기 시작한 것이다. 그들이 추구한 것은 '객관성'이다.[15] 그들은 질문하기 시작했다 : "인간이 해석의 주체가 되면 안 되는가?", "역사를 바라보는 새로운 인식은 무엇인가?", "성서 해석을 위한 좀 더 나은 도구와 방법들은 무엇인가?" 그리고 "성서의 권위를 위한 근본적인 질문은 무엇인가?"

그런 예를 루터(Martin Luther, 1483-1546)에게서 찾을 수 있다. 그에게 성서는 연구되고, 이성적으로 동의되는 설교 안에서 전달되며, 당연히 경험된 것으로 읽혀야 한다. 루터는 신령한 것으로 적용되고 이성적 접근이 없는, 본문 자체에서 표현되지 않은 알레고리(우의적)한 해석을 반대했다. 그는 교부들의 주석이 당연하게 권위 있는 것으로 여겨지는 것에 회의를 품었다. 그는 성서의 권위가 과거 전통에서 해 왔던 해석에 있는 것이 아닐 뿐 아니라 교회 제도 안에 있는 것도 아니라고 주장했다.[16] 질문하기 시작한 시대, 사람들이 본질에 대해 묻기 시작할 때 르네상스라는 인문주의의 꽃이 피었다면, 그 영향하에 루터와 같이 궁금증을 가진 자들이 교회의 전통에 질문하며 새로운 성서 해석의 흐름을 만들어 냈다. 그리고 시대가 과학적 대 변혁과 이성 활용의 절정을 구가하는 계몽주의를 만나면서, 성서 해석도 '과학주의' 아래 검증된 것만 진실이라는 논리에 지배를 받게 된다.

5) 계몽주의와 근대주의(18-20세기)

분명 성서는 거룩한 하나님의 말씀이지만 말씀 속의 신적 현존을 중재하는 인간의 언어로 쓰여졌다. 계몽주의 시대를 거치면서 사람들은 성서에 쓰인 언어들이 객관적인가 과학적인가 검증 가능한가의 질문을 던지기 시작했다. 이제 계몽주의로 시작된 근대 시대가 열린 것이다. 이 시대의 사회적 분위기는 역사주의(Historicism), 과학주의(Scientism), 방법론주의(Methodism)로 특징지을 수 있으며 또한 확실한 검증성과 객관성의 탐구를 사모하였다.[17] 이제는 성서가 말하는 자기 주장을 승인하기보다는 성서의 증언과 역사적 사건들의 상응 관계를 추적하기 시작했다. 이러한 분위기는 믿는 자들의 삶에 큰 변화를 일으키게 되었다.[18] 그리스도교인들은 성서를 통해 자신의 믿음이 하나님과의 친밀함에 머물러 있기보다는 이성을 활용해 좀 더 고상한 비판에 관심을 두는 행태로 바뀌게 되었다.[19] 처음에 이성의 날선 칼을 들이대기 시작한 성서는 모세오경이다. 독일의 벨하우젠을 비롯한 성서학자들은 모세오경을 분석하기 시작했으며 이를 J, E, D, P 문서로 나누는 성서의 편집설을 주장했다. 이런 접근은 당대에 이성적 공감을 불러오기는 했으나 성서를 통한 하나님과의 순전한 연합을 맛보는 기회를 상실하는 단초를 놓게 되었다.

20세기에 들어서면서 사람들은 성서의 역사주의 방법론에 한계를 느끼기 시작했다. 인문주의 영역에서 과학적 방법에 심각한 한계가 있음이 발견됨과 더불어, 상징 사용이 지닌 힘의 재발견, 형이상학적 사고와 언어의 편재성(Ubiquity) 및 상상력이 지닌 구성적 기능에 대한 보다 적합한 이해의 발달이 일어났다. 그리고 모든 탐구 분야에서의 언어와 해석에 대한 문제 제기, 즉 고대 성서 해석에 대한 새로운 인식도 등장하게 되었다.[20] 그러면서 등장한 방법론이 인문학적 접근을 통한 성서 해석의 방법인 '신-문학비평'(New Criticism)이다. 이 방법론이 등장하기 이전의 해석학의 관심은 '저자'였다. 저자의 의도가 무엇인가? 심지어 과학주의, 계몽주의를 거치면서도 변증법적 이성의 날카로운 칼을 들이대면서도 그들은 "저자의 의도를 알아낼 수 있을까?"의 물음에 초점을 맞추었다.[21] 그러나 20세기 후반에 들어오면서 성서 해석에 있어서 "저자의 세계"도 중요하지만, "본문의 세계"도 같이 다뤄야 함을 깨닫기 시작했다. 즉, 인문학적 접근을 통한 본문의 이해를 담보하지 않고는 계시적 상징의 산물인 언어를 해석할 수 없다는 깨달음이 공유되기 시작했다.

이러한 인문학적 접근의 성서 해석은 일반 해석학으로부터 지대한 영향을 받았다. 일반 해석학의 근간을 놓았던 슐라이허마허(Friedrich D. E. Schleiermacher)와 딜타이(Wilhelm Dilthey)는 낭만주의적 해석학(Romantic hermeneutics)을 주장했다. 낭만주의자들은 객관적이고 과학적인 문법과 기술적 방법론을 통해 보편적이고 명확하게 저자의 의도를 저자 자신보다 더 잘 알 수 있다고 주장했다.[22] 하지만 하이데거(Martin Heidegger)와 가다머(Georg Gadamer)는 이런 낭만주의자들의 해석학을 비판했다. 특히 하이데거는 '삶의 주체'(Dasein)의 개념을 가지고 인간과 세상은 — 과학적 이성을 이용해 — 이분법적으로 쉽게 구별할 수 있는 것이 아니며, 인간은 세상과 분리될 수 없으므로 우리의 실존 주체는 이 세상 안에서 깊이 박혀 있는 존재임을 설명하고 있다.[23] 즉, 인간이 무엇을 이해한다는 것은 세상에 실존하는 인간 그 자체의 이해와 세상에 대한 이해의 상호 작용을 통해 이해되는 것이다. 이러한 이해는 해석학이 더 이상 형이상학을 다루는 철학의 영역이 아니라 우리가 직면한 실존의 문제들을 다루는 학문의 세계임을 말하고 있다. 더 나아가 가다머는 해석학이 객관적인 언어의 의미를 찾는 학문이 아니라 열려진 변증법적 물음을 통해 독자들에게 새 의미를 경험하게 하는 것이라고 피력한다.

가다머의 이런 해석학의 접근에 영향을 받은 리쾨르(Paul Ricoeur)는 해석학의 전문 용어(소격화⟨Distanciation⟩, 의미론적 자율성⟨Semantic Autonomy⟩, 전유⟨Appropriation⟩, 지평의 융합⟨Fusion of Horizon⟩)들을 정리했다.[24] 먼저 그는 소격화(Distanciation)라는 의미를 설명한다. 즉, 글(Text)이 저자에 의해서 다 쓰여지는 순간, 글은 저자에게만 속박되지 않고 자연스럽게 저자와 거리를 두게 된다. 글은 잉여된 의미를 낳을 뿐만 아니라 독자들에게 새로운 해석을 열어 놓는다. 뿐만 아니라 글은 저자가 원래 의도했던 원래의 독자와 거리를 두게 된다. 글은 쓰이고 나면 원래 의도했던 독자에게뿐 아니라 어느 누구에게라도 열려진 글이 된다. 이런 글의 소격화는 '의미론적 자율성'(Semantic Autonomy)을 낳는다. 즉, 저자는 글의 의미를 주장할 수 없고, 글도 더 이상 저자에게 종속되지 않는다. 이 용어는 해석학에서 아주 중요한데, 이제 글은 저자에게서 독립되어 누구에게나 열려진 존재가 된다. 이제 의미는 저자에게 묶이지 않고 본문 자체와 글을 읽는 독자와의 대화를 통해 형성된다. 이런 자율적 본문을 접한 독자는 이제 이 본문을 삶에 전유(Appropriation)하는 경험을 하게 된다. 글을 읽는 최종 목표는 본문의 구조를 과학적으로 분석해 내거나 객관적 설명을 해 내는 것이 아니라 독자의 깊은 본문 이해를 통한 그 의미를 삶에 실존적으로 적용하는 것이다.[25] 이전에는 낯설고 어색한 것이었지만, 알고 이해한 것을 '적용(전유)할 때' 그 낯선 것이 내 것이 되는 경험을 하게 된다. 즉, '진짜 내 것'(실존적 소유)이 된다. 이것이 해석학의 궁극적 목적이라 하겠다. 이런 전유를 통해 저자의 세계와 독자의 세계가 일치하는 지평의 융합(Fusion of Horizon)을 경험한다. 이때 글은 단순히 종이 위에 머물러 있지 않고 글을 적용하는 실존적 삶의 현장으로 옮겨진다. 이때 독자는 글을 통한 변화적 경험으로 초대된다.[26] 독자가 자기를 열어 놓고, 저자와 본문의 낯선 세계를 자기 삶에 적용할 때 변화를 경험한다. 이것이 '변화를 추구하는 읽기'(Transformative Reading)이다. 이제 글은 저자의 것도, 종이 위에 있는 것도 아닌 독자의 삶을 통해 구현되는 '세 개의 세계'(The world behind the text, the world within the text, and the world in front of the text)와의 만남을 경험한다. 이것은 변화의 경험이다.

  20세기 말에 일어난 이런 해석학의 대두는 성서 해석에 지대한 영향을 끼쳤다. 이제는 본문의 의미를 결정하는 주도권을 '저자'에게 줄 수가 없고, 과학적 신방법론으로 본문을 분석하는 것도 다가 아니라는 이해가 회자되었다. 이제는 세 세계의 만남을 통한, 세 세계의 대화를 통한 의미의 도출이 관건이 된 것이다. 여기서부터가 근대 이후의 해석학의 흐름이다.

6) 근대 이후의 시대

이제 성서 해석을 사모하는 그리스도교인(독자)은 텍스트를 통해 저자의 세계 혹은 저자에 잡힌 본문의 세계 안에서만 객관적 뜻을 찾을 수 있다는 '일차적 순수함'(The first naïveté)에서 벗어나야 한다. 이제는 성서를 읽는 독자의 세계도 성서 해석에 큰 영향을 끼치는 한 축이 되었다. 이제 독자는 성서 앞에 놓인 자신의 일상 속에서 상징적으로 다가오는 심미적, 계시적 인식의 세계를 열어, 어떻게 '세 세계'가 성서 본문 안에서 만나는지 그리고 그 의미가 어떻게 내 삶에 적용되어 나를 변화시키는지의 "이차적 순수함"(The second naïveté)에 눈을 떠야할 것이다. 이런 길을 제시한 그리스도교 영성학 학자가 샌드라 슈나이더스(Sandra Schneiders, 1936-)이다. 그녀는 미국 버클리에 소재한 GTU(Graduate Theological Union)의 세계적인 성서학(요한복음) 권위자이면서, 성서 해석을 통한 해석학적 영성의 방법을 통해 GTU에 '그리스도교 영성학'이라는 분과를 만들어 낸 창립자이기도 하다. IHM(Immaculate Heart of Mary) 소속인 그녀는, 성서 해석이 성서 영성으로 나아가기 위해서는 '세 세계'(본문 뒤의 세계, 본문의 세계, 본문 앞의 현장의 세계)가 서로 만나는(융합하는) 지점(그것은 적용을 통해 가능한데)이 있어야 하며, 그 지점에서 변화가 일어난다고 강조한다. 그 변화는 말씀에 기초한 하나님 경험이기에 '영성적 변화'라 하겠다. 그런 의미에서 다음 장에는 어떻게 성서 영성학이 성서학과 차이가 있는지, 그 차이가 삶의 변화의 관점에서 어떻게 중요한지를 다루도록 하겠다.

2. 성서학과 성서 영성

그리스도교 영성을 삼위일체 하나님의 계시를 통한 삶의 살아 있는 경험이라고 정의할 때, 하나님의 자기 계시가 직접적으로 드러난 곳이 하나님의 말씀인 성서라 하겠다. 그래서 본질적으로 성서 영성은 우리가 어떻게 하나님의 말씀을 해석해서 삶에 적용하여 변화하는가에 관심이 있다. 하나님 말씀의 해석, 전통적으로 이 해석의 전유권을 가지고 있는 학문이 성서학(Biblical Studies)이다. 그러나 성서학은 해석학적 유기성을 담아내는 데 한계가 있어 보인다. 즉, 어떻게 성서 뒤의 세계가 성서의 세계와 만나서 성서 앞의 독자의 세계의 문제를 고민하는지의 의미를 찾기보다는, 경직된 성서 뒤의 세계(역사적 방법론)를 제시하거나 성서의 세계(문학적 방법론)의 분석에만 그 소임을 다하는 것처럼 보인다. 그러나 성서 영성(Biblical Spirituality)은 성서학(Biblical Studies)과 지향하는 바가 다르다. 성서 영성은 분명 성서에 기초한 것이다. 성서 자체가 무엇을 말하는지 역사적 관점과 방법론 또한 문학적 도구로 분석하는 것이 중요하다. 그러나 그것으로만 그치는 것이 아니라 그 성서의 분석과 의미가 현재를 살아가는 독자들에게 어떤 의미가 있는지에 관심을 두고 있다. 이에 이 장에서는 이 두 학문 세계의 공통점과 차이점을 연구할 것이며 또한 어떻게 독자가 성서 영성 안에서 세 세계를 만나 변화를 경험하는지를 다루도록 하겠다.

1) 성서학과 성서 영성학

성서를 하나님의 말씀의 계시라고 인정하는 성서학과 성서 영성학은 떼려고 해도 뗄 수 없는 학문이다. 어떻게 이 둘의 차이를 설명할 수 있을까? 이런 비유를 들어 설명해 보려 한다. 드라마와 음악을 함께 즐길 수 있는 뮤지컬 "지하철 1호선"을 보신 적이 있는가? 물론 지금은 역사의 뒤안길로 사라져 경험할 수는 없지만, 뮤지컬 "지하철 1호선"은 1994부터 2008년까지 공전의 히트를 치며 3,000회가 넘는 공연을 했다. 원래 원작은 1986년에 독일 그리프스 극단(Grips Theater)이 출연하였으며, 독일 통일 전 순수한 동독 소녀가 음악을 하는 젊은이와 사랑에 빠져 베를린으로 무작정 상경하여 대도시에서 겪는 어려움을 통해 당시의 시대상을 그린 것이다. 이 작품을 김민기 씨가 받아 1994년에 초연한 이후 끊임없이 내용을 수정 보완하였다. 그는 해마다 인물과 사건의 해석을 달리하여 사회 풍자적 내용으로 한국의 근현대사를 재조명해 주었다. 이 작품을 통해 조승우, 오지혜, 설경구, 황정민 등의 배우들이 우리에게 친숙해지기도 했다.[27]

이 비유는 우리를 분명한 이해로 이끌 것이다. 뮤지컬은 작가의 '대본', 이에 맞추어 표현하는 '배우들의 연기'(또는 악보에 충실한 연주가들의 연주)와 이것을 보는 '관객', 이 삼박자의 합이 만들어 내는 종합 예술이다. 연출가는 작가가 써 준 대본을 근거로 배우들에게 연기를 지도한다. 또한 배우들은 관객을 염두하며 가장 잘 호소할 수 있는 연기로 관객의 호흡을 빼앗아 가며 강약을 조절하여 열연한다. 이 뮤지컬 "지하철 1호선"이 독일에서 태어난 원작이지만 우루과이 라운드와 IMF 구제금융으로 격변의 시기였던 20세기 말의 한국에서 통할 수 있던 비결이 무엇인가? 그것은 김민기 감독의 탁월한 '해석'이다. "지하철 1호선"은 어떻게 원작(text)이 김민기 감독(interpretor)의 손을 거쳐 관객(audience) 안에서 새롭게 재탄생되는지를 보여 주는 좋은 예이다.

이런 종류의 공연은 '드라마학'(Dramatics)과는 '결'이 다르다. 드라마학은 학문 그 자체에 목적이 있다. 드라마의 역사, 즉 시대별로 어떤 장르의 드라마나 연기가 어떻게 변천되었는지 살피고, 드라마의 형식, 각 나라별 드라마의 유형을 탐구하는 등 학문의 틀 안에 갇혀서 객관적이고 지적인 성취에 목적을 두고 학문의 방향이 펼쳐질 것이다. 이런 드라마학은 어떻게 대본이 연출자의 해석을 거쳐 각 연기자의 색깔대로 무대에서 연출되는지, 관객들은 언제 호응하고 감동했는지에 대해서는 관심이 적다. 그런 학자들은 드라마의 학문성에만 관심이 있는 드라마 학자이지 드라마(뮤지컬)를 통한 예술성을 전해 줄 예술가는 될 수 없다. 그러나 관객의 입장에서 비싼 돈을 내고 어렵게 시간을 내어 소극장을 찾아가는 것은 '학문'을 배우기 위함이 아니라, 대본이 연출가의 해석과 연기자들의 해석을 거쳐 어떻게 "내게 의미를 주고 감동하게 하는지의 예술성을 맛보기" 위함이다.[28] 그런 작품들은 시대를 거듭하면 할수록 더욱 사람들에게 열광을 받는 것이다. 성서학과 성서 영성학의 관계도 이와 비슷하다 하겠다.

성서학은 학문성에 무게 중심을 둔다. 물론 이와 같은 작업은 아주 중요하다. 갈라디아서가 어느 시기에 쓰였는지, 당시의 사도 바울의 상황은 어떠했는지, 어떤 이단들과 싸워 나갔는지, 1:1부터 시작하는 부정어 2개와 역접 접속사의 배치에는(ouk-ouk-alla) 어떤 의도가 있는지 알아 가는 것은 중요한 작업이다. 그러나 간과해서는 안 될 것은, 그 본문이 21세기를 살아가는 독자들에게 어떤 의미가 있는가이다. 마치 예술은 작가와 대본과 관객의 합이 이루어질 때 온전히 경험되는 것처럼, 온전한 영성은 성서를 썼던 '저자의 뜻'과 '본문의 의미'와 '독자의 적용'을 통해 '변화'로 나아갈 때 온전히 이루어진다는 것이다. 그런 의미에서 전자를 '성서학적 접근'이라 본다면 후자를 '성서 영성학적 접근'이라 표현할 수 있겠다.

2) 세 개의 세계의 만남의 현장, 성서 영성학

탈근대 시대가 되면서 간학문(Inter-disciplenary)적인 성격이 두드러진 성서 영성학이 대두되고 있다.[29] 앞에서 언급한 비유처럼, 성서 영성학의 묘미는 세 세계의 만남이다. 작가의 세계와 대본의 세계와 관객의 세계가 만나면서 '예술'을 만드는 것처럼, 성서 영성학은 성서 뒤의 세계인 '저자의 현장'과 성서의 세계인 '본문'과 성서 앞의 세계인 '독자의 삶의 현장'이 만나면서 만들어지는 '또 하나의 예술'이다. 이 세 세계는 분절되어 있지 않고 상호 교류적이며 보완적이다. 하나님 말씀에 의해 중재된 믿음의 살아 있는 경험을 그리스도교 영성이라고 할 때, 성서 본문을 만들어 낸 경험 (저자의 영성)과 그 본문 안에 온전히 담긴 경험(본문을 만들어 낸 영성)과 그 본문이 현재의 독자들을 만날 때 만들어 내는 경험(독자들의 경험), 이 세 세계의 경험이 무대의 공연처럼 서로 상호 교류하며 새로운 의미를 만들어 낸다.[30] 저자의 세계만 옳다거나, 본문의 세계만 의미가 있다거나, 지금 현재 독자의 세계만 가치 있다고 볼 수 없고, 이 세 세계가 만나면서 만들어 내는 통합적 의미가 '해석'이라 하겠다. 여기서 중요한 것은 이런 과정을 통해 얻은 '의미'를 독자 자신이 의식적 주체가 되어 삶에 '전유'(적용)하며 작은 '변화'라도 경험하는 것이다. 그런 변화를 맛볼 때, 한스 가다머의 해석학에서 이야기하는 '지평의 융합'을 경험하게 되고, 폴 리쾨르가 언급하는 '변화의 세계'로 들어가게 되는 것이다.

이런 의미에서 슈나이더스는 우리가 공부하는 분야는 신학을 넘어서 신시학(神-詩學, Theo-poetics)을 지향해야 한다고 주장한다. 신학(Theology)은 근대 시대의 전유물처럼 신(theo)을 알아 가는 학문(logic) 안에 갇힐 수 있는데, 신시학은 경계를 넘어서 독자들을 조화의 세계로 초대한다. 슈나이더스는 "성서와 영성"의 저널에서 예수님 역시 늘 비유와 이미지로 '도그마'나 논리인 '로직'(logic)에 갇히지 않으셨고 비유와 이미지, 즉 시적 언어로 사람들을 당신의 세계로 이끄셨으며 또한 당신이 사람들의 세계로 경계를 무너뜨리며 다가가셨다고 말한다.[31]

현대의 독자들은 이제 성서학이 원래 추구하던 바, 예수님이 쓰시던 언어, 즉 경계를 넘어 초대하시는 시적·비유적·시각적 언어로 충만한 성서의 세계로 들어가야만 한다. 그것이 원래의 성서의 개념이었다. 그런 성서를 경험한 현대의 독자들은 본문이 더 이상 화석화된 역사적 산물이 아니라 지금 나에게 어떤 상징적이고 계시적인 언어인지를 본문의 세계와 만남을 통해 삶에 적용시켜야 한다. 그때 일어나는 이차적 순수성(Second naïveté)은 독자와 본문과 저자의 세계를 만나게 한다. 이제 이 의미를 안다면, 더 이상 '드라마학'과 '뮤지컬 공연'이 서로 경쟁 관계 또는 상충된 개념이 아니라 공생의 관계요 보완의 관계이듯이, 성서학과 성서 영성학은 큰 틀에서 하나의 개념이요 파트너라고 할 수 있겠다. 이제 마지막 장에서는 어떻게 이런 철학적 개념이 구체화될 수 있는지, 사무엘하 11~12장을 읽어 나가면서 본문을 통한 실제 연구로 이해를 돕겠다.

3. 사무엘하 11~12장을 통한 성서 영성의 의미

마지막으로 이번 장은 사무엘하 11~12장에 나온 다윗의 이야기를 통해 세 세계(본문 뒤의 세계, 본문의 세계, 본문 앞의 세계)가 어떻게 지평의 융합을 이루는지 다뤄 보고 그것이 독자들에게 어떤 의미가 있는 것인지 살펴보려 한다.[32]

1) 본문 뒤의 세계 : The world behind the Text(역사주의 비평)

성서가 우리의 손에 쥐어지기까지 어떤 일이 있었는가? 그 본문을 작성하는 저자의 당시에 어떤 일이 있었는가? 즉, 성서 본문 뒤에 숨겨진 '저자의 세계'는 어떠했는가?[33] 사무엘하 11장으로 들어가서 우리는 여러 질문들을 할 수 있다. "왜 다윗은 왕들이 출전할 때가 되었어도 전쟁에 나가지 않았을까? 당시 암몬과는 어떤 전쟁을 치르고 있었는가? 왜 맛소라 성서(BHS 4판)는 사무엘하 11 : 1에서 난외주 비평 장치에 '왕들의'라는 단어에 다른 모음 표기를 제시했는가?" 성서 본문 뒤에 숨겨진 '저자의 세계'를 알아보기 위해서는 흔히 '역사주의 비평'(본문 비평, 자료 비평, 전승 비평, 양식 비평, 언어 비평 등)의 도구를 써서 알아보게 된다.[34]

먼저, 왜 다윗은 해가 돌아와 왕들이 출전해야 하는 전투에 나가지 않은 것일까? 이제 다윗은 나이가 많아 말을 타고 나가서 전쟁을 진두지휘할 기력이 쇠한 것일까? 아니면 게으름을 이기지 못했기 때문에 늦게까지 잠을 자느라 나가지 못했던 것일까? 로버트 알터(Robert Alter)는 *The David Story*에서 당시 다윗은 전쟁에 참여하는 왕이 아닌 '정주(定住) 군주'로 머물렀을 것으로 보인다고 설명한다. 정주 군주는 '메신저 정치'를 하는 사람이었기에 유독 11장에는 다윗의 보냄을 받은 사람이 자주 등장한다(11번 '보내다'라는 단어 사용).[35]

언어적 비평으로 보면, 사무엘하 11 : 3에 언급된 "엘리암의 딸 헷 사람 우리아의 아내 밧세바"에서, 여인의 이름이 거론될 때 남편의 이름과 부친의 이름이 거론되는 것은 흔한 일이 아니다. 사무엘하 23 : 34에 밧세바의 아버지도 우리아와 함께 다윗의 장군으로 이름을 올렸다. 탈무드는 이 엘리암이 밧세바의 아버지라고 말하고 있다(Sanhedrin 69b, 101a). 그러나 왜 역대상 3 : 5에는 엘리암을 암미엘이라고 칭했는지 알 수는 없다. 그래서 카일 맥카터(P. Kyle McCarter)는 언어적으로 이 암미엘이 밧세바의 아버지라고 확증할 수 없다고 분석한다.[36]

사회학적 비평으로 보면, 헷 사람(삼하 11 : 3)이 어떻게 다윗의 측근이 되었을까? 헷 사람은 원래 아나톨리아(Anatolian) 사람들이었다. 이들은 기원전 2,000년경에 시리아 내에 제국을 세운 자들이다. 그러나 기원전 1,200년경에 붕괴된 후, 헷 족속은 북 시리아의 조그만 주민으로 연명하였다. 그 후 다윗의 시대에 그들은 신-헷 족속으로 불리웠고 셈어를 쓰며 살고 있었다. 우리아의 가족은 이런 상황에서 이스라엘로 넘어온 듯하다.[37] 이런 역사적 비평의 도구들을 통해 우리는 성서의 본문이 만들어지기 전 상황, 즉 저자가 어떤 배경에서 다른 상수들과 어떤 역학 관계를 가지고 본문을 만들어 냈는지 알아볼 수 있다. 이제 두 번째로 본문의 세계이다. 본문 자체를 연구하기 위해서는 문학적 방법론을 사용할 수 있다. 여러 방법이 있겠지만, 이 논고에서는 프랑스의 인문학자 르네 지라르(René Girard)의 모방 욕망 이론으로 본문을 분석해 보겠다.

2) 본문의 세계 : The world of the Text(문학 비평)

르네 지라르(René Girard)[38]는 문학 비평가이면서 인류학자로서 현대 해석학의 중요한 인물이다. 소설과 신화를 해석하며 찾아낸 그의 '모방 욕망 이론'(The theory of mimetic desire)은 종교와 문화와 폭력의 상관 관계를 이해하고 정립하는 데 중요한 지점을 제공하고 있다.[39] 또한 그의 이론은 신학자들 안에서 새롭고 가치 있게 평가되어 성서를 분석하고 이해하는 주요한 방법론으로 이용되고 있다. 이 논고에서는 그의 모방 욕망 이론을 모두 설명하기보다, 세 개의 핵심 논지를 설명하고 그것으로 본문을 해석하겠다.

첫째, 그의 모방 욕망 이론은 '삼각형 욕망' 이론이다.[40] 욕망은 스스로 일어나는 것이 아니라 타인의 것을 모방해서 생겨난다는 것이 그의 이론의 출발이다. 유치원생들은 수많은 장난감 홍수 속에서 살아간다. 그런데 어떤 아이가 'a'라는 장난감을 잡는 순간, 다른 아이가 느닷없이 달려들어 그 장난감을 붙잡으며 "내 것"이라고 아우성치기 시작한다. 그 아이의 'a'라는 장난감에 대한 욕망은 스스로 일어난 것이 아니라 친구가 욕망하는 것을 보고 욕망한 것, 즉 삼각형의 구조 안에서 설명이 가능한 '모방 욕망'이라는 것이다. 이런 예는 우리의 삶 속에서도 종종 발견된다. 어느 권사님이 'c'사의 고가 핸드백을 가지고 다닌다. 평소에는 그런 상표에 관심이 없는 다른 권사님이 어느 순간 모 권사님이 새로 산 'c'사의 명품 핸드백을 보고 자기도 사고 싶은 충동을 느낀다는 것이다. 이런 모방 욕망이 여기서 그치지 않는다는 데에서 문제가 있다.

둘째, 이제 주체(유치원생)는 대상(장난감)을 얻기 위해서 라이벌(유치원 친구)과 긴장 관계를 형성한다. 여기에서 지라르의 중요한 이론인 '희생양 이론'(Scapegoating mechanism)[41]이 나온다. 주체와 라이벌은 상황을 파악한다. 만약 이 둘의 힘의 상태가 비슷하여 둘이 계속된 긴장과 폭력의 구도로 접어들 경우에는 서로에게 치명적이기 때문에, 이 둘의 혹은 두 공동체의 평화를 지속시켜 줄 '희생자'를 찾는다. 전혀 엉뚱한 곳에서 찾아낸 희생양으로 이 둘은 겉으로 평화의 계약을 맺으며, 그 둘이나 두 공동체 혹은 그 사회는 표면적 평화를 만끽한다. '희생양'이 소리 없이 죽어가는 동안 '가해자'들의 환호성만 그 두 가해자(공동체, 단체) 사이에 공명된다.

셋째, 지라르는 여기서 기념비적인 발견을 해 낸다. 즉, 세상의 거의 모든 소설과 신화에서는 이런 모방 폭력을 통한 희생양 메커니즘 아래 희생양의 목소리는 다 묻히고 — 오히려 죄인으로 낙인 찍혀 세상 속에 사라지고 — 가해자들의 목소리가 마치 정의와 법인 것처럼 난무하지만, 오직 한 책만이 희생자의 편에 서서 그들의 목소리에 귀를 기울이고 가해자들의 잘못을 드러낸다. 그 책이 바로 '성서'이다.[42] 이런 그의 문화와 폭력과 종교에 대한 이해는 신화와는 다른 성서의 가치를 더욱 두드러지게 드러나게 해 주었다.[43] 그럼 아주 단순하게 끌어낸 그의 세 가지의 이론으로 사무엘하 11~12장을 분석해 보자.

첫째, 다윗의 욕망은 모방 욕망이었나? 다윗의 욕망을 지라르의 욕망 이론에 일대일 맞대응하며 설명하기는 쉽지 않다. 그러나 사무엘하 11장에 보인 그의 모습에는 지라르의 욕망 이론의 냄새가 난다. "저녁 때에 다윗이 그의 침상에서 일어나 왕궁 옥상에서 거닐다가 그곳에서 보니 한 여인이 목욕을 하는데 심히 아름다워 보이는지라"(삼하 11 : 2). 그런데 다윗은 바로 음욕이 일어나 그녀의 집으로 들어가거나, 바로 그녀를 불러 취하지 않았다. 성서의 내레이터는 이렇게 기술한다. "다윗이 사람을 보내 그 여인을 알아보게 하였더니 그가 아뢰되 그는 엘리암의 딸이요 헷 사람 우리아의 아내 밧세바가 아니니이까 하니 다윗이 전령을 보내어 그 여자를 자기에게로 데려오게 하고 그 여자가 그 부정함을 깨끗하게 하였으므로 더불어 동침하매 그 여자가 자기 집으로 돌아가니라"(삼하 11 : 3-4). 성서는 분명 다윗이 밧세바가 누구의 아내인지 보고받은 후에 그 여자를 취했다고 말한다. 이것을 억지로 "봐라, 다윗이 밧세바를 취한 것은 모방 욕망 때문이다."라고 말하고 싶지 않다. 지라르의 이론의 중요한 점은 모방 욕망의 주체와 라이벌 사이의 긴장 관계이고 그 긴장 관계로 생긴 폭력성을 제거하기 위해(두 번째 이론이며 그의 핵심 이론인) '희생양 이론'이 나오기 때문이다. 다윗은 그녀를 취한 후에 임신 소식을 듣게 된다. 이제 그의 세계는 불안해진다. 고대에 왕이 한 명의 아내를 더 취하는 것, 그 여자에게서 아이를 낳는 것이 큰 문제는 아니겠지만, 그는 왠지 그 일을 애써 감추려 한다. 그의 강박증이 얼마나 심했는지, 아무런 라이벌이 될 수 없이 약한 '우리아'가 자신의 계획에 따라 주지 않는다는 이유로 청부 살인까지 저지른다. 이제 다윗은 그의 세계를 불안하게 하는 존재를 희생양으로 만들어 버리는 무서운 존재가 되었다. 이제 희생양인 우리아의 목소리는 저 땅 속에 묻혔다. 아무도 그가 어떤 이유로 죽었는지 알 수가 없는 듯했다. 다윗은 이제 다시 (자신만의) 평화가 찾아온 듯 안도하고 있었을 것이다.

셋째, 그러나 하나님은 나단을 준비시키신다. 그리고 하나님은 가해자의 편이 아닌 희생양의 편에 서신다. 그리고 가해자가 덮으려 했던 모든 희생양 메커니즘을 세상 만방에 드러내신다. 그때, 다윗은 하나님을 만나는 은혜를 경험한다. 자신이 어떻게 이 모방 욕망에 빠져 한 여인의 인생을 망치고, 한 가정을 파괴하고, 자신을 따르던 무고한 충신을 죽이고, 모든 죄를 그 희생양인 우리아에게 뒤집어씌운 채, 자신의 세계는 평안한 척 안전한 척 살았는지를 꾸짖으신다. 이런 지라르의 이론은 성서의 문학성을 더욱 빛나게 해 주며 독자들을 이 텍스트의 세계 안으로 초대해서 마음껏 자신의 상황을 보게 도와준다.

3) 본문 앞의 세계 : The world before the Text(독자 반응 비평)

이 세계는 역사 비평으로 본문을 분석하고 문학 비평으로 본문을 풍성하게 채워 온 연구들이 어떻게 본문 앞의 세계에서 꽃피우는가를 보여 준다. 본문 앞의 세계는 앞의 두 비평적 연구들이 21세기를 살아가는 독자들에게 어떤 의미가 있는지를 보여 주는 적용점이라 하겠다. 이 세 세계가 만나면서 해석은 풍성해지고 이 해석을 만난 독자는 변화를 경험할 수 있다.

사무엘하 11~12장의 폭군 다윗과 르네 지라르의 이론으로 어떤 현대사의 문제를 볼 수 있을까? 많은 사건들을 이 본문과 지라르의 렌즈로 다뤄 볼 수 있겠지만, 필자에게는 2014년 4월 16일, 전 국민이 보는 앞에서 300여 명이 넘는 아이들이 수장되어 죽어 간 '세월호 참사' 사건을 잊을 수가 없다. 더 무섭고 끔찍한 참사는 2014년 세월호 참사 이후, 우리가 직면한 다윗 왕 같은 권력자의 전횡을 경험한 것이다. 그 희생양 메커니즘이 우리가 살아가는 도처에서 자행되고 있다는 것이다. 그 권력은 '국가의 주인인 시민'을 (지라르 이론처럼) '주체와 라이벌'의 두 진영으로 나누어 모방 폭력 이론을 부추기며, 보수 대 진보, 노년과 청년, 좌익과 우익의 '갈등의 주체'로 만들었다. 이런 횡포에 우리는 여러 질문을 하지 않을 수 없다. 세월호 참사에 대처하는 당시의 정부는 다윗 왕과 같은 절대 권력을 횡포하지는 않았는가? 지라르 이론으로 설명될 수 있는 것처럼, 절대 권력을 가진 정부는 자신들의 위기를 모면하려고 또 다른 희생자를 만들어 국민들의 관심을 다른 곳으로 돌리려 하지는 않았는가? 유가족들을 위로하고 보듬어야 할 정부는 그 힘을 어디에 쏟았는가? 또한 우리는 이 상황 속에서 나단과 같은 선지자가 없었음을 안타까워했다. 나단이 다윗에게 직언한 것처럼, 당시 교회는 힘이 있는 언론과 권력자들을 향해 직언했어야만 한 것은 아닌가? 교회는 이념을 넘어 진영을 넘어 균형을 유지하며 약자들의 편에 서서 그들의 목소리를 대변해 주었어야만 한 것은 아닌가?

이런 다윗 왕과 같은 정부와 권력과 매스컴을 향해야 할 나단과 같은 메신저들은 어디에 있는가? 하나님으로부터 보내심을 받은 나단은 하나님이 주신 말씀으로 다윗의 모방 폭력과 희생양 메커니즘을 끊어 내었는데, 21세기에 살아가는 우리에게 나단은 누구인가?[44] 혹시 내가 나단으로 부름 받았는데, 내게 주신 말씀은 땅에 묻고 지금도 나의 주인(내 목줄을 잡고 있는 조직, 돈, 권력, 힘)의 눈치만 보며 살아가고 있는 것은 아닌가?

무엇이 변화인가? 그리스도교 영성은 삼위일체 하나님을 만남으로 생기는 의식적인(주체적으로 자각하는) 변화의 경험이고, 그 경험을 통해 하나님의 형상으로 회복되는 영성 형성(Spiritual formation)이라 하겠다. 그리스도교의 변화는 '종교적 중생'(Born again)만을 의미하는가? 그 중생의 목적은 무엇인가? 죽고 나서 가는 천국을 얻는 것이 중생의 목적인가? 천국은 죽고 나서도 가지만, 이미 우리 가운데 임하였고(요 5 : 24), 지금 임한 그 천국을 지금 현재 누리는 것이 중생의 이유요 변화의 목적이다. 성서를 해석함으로 얻는 변화는 무엇인가? 지금 내 삶의 현장에 일어나는 온갖 희생양 메커니즘을 의식적으로 알아차리고 그것을 끊어 내려는 책임 있는 행동으로의 변화이다. 이러한 삶의 책임 있는 결단(희생양 메커니즘을 의지적으로 거부하는)이 나를 죽음에서 살리시고 또 다른 죽음의 현장에서 예수님의 생명을 보이라고 말씀하시는 하나님의 부르심이라 하겠다.

4. 이 장의 요약

그리스도교 영성이 하나님을 경험하는 것에서 태동된다면, 그 경험의 신비가 담지되어 있는 성서는 그리스도교 영성의 '자궁'(어머니 집)이다. 본 논고는 어떻게 역사 속에서 하나님 경험을 담은 성서를 하나님의 말씀으로 해석했는지, 초대 교회, 고대 교회, 중세 시대, 종교개혁, 근대 시대, 탈근대 시대로 나누어서 살펴보았다. 특히, 근대 시대를 거치면서 ― 일반 해석학의 발달로 ― 성서의 세계가 어떻게 '저자의 세계'와 '본문의 세계'와 '독자의 세계'로 나누어 이해되었는지, 그리고 이 세 세계의 만남이 어떤 해석을 만들어 내는지 살펴보았다. 즉, 성서 영성은 본문의 '소격화'를 통해 '의미론적 자율성'을 얻은 본문이, 독자의 '전유'를 통해 '지평의 융합'을 경험함으로 '변화'로 나아가는 것이라고 정의할 수 있다.

이런 관점에서 성서 영성학은, 성서학이 글의 자구에 묶이거나 학문의 영역에만 머무르는 것과 달리, 독자를 초대해서 그들의 세계를 만나는 이차적 순수성(Second naiveté)에 목적이 있다. 이러한 성서 영성학(적 접근)은 성서학과 파트너십을 이뤄, 계시와 상징의 언어로 오신 예수님의 삶을 해석하는 것이다. 이 시대의 독자들은 그런 해석으로 인해, 글이 자구에 묶이지 않고 살아 있음을 경험한다.

그러므로, 본 논고에서 필자는 그리스도교 영성이 어떻게 삼위일체 하나님의 계시 아래, 의식적인 참여를 통해 역사적 방법으로 본문 뒤에 있던 저자의 세계를 이해하고, 르네 지라르의 문학적 방법론으로 본문의 세계를 이해해서, 본문 앞에 있는 독자들의 삶에 어떤 변화를 주는가에 대해 나누었다.

성서 영성이란 무엇인가? 하나님 말씀을 통해 '믿음-앎-실천'의 유기적 연동을 경험하는 것이다. 그 경험을 통해 내가 하나님의 형상(Imago

Dei)으로 회복되는 것이다. 하나님 말씀을 통해 영적 형성의 시간을 갖는 것이다. 그것이 '렉시오 디비나'를 통해서든, 성서 공부든, 관상 기도든, 의식 성찰[45]이든, 영적 지도[46]든, 영적 거장들의 작품을 탐닉하는 것이든, 방법을 넘어서 말씀을 통해 내 안에 하나님의 현존과 직면하는 것이다. 성서 영성은 어떤 특별한 개념이 아닌, 하나님 말씀 앞에 머무르며 나만의 해석을 통해 내 삶의 현장에서 나온 하나님 경험이고, 그런 하나님 경험들이 쌓이고 쌓여 만들어지는 하나님의 형상으로 나아가는 영적 형성의 과정이라 하겠다.

시편의 영성 이해-
비탄, 해방을 위한 '새 노래' :
고통의 기억 속에서
시편 137편 읽기[1]

／권혁일(한일장신대학교 외래교수, 기독교 영성학)

    지난 2010년은 조선이 일본에 강제로 병합된 지 백 년째가 되는 해였다. 조선은 1910년 이후 36년 동안 일본의 식민 통치로 커다란 고통을 받았다. 비록 우리나라는 1945년 8월 15일에 독립하였지만, 그로부터 칠십여 년이 훨씬 지난 지금도 식민 지배의 기억과 흔적으로 고통을 안고 살아가는 이들이 여전히 존재한다. 그렇다면 이들이 쉽게 사라지지 않는 고통과 갈등으로부터 완전히 놓임을 얻을 수 있는 길은 없을까? 이 질문에 대한 하나의 답을 시편 137편에서 찾을 수 있다.

    시편 137편은 외세에 의한 조국의 멸망과 그에 따른 포로 생활이라는 이스라엘 민족의 고통스러운 경험을 기억이라는 관점에서 이야기하고 있는 비탄시다. 그래서 필자는 이 글에서 시편 137편을 기억의 관점에서 해석학적으로 읽음으로써, 한국인들과 디아스포라 한국인들이 아직도 끝나지 않은 식민 지배의 고통으로부터 해방되는 데에 어떻게 도움을 얻을 수 있는지를 생각해 보려고 한다. 구체적으로 다음과 같은 텍스트의 세 가지 세계들을 살펴볼 것이다. (1) 텍스트 뒤의 세계 : 바벨론 포로 생활이라는 역사적 배경 속에서 시편 137편을 읽기, (2) 텍스트의 세계 : 문학적 접근법을 통해 텍스트의 구조와 역동을 분석하기, (3) 텍스트 앞의 세계 : 한국인들과 디아스포라 한국인들을 위해서 이 시편을 전유(appropriation)하기.

이 과정을 통해서 필자가 논증하고자 하는 것은 시편 137편을 깊이 이해할 수 있는 열쇠 중의 하나는 이 시편의 내적 역동, 곧 '기억과 망각의 변증법'이라는 점이다. 이 내적 역동의 한가운데에는 시적 화자들의 비정체성(nonidentity)의 경험과 정체성(identity)을 유지하기 위한 투쟁이 존재한다. '공동의 비탄'(communal lament)인 시편 137편은 화자들의 고통을 표현하고 극복하기 위한 새로운 기도의 언어를 사용하고 있다. 구체적으로 7~9절에 나타난 저주는 그들의 고통스러운 재앙을 하나님의 기억 속에서 기억하기 위한 행위다. 이와 같은 비탄 속에서 인간은 고통의 트라우마를 잊을 수 있으며, 결국에는 참된 용서를 할 수 있게 된다. 한국인들과 디아스포라 한국인들은 시편 137편의 기자들과 비슷한 경험을 공유하고 있다. 그러므로 이 시편을 기억의 관점에서 읽는 것은 한국인들이 고통스러운 과거에서 해방되고, 나아가 일본과의 화해를 증진시키는 데에도 도움이 될 것이다. 또한 고통 속에 있는 디아스포라 한국인들이 자신들의 정체성을 발견하고 지켜 나가는 데에도 도움이 될 수 있다.

1. 읽기를 위한 준비 : 역사적 배경과 창작 시기

시편 137편을 역사적 배경 속에서 이해하기 위해, 먼저 이 시편의 창작 시기와 배경에 관한 논쟁들을 간략하게 살펴보자.[2] 미국의 구약학자 월터 브루그만(Walter Brueggemann)에 따르면, 시편 137편은 "확실하고 명백한 역사적 언급이 있는 몇 개 안 되는 시편들 중의 하나다."[3] 분명히 이 시편의 화자들은 특정한 장소와 시간과 역사적 사건을 언급하고 있다. 곧,

"바벨론의 여러 강변"(1절)과 "예루살렘이 멸망하던 날"(7절)을 말하고 있다. 그래서 많은 학자들은 유대인들이 B.C. 586/587년에 바벨론으로 끌려간 직후 이 시편이 창작되었다고 확신을 가지고 말한다. 이 그룹에 속한 이들은 에돔인들과 바벨론인들이 예루살렘에서 저지른 대량 학살을 목격한 유대 포로들의 고통스러운 경험과 감정들이 이 시편 속에 담겨져 있다고 논증한다. 그리고 고국으로부터 옮겨져 타국에서 살아가는 이들의 고통 또한 이 시편 속에 녹아 있다.

그러나 이 시편을 후기 포로 시대(post-exilic period) 작품으로 보는 연구자들도 있다. 이들은 본문에서 완료형 동사들과 한정 부사 "שׁם"(Sham, 거기)이 반복적으로 등장하는 사실은 이 시편을 창작할 당시 이미 포로 생활이 끝났으며, 시편 기자들은 이제 더 이상 '거기', 곧 바벨론에 살고 있지 않다는 것을 보여 준다고 주장한다.[4] 이런 의미에서 주석가 제임스 메이스(James L. Mays)는 "이 시편은 아직 재건되지 않은 예루살렘의 폐허로 돌아온 포로들의 목소리인 것으로 보인다."고 말한다.[5] 이 그룹에 속한 학자들에 따르면, 귀환한 포로들이 폐허가 된 예루살렘을 보았기 때문에 이 시편 속에는 그들의 분노와 원한과 슬픔이 여전히 생생하게 표현되어 있다.

하지만 저자의 견해로는 집단적 화자들의 강렬한 감정과 예루살렘을 기억하겠다는 확고한 결심은(5-6절) 이 시편이 화자들이 타국에서 고통스러운 포로 생활을 할 때에 최초로 지어진 것이라는 점을 시사한다. 사전적으로 어떤 대상을 기억한다는 것은 "마음속에 과거의 사람, 사건, 장소 등의 형상이나 그것에 대한 관념을 보관하는 것"을 의미한다.[6] 그러므로 예루살렘을 기억하는 것은 현재 그 도시 안에 있는 이들이 아니라, 그곳으로부터 멀리 떨어져 있는 이들의 행위로 이해하는 것이 적절하다. 또한 과거형 동사들은 1~4절에서 이야기한 그 사건이, 시편 기자들이 이 시편을 짓기 이전에 일어난 일임을 말해 준다. 그리고 한정 부사 '거기'는 시편 기자들이 여전히 바벨론에서 살고 있지만, 시편의 창작 장소가 사건 장소, 곧 "바벨론의 여러 강변"과 다른 곳이기 때문에 사용되었을 것이다. 부가적으로 말하면, 유대인 학자 로버트 알터(Robert Alter)는 이 문제와 관련하여 또 다른 그럴듯한 해석을 내어 놓았다. 그에 따르면, "거기를 의미하는 'Sham'이 두 번 반복되었는데, 논리적으로는 '거기'가 아니라 '여기'가 되어야 하지만, '거기'라고 말함으로써 집단적 화자가 현재 그들이 거주하고 있는 장소로부터 자신들이 소외되어 있음을 표현하고 있다."[7] 만약 알터의 해석이 맞다면, 'Sham'은 화자들이 비정체성을 경험하고 있으며, 타국에 뿌리를 내리고 있지 못함을 암시하고 있다고 할 수 있다. 요점은 시편 137편의 배경과 창작 시기에 관한 여러 견해들 모두, 시적 화자들의 고통은 창작 당시에도 아직 끝나지 않은 생생한 실재(reality)로 존재하고 있었다고 해석한다는 사실이다.

한편, 독일의 구약학자 에르하르트 게쉬텐베르거(Erhard S. Gerstenberger)는 시편 137편이 아마도 예루살렘의 파멸을 기념하는 특별한 예배에서 사용되었을 것이라고 추측하는데, 그렇다고 해서 꼭 그 행사에서만 불려졌을 것이라고 한정을 짓지는 않는다.[8] 하지만 로버트 알터가 주장하는 것처럼, "텍스트 속에는 (제의적 상황을 암시하는) 설득력 있는 증거가 없기 때문에, 그러한 관점은 시편의 형식이 즉흥적인 감정을 — 이 경우에는 집단적인 감정을 — 표현하는 수단으로 사용되었다는 점을 과소평가한다."[9] 필자의 견해로는, 이 시편은 전례적인 환경 속에서 사용되었을 수도 있지만, 화자들이 통제되지 않는 격렬한 감정들을 표출하고 있다는 점에서 예전적인 상황이 아니라 삶의 상황 속에서 창작된 것으로 보인다. 이것은 시편 137편이 포로 생활의 현실들, 특히 포로들의 정체성의 위기라는 현실에 깊이 뿌리내리고 있다는 점을 말해 준다. 그리고 이 시편에 묘사된 모든 현실들을 꿰어 하나로 통합하는 것은 '기억'이다. 그렇다면 구체적으로 어떻게 기억이라는 관점에서 이 시편을 읽을 수 있을까?

2. 기억의 관점에서 해석학적으로 읽기

이 부분에서 필자는 (1) 기억과 망각, (2) 비정체성의 경험과 이야기, (3) 포로들의 노래로서의 비탄이라는 세 가지 해석학적 열쇠들을 사용하여 시편 137편의 구조/움직임, 내적 역동, 장르를 살펴보고자 한다.

1) 기억과 망각의 변증법

비록 시편 137편이 음보적 또는 대칭적 구조를 갖고 있기는 하지만,[10] 이 작품은 기억과 망각이라는 내적 역동을 통해서 보다 적절하게 이해될 수 있다. 많은 학자들과 연구자들이 이 시편에서 '기억' 또는 '기억하기'가 차지하는 중요성을 반복적으로 지적해 왔다. *The New Interpreter's Bible*에서 주석가들은 '기억하기'라는 중심 행위에 초점을 두고 시편 137편의 구조를 다음과 같이 분석한다. (1) 포로들의 예루살렘에 대한 기억 : 1~4절, (2) 예루살렘을 기억하기로 결심함 : 5~6절, 예루살렘을 기억해 달라고 주님께 요청함 : 7~9절. 이어서 그들은 이 시편에서 "기억의 중요성은 문자적으로나 개념적으로나 곳곳에 배어 있다."라고 쓴다.[11] 필자는 이러한 분석에 바탕을 두고 '비정체성의 경험 속에서의 기억과 망각'이라는 이 시편의 내적 역동이 어떻게 흘러가는지를 묘사할 것이다.

시편 137편은 시적 화자들이 바벨론의 강변에서 시온을 기억하는 장면으로 시작된다(1절). 그들은 바벨론 제국의 식민지 정책으로 인해 타국으로 끌려와 고된 삶을 살고 있었는데, 이러한 현실은 그들로 하여금 눈물 속에서 예루살렘을 기억하게 만들었다. 그것은 단지 예루살렘이 그들의 지리적 고향이었기 때문만이 아니라, 그곳이 그들의 정체성이 뿌리내리고 있는 영적 고향이었기 때문이었다. 그러한 기억은 집단적 화자, 곧 포로들의 본능적 지향이 발현된 것이었다.

그 반대편에는 망각의 움직임이 있다. 이것은 예루살렘을 파괴하고 이스라엘 민족을 사로잡아 그들의 정체성을 뿌리 뽑기 위해서 타국으로 강제 이주시킨 억압자들의 지향이다. 이 두 가지의 지향들은 다음과 같이 2절과 3절에서 억압자들이 화자들에게 시온의 노래들 중 하나를 부르라고 요청할 때에 충돌한다. "왜냐하면 우리를 사로잡은 자가 거기서 우리에게 노래를 청했기 때문이다. 우리를 괴롭히는 자들이 자신들의 즐거움을 위해 '시온의 노래들 중 하나를 부르라.'고 했기 때문이다."[12] 유대 포로들이 이방인들의 유흥을 위해서 시온의 노래를 부르는 것은 그들에게 하나님의 백성이라는 자신들의 정체성을 잊는 것, 또는 버리는 것을 의미했다. 그래서 억압자들의 요청은 포로들에게 매우 위험한 것이었다. 그 요청은 유대 포로들을 조롱할 뿐만 아니라, 그들로 하여금 자신들의 참 정체성을 잊도록, 최소한 혼동하도록 만들기 때문이었다. 나아가 예루살렘이 멸망하던 날 에돔인들이 외쳤던 다음과 같은 말도 이러한 의미에서 이해할 수 있다. "rase(raze) it, rase(raze) it($\varepsilon\kappa\kappa\varepsilon\nu o\upsilon\tau\varepsilon\ \varepsilon\kappa\kappa\varepsilon\nu o\upsilon\tau\varepsilon$), even to its foundations"(7절b, LXX).[13] 그리스어 명령형 동사 '$\varepsilon\kappa\kappa\varepsilon\nu o\upsilon\tau\varepsilon$'는 "비우라" 또는 "내쫓으라"는 의미를 가지고 있다. 그래서 브렌턴(Brenton)은 그것을 영어로 번역하며 "사람의 이름을 기억에서 지워버리다."라는 비유적인 의미를 갖고 있는 동사 'raze'로 번역하였다.[14] 이것이 시사하는 바는 당시 에돔인들이 예루살렘 성벽을 그 기초까지 헐어버리면서 이스라엘의 정체성을 기억에서 완전히 지워 버리려고 의도했다는 점이다. 최소한 유대인들은 이방인들에 의한 예루살렘의 파괴를 자신들의 정체성에 치명적인 위기가 되는 사건으로 받아들인 것으로 보인다.

이와 같은 억압자들의 지향, 곧 유대인들로 하여금 자신들의 정체성을 망각하게 하려는 시도들에 대한 집단적 화자들의 대응은 두 가지 방식으로 나타난다. 먼저 시온의 노래를 부르라는 요청에 대해서, 그들은 노래와 수금 연주를 거부하고(2-4절), 스스로를 저주하면서까지 예루살렘을 기억하겠다고 결심한다(5-6절). 다음으로 이방인들에 의한 예루살렘 파괴에 대해서, 그들은 예루살렘이 멸망하던 날 원수들이 보인 극악함을 기억해 달라고 하나님께 요청한다(7절a). 첫 번째 경우, 화자들은 노래 부르기를 거부하고 예루살렘을 기억함으로써 억압자들의 망각을 향한 지향에 저항할 수 있었다. 그러나 두 번째 경우, 단순히 그들이 예루살렘 파멸의 날을 기억하는 것만으로는 이방 나라들의 파괴적인 힘에 충분히 저항할 수 없었다. 그래서 그들은 또한 주님께 원수들이 일으킨 재앙을 기억해 달라고 요청한다. 왜냐하면 그들은 하나님께 망각의 힘을 무력화할 수 있는 능력이 있다고 믿었기 때문이다.

따라서 우리는 시편 137편의 내적 움직임을 기억과 망각의 변증법으로 적절하게 묘사할 수 있다(표 1 참조). 그런데 여기서 놓치지 말아야 할 것은 이 변증법의 정점이 8~9절에 나타나는 '문제적인' 축복이라는 점인데, 이 부분은 오랫동안 시편 137편은 물론 시편 전체에서 가장 난해한 부분으로 여겨져 왔다.[15] 하지만 이 마지막 부분을 살펴보기 전에 두 번째 해석학적 열쇠인 '비정체성의 경험'을 들여다볼 필요가 있다.

〈표 1. 시편 137편에 나타난 기억과 망각의 변증법〉

억압자들	지향의 충돌	집단적 화자들
망각 : 유대인들의 정체성을 지우기 또는 뿌리 뽑기		기억 : 유대인들의 정체성을 발견하고 간직하기
사로잡아서 강제로 이주시킴(1절)	→ ←	시온을 기억함(1절)
시온의 노래를 부르라고 요구함(3절)	→ ←	노래 부르기를 거절하고 시온을 기억하기로 결심함(5-6절)
예루살렘을 철저히 파괴함(7-9절)	→ ←	하나님께 기억해 달라고 요청하고 억압자들을 저주함(7-9절)

2) 비정체성의 경험과 이야기

시편 137편에는 예루살렘의 파괴와 유대인들의 바벨론 포로 생활에 대한 이야기가 녹아 있다. 요한 메츠의 용어로 표현하면, 이야기(narrative)가 전달하는 것은 '고통의 기억'과 '비정체성의 경험'이다. 메츠에 따르면 비정체성의 경험이란, "분열의 경험, 곧 모든 것이 겉으로 보이는 것처럼 또는 그렇게 나타나야 하는 것처럼 선하지 않다는 경험이다. 폭력과 억압으로 야기된 매우 고통스러운 비정체성의 경험은 역사적 삶의 일부다. 그리고 이것은 비정체성의 느낌 또한 마찬가지인데, 이 느낌은 죄책감 속에서, 유한성과 죽음으로 운명 지워짐 속에서 일어난다."[16]

비정체성은 자신과 외부 세계 사이의 갈등 또는 대립이다. 앞서 언급된 것처럼 시편 137의 중심에 놓여 있는 것은 정체성의 문제다. 집단적 화자들은 자신들이 타고난 정체성과 억압자들이 부여한 정체성 사이의 대립을 경험한다. 사회학적 의미에서 한 사람의 정체성은 자신과 타자에 의한 이중적인 확인(identification)을 통해서 구성된다.[17] 그러므로 이 시편에서 억압자들의 파괴적인 힘은 포로들로 하여금 자신들의 정체성의 위기에 직면하도록 몰아가는 것으로 보인다. 집단적 화자들은 자신들과 외부 세계 사이의 비정체성의 경험을, 곧 그들의 선조들로부터 물려받은 정체성과 외부 세계로부터 강요된 정체성 사이에서 일어난 비정체성의 경험을 고통의 기억과 더불어 이야기하고 있다.

그렇다면 시적 화자들은 어떻게 이 갈등을 해소하는가? 그들은 자신들이 타고난 정체성과 강요된 정체성 사이의 갈등을 이론적으로 또는 추상적으로 화해시키지는 않는다. 오히려 그들은 고통의 기억을 있는 그대로 이야기하고 있다. 다시 말해서, 그들은 외부 세계를 관념적인 관점에서 몰역사적으로 해석하지 않는다. 대신 대립과 갈등 속의 비정체성의 경험을 있는 그대로 노출시키고 있다. 메츠에 따르면 이와 같은 이야기의 형식을 통한 노출은 인간의 고통의 역사를 삼위일체적 구원론이라는 신학적 변증으로 승화시키는 것보다 참된 구원으로 향하는 더 바람직한 방법이다.[18] 그러므로 독자들은 이 시편의 마지막 부분에 해당하는 원수들에 대한 저주를 이러한 바탕 위에서, 곧 '공동의 비탄'이라는 이 시편의 장르에 대한 고려 속에서 읽을 때 적절하게 이해할 수 있다.

3) 비탄, 포로들의 '새 노래'

비록 시편 137편에는 전형적인 비탄의 요소들은 — 예를 들면, 시작하는 간청과 호소, 신뢰의 고백, 찬양의 서원은[19] — 결여되어 있지만, 많은 학자들은 이 시편을 공동의 비탄 또는 공동의 불평(complaint)으로 분류하기를 주저하지 않는다. 특히 게쉬텐베르거(Gerstenberger)는 시편 137편이 독특한 형태를 갖게 된 이유는, 초기 비탄시의 형태가 시간이 흐르면서 달라진 공동체 구조에 적응하여 바뀌었기 때문이라고 말한다.[20] 실제로 이 시편은 역경 속의 부르짖음이며, 화자들은 자신들의 고통을 제거할 수 있는 신적 존재에게 강렬하게 호소하고 있다.

여기서 우리는 억압자들이 시적 화자들에게 시온의 노래, 즉 하나님 또는 시온을 찬양하는 노래를 부르라고 요청하였다는 사실을 기억할 필요가 있다.[21] 만약 포로들이 억압자들의 유흥을 위해서 시온의 노래를 부른다면, 그들은 노래와 현실의 불일치로 인해, 즉 노래 속에 담긴 하나님의 승리(또는 시온의 승리)와 자신들이 경험하는 하나님의 침묵(또는 시온의 파멸) 사이의 불일치로 인해 비정체성의 고통 속으로 더욱 깊이 빠지게 될 것이 분명했다. 그래서 게쉬텐베르거가 지적하고 있는 것처럼 바벨론의 포로 공동체는 자신들의 새로운 고통의 경험을 표현할 새로운 또는 개조된 수단이 필요했다. 이런 점에서 이 시편의 집단적 화자들은 자신들의 괴로운 포로 생활 속에서 일어나는 비정체성의 경험을 표현하기 위해 비탄의 초기 형태를 바꾸어서 사용한 것이라 이해할 수 있다. 다른 말로 표현하면, 변형된 형식의 공동의 비탄시인 시편 137편은 포로들의 "새로운 기도의 언어"[22]였으며, 이것을 통해 그들은 시온의 노래를 부르는 것이 불가능한 때에 자신들의 고통은 물론 해방을 향한 은근한 희망을 말할 수 있게 되었다.

앞서 언급한 것처럼, 시편 137편의 화자들은 주님께 예루살렘의 파괴와 원수들의 잔인함을 기억해 달라고, 그리고 원수들의 잔학한 행위들을 되갚는 이들에게 복을 내려 달라고 요청한다(8-9절). 그래서 시편 137편과 같이 저주가 담긴 시편들을 부도덕하다는 비난으로부터 변호하려는 시도들이 있어 왔다. 몇몇 연구자들은 그러한 저주들을 하나님의 정의를 집행하는 것, 또는 예언적 신탁을 전달하는 것으로 해석한다.[23] 시편 137편의 경우, 몇몇 학자들은 이 시편은 기도 또는 감정의 표출일 뿐 시적 화자들이 직접 행동을 취한 것이 아니라고 주장한다.[24] 나아가 에리히 젱거는 시편 137편의 저주 부분을 화자들이 자신들의 역사적 정체성을 지키고, 인간의 폭력적인 욕망을 억누르려는 시도로 읽는다. 그는 다음과 같이 말한다.

> 시편 137편은 자신들의 고통스러운 상황에 폭력적인 변화를 가져올 수 있는 힘을 가진 사람들이 부른 노래가 아니다. 또는 테러리스트의 함성이나 슬로건도 아니다. 대신 이 시편은 심지어 모든 것이 자신의 정체성을 부정하는 그때에도, 자신의 역사적 정체성을 단단히 붙잡으려는 시도다. 그리고 무엇보다도, 그것은 사람이 가장 극심한 비참과 무력을 직면한 상태에서, 모든 것을 하나님께 맡김으로써 자신의 마음속에 존재하는 인간의 원초적 폭력성을 억누르려는 시도다.[25]

이러한 논거들에 근거해서 우리는 7~9절을 보복의 행위가 아니라, 자신들의 고통스러운 재앙을 하나님의 기억 속에 간직하고, 기억하려는 행위로 이해할 수 있다. 시편 31편과 86편과 같은 개인의 비탄시들에서는 하나님의 헤세드(ㅠㄲ)에 대한 믿음으로 비탄이 갑자기 찬양으로 전환되기도 한다.[26] 그러나 시편 137편의 집단적 화자들은 하나님께 기억해 달라고 요청함으로써 자신들의 하나님에 대한 믿음을 표현한다. 메츠는 히포의 아우구스티누스에게서 "기억하기는 하나님의 현존 안에서 자신의 삶의 이야기를 해석하는 해석학적 범주의 위치를 획득한다."고 적고 있다. 다시 말하면, 기억 속에서 "영혼은 신적 조명의 빛 아래 스스로에게 투명해지고, 자신의 삶의 길이 그 눈앞에 펼쳐진다."[27] 이런 의미에서 시편 137편의 집단적 화자들에게 기억하기는 하나님의 기억 속에서 자신들의 고통을 해석하고, 자신들이 여행해야 하는 길을 탐색하는 방법이었다. 그래서 그들은 자신들이 기억하겠다고 서약하는 데서 그치지 않고, 하나님께도 기억해 달라고 요청하였다. 이러한 기억하기는 화자들이 자신들의 타고난 정체성과 강요된 정체성 사이의 비정체성을 극복하기 위한 투쟁의 일부분이었다. 또한 그것은 시온의 노래 속의 하나님/시온과 자신들의 실제 경험 속의 하나님/시온의 불일치를 극복하기 위한 투쟁이기도 했다. 요약하면, 그러한 투쟁을 위한 그들의 전략은 자신들의 역사적 고통을 하나님의 기억 속에서 기억하는 것이었다.

나아가 비정체성의 문제를 풀기 위해 추상적인 화해를 이루는 것을 거부하고, 원수들의 역사적 잔혹 행위들을 기억하는 것은, 고통의 기억이 아니라 고통의 아픔을 잊는 하나의 방법이다. 덴버 대학교(University of Denver)의 토드 브라이포글(Tod Breyfogle)은 "용서는 궁극적으로 망각의 행동이 아니라, 보다 강렬하게 기억하는 것이다. 곧, 사랑 속에서 변형된 사실을 기억하는 것이다. 사랑 속에서 정의의 요구는 자비에게 길을 내어 준다."고 말한다.[28] 그러한 기억 없이는 참된 용서가 일어날 수 없다. 이런 의미에서 노래 또는 기도의 형식을 가지고 있는 비탄에서의 저주는 고통과 원한으로부터 벗어날 수 있는 적절한 탈출구다. 그러므로 "시편에서 희망은 — 절망이 아니라 — 회복력과 설득력이 있다".[29]

3. 시편 137편이 한국인들과 디아스포라 한국인들에게 끼치는 해방의 힘

이 글의 마지막 부분에서 필자는 시편 137편의 집단적 화자들과 한국인들/디아스포라 한국인들 사이의 공통점을 고통의 기억이라는 관점에서 살펴보고자 한다. 그리고 나서 이 시편이 어떤 점에서 한국인들/디아스포라 한국인들을 끝나지 않은 식민의 고통에서 벗어나게 하는 데 도움이 되는지를 찾아볼 것이다.

1) 공통점 1 : 끝나지 않은 고통과 비정체성의 경험

20세기의 한국 역사는 일제 식민 통치(1910-1945), 한국 전쟁과 남북 분단(1950-1953), 정치적 혼란과 군사 독재(1950-1980년대)와 같은 굵직굵직한 사건들로 인해 극심한 고통으로 얼룩져 왔다. 그리고 그 고통은 지금도 한국인들의 마음속에 여전히 남아 있다. 특히 일제강점기 말 조선 총독부는 조선인들로 하여금 학교에서 조선어를 쓰지 못하도록 했을 뿐만 아니라, 일본식 이름으로 창씨개명을 하도록 강제하였다. 즉, 조선인들은 조선인으로서의 정체성을 잊은 채, 일본의 수탈과 유흥의 대상이 되도록 강요당했다. 그러한 쓰라린 경험들은 오늘날 한국인들에게 집단적인 고통스러운 기억들을 통해서 전해져 내려왔다. 심지어 일제 식민 통치 아래서 직접 고통받던 이들 중에도 현재 살아 있는 사람들이 있다. 예를 들면, 이른바 "위안부"들, 곧 제2차 세계대전 중에 강제로 일본군에 끌려가 성노예로 살았던 여인들 중 일부가 생존해 있다. 그리고 일본 정부는 아직도 자신들이 저지른 잔혹한 행위들을 공식적으로 사죄하거나 배상하지 않고 있다. 그래서 식민 시대의 고통은 끝나지 않고 여전히 지속되고 있다.

또한 현대 디아스포라 한국인들의 역사는 19세기 말에 시작되었다. 어떤 이들은 생존을 위해 먹을 것이나 일자리를 찾아 고향을 떠나기도 했고, 또 어떤 이들은 교육을 위해 집을 떠나기도 했다. 그리고 어떤 이들은 '초청하지 않은 이웃들'의 억압으로 인해 탈출하기도 했으며, 또 다른 이들은 일제에 의해 일본이나 러시아, 또는 일본이 전쟁을 수행하던 아시아의 다른 나라들로 강제로 끌려갔다. 그중에서도 미국의 디아스포라 한국인 공동체는 1903년에 최초로 설립되었는데, 그들은 하와이의 대규모 사탕수수 농장으로 일하러 간 이민자들이었다.[30] 그들은 "미국은 '지상의 천국'이며 '젖과 꿀이 흐르는 땅'이라는 기묘한 '복음'"[31]에 마음이 동요되어 미국으로 건너갔다. 하지만 농장주들과 관리자들은 이민자들을 "인간이 아니라 생산의 수단으로"[32] 여겼다. 그들은 착취당하고, 두들겨 맞았지만 해고될 것이 두려워 아무런 저항도 하지 못했다. 1903년에 하와이로 건너간 초기 이주자들 중의 한 사람인 이홍기는 다음과 같이 증언한다. "우리는 신분증으로 항상 번호를 몸에 지니고 다녔습니다. 그리고 우리는 결코 이름으로 불린 적이 없습니다. 오직 번호로만 불렸습니다."[33] 그러므로 미국은 물론, 일본과 중국으로 건너간 초기의 한국 이민자들은 물리적인 문제뿐만이 아니라 비정체성의 경험으로 고통당했다. 오늘날 미국에서 태어나거나 자란 새로운 세대의 한국계 미국인들 또한 비슷하다. 비록 그들이 살아가는 물리적인 조건들은 많이 개선되었지만, 그들은 자신들의 혈통적 정체성과 사회적 문화 사이의 비정체성의 경험으로 인해 어려움을 겪고 있다.[34] 요약하면, 디아스포라 한국인들의 역사는 타국 땅에서의 비정체성의 경험과 자신들의 정체성을 찾고자 하는 투쟁으로 인해 눈물로 얼룩져 있다. 그러한 경험들과 투쟁은 오늘날 디아스포라 한국인들 속에 여전

히 존재하고 있다.[35]

2) 공통점 2 : 비탄, 한국인/디아스포라 한국인의 노래

그와 같은 고통의 경험들을 지니고 있는 한국인들과 디아스포라 한국인들에게 비탄은 그들의 깊은 고통을 표현하고 승화시키는 중요한 수단이었다. 예를 들면, 가장 대중적인 한국의 전통 음악 '아리랑'은 고된 삶 속에서 체험하는 다양한 고통들을 비탄하는 노래다. 일반적으로 아리랑의 가사 중 도입부는 각 개인의 특정한 삶의 경험에 따라 쉽게 변경될 수 있었으며, 그런 다음 전형적인 후렴구가 제창되었다. 정선아리랑연구소장 진용선은 다음과 같이 말한다. "한국인들의 가장 깊은 마음에서 울려 나오는 소리는 '아리랑'과 같은 것이 아닐까 한다. 한국인들은 정신적 스트레스들을 가능한 빨리 없애 버리는 방법을 찾기보다는 시간의 흐름에 따라 서서히 풀려고 노력하였다."[36]

그래서 현재 전해지는 아리랑만 해도 백 가지 이상의 다양한 변형이 있다고 알려져 있다. 그중에서도 특히 한국인들과 디아스포라 한국인들에게 가장 잘 알려져 있는 경기 아리랑은 님에게서 버림받은 사람이 부르는 비탄의 노래다. 그것은 자신에게 고통스러운 아픔을 주고 떠난 연인을 향한 저주를 담고 있다.

> 아리랑, 아리랑, 아라리요 아리랑 고개로 넘어간다.
> 나를 버리고 가시는 님은 십 리도 못 가서 발병 난다.
> - 경기 아리랑 일부

이 노래는 버림받은 고통만이 아니라 다양한 고통들을 표현하고 승화시키기 위해 불려졌다. 실제로 아리랑은 한국인들과 디아스포라 한국인들이 고통을 이겨 내고 정체성을 유지하는 데 중요한 역할을 해 왔다. 구체적으로 진용선은 러시아 고려인들이 그들의 정체성을 유지하는 데 아리랑이 중요한 역할을 했다고 논증하고 있다.[37]

또한 일제강점기에는 민족적 비탄과 개인적 비탄이 '죄의 고백'이라는 형태로 표현되기도 하였는데, 그것은 당시 조선인들이 공공연하게 조국의 멸망을 비탄하거나 일제를 비판하는 것이 엄격하게 금지되었기 때문이었다. 잘 알려진 것처럼 길선주 목사(1869-1935)로 대표되는 20세기 초의 대부흥 운동의 특징 중의 하나는 죄의 고백이었다. 클라우스 베스터만에 따르면, "죄의 고백은 민족의 비탄 또는 개인의 비탄에서 구성적인 요소가 될 수 있다".[38] 이 외에도 몇몇 한국인들은 문학작품들을 통해서 절망, 슬픔, 원망, 희망 등을 암시적으로 표현하기도 했다. 예를 들면, 일제강점기에 태어나 사망한 윤동주(1917-1945)는 그의 시 "팔복 : 마태복음 5 : 3~12"에서 역설적인 표현들을 사용하여 식민 지배 아래의 민족적 절망을 비탄하였다. 그러므로 비록 한국 문화와 문학에서의 비탄이 성서의 비탄과 정확히 일치하지는 않지만, 비탄이 한국인들과 디아스포라 한국인들에게 친숙한 장르라는 점은 분명하다. 그렇다면 한국인들과 디아스포라 한국인들이 끝나지 않은 고통으로부터 벗어나는 데 시편 137편이 구체적으로 어떻게 도움이 될 수 있을까?

3) 시편 137편이 한국인들/디아스포라 한국인들에게 갖는 함의들

시편 137편을 기억의 관점에서 읽는 것은 한국인들과 디아스포라 한국인들이 아직 끝나지 않은 식민 지배의 고통으로부터 해방되는 데 도움이 될 수 있다. 이들이 해방되기 위한 첫 번째 조건은 고통의 기억을 직면하고 이야기하는 것이다. 시편 137편은 타국에서 경험한 고통을 이야기하는 것으로 시작된다. 이 시편의 집단적 화자들은 자신들의 분노와 절망, 그리고 원한을 억누르지 않는다. 대신 그들은 비정체성의 경험을 이야기하고, 나아가 마음속의 깊은 감정들까지 표현한다. 그래서 시편 137편은 한국인들과 디아스포라 한국인들에게 그들이 잊으려고 애써 온 고통의 기억들을 담대하게 이야기할 필요가 있음을 보여 준다. 일본으로부터 정치적으로 독립된 이후, 한국의 여러 정부들과 많은 한국인들은 '과거의' 고통에 주목하고 그것을 진지하게 다루는 데 매우 인색했다. 한편으로는 경제적인 생존과 성공을 성취하기 위해서였고, 다른 한편으로는 일제강점기에 권력을 가지고 있었던 특권층의 지위를 영속해 나가기 위해서였다. 하지만 테오도르 아도르노(Theodor W. Adorno)는 다음과 같이 주장한다. "고통에게 목소리를 내어 주는 것은 모든 진리의 조건이다." 왜냐하면 "고통은 주체를 짓누르는 객관적 실체이기" 때문이다.[39] 객관적 실체인 고통의 기억을 직면하고 그것을 이야기하는 일은 분명히 말하는 이나 듣는 이를 다시 고통 속으로 들어가게 한다. 하지만 그러한 과정 없이는 사람이 고통으로부터 완전히 자유로워질 수 없다. 과거의 고통과 가해자들은 현재나 미래에 또 다른 형태로 다시 나타나거나, 영속적으로 피해자들을 괴롭히게 될 가능성이 높기 때문이다. 그래서 시편 137편은 본문 속에서 화자들의 고통을 이야기하는 데 그치지 않고, 또한 독자들로 하여금 자기 자신들의 고통과 비정체성의 경험을 용기 있게 기억하고 이야기하라고 권면한다. 나아가 이 시편은 한국인들, 특히 디아스포라 한국인들에게 기억하고 이야기함으로써 자신들의 정체성을 발견하고 유지하는 씨름을 포기하지 말라고 격려한다.

두 번째로, 고통을 기억하고 이야기하는 것은 반드시 하나님의 기억 속에서 실천되어야 한다. 앞서 언급한 것처럼 시편 137편의 화자들은 하나님께 기억해 달라고 요청했는데, 그것은 오직 하나님의 기억 안에서만 자신들의 기억이, 심지어 가장 깊은 어둠 속에서도, 희망의 형식[40]이 될 수 있기 때문이다. 하나님의 기억은 고통에 대한 추상적 또는 몰역사적 진정제를 제공하지 않는다. 대신 하나님은 사람들의 실제적 고통과 역사적 잔혹 행위들을 기억하신다. 하지만 한국 교회 또는 이민 교회의 대다수의 설교자들과 작사가들은 집단적 고통의 기억을 이야기하는 일이나 듣는 일에는 거의 관심을 보여 오지 않았다.[41] 그 결과 한국에서 역사적, 집단적 고통을 극복하려는 노력들은 주로 교회 밖에서 진행되어 왔다. 그러므로 시편 137편은 한국 교회와 해외 이민 교회들에게 비정체성의 고통에 대한 집단적 기억을 하나님의 실제적, 역사적 기억 속에서 다루어야 한다고 말한다.

세 번째로, 시편 137편은 희생자들에게 참된 용서와 화해의 문을 열어 준다. 위에서 쓴 것처럼, 오늘날 한국에는 여전히 식민 지배의 기억으로 고통받는 이들이 생존하고 있다. 이와 같은 직접적 피해자는 물론, 일제강점기를 몸으로 경험하지는 않았지만 고통의 역사를 배우고 상속한 젊은 세대들을 포함한 많은 한국인들이 과거사에서 기인한 뿌리 깊은 반일 감정을 가지고 있다. 많은 희생자들은 가해자들의 진실한 사과가 먼저 선행되어야 용서할 수 있다고 생각한다. 하지만 캠브리지 대학교 교수 마기 톨스토이(Margie Tolstoy)는 이렇게 말한다. "용서는 상처 입은 사람이 사랑을 시행하는 것이다. 그리고 용서는 초래된 잘못에 비례하여 제공되지, 표현된 뉘우침과 관련된 것이 아니다."[42] 무엇보다 시편 137편에서 화자들이 자신들의 고통과 원수들의 잔혹 행위들을 주 안에서 기억하는 것은 그들에게 고통으로부터 용서로 옮겨 갈 수 있는 가능성을 제공한다. 그러므로 심지어 가해자들의 사죄가 없다고 할지라도, 희생자들은 하나님의 기억 속에서 자신들의 고통을 기억함으로써 그 고통으로부터 해방될 수 있으며, 나아가 가해자들을 용서할 수도 있게 된다.[43]

그러면 일제강점기에 살았던 초기의 그리스도인들은 시편 137편을 어떻게 읽었을까? 그 힌트를 평양신학교에서 발행한 신학 잡지, 「신학지남」에서 찾을 수 있다. 「신학지남」 1934년 3월호에는 신학 논문들과 설교문 사이에 "유적(流謫)의 원한(怨恨)"이라는 제목으로 시편 137편의 한국어 번역이 시의 형태로 실려 있다.[44]

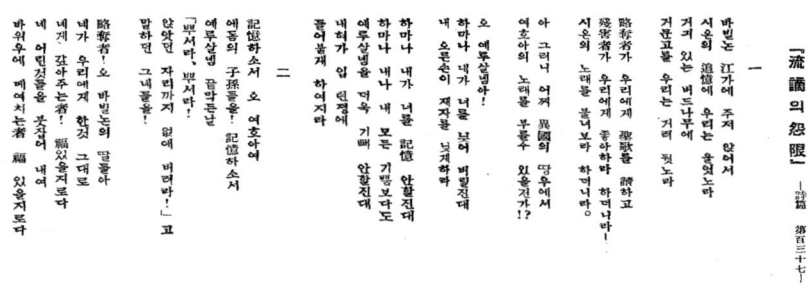

〈그림 1. 「신학지남」에 실린 "유적의 원한"〉

그림에서 볼 수 있듯이 이 시에는 아무런 주석도 설명도 달려 있지 않다. 하지만 그 표현은 오늘날의 한국어 성서 번역본들에 담긴 것보다 훨씬 더 격정적이다. 아마도 어떤 설명이나 주석이 없어도, 당시의 독자들은 이 시편의 화자인 포로들과 자신들을 자연스럽게 동일시했을 것이며, 시를 자신들의 머리가 아니라 마음으로 이해했을 것이다. 그래서 필자는 초기 한국 그리스도인들은 물론 오늘날의 한국인들과 디아스포라 한국인들에게 시편 137편을 읽는 가장 좋은 해석학적 열쇠 중의 하나는 독자의 고통의 체험, 또는 비정체성의 체험이라고 생각한다.

고통의 체험은 참된 긍휼을 배우는 학교다. 시편 137편을 기억의 관점에서 읽는 것은 한국인들과 디아스포라 한국인들로 하여금 비정체성의 고통스러운 체험을 직면하는 위험을 받아들이고, 세상의 눈물을 열린 눈으로 주목하여 바라보도록 격려한다. 테오도르 아도르노에 따르면, 사람은 자신의 고통의 경험을 통해서 다른 이들의 고통을 보고, 타자의 관점에서 세상을 보는 법을 배운다.[45] 현재 175개국에 700만 명 이상의 한국인들이 살고 있는데, 이것은 한국 내 인구의 약 6분의 1에 해당하는 규모다.[46] 만약 전 세계의 한국인 디아스포라 공동체들이 이웃들의 눈물을 주목하여 바라보고, 눈물을 닦기 위해 자신들의 손을 내민다면, 그들은 세계 평화와 정의를 이루는 데 기여할 수 있을 것이다. 이 높은 목표를 성취하기 위해서 필요한 것은 '새 노래'를 부르는 것이다. "지금은 새 노래들을 부를 때다. (한국인들과) 한국계 미국인들이 자신들의 상처 입은 집단적 정신과 마음을 치유하고, 용서로 나아가는 데에 도움이 되는 새 노래를 부를 때다……. 분열을 넘어서 화해로 나아가도록 힘을 주는 새 노래를 부를 때다."[47] 역설적으로, 한국인들과 디아스포라 한국인들이 불러야 하는 새 노래는 '비탄'이다. 지금까지 교회에서 종종 잊혀져 왔던 집단적 고통의 기억을 비탄을 통해서 기억하고 이야기할 수 있다는 점에서, 한국인들과 디아스포라 한국인들의 새 노래는 비탄이다. 비탄의 노래를 부르는 것, 이것이 우리가 아직 끝나지 않은 고통에서 해방되는 첫걸음이다.

마르틴 루터의
칭의의 영성 이해[1]

/이종태(횃불트리니티신학대학원대학교, 기독교 영성학)

　어떤 사람이 그리스도인인가? 어떤 의미에서 신학이란, 특히 영성신학이란 바로 이 물음에 답하고자 하는 시도라고 할 수 있다. "그리스도인의 자유"라는 제명의 신학 논문에서 마르틴 루터(Martin Luther)는 나름의 대답을 제시한다. 루터는 말한다. "그러므로 결론적으로 말해서, 그리스도인이란 자기 자신 안에 살지 않고, 그리스도 안에서, 또 이웃 안에서 사는 사람이다."[2] 간명하지만 쉽게 이해되지는 않는 진술이다. "자기 자신 안에 살지 않는다."는 말은 정확히 무슨 뜻인가? 또 루터는, 자기 자신 안에 사는 것과 그리스도 안에서 (또 이웃 안에서) 사는 것을 서로 다른 삶의 방식으로 상정하는데, 그 둘은 어떤 의미에서 대조되는 것인가?

　본 장이 밝히는 바, 루터의 말의 의미와 중요성은 그것을 루터의 새로운 '믿음' 개념에 비추어 볼 때 보다 분명하게 이해될 수 있다. 본 장은 루터의 새로운 믿음관을 인간과 하나님의 관계에 대한 루터의 새로운 이해와 관련지어 설명하고, 그의 이신칭의론이 단순히 구원에 관한 교리일 뿐 아니라 그리스도인의 삶에 관한 새로운 신학이었다는 사실을 보이고자 한다.

1. 믿음에 대한 새로운 개념

루터는 인간과 하나님의 관계(human relation to God)에 대해 당대의 신학자들과 상당히 다른 이해를 가졌고, 이는 그의 새로운 믿음관을 살펴볼 때 잘 파악될 수 있다. 루터에게, 또 종교개혁 운동에 있어서 '믿음'이 중심 어휘였음은 주지의 사실이다. 그러나 그 종교개혁자가 믿음에 대해 대단히 새로운, 실로 '혁명적' 사상을 개진했다는 사실, 그리고 그것은 인간과 하나님의 관계에 대한 그간의 이해에 심원한 도전을 제기하는 것이었다는 사실은 그리 잘 이해되거나 평가되지 못하고 있는 실정이다. 루터가 그리스도의 삶에 있어서 믿음의 역할을 '강조했다'고 말하는 것은 그리 정확한 말이 아니다. 그보다는, 루터는 믿음의 개념을 혁명적으로 바꾸어 놓았고, 그로써 '그리스도인의 삶이란 무엇인가?'에 대한 그간의 (영성) 신학을 바꾸어 놓았다고 말해야 한다.

1) Fides caritate formata

루터의 믿음 개념을 이해하기 위해서는 스콜라신학의 믿음 개념에 대한 그 종교개혁자의 비판부터 살펴보아야 한다. 스콜라신학에서는 '믿음'이란 기본적으로 교회가 인준한 교리에 대한 동의를 뜻했다. 따라서 스콜라 신학자들은 믿음은 그 자체만으로는 인간을 구원하기에 충분하지 못하다고 여겼다. 구원의 효력을 갖기 위해서는, 믿음은 사랑에 의해 '형성/완성되어야'(formed) 한다. 다시 말해, 은총에 의해 고양되고 고무되는 사랑 없이는 믿음은 '죽은' 것, '생명 없는' 것에 불과하다.

스콜라 신학은 믿음과 사랑의 관계를 아리스토텔레스의 형이상학 개념들을 빌려 와 정의하고 있음에 주목할 필요가 있다. 즉, 믿음은 질료인

(material cause)이고, 사랑은 형상인(formal cause)이다. 스콜라신학에 따르면, "은총에 의해 고무되는 사랑이 믿음에 형상을 부여하는 forma, 즉 신적 실재(göttliche Seinswirklichkeit)이다."[3] 이러한 믿음 이해를 담은 슬로건 같은 표현이 있었는데, "fides caritate formata"(사랑에 의해 형성되는 믿음)가 바로 그것이다.

루터는 이러한 스콜라신학적 믿음 개념을 혹독히 비판했다. 그 개혁자는 주장하기를, 믿음이라는 것을 그저 "마음속 활동 없는 질(idle quality)이나 내용 없는 껍데기(empty husk) 같은 것, 사랑이 와서 살려 주기 전까지는 죽을 죄 상태로 존재하는 무엇"으로 보는 것은 믿음에 대한 심각한 오해이다. 믿음이란 그런 것이 아니고 "마음속 확실한 신뢰이자 단호한 수용으로서, 그리스도를 붙잡는 '손'이다."[4] 그리고 루터는 이렇게 '믿음(의 손)에 붙잡히는' 그리스도가 바로 믿음의 '형상'(form)이라고 보았다.

루터는 사랑이 믿음의 '형상'(forma)인 것이 아니라 그리스도 자신이 바로 믿음의 형상이라고 주장했다. 루터는 말한다. "믿음을 형성시키고 완성시키는 것, 다시 말해 믿음의 형상은 다름 아니라 그리스도 자신이다."[5] 중세 스콜라신학이 'fides caritate formata'(사랑에 의해 형성되는 믿음)를 가르쳤다면, 루터는 'fides Christo formata'(그리스도에 의해 형성되는 믿음)를 가르쳤던 것이다. 헤이코 오버만(Heiko A. Oberman)이 지적하듯이, 루터는

"사랑 안에서 활동하는 믿음"(faith active in love) 대신 "그리스도 안에서 살아 있는 믿음"(faith living in Christ)을 주장했다. 전자는 중세 전통에 있어서 만장일치적 지지를 받는 공식이자 정의로서 토마스 아퀴나스, 둔스 스코투스, 가르비엘 비엘 등과 트렌트 공의회(선언문)에서도 발견된다.[6]

투오모 만네르마아(Tuomo Mannermaa)에 따르면, 'fides caritate formata'에 대한 루터의 비판은 "루터의 종교개혁 프로그램의 핵"이다.[7] 루

터가 믿음에 대한 주지주의적 이해에 반대했음을 쉽게 알 수 있다. 루터에게 있어서 믿음이란 교회가 가르치는 교리들에 대한 지적 동의 훨씬 이상의 것이었다. 그러나, 중세의 'fides caritate formata'에 대한 루터의 비판은 그보다 훨씬 더 깊은 차원의 것이었다. 루터가 그 중세 신학 슬로건을 반대한 것은 단순히 그것이 믿음에 대한 부적절한 개념을 함의하는 것이었기 때문이 아니라, 그것이 칭의에 대한 잘못된 교리를 함의하는 것이었기 때문이다. 'fides caritate formata'는 인간은 '사랑에 의해 형성되는 믿음'에 의해 의롭다 함을 받는다고 가르쳤다. 사람은 믿음과 '그리고' 사랑에 의해 의롭다 함을 받는데, 강조점은 후자에 있었다. 그러나 루터는 그러한 가르침은 칭의에 대한 사도 바울의 가르침에 위배된다고 믿었다. 루터는 "사람은 율법의 행위 없이, 믿음으로 의롭다 함을 받는다."는 사도 바울의 진술을, 단순히 "율법의 외적 행위들뿐 아니라, 율법의 완성으로서의 사랑에게도 적용되는 것"이라고 이해했다.[8] 다시 말해, 사랑은 구원에 이르는 길이 아니다. 사랑은 "아무리 숭고한 것이라 해도" 어디까지나 "하나님을 향한 인간의 추구, 인간 편의 운동"일 뿐이며, 따라서 "율법의 영역에 속한" 것이기 때문이다.[9]

이렇게 루터의 비판의 핵심은 믿음과 사랑에 대한 스콜라신학적 관념은 '율법주의'에 다름 아니라는 것이었다. 인간의 사랑은, 아무리 은총에 의해 고양되더라도, 여전히 본질적으로는 인간적 사랑일 뿐이며, 칭의는 전적으로 하나님의 일이라는 것이 루터의 확신이었다. 즉, 우리는 "오직 믿음으로"(sola fide) 의롭다 함을 얻는다.

2) 관계적 인간학

루터의 칭의 교리에 있어서는 사랑의 행위뿐 아니라 사랑 자체도 설

자리가 없다는 사실을 주목하는 것이 중요하다. 앤더스 니그렌(Anders Nygren)이 말하듯, 루터는 "단순히 외적인 율법주의뿐 아니라, 우리 안에 전제되는 질이나 태도로서의 사랑에 대해서도" 반대한 것이다. 니그렌에 따르면, 어떤 이들은 "사랑의 행위와 사랑 자체를 구별함으로써 루터의 사상을 물타기 하려" 해왔다. "마치 후자 말고 전자만 칭의로부터 배제되어야 한다는 듯이" 말이다. 그러나 그러한 시도는 "루터의 근본 원리들에 대한 전적인 포기"를 의미한다.[10]

이렇게 루터는 '질로서의 사랑'(love as quality⟨in loco iustificationis⟩)도 배제했다. 루터가 믿음을 강조하느라 사랑을 평가 절하했다고 여기는 이들이 있겠으나, 그러나 이는 그 개혁가에 대한 큰 오해다. '질로서의 사랑'조차도 루터의 칭의 교리에 발붙일 수 없었던 이유는, 그의 칭의 개념이 스콜라 신학자들의 개념과 현저히 달랐기 때문이다. 루터는 말한다,

> 그러므로, 그리스도인은 '형상적으로'(formally) 의로운 것이 아니다. '본질'(substance)이나 '질'(quality)에 있어서 의로운 것이 아니라, 무언가와의 관계에 있어서(a relation to something) 의로운 것이다. 자신의 죄를 인정하고 하나님께서는 그리스도를 보아서 그들에게 호의와 용서를 베푸신다는 사실을 믿는 이들에게 주어지는 하나님의 은혜와 값없는 죄 용서를 받기에 의로운 것이다.[11]

인간은 그가 소유하는 어떤 내적 '질' 덕분에 의로운 것이 아니다. 인간은 하나님께서 그리스도를 보아서 그를 의롭다고 여겨 주시기에 의로운 것이다. 루터는 의롭다 함을 받는다는 것에 대해 '관계적' 이해를 가졌다고 말할 수 있다. 그에게 '의'는 사람의 내적 '상태'를 가리키는 용어가 아니었다. 그것은 무엇(즉, 하나님)과의 '관계'를 가리키는 관계적 용어였다. 다프네 햄프슨(Daphne Hampson)은 칭의에 대한 루터의 관계적 이해가

그의 관계적 인간론과 연결되어 있다고 주장한다. 햄프슨에 따르면, 중세 스콜라신학의 인간론은 인간을 "그 자체로서 존재하는 자립성(독일어로 Selbständigkeit 인데, 문자적으로 제 발로 설 수 있는 존재를 뜻한다.)을 가진 일종의 파생된 본체"로서 본다는 점에서 '아리스토텔레스적'이다.[12] 이렇게 인간을 한 본체(substance)라고 보면, 본체는 어떤 특정한 성질이나 속성을 가지는 것으로 이해될 수 있다. 그래서 중세 스콜라신학자들은 사람이 죄의 '상태'에 있을 수도 있고, 은총의 '상태'에 있을 수도 있다는 식으로 말할 수 있었던 것이다. '주입된' 덕(infused virtues)이라는 중요한 중세적 관념 역시 '본체론적'(substantialist) 인간론 내에서만 기능할 수 있는 것이었다.

그러나 루터는 그러한 중세 아리스토텔레스적 인간론과 결별했고, '본체'니 '질'이니 하는 개념으로 인간론을 전개하지 않았다. 그에게 인간은 '제 발로 설 수 있는' 독립적인 개체가 아니었다. 햄프슨에 따르면, 루터는 인간을 "타자에 의해 '업혀 갈 수 있는'(carried) 존재"로 이해했다. 그러한 인간론이 함의하는 바는,

> 인간은 타자(즉, 하나님)에 근거를 둘 때 비로소 자기 자신이 '될' 수 있고, 온전히 통합된 존재가 될 수 있다……. 자존적인 존재로서(하나님이 주입해 주시는 은총의 '도움'을 받아) 통합된 존재(즉, 자기 자신)가 되려고 하는 시도는 실패할 수밖에 없다.[13]

이렇게 루터는 심오한 '관계적' 신학적 인간론을 가졌다고 할 수 있다. 그에게 인간은 하나님과의 관계에 있어서 "제 발로 설 수 있는 자립적 존재"가 아니다.[14] 인간은 전적으로 하나님에게 의존하는 존재로서, 자기 자신이 되기 위해서는 발 딛고 설 수 있는 '설 땅'이 있어야 하는 존재다. 루터에게 그 '설 땅'은 다름 아니라 하나님이다. 루터의 이런 생각은 'substantia'

라는 용어를 루터가 어떻게 재정의했는지를 살펴볼 때 더욱 분명해진다.

3) Substantia

루터가 substantia(본체)라는, 고대와 중세 철학에 있어 중요한 신학적, 인간학적 용어를 재정의했다는 사실에 주목할 필요가 있다. 루터는 주장하기를 'substance'라는 단어는,

> 철학자들이 말하는 것과 달리, 사람이 발 딛고 설 수 있는 발판이나 설 땅이라는 의미로 이해해야 한다. 땅 밑 심연에 빠져 버리지 않을 수 있게 해 주는 땅 말이다······. 이렇게 'substance'는 사람이 자기 생명을 얻는 모든 것을 가리키는 말이다······. 어떤 사람의 존재 양식, 행동 양식이 바로 그에게 substance가 되는 것이다.[15]

Substance는 사람의 삶 전체를 지탱시키고 감싸고 있는 무엇이다. 가령, 야심가에게 substance는 세상 영광이고, 부자들에게는 부가 그것이고, 탐식가들에게는 음식이 그것이고, 방탕한 이에게는 감각적 쾌락이 그것이다. 스티븐 오즈멘트(Steven Ozment)가 말하듯, "사람이 어디서 살고, 어떻게 사는지가 바로 그의 삶에 있어서 그의 'substance'가 되는 것이다."[16]

불신자들은 이 세상의 좋은 재화들로 자존하고 번창하지만, 성도들은 "이러한 종류의 substance를 가지고 있지 않다."[17] 대신, 그들은 보다 나은, 보다 항구적인 substance 안에서, 그것을 통해 살아가고 있는데, 바로 '하나님이라는 substance', '믿음이라는 substance'이다. 루터가 말하기를, 세상은 '확신을 위한 안정적 토대'를 가지고 있지 않으나, 하나님만

이 바로 사람이 '발 딛고 설 수 있고 거주할 수 있는' (굳은) '창공'이다.[18]

sutstantia에 대한 루터의 이러한 재정의에서 우리는 루터의 관계적 신학적 인간론을 더 깊이 이해할 수 있게 된다. 루터는 인간이 하나님께 철저히 '의존'하는 존재이며 하나님은 인간이 발 딛고 설 수 있고, 서야만 하는 설 땅 혹은 토대라는 사실을 깊이 인식하는 인물이었다. 그러한 토대 없이는, 즉 substantia 없이는 인간은 "'깊은 곳'으로 가라앉고, 죄와 죽음의 심연 속에 빠질" 수밖에 없는 존재다.[19] 그리스도인은 Anfechtung(문자적으로 '공격받음'을 뜻함.)에 직면해서 하나님을 '신뢰하는' 사람이다.

루터의 믿음관을 이해하려면 먼저 루터가 말하는 Anfechtung을 이해해야 한다. 루터에게 인간은 거룩하신 하나님 앞에 감히 설 수 없는 존재이다. Anfechtung은 "루터 전통에서 사람이 하나님과 직면해서 흔들리고, 타격받고, 제압당하는 경험을 가리키는 말"이다.[20] 거룩하신 하나님 앞에서 사람이 갖게 되는 이러한 커다란 불안감이야말로 "루터의 교리를 이해하는 단서"이다.[21] 루터에게 믿음이란 하나님을 우리의 substantia로서 신뢰(fiducia)하는 것이다. 다시 말해, 하나님은 우리가 Anfechtung의 공격을 받을 때 우리가 발 딛고 설 수 있는 땅이다.

햄프슨(Hampson)에 따르면 "루터 전통에서 인간과 하나님의 관계에 대한 기본 단어는 '믿음'(fiducia, 신뢰)이지, 가톨릭 어거스틴적 전통에서처럼 '사랑'이 아니다". 그 이유 중의 하나는 "루터 전통에서는 인간과 하나님의 관계를 사람과 사람 사이 같은 일종의 상호 관계로 상상하는 것이 자연스럽지 않기" 때문이다. 그녀에 따르면, "사람이 하나님 앞에 서서 하나님과 대화를 나눌 수 있다는 식으로 상상하는 것은 루터에게 있어서는 하나님의 본질을 오해하는 것이다."[22] 루터의 신학적 인간론에 있어서는 인간은 하나님 앞에 설 수 없는 존재다. 하나님은 우리가 발 딛고 설 수 있고, 또 서야 하는 땅이다. 우리는 철저히 하나님에게 '의존하는' 존재이다.

4) In ipsa fide Christus adest

앞서 보았듯이, 루터는 중세의 "fides caritate formata" 대신 "fides Christo formata"를 주창했다. 이는 믿음의 형상은 사랑이 아니라 그리스도 자신이라는 말이다. 다시 말해, 믿음의 '실체적 신적 실재'(Seinswirklichkeit)는 그리스도 자신이며, 그렇게 믿음 안에는 그리스도께서 현존하신다.[23] 루터에 따르면, 그리스도는 단순히 믿음의 대상이 아니라, "믿음 그 자체 안에 현존하시는 분이다".[24] 이러한 "in ipsa fide Christus adest"(믿음에는 그리스도가 친히 현존하신다.)는 루터의 믿음관에 핵심이다. 알리스터 맥그라스(Alister McGrath)에 따르면,

> 루터는 믿음을 믿음이게 하는 표지는 그리스도의 실제적, 구속적 현존이라고 주장한다는 사실을 이해하는 것이 중요하다. 믿음은 fides apprehesiva이다. 즉, 믿음은 그리스도를 '붙잡아' 그를 현존시킨다.[25]

5) 믿음의 탈아적 본질

루터는 말한다, 믿음은 "이 보화, 즉 현존하시는 그리스도를 붙잡아 내 것이 되게 한다".[26] 즉, 믿음이 있다는 말은 곧 그 믿음을 통해 그리스도 자신의 실재에 참여하고 있다는 말이다. 볼파르트 판넨베르크(Wolfhart Panneberg)는 여기서 루터의 믿음관에 대해 귀중한 통찰을 제공한다. 판넨베르크에 따르면, "믿음을 통해 우리는 그리스도의 실재에 참여한다."는 루터의 주장에 전제된 것은 '믿음의 탈아적 본질'(ecstatic nature of faith)이다. 믿음이라는 행위 안에는 '탈아'(ecstasies)의 요소들이 있고, 우리는 믿음 안에서 그야말로 우리 자신을 떠나 우리 자신을 완전히 내어

맡기는 존재에게 가는 것이다. 판넨베르크는 말하기를 "루터에 따르면 믿음은 우리를 우리 바깥으로 나가게 만들어 준다".

> (믿음은) 우리를 붙잡아 우리를 자신 바깥으로 나가게 해 주어, 우리가 우리 자신의 힘, 양심, 인식, 인격, 공로 등을 의지하지 않고, 우리 자신 바깥에 있는 것, 즉 하나님의 약속을 의지하게 만들어 준다.[27]

그러한 탈아를 통해 믿음은 그리스도 자신의 실재에 참여한다. 브루스 마샬(Bruce Marshall)도 루터가 말하는 믿음의 탈아적 본질에 주목한다. 특히, 마샬은 루터의 "그리스도의 '낯선'(alien) 의"라는 개념과 믿음의 탈아적 본질과 어떻게 연결되는지에 주목한다. 마샬에 따르면, 루터가 말하고자 했던 바는 이렇다. 믿음은 '우리 바깥에 있는'(outside ourselves) 그리스도의 의를 의지하는 것이고 그러한 믿음은 우리를 '우리 바깥'으로 나가게 만들고, 그로써 우리를 변화시킨다 :

> 우리가 우리 존재의 깊이에서 변화되는 것은 우리가 우리 자신 바깥에 있는 것, 즉 하나님께서 우리에게 주입시켜 주시는 그리스도의 의를 의지할 때다……. 우리를 새로운 피조물이 되게 해 주는 것은 다름 아니라 우리 바깥에 있는 '그리스도의 의'(iustitia Christi)다.[28]

마샬은 주장하기를, 루터는 우리로 하여금 그리스도와의 연합에 대해 새롭게 생각하도록 만든다. 왜냐하면 루터에 따르면 우리가 그리스도와 하나 되는 것은 "다름 아니라 우리 바깥에 있는 그리스도를 의지할 때"라는 것이기 때문이다. 즉, "구원을 위해 '우리 바깥의'(extra nos) 그리스도를 붙드는 믿음은 그 자체가 우리를 그분께 연합시키기에 충분하다".[29]

믿음이란 그리스도 안에서 하나님께서 베푸시는 무상의, 과분한 호의 — 우리 죄를 용서하시며 우리를 우리 바깥의 그리스도를 보시고 의롭다고 여겨 주시는 하나님의 약속 — 를 의지하는 것이며, 이런 믿음은 "우리를 우리 자신에게서 낚아채서는 우리 바깥으로 나가게 만들어 준다." : 믿음은 "우리를 우리 자신에게서 꺼내 준다." 그리고 그로써 믿음은 우리를 그리스도에게 연합시켜 주며 우리를 새로운 피조물로 만들어 준다.[30]

따라서 루터에게 있어서 믿음은 그저 교회가 가르치는 교리에 대해 동의하는 것일 수 없다. 사실 우리는 루터에게 믿음은 신비한 무엇이라고 말할 수 있다. 신비주의에 대한 루터의 생각을 엄밀히 연구한 바 있는 하이코 오버만(Heiko Oberman)에 따르면, 루터의 'extra nos' 개념은 (신비주의에 자주 등장하는 개념인) 'raputs'과 깊은 관련이 있다. 루터에게,

> 'Raptus'는 우리 바깥의(extra nos) 그리스도의 의를 의지하는 것이며 그리스도 안으로의 전적인 변모라고 말할 수 있다……. 'Extra nos'와 'raptus'는 'iustitia Christi'(그리스도의 의)가 — 우리 자신의 힘이 아니라 — 우리 의의 원천이자 자원이라는 사실을 가리켜 준다.[31]

2. 자기 밖에서(extra se) 살기

1) 변모로서의 칭의

마샬에 따르면, 루터는 명백히 칭의를 믿음을 통한 그리스도와의 연합이 낳는 새로운 삶에 달려 있는 문제로 보았다. "믿음이 우리를 의롭게

해 주는 건 믿음은 바로 이 보물, 즉 현존하시는 그리스도를 붙잡아 자신의 것으로 삼기 때문이다."[32] 다시 말해, 믿는 이가 의와 영생이라는 하나님의 선물을 받는 것은 믿음이 가져오는 그리스도와의 연합을 통해서다. 판넨베르크 또한 주장하기를, 루터에 따르면 믿음은 "탈혼을 통해 그리스도의 실재에 참여하며, '그렇기에' 믿는 이를 그리스도의 형상으로 변화시킨다".[33]

칭의는 단순히 '법정적'(forensic)인 것이 아니다. 다시 말해, 루터의 이신칭의 교리는 실제 삶의 변화와는 상관없이 우리는 그저 그리스도의 낯선 의로 인해 의롭다고 '선언된다'는 교리가 아니다. 칭의는 분명 '변모적'(transformative) 측면도 가진다. 앞서 보았듯이, 루터의 교리에서는 칭의의 두 가지 면 — 법정적인 면과 변모적인 면 — 이 서로 떼려야 뗄 수 없이 결합되어 있다. 우리를 새로운 피조물로 만드는 것은 다름 아니라 우리 바깥의 '그리스도의 의'다. 따라서 "믿음으로 의롭다 함을 받는다."는 교리는 우리의 변모에 대한 교리이기도 하고, 그리스도 안에서의 우리의 새로운 실존에 대한 교리다. 먀샬은 주장하기를, "의롭다 함을 받는다는 것은 믿음을 통해 그리스도와 연합된다는 것이고, 그리스도와 연합된다는 것은 신화(神化)된다(deified)는 것이다".[34] 버나드 로제(Bernhard Lohse)에 따르면, 루터교 신학은 그간 멜랑히톤을 따라 칭의에 대한 단순한 '법정적' 관점을 옹호해 왔으나, 루터 자신에게 칭의는 단순히 죄의 용서나 사면뿐 아니라 삶의 갱신을 포함하는 것이었다. 루터에게 "in ips fide Christus ades"(믿음 안에는 그리스도께서 현존하신다)는 '칭의의 결정적 내용'이자 동시에 '사람의 영적 갱신의 기초'이다.[35]

2) 자기 밖에서 살기(Living extra se)

위에서 보았듯, 칭의는 그리스도 안에서 신자가 새로운 실존을 갖게 된다는 교리다. 그렇다면 이 새로운 실존의 구체적 내용은 무엇인가? 햄프슨은 그 새로운 실존을 신자가 갖게 되는 새로운 자아감(sense of the self) 측면에서 묘사한다. 그녀에 따르면, 그리스도인은 근본적으로 새로운 자아감을 갖게 되는데, 바로 "자신에 대해 편심적으로(excentrically) 살아간다는 감각"이다.[36] 그리스도인은 '자기 자신 안에서' 살지 않는다. 그리스도인은 그리스도 안에서, 하나님 안에서 '자기 바깥에서'(extrinsically) 산다.

우리가 보았듯이, 우리를 의롭게 하는 그 의는 우리 '바깥'에 있다. 그리스도인은 '낯선' 의, 즉 자신의 의가 아닌 '하나님의' 의를 의지해 산다. 오버만이 말하듯이, 그리스도의 의는 분명 우리가 우리 것으로 삼은 '소유'(possession)이기는 하지만 우리의 '재산'(property)인 것은 아니다.[37] 다시 말해, "내재적으로는(intrinsically) 인간은 언제나 죄인이다. 외재적으로는(extrinsically) 의인이지만 말이다".[38] 루터의 유명한 문구인 "simul iustus et peccator"(죄인이면서 동시에 의인)는 바로 이런 맥락에서 이해되어야 한다. 이는 우리가 부분적으로는 죄인이고 부분적으로는 의인이라는 말이 아니다. 또 이는 우리가 점점 더 의인이 되어가는 중이라는 말도 아니다. 이는 우리가 '전적으로' 의인이고, 또한 '동시에' '전적으로' 죄인이라는 의미다.[39] 우리는 '우리 자신으로서는' 죄인이었고, 지금도 그렇고, 앞으로도 그럴 것이다. 그러나 또한 우리는 그리스도 안에서는, 즉 '외재적으로는' 의인이다.

따라서 그리스도인은 자신을 의인이라고 인식하면서 동시에 죄인이라고 인식한다. 햄프슨은 이를 두고 "루터교의 전형적인 이중적 자아 인식"이라고 부른다.[40] 루터도 "내 삶과 낯선 삶을 동시에 사는, 이중적 삶"에 대해 말하며,[41] "이제 내가 육체 가운데 사는 것은 …… 하나님의 아들을 믿는 믿음 안에서 사는 것이라"(갈 2 : 20)라는 바울의 말을 인용한다. 그리스도인은 자신을 바라보며 살지 않고 자신 바깥의 그리스도를 바라보며 살며, 자신의 참된 정체성은 더 이상 '자신 안에서'가 아니라 '그리스도 안에서' 발견된다는 것을 안다. 왜냐하면 그리스도인의 삶은, 골로새서 3 : 3이 말하듯이, "하나님 안에서 그리스도와 함께 감추어져 있기" 때문이다.

이것이, 매트 젠손(Matt Jenson)이 말하듯, 루터의 '혁명적인 자아 재배치'(revolutionary re-location of the self)이다.[42] 그리스도인은 새로운 존재 장소(locus)를 부여받은 존재다. 그는 '그리스도 안에서' 산다. 햄프슨이 말하듯이, "그리스도인은 '자신을 떠나 위로 (즉, 하나님 안으로) 낚아채어져 올려진' 존재다. 이러한 '중력의 전이'(transfer of gravity)를 가능하게 하는 것이 바로 믿음이다".[43]

3) 그리스도인의 자유

그리스도인은 '자기 바깥에서'(extra se) 살며, 더 이상 자신의 내재적 본질에 관심을 두지 않는다. 왜냐하면 그는 자신의 의가 아니라 하나님의 의를 의지해 살아가기 때문이다. 바로 이런 의미에서 그리스도인은 '자기 자신 안에서'가 아니라 '그리스도 안에서' 산다. 그리스도인은 '자기 영혼의 발'을 놓을 수 있는 새로운 중심을 부여받은 사람이다.[44] 그 새로운 중심에서, 즉 '그리스도 안에서' 그리스도인은 자신의 실체와 정체를 발견한다.

앞서 보았듯이, 칭의에는 법정적 차원뿐 아니라 변모적 차원이 있다. 그러나 칭의가 가져오는 변모가 구체적으로 무엇인지를 규정하기란 쉽지 않은 문제다. 오버만은 루터가 말하는 변모는 "존재론적 변모가 아니라, affectus와 fiducia, 즉 우리의 사랑과 신뢰에 있어서의 변모"를 말한다고 주장한다.[45] 루터가 말하는 변모가 인성이 신성 안으로 흡수되어 신성과 인성의 구별이 사라지는, 그런 의미의 존재론적 변모는 아니라는 점은 분명하다. 그러나 본장의 필자는, 루터에게서 있어서 변모는 단순히 우리의 주관적 감정의 변화 훨씬 이상의 것이라는 점 역시 충분히 강조되어야 한다고 생각한다.

본장의 필자는 루터의 영성신학에서의 변모가 '자유' 측면에서 가장 잘 이해될 수 있다고 생각한다.[46] 즉, 루터에게 칭의는 우리를 우리 자신으로부터 자유롭게 해 주는 능력이다. 칭의는 우리가 '자기 자신 안에서'(in se) 살고자 할 때 따르기 마련인 자기 몰두로부터 우리를 자유하게 해 준다. 루터의 기본적 가정은, 인간은 자기 자신으로서는 불안정한 존재이며, 그래서 언제나 하나님을 비롯한 타자들을 이용해 자신의 불안정한 자아감을 보강하려고 한다는 것이다. 그러나 그리스도 안에서 하나님께서 자신을 받아 주셨음을 아는 신자는 심오한 안정감을 선사받는데, 이때 그는 다른 이들을 이용해 안정감을 확보하려고 했던 모든 시도로부터 해방된다.

햄프슨은 말하기를, 루터는 '하나님에게 용납됨'을 인간 구원의 요체이자 인간 '삶의 변화'를 가능케 하는 것으로 여겼다. 루터에게는 "(하나님의) 용납은 자유를 가져온다. 그의 일, 그의 사랑, 그의 기쁨 등이 모두 그것(즉, 하나님에게 용납됨)으로부터 흘러나온다. 전에는, 즉 자신이 용납되었다는 사실을 알기 전에는 인간은 전적으로 자신 안에 빠져 살게 된다".[47] 칭의를 가져오는 믿음은 신자를 자기 자신 바깥으로 나가게 해 주고, 그로써 그를 '새로운 인간'[48]으로 변화시킨다. 하나님에게 사랑받음으로 신자는 이제 사랑할 수 있는 자유로운 존재가 된다.

4) 그리스도인의 사랑

이제 루터의 신학과 영성에 있어서 사랑이라는 주제를 다룰 시점이 되었다. 앞서 보았듯이, 인간이 하나님과 맺는 관계에 대한 루터의 기본적 단어는 '사랑'이라기보다는 '믿음'이다. 그러나 이는 루터가 그리스도인의 삶에 있어서 사랑의 지위를 평가 절하했다는 의미가 결코 아니다. 오히려 루터의 관심은 그리스도교적 의미의 사랑을 회복시키는 데 있었다. 니그렌은, 큰 영향력을 끼친 저서 「에로스와 아가페」에서 루터를 사랑에 대한 그리스도교적 사상을 개진한 개혁자로 간주한다.

> 루터 이전에는 그리스도인의 사랑을 그저 인간적 사랑이 보다 높은 수준으로 고양되고, 영성화되고, 승화된 것으로 보았을 뿐이었다. 그러나 루터는 그리스도교적 사랑은 본질적으로 전적으로 인간적 사랑과 다른 것이며, 그 사랑의 원형은 다름 아니라 하나님의 아가페라는 사실을 진지하게 다룬 개혁자였다. 아가페처럼 그리스도교적 사랑은 그저 흘러나오고(spontaneous), 사심 없고(unmotivated), 무조건이며(groundless), 창조해 내는(creative) 사랑이다.[49]

니그렌에 따르면, 진정한 그리스도교적 의미의 사랑, 즉 아가페(agape)는 본질적으로 플라톤적, 헬라적인 개념인 에로스(eros)와 전적으로 무관하다. 아가페는 "그리스도교의 근본 모티프"로서, 사랑받는 대상의 가치와 무관한 사랑이다. 아가페는 우선적으로 하나님의 사랑이다. 하나님께서는 (사랑 받을 자격이 없는) 죄인들을 사랑해 주신다는 것이 그리스도교의 근본 메시지이기 때문이다. 반면에 에로스는 갈망의 대상이 가진 선 때문에 하게 되는 사랑이다. 에로스는 "소유하려고 하는 갈망이자 그리움"이다. 에로스 사랑은 그 대상이 하나님이나 선일 때에도, 그 사랑이 결국 추구하는 바는 '나의' 최대 선이라는 사실은 변함이 없다. 에로스는 "자기 중심적인 사랑이요, 최고로 높고, 고상하며, 승화된 형태의 자기주장에 불과하다".[50]

루터에게 있어, 아가페라고 하는 사심 없는 사랑을 가능하게 하는 것은 다름 아니라 이신칭의라는 사실에 주목해야 한다. 하나님에게 용납됨을 경험하지 못한 상태에서의 우리의 사랑은 사심 없는 사랑일 수 없다. 우리의 사랑은 복리추구적(eudaemonistic), 도덕주의적 동기를 가질 수밖에 없다. 그러나 믿음으로 의롭다 함을 받은 사람은 자기 유익을 구하는 사심 없이 사랑할 수 있게 된다. 왜냐하면 우리는 이미 우리가 갈망하는 용납을 하나님에게서 받았기 때문이다. 이제 우리의 사랑은 'quellende Liebe', 즉 "샘솟아 나오는 사랑"이 되며, 이 사랑이 바로 "흘러나오고, 사심 없고, 무조건이며, 창조해 내는 사랑"이다.

> 보라. 이렇게 믿음으로부터 주님 안에서 사랑하고 기뻐하는 삶이 흘러나오고, 사랑으로부터 이웃을 기꺼이 섬기고, 상대가 내게 감사하든 그렇지 않든, 칭찬하든 욕하든, 이익을 보든 손해를 보든 상관하지 않는, 기쁨 가득하고, 자발적이며, 자유로운 마음이 흘러나온다.[51]

이렇게 믿음은 사랑에 선행한다. 루터에 따르면, 사랑은 믿음에서 나온다. 이는 선행이 우리를 하나님과의 관계 안으로 인도한다는 중세 가톨릭 가르침과 정반대된다는 사실을 이해하는 것이 중요하다. 루터에게는,

> 칭의는 필연적으로 사랑에 선행한다. 사람은 그가 경건하고 의롭기 전까지는 사랑을 행하지 못한다. 사랑은 우리를 경건하게 만들지 않지만, 사람이 경건해질 때 사랑이 그 결과로 나타난다……. 믿음, 성령, 칭의를 얻을 때 거기서 생기는 효과와 열매가 바로 사랑이다…….[52]

루터는 '사람과 선행 순서 논리'(logic of person and works)를 주장한다.[53] 즉, 선행을 행함으로 사람이 좋아지는 것이 아니라, 사람은 먼저 근본적인 혁명적 변화를 겪어야 하고, 그럴 때 그로부터 좋은 선행이 자연스럽게 결과로서 흘러나온다는 것이다. 즉, 오직 의로운 이들만이 의롭게 살

며, 오직 좋은 나무가 좋은 열매를 맺는다. 이러한 '사람과 선행 순서 논리'는 믿음과 사랑의 관계에 대한 루터의 사상을 이해하는 데 중요하다. 루터는 오직 우리가 칭의를 통해 오는 심오한 변화를 겪을 때 참된 그리스도교적 사랑인 아가페 사랑으로 다른 이들을 사랑할 수 있다고 가르쳤다. 한마디로, 진정한 그리스도교적 사랑은 의롭다 하는 믿음이 낳는 '열매'라는 것이다.

이제 우리는 "그리스도인이란 자기 자신 안에 살지 않고, 그리스도 안에서, 또 이웃 안에서 사는 사람이다."라는 루터의 말을 보다 잘 이해할 수 있다. 루터의 관점에서는, 사람은 사랑의 일을 할 수 있기 위해서는 먼저 '자유로운' 사람이 되어야 하며, 그리고 우리가 진정한 자유를 얻게 되는 것은 오직 그리스도를 믿는 믿음을 통해서다. 믿음은 우리를 우리 자신 바깥으로 나가게 만들어 주고, 그로써 우리로 하여금 다른 이들을 아가페 사랑으로 사랑할 수 있는 하나님의 자유로운 자녀로 변화시킨다.

3. 이 장의 요약

앞서 보았듯이, 루터의 이신칭의 교리는 단순히 구원에 대한 교리를 넘어 그리스도인의 삶과 실존에 대한 새롭고 깊은 사유를 담고 있는 가르침이다. 루터에게 그리스도인은 "자기 자신 안에 살지 않고, 그리스도 안에서, 또 이웃 안에서 사는 사람이다". 믿음은 우리를 우리 자신 바깥으로 나가서(脫我) 살게 해 주어 우리를 그리스도와 연합시켜 주는 힘이며, 이러한 '자기 바깥에서의' 삶에서 흘러나오는 것이 바로 그리스도교적 사랑, 곧 아가페다. 루터의 이신칭의 교리는 믿음에 대한 새로운 이해와 관계적 인간론에 근거하고 있으며, 단순히 '법정적' 차원을 넘어 '변모적' 차원을 가진다. 그리스도인의 삶을 'extra se in Christo'(그리스도 안에서 자기 바깥에서) 사는 삶으로 보는 루터의 비전은 그에게서 구원론과 영성신학이 어떻게 하나로 통합되어 있는지를 잘 보여 준다.

생태영성의 이해[1]

최광선(호남신학대학교 조교수, 영성학)

이 장은 생태 위기의 한 원인이라 할 수 있는 그리스도교 영성의 특징을 이해하고, 생태 위기를 극복하기 위하여 토마스 베리(Thomas Berry)의 우주 이야기를 탐구하여 생태 시대를 위한 그리스도교 영성을 제안한다. 생태 시대는 "인간 공동체가 보다 큰 지구 공동체 안에서 상호-증진하는 방식으로 현존"하는 지질학적 시대를 말한다.[2] 지질학적 용어인 생태 시대를 그리스도교 영성의 맥락으로 사용하는 것은 인류가 현재 직면한 생태계 위기의 크기와 이에 응답하기 위해 요구되는 그리스도교 영성의 확장된 역할을 강조하기 위해서다. 이 장의 목적은 생태 위기의 상황에서 그리스도교 영성을 재평가하며, 생태 시대를 위한 그리스도교 영성을 제안하는 것이다.

토마스 베리는 1914년 미국의 노스캐롤라이나에서 태어나 한평생을 수도자, 지구학자, 20세기 지성과 영성을 아우르는 역사비평가로 살다가 2009년 소천하였다. 1946년 지암바티스타 비코의 역사비평 연구로 박사학위를 취득한 후, 베리는 1948년 중국에 와서 동양 사상을 배웠다. 모택동 혁명 후 미국으로 돌아간 베리는 여러 대학에서 종교와 문화 및 종교의 역사를 강의하였다. 그는 서양 역사와 종교뿐만 아니라 동양 종교에도 많은 관심을 보였다. 그는 인류사에 대한 관심을 점진적으로 환경에 대한 관심과 창조와 진화에 대한 현대 과학 담론으로 확대해 갔다.[3]

존 캅(John Cobb Jr.)이 베리의 책 「그리스도교의 미래와 지구의 운명」서문에서 말하듯이, 베리는 인류 전체가 궁극적 위기에 처해 있음을 알고 이런 상황에서 "다른 논제로 눈을 돌리는 것을 용납하지 않는 그리스도인"이다. 또한 그는 생태 시대라는 지질학적 언어를 사용하여 이 같은 "위기의 철저한 유일성을 분명"하게 밝혀 준다. 캅은 베리의 제안이 "탁월한 위치를 차지"하고 "다른 모든 것보다 가장 영속적이고 효과적인 것"이라 평가한다.[4] 베리는 캅의 평가에서 보듯이 생태신학과 생태영성 분야에 큰 영향력을 미치고 있다. 베리의 생태 사상은 다양한 분야에서 많은 연구가 진행되고 있다.[5] 토론토 대학 신학부에서는 스티브 딘(Steve Dunn) 교수와 그 뒤를 이은 데니스 오하라(Dennis O'Hara) 교수와 함께 많은 석박사 과정의 학생들이 토마스 베리의 사상을 기반하여 생태신학과 생태영성을 발전시키고 있다.

한편 국내에서는 베리의 사상이 전반적으로 소개되지 않았다. 이재돈 교수는 "토마스 베리의 생태사상"에서 베리의 핵심 사상을 간략하게 소개하였다.[6] 이정배 교수가 쓴 "그리스도교 생태영성"은 베리가 가진 생태 위기의 문제의식은 공감하고 있으나, 베리 사상의 핵심이 되는 순기능적 우주론에 대한 이해가 결여되었다.[7] 오하라 교수가 2013년 한국을 방문하여 "순천만정원박람회 생태학술 심포지엄"과 "가톨릭 에코포럼" 등에서 베리의 우주론을 소개하였다. 또한 그는 여러 대학과 단체에서 베리의 생태 사상을 강연함으로써 한국에 베리의 사상을 전파하는 데 기여를 하였다.

이 장은 네 부분으로 구성된다. 첫째, 생태 위기가 변혁의 순간(transitional moment)임을 지적한다. 둘째, 생태 위기를 불러일으키는 데 일조한 그리스도교 영성과 서구 문화 안에 녹아 있는 초월성에 대한 베리의 비판을 고찰한다. 셋째, 베리의 우주 이야기 또는 순기능적 우주론(functional cosmology)을 바탕으로 하여 생태 시대를 향한 그리스도교 우주론을 논술한다. 넷째, 영성을 하나님의 숨과 관련하여 이해한 후, 베리의 생태 사상을 근거로 하여 생태 시대의 그리스도교 영성을 제안한다.

1. 생태 위기 : 변혁의 순간

생태 위기의 긴급성을 알리고 시급한 응답을 요구하는 목소리는 많다. 지구가 아주 심각한 위기에 처해 있다. 폭염과 가뭄, 태풍과 홍수, 빙하 해빙과 해수면 상승, 사막화와 바다 산성화, 이로 인한 식량난과 식수난 및 질병의 증가 등은 이를 잘 보여 준다. 빌 매키본에 따르면 이러한 생태 위기로 인해 염려되는 가장 큰 위기는 첫째로 전 세계적으로 대규모 기아 사태가 발생하고 환경 난민이 증가하는 것이며, 둘째로 석유 문명의 종말과 식량난과 식수난으로 인한 지역적 및 국제적 갈등과 전쟁이며, 셋째로 자본주의와 인류 문명의 붕괴이다.[8] 생태 위기에 대한 자료와 전망에 대한 이야기는 흘러넘친다. 다만 우리의 관심과 해석이 부족할 따름이다.

그렇다면 현재 인류가 직면한 생태 위기의 크기와 범위, 그리고 인간에게 주어진 역할은 무엇인가? 이러한 논의에 응답하기 위해 최선을 다한 사람이 바로 토마스 베리이다. 그는 "20세기에 이르러 인간의 영광은 지구의 황폐화를, 지구의 황폐화는 인류의 미래다."라고 말한다.[9] 이는 현재 인류가 직면한 생태위기는 인간사회가 추구하며 누리고 있는 인류의 번영의 부정적인 결과임을 지적함과 동시에 생태위기가 계속된다면 인류 또한 지구처럼 파괴될 것이라는 예언자적인 선언이다.

베리는 생태 위기는 문명의 위기가 아닌 지질학적 변혁의 시기임을 주장한다.[10] 그는 인간에 의해서 일어나고 있는 변화의 범위와 크기를 설명하기 위해 지구의 역사가 고생대, 중생대, 신생대의 뒤를 이어 현재 생태시대(Ecozoic era) 출현을 앞둔 시점이라고 주장한다. 베리에 따르면, "현재 지구 붕괴는 너무 광범위해서, 우리는 지난 6천7백만 년 동안 지구의 생명 과정에 주체성을 제공했던 신생대의 종말을 초래할 수 있다".[11] 즉, 현재는 인류 역사뿐만 아니라 지질학적 시대인 신생대(Cenozoic era)가 끝나고 생태 시대로 전환되는 변혁의 순간이다.[12]

베리가 현 시대를 변혁의 순간이라 주장하는 근거는 생명의 대량 멸종 현상이다. 과학자들에 따르면 현재 지구는 6번째 대량 멸종(mass extinction)이 진행 중이다. 하버드 대학 윌슨(E. Wilson)은 연간 10,000종 이상의 생명 종이 지구상에서 사라져 가고 있다고 보고한다. 이런 멸종은 보통 일어나는 멸종 현상보다 100배 또는 1,000배에 이르는 멸종이다.[13] 우리는 지구가 여러 번의 대량 멸종을 경험한 것을 알고 있다. 다만 지난 다섯 번의 대량 멸종이 인간과 무관하게 진행되었다면, 현재 맞이한 대량 멸종의 직접적인 원인은 인간과 매우 관련이 깊다. 현대 인류가 지구에 미치는 힘의 크기는 고생대를 끝내고 중생대를 시작한 힘이나, 중생대를 끝내고 신생대에 진입한 힘의 크기와 유사하다.

지구가 지질학적, 화학적, 생물학적 변혁의 순간을 맞이하고 있다는 것은 과학자들의 구체적인 연구에 의해서도 설명된다. 2000년 노벨과학상을 수상한 크루젠(P. Crutzen)은 현 시대는 신생대 끝자락 충적세(Holocene)를 지나 인류세(Anthropocene)라는 새로운 지질학적 연대가 시작되었다고 보고한다.[14] 크루젠은 "우리는 지구의 새로운 지질학적 연대기에 들어섰다. 인간이 지구의 물리적 과정과 지구의 화학 물질에 대한 심대한 변화를 가져왔기에, 현 시대는 지난 10,000년간 지속되었던 신생대 충적세가 더 이상 아니다. 우리는 새로운 시대에 진입했는데, 이는 인간의 영향을 반영하여 인류세라고 부른다".[15] 침전물의 부식과 노출 형태, 탄소 사이클과 지구 온도의 변화, 생물계의 꽃 피는 시기의 변화 및 동식물의 이동 경로 변화, 그리고 대양의 산성화 등을 근거로 지구가 새로운 지질학적 시대를 맞이했음을 과학자들도 받아들이기 시작했다. 즉, 인류세라는 새로운 지질학적 시대는 인간이 지구 환경에 미쳤던 영향의 역풍에 직면한 시대라는 뜻이다.

베리와 과학자들은 현 시대를 지질학적 변혁의 시대로 읽음으로써 생태 위기에 직면한 오늘의 현실이 상상을 초월하는 범주임을 밝힌다. 또한 생태 시대 또는 인류세는 현재 우리가 직면한 위기의 크기와 이를 극복하기 위해 요구되는 변혁의 크기 및 인간의 역할을 가늠케 한다. 더욱 역사와 문명의 전환기에 요구되었던 전 인류의 영적·심리적 힘이 얼마나 커야 하는지를 단편적으로 보여 준다.[16)]

특별히 그리스도교 신학과 영성은 생명의 대량 멸종 현상을 심각하게 받아들여야 한다. 그리스도교는 창조주 하나님에 대한 신앙고백에서 출발하며, 예수님을 생명으로 고백한다. 또한 성령을 생명의 영으로 이해한다는 점에서 그리스도교의 핵심은 생명이다. 그럼에도 생명의 대량 멸종에 무관심하여 응답하지 않는 것은 이상하지 않은가? 대량 멸종은 단순히 개별 생명체의 죽음만을 의미하는 것이 아닌 영원한 개념임을 유의해야 한다. 즉, 생명이 영원히 사라지는 것은 어떠한 힘도 이를 다시 되살릴 수 없는 종말론적인 사건이다. 매키븐(Bill Mckibben)은 기후 재앙으로 인해 인류가 알고 있던 지구, 즉 '우주의 멋진 오아시스'이며 인류 문명을 낳아 키워 주던 지구는 더 이상 존재하지 않는다고 언급한다.[17)] 그렇기에 생태 위기는 지구와 그리스도교가 직면한 21세기의 가장 중요한 신앙의 위기이며 동시에 인간의 위기이다. 또한 변혁의 시대라는 갈림길에 서 있는 시점을 보여 주는 시대의 표시(the signs of the times)이다.

2. 그리스도교 영성에 대한 비판 : 초월성을 중심으로

미시간 대학 존 클레멘트(John Clements) 교수는 1993년부터 2010년까지 그리스도교인들에게 일어나는 생태적 의식 변화를 추적하였다. 보고서는 자신을 그리스도교인이라고 생각하는 이들이 타종교인이나 비종교인보다 생태 의식이 낮다는 것을 보여 주었다. 이는 1989년 예일 대학교 스티븐 켈러트 교수의 여론조사와도 비슷하다. 그에 따르면, 예배에 자주 참석하는 신자들이 동물들에 대해 더욱 지배적이며 정복자적인 태도를 보이는 반면, 예배에 참석하지 않는 이들이 더욱 생태적이며 자연 친화적이라는 결과를 보여 주었다.[18] 「생태주의자 예수」를 쓴 프란츠 알트는 "자신들이 마지막 세대에 속할 수 있음을 알고 있는 첫 번째 세대"이며, "인류 역사상 최초로 제 핏줄과 제 후손에게 아무런 보호 본능도 책임도 느끼지 못하는 세대"라고 울분을 토해 냈다.[19]

왜 신실한 양심을 가진 많은 종교인들은 생태계의 위기 앞에서 침묵하는가? 상업-산업사회에 의해 파괴되는 창조 세계를 목격하면서도 생명 파괴가 자행되는 현실에 침묵하는가? 신학 교육과 그리스도교 영성은 생태 위기라는 상황에 적절하게 응답할 근거와 원리를 가지고 있는가? 현재 진행되는 생태 위기의 밀접한 원인이 되는 지구온난화의 책임이 인간의 활동에 기인한다는 것을 수용한다면, 무엇이 인간을 지구 공동체에서 가장 파괴적인 존재로 만들어 갔는가?

1960년대 린 화이트 이후 많은 학자들은 현재 지구가 직면한 생태 위기의 직접적인 원인이 그리스도교 신학과 영성에 있다고 말한다. 이들 비판의 핵심은 그리스도교의 인간중심주의(anthropocentrism)이다. 그리스도교는 오랫동안 하나님-인간 사이의 관계와 인간-인간 사이 또는 인간의 내면 문제에 천착함으로써 인간 중심적 태도를 가졌다. 자연과 창조 세계가 신학의 중심 주제임에도 불구하고, 이는 신학의 대상에서 점점 소외되었고 신앙과 신학 교육의 중심에서도 벗어났다. 그러한 결과 그리스도교 신앙과 영성은 지구가 겪는 생태계 위기에 무관심하거나 도외시하였다.

   토마스 베리는 파괴적인 행태를 보이는 인류 공동체를 미국의 경험 및 영성과 관련하여 지적한다.[20] 우리가 살아가는 현재 다방면에서 세계에 영향을 끼친 나라는 미국이다. 이는 단순히 경제적·정치적·군사적 영향만을 말하지 않는다. 계몽주의 이후의 철학, 종교개혁 이후의 그리스도교, 우주선을 발사하는 과학과 기술 능력 등 다양한 관점에서 미국이 지닌 전 지구적 현상을 논할 수 있다. 청교도 혁명 이후 약 400년간의 미국은 실로 놀라운 인간 잠재성을 실현시켰다. 그럼에도 불구하고 동시에 미국의 체험은 지구 공동체의 관점에서 볼 때 우리가 직면한 생태 위기, 인간 위기, 신앙의 위기에 큰 영향을 미쳤다. 북미 대륙의 원시림은 이미 95%이상 파괴되었으며, 상업 자본과 과학 기술이 가진 힘의 극대화는 지구 파괴에 대한 헌신으로 전환되었다. 미국 대륙에 있는 생명종 1/8이 멸종했고 향후 몇 십 년 안에 1/3이 멸종할 것이라 전망된다.

   이러한 미국의 체험과 경험에 근거하여 그리스도교 영성과 서구 그리스도교 전통을 살펴볼 필요성이 있다. 인간의 존엄성과 자유를 향한 미국의 이상은 긍정적인 면과 함께 부정적인 결과를 낳았다. 그것은 바로 창조세계와 자연계를 파괴하고 착취하는 데 저항하는 힘을 제공하지 못했고 오히려 이 과정을 능동적으로 지지한 것이다. 베리는 그리스도교 영성이 생태 파괴에 미친 부정적 영향을 다음과 같이 서술한다.

   "이 영성의 전통에는 부정적이며 소외되고 심지어는 파괴적인 측면이 있다. 서구의 전통적 영성이 그 추종자들로 하여금 자연 세계에 대한 미국 사회의 끔찍한 침략을 완화시키지 못하고, 심지어 그것을 이해하거나 그에 대해 저항하도록 만들지 못했다는 것은 이 전통이 무능했거나, 아니면 그에 대한 이해력이 결핍되어 있다는 증거이다."[21]

인간의 절제되지 않은 자연 세계에 대한 침략에 그리스도교 영성과 전통은 이러한 문화와 생태적 파괴의 원인을 제공하였다. 그리고 능동적으로 이를 지지하였다. 만약 이 과정에 그리스도교 영성이 미친 영향을 부정한다면 그것은 이 전통이 현실 안에서 무능하거나 존재 이유가 없었음을 뜻한다.

그렇다면 왜 그리스도교 영성이 생태 위기의 근간을 이루며 파괴적인 상업-산업사회와 같은 맥락에서 지구 파괴를 묵인하였거나 동조하였을까? 이러한 원인은 그리스도교 영성과 서구 그리스도교 전통이 자연에서 분리된 인간중심주의 영성을 지향하고 창조 세계를 하나님 만남의 장소에서 배제시켰기 때문이다. 베리에 따르면, "우리는 네 가지 초월성이라 부르는 것이 있다 : 초월적 신, 초월적 인간, 초월적 구원, 초월적 마음이다. 우리는 또한 기본적인 자연 세계의 생물학적 원리를 침범한 초월적 기술을 가지고 있다. 그리고 초월적 기술과 함께 현재 인류의 조건을 역사 안에서 초월하는 초월적 운명 또는 밀레니엄 비전을 가지고 있다".[22] 베리가 사용한 초월성의 여섯 가지 의미를 살펴보면 다음과 같다.

첫째, 서구 사회는 오랫동안 신을 자연 세계로부터 초월한 존재로 인식하였다. 베리는 "우리가 신을 자연 세계를 초월한 존재로 확인함으로써 신과 인간이 직접적으로 성약을 맺는 관계가 되었을 뿐만 아니라, 우리가 신과 인간이 만나는 장소로서 자연 세계를 부정"했다고 지적한다.[23] 신이 자연 세계를 초월해 있다는 인식은 신학과 영성의 가장 큰 관심 주제였던 신과 인간의 만남에서 창조 세계를 배제한 결과를 낳았다. 즉, 신의 만남과 현존의 장소였던 창조 세계를 부정했다. 신과의 만남의 장소, 신비한 신의 현존 장소가 되지 못한 창조 세계는 단지 인간의 경제적 이익과 과학적 탐구 및 도구적 자연으로 전락하게 되었고, 이는 상업, 과학, 기술, 자본에 의해 철저하게 파괴되는 지경에 이르렀다.

둘째, 신을 창조 세계로부터 초월한 존재로 인식한 것보다 더 큰 어려움은 "인간이 창조된 세계의 다른 구성원들의 운명을 초월하는 영원한 운명을 가진 영적 존재라는 우리(인간)의 주장에서 비롯된다".[24] 베리에 의하면 이처럼 인간을 초월한 존재로 여김으로써 인간이 지구 공동체의 통합된 구성원이라는 의식을 약화시켰다. 화이트가 비판하는 서구 전통과 그리스도교 신학에서 인간중심주의는 인간이 특별한 존재라는 인식에서 비롯된다.[25] 서구 전통은 그리스 철학과 성서의 문자적 해석을 통해 인간의 영혼은 자연 과정을 통해 생겨난 것이 아니라 신이 직접 만들었다는 믿음을 가졌고 이는 인간을 매우 초월적인 존재로 여기게 하였다. 그 결과 인간을 지구 공동체로부터 소외된 존재, 창조 세계와 분리된 존재, 근본적으로 다른 존재라는 인식을 갖게 하였다. 이는 곧 창조 세계와 친밀감을 형성하는 데 큰 어려움이 되었다.

셋째, 생태 위기의 또 다른 요소는 이 세계로부터 벗어난 구원에 대한 이해이다. 인간의 운명은 이 세계의 운명과 다르기에 구원은 이 세상으로부터 벗어난 해방으로 간주되었다. 베리는 흑사병에 대한 역사적 고찰을 통하여 이를 설명한다. 1347~1349년 사이에 일어난 흑사병은 유럽인의 1/3을 죽게 하였다. 이 시대에는 흑사병에 대한 의학적 지식이 없었기에 일반적으로 인간이 지구에 지나치게 집착한 결과라는 결론을 내렸다. 따라서 창조 세계로부터 영적으로 정신적으로 분리되고 이 세상으로부터 구원을 받아야 했다. 그 결과 "하나의 성스러운 공동체로서 지구와 맺는 통합적 관계보다는 지구에서 벗어난 구원에 절대적으로 헌신하게 되었다".[26]

넷째, 이러한 초월적 구원관은 자연적 존재들의 삶의 내적인 원칙이 사라진 것과 같은 맥락에서 이해된다. 베리에게 초월한 마음이란 곧 이원론적인 인간 이해이다. 신석기 시대 이후 인간은 자신들의 정체성에 있어서 지구 공동체에 있는 인간 이외의 구성원들로부터 벗어나려는 경향을 가졌다. 특히 17세기 데카르트의 영향은 매우 컸다. 그는 물질세계와 영적 세계를 완전히 다른 두 개의 영역으로 분리시켰다. 즉, 전통적으로 아니마로 불렸던 각 생명체의 내적 생명 원리가 인간 이외의 다른 생명체에는 존재하지 않았다. 물질세계로부터 내부 형식이라는 관념이 제거되자 자연 세계는 단지 수량화된 순전한 사물이 되었다. 베이컨은 과학의 모험은 인간 복지를 위해 봉사해야 한다고 여겼고, 자연 세계가 인간에게 봉사하기 위해 자신들의 비밀을 드러낼 때까지 과학이 자연계를 괴롭히는 것을 당연하게 여겼다.[27]

다섯째, 초월적인 과학과 기술이다. 즉, 과학과 기술이 자연 세계에 가하는 착취와 통제에 대해 자연 세계가 그것을 제한할 적절한 능력이 없다는 뜻이다. 위에서 언급한 흑사병을 겪은 유럽에서는 종교가 초월적 구원관을 통해 세상을 이해하였다. 다른 한편에서 과학자들은 질병에 대한 구체적 탐구를 시작하였다. 자연 세계가 신앙의 대상에서 배제되고 단순한 물질 또는 객체로 전락된 후 과학과 기술을 통제할 힘은 없어졌다. 초월적인 과학과 기술에 대한 마력은 인간이 뛰어난 기술로 지구를 계속 착취하며 진보의 길을 계속 나아가기만 한다면 경이로운 세계를 이룰 수 있다는 환상을 제공하였다. 이러한 태도가 오늘날 지구의 황폐화를 낳았다.

여섯째, 베리는 천년왕국의 비전이 미국 체험의 원형적 활력이라고 언급한다. 즉, 미국이 보여 준 발전의 추동력은 "평화와 정의와 풍요의 천년왕국이라는 구원의 질서가 펼쳐지는 가운데 확실히 도래하리라는 그리스도교 교리에서 발견"된다.[28] 미국인들은 천년왕국에 대한 비전을 신의 섭리에 의해 도래할 영적 상태라 여겼으나, 점점 지구 자원을 착취하려는 인간의 노력과 기술에 의해 이루어질 '인간 완성의 시대'로 해석하였다. 즉, 신의 은총에 의해 천년왕국이 도래하지 않자, 미국인들은 인간의 노력을 통해 그것을 이뤄 내려 했다. 이러한 천년왕국의 원형적 활력은 미국의 정치와 경제적인 생활을 뒷받침하였고 과학과 기술 그리고 교육 등 인간

전 분야의 노력은 천년왕국으로 향하는 변형을 지향하였다.

> "신의 초월성이라는 교리가 자연 세계에 충만한 신적 현존을 박탈한 것과 같이, 축복받는 미래가 도래할 것이라는 천년왕국의 비전은 현재의 모든 존재 양식을 타락한 상태로 떨어뜨렸다. 모든 것이 신성하지 못한 상태가 되었다. 모든 것이 변형되어야만 했다. 이것이 곧 이용되지 않은 것은 무엇이든 그 존재가 지닌 목적을 실현시키려면 어떤 식으로든 이용되어야 한다는 것을 의미했다. 자연 상태에 있는 것은 그 어떤 것도 용납될 수 없었다."[29]

이상과 같이 베리가 생태 위기와 관련하여 지적한 초월성에 대한 평가는 정당하다. 루터교 신학자 샌트마이어(Paul Santmire)는 그리스도교 전통 안에 생태적인 영성과 반 생태적인 전통이 혼재해 있음을 역사적 고찰을 통해서 보여 주었다.[30] 그리스도교 전통은 신을 초월적으로 이해하면서도 내재적으로 이해하였고, 인간에 대한 역사적 사회적 책임을 간과하지 않았다. 그럼에도 불구하고 생태 위기의 크기와 범주에 관련하여 생각한다면 베리의 주장은 지나치게 과장된 것은 아니다. 초월성에 기초한 영성은 지구에 대한 부정적 태도를 취하는 영성, 지구로부터 소외된 영성, 그리고 심지어 지구를 파괴하는 측면까지 보이고 있다. 이에 대한 증거는 현재 북미와 세계에서 진행 중인 생명 파괴 현상, 즉 대량 멸종 현상이다. 이러한 영성 전통이 생태 파괴의 직간접적으로 원인이 되었을 뿐 아니라 이 파괴 과정을 능동적으로 지지하기까지 했다는 비판은 타당하다.

그렇다면 우리는 어떻게 하면 창조 세계로부터 소외된 영성에서 자연과 친밀함을 키워 가는 영성으로, 말로 된 계시를 통한 신적 존재의 영성으로부터 우리를 둘러싸고 있는 가시적 세계를 통한 신적 존재의 영성으로, 그리고 사람들에 대한 정의에 관심을 기울이는 영성으로부터 지구 공동체를 포함하는 더 큰 정의로 이동할 수 있을까?

3. 토마스 베리의 순기능적 우주론

베리는 생태계 위기와 미래로 향하는 우리의 길을 신생대 끝자락에서 생태대의 첫 시작이라 명한다. 그리고 그 길로 인도할 수 있는 영적이며 심리적인 힘을 제공할 수 있는 비전을 우주 이야기를 통해 제시한다. 우주론은 고정되어 있는 신념 체계는 아니다. 당대의 우주론이 문제가 있거나 또는 당대의 직면한 문제를 다루기에 부적합할 경우 옛 우주론은 폐기되고 새로운 우주론이 출현한다. 전자를 역기능적 우주론(dysfunctional cosmology)이라 하고, 후자를 순기능적 우주론(functional cosmology)이라 한다. 즉, 순기능적 우주론은 당대의 직면한 문제에 대해 적절한 응답을 제공한다. "우리가 누구인가?", "우리는 어디로 가고 있는가?" 그리고 "우리는 하나님과 창조 세계와 다른 사람들과 어떤 관계를 맺고 있는가?" 등에 관한 질문은 순기능적 우주론을 통하여 적절한 응답을 갖는다. 이는 또한 의미와 가치 체계를 새롭게 인식하게 하여 신앙과 삶에 방향을 정하도록 돕는다. 베리가 말하는 우주 이야기는 우리 시대의 순기능적 우주론이며 동시에 신화적 힘을 가진 비전이다. 성 어거스틴, 프로렌스의 요아킴, 아씨시의 성 프란체스코 성인 등이 직면했던 위기를 역사적 비전을 통해 극복했던 것처럼, 토마스 베리는 새로운 지구 공동체의 비전, 즉 신생대를 넘어 생태대로 진입하기 위한 비전을 제시한다. 그는 인류가 지구를 황폐화 시킨 것을 인식하고 생태대로 진입하는 데 우리의 미래가 달려 있다고 본다.

베리는 과학에 의해 물리적 차원에서 설명되는 우주 이야기에 태초의 순간부터 성스럽고 의식적인 차원을 포함한 통합적 우주론을 제안한다. 1978년 발표된 논문 "새 우주 이야기"나 1992년에 출판된 책 「우주 이야기」는 그리스도교인을 위한 내용은 아니다. 오히려 우주 이야기는 생태 시대로 이행하기 위해 전 인류를 초대한다. 그럼에도 그리스도교 전통에서 있었던 베리는 1985년에 발표된 "그리스도교 우주론"을 통해 새로운 우주 이야기가 그리스도교 전통과 맞닿아 있고, 그리스도교 공동체가 새로운 우주 이야기를 통해 인간 공동체와 우주 공동체 안으로 융화되기를 희망하였다.

최근 몇 세기 동안 신앙 공동체는 신앙의 근간이 되는 우주론에 관심을 기울이지 않았다. 핸드리(Georges Hendry)는 그리스도교 신학의 중요한 세 맥락 — 우주론적 맥락, 정치적 맥락, 심리적 맥락 — 을 거론하며, 현시대의 신학이 심리적 맥락에서 작업 중임을 비판한다. 그는 정치적 맥락에서 이해될 수 있는 해방신학과 더불어 생태신학을 통해 그리스도교를 그 뿌리인 우주론적 맥락으로 되돌려 놓아야 한다고 주장한다.[31] 현재 그리스도교 영성이 갖는 생태적 한계는 근대 기독교 영성이 기계적이며 이원론적인 역기능적 우주론 안에서 발전하였음에 대한 인식의 부재와 새롭게 출현하는 순기능적 우주론이 갖는 영적 역동성에 관심을 기울이지 않는 것이다. 그리스도교 신학은 가장 오래되고 가장 깊고 넓은 범주를 다루는 우주론적 영성(cosmological spirituality)으로 되돌아가야 한다.

반면 과학자들은 우주에 대한 엄청난 정보와 자료를 확보하여 현재를 '우주론의 황금시대'라고 칭하지만 그들은 주로 우주가 지닌 물리적이고 물질적인 범주를 이해하려고 노력하고 있다. 이러한 결과 지난 몇 세기 동안 과학의 시대는 인간의 모험심에 영감을 불어넣어 주었던 창조 세계와 우주와 맺는 친밀한 관계를 인간에게서 제거하였다. 베리가 역기능적 우주론이라 부르는 우주는 기계적이고 물질적인 우주이다. 이 안에서 인간만이 유일한 우주의 주체이며 고귀한 존재로 여겨진다. 다른 피조 세계는 도구적이며, 인간의 번영을 위해 희생되어도 문제없다는 사유를 낳게 된다. 인간만이 권리를 가진 존재이기에 창조 세계는 보존되고 지속되고 번영하여야 할 권리의 주체가 되지 않는다. 오직 인간만이 가치와 권리를 가진 성스러운 존재이기에 다른 창조 세계는 거룩함과는 거리가 멀다. 생태사상가들이 비판하는 인간중심주의는 지구를 우주의 중심으로 여기는 옛 우주론과 이원론적이며 기계적인 우주론에 그 뿌리를 두고 있다. 즉, 과학적 우주론은 우주의 물리적 차원에 집중하며 우주의 영적이며 인간적인 차원을 경시하였다.

종교계는 우주 이야기가 단지 물리적으로 제시된다는 이유로 창발(unfolding)하는 137억 년의 우주 이야기를 거부한다. 그 결과 우리는 삶의 의미와 양식의 배경이 되는 우주의 위치와 역할에 대한 큰 맥락을 잃었다. 이에 대한 치유책을 토마스 베리는 "우주의 영적 동력학 ─ 우주의 신비로운 기능에 대한 우리의 경험적 통찰을 통해 드러난 우주의 영적 동력학 ─ 을 보다 깊이 이해하는 일"로 제안한다.[32] 베리는 창발하는 우주 이야기가 갖는 영적 역동성을 통해 이 이야기가 순기능적 우주론의 생태 시대로 변혁을 위한 큰 맥락이 될 것을 확신하고 있다.

1) 생태 시대를 위한 그리스도교 우주론

베리는 변혁의 시기에 실재와 가치의 이해를 위해 창발하는 우주에 대한 이해를 제안한다. 첫째, "우주를 약 137억 년 전에 시작된 비가역적(irreversible) 변모의 연속"으로 이해한다.[33] 그는 우주를 단순히 고정되고 완성되며 계절 순환적인 맥락으로 이해하지 않았다. 오히려 베리는 우주를 비가역적이며 반복이 불가능한 우주 생성의 연속으로 바라보았다. 이야기로서 이해되는 비가역적 사건들의 연속은 은하 이야기, 지구 이야기, 생명 이야기, 인간 이야기로 나눌 수 있다. 지난 몇 세기 동안 관찰에 의해 탐구된 우주는 "방대한 시간동안 더 많은 분화와 더 친밀한 관계, 더 많은 다양성과 더 심오한 정신적 표현 양식을 향해 움직여 감으로써 이 자기-형성 과정은 그 자체로 자신의 방향과 실현을 포함하게 된다".[34] 새로운 우주 이야기는 창조 이야기가 태초의 창조(original creation)에서 끝난 것이 아니라 계속되는 창조(continuing creation), 그리고 완성으로서 창조(final creation)를 향해 계속됨을 지지한다.

둘째, "우주의 진화 과정은 처음부터 물질적/물리적(material physical) 측면과 함께 정신적/영적(psychic spiritual) 차원을 갖는다".[35] 베리가 우주의 물질적/물리적 차원과 정신적/영적 차원을 통합하는 데 결정적인 기여를 한 것은 프랑스 출신의 철학자이며 고고학자이자 신학자인 테이야르 데 샤르뎅(Pierre Teilhard de Chardin)의 사상이었다. 샤르뎅은 이 우주가 시초부터 물리적/물질적 차원뿐만 아니라 정신적/영적 차원을 갖고 있음을 설명한 최초의 학자였다. 우주는 물질과 영으로 나눠져 있는 곳이 아니라 영에서 물질이 비롯되었으며, 물질은 영 안으로 수렴되어 가는 과정 위에 있다. 샤르뎅은 "물질은 영의 모체이다. 영은 물질의 더 높은 상태이다."라고 말함으로써 물질과 영이 둘로 나눠져 있는 것이 아닌 하나의 우주적 실재를 드러내는 두 가지 측면이라고 설명한다.[36] 물질의 범주와 영의 범주를 통합적으로 이해할 때, 우리는 물질적인 것에서 정신적인 것이나 영적인 것으로의 갑작스러운 출현이나 전이를 생각하는 습성에서 벗어난다. 오히려 진화 창발하는 우주에는 영적이고 신성한 측면의 진보적 명료화가 발전의 연속으로 드러나게 됨을 보여 주는 실체로 이해된다.

이러한 샤르뎅과 베리의 이해는 영성학에 도전이다. 베리에 따르면 영성은 인간에게만 있는 것이 아니다. 지금까지 영성에 대한 이해를 존재론적으로 접근할 때, 인간은 영성이라는 내재적인 범주를 지닌다고 설명해 왔다. 그러나 우주 이야기에서는 우주에 처음부터 물리적인 차원과 함께 영성적인 차원이 있음을 중요하게 여긴다. 이는 인간의 몸이 앞선 단계의 존재들에게 영향을 받은 것처럼 영성도 마찬가지로 앞선 존재들의 영향을 받는다는 의미이다. 영성은 지구 공동체와 더욱 신성한 우주 공동체 자체의 여정에서 등장한다. 그래서 21세기 기독교 영성의 중요한 과제는 인간이 우주 그리고 지구와 친교를 맺는 것이다.

셋째, "지구는 우리가 생명 형태에서 발견하는 모든 특수한 성격을 가지고 태어난 행성으로서 특권적인 역할을 갖는다".[37] 지구는 영예로운 역할을 갖는다. 지구 위에서 생명이 탄생했으며, 우리가 발견할 수 있는 지구의 모든 살아 있는 생명체가 가지는 특별한 특징을 공유한다. 베리는 지구를 일차적으로 보고 인간을 부차적이라고 언급한다. 병든 지구에서는 사람도 건강하게 살 수 없다. 사람이 아플 때라도 지구는 건강할 수 있다. 그러나 지구 없이는 인간이 존재할 수 없다. 물론 인간이 사라지면 지구의 풍요로움은 사라질 것이다. 우리는 지구의 일부분이며 우리가 존재하려면 건강한 지구가 필요하다. 베리는 "만일 우리가 달에 살고 있다면 우리의 지성과 감성, 우리의 언어와 상상력, 그리고 우리의 신성에 대한 인식 등은 모두 달의 황량한 풍경을 반영할 것"이라 말한다.[38]

새로운 우주론에 따르면 우주는 발전 중인 실체이며 지구 공동체는 성스러운 공동체이다. 이러한 관점은 생명의 대량 멸종 현상의 의미를 좀 더 명확하게 밝혀 준다. 우리가 신성을 경이롭게 여기는 것은 지구 공동체가 드러낸 경이로움을 경험하기 때문이다. 베리의 말처럼 달과 같은 환경에서 우리가 신성에 대한 아름다움을 가질 수 있겠는가? 또한 지구 공동체를 성스러운 공동체로 이해할 때, 우리는 우리가 저지르고 있는 생명 파괴의 현실을 보다 직시할 수 있다. 즉, 생명 파괴는 신적 현존 양식의 파괴이며 풍성한 신적 현존 양식을 잃어 가는 것이다. 그렇기에 이러한 생명 파괴가 그리스도인에 의해 일어나거나 저항 없이 발생한다는 것은 더욱 심각한 생태적 죄악이다.

넷째, "인간은 우주가 스스로를 되돌아보고 의식적인 자아-깨달음 안에서 자신을 경축하는 것을 가능하게 하는 존재이다".[39] 이러한 인간 이해는 우주 안에서 모든 존재가 미시적 국면이라 부르는 특정한 존재 양식과 거시적 국면이라 부르는 보편적 존재 양식을 가지고 있음에서 이해된다. 다른 존재들처럼 인간은 우주적 존재이며, 또한 인간은 소우주이다. 우주 이야기 안에서 인간은 자아-성찰적 의식의 범주이다. 이 의식 안에서 우주는 자신을 성찰하고 경축한다. 즉, 인간의 의식을 통해 우주는 자체에 대한 성찰을 시작하였으며 마침내 그 아름다움을 경축하기에 이르렀다. 베리는 샤르뎅을 인용하여 인간이 우주적 현상임을 설명한다 : "인간은 물리학과 화학과 생물학과 지질학을 통해 자신을 추적함으로써 비로소 이해될 수 있다. 달리 말하면 인간은 심미적이거나 윤리적이거나 종교적인 현상이 아니라 우주적 현상이다".[40]

인간이 갖는 우주적 차원에 대한 설명은 요한복음의 프롤로그나 바울서신서에 나타난 우주적 그리스도 이해와도 상통한다. 그리스도는 구속주일 뿐만 아니라 태초의 창조주와 창조 사역을 함께하였던 창조주였으며, 부활한 그리스도는 궁극적으로 전 우주를 포괄한다. 그러나 베리는 "우리가 우주론적 그리스도를 논하기에 앞서서 우리는 우주 자체를 발견해야 한다."고 분명히 말한다.[41] 그리스도를 우주적 범주에서 이해한 것은 자연 세계의 성스러움에 대한 인식의 회복과 계속 창발하는 우주가 가지는 신성한 차원을 찾고 이해하는 데 유익하다.

우주 안에서 인간을 이해하며 우주적 그리스도를 거론하는 것은, 인간 예수로 오신 그리스도가 그 시초부터 우주의 한 차원을 활성화시켰으며 또한 동시에 우주에는 태초부터 그리스도의 차원이 있어 온 것을 강조한다. 즉, 우주의 시작에서부터 그리스도는 우주의 모든 여정에 임재했고, 그의 역사적 현현은 예수 실재로 이해된다. 그리스도는 태초부터 절대적인 존재였으며 후대의 어느 시기에 '첨가된' 존재는 아니다. 이렇듯 인간의 존재는 우주적 실재이다. 특히 한 종으로서 인간은 의식적인 자기-각성(conscious self-awareness)의 특별 존재 양식으로, 우주가 스스로 반성하고 그 안에 태초부터 드러나 있어 왔던 깊은 신비 — 우리가 삼위일체 하나님이라 말하는 — 를 경축하는 역할을 갖는다.

베리의 생태 시대로 전환이나 크루젠의 인류세에 대한 이야기가 말하듯이, 지금 인간은 지구의 생명 체계 및 지구 공동체에 대한 광범위한 통제권을 가진다. 그렇기에 미래는 예전과 다르게 인간의 역할과 참여가 결정적인 변수가 된다. 생태 시대로의 변혁을 위해서 우리는 인간의 위치와 역할을 전체 우주의 창발 과정에서 이해하고, 이 이야기 안에서 미래를 포괄하는 총체적 맥락이 창조적으로 확립되어야 한다.

다섯째, "실재와 가치에 관련된 기본적 준거 기준은 공간과 시간 안에서 자신의 충만한 표현을 이루는 우주다". 즉, 우주의 실재와 가치, 방향을 결정하는 가치들 — 분화, 주체, 친교 — 은 우리에게도 적용된다. 베리는 분화, 자기 조직, 친교를 우주 생성 원리로 설명하며 이 세 원칙은 모든 실존을 지배하는 주제이며 모든 존재의 기본 의도이다.

> 분화(differentiation)는 다양성(diversity), 복잡성(complexity), 변형성(variation), 부동성(disparity), 다형성(multi-form nature), 이질성(heterogeneity), 명료성(articulation)과 동의어다. 두 번째 특징인 자기 조직(autopoiesis)은 주체성(subjectivity), 자기 표명(self-manifestation), 감각성(sentience), 자기 조직(self-organization), 경험의 역동적 중심(dynamic centers of experience), 현존(presence), 동일성(identity), 존재의 내적 원리(inner principle of being), 목소리(voice), 내면성(interiority) 등으로 다양하게 표현된다. 세 번째 특징인 친교(communion)는 상관성(interrelatedness), 상호의존성(interdependence), 친족관계(kinship), 상호관계(mutuality), 내면적 관계성(internal relatedness), 호혜(reciprocity), 상보성(complementarity), 내적 결합성(interconnectivity), 친화성(affiliation) 등으로 표현되며, 우주 창발에서는 모두 같은 원동력을 가리킨다.[42]

이러한 우주의 생성 원리는 인간을 가장 중요한 가치와 절대 규범의 준거로 삼았던 시대를 반성하게 하고, 인간보다 더 큰 실재인 우주에 반드시 주의를 기울여야 함을 요청한다.

베리는 우주 이야기를 통해 우주가 우주 창발(cosmogenesis)의 연속이며 비가역적 변혁의 연속임을 밝힌다. 과학의 관찰에 기초한 우주 이해는 단지 물질적 범주뿐만 아니라 인간적 범주와 영적 범주를 포괄한 통합적 우주이다. 그렇기에 우주 이야기는 생태 시대의 가장 큰 특징인 주체들의 친교(communion of subjects)를 명확히 드러내며, 전 우주에 참여하고 있는 성스러운 실재에 대한 인식의 변화를 가져온다.

2) 우주 자체는 원초적 계시

하나님의 계시를 역사의 역동성 안에서 발견했던 그리스도교 전통은 마침내 과학을 통하여 우주 전체가 창발하는 이야기라는 이해에 이른다. 그리스도교인들은 과학자들이 물질적 범주의 진화와 창발 이야기를 시작하였을 때 거부 반응을 보였고 받아들이는 데 큰 어려움을 겪었다. 그러나 그리스도교 전통은 우주가 창발해 가는 과정이라고 진술하는 설명과 조화를 이룬다. 역사적 사건들의 비가역적 전개에서 의미를 식별하는 것 없이 우주에 대한 이러한 이해에 도달할 수 없다.

베리는 순기능적 우주론을 통하여 생태적 감수성을 회복하고 창조 세계가 신성한 실재를 드러내는 원초적 계시임을 강조한다. 베리는 "우주, 태양계, 그리고 행성 지구는 그들 안과 창발함을 통해 모든 것을 출현하게 하는 궁극적 신비의 실재를 인간 공동체에 보여 주는 원초적 계시"라고 언급한다.[43] 베리가 이해한 계시는 성서에서 말하는 계시와는 질적으로 다른 계시로서, 신이 이 우주 안에서 활동하는 방식을 보여 주는 계시라고 한다. 우주에 대해 새롭게 이해하는 것이 우리가 경험하는 새로운 계시의 경험인 이유는 무엇인가? 베리는 다음과 같이 설명한다.

> "계시란 신이 스스로를 전달하는 실제적 방식이며, 신과 인간이 서로 교통하는 방식이다. 이 점이 계시라는 범주의 포괄적 차원이지만, 계시는 서로 다른 방식으로 작용한다. 꽃들은 모두 꽃임에 틀림없지만, 꽃들 사이에는 질적인 차이가 있게 마련이다. 나무들도 모두 나무임에는 틀림없지만, 특정한 종류의 나무가 아닌 (보편적 의미) '나무', 곧 그 종장의 개별적 표현이 아닌 (일반적 의미의) 나무란 존재하지 않는 것과 마찬가지다."[44]

이러한 계시 이해는 토마스 아퀴나스의 하나님 이해로 뒷받침된다. 그는 이 세상에 그토록 많은 사물이 존재하는 이유를 설명하면서, 그것은 하나님은 다른 신을 창조할 수 없었기 때문이라 설명했던 것과 같은 의미를 내포한다. 즉, "하나님은 그 자신에 관한 모든 것을 어느 특정한 하나의 존재에게 전체적으로 전달할 수 없었기 때문에 이토록 헤아릴 수 없을 만큼 많은 삼라만상을 지음으로써 하나의 사물 속에 부족한 것은 다른 사물을 통해 보충받도록 하였으며, 삼라만상 전체가 (단 하나의 존재보다는) 신에 대하여 훨씬 잘 드러내며, 전체가 모두 신에 참여하고 있다는 것을 의미한다".[45]

성서와 그리스도교 전통은 창조 세계가 하나님의 작품으로서 창조주의 보이지 않는 능력과 신성을 드러내고 있음(롬 1:20)을 증언하며, 전 창조 세계는 하나님을 찬양하는 찬양 공동체(시 148편)임을 드러낸다. 하나님께서는 창조 세계를 바라보시며 "참으로 좋았다."라고 하셨다(창 1장). 노아와 맺는 하나님의 언약 안에는 살아 있는 모든 생명체가 새로운 계약의 주체였다(창 9장). 또한 시편 기자는 창조 세계가 하나님께 속한 것임을 여러 곳에서 선포하고 있다(시 24, 104, 148편). 더욱이 하나님께서 이들을 어떻게 돌보며 보살피고 있는지를 아름답게 묘사하고 있다(시 104편). 예수 그리스도를 신학적으로 성찰한 사도 요한은 '태초에 계신 말씀'(Logos)을 예수로 이해하여, 모든 창조물과 만물이 예수 그리스도를 통하여 그분 안에 존재함을 선포하고 있다(요 1장). 이는 사도 바울이 골로새서에서 찬양한 우주적 그리스도와 매우 비슷한 목소리이다(골 1장).

교회의 교부들은 성서와 자연이 하나님 계시의 장소로서 서로 대립되지 않는다고 가르쳐 왔다. 오히려 자연은 장엄한 하나님의 성사였고, 성서 그 자체였다. 성(聖) 어거스틴은 다음과 같이 말한다 :

"어떤 사람은 하나님을 발견하기 위해 책을 읽습니다. 그러나 여기 위대한 책 - 창조 세계의 책이 있습니다. 위를 보십시오! 그리고 아래를 보십시오. 그리고 이 책을 읽으십시오. 우리가 발견하기 원하는 하나님은 결코 잉크로 쓰여진 책 안에 있지 않습니다. 대신 하나님은 높으신 당신께서 만드신 것들을 우리 눈앞에 두셨습니다. 그것보다 더 큰 목소리를 청할 수 있겠습니까?"[46]

종교개혁가 루터 또한 어거스틴의 생태적 감수성을 그대로 계승하고 있다. "하나님은 단지 성서 책에만 복음을 기록하지 않았습니다. 그분은 또한 무한한 나무와 꽃과 구름과 별 위에 복음을 기록하였습니다." 그래서 "모든 창조 세계는 가장 아름다운 성서입니다. 그 안에서 하나님은 당신 자신을 묘사하였고 그리셨습니다".[47] 어느 누구보다도 성서를 사랑했고 강조했던 어거스틴과 루터는 동시에 자연 안에서 가장 큰 하나님의 음성을 듣고 보았다.

새로운 우주 이야기와 그리스도교 전통은 매우 밀접한 연관성을 가지면서 성서의 계시, 육화와 구원에 대한 이해가 거대한 우주적·역사적 맥락 안에 위치함을 보여 준다. 이는 우주 이야기의 빛에서 그리스도교 전통을 새롭게 이해할 뿐만 아니라 그리스도교 전통은 우주 이야기 안에서 더욱 소중한 전통이 된다.

이상과 같이 베리가 그리스도교 우주론으로 제안한 내용을 살펴보았다. 베리의 우주 이야기는 과학이 발견한 시간 발달적 우주론과 종교적 우주론 — 토마스 아퀴나스가 이 세계를 삼위일체, 곧 우주 질서를 현시하는 것으로 보았던 것처럼 우주를 신성한 실재의 내재로 인정하는 우주론 — 을 통합하여 순기능적 우주론을 제안한다. 그는 또한 우주의 전 역사를 이야기 형식을 통해 우리에게 들려준 것이다. 이를 통해 모든 차원에서 인간을 재발견하도록 도와주며 우주와 지구가 갖는 심원한 영적 실재에 대한 각성을 깨우쳐 준다. 지금 우리는 우주의 '새 이야기' 맥락 안에서 신학과 영성을 추구함으로써 새로운 시기에 맞게 성찰하며 행동할 수 있도록 창조할 필요가 있다.

4. 생태 시대의 그리스도교 영성

1) 영성이란 무엇인가?

영성의 정의가 다양하고 맥락에 따라 다른 의미로 사용되지만, 그리스도교 영성은 영(spirit) 또는 숨(breathing)과 깊은 관련이 있다. 구약성서의 루아흐나 신약성서의 프뉴마는 숨, 바람, 호흡과 연관된다. 영성을 숨과 관련하여 이해할 때, 영성은 실제적이며, 역동적이며, 관계적이며, 우주적이다.[48]

창세기 2 : 7은 "여호와께서 흙(흙의 먼지)에서 사람을 만드시고 생명의 숨(니쉬마트 하임)을 그 코에 불어넣으시니 살아 있는 생명체(네페쉬 하야)가 되었다."라고 말한다. 하나님께서 아담을 지으시고 전능하신 하나님

입김을 불어넣어 생명이 되었음을 시적으로 묘사한다. 시편 기자는 "당신의 숨(얼)을 내보내시면 그들은 창조되고 당신께서는 땅의 얼굴(누리의 모습)을 새롭게 하시나이다."(시편 104 : 30, 새번역)라고 찬양한다. 이 시편은 창조 이야기에서 보여 주듯이 하나님의 숨은 창조의 힘이 있음을 보여 준다. 욥 또한 "하나님의 영이 저를 만드시고 전능하신 분의 입김이 제게 생명을 주셨답니다."(욥 33 : 4)라고 고백한다.

숨과 관련하여 주목되는 신약성서는 요한복음이다. 부활하신 예수께서 제자들에게 나타나셔서 "이렇게 말씀하신 다음 예수께서는 그들에게 숨을 내쉬시며 말씀을 계속하셨다. 성령을 받으라."(요 20 : 22, 새번역)고 한다. 예수님께서 제자들에게 숨을 내쉬는, 곧 숨을 불어넣는 표현인 '에네퓌세센'(ἐνεφύσησεν)은 신약성서 가운데 이곳에서 유일하게 사용되는 단어로, 70인역 창세기 2 : 7에서 하나님께서 생명의 숨을 불어넣으실 때 사용한 그 단어이다. 요한의 증언에 따르면 예수님께서는 태초부터 계신 말씀이셨고 부활한 예수님은 태초의 창조 때처럼 하나님의 본래 숨을 제자들에게 불어넣었다. 예수님께서 성령을 받으라 하셨는데, 한국의 초기 성서 번역에 성령을 숨님으로 번역한 경우도 있다.

이렇게 볼 때, 영성은 하나님의 숨과 관련이 있다. 하나님의 숨은 창조의 숨이었고, 생명의 숨이었으며, 만남의 숨이었다. 그 숨결은 창조 안에 그리고 부활 안에 그리고 현재 존재하는 모든 이들 안에 생명으로 존재하였다. 하나님의 숨과 부활한 그리스도의 숨은 "각 인격체가 하나님께 직접 닿아 있는 존재성"이다.[49] 하나님이 맺어 주시는 직접적 관계성에 대한 노래가 창조 이야기이며, 직접적 관계성이 훼손되었을 때 이를 회복시키는 이야기가 구원 이야기이다. 그러므로 부활한 그리스도가 제자들에게 자신의 숨을 불어넣으시는 이야기는 창조-구원이 마치 한 호흡인 것처럼 하나님과 인간이 불이(不二)이며 직접적 관계성 안에 있음을 명확히 드러낸다. 하나님의 숨은 창조와 부활의 숨이며, 모든 생명의 바탕이다. 그렇기에 영성의 성서적 이해는 하나님의 숨과 깊은 관련이 있다.

또한 하나님의 숨은 성스러움과 관련이 있다. 영성은 성스러움에 대한 직접적인 체험과 관련이 있고, 종교적 체험과 성스러움은 분리될 수 없다. 숨은 성스러움의 현존과 관련이 깊다. 구약성서에 자주 등장하는 표현인 "여호와께서 말씀하시기를"은 단지 하나님의 명령을 언급하려는 것이 아니라, 이 말씀을 통해 우리 각자 안에 하나님이 현존하고 계심을 선포하려는 것이었다. 유대인들은 여호와라는 단어를 대할 때 먼저 숨을 크게 들이쉰 후에 날숨과 말을 내뱉었다고 한다. 이렇게 함으로써 하나님의 숨과 자신의 숨이 하나의 숨임을 자각하며 그 단어를 읽은 것이었다. 하나님의 이름 '여호와'(YHWH)는 거룩한 하나님의 이름이기에 유태인들이 '아도나이'라 발음하였지만, 사실 이 발음은 들숨(yah)과 날숨(weh)의 소리라고 한다. 유대 전통에 따르면 하나님의 이름은 숨으로 소리 나는 것이지 입으로 말하여지는 것이 아니었다.[50] 중세기 유대인들의 신비주의 책 「조하르」에는 하나님과 인간 사이의 연합이 숨(breath)을 매개로 이뤄진다고 기록하고 있다. 숨은 하나님의 숨과 관련이 있기에 성스러움에 뿌리를 두고 있으며 사람은 이 숨을 통하여 하나님의 성스러움에 참여하였다.

신학적으로 영성은 성삼위일체 하나님의 '페리코레시스'와 관련이 있다. 페리코레시스는 원래 둥글게 손을 잡고 추는 춤인 원무에서 유래된 말이라는데, 희랍의 마지막 교부로 알려진 다메섹의 요한(c.675-c.750)이 사용한 이후 삼위일체 하나님의 상호 내주, 상호 친교의 관계를 설명할 때 사용되어 왔다. 이 말을 통해 그리스도교 신학은 삼위일체 하나님을 사랑의 사귐 안에 있는 공동체로 이해하였다. 즉, 성삼위 하나님은 독립적이며 분리되어 존재하는 것이 아니라 상호 침투 또는 상호 내재하여 성부는 성자 안에, 성자는 성부 안에, 성부와 성자는 성령 안에서 공동체 삶을 형성하고 있다고 이해하였다. 후에 1445년 프로렌스에서 진행된 공의회는 이를 보다 명확하게 표현하였다. "성부는 성자 안에 전적으로 계시고 성령 안에 전적으로 계신다. 성자는 성부 안에 전적으로 계시고 성령 안에 전적으로 계신다. 성령은 성부 안에 전적으로 계시고, 성자 안에 전적으로 계신다. 그 누구도 다른 자를 영원의 측면에서 앞에 있지 않고, 위엄의 측면에서도 앞서 나가지 않으며, 능력의 측면에 있어서도 위에 존재하고 있지 않다."

민요 강강술래는 성삼위일체 하나님의 페리코레시스를 쉽게 떠올리게 한다. 이 춤에 참여하는 모든 이들은 주인공이었으며, 춤에서 분리되어 있는 이들은 없었다. 하나님의 페리코레시스를 생각하면 주체와 객체를 분리시킬 수 없듯이, 숨 안에서 주체와 객체를 분리할 수 없다. "하나의 숨이나 혹은 두 숨 사이에 다음 사실을 기뻐할지니, 즉 당신의 숨이 모든 숨들과 연결되어 있으며 또 저 신성한 숨 그 자체와도 연결되어 있음을 기뻐하라."[51] 숨 안에서 하나님의 숨과 아담의 숨 그리고 창조 세계의 숨은 분리될 수 없다. 그렇기에 숨은 예수님께서 말씀하셨던 "그날에는 내가 아버지 안에, 너희가 내 안에, 내가 너희 안에 있는 것을 너희가 알리라"(요 14 : 20, 17 : 21)라고 하신 말씀을 실제적으로 받아들이게 한다. 하나님의 숨 밖에서 존재할 수 있는 것은 아무것도 없다.

이처럼 영성을 하나님의 숨으로 이해하는 것은 성서적 그리고 신학적으로 충분한 근거가 있다. 하나님의 숨인 영성은 그 자체로 관계적이며, 상호 내재적이며, 비분리적이며, 우주적이다. 하나님의 숨 안에서 하나님과 인간의 비분리적 관계가 보다 분명해진다. 또한 인간과 창조 세계가 맺는 비분리적 관계 역시 뚜렷해진다. 영성은 본질적으로 생태적이며 우주적이다.

2) 생태 시대의 그리스도교 영성

생태 시대의 그리스도교 영성은 신음하는 피조 세계가 하나님의 숨으로 인해 새로운 피조물로 살아가게 한다. 베리에 따르면 "우리의 생태학적 난관들의 궁극적 기초는 수 세기 동안 전해져 온 우리의 영성 그 자체 안에 놓여 있다고 볼 수 있다".[52] 이유는 과학 기술 문명이 서구 그리스도교 영성과 공존하며 생태 위기라는 현재의 위기를 불러일으켰다는 것이며, 또한 현대 과학 양식이나 우리의 영적 전통이 지구 공동체의 통합 기능에 관심을 갖지 않았기 때문이다. 창발하는 우주 안에서 자연 세계와 인간이 보다 친밀한 관계를 맺음으로써만 이 상황은 치유될 수 있다. 그럴 때, "그리스도 영성이 지금까지 경험한 것 중 가장 의미 있는 변화를 겪을 시간이 왔다."고 확신한다.[53] 베리의 우주론에 기초하여 생태 위기의 상황에서 생태 시대로 변혁에 헌신할 수 있는 영성의 특징은 다음과 같다.[54]

첫째, 생태 시대의 영성은 현 생태 위기 및 지질학적 변혁의 시대에 응답하는 영성이다. 일반적으로 통용되는 영성에 대한 정의나 묘사는 없다. 전공 분야에 따라 영성에 대한 다양한 이해를 시도하고 사용하고 있다. 상황화 신학자인 베반스(Stephen Bevans)는 "모든 신학의 상황화(그리스도교 신앙을 특별한 상황 안에서 그리고 그 상황을 위해 이해하려고 하는 노력)는 신학적 정언 명령이다. 이와 비슷하게 영성 또한 매우 상황적이다. 영성이 항상 특별한 역사와 문화적 상황에 뿌리내리고 있기 때문에 보편적인 영성의 정의는 있을 수 없다."라고 설명한다.[55] 「생태영성」을 기술한 커밍스(Cummings) 또한 말하기를 "그리스도교 영성은 고정되어 있는 단일 체계가 아니고 많은 지류가 섞여서 발전되어 가는 전통"이라고 한다.[56] 생태 시대의 영성은 생태 위기라는 21세기 인류의 과제에 응답하는 영성이다. 그리스도교 영성은 현재 직면한 생태 위기의 경험과 상황 그리고 이러한 위기를 극복하여 생태 시대로 변혁을 수행해야 한다.

둘째, 생태 시대의 영성은 인간과 자연이 상호 증진적 방법으로 존재하는 목적을 위한다. 영성은 순기능적 우주론에 바탕을 둔 기능적(functional) 요소와 생태적(ecological) 관점을 지향한다. 순기능적 영성이란 인간이 지구 위에서 다른 창조 세계와 상생적으로 존재하도록 돕는 것을 말하며, 그렇기에 인간과 창조 세계 모두의 번영과 생존을 지지한다.[57] 생태적 영성은 하나님, 인간, 창조 세계에 통합적 관계를 이해하며 체험하는 것을 돕는다.[58]

앞에서 살펴보았듯이 생태 위기의 원인이 영성의 위기와 관련이 있기 때문에 생태 위기 극복을 위해 필요한 영성은 생태 위기의 관점에서 이해된다. 킨슬리(Kinsley)는 "영성은 생태적 주제들과 관련된 도덕적, 윤리적, 종교적인 경향들"이라고 이야기한다.[59] 근대 영성이 지구 파괴에 대해 매우 소극적으로 저항하도록 하였고, 더욱이 근대 영성 자체가 생태적 시각의 결여로 인해 생태적 어려움을 가지고 왔다. 현재 우리는 과거보다 더욱 영성이 필요하며, 그 영성은 현재 우리가 만든 지구 파괴에 미치는 힘을 능가하며 내적이고 영적인 힘을 제공하는 영성이어야 한다. 영성은 생태 위기에 효과적으로 대응하기 위해서 기능적인 생태적 영성이 되어야 하며, 이는 생태적 회심을 요구한다.

셋째, 생태 시대의 영성은 하나님-인간-창조 세계를 친밀하고 삼위일체적인 관점에서 이해한다. 베리에 따르면 "영성은 하나님과 인간의 상호 교제뿐 아니라 우리가 우주 안에서 자신을 발견하고 우주는 우리 안에서 그 자신을 발견하는 존재 양태"라고 한다.[60] 오하라 교수는 영성은 우리가 삶에서 우리 자신을 초월하여 통합적 관계 안으로 이끌어 가는 것이라고 정의하면서, 전통적으로 분리되었다고 생각했던 다른 사람들, 세상, 하나님으로부터 우리 자신을 통합적 관계 안으로 이끌어 가는 것이라고 말한다.[61] 커밍스는 "성서는 하나님, 세상, 인간에 대한 이야기로 첫 장을 시작하고(창 1-3장) 새 하늘과 새 땅으로 만물이 새로워지는 비전을 제시하며 하나님, 인간, 자연에 대한 묘사로 끝내고 있다(계 21장). 시작과 끝 사이에 인간에게 주어진 사명은 조화로운 성장과 상호 관계를 계속하기 위한 협조이다".[62] 영성은 인간이 자신을 둘러싼 창조 세계와 보다 친밀한 관계를 맺음과 동시에 하나님과 관계를 맺는 것이다. 따라서 생태 시대의 영성은 하나님, 우주, 인간의 심오한 통합이라는 관점에서 이해되어야 한다. 지구와의 올바른 관계 맺음은 동시에 하나님과 다른 사람과 올바른 관계 맺음이다.

넷째, 생태 시대의 영성은 지구가 우리의 집이라는 관점에서 이해한다. 라쟈(R. J. Raja)가 말하기를 "생태영성은 생태에 기초한 것이며 생태라는 말은 그리스어 명사 오이코스에서 비롯된 것으로 이는 집이라는 뜻이다. 그렇기에 생태영성은 지구를 우리의 집으로 생각하는 것"이라고 설명한다.[63] 우리가 지구를 우리의 집으로 생각할 때 '성사적 감수성'(sacramental sensitivity)과 '참여적 책임'(participatory responsibility)을 불러일으킬 수 있다. 그렇기에 지구는 단순히 물질적 자원으로 여겨지지 않고, 모든 생명체의 출현과 지속을 위한 조건이 되어 주는, 만물의 참된 집으로 여겨진다.

지구는 형성될 때부터 지금까지 내재적인 영적 가치를 지닌다. 왜냐하면 우주는 태초부터 물리적, 육체적, 심리적 그리고 영적 범주를 가졌기 때문이다. 이런 관점에서 볼 때, 인간의 영성은 지구 영성의 범주에서 비롯되었다고 볼 수 있고, 따라서 지구와의 친밀한 관계 회복이 영성의 주요 과제이다.[64]

결론하여 말하면, 생태 시대의 영성은 이 변혁의 시기에 특별히 지구의 성스러운 차원을 의식하도록 일깨워 주는 영성이다. 시편 기자가 창조 세계 안에서 하나님의 계시를 경험하고 찬양하였던 것처럼, 그리고 부활한 그리스도께서 모든 우주를 유지하신다는 사도 바울의 고백처럼 창조 세계를 신의 계시로 인식하고 창조 세계를 보전하는 일에 기본적인 관심을 보이는 영성이다. 이는 창조 세계를 하나님의 신비가 드러내는 거룩한 장소로 이해하고, "이런 지독한 행위를 낳게 한 사고방식을 바꾸는 일"을 가능하도록 돕는 영성이다.[65]

5. 이 장의 요약

기후 변화의 할아버지로 알려진 제임스 핸슨은 손주들을 생각하면서 「내 손주들에게 닥칠 폭풍 : 다가오는 기후 재앙의 진실과 인류를 구하기 위한 우리의 마지막 기회」에서 앞으로 몇 년이 마지막 기회라고 강력하게 경고하고 있다.[66] 그는 미래의 어느 날 그의 손녀가 "할아버지는 무슨 일이 벌어지고 있는지를 알고 있으면서도 분명하게 말해 주지 않았다."고 비판하는 일은 없어야 된다는 확신하에 위의 책을 출판했다. 또한 교황 바오로 2세와 정교회 에큐메니칼 대주교가 공동으로 "그리스도교와 모든 믿는 사람들은 특별한 역할을 가지고 있는데 생태적 의식을 가지고 사람들을 교육해야 하고 도덕적 가치를 선언해야 한다. 이것은 자신과 다른 이들과 창조 세계에 대한 책임이다."라고 선언했다.[67] 생태 시대 영성은 분명 다음 세대를 위한 우리의 책임이다. 이러한 책임의 완수는 우리가 지구 공동체와 얼마나 가까운 친교 공동체를 형성하느냐에 달려 있다.

이 장에서 그리스도교 영성을 우주론적 시각으로 이해했다. 생태 시대를 향한 우리의 과제는 인류를 위해서가 아니라 온 우주의 완성을 위해 주어진 것이다. 우주적 완성은 우주와 우주 안에 있는 모든 피조물을 존재하게 하고 지탱해 주며 활동하도록 동기를 부여하고 완성을 향해 나아가도록 하는 실체 ― 우리가 삼위일체 하나님이라 부르는 신성한 근원자 ― 를 성찰하도록 우리를 초대한다. 창발하는 우주는 새로운 계시 체험이며, 이러한 체험은 우리에게 필요한 종교적 감수성을 불러일으켜 인간이 지구 위에 생존하는 모든 생명체와 단일한 친교 생명 공동체를 형성하고 있다는 깨달음을 준다. 이러한 친교 공동체에 대한 자각은 인간과 자연이 서로 친밀한 교제를 이루어 가는 가운데, 육체적인 몸의 건강과 함께 심리적이며 영적인 자양분을 생겨나게 한다. 이를 통해, 우리는 성스러운 하나님의 여정에 참여하며 우주 안에서 하나님, 인간, 자연이 함께 어우러져 추는 우주적 춤사위를 즐길 수 있다.

폴 틸리히(Paul Tillich)의
기도 신학 이해[1]

백상훈(한일장신대학교, 기독교 영성)

1. 기도, 신학, 그리고 일상적 삶

영적 실천(spiritual practice)을 다루는 짧은 글에서 필립 쉘드레이크(Philip Sheldrake)는 영성에 대한 현대적 논의에서 발견되는 두 가지 치우친 경향을 지적한다.[2] 하나는 영적인 경험의 중요성을 지나치게 강조하는 나머지 실천, 훈련, 혹은 삶의 방식(lifestyle)과 같은 그리스도교 영성의 고전적 관념을 잃어버리는 것이다. 다른 하나는 종교적 신념이나 교리와 동떨어진 영적인 실천의 체계를 만들어 내는 것이다. 이 두 가지 경향의 조합으로부터 나오는 결과는 '무관심한 내면성'(detached interiority)이다. 내면적인 경험이 영적인 실천과 동떨어지고 영적인 실천은 일상 세계에의 참여로부터 분리된다. 쉘드레이크에 따르면, 이러한 무관심한 내면성은, 내면성을 훈련하면서 윤리를 무시하는 행태를 지적했던 존 루이스브로익(John Ruysbroeck)과 같은 서구 그리스도교 신비주의자들과 이냐시오식 영신수련을 비롯한 이른바 '일상생활의 실천 영성'(spiritualities of the practice of everyday life)에 의해 비판받을 수밖에 없다. 유해룡이 갈파한

대로 하나님 임재에 대한 자각은 우리의 삶 속에서 창조적이고도 풍성한 삶을 살게 하는 힘이 되어야 한다.[3]

영적 실천의 하나인 기도는 하나님, 세계, 그리고 인간의 삶에 대한 그리스도교적 비전과 이해로부터 분리될 수 없으며, 일상 세계로부터 분리될 수도 없다. 요컨대, 기도, 신학, 그리고 일상적 삶에의 참여, 이 세 가지는 그리스도교 영성에서 함께 논의되어야 한다. 달리 말하면, 기도라는 영적 실천을 감행하는 사람에게 필요한 것은 건강한 기도의 신학이고, 건강한 기도의 신학은 기도자로 하여금 일상적 삶에 분별력을 가지고 참여하도록 독려한다.

이 글에서는 건강한 기도 신학의 한 모형으로서 개신교 신학자 폴 틸리히(1886-1965)의 이론을 고찰하고자 한다. 틸리히는 기도에 관한 체계적이고 종합적인 저술을 시도하지는 않았지만, 그의 신학과 설교 속에는 기도에 관한 개신교 신학적 언술이 분명하고도 풍성하게 드러나 있다. 그에게 기도는 계시적 사건으로서 주체-객체의 이원론적 구조를 초월하는데, 이러한 맥락에서 볼 때 그에게 기도는 곧 관상(contemplation)이다. 따라서 기도는 두 존재 사이의 대화를 넘어 존재의 신비의 현존에 대한 인식으로 나아간다. 이 인식 속에서 하나님은 존재의 근원이요 심연으로 경험되며, 하나님 경험은 신비적 연합과 인격적 사귐을 포함하면서 동시에 넘어서는 '절대적 믿음'(absolute faith)의 상태를 유발한다. 절대적 믿음은 온갖 비존재(nonbeing)의 위협 속에서도 존재를 긍정하는 삶의 태도를 견인한다.

틸리히의 기도 신학의 면모를 살펴보기 위하여 다음과 같은 순서를 따르고자 한다. 먼저 틸리히의 기도 신학의 배경으로서 그의 종교철학적 유형론을 간략하게 검토한 후, 기도에 대한 두 개의 정의적(definitional) 표현들에 대한 심도 있는 분석을 시도한다. 그리고 마지막 장에서는 틸리히의 기도 신학의 영성학적 함의를 약술한다.

2. 개신교의 기초로서의 기도와 신비주의

폴 틸리히의 기도 신학을 일별하기에 앞서 그가 자신의 종교철학적 유형론을 통해 제시한 바 있는 기도의 맥락(context)을 살피는 일이 필요하다. 이를 통해 우리는 틸리히가 기도를 종교 생활의 중심적 행위로 이해하고 있음을 알게 될 것이다. 이 장에서는 그의 두 소논문, 즉 "개신교에 있어서 가톨릭교회의 항구적 중요성"(The Permanent Significance of the Catholic Church for Protestantism, 1941)과 "수직적 사유와 수평적 사유"(Vertical and Horizontal Thinking, 1945)를 연구 자료로 삼고자 한다.

"개신교에 있어서 가톨릭교회의 항구적 중요성"에서 틸리히는, 인간은 이중적인 방식으로 성스러움(the holy)을 경험한다고 말한다. 하나는 '존재의 성스러움'(holiness of being)이고 다른 하나는 '요청의 성스러움'(holiness of what ought to be)이다. 전자는 인간이 신의 현현에 빠져 들어가 신과 연합하는 경험이요, 후자는 신의 현현이 자아내는 두려움과 공포를 이겨 내기 위하여 신적인 것에 부합하는 윤리적인 삶을 당위적으로 요청받는 경험이라고 할 수 있다. 이 두 요소는 모든 종교에 내재하는 것이지만 어느 쪽이 우위에 있느냐에 따라 종교의 유형이 결정된다. 존재에 우위를 두면 성사적인(sacramental) 유형이요, 요청에 우위를 두면 종말론적(eschatological) 유형이다. 가톨릭교회는 전자에, 개신교회는 후자에 속한다. 개신교의 등장은 가톨릭교회의 성사적이고 성직자 중심적인 구조의 왜곡과 마성화(demonization) 때문인데, 그럼에도 불구하고 가톨릭교회가 지속적 생명력을 갖는 이유는 개신교의 종말론적-예언자적인 구조로부터 초래되는 공허함과 세속화 때문이다. 따라서 개신교는 가톨릭교회의 성사적인 요소를 항구적인 교정 수단으로 갖고 있어야 생명력을 유지할 수 있다. 존재의 성스러움에 기초하지 않는 개신교는 문화적 행위주의(cultural activism)와 도덕적 이상주의(moral utopianism)에 함몰되기 쉽다.

제2차 세계대전 후 종교 상황을 논하면서 틸리히는 당대가 그리스도교의 상징의 힘을 상실한 시대라고 진단한다. 개신교는 자유주의 신학뿐만 아니라 정통주의 신학에서조차 가톨릭교회의 신비주의 전통에 잘 보존되어 온 그리스도교 상징의 신비주의적 의미(mystical meaning)를 탈색시켰다. 그런데, 틸리히에 따르면, 개신교가 그 자체로 반 신비주의적인(anti-mystical) 것은 아니다. 왜냐하면, 신비주의적 요소는 종교의 필수적이고 일반적인 범주이고, 따라서, 개신교 역사 속에서도 야콥 뵈뫼(Jacob Boehme)나 조지 폭스(George Fox)와 같은 특별한 유형의 신비주의를 찾아볼 수 있기 때문이다. 말하자면, 개신교의 종교적인 성격을 보존해 온 것은 개신교의 여러 형태들 속에 들어 있는 신비주의적 요소이다. 이러한 측면에서 보자면 신비주의가 반 개신교적이라고 해서 거부하는 것은 옳지 못하며 심지어 파괴적이다.

> 명상(meditation)과 관상(contemplation), 탈아(ecstasy)와 '신비적 연합'(mystical union)의 자리를 허용하지 않은 개신교는 더 이상 종교가 아니게 되었고, 그 결과, 전통적인 종교 용어를 사용한다면, 지성적이고 도덕적인 체계로 전락해 버렸다. 퀘이커 예배의 신비적 '침묵'(the mystical silence)이, 적어도 의례의 형태로서, 개신교의 큰 그룹들을 잠식한 것은 좋은 일이다. 그러나 중요한 것은 침묵이 진실로 신비주의적인 내용으로 채워진다는 것이고, 이러한 이유로 가톨릭 신비주의라는 어마어마한 저수지가, 행위주의와 도덕주의의 압력 아래에서 영혼의 심층에 대한 접근을 상실한 채 정신분석이나 심리치료의 도움을 받아 그것을 다시 발견하려는 개신교인들에게 — 이는 개신교적 영혼의 돌봄(care of souls)의 결핍을 보여 주는 바 — 열려져야만 한다는 것이다.[4)]

틸리히가 주장하는 바, 개신교가 기초로 삼아야 할 가톨릭 성사주의와 신비주의의 구체적인 영적 실천은 명상, 관상, 탈아, 그리고 신비적 연합이다. 이와 같은 영적 실천의 기초 위에서만 개신교의 예언자적-종말론적 비판은 그 창조적 능력을 발휘할 수 있고, 행위주의와 도덕주의의 덫에 빠지지 않을 수 있으며, 나아가 개신교적인 영혼의 돌봄이 이뤄질 수 있다. 요컨대, 틸리히에게 영적 실천으로서의 기도와 기도 가운데 수반되는 신의 현존의 체험은 개신교의 종교성을 담보하는 필수 요소이다. 그런데, 틸리히에 따르면, 성사적 종교의 요소로서 기도와 신비주의는 예언자적-종말론적 종교의 규정적 요소와 결합되어야 한다. "수직적 사유와 수평적 사유"라는 글에서 틸리히는 두 요소 중 어느 하나에 대한 배타적 강조의 위험을 다음과 같이 지적하고 있다.

> '존재'(being)의 관점에서만 '궁극성'(the ultimate)과 연결되는 종교는 윤리적 역동성과 세계를 변혁시키는 의지와 힘을 결여한 채 세상을 거부하는, 정적인 신비주의(world-defying, static mysticism)라는 결과를 낳는다. '요청'(ought to be)의 관점에서만 궁극성과 연결되는 종교는 영적인 실체와 세계를 변혁시키는 의지와 힘을 상실한 채 세상을 통제하는 기계적 행위주의(world-controlling technical activism)로 이어진다.[5]

틸리히는 이 글에서 시간과 영원의 관계를 보여 주는 상반되는 메타포로써 '수직성'(the vertical)과 '수평성'(the horizontal)을 활용하는데, 이 두 메타포는 하나의 종교 안에서 변증법적으로 통합되어야 한다. 수직성은 인간 존재의 근원이자 인간 삶의 궁극적 의미로써의 영원(the eternal)의 현존을 지시한다. 이는 틸리히의 1941년도 소논문에서 밝혀진 성사적 유형의 종교의 요소에 상응한다고 볼 수 있다. 수직성은 인간의 개인적, 사회적 실존 가운데 유한성으로부터 오는 피할 길 없는 불안과 죄의 파괴적 절망을 넘어서는 능력과 관계되어 있는데, 실존의 변화무쌍함과 맞닥뜨린 상황에서의 기도와 명상, 미학적 직관과 철학적 에로스, 신비적 연합과 '영혼의 고요'(the quiet of the soul)로써 표현된다. 반면, 수평성은 영원이 현현될 때 수반되는 변혁적인 힘을 지시한다. 이것은 예언자적-종말론적 유형의 종교와 상응하는 것으로써, 사회정의와 개인적인 의를 위한 예언자적 투쟁, 인간 영혼과 공동체의 악의 구조에 대한 저항, 그리고 인간과 세계의 형성을 위한 윤리적 노력으로 표현된다. 틸리히의 관찰에 따르면, 종교의 미래는 수직성과 수평성이라는 두 요소의 새롭고 창조적인 연합의 여부에 달려 있다.

이상에서 살펴 본 바와 같이, 틸리히에게 기도, 관상, 그리고 신비주의는 종교의 필수적, 일반적 범주에 속하는 영적 실천으로서 개신교의 고유한 종교성이 창조적으로 발현되기 위한 기초이다. 그리고 종교의 두 요소, 곧 성사적-종말론적, 수직적-수평적 요소의 창조적인 연합은 틸리히의 기도 신학의 기본적인 골격을 형성한다.

3. 틸리히의 기도 이해

틸리히의 기도 신학의 고찰이라는 본고의 목적 달성을 위하여 우리는 그의 기도에 대한 두 개의 정의적 표현을 살펴보고자 하는데, 그 이유는 다음과 같다. 첫째, 그는 기도에 관한 체계적이고 종합적인 저술을 시도하지 않았기 때문에 그의 기도 이해는 구성적 작업(construction)이 될 수밖에 없다. 이 구성적 작업을 용이하게 하는 하나의 방식으로서 그의 기도에 대한 정의적 표현들을 분석하려는 것이다. 둘째, 틸리히의 기도의 정의적 표현들을 분석하자면 자연스럽게 그의 신학의 요체에 접근하게 되는데,

이 과정 속에서 기도에 대한 개신교 신학적인 주제들을 간략하게나마 확인할 수 있다. 셋째, 영적 실천의 하나인 기도는 하나님, 세계, 그리고 인간의 삶에 대한 그리스도교적 비전과 이해로부터 분리될 수 없는 바, 틸리히의 기도 이해를 그의 신학적 주제들과의 연관 속에서 살펴보는 일은 틸리히의 영성신학, 나아가 개신교적 영성의 한 모델을 구성하는 미래의 작업에 일정한 기초를 제공해 줄 수 있을 것이다.

1) 기도는 근원으로 돌아가려는 영적인 갈망이요 욕동

먼저, 틸리히의 설교, "영적 현존"(Spiritual Presence)에 나오는 기도에 대한 정의를 살펴보자. "기도는 유한한 존재가 근원으로 돌아가려는 영적인 갈망이다"[6](Prayer is the Spiritual longing of a finite being to return to its origin). 영적 현존은 틸리히의 성령론적 개념으로서 성령의 임재의 효과 혹은 힘을 지시하는데, 이는 인간의 영으로 하여금 자기를 초월하여 자기 힘으로는 얻을 수 없는 것, 곧 사랑과 진리, 그리고 성스러움(the holy)에 다다르는 상태이다. 틸리히가 기도의 정의를 영적 현존이라는 맥락에서 시도하는 것이 주목할 만하다.

> 성령은 영적인 현존을 통하지 않고서는 누구라도 가질 수 없는 기도의 힘을 줄 수 있습니다. 왜냐하면, 언어를 사용하든지 사용하지 않든지, 목적을 성취하는 기도, 곧 우리의 존재의 신성한 근원과의 재연합(reunion)에 이르는 기도는 우리 안에서 그리고 우리를 통하여 말씀하시는 성령의 일입니다.[7]

틸리히에게 있어서 존재의 근원으로 돌아간다는 것은 그와의 재연합을 의미한다. 연합이 아니라 재연합인 이유는 존재의 근원과의 본래적인 연합(unity) 혹은 동일성(identity)이 인간에게는 영원히 잃어버린 현실이기 때문이다. 틸리히에게 기도는 신과 인간 사이의 신비적인 재연합을 향한 욕동이다. 단언하면, 기도는 신비적 욕동이다.

존재의 근원과의 재연합은 틸리히의 조직신학에서 삶의 세 가지 기능 중 하나인 '자기-초월'(self-transcendence)로써 설명된다. 자기 초월은 삶 혹은 생명이 궁극적이고 무한정적인 존재를 향하여 수직적인 방향으로 분투하는 것을 일컫는 것인데, 이것은 모든 피조물에게 있는 갈망이요 욕동이다. 틸리히에게 있어서 자기 초월은 성화(sanctification)와 연관되는데, 이는 기도와 명상과 같은 행위에 함장된 욕동이다. 이것은 마치 "전혀 다른 공기를 마시는 것, 평범한 실존 너머로 고양되는 것"[8]과 같다. 놓치지 말아야 할 점은, 틸리히가 궁극적인 존재를 향한 '분투'(the struggle)를 존재론적으로 이해하고 있는 것이다. 자기 초월은 인간에게 생래적으로 주어진 본능적 욕동이고, 이 욕동은 인간이 하나의 개별적 자기로 성장해 가는 과정 중 결코 파괴되지 않으면서 내재한다.

기도에 대한 틸리히의 첫째 정의를 분석하면서 다음 세 가지가 두드러졌다. 첫째, 기도는 유한한 존재로서의 인간의 실존적인 행위로서 자기-초월 혹은 궁극적 관심을 향한 추구가 인지되고 기술되는 과정이다. 둘째, 재연합의 대상으로서의 존재의 근원은 틸리히의 신학에서 존재의 신비 혹은 신적인 심연(the divine depth), 곧 신적인 존재의 접근하기 어려운 차원이기에, 기도는 인간적 자기의 심층적 차원에서 발생한다. 셋째, 기도는 신적인 근원과의 신비적인 연합을 향한 갈망 혹은 욕동과 관계되어 있다.

위에서 살펴본 바, 틸리히의 기도의 정의를 상기한다면, 우리는 왜 틸리히가 기도를 계시론적 맥락에서 강조하고 있는지 이해하게 된다. 「조직신학」(Systematic Theology) 제1부에서 그는 기도와 계시의 상관성을 다음과 같이 밝힌다.

모든 기도와 명상은 그 의미를 완수하게 될 때, 곧 피조물이 그 창조의 근원과의 재연합을 이루게 될 때, 계시적(revelatory)이다……. 기도와 명상은 주관적 이성과 객관적 이성의 모든 일상적인 구조를 초월한다. 그것은 존재의 신비의 현존이며 궁극적 관심의 현실화이다.[9]

틸리히에게 기도는 계시의 세 가지 표시(marks), 곧 신비(mystery), 기적(miracle), 그리고 탈아(ecstasy)를 동반한다. 첫째, 기도는 존재의 신비와 관련된다. 존재의 신비의 현존으로서의 기도는 주체와 객체 관계를 선행하는 차원에서 발생한다. 이성과 계시의 상관관계(correlation)에 할애하는 「조직신학」 제1부의 전체 맥락을 고려한다면, 기도의 발생 지점은 이성이 자기를 넘어 그 근원과 심연으로 내몰리는 지점이다. 이 지점에서 '부수어 버리는'(shattering) 효과와 '변형시키는'(transforming) 효과가 발생한다. 둘째, 기도는 기도자 안에서 '소스라치게 놀람'(astonishment) 혹은 '하나님의 현존에의 두려움'(the numinous dread)을 유발한다. 이것은 일상적인 현실의 견고한 기초가 완전히 흔들리는 느낌을 가리킨다. 셋째, 기도는 탈아적 경험이다. 탈아는 틸리히가 종교적 체험 혹은 신비적 체험을 기술할 때 즐겨 사용하는 개념으로 영적인 현존의 초월적 성격을 지시한다. 탈아적 경험으로서 기도는 인간의 영의 자기 초월을 가능하게 하는데, 여기서 자기 초월은 인간의 본질적 구조, 즉 통합된 자기를 파괴하지 않는다. 다시 말해서, 기도 중 발생하는 탈아적 체험은 인간의 이성적 구조를 파괴하는 게 아니라 그것을 넘어서 이성의 좀 더 심층적인 차원으로 이동하게 한다. 이성의 심층적 차원이란, 4세기 이집트의 독거 수도사였던 에바그리우스(Evagrius Ponticus)가 말했던 바,[10] 욕심, 근심, 잡념, 그리고 과거의 기억들이 정화되고 극복된 상태에서 드리는 순수한 사고의 활동에 비견될 수 있다. 말하자면, 탈아적 기도에서 이성 혹은 지성은 정화되어 보다 순수한 상태로 나아간다.

탈아적 기도는 도취(intoxication)와는 구분된다. 틸리히가 이해하는 도취는, '종교 중독'의 한 측면이라고 할 수 있는데, 이것은 개인적 책임과 문화적 합리성을 담보하는 영의 자기-통합적 차원과 자기-창조적 차원으로부터의 도피를 주요 요소로 삼는다. 영의 자기 통합과 자기 창조는 틸리히가 「조직신학」 제4부에서 설명하는 바, 영의 기능으로서 각각 도덕과 문화의 규정적 요소이다. 도취에는 도덕적 자기 통합과 문화적 창조성이 결여되어 있다. 그러므로 도취는 궁극적으로 파괴적이며, '공허한 주체성'(the empty subjectivity)으로 돌아가게 한다.[11] 다른 저술에서 그는 이를 두고 '마성적 탈아'(demonic ecstasy)라고 부른다.[12] 반면, 탈아적 기도는 기도자가 살아가는 객관적 세계의 다양한 풍성함을 놓치지 않는다. 그 객관적 세계가 영적인 현존의 내적인 무한성에 의해서 초월된다 하더라도 말이다. 말하자면, 탈아적 기도는 기도자로 하여금 자신이 살아가는 세계의 다층적인 면들로부터 도피하게 하는 대신 그것들을 더 깊이 인식하게 한다. 이러한 맥락에서 기도는 주변 현실을 신적인 이끄심(the direction of the divine)의 관점에서 인식하는 것이다.

> 관상하는 사람은 우주의 존재론적 구조를 인식하는데, 그것을 영적인 현존의 영향 아래 모든 존재의 근원과 목적이라는 관점에서 탈아적으로 본다. 진지하게 기도하는 사람은 자기 자신과 이웃의 상황을 인식하는데, 영적인 현존의 영향 아래에서 그리고 삶의 과정에 대한 신적인 방향이라는 관점에서 본다……. 주체와 객체의 연합이 발생하여 각각의 독립적 실존이 극복되고 새로운 일치가 창조된다. 탈아적 경험의 최고이자 가장 우주적인 실례는 기도라는 형식이다.[13]

틸리히에게 기도는 인식(awareness)이다. 그런데, 이 인식은 자기 중심성을 벗어난 인식이며, 자기라는 감옥을 벗어나 사회적 그리고 우주적으로 확대된 인식이다. 자기 초월적 인식으로서의 기도는 주체와 객체를 분리하는 대신 양자의 일치의 관점에서 사회적, 우주적 현실을 관조한다. 개인적 자기의 내면, 개인적 일상뿐만 아니라 사회-정치적 차원의 일상적 현실이 관상의 대상이 된다.

여기서, 주체와 객체의 일치의 관점이란 다름 아닌 영적 현존의 효과를 가리키는데, 위의 인용문에서 주목할 만한 것은, 틸리히는 기도를 하나님의 활동의 한 측면, 즉 하나님의 섭리에 대한 믿음이라는 맥락에서 이해한다는 것이다. 섭리적 신앙을 가진 사람은 유한성과 소외의 인간적 조건을 주술적으로 혹은 초자연적으로 변개시키는 특별한 행위를 간구하는 게 아니라 신앙의 용기를 가지고 어떤 상황도 자신의 궁극적 운명의 성취를 좌절시킬 수 없으리라고 믿는다. 그러므로 기도는 "실존의 파편을 하나님께 내어 드리는 것"이다.

> 하나님의 이끌어 가시는 창조성(God's directing creativity)은 기도, 특별히 탄원 기도와 중보 기도의 의미의 문제에 대한 대답이다……. 기도는 하나님의 이끌어 가시는 행위의 조건이지만, 하나님의 창조성의 형태는 기도의 드러난 내용(the manifest content)의 완벽한 거절일 수도 있다. 그럼에도 불구하고 그 기도는 기도의 숨겨진 내용(the hidden content), 즉 실존의 파편을 하나님께 내어 드리는 행위의 관점에 보면 하나님께서 들으신 것이다. 이 숨겨진 내용이야말로 항상 결정적이다.[14]

심리학자 프로이드가 「꿈의 해석」에서, 드러난 꿈과 드러나지 않은 꿈을 구분하면서 인간 정신의 무의식적 작용을 분석해 들어갔듯이, 틸리히는 기도를 '드러난 내용'과 '숨겨진 내용'으로 구분하면서 기도자의 표면적 언어의 발설 이전에 이뤄지는 실존의 내어 드림에 주목한다. 명상이나 관상에서만 아니라 청원 기도와 중보 기도에서조차 기도의 질(quality)을 결정하는 것은 기도의 숨겨진 내용, 곧, 기도자의 실존의 내어 드림이다. 실존의 내어 드림, 이것을 다른 말로 표현하면 믿음이다. 틸리히는 이렇게 말한다. "모든 진지한(serious) 기도는 힘을 가지는데, 이는 기도 안에 표현된 갈망의 강도 때문이 아니라 하나님의 이끄는 행위, 곧 섭리에 대한 믿음 때문이다."[15] 기도의 힘으로서의 섭리에 대한 믿음은 용기(courage), 곧 "그럼에도 불구하고"(in spite of)의 성격을 갖는다. 이에 대해 부연해 보자.

「존재의 용기」(*Courage To Be*)에서 틸리히는 루터와 개혁자들이 보여 준 확신이 하나님의 존재에 대한 믿음도, 의심과 무의미 속에서 허우적대는 고갈된 자기(the depleted self)가 소생하게 되는 가능성에 대한 신뢰도 아니라고 본다. 그에 따르면, 그들이 가졌던 확신은 하나님의 무한정성과 인간 실존의 유한성에 대한 받아들임(acceptance)이다. 무의미함과 죄의식, 그리고 죽음과 같은 비존재(nonbeing)의 위협은 여전하고, 인간의 실존은 깨어지기 쉬우나, 그럼에도 불구하고 그것들을 자신의 존재 안으로 받아들일 수 있게 되는 상태, 그것이 믿음이다. 틸리히는 이를 두고 '절대적 믿음'(the absolute faith)이라는 표현을 사용한다. 절대적 믿음은 하나님 체험의 대조적인 두 유형이라고 할 수 있는 신비적 연합(mystical union)과 인격적 교제(personal communion)를 포함하면서도 초월한다. 신비적 연합은 신비주의 전통에서 사용하는 상징적 개념으로서, 인간이 존재의 근원 되시는 하나님에게 참여(participation)하는 것이다. 신비가는 존재의 근원에의 참여를 통해서 자신의 실존적 현실 속에서도 자기를 긍정할 수 있게 된다. 반면, 인격적 교제는 주로 개신교 경건주의 전통에서 발견되는 바, 한 개별적 인간이 하나님을 인격적으로 경험하는 상태를 지시한다. 경건주의자는 하나님에 대한 인격적인 경험을 통해 인간적 연약함과 죄에도 불구하고 자신의 존재가 받아들여짐을 경험한다. 요컨대, 기도의 힘으로서의 믿음은 비존재의 위협에 처해 있는 인간 실존을 있는 그대로 받아들이면서 자기존재를 긍정하게 되는 용기이다.

그렇다면, 절대적 믿음으로 기도하게 될 때 이 기도의 대상은 어떻게 표현될 수 있을까? 틸리히에 따르면, 절대적 믿음의 대상은 '하나님 너머의 하나님'(the God above God)이다. 하나님 너머의 하나님은 틸리히의 신학 전체에서 매우 중요한 위치를 차지하는 상징적 개념인데, 이는 위디오니시우적인 하나님으로서 '말할 수 없는 어둠'이요 하나님에게 부여된 이름들, 심지어 하나님(God)이라는 이름조차 사라진 상태를 표현한다.[16] 다소 시적인 언어로 틸리히는 이렇게 말한다.

> 절대적 믿음 혹은 하나님 저편의 하나님(the God beyond God)에 사로잡힌 상태는 정신(the mind)의 다른 상태들과 별도로 나타나는 상태가 아니다……. 그것은 항상 정신의 다른 상태들 안에서, 그것들과 함께 그리고 그 아래에서의 운동이다. 그것은 인간의 가능성들의 경계 위의 상황이다. 그것은 이 경계이다……. 그것은 인간이 거할 수 있는 어떤 장소가 아니고, 언어와 개념의 안전도 없으며, 이름도, 교회도, 예배 의식도, 신학도 없다. 그러나, (절대적 믿음은) 이 모든 것들의 심연(depth)에서 움직인다. 그것은 존재의 힘(the power of being)이다.[17]

요컨대, 하나님의 섭리에 대한 믿음으로서 기도는 인간의 언어와 개념, 그리고 제도와 의식을 넘어 존재의 힘에 사로잡히게 되는 경험이요, 이 경험은 그리스도교 영성의 이른바 '무념적(apophatic) 전통'에서 상술하는 신비적 경험의 한 단면이라고 할 수 있을 것이다.

2) 기도는 마음을 하나님께로 고양하는 것

「조직신학」 제1부에서 틸리히는 기도를 "인격의 중심인 마음을 하나님께로 고양하는 것"(the elevation of the heart as the center of the personality to God)[18]이라고 정의한다. 유사한 정의가 그의 여러 설교들 속에서 발견된다. "기도는 인간이 자기 자신을 영원을 향하여 고양시키는 것을 의미합니다."[19] "우리가 고요한 감사의 상태에 있을 때에는 하나님의 현존을 인식합니다. 우리는 생명의 고양(the elevation of life)을 경험하는데, 이 생명의 고양은 감사를 표현하는 수많은 말들을 수단으로 해서 얻을 수 있는 것이 아니라 우리가 그것을 향하여 개방되어 있을 때에 발생하는 것입니다."[20] 이 표현들에서 우리가 주목하는 단어는 '고양'(the elevation)과 '마음'(the heart)이다.

먼저, 틸리히에게 고양은 기도의 신비적이고, 탈아적이며, 그리고 자기 초월적 성격을 드러내는 표현이다. 틸리히의 기도 신학에 대한 분석적 연구를 감행한 바 있는 세바스찬 파이나다스(Sebastian Painadath)는 이 용어가 성 어거스틴, 토마스 아퀴나스, 그리고 마르틴 루터에 의해서 사용된, 기도에 대한 고전적인 정의라는 점에 주목하면서 틸리히가 이 고전적인 용어를 전유하고 있다고 주장한다.[21] 파이나다스에 따르면, 고양은 세 가지 차원을 함축한다. 첫째, 고양은 은혜에 대한 수용적인(receptive) 경험이다. 왜냐하면 그것은 영적인 현존의 영향을 통해서만 가능하기 때문이다. 둘째, 고양은 또한 인간의 활동이다. 왜냐하면 영적인 현존의 영향 아래에서 인간이 자유로운 인격적 방기(self-surrender) 가운데 자신을 성령을 향하여 고양시키기 때문이다. 셋째, 고양은 신적인 것과의 초월적인 연합에 참여하는 것이다. 이 참여는 타자와의 만남으로부터 해방시키는 게 아니라 영원의 관점에서 시간에 참여하고 카이로스(kairos)의 힘 아래에서 현재의 상황을 바라보게 한다.

다음으로, 틸리히에게 마음이라는 단어는 좀 더 중요한 함의를 갖는다. 마음은 인격의 중심이다. 인격의 중심이란 인격의 무의식적인 요소를 포괄하는, 존재의 가장 심오한 근원이다. 따라서 마음이란 존재의 심층적 차원을 가리키는데, 여기에서 하나님을 향한 절절한 탄원이 흘러나온다. 그러므로 존재의 가장 깊은 곳으로서의 마음은 존재의 무한정적이고 무궁무진한 근원, 즉 하나님과 관계된다. 말하자면, 마음은 영적 식별의 주체이면서 하나님과의 연합의 장소이기도 하다.[22]

틸리히는 실존주의 철학을 다루는 소논문에서 신비주의를 "생명의 심층(depths)과의 연합을 향한 믿음의 모험"[23]이라고 정의하면서, 심층을 신비가들이나 철학자들의 자기 성찰, 기도, 그리고 관상에서 발견할 수 있는 영적인 태도 혹은 신앙생활의 특성으로 이해한다. 심층의 경험은 익숙하고 편안한 삶과 결별하고 매우 고통스러울지 모르지만 결국에는 기쁨, 희망, 그리고 진리로 가득 찬 미지의 근원(the unknown ground)으로 내려오게 한다. 종합하자면, 틸리히에게 마음은 하나님과 인간의 신비적인 만남의 장소이고, 하나님을 향하여 마음을 고양시키는 행위로서의 기도는 실재의 새로운 차원을 열어 제친다.

여기에서 틸리히가 자신의 신비적 체험에 대하여 기술한 내용을 살펴보는 일이 유용할 것이다. 제1차 세계대전에 군목으로 참전하던 중 틸리히는 휴가를 나와 베를린에 있는 프리드리히 대제 박물관에 들러 그림을 감상하다가 산드로 보티첼리(Sandro Botticelli)의 그림에 사로잡힌다. 그 그림은 "마돈나와 아기 그리고 노래하는 천사들"(Madonna and Child with Singing Angels)인데, 그는 이 그림을 보는 순간 깊은 관상으로 빠져들어, 스스로 이른 바, '계시적 탈아'(revelatory ecstasy)를 경험한다. 그는 이렇게 회상한다. "내가 한 경험에 대하여 계시적 탈아보다 더 나은 명칭을 나는 알지 못한다. 그때까지 그저 암시적으로는 알고 있었지만, 덮여 있었던 실재의 어떤 경지가 내게 확 열렸다."[24] 이 경험은 우리가 일상적 삶에서 실재를 경험하는 방식을 넘어선다. 다른 식으로는 경험될 수 없는 심층(depths)을 열어 제치는 것이다.[25] 이 같은 기술들을 살펴보면서, 우리는 틸리히가 기도를 마음의 고양으로 이해할 때, 이는 실재의 새로운 경지가 열리는 계시적 사건을 염두에 두고 있는 것임을 알 수 있다.

신적인 것을 향한 마음의 고양으로서의 기도라는 틸리히의 정의는 '헤지카즘'(hesychasm)이라고 알려진 그리스도교 영성 전통 속의 '마음의 기도'(the prayer of the heart)라는 개념에 비추어 볼 때 그 의미가 보다 확연해질 수 있을 것이다. 토마스 머튼은 「관상적 기도」(*Contemplative Prayer*)에서 초기 수도사들에게 기도는 말씀의 묵상(meditatios scripturarum)이었다고 지적하면서, 그들의 묵상은 성서 말씀을 마음으로부터 나오는 깊고 단순한 집중을 가지고 반복적으로 읽어 내면서 기억하는 것이었다고 지적한다. 이와 같은 유형의 기도는 시나이 반도와 아토스 산의 수도원들을 중심으로 창궐했던 헤지카즘적 관상 전통에서 발견되는 기도의 기술이다. 마음의 기도는 "침묵, 단순성, 관상적이고 명상적인 통일, 마음으로부터 나오는 주의력 깊고 세심한 경청에 기반한 인격적 통합"[26]을 이뤄 내는 기도이다. 마음의 기도가 요청하는 적합한 반응은 "침묵 가운데 마음을 전적으로 내어놓는 것"[27]이다. 머튼은 마음에 대해서 이렇게 설명한다.

> '마음'이라는 개념은……. 인격의 가장 깊은 심리적 근원이요, 자기-인식(self-awareness)이 분석적인 숙고를 넘어 미지의 그러나 "우리보다 더 우리 자신과 친밀한" 존재로 현존하는 심연(the Abyss)에 대한 형이상학적이고 신학적인 맞섬(confrontation)이 벌어지는 내적인 성소이다.[28]

위 인용구는 마음의 이해에 관한 한 머튼과 틸리히 사이의 유사성을 보여 준다. 둘 모두에게 마음은 인격의 가장 깊은 근원으로서 하나님과 인간 사이의 신비적 조우가 벌어지는 공간이다. 머튼은 이 장소를 내적인 성소라고 표현한다. 그런데, 특기할 만한 것은 하나님에 대한 이해에 있어서도 두 사람은 유사성을 갖고 있다. 위의 인용구에서 머튼은 하나님에 대해

"우리보다 더 우리 자신과 친밀한"이라는 형용어구를 사용하면서 하나님을 "미지의 그러나 현존하는 존재"라고 규정하는데, 이는 틸리히도 차용하고 있는 바, 하나님의 무 매개성(immediacy)에 대한 고전적인 어거스틴적 영성의 표현이다. 두 사람 사이의 신학적 연대는 1959년 9월 4일 소인이 찍힌, 틸리히에게 보낸 머튼의 편지를 통해 확인할 수 있다. "「문화의 신학」(The Theology of Culture)의 처음 몇 장을 읽었을 때 내가 얼마나 행복했는지 말하고 싶습니다. 그걸 읽으면서 나는 나 자신의 어거스틴적이고 프란치스코적인 본능이 인정받고 있다는 것을 발견합니다."[29]

틸리히의 기도에서처럼 헤지카즘의 기도에서 중요하게 여기는 것은 기도자의 태도, 곧 마음의 고양이라는 관상적 태도(contemplative attitude)이다. 관상적 태도를 통해 기도자는 하나님의 움직임, 이끄심, 그리고 초대에 대하여 단순하고도 기꺼이 열리는 자세를 증대시킨다. 기도자는 "점점 더 은혜에 대하여 순종적이고 협력적인 내어 맡김(submission)의 상태가 되어 가는데, 이것은 무엇보다도 점점 성령의 숨겨진 행위를 향하여 집중해 가면서 수용적이 되어 간다는 것을 암시한다".[30] 이것은 머튼에게 있어서 자기 초월의 한 측면인 '상호성'(mutuality)에 상응한다고 말할 수 있다.[31] 머튼은 이렇게 말한다.

> 수도원에서 이루어진 기도는 숙고(considerations)라기보다는 마음으로 돌아가(a return) 자신의 가장 깊은 중심을 발견하고 자신의 존재와 생명의 근원이 되시는 하나님의 현존 속에서 자기 존재의 심층을 일깨우는 것이다……. 기도 가운데 우리는 어떤 방법이나 체계를 찾아야 하는 게 아니라 어떤 태도와 전망(outlook)을 길러야 한다. 믿음, 개방성, 경청, 경외, 기대, 간청, 신뢰, 기쁨과 같은 것들 말이다.[32]

틸리히에게 있어서 관상적 태도는, 부차적이고 일시적이며 유한한 관심에서 궁극적인(ultimate) 관심으로 이동하는 일과 관련된다. "인간의 마음은 무한자를 추구한다. 왜냐하면, 유한자가 쉬기를 원하는 곳이 바로 거기이기 때문이다. 무한자 안에서 유한자는 자신의 실현을 목도한다."[33]

3) 관상으로 이어지는 기도

틸리히의 기도에 대한 이해와 마음의 기도의 전통과의 비교를 통해서 우리는 틸리히가 개신교 신학자임에도 불구하고 기도의 관상적 차원을 높이 평가하고 있다는 것을 알게 되었다. 이제, 그의 관상에 대한 이해를 보다 세밀하게 살펴보자. 틸리히의 관상 이해가 잘 드러나는 곳은 「조직신학」 제4부의 교회론이다. 그는 교회의 기능 중 하나인 예배를 거론하면서 예배의 세 요소로서 찬양(adoration), 기도(prayer), 그리고 관상(contemplation)을 꼽는다. 그는 로마서 8 : 26을 언급하면서 성령이 주도적으로 이끌어 가시는 "영적인 기도"(spiritual prayer)는 관상으로 이어진다고 말한다. 그에게 관상은 "주체-객체 구조를 초월하는 것에의 참여(participation)"[34]인데, 영적인 현존의 경험은 관상에서 가장 명백하다. 그런데 틸리히에게 있어서 관상은 기도의 특정한 방법이나 정도(degree)가 아니라, 기도 속에 드러나는 신비적 특질(mystical quality)이다.

> 관상 경험 속의 성령의 현존은 우리가 종종 중세 신비주의에서 발견하는 관념, 곧 마치 명상에서 관상으로의 이동에서와 같이, 관상은 정도(degrees)에 따라 접근되어야 한다는 관념과는 반대된다. 그리고 관상 자체가 신비적 연합에 이르는 다리일 수 있다는 관념과도 반대된다. 이러한 점진주의적(gradualistic) 사고는 그것이 하나님을 포위된 성처럼 여기면서 그 성벽을 타고 올라가는 사람들에 의해서 정복되는 것처럼 여기기 때문에 종교의 모호함(ambiguities)에 속한다……. 개신교 영역에서 관상은 정도가 아니라

특질(quality)이다. 곧 관상은, 기도가 우리 안에서 올바른 기도를 만들어 가시는 하나님에게 향해진다는 것을 인지하고 있는, 기도의 특질이다.[35]

틸리히의 개신교 신학자적인 면모, 좀 더 구체적으로 말하면 루터교 신학자적인 면모가 잘 드러나고 있는 위 인용구에서 그가 강조하려는 것은 다음의 세 가지이다. 첫째, 기도의 주체로서의 하나님은 수덕적 의지나 실천에 의해서 전유될 수 없는 존재이다. 하나님과의 연합 혹은 일치는 인간의 실존적 현실 속에서 오로지 파편적으로(fragmentarily), 그리고 미래적으로(anticipatorily)만 성취된다. 둘째, 칼빈주의의 성화론에서 일반적으로 나타나는 바, 점진적인 영적 성장은 인간의 수덕적인 노력에 과도한 의미를 부여하는 결과를 초래할 수 있다. 틸리히에게 성화는 오르락내리락(up-and-down)하는 과정으로, 인간 현실의 유한성을 점점 더 깊이 인식해 가는 과정이다.[36] 이런 맥락에서 보면, 하나님과의 신비적 연합은 영적 생활의 출발점이라기보다는 목적지이다. 셋째, 틸리히에게 있어서 신비주의는 종교의 본질적 요소로서 인정되지만, 동양의 신비주의나 서구의 일부 신비주의 전통에서 종종 보이는 자력구원적인 경향은 용인될 수 없다. 이를 두고 그는 「조직신학」 제3부에서 '신비주의적인 자력 구원'(mystical self-salvation)[37]이라고 부르는데, 이의 맥락은 예수님 사건은 인간의 노력이나 의지로 성취되는 것이 아니라 은혜로만 가능하다는 것이다.

그렇다면 틸리히가 이해하는 관상의 실질적 내용은 무엇인가? "종교철학의 두 유형"(The Two Types of Philosophy of Religion)이라는 유명한 글에서, 틸리히는 이렇게 말한다. "인간은 주체와 객체의 분리와 상호 작용 이전의 어떤 무조건적인 것(something unconditional)을 무매개적으로 인식한다."[38] 여기서, 인식이란 '직관', '경험', 혹은 '지식'과 같은 단어들 속에 함축된 내용과는 구별되는 것으로서, 실존적인 참여를 가리킨다. 관상은 무매개적인 인식으로 실재에 참여하는 것이다. "봄과 들음"(Seeing and

Hearing)이라는 제목이 붙은 설교에서 틸리히는 관상의 의미를 다음과 같이 풀이한다. "관상(Con-templation)은 성전(the temple) 속으로, 성스러운 것의 영역 속으로, 사물의 깊은 뿌리로 들어가는 것이요 그 창조적인 근원으로 들어가는 것입니다."[39] 이 설교에서 틸리히는 봄(seeing)의 신비적 능력에 주목하면서 봄은 연합시키는(uniting) 속성을 갖는다고 말한다. 어떤 대상을 친밀감 있게 바라보는 도중 우리는 그 대상과 연합된다. 친밀한 봄(an intimate seeing)은 사로잡는 동시에 사로잡히는 것이요, 이는 사랑으로 이뤄지는 봄이다. 요컨대, 틸리히의 기도 신학에서 관상은 주체-객체의 구조를 초월하는 존재의 근원, 즉 존재 그 자체(Being itself)에의 참여이다. 그러므로 틸리히에게 모든 기도는 자연스럽게 관상으로 이어진다. 그는 이렇게 말한다.

> 진지한(serious) 기도라면 관상의 요소로 이어져야 한다. 왜냐하면 관상 가운데 기도의 역설(the paradox of prayer)이 명백해지기 때문이다. 기도의 역설이란 기도하는 자와 기도를 받는 자 곧 성령 하나님 사이의 동일성(identity)과 비동일성(non-identity)이다……. 개신교 신비주의를 어떻게 이해할 수 있느냐는 질문이 제기된다면 나는 관상으로 변형되는 기도(prayer transforming itself into contemplation)에 대해서 지금껏 말한 것을 언급할 것이다.[40]

진지한 기도의 중요한 요소는 침묵이다. 침묵은 말없는 언어조차도 초월하는 것으로 오로지 '말할 수 없는 탄식'이며 영적인 현존 가운데 머무르는 것이다. 이 머무름 가운데 궁극적 안식과 참 자기의 감각을 발견한다. "외로움과 고독"이라는 제목을 붙인 설교에서 틸리히는 다음과 같이 호소한다.

침묵 가운데 머물면서, 언제나 고독을 갈망하고 있는 우리의 영혼이, 말할 수 없는 탄식을 하게끔 허용하는 게 더 낫습니다……. 고독의 순간 뭔가 우리에게 일어납니다. 우리 존재의 중심, 홀로 있음의 근원되는 가장 내적인 자기가 신성한 중심을 향하여 고양되고 거기에 빨려 들어가는 것입니다. 거기서 우리는 우리 자신을 잃어버리지 않으면서 안식을 취할 수 있습니다.[41]

또 다른 설교에서 틸리히는 이렇게 덧붙인다. 하나님은 "우리가 건네는 말을 알아들을 뿐만 아니라 우리의 의식적인 말들이 자라 나오는 모든 무의식적인 성향(the unconscious tendencies)도 알고 계십니다".[42] 요컨대, 기도 가운데 기도자의 가장 내적인 욕구와 욕망이 드러난다. 우리가 기도 중에 하나님에게 말한다고 생각하지만 그렇게 말을 건네는 대상은 실상 우리보다 더 우리 자신에게 가까운 존재이다. 이 존재는 기도의 대상(object)이 될 수 없다. 그는 언제나 주체(subject)이다. 그러므로 틸리히에게 기도의 주체로서의 하나님은 "나 자신과 모든 다른 이들 너머에 있어서, 내가 대화할 수 없는 존재이며, 내가 고요한 감사의 상태에 있을 때 내게 자신을 드러내는 분"[43]이다. "우리는 가장 강도 높고 빈번한 기도를 통해서라도 하나님과 우리 자신의 간극을 연결할 수 없습니다."[44]

틸리히의 기도와 관상에 대한 이상의 분석을 통해 우리는 두 가지 점을 명료화하게 된다. 첫째, 관상은 노력으로 얻어지거나 전유될 수 있는 게 아니라 하나의 선물이다. 기도자는 궁극적인 신비를 향하여 관상적 태도를 가지고 열려 있고자 노력할 뿐이다. 틸리히에게 관상은 기도의 진행된 차원을 말하는 것으로써, 거기에서 기도자는 수동적인 역할을 맡아 자신을 개방하고, 수용하며, 감사의 상태에 머물고자 한다. 대신 성령 하나님께서 기도자를 탈아적 만남으로 이끄신다.

둘째, 틸리히의 관점에서 보면, 관상 중에는 누가 누구에게 말을 건네는 식의 주체-객체의 구조가 완전히 초월되고, 관상의 대상이 되는 것은 하나의 개별자(a person)로서의 하나님이 아니라 '하나님 너머의 하나님'(the God above God)이다. 물론, 틸리히가 인격적인 하나님을 부르는 행위로서의 기도를 인정하지 않는 것은 아니다. 「조직신학」 제1부에서 그는 궁극적 관심의 실현으로서의 기도는 필연적으로 인격적 하나님이라는 상징을 포함하는 언어로 표현될 수밖에 없음을 지적한다. "인격적 하나님"(personal God)이라는 상징은 말할 나위 없이 근본적이다. 왜냐하면 실존적인 관계는 인격 대 인격의 관계이기 때문이다."[45] 그러나 동시에, 틸리히의 하나님은 하나의 개별자 혹은 존재가 아니라 존재 자체요 존재의 근원이자 심연이다. 그러므로 관상 안에서 인격적인 하나님이라는 이미지는 초월될 수밖에 없다. 이런 맥락에서, 그는 기도 속의 하나님과 인간의 관계가 인격 대 인격의 대화로 국한되는 것을 기도의 '불경화'(profinization)라고 명명하면서 경계한다. 기도의 불경화는 주체와 객체의 대립을 넘어서는 무한자로서의 하나님을 인정하지 않는 것이다. 그러므로 그의 기도 이해에 있어서 인격적 대화라는 모델은 초인격적인 신적인 임재(divine presence)의 모델에 의해서 지양된다고 말할 수 있다.

4. 이 장의 요약

이상에서 살펴본 바와 같이, 폴 틸리히는 기도의 관상적, 신비적 차원을 기도의 중심적인 역학으로 이해한다. 그에게 기도는 근원으로 돌아가려는 영적인 갈망이요 욕동이면서, 궁극적 관심을 향한 마음의 고양인데, 이는 탈아적이고 계시적인 사건으로서, 주체-객체 관계를 넘어서는 그 무엇, 곧 존재의 근원과 심연에의 참여이다. 이와 같은 틸리히의 기도 신학이 갖는 영성학적 함의는 다음과 같다.

첫째, 틸리히의 기도 신학 안에서 기도와 일상적 삶이 연결된다. 틸리히의 기도 신학에 따르면, 기도자는 기도를 통하여 자신의 심층적 차원과 실존적인 주변 현실에 대한 참여적 인식에 이르고, 이 과정 중에 하나님의 섭리에 대한 믿음으로 죄의식, 무의미, 혹은 죽음과 같은 비존재의 위협을 극복해 나간다. 이러한 면에서, 틸리히의 기도 신학은 유한한 실존 속에서 존재를 긍정하며 살아가는 삶의 기술(art)이자 삶의 실제적 지침(guideline)의 기능을 갖는다고 볼 수 있다. 요컨대, 건강한 기도 신학의 한 모형으로서 틸리히의 기도 이해는 영적 실천으로서의 기도 그리고 기도의 실존적 토대로서의 일상적 삶을 매개한다.

둘째, 틸리히의 기도 신학은 개신교 영성 신학의 구성을 위한 단초를 제공한다. 2장에서 살펴본 것처럼, 틸리히는 그리스도교 전통 속의 신비주의를 개신교의 예언자적-종말론적 비판과 상관(correlation)시키면서 이 양자의 통합적 역학을 바람직한 신학의 원리로 여긴다. 그리고 이 원리를 바탕으로 삼으면서 기도를 계시, 하나님의 섭리-창조적 행위, 영적인 현존과 같은 그의 신학의 주요 개념들의 의미 연관 속에서 설명함으로써 개신교적인 영성 신학이 어떤 면모를 가질 수 있는지에 대한 단초를 제공한다.

셋째, 틸리히의 기도 신학은 그리스도교 영성 전통 속에서 발전되어 온 기도의 방법적 원리가 될 수 있다. 물론, 틸리히의 저술 속에서 기도의 구체적인 방법에 대한 언급을 찾기는 어렵다. 그리고 그의 개신교 신학자로서의 충실성이 그로 하여금 기도의 구체적인 방법에 대한 강조로부터 발생할지 모르는 '신비주의적 자력 구원'의 두려움을 만들어 낸 것도 사실이다. 그러나 그의 기도 이해를 그리스도교 영성 전통 속에서 발전되어 온 다양한 기도법들에 대한 방법적 원리로 활용할 수 있는 여지는 많아 보인다. 틸리히의 기도에 대한 정의적 표현을 다룬 3장에서 살펴본 것처럼, 궁극적인 관심 혹은 존재의 근거와 심연인 하나님을 향한 마음의 고양으로서의 기도는 토마스 머튼이 이해하는 관상적 기도와 헤지카즘적 기도의 원리와 상통한다. 따라서 이를테면 머튼의 기도의 원리를 공유하면서 하나의 기도법으로 발전된 향심기도(centering prayer)에 대한 신학적 원리와 기초를 제시하는 데 틸리히의 기도 신학을 활용할 수 있을 것이다.[46] 또한 틸리히가 상드로 보티첼리의 그림을 응시하면서 계시적 탈아의 체험을 했던 것과, 그 경험을 기초로 그가 '봄'(seeing)의 신비적, 연합적(uniting) 성격을 기도와 관련시키는 점을 상기하면서 로욜라의 이냐시오가 발전시킨 복음 관상(Gospel contemplation)과의 연결점을 찾아보는 것도 흥미로운 작업이 될 것이다.

Ⅲ부

영성에 대한 교회사적 이해

사막 수도자들의 영성에 관한 사회학적 고찰 : 21세기 한국 교회를 위한 전략적 요소[1)]

조성호(서울신학대학교, 기독교 리더십)

1. 사막 수도자들과 한국 교회

과학과 기술의 발달을 매 순간 체감할 수 있는 2016년, 시간의 간격조차 가늠하기 어려운 초기 사막 수도자들의 영성 연구가 신학적으로 무슨 가치를 지닐 수 있을까? 이런 주제는 현대 사회와 교회, 성도들과는 무관한 학자들만을 위한 고리타분한 연구 주제는 아닐까? 시시각각 급변하는 오늘날 정세를 고려할 때, 새로운 영역을 발굴하고 융합하는 방식이 교회와 신학의 발전을 위해 더 시급한 미래 지향적 사안이 아닐까? 이런 질문들은 실천신학 차원에서 매우 정당하며, 본 연구의 정합성을 확보하기 위해서 반드시 짚고 넘어가야 할 논제들이다. 특히 실천신학의 지향점이 현재 신앙 공동체의 위기를 극복하는 미래 지향적 대응 방안을 필연적으로 포함한다는 점에서[2)] 위의 질문들에 대한 응답은 매우 필요한 과정이다.

위와 같은 질문에 답하기 위해, 본 연구는 사막 수도자들이 추구했던 영성의 사회학적 의미를 현대 교회가 체험 중인 상황들과 연계한 후,[3)] 이를 통해 실제적 대응 방안의 기초로 삼는 통전적인 접근을 시도했다. 이런 구조적 접근이 결여된 영성 연구는 파편화된 지식이나 현학적 이론에 제한되어 소수 전문가 집단과만 관련성을 지니기 때문이다.[4] 그런 차원에서 사막 수도자들의 영성에 관한 본 연구는 평면적 서술과 개념 정리를 탈피하여 당시 시대 정황에 대한 분석과 사회학적 판단, 다양한 파급 효과들을 살피는 방향으로 진행되었으며,[5] 그런 과정을 21세기 교회가 직면하고 있는 사회적 정황과 연결될 수 있는 가능성 탐색으로 연결하였다.

이런 연계 작업은 한국 교회가 직면한 모든 위기를 완전히 일소할 수 있다는 과욕을 뜻하지 않는다. 다만 늘 개혁을 도모해야 할 교회 본연의 사명을 실천신학 차원에서 전개하려는 의지와 그 과정에서 기억해야 할 역사적 교훈에 대한 탐구 의지를 반영한다. 이를 통해 본 연구는 영성에 대한 수많은 연구들이 쏟아지는 세태 속에서 조명을 받는 데 인색했던 사막 수도자들의 사회학적 의미와 가치가 지나치게 기업화된 교회에 영적인 자극제가 되기를 희망한다.

2. 수도 생활

1) 연구 방법

수도 생활은 그리스도교 역사에만 존재하는 고유한 현상이 아니다. 그리스도교 이전의 많은 종교와 철학 사상에서 다양한 모습으로 전개되었고, 역사적 기원 역시 그리스도교의 그것보다 훨씬 오래된 경우도 많다.[6] 따라서 그리스도교 수도 생활을 고유한 현상으로 한정하는 것은 부당하며, 그리스도교 수도 생활에 영향을 끼친 여러 선재 요소들의 존재 역시 마땅히 긍정해야 한다.[7] 하지만 수도 생활의 보편성을 긍정한다는 의미가 그리스도교 수도 생활의 고유한 특성이 전무함을 뜻하지는 않는다. 그리스도교 공동체가 경험한 특수한 역사적 정황과 그에 대한 창조적 반응은 그리스도교 수도 생활만의 특별한 요소를 구성하기 때문이다.[8] 이런 사실들은 그리스도교 수도 생활을 탐구하는 방법이 수도의 형태나 훈련의 모습 등과 같은 보편적 외부 표현 방식보다는 그리스도교 공동체의 고유한 사회적, 역사적 맥락 분석으로부터 출발해야 할 이유를 보여 준다.[9] 특정한 역사적 맥락에서의 그리스도교 공동체의 반응이 수도 생활의 생성 동기와 발전 원인, 파급 효과 등을 파악하는 통전적인 안목을 제시하기 때문이다.

물론 궁극적 접촉의 대상인 신성(神性) 자체의 차별적 속성을 구별하는 작업도 영성 연구의 필수 과정이다. 하지만 초월적인 신성과 그 신성의 임재와의 신비 체험은 객관적인 연구의 범위를 벗어난다. 아무리 근접한 용어와 개념으로 접근할지라도, 신비 체험 자체의 본질을 설명할 수 없으며,[10] 명칭 자체가 암시하듯이 신비 체험은 인간의 언어와 개념의 표현 범위를 넘어설 때 비로소 그 의미를 획득하기 때문이다. 이처럼 신비 체험의 핵심 가치는 외부의 어떤 비교 대상과도 동등한 기준에 의해 적용되기 어려운[11] 까닭에 본 연구가 지향하는 수도 생활 탐구 방식은 주관적이고 심미적인 체험 대신 역사적 흐름 속에서 발견되는 사회적 기능과 파급 효과 등을 병행 연구하는 형태를 지향한다.

2) 그리스도교 수도 생활의 신학적 정합성

이슬람에서는 공식적으로 어떤 형태의 수도 생활도 인정하지 않지만, 독거하며 고행을 훈련한 금욕주의자들은 초기부터 다수 존재했다.[12] 이런 경우 그들의 삶을 수도 생활로 분류해야 할지 아니면 수도 생활 요소를 띤 또 다른 유형의 삶으로 보아야 할지의 여부가 불분명하다. 이런 차원에서 우선 수도 생활의 삶을 규정하는 일반 요소들을 정리할 필요가 있다. 허성석은 수도 생활에 포함될 수 있는 요소를 세상에서의 분리, 금욕적 훈련, 신비적 갈망으로 구분하면서, 현실적이고 감각적인 대상을 초월하여 영적 목표를 지니는 삶의 한 양식이라고 수도 생활을 정의했다.[13] 여기에 부가하여, 그리스도교 수도 생활은 차별적 요건을 지니는데 바로 그리스도의 부름에 응답하고 그의 가르침과 삶을 따르는 것이다.[14] 따라서 그리스도교 수도 생활은 수도 생활의 보편적 특성과 더불어 예수 그리스도를 따르려고 했던 의지가 구체적으로 실현된 초기 교회의 특수한 역사로부터 연구가 진행되어야 할 실천신학적 개연성을 지닌다.[15]

초기 교회는 급변한 사회와 문화로부터 야기된 수많은 질문과 도전에 직면했고, 그런 상황에 응답했던 가시적 대안이 수도 생활이었다.[16] 즉, 수도 생활은 활력을 상실하고 교권주의로 변질된 교회의 모습을 암묵적으로 비판함으로써, 교회가 세속화 과정으로부터 본래 궤도로 복귀할 것을 촉구하는 항의를 상징했다.[17] 따라서 교회와 깊은 연관성을 맺고 있는 그리스도교 수도 생활의 역사적 기원과 사회적 배경, 영적 이상 등을 연구하고, 이를 현대 교회가 직면한 다양한 문제들에 적용하는 방식은 그리스도교 영성은 물론 실천신학적 차원에서도 높은 정당성을 지닌다. 오히려 그런 논리적 개연성이 결여된다면, 현대 교회의 정체성 및 영적 개혁을 위한 전략적 방안으로의 발전 가능성은 매우 희박하다.[18]

한 가지 주목할 반론은 실천신학의 과제로서 진행되는 수도 생활 연구가 모든 이들에게 환영받는 논지가 아니라는 점이다. 예를 들어 기본(Edward Gibbon)은 수도 생활의 등장이 지성을 파괴하고, 철학과 과학 대신 미신을 확산시켰다고 맹렬히 비난한다.[19] 이런 이들에게 기괴한 이적과 기사들이 가득한 수도자들의 삶과 담화들은 과거의 시대적 정황을 객관적으로 서술할 수 없는 괴담일 뿐이다. 하지만 미신, 이사와 기적이라는 이유 때문에 수도자들과 관련된 사회적 차원을 부정할 필요는 없다. 비록 수도자들의 삶을 기록한 저술들이 엄밀한 의미에서의 역사 기록물(historiography)이 아니지만, 당시 사람들이 공유한 역사적, 사회적 세계의 탐구 가능성을 간접적으로 제공함으로써,[20] 특정한 시대의 사람들이 공유했던 상식과 사회 구조, 시대 정신 등을 종합적으로 반영하기 때문이다.[21]

3) 그리스도교 수도 생활의 배경

아타나시우스(Athanasius)를 통해 대중들에게 알려진 안토니(Anthony)의 일생은 구원의 여정을 향한 당시 그리스도인들의 열망을 반영하는 동시에 그런 그리스도교적 구원이 지니는 개인의 정체성, 이웃에 대한 섬김의 책임, 인간의 유한성에 대한 긍정과 그를 극복하기 위한 무한성에 대한 영성 등을 상징적으로 묘사한다.[22] 저자의 저술 동기와 당시 사회의 분위기 등을 고려할 때, 안토니의 모습은 고대 그리스 사회의 이상적 인간론과 참 그리스도인의 이상적 모습 등이 결합된 형태인 것으로 추측된다.

이런 사실은 사막에서 귀신들과 다양한 경험을 겪은 일화들과, 격리된 생활 중에도 사람들의 고민에 적극적으로 응답한 안토니의 모습에서 잘 드러난다.[23] 이는 아리우스(Arius)와 달리 구원에 관한 하나님의 주도권과 인간의 수동적 태도를 강조했던 아타나시우스가 자신의 신학적 입장을 안토니를 통해 적극적으로 표현한 것으로 보인다.[24] 물론 아타나시우스가 자신의 목적을 위해 안토니를 이용했다는 후대의 비판이 있지만, 안토니를 통해 제시된 영성의 의미와 가치에 당시 대중들이 공감대를 느꼈을 개연성 자체가 훼손되지는 않는다. 안토니가 지닌 사회적 파급력이 강할수록 그의 명성을 통해 자기 주장의 정당성을 확대하려는 욕구 역시 자연스럽게 강화되었을 가능성이 높기 때문이다.

사막 수도자들의 영성 훈련이 지닌 사회학적 차원은 비단 안토니에 국한되지 않는다. 왕실 의전관 라우수스(Lausus)에게 헌정하기 위한 팔라디우스(Palladius)의 저술은 박해가 끝난 직후, 금욕적인 고행에 열광했던 당시 성도들의 실제적인 반응을 반영한다.[25] 고대 저술에서는 보기 드물게 직접 탐문 형식으로 기록된 이 저술은 여러 지역에 분포되었던 수도자들의 다양한 생활 방식을 소개함으로써 영성을 삶의 방향과 태도를 결정하는 원리로 이해했던 흔적을 보여 준다. 또한 한 가지의 특정한 방식만이 다른 모든 영성 생활의 근본 원리로 고착되는 것을 경계한 내용을 제시함으로써, 독서, 대화, 체험을 포괄하는 통전적인 방법론을 통해 그리스도교 영성이 지녀야 할 방법론적 다양성과 궁극적인 방향의 조화를 암시한다.[26] 결국 팔라디우스의 저술 역시 개인적인 영적 상승과 그것의 공동체적 함의를 통해 수도 생활의 형성과 전파 과정에 담긴 사회적 의미들을 파악할 수 있는 유용한 도구들로 기능한다.[27]

4) 그리스도교 수도 생활의 사회학적 의미[28]

(1) 금욕적 삶

금욕은 본래 손으로 만든 어떤 대상을 완성하거나 훈련을 통해 육신을 연마하는 개념으로부터 출발했으며 이후에 이상적이고 모범적인 인간을 뜻하는 모든 노력으로 그 범위가 확대되었다.[29] 이 과정에서 철학적 이원론과 결합하면서 인간의 운명을 넘어 자연의 운행 원리와 일치하는 실제적 수단으로 변모하기 시작했고, 철학적 깊이를 증명하는 가장 효율적 방식으로 그 중요성이 강화되었다.[30] 더욱이 종교의 가치를 판단하는 잣대로 금욕이 활용되면서 모든 종교들은 경쟁적으로 금욕적 성향을 띠게 되었으며, 그리스도교 역시 자신들이 참된 종교라는 표식으로 독신과 같은 금욕적 모습을 수용하였다.

이런 모습은 사회적으로 열등한 지위에 있었던 여성들의 신앙 생활 유형에서 분명하게 확인된다. 그리스-로마 사회에서는 현세의 삶을 내세에 획득할 상급의 조건으로 생각하는 단계적 윤리 경향성이 강했는데, 열등한 지위에 놓인 여성들은 자기 신앙의 궁극적인 실현 수단으로써 금욕을 더욱 적극적으로 수용했다. 로마 제국의 핍박을 받던 상황에서 남성들은 자신들의 지도력을 합법적으로 인정받는 수단으로 순교와 같은 극단적인 선택을 수용할 수 있었지만, 교회 내부에서의 종속적 지위 때문에 독립적으로 결정할 수 있는 방안이 현저히 부족했던 여성들은 신앙 투영을 위한 효율적인 대안으로 독신을 선택했기 때문이다.[31]

또한 금욕적 삶에는 종말론적 세계관과 같은 여러 배경 요소들 역시 복합적으로 포함된다. 마태복음이나 요한계시록과 같은 성서 내부의 자료들이나 「디다케」와 같은 저술들은 중간 상태에서의 긴장감 넘치는 삶을 잘 묘사하고 있으며,[32] 이는 세상의 종말을 대망했던 세계관이 금욕적 삶의 동기로 작용했을 개연성을 강하게 암시한다. 결국 여러 금욕 생활의 형태와 순교에 대한 열망은 그리스도를 모방하는 삶을 영성의 본질로 보았던 초대 교회 성도들에게 영성의 구성 원리였던 셈이다.

뿐만 아니라 종말론적 세계관에 기초한 금욕적 삶은 경제적 불평등 해결과 공동체 구성원 모두의 행복 성취를 위한 현실적인 대안으로서의 의미도 지닌다. 예레미야스(Joachim Jeremias)에 의하면, 예수님 생존 당시부터 만연했던 상인과 제사장 계층의 사치 풍조와 로마 제국과 연관된 과도한 세금은 일반 대중들의 경제 상황에 매우 심각한 위기를 야기했고,[33] 사회적 불평등과 계층 갈등, 지배와 피지배의 구조적 모순, 민중의 불만과 적대감 등이 매우 고조된 상태였다. 그런 상황에서 안토니에 의한 재산 분배는 단순히 개인의 우발적인 선행일 뿐 아니라, 사회-경제적 불평등에 저항하는 사회적 정서와 수도 생활의 밀접한 연계 가능성을 보여 준다.

즉, 수도 생활 태동은 초월적이고 형이상학적인 세상으로의 이탈을 꿈꾸는 종교적 동기뿐 아니라, 현실 세계의 경제적 평등을 구현하는 사회적 기능 역시 작용했음을 암시한다.

수도 생활이 공동체 형태로 전환되는 과정에서 노동을 수도 방식으로 채택한 원인이 수도자들의 생계와 건강 때문만이 아니라는 점도 이를 뒷받침한다. 노동은 새로운 부락과 도시 형성, 산업 구조와 생산 품목 갱신 등의 경제 효과를 창출함으로써, 영적인 차원과 감각적 현상 세계를 하나의 연장선상에서 파악했던 흔적을 묘사하기 때문이다.[34] 이처럼 종말론적 세계관에 근거한 금욕적 삶의 구체적 모습들은 수도 생활의 종교심리학적 동기가 사회의 구체적 맥락과의 밀접한 연관성 속에서 생성되었음을 반영하는 중요 자료로서,[35] 그리스도교회의 금욕적 삶의 유형이 지니는 사회적 의미와의 상호 관계성을 잘 보여 준다.

(2) 고독과 분리

수도자들의 이상을 성취하기 위해 사회적 격리와 결별을 선택한 사실이 수도자 자신만을 위한 이기적인 발상 또는 세상과 분리되려는 이분법적 사고라는 부정적인 평가가 존재한다.[36] 하지만 그리스도교 수도 생활이 신학적 고찰과 탐구의 결과가 아니라 예수 그리스도를 따르는 이들의 구체적인 삶을 통해 생성된 점을 주목할 필요가 있다.[37] 이 사실은 초기 그리스도인들 자신의 존재 의미와 교회의 정체성, 구체적인 삶의 방식에 대한 실존적인 고민이 영성의 발생 동기라는 점을 암시하기 때문이다. 이들에게는 사도행전에 기록된 최초 교회의 원형에 대한 향수가 짙게 깔려 있었고[38] 황제와 결탁하여 제도적인 권력 기구로 변질된 교회에 대한 강한 반발과 실망이 만연했다. 따라서 최초의 그리스도교 수도자들은 세상에서 감당해야 할 책임들을 회피하는 이기적 목적으로 수도 생활을 활용한 것이 아니라, 새로운 형태의 투쟁을 통해 신자의 현실적 책임을 완수하려는

욕구를 드러냈다고 보는 편이 타당하다.[39]

수도자들의 고독한 삶의 목적이 이기적 욕망이나 분리주의가 아니라는 점은 그들이 독거 생활을 하면서 계속 이동하는 순례의 삶을 살았던 모습에서도 확인된다. 이런 유형은 거룩한 삶으로의 여정을 뜻했으며, 수도 생활이 이기적 목표에 의해 운용되지 않았음을 증명하는 매개로 작용했다.[40] 아울러 시간의 흐름에 따라, 수도 생활이 독거 생활의 형태뿐 아니라 반-독거 생활과 공주 형태로 발전한 사실도 이기적 목적의 구현이라는 비판을 방어할 수 있는 근거이다. 초기 수도 생활의 형태였던 독수도 또는 은둔 수도를 뜻하는 'anchorite'나 혼자 거처하는 사람을 뜻하는 'monachos'와 달리, 공동체 내부에서 홀로 거했던 'cenobite'로의 변화는 수도 생활이 독거 생활의 형태에 머물러 있지 않고 순종과 사랑을 실천하는 모습으로 변모했음을 반증하기 때문이다.[41] 베네딕트(Benedict)는 이런 사정을 자신의 "규칙서" 서두에서 언급하는데, 수도원 안에 살며 규칙과 장상의 가르침을 따르는 '회수도자'(coenobitarum)와 수도원에서 훈련을 받고 광야에서 홀로 악습과 맞서는 '독수도자'(anachoritarum)들을 긍정적으로 묘사한 반면, '공동체로부터 분리된 자'를 뜻하는 'sarabitarum'과 '떠돌이 수도자'를 통칭하는 'girovagum'을 매우 부정적으로 규정한다.[42] 즉, 베네딕트는 공동 생활을 통해 독거 수도 생활의 약점을 보완하는 방법을 긍정적으로 해석함으로써, '치유의 학교'로서의 수도 생활이 결코 이기적 욕망에 의해 통제되어서는 안 된다는 점을 강조한 것이다.[43]

이는 다수 그리스도인들에게 영적인 고결함이나 정당성을 획득하는 기준이 독거와 공동 생활로 양분된 거주 형태 자체에 있는 것이 아니라, 긍정적인 결실에 있었음을 의미한다. 따라서 수도 생활은 사회적 효과가 공인되었을 때 그 가치가 상승했음을 알 수 있으며, 수도 생활이 추구했던 고독과 분리는 세상과의 절연을 통한 이기적인 욕구 충족이 아니라 더 깊은 차원의 사회적 책임 성취를 위한 훈련 공간으로 활용되었다는 잠정 결론을 내릴 수 있다.

(3) 섬김과 봉사

금욕적 삶 그리고 고독과 분리를 통한 집중적인 영성 훈련 과정은 수도자 자신들만의 영혼 구원과 영성 성숙을 위해서 배타적으로 존재하지 않고, 그리스도의 섬김과 봉사를 실천으로 구현하기 위한 일종의 통과의례였다.[44] 그 모습은 안토니가 수도 생활에 귀의하고자 한 결정 직후 마태복음 19 : 21을 행동으로 옮긴 결과로부터도 확인된다.[45] 물론 이런 재산 분배의 기준과 대상은 불분명하지만, 수도 생활로의 결단이 재산 분배와 직결된 점은 그리스도교 수도 생활이 지향했던 근본적인 방향을 암시한다. 또한 안토니가 수도 생활의 일환으로 손노동을 하면서 수익의 일부를 궁핍한 자들을 위해 사용한 점도 깊은 고독의 체험이 가난한 자들을 위한 진실한 섬김과 연관되었음을 증명한다.[46]

팔라디우스 역시 금욕적 삶을 추구하기 위한 절제를 수도 생활의 가치로 강조했지만, 그런 금욕적 삶이 사랑으로 역사하는 믿음에 근거할 때에만 비로소 효력을 발휘할 수 있음을 잊지 않았다.[47] 이것은 금욕적 삶과 영성 훈련을 위한 고행이 철저히 수단으로서의 가치를 지니며, 수도자들의 궁극적인 목표는 오직 하나님과 이웃이었음을 뜻한다. 많은 사막의 수도자들은 엄격한 고독과 훈련 중에도 방문객이 찾아오면 자신의 금욕 생활을 중단하고 그들을 극진히 환대하며[48] 초자연적 기적을 통해 어려움에 처한 이들을 적극적으로 섬김으로써,[49] 그들의 생활 방식의 적합성을 검증하는 기준이 사랑이었음을 보여 주었다.

이런 타자 지향적 삶은 쉬운 일이 아니다. 나우웬(Henry J. M. Nouwen)의 말처럼 섬김의 행위들조차 대부분 보상 심리에 근거한 세속화의 과정에 몰입되기 때문이다.[50] 결국 타자를 온전히 지향하는 섬김의 정신은 구체적 대상에 따라 반응하는 자기중심적 태도를 탈피하여, 타인을 있는 그대로 존경하고 신뢰하는 심리와 행동을 뜻한다. 반대로 자기중심적 특성은 타인에 대한 불신을 반영할 뿐 아니라 자기 자신의 정체성에 대한 두려움과 불안을 동반한다.[51] 따라서 타자 지향적 섬김과 봉사를 실천하지 못하는 수도 생활은 근본적으로 타인은 물론 내면의 자기와도 화합하지 못하는 인간관계의 총체적인 파괴이다. 그런 차원에서 그리스도교 영성이 존재(being)와 과정(becoming)이라는 전제 아래, 네 가지 사랑의 관계성(하나님-나, 나-사람들, 나-나, 나-모든 창조물)의 상호 작용이라고 서술한 홀트(Bradley P. Holt)의 주장은 설득력을 지닌다.[52]

결국 신경을 분산시키는 모든 구조들로부터 이탈하여 오직 하나님에게만 집중하려는 수도 생활의 극단적인 모습은 배타적인 종교적 광신이 아니다. 수도 생활 본연의 정신과 이상은 금욕으로 형상화되는 외적 삶과 고독을 통한 영적 지향, 그리고 성취된 영적 지향을 실제적으로 적용하는 섬김과 봉사의 결합된 모습을 통해서 완성되기 때문이다. 하나님과의 진실한 관계로 회복된 영혼은 인간의 본래 모습을 찾고 자신을 둘러싼 주위의 모든 사람들과 창조 세계와 사랑과 평화의 관계를 누릴 수 있으며, 수도 생활의 타락은 이 원리를 준수하는 데 실패한 오류와 세속적, 정치적 목적이 만연할 때 탄생한다.

5) 그리스도교 수도 생활과 현대 교회

그리스도교 수도 생활을 정형화된 특정 모습으로 고착시킨다면, 삶의 환경 자체가 확연히 다른 현대인들에게는 적용이 불가능하다. 따라서 수도 생활을 접하는 오늘날에는 수도 생활로부터 발견할 수 있는 여러 영성의 요소들에 집중함으로써 입체적인 삶의 역동성을 불어넣는 방법론을 선택함이 적절하다.[53] 또한 수도 생활을 통한 영성을 올바로 이해하기 위해,

종교 기관의 생존을 결정하는 중요한 원리로 자리 잡은 자본주의 시장 경쟁 체제의 특징을 직시하고[54] 급변한 사회 구성 원리와 교통과 통신, 주거 방식의 변화 등을 주의 깊게 다루어야 한다. 교회를 포함한 종교 기관의 존재 방식 변화도 면밀하게 분석해야 하고 수도 생활 자체가 그리스도교 역사에서 어떻게 진행되었는지도 기억해야 한다. 이런 측면들은 그리스도교 영성과 수도 생활이 실체가 아닌 기능과 역할 측면에서 탐구되어야 할 원인으로 작용한다.

(1) 사회와 종교의 변화

20세기에 들어오면서 사람들은 전통적이고 획일적인 중앙 집권 형태의 사회 구조와 보편적인 인간론 대신, 사회 구조와 특성의 창출에 대한 개인의 자유로운 권리를 깨닫기 시작했다. 사회 구성 과정에 적용되는 각 개인의 주체적 권리를 인식한 결과, 현대 사회의 개인들은 개인과 사회 사이에 존재하는 다양한 상호 영향 역시 파악할 수 있었고 그것을 인위적으로 조정, 운용할 수 있는 단계에까지 발전했다.[55] 자신의 운명과 소속 사회의 운용 주체로 부상한 사람들은 인류의 존재와 사유 방식에도 이전과 다른 변화를 주었으며, 그와 같은 변화는 자연스럽게 사회 구성원들의 역할과 정체성 형성에도 영향을 미치게 되었다. 과학과 기술 문명의 발전은 이런 사회 인식의 변화에 더 큰 희망을 제공했고, 사회는 인간의 꿈을 실현하는 긍정적인 공간이라는 기대감이 커져 갔다.

하지만 사회와의 관계성에 대한 사람들의 복잡한 변화 과정은 각 개인의 삶과 관련된 다양한 부분들에 강화된 주체적 권한을 부여할 것이라는 긍정적 기대 대신, 소외된 개인의 양산과 인간 생존의 의미 상실, 인생의 방향 설정 상실이라는 부정적 효과를 대량으로 생성했다. 인간은 선택에 의해 사회적 존재로서의 운명을 살아가는 것처럼 보이지만, 그것은 표면에 비친 이미지일 뿐 실상 사회적 동물이기 때문에 인간으로서의 지위를 획득하는 종속된 지위에 전락하게 되었다. 점차 명백해지는 사회적 양극화와 계층 구조는 잠재적으로 현존하던 종속과 소외를 현실로 받아들이도록 강요하는 기제로 작용했고, 깊은 상실과 불안에 빠진 사람들은 공동체 의식을 잃고 각자 단절과 무관심을 당연한 일상으로 받아들이는 암울하고 비극적인 세상을 대면하고 있다.

사회와 개별 존재로서의 인간 사이에 존재하는 구심력 약화는 종교에도 큰 영향을 미쳤다. 종교는 일반적으로 특정한 공간과 시간을 선별함으로써 무질서와 공허에 대한 두려움을 극복하고 안전을 보장받는 심리적 피난처를 제공했다.[56] 하지만 20세기 후반부터 종교는 심리적 안정과 우주적 질서에 대한 확신을 유지하는 매개로서의 기능 대신, 세속적이고 사회적인 개념과 용어로 재해석된 역할을 통해 상실과 소외로 고통당하는 현대인들을 위로하는 역할을 수행하기 시작했다.[57] 세속 사회와 교회에게 익숙하던 과거의 배타적인 경계와 이분법적 관계는 새롭게 정의된 협력과 융합의 모습으로 변모되었고, 유기적인 연합의 모습을 통해 현대인들의 영혼을 치유하는 방향성을 지향하고 있다. 교단 또는 교회라는 구심적 집단의 위상은 축소되고, 상처 받은 개인들의 치유를 위한 방식이 더 중요하게 간주되었다.

그리스도교회의 근간을 구성하는 신앙과 영성 그리고 구원, 복음, 선교, 전도 등의 중요 주제들에 대한 성찰 방식 역시 범위와 형식에 있어서 새로운 시대적 요청에 직면하였다. 그리스도교는 언제나 예수님의 재림에 대한 소망에 근거하여 현재와 미래 모두에 민감한 자세를 지닐 것을 구성원들에게 가르쳐 왔다.[58] 하지만 그런 핵심 가치를 전달, 적용하는 방식에는 큰 변화가 나타났다. 모든 사회 구성원들이 태어나는 순간부터 그리스도교 공동체에 자동적으로 소속되며 거의 유사한 예전과 교리, 신학적 가르침을 공유하던 정적인 사회는 막을 내렸다. 현대 사회의 구성원들은 많은 종교들의 현존을 긍정하는 다양성을 경험하고 있으며, 부모의 결정을 일방적으로 수용하는 수동적인 태도 역시 유효하지 않게 되었다. 젊은 세대로 갈수록 신앙과 관련한 결정에 주관적인 판단이 가장 중요한 기준으로 작용하면서, 구심점으로 작용하던 특정한 신앙 공동체에 대한 소속감이 약화되었다. 사람들의 심리적 안정감은 약화되었고 인생의 중심을 잡아 줄 구심점의 상실 때문에 사람들은 심리적 어려움에 빠지게 되었다.

종교사회학자인 우스나우(Robert Wuthnow)는 이런 현상을 교회의 정체성과 사명에 대한 위기라는 용어로 설명한다.[59] 문화적 다양성, 교단에 대한 전통적 소속감 및 충성심 약화로 촉발된 구심점 상실, 세계화된 생활 지평 등은 그리스도교회의 구체적인 정체성과 역할, 존재 이유와 방식에 대한 질문을 야기했고, 교회가 공동체로 존재하는 의미를 성취할 수 있는지에 대한 의구심으로 연결되었다.[60] 이와 같은 근본적인 질문들은 필연적으로 교회가 추구해 온 삶의 기준과 존재 방식, 신념과 활동 방법 등에 대한 추가적인 혼돈을 야기하였다. 다원화된 사회 속에서 전통적인 가치들이 더 이상 과거와 같은 효력을 발휘하지 못하는 가운데 교회는 옳고 그름을 판별하는 규범 설정에 난항을 겪고 있으며, 성서와 전통을 기반으로 형성된 신학적 교리와 예전, 영성 역시 새로운 기준 형성에 난항을 겪고 있다.

한국 교회 역시 예외가 아니다. 현대 사회에 들어오면서 한국 교회는 이기적 개인주의, 도피적 타계주의, 권위적 계율주의, 참여적 행동주의 등의 특성을 보이고 있다.[61] 이기적인 개인주의와 도피적 타계주의는 사회 문제에 대한 관심과 행동을 저해하는 결정적 요소로 작용하면서 교회의 역할과 기능을 매우 협소한 부분으로 축소시켰다. 더욱이 세속적인 정치적 성향에 근거한 교권주의의 만연은 특히 젊은 계층에서 교회와 교인들에 대한 불신을 걷잡을 수 없이 악화시켰다.[62] 이런 급박한 상황의 변화에도 불구하고, 교권주의에 빠져 여전히 과거의 관습을 답습하는 고루한 교회와 성직자들은 사람들에게 비난과 무관심의 대상으로 전락하였고, 사람들은 영성이라는 주제를 통해 성직자와 종교 기관이 의도적으로 배제된 신성과의 접촉을 추구하는 등 방법론적인 혁신을 탐구하고 있다.

교회와 연관된 현대 사회의 역사적 맥락은 사막 수도자들의 등장 시기를 연상시킨다. 그리스도교 신학과 목회 방식, 교회의 정체성과 성도가 추구해야 할 올바른 삶의 가치 등이 혼돈에 빠져 여러 이단들과 왜곡된 신학적 주장들이 난무했던 모습은 수도자들이 광야로 나가 진지하고 깊은 영적 생활에 집중하도록 유도하는 심리적 동기를 유발했기 때문이다. 오늘날 많은 이들이 교회라는 종교적 집단의 필요성에는 부정적이지만, 초월적인 신성과의 접촉을 통해 삶의 공허함을 극복하고 새로운 인생의 의미를 얻으려는 시도가 확산되는 현상 역시 교회에 대한 반발과 저항의 결과로 등장했던 수도 생활을 연상시키는 또 다른 사례이다.

(2) 사막 수도자들의 현대적 적용

교회 본연의 가치와 목적 상실 그리고 교회 밖의 세상에서 벌어지는 급격하고 다양한 변화는 교회를 정해진 울타리 내부에서 존재하는 집단으로 파악하던 전통적인 방식을 더 이상 용인하지 않는다. 이런 측면을 종합적으로 고려할 때, 사막 수도자들로부터 찾을 수 있는 교훈들은 근본적인 치유책의 일환으로 활용될 수 있다.

우선 수도자들의 금욕적 삶과 고독한 주거 형태를 현대 사회의 경제 구조에 맞춰 재해석, 재정립할 수 있는 가능성을 살펴볼 필요가 있다. 과거 수도자들의 재산 분배와 수도 생활 공동체의 노동 등을 통해 사회-경제적 불평등 문제와 영성 훈련이 밀접한 연관성으로 연결되었음은 이미 간략하게 설명했다. 동일한 차원에서 오늘날 더욱 심화된 자본주의적 양극화와 서열화 문제 역시 수도 생활이 지향했던 사회적 불평등 문제의 해결 정신의 연장선상에서 새롭게 재해석될 수 있다.[63] 즉, 하나님을 향한 영적 성장을 자본주의적 성공과 일치하는 개념으로 승화시키는 오류가 만연한 한국 교회의 실상을 상기할 때, 금욕적 삶과 고립된 생존 방식을 주창했던 수도자들의 이상은 더 강력하게 쇄신된 성도들의 일상으로 적용되어야 한다. 소수의 특권계층이 자본과 자원의 절대 다수를 독점하는 상황 속에서 금욕적 삶은 그리스도교인들은 물론 전체 사회 구성원들의 복지 담론으로 다루어져야 하며, 일회적 자선 행사의 지평을 넘어 사회 전체를 포괄하는 시각으로 구체화되어야 한다. 이런 구조적인 복지의 실현과 교회 정체성 형성은 단순히 제도 개혁으로 복지와 경제 문제에 접근하는 것을 의미하지 않으며, 수도 생활의 섬김과 봉사로부터 본질적인 원리를 찾는 방식을 뜻한다. 수도 공동체의 이상인 가시적인 사회 변혁이나 세속적인 삶의 변화 이상의 근본 정신이 희석된다면, 국가에 의해 주도되는 사회 제도 개혁 역시 한계를 노출할 수밖에 없기 때문이다.

수도 생활을 통해 추구했던 궁극적 가치는 제도 자체가 아니라 그 제도를 운용하는 주체이자 대상인 사람이다. 그들이 그리스도를 본받아 겸손과 순종을 훈련하고 자신을 희생함으로써 성취하려던 이상은 더 완벽한 행정과 조직이 아니었다. 그들은 가급적 그런 세속적 차원을 초월하는 영역으로의 전진을 꿈꾸었다. 하지만 그런 그들의 영적 염원은 자신들의 세력을 확장하기 위한 홍보 수단과 같은 얄팍한 상업주의의 발상이 아니다. 그들은 모든 것을 스스로 포기하고 누구나 피하고 싶은 예상하지 못한 위험에 삶 전체를 던졌다. 그 과정에서 나타난 부패와 타락은 부인할 수 없지만, 수도 생활의 목적지는 하나님의 사랑을 가장 완벽하게 모방하길 원했던 순수한 신앙과 영성에 의해 형성되었음을 기억해야 한다.

3. 이 장의 요약

본 연구는 영성을 실천신학적 가치로 접근해야 할 당위성과 수도 생활을 통해 나타난 역사적 사실에 초점을 두고 시작되었으며, 그리스도교 영성의 핵심 가치와 요소들이 환원주의적 틀에 갇혀 방향성을 상실할 수 있다는 위기감에서 출발하였다. 따라서 전통적인 그리스도교 영성 연구 방식처럼 특정 개인이나 저술을 통해 영성 체험의 본질에 집중하는 방식보다 다양한 사회적인 의미와 가치, 파급 효과들을 중요하게 다루어야 한다는 논지를 제시하였다. 이런 시도가 영성의 본질을 부수적인 영역으로 격하시킴으로써, 영성 연구의 무게 중심을 희석시킬 수 있다는 우려를 충분히 공감한다. 정반대로, 사회 구조 개혁을 위한 구체적인 대응 전략이 부재하다는 비판 역시 충분히 동의한다. 짧은 지면에 많은 대책을 포괄적으로 담기 어렵다는 한계와 더불어 교회 공동체 전체는 물론 국가와 다양한 사회 집단들과 논의를 더불어 지속하는 과제는 매우 복잡한 것을 알고 있기 때문이다.

하지만 다양한 접근 방식을 통해 영성 연구의 지평을 확장하는 동시에 소수 학자들의 연구에 편중되지 않고 사람들의 실제적인 삶에 기여하는 세부 내용 생산에는 긍정적으로 공헌할 수 있다고 생각한다. 서두에서 밝힌 대로, 거시적인 접근과 미시적인 접근 방법론이 균형을 이룰 때에만 영성 본래의 통전적인 가치가 비로소 빛을 발할 수 있다는 신념 때문이다. 그리고 이제 첫걸음을 뗀 본 연구의 논지가 사회 전반으로 확산되기를 확신하고 기대한다. 한국 사회에서 기존의 전통적인 방식으로 교회의 존속을 희망하는 것은 부질없으며, 진정한 자기 성찰과 변화가 전제되지 않는 이상, 교회는 기계적인 집단으로만 현존할 뿐 본연의 사명은 전혀 감당할 수 없음을 직감하는 까닭이다.

에바그리우스 폰티쿠스(Evagrius Ponticus)의 영성과 인간 이해[1]

유재경(영남신학대학교, 기독교 영성학)

1. 에바그리우스와 그의 가르침

초기 사막 교부들의 삶과 신앙에서 그리스도교 영성의 풍부한 원천을 찾아볼 수 있다. 이집트 사막 교부들의 영성 전통이 동방 교회와 서방 교회 영성의 초석이 되었다는 것은 주지의 사실이다. 무엇보다 서방 교회 수도원의 발생과 형성은 이집트 사막 교부들의 영성과 수도원 생활, 그리고 규칙들에 깊은 영향을 받았다. 이러한 사막 교부의 영성을 체계화시킨 사람이 에바그리우스 폰티쿠스(Evagrius Ponticus, A.D. 345-399)이다. 그는 그리스도교 영성학의 아버지요[2] 그리스도교 영성의 역사에 가장 중요한 사람 중의 한 사람일 뿐 아니라 그리스도교 영성의 역사에 결정적 변화를 이끌었던 인물이다.[3] 그가 끊임없이 추구한 금욕적 실천과 관상 기도는 동서방 교회의 영성 전통을 형성하는 데 초석이 되었다. 물론 금욕주의와 수도원 공동체에 대한 언급은 1세기에 알렉산드리아 필로(Philo of Alexandria)가 언급했고, 실천과 관상에 대한 이론은 이미 그리스 철학자 플라톤과 아리스토텔레스에 의해 어느 정도 체계화되었다. 그러나 그리스도교적 금욕적 실천(ascetical praktikos)과 관상적 지식(contemplative gnostikos)의 구체적 분석은 에바그리우스의 공로라 할 수 있다. 그는 그리스도교적 관점에서 금욕적 실천과 관상적 지식의 상호관계를 통해 우리에게 영적 삶의 구체적 모델을 제시했다.[4] 이것이 그의 삼부작인「프라티코스」(the Praktikos),「그노스티코스」(Gnostikos),「케팔라이아 그노스티카」(Kephalaia Gnostica)에 잘 표현되어 있다. 나아가 에바그리우스는 그리스도교인의 영적 여정의 모델을 제시하는 데 그치지 않고 인간의 영적 여정과 관련된 심리적, 인류학적, 그리고 우주적 환경에 대해서 구체적으로 분석했다.[5] 따라서 그의 영성과 영적 성장 이론 그리고 기도의 신학은 오늘날 학제적 학문으로 영성학을 연구하는 학자들과 영성을 추구하는 사람들에게 원초적 자료가 되고 있다.

무엇보다, 안토니 귀오몽(Antoine Guillaumont)의 완전한 시리아판「케팔라이아 그노스티카」의 발견은 오늘날 에바그리우스 연구의 획기적인 전기가 되었다. 이 책에서 그는 콘스탄티노플 공의회에서 거론된 에바그리우스 비난의 본질과 우주론 그리고 기독론의 본질에 대한 문제를 다루었다.[6] 그동안 많은 학자들이 에바그리우스의 신학에 대한 연구를 했지만 그들이 선호하는 입장에서 각자 다른 방법으로 묘사하고 결론을 내렸다. 예들 들면 칼 라너(Karl Rahner), 존 뱀버거(John Eudes Bamberger), 안토니 귀오몽, 마이클 오로린(Michael O'Laughlin), 가브리엘 번지(Gabriel Bunge), 그리고 컬럼바 스튜어드(Columba Stewart) 등은 긍정적인 측면에서 에바그리우스의 신학과 영성을 다루었다. 반면에 초기 학자 가운데 이레네 호셔(Irénée Hausherr)와 발타자(Hans Urs von Balthasar)는 에바그리우스를 그리스도교 전통에서 벗어난 신학자로 여겨 부정적인 측면을 부각시켰다.[7]

최근 베네딕토 학파(the benedictine school)의 제레미 드리스콜(Jeremy Driscoll), 네덜란드 시스테리안 다니엘 홈버겐(Daniël Hombergen), 그리

고 루커 다이싱거(Luke Dysinger)를 비롯한 많은 학자들의 연구에 주목할 필요가 있다.[8] 이들은 주로 에바그리우스의 텍스트의 발견, 번역, 오리겐 논쟁, 수도원 생활, 8가지 악한 생각, 영적 성장 과정, 그리고 기도에 대해 집중적으로 연구했다. 물론 에바그리우스의 우주론과 인간론에 대한 연구가 마이클 오로린과 데이비드 오슬리(David Ousley) 등에 의해서 이루어졌지만 다른 연구에 비해 비교적 적은 편이다. 특히 영적 성장의 관점에서 인간론을 연구한 경우는 찾아보기 드물다.[9]

따라서 여기서는 영적 성장의 관점에서 에바그리우스의 인간 이해를 탐구하고자 한다. 사실 에바그리우스의 영성의 핵심적 주제는 기도의 신학과 영적 성장 이론이다. 문제는 이러한 그의 신학과 영성이 그의 인간학에 대한 이해 없이는 성립하기 어렵다는 점이다. 그러므로 여기서는 에바그리우스의 인간 이해를 영적 성장의 관점에서 찾아보고자 한다.

2. 에바그리우스의 영성과 인간 이해

20세기 초중반에 이르기까지 에바그리우스는 영성학자들에게 거의 관심을 받지 못했지만, 1912년 프랑켄버거(Frankenberg)가 에바그리우스의 시리아판 작품을 소개하면서 점차 알려지게 되었다. 그리고 안토니 귀오몽의 연구로 에바그리우스의 신학과 영성 이해에 새로운 전기를 맞이하게 되었다. 최근에 에바그리우스를 연구하는 대다수의 학자들은 그를 영성의 역사에 가장 중요한 인물 중의 한 사람으로 인정하고 있다. 그렇다면 에바그리우스의 영성에서 인간 이해가 중요하게 다루어지는 이유는 무엇일까?

첫째, 에바그리우스는 사막 교부들 가운데 신앙인들의 영적 여정의 길을 심리학적 차원에서 가장 구체적으로 제시한 인물 중의 한 사람이다. 특히 그의 역작인 삼부작, 「프락티코스」, 「그노스티코스」, 그리고 「케팔라이아 그노스티카」는 영적인 삶의 모델을 구체적으로 제시한 작품들이다. 「프락티코스」는 수도사의 금욕적 삶 그리고 어떻게 악한 생각을 물리치고 덕을 쌓아 절대 평정의 세계에 이를 것인가를 보여 준다. 그리고 「그노스티코스」는 그리스도교인의 관상적 삶을 이야기하고, 「케팔라이아 그노스티카」는 지식을 통한 묵상을 위해 의도된 영적 수련과정을 그리고 있다.[10]

그는 사막 교부들의 영적 여정의 전통과 자신의 경험을 바탕으로 영적 진보의 과정을 밝혀내는 것에 많은 시간을 할애했다. 무엇보다 그는 실천학(praktike), 자연학(physike), 그리고 신학(theologia)의 개념을 사용해서 영적 성장 과정을 묘사했다. 실천학은 영혼이 악을 물리치고 덕을 찾아가는 단계이고, 자연학은 하나님이 만든 창조 세계를, 신학은 삼위일체 하나님을 관상하는 단계이다.[11] 라우스(Louth), 부이에(Bouyer) 등 많은 학자들이 에바그리우스를 가리켜 최초로 완벽한 그리스도교 영성의 체계를 세운 학자라고 이야기한다.[12] 그러나 에바그리우스는 수도원 삶의 실천적 경험을 가진 자로서 추론적인 지식으로 영적 여정을 그려낸 것이 아니라 사막에서 수도사의 제자로 자신이 배우고 경험한 것을 이미 자신이 알고 있는 그리스 철학의 틀로 묘사했다. 그리고 오늘 그 길을 걷고자 하는 사람들의 실천적인 안내자의 역할을 하고 있다.[13]

신앙의 사람은 누구나 영적인 여정자이다. 그리고 영적인 여정을 위해 끊임없이 기도한다. 그러나 누가 우리의 내적 삶을 풍요롭게 할 것인가? 무엇이 우리를 순수한 기도와 깊은 관상의 세계에서 삼위일체 하나님을 만나게 할 것인가? 누가 그 길을 보여 줄 것인가? 에바그리우스의 작품은 이와 같은 질문에 대한 구체적인 답변, 즉 영적 지도를 제시해 주고 있다. 이런 관점에서 드리스콜과 같은 학자는 에바그리우스의 영적 성장의 단계를 분석하면서 그를 그리스도교인들의 내적인 삶의 길을 가장 구체적으로 제시한 인물로 묘사했다.[14] 사실 에바그리우스의 전 생애와 작품들은 하나님과의 관계 속에서 인간 내면의 역동적 과정을 그려 내었다. 따라서 그의 영성학의 체계는 인간의 심리학적 이해에 기초하고 있다.

둘째, 에바그리우스의 영성과 영적 성장의 지도는 인간의 내면을 관찰함에서 시작했다. 그의 「프락티코스」는 무정념의 상태, 즉 영혼의 절대적 평온에 이르는 길을 설명한다. 이 길은 죄를 짓게 하는 유혹과 생각, 상상, 사념들과 맞서 싸우는 과정이다. 그는 이 과정을 군대의 이미지로 그려 내면서 기본적으로 8가지 죄악을 다루는 과정을 통해 인간의 심리적 과정을 밝히고 있다. 그는 인간 존재를 외적 우주에 맞서 있는 내적 우주의 목자로 묘사했다. 그는 인간 존재의 가장 깊은 차원을 마음(nous)으로 설명했지만, 종종 영혼(soul)을 인간의 개체적 존재(individual person)와 내적 자아(inner self)로 묘사하기도 했다.[15]

에바그리우스의 영적 여정은 금욕적 정화를 통해 자연의 관상에 이르게 되고, 자연의 관상을 넘어 삼위일체 하나님과의 연합에 이른다. 이러한 영적 여정의 정상에 이르는 과정은 객체적 하나님 지식의 발견이 아니라 그 자신의 깊은 내면에서 하나님의 지식을 발견하는 것이다.[16] 인간이 궁극적으로 추구하는 삼위일체 하나님과의 만남은 하나님을 경험한 가장 깊은 내면에서 이루어진다. 이와 같이 에바그리우스는 영적 성장의 과정에서 경험하는 영적 체험을 인간의 심리적 체계 안에서 설명했다. 에바그리우스에게 종교적 경험은 단지 일종의 감정의 집적이 아니라 일관성 있고 구체적인 형이상학과 지적 견해를 구축하는 것이다. 무엇보다 그의 삼위일체 하나님을 향한 영적 여정의 과정에 대한 묘사는 인식론적일 뿐 아니라 놀랍게도 현대 심리학의 접근과 유사하다. 따라서 콘스탄틴노스키(Konstantinosky)는 에바그리우스의 영적 성장의 과정에 등장하는 심리적 묘사를 분석하면서 그를 제임스(William James)를 앞선 최초의 종교심리학자라고 칭했다.[17] 이와 같이 그는 인간의 내면 세계를 최초로 심리학적으로 묘사한 사막 수도사일 뿐 아니라 인간 이해를 기초로 자신의 영성을 체계화했던 인물이다.

셋째, 에바그리우스는 하나님을 찾아가는 영적 여정의 과정에서 자아부정(self-negation)적 인간 이해를 중요한 방법 중의 하나로 사용했다. 그는 창조된 마음(nous)의 특징으로 지식(knowledge)과 무지(ignorance)를 언급한다. 그러나 창조된 마음(nous)의 지식과 무지에는 한계(finite)가 존재한다고 하면서도, 다른 한편으로 마음(nous)의 지식과 무지는 피조물이 하나님에 대해 아는 지식과 무지보다는 훨씬 뛰어나다고 주장했다. 그러면서 그는 "모든 피조물에 대한 관상은 제한적이지만 거룩한 삼위에 대한 지식은 홀로 제한이 없다."[18]고 했다. 그는 "하나님은 인간의 모든 사고를 초월한다."고 하면서 "부주의하게 신적인 것을 신학화하지 말며 결코 정의하지도 말라."고 했다.[19] 또한 "표현할 수 없는 것은 침묵 속에 경외할 뿐이라."는 주장을 펴기도 한다.[20] 이와 같은 표현과 함께 그는 인간 영혼이 하나님께 돌아가는 과정을 분석하면서 '무한한 무지'(infinitive ignorance, ignorance that is inexhaustible)라는 표현을 사용한다. 그는 인간이 영적 변화를 통해 거룩한 삼위의 관상, 즉 신학적 영역에 이르는 경지를 무한한 무지의 세계로 이해했다. 이러한 그의 표현과 개념들에서 부정신학(apophatic theology)을 발견하게 된다.

그러나 발타이저, 호셔(Hasherr), 그리고 라우스(Louth) 같은 신학자는 에바그리우스 신학에 영혼이 황홀한 상태 또는 신적 어둠(divine darkness)에 들어가는 것이 없고, 니사의 그레고리(Gregory of Nyssa)나 위디오니시우스(Pseudo-Dionysius) 같은 부정신학의 전개 방식이 보이지 않기 때문에 부정신학의 요소가 결여되어 있다고 한다. 하지만 뱀버거, 맥긴(McGinn), 그리고 콘스탄틴노스키 같은 학자들이 주장하듯이 에바그리우스의 신학에는 부정신학의 전개가 뚜렷하게 나타난다.[21] 에바그리우스의 작품에는 분명히 "하나님의 본질과 형상은 이해할 수 없다."는 표현들이 등장한다. 그리고 무엇보다 그의 '무한한 무지'의 개념을 통해 독특한 부정신학을 전제하고 있음을 발견할 수 있다. 그는 "축복은 소진할 수 없는 무지에 이르는 자에게 있다."[22]라고 했다. 나아가 앞에서 언급했듯이 그는 「시편해석」(the Scholion on Psalm)에서 "삼위일체의 지식은 제한이 없다고 했다. 왜냐하면 그것은 실체적 지혜이기 때문이다."[23]라고 했다. 여기서 우리는 '무한한 무지'의 개념과 '무한한 지식'의 개념이 역설적으로 그의 신학에 동시에 나타나는 것을 발견할 수 있다. 이 두 개념 속에서 우리는 하나님이 초월적이고 무한하고 표현할 수 없는 분임을 확인할 뿐 아니라, 하나님을 찾아가는 길에는 끝이 없다는 것을 알 수 있다. 여기서 우리는 니사의 그레고리의 부정신학의 핵심인 에펙타시스(epektasis)와 유사한 사유 구조를 발견할 수 있다. 그리고 비록 에바그리우스의 부정신학에 구름과 어둠 같은 상징은 없지만 그의 사고 속에 부정신학이 계속해서 아주 강하게 등장하고 있음을 발견할 수 있다.[24]

이와 같이 에바그리우스가 하나님을 찾아가는 영적 길에 부정신학은 중요한 신학적 방편으로 등장한다. 그의 하나님에 대한 전적 무지와 하나님을 향한 끊임없는 전진은 곧 자기 자아로 향하고 있다. 그에게 있어서 피조된 존재가 근원으로 회복하는 세 단계는 수덕과 자연 관상 그리고 하나님에 대한 관상으로 이어진다. 이 과정은 결국 하나님을 향한 끊임없는 자기 부정의 과정을 통해 이루어진다. 따라서 그의 부정신학은 곧 인간의 자기 이해와 깊은 관련이 있다.

에바그리우스의 신학과 영성의 중심은 하나님을 찾아가는 인간의 영적 여정을 구체적으로 탐구한 것으로, 인간의 영적 여정을 인간의 심리적 변화 과정을 통해 묘사했다. 그리고 그가 탐구한 하나님은 부정신학의 방편을 통해 설명할 수 있으며, 동시에 자기 부정적 인간 이해와 깊이 연관되어 있다. 따라서 에바그리우스의 신학과 영성은 그 자신이 분석한 인간 내면의 역동적 구조를 이해하지 않고서는 바르게 이해할 수 없다.

3. 에바그리우스의 인간론과 마음의 역동적 구조

1) 인간 이해를 위한 형이상학적 우주론

에바그리우스의 신학의 핵심은 인간의 영적 삶과 기도이다. 그러나 이러한 에바그리우스의 신학의 중심은 그의 체계적인 형이상학적 우주론의 맥락에서 가장 잘 이해할 수 있다. 그것이 바로 그가 이해하고 있는 우주의 생성과 회복 과정이며, 그 속에 살아가는 인간에 대한 이해이다. 따라서 우주의 생성과 구조에 대한 이해는 에바그리우스의 금욕적 실천신학과 신비신학을 이해하는 단초가 될 것이다.

에바그리우스의 우주론은 그의 저서 「케팔라이아 그노스티카」[25]나 「지식에 관한 장들」에서 주로 발견할 수 있으며, 그 외에 문서에서도 단편적으로 찾아볼 수 있다. 여기에서 그는 우주의 기원과 운명에 대한 이론적 체계를 밝히고 있다. 그렇다면 에바그리우스 우주론의 기본 구조는 어디에서 온 것일까? 이 문제는 에바그리우스 신학의 배경을 묻는 질문과도 같다. 뱀버거, 번지, 그리고 최근의 에바그리우스 연구자들은 에바그리우스가 어느 한 학파의 영향을 받았다고 쉽게 단정할 수 없는 아주 복잡한 문제라고 이야기한다.[26] 그러나 맥긴은 비록 그가 다른 곳에서 배운 것과 차이는 있지만 근본적으로 에바그리우스의 신학은 오리겐으로부터 왔다고 했다.[27] 오리겐처럼 에바그리우스도 세계의 실재를 창조와 타락과 두 번째 창조, 그리고 궁극적 회복의 세 단계로 설명했다.

이 세 단계로 구성된 우주의 실재는 어떻게 형성되었는가? 에바그리우스에 따르면 우주는 이중 창조, 즉 첫 번째 창조와 두 번째 창조에 의해 만들어졌다고 한다. 지금 우리가 살고 있는 세계는 첫 번째 창조에 의해서 만들어진 것이 아니라는 것이다. 하나님의 첫 번째 창조는 육체로부터 분리되어 있는 거대한 영의 결합체였다. 이것은 에바그리우스의 표현에 따르면 이성적 존재(logikoi) 또는 마음(nous)이다.[28] 그 본성은 순수 지성으로부터 분리되지 않고 전체가 통합적인 단순한 헤나드(henad)이다. 이 순수 지성은 서로 동일하게 창조되었고, 지식에 의한 사랑의 교제 안에서 하나님과 서로에게 연합되어 있었다. 여기서 점차 순수 지성은 하나님과의 원초적 교제가 약화되기 시작한다. 이 약화의 원인이 태만(negligence)이나 부주의(inattentiveness)인데 이것 때문에 최초의 큰 죄가 발생하게 되었다는 것이다. 이 원초적 태만의 결과로 운동(kenesis, movement)이 그들 사이에 발생하게 되었고, 이 운동이 곧 우주 생성 전의 타락(pre-cosmic Fall)이다.[29]

이 타락 때문에 에바그리우스는 순수 지성인 원초적 창조와 타락의 결과로 빚어진 물질과 우주의 두 번째 창조를 구분하게 되었다.[30] 현재 우리가 살고 있고, 보이는 우주는 두 번째 창조라고 말한다. 태만과 부주의로 하나님과 연합되어 있던 것이 분리되어 마음(nous)은 영혼(soul)이 되었다. 이 영혼은 물질적 세계의 창조 안에서 하나님에 의해서 육체를 받을 수 있는 존재이다. 운동, 즉 타락 전에 하나님은 선(good), 지혜, 능력, 비물질적 존재의 창조자, 이성적 존재의 아버지, 전능자였지만 운동(타락) 후에 하나님은 육체의 창조자, 심판자, 통치자, 목자, 선생 등이 되었다.[31] 하나님께서 타락 또는 운동에 의해서 제정한 법령이 심판(judgement)이다. 따라서 타락과 그것의 결과는 단순히 부주의에 대한 필연적이고 자연적 결과가 아니라 하나님의 편에서는 자유로운 규칙이다. 이 심판의 결과가 두 번째 창조이며, 여기서 우주의 기원, 육체의 유기적 세계, 눈에 보이는 피조의 세계가 시작되는 것이다.

우주 생성 전의 타락의 정도, 즉 순수 지성인 하나님과의 관계의 정도에 따라서 천사, 인간 그리고 악마라는 세 종류의 계층이 생겨났다고 본다. 각 종류는 서로 다른 요소를 가진다. 천사는 마음(nous)과 불(fire)에 의해 주도되고, 인간 존재는 욕망(desire)과 흙(earth)에 의해 지배되고, 악마는 분노(thumos)와 공기(air)에 의해 지배된다고 말한다.[32] 에바그리우스는 두 번째 창조로부터 이 세계가 존재했다고 본다. 그의 우주론에서 두 번째 창조가 비록 타락 때문에 생긴 것이지만 그는 피조된 세계, 무엇보다 육체를 부정적으로 보지 않았다.

에바그리우스의 우주론은 창조와 타락(두 번째 창조) 그리고 궁극적 복귀의 구조로 되어 있다. 이와 같은 그의 우주론이 신플라톤 철학의 유출설과 유사한 것 같으나, 에바그리우스의 타락은 부주의의 자연적 결과가 아니라 하나님의 자유로운 법이 그 속에 존재한다는 점에서 차이가 있다. 그러므로 그의 우주론은 신플라톤 철학의 이론과 기본적으로 다름을 보여주고 있다.[33] 세 단계로 되어 있는 그의 우주론의 기본 구조는 타락한 현 존재가 순수 지성인 하나님을 향해 가는 복귀의 과정을 밝혀 주는 것이다. 그리고 그의 이중 창조의 이론도 오리겐의 선재적 존재와 같이 이론적 탐구에 그 목적이 있는 것이 아니다. 에바그리우스는 하나님을 향한 복귀가 우주 형성의 다른 양상임을 말하고 싶었던 것이다. 나아가 이중 창조는 본질적으로 지성적 존재인 인간이 어떻게 하나님과 멀어졌는가를 설명해 주는 것이다. 따라서 우주 창조의 목적은 운동(타락)의 영향을 무효화시켜 원래적 상태로 되돌리는 것이다. 이러한 우주 이해의 구조는 우주의 핵심인 인간 존재의 구조와 위치를 밝히는 대간이 되었다.

2) 인간 이해의 기본구조와 역할

에바그리우스의 인간 이해는 그의 형이상학적 우주론에 기초해 있다. 그의 인간 개념은 제2창조의 물질적 존재와, 하나님과의 지성적 연합을 위한 본성에 해당하는 비물질적인 이성의 이중적 구조로 되어 있다. 이 두 양상이 함께 존재하는 것이 에바그리우스 인간 이해의 근본적인 문제이다. 그의 인간 이해는 그의 저서 「멜라니아에게 보낸 편지」(*Letter to Melania*)와 「케팔라이아 그노스티카」, 「프락티코스」, 그리고 그 외의 저서들에 그 내용이 부분적으로 소개되어 있다. 특별히 그의 저서 「멜라니아에게 보낸 편지」와 「케팔라이아 그노스티카」에서 에바그리우스의 인간 이해에 대한 내용을 많이 찾아볼 수 있다.

에바그리우스의 창조 이해에서는 앞에서 지적한 바와 같이 첫 번째 창조 전에 하나님과 아들과 성령이 오로지 함께 있었다. 그때 아버지와 아들과 성령이 이성적, 지성적, 비물질적, 보이지 않는 존재를 창조했다고 주장한다. 이 첫 번째 창조에서 발생한 태만 때문에 두 번째 창조가 일어나고, 여기서 세계와 인간 존재가 태어나게 된다. 이중 창조의 구조에서 순수 지성, 이성적, 지성적, 비물질적, 보이지 않는 존재 등으로 표현된 첫 번째 창조는 영적 존재의 이성적 주체로서 이성적 부분(logikos) 또는 마음(nous1)[34]을 뜻한다. 이 첫 번째 창조는 타락 이전을 지칭하는 것이다. 이 비물질적인 마음이 하나님과 멀어짐(movement)으로 영혼(psyche or soul)이 되었다. 이 영혼은 세 가지 요소로 구성되어 있다. 첫 번째 요소는 영혼의 최고 높은 부분으로 영혼 안에 이성적 부분을 가지고 있는 마음(nous2)이다. 둘째는 영혼의 중간 부분으로 정욕(epithymia, desire)이며, 셋째는 영혼의 낮은 부분에 속해 있는 요소로 분노(thymos, irascibility)이다. 그리고 육체는 네 가지 요소로 구성되어 있다고 보았다. 이와 같이 에바그리우스는 인간 영혼을 삼중 구조로 분석했다. 그러나 에바그리우스를 해석하는 관점에 따라 인간 존재를 감각적/물질적/비이성적 존재와 지성적/비물질적/이성적 존재, 또는 영혼과 육체의 이중 구조로 이해할 수 있다.[35]

에바그리우스의 인간 이해의 가장 중요한 부분은 마음과 영혼 그리고 육체이다. 마음, 영혼, 육체의 이해와 구조는 그가 이해한 인간 이해의 중심이며, 궁극적으로 그가 추구한 영적 성장, 즉 마음의 복귀 과정을 이해하는 핵심적 요소이다.

(1) 마음(nous)

에바그리우스에게 마음(nous)은 두 차원으로 구분된다. 첫째, 원래적 창조(첫 번째 창조)에 존재하게 된 마음(nous1)이다. 하나님의 원래적 창조, 즉 첫 번째 창조의 이성적 존재들(logikos)이다. 이 존재들이 하나님을 알기 위해 창조된 순수 마음(nous)이다. 그리고 삼위일체로, 본질적 일체로서 하나님을 아는 순수 마음이다. 이 마음들은 하나님의 지식과 일치 안에서 동등하게 창조되었다. 둘째, 두 번째 창조에 존재하는 마음(nous2)이다. 이것은 영혼의 3중 구조 안에 가장 높은 부분인 이성적 본성이다. 자유의지가 하나님의 본질적 지식을 태만하게 관상함으로써 본질적 지식으로부터 멀어진 것이다. 순수 마음으로부터 창조된 것에서의 분리이다. 이 순수 마음이 분리되어 육체에 연결된 영혼 안으로 들어왔다.[36] 이때 마음의 역할은 변화하는 존재인 사람의 정체성을 언급하는 것이다. 선한 것이나 악한 것을 받아들이는 능력이다. 마음은 금욕과 관상에 의해 직접 영향을 받는다. 따라서 마음은 이성적 피조물의 정체성의 원리이다. 이와 같이 마음은 첫 번째 창조 그리고 두 번째 창조와도 관계되는 두 차원에서 이해되어야 한다. 에바그리우스에게 있어서 마음의 이러한 이해는 영적 성장, 즉 영혼이 순수 지성의 세계로 나아가기 위한 중요한 장치로서의 인간 존재의 분석이다.

우리가 에바그리우스의 작품을 읽을 때 마음(nous)과 유사하게 사용되는 용어인 이성(logikos)를 만나게 된다.[37] 특히 이 용어는 「케팔라이아 그노스티카」 안에 일상적으로 쓰였다. 이 용어가 어떻게 에바그리우스에게 왔는지는 정확하게 알 수 없다. 그러나 스토아철학의 사상 안에서 '어떤 것의 내적 동일성을 표현'하는 용어로 사용되는 것에서 그 배경을 찾아볼 수 있다.[38] 무엇보다 타락 전의 존재와 미래에 회복될 이성적 피조물을 말할 때 에바그리우스가 선호하는 용어가 바로 이성적 피조 또는 이성(logikos)이다. 이 이성도 첫 번째 창조와 두 번째 창조의 세계에 동시에 존재한다. 첫 번째 창조는 동일한 이성적 피조물들, 즉 이성(logikos)으로 구성된 연합(Unity)이다.[39] 이 용어 역시 타락 후에 존재하는 피조물을 위해서도 사용된다. 여기서 이성은 피조물 속에 존재하는 다양한 조건들 속에 있는 피조물들의 정체성의 원리이다.

이상의 분석에서 마음(nous)과 이성(logikos)은 그 구조나 용어가 지칭하는 내용이 유사하다. 그래서 일반적으로 두 용어를 동의어로 생각한다. 그러나 데이비드 오슬리는 이성을 오리겐이 선재적 존재의 표현으로 사용한 이성(logikos)과 동일하다고 했다.[40] 그러나 마음(nous)은 이성의 선존재적 피조물을 언급하는 것과는 달리 일반적으로 타락한 이성적 피조물로 사용되었다. 또한 마음은 타락한 피조물의 근본적인 정체성을 표현하기 위해서 타락한 이성적 피조물이 갖는 이성의 연속성임을 강조했다.[41] 이와 같이 마음(nous)과 이성(logikos)은 미묘한 차이는 있지만 그 구조와 내용면에서 유사성을 발견할 수 있다. 그리고 그들이 가지는 가장 중요한 역할이 제1창조에서 제2창조로 이어지는 운동(movement)과정에서도 바뀌지 않는 '내적 동일성'을 유지하는 것에 있음을 찾아볼 수 있다.

그러면 에바그리우스에게 마음(nous)이란 무엇인가? 마음의 이해는 사실 에바그리우스의 영성을 이해하는 데 간과할 수 없는 핵심 단어이다. 사실 누스(nous)를 영어의 마음(mind)으로 번역하는 데 약간의 문제가 없는 것은 아니다. 누스는 마음과 같이 인간의 내적 세계 속에 존재하는 어떤 것을 지칭하는 것에 국한되거나 지성(intellect)과 같이 이성과 추론적 논쟁에 제한될 수 있는 용어가 아니다.[42] 웨어(Kallistos Ware)는 에바그리우스의 누스를 가장 잘 이해할 수 있는 길은 플라톤의 「공화국」에 나타나는 사고(dainoia)와 지성(noesis)의 개념에 있다고 했다. 여기서 사고는 추론적 사고를 통해 진리를 파악하는 것이고, 지성은 추론적 사고 없이 직접적 행동 또는 직관적 통찰을 통해 진리를 이해하는 것이다.[43] 에바그리우스는 마음(nous)을 사용할 때 플라톤의 지성(noesis)과 같은 의미로 사용했다. 그는 기도를 하나님과 지성의 교제라고 정의했다. 그리고 어떤 굴절과 중개자 없이 하나님께 이를 수 있는 길이 있는가를 묻고,[44] 여기에 대한 대답으로, 기도가 최고의 상태에 이르면 마음(nous)은 어떤 이미지, 단어, 개념 없이 하나님과 교제할 수 있게 된다고 했다. 따라서 에바그리우스가 주장하는 마음은 하나님을 아는 직관이고 비추론적 지각이다.[45]

또한 에바그리우스는 민감성(susceptibility) 또는 수용성(receptibility)의 개념으로 마음(nous)을 사용하고 있다. 그는 마음을 하나님의 이미지로 표현했는데, 그가 마음을 하나님의 이미지라고 묘사한 것은 마음이 비물질적이기 때문이 아니라 마음의 수용성 때문이었다.[46] 물론 여기서 하나님의 이미지에 대한 표현은 많은 신학적 논쟁이 될 수 있다. 마음이 곧 하나님의 본질적 지식인가? 그렇지 않은가? 여기에 대해 호셔(hausherr)는 마음과 하나님의 본질적 지식에는 근본적인 차이가 있다고 했고, 수용성은 에바그리우스의 영성과 그리스도교 신학에서 아주 중요한 역할을 한다고 주장했다.[47] 이와 같이 마음의 중요한 역할 가운데 하나는 하나님의 존재를 수용할 수 있는 능력이다. 수용성이라는 측면에서 마음은 하나님에 의해서도 영향을 받을 뿐 아니라 영혼(soul)에 의해서도 영향을 받는다.[48] 따라서 에바그리우스의 마음은 하나님과 영혼 양자로부터 건강한 것과 그렇지 않은 것을 받을 능력이 있는 수용성으로 묘사되고 있다.

마음은 타락 후에 운동과 더불어 변화하는 상황 가운데서 '존재의 동일성'을 유지시켜 준다. 그리고 마음은 다른 어떤 매개적 요소 없이도 하나님을 직관할 수 있다. 나아가 마음은 하나님과 영혼의 다른 차원의 존재들로부터 건강한 것이든 나쁜 것이든 받아들이는 수용성이 있다. 이와 같이 에바그리우스에게 있어서 마음은 영성을 형성하는 데 가장 중요한 요소로 작용하고 있다.

(2) 영혼

에바그리우스에게 영혼(soul, psychē)은 일반적으로 타락한 인간에게 사용된다.[49] 그가 영혼을 다양한 차원에서 이야기하지만 인간 영혼을 이성적 영혼(rational soul, logikē psychē)이라고 표현했다. 여기서 이성적(rational)이라는 것은 타락한 이성적 본성 안에 인간 영혼의 기원이 있다는 것을 말한다.[50] 영혼은 태만 때문에 순수 지성과의 연합으로부터 떨어진 마음이고, 물질 그리고 정욕에 지배당하는 이성적 피조물이다. 이성적 영혼은 두 번째 창조의 세 요소의 비율에 따라 세 부분으로 구성된다.[51] 첫째, 이성적 영혼의 3중 구조에서 가장 윗부분은 이성(logistikon) 또는 마음(mind2)이다. 이 이성적 부분은 영혼에서 가장 중요한 부분으로 유일하게 인간 영혼이 지식과 연합되는 기능을 한다.[52] 그리고 이곳은 인간이 원래의 모습으로 회복되는 관상이 시작되는 자리이고,[53] 무감각(impassible) 상태가 유지되는 곳이다. 그리고 두 낮은 단계의 영혼은 육체와 연결되어 있다. 둘째, 영혼의 중간 부분으로 정욕(epithymia)이 지배적인 곳이다. 이곳에서 탐식, 탐욕, 불결의 정욕이 일어난다. 셋째, 영혼의 가장 낮은 부분은 분노(irascible, thymos) 요소가 지배하는 악마적 상태이다. 인간이 하나님으로부터 멀어지면 악마적 상태가 되어 분노에 떨어지게 된다.

에바그리우스는 영혼의 3중 구조에 추가해서 2중 구조를 사용하곤 한다. 영혼의 2중 구조는 영혼의 3중 구조의 요소인 마음, 정욕, 그리고 분노의 부분을 무감각(impassible)과 감각(passible)의 두 부분으로 나누어 설명하는 것이다. 영혼의 이성적 부분인 마음2는 무감각의 부분이고, 정욕과 분노 두 부분은 감각의 부분으로 분류한다. 이렇게 에바그리우스가 2중 구조로 영혼을 나누는 것은 인간의 영적 삶의 두 측면을 나타내는 것이다. 즉, 인간의 영적 여정에서 금욕적 단계는 이 감각적 부분에 속하고 신비적 관상의 부분은 무감각에 속한다.[54] 그는 영혼을 이해하는 자신의 관점에 따라서 3중 구조로 표현하기도 하고 때때로 2중 구조로 설명하기도 했다.

나아가 영혼은 금욕적 삶 또는 영성 훈련의 모든 과정의 주체라고 말한다. 인간의 삶의 현장에서 드러나는 악과 덕, 지식과 무지는 이 영혼의 세 부분 중의 하나에서 온다.[55] 이 영혼에서 이성적 피조물은 물질적 세계의 다양한 요소들을 벗어 버리고 궁극적으로 관상의 상태로 나아간다. 이것은 영혼이 감각적 영혼을 위한 금욕적 훈련의 주체일 뿐 아니라 하나님의 지식에 이르는 관상적 상태의 주체임을 말해 준다. 그러나 영혼은 관상보다는 금욕적 훈련에 더 많이 관련되어 있다.

그리고 영혼은 악과 사탄이 만나는 전쟁터와 같다. 각종 유혹과 공격이 영혼의 각 부분에서 나타난다. 윤리적 행동은 영혼의 통합을 향한 영적 진보를 만들어 간다. 그러나 같은 논리에서 악한 행동은 영혼을 심각하게 손상시키고 영적 진보를 막는다. 예를 들면 하나님께 헌신하는 사람은 영혼의 잔혹한 움직임을 덕에 의해 물리치는 반면에 사탄에게 자신을 헌신한 사람은 악을 통해 영혼의 자연적 활동을 파괴해 버린다.[56] 이와 같이 영혼의 활동은 도덕적 추와 같고, 영혼은 지식과 선 그리고 무지와 악 사이를 시계의 추와 같이 왔다 갔다 한다.[57] 따라서 영혼은 영적 타락과 진보가 일어나는 결정적인 장소이다. 그러나 영혼의 현재 상태가 부패해 있을지라도 영혼의 기원은 순수하고 영혼의 자연적 기능은 언제나 긍정적이다.[58] 그러므로 영혼이 원래적 목적에 맞게 회복되면 인간이 완전히 치유될 수 있는 것이다.

(3) 육체(body)

에바그리우스의 인간론에서 육체는 두 번째 창조와 더불어 그 본질을 이해할 수 있다. 육체에 대해 그는 "이 세상의 한 부분이 되는 모든 것은 물질적 본성을 가지고 있고, 물질적 본성의 부분이 되는 모든 것은 이 세상의 한 부분이다."[59]라고 했다. 첫 번째 창조가 비물질(incorporeal)적이라면 두 번째 창조는 물질적이다. 이 두 번째 창조인 육체는 아주 다양하게 존재한다고 본다. 즉, 인간, 천사, 동물, 그리고 사탄의 육체 등이다. 천사적 육체는 가벼운 영적 육체이지만[60] 인간과 사탄의 육체가 점진적으로 어둡고 무거워진다. 이 세상에서 이성적 영혼은 그것의 육체로부터 분리될 수 없고, 영혼과 육체는 서로의 관점에서 정의될 수 있다. 이 세상에서 마음은 그것의 존재를 위한 필수적인 조건으로 육체 안에 있어야 한다.[61] 이것은 육체가 살아 있는 육체가 되기 위해서는 혼을 불어 넣어야 하는 것과 같다. 따라서 영혼은 육체 안에 터를 잡고 있어야 한다.

그리고 이성적 영혼에 5가지 영적 기능이 있듯이 육체도 5가지 물질적 감각들을 가진다.[62] 이성적 영혼의 5가지 기능과 육체가 소유한 5가지 기능은 서로 연결되어 있다. 그래서 콘스탄틴노스키는 비록 이 둘이 분명한 차이는 있지만, 그들이 가지는 5가지 기능이 하나이고 똑같은 실재이므로 영혼과 육체는 서로에게 의존해 있다고 했다.[63] 이성적 영혼이 신적 빛을 보기 위해서는 정화가 필요하다. 이 정화의 과정에서 육체는 이성적 영혼이 회개하고 덕을 추구하는 데 도움을 준다. 육체는 영혼과의 관계에서 자신의 역할을 감당하는 것이다.

에바그리우스는 육체가 이성적 영혼을 위한 교육과 훈련을 목적으로 창조되었기 때문에 육체의 가치를 매우 강조했다.[64] 그리고 영적 성장의 과정에서 육체가 없이는 관상을 시작할 수 없기 때문에 육체의 활용을 아주 중요하게 생각했다. 보다 깊은 관상의 차원에서는 영적 감각이 육체적 현상을 감지한다. 육체적 감각이 궁극적으로 마음(nous)을 알려 주는 동안에 영혼(soul)은 물질적인 것들을 인식하고 구별한다.[65] 따라서 그에게 인간의 육체는 그 사람의 영적인 상태를 대략적으로 암시해 주는 단서가 된다. 그래서 육체는 단순한 물질로서 그 무엇이 아니라 이성적인 영혼이 삼위일체 하나님을 향해 자신을 통합시켜 나가는 데 없어서는 안 될 영적 성장의 중요한 요소가 된다.

이와 같이 에바그리우스는 인간을 마음, 영혼, 그리고 육체의 3중 구조로 이해했다. 그리고 인간 이해의 핵심인 영혼을 다시 마음(nous2), 욕정(epithymia), 분노(thymos)의 3중 구조로 분석하고 있다. 첫 번째 창조의 순수 지성으로서 마음은 삼위일체 하나님과 깊은 일치 속에 있다. 그러나 이 마음이 하나님과 멀어짐(타락 또는 운동〈movement〉)의 결과로서 영혼이 되고 육체가 되었다고 본다. 이 인간을 구성하는 각 요소들은 각자가 가진 고유한 역할과 특징이 있다. 이러한 에바그리우스의 인간 이해는 인간 존재를 형이상학적으로 분석하는 데 목적이 있는 것이 아니다. 그의 인간 이해는 영혼의 변화, 즉 하나님을 향한 영적 여정의 관점에서 이해할 때 보다 명확해진다.

4. 에바그리우스 영성 형성의 역동적 구조

에바그리우스는 이집트 사막의 생활과 교부들의 신학 그리고 헬라 철학적 사유를 통해 인간의 영적 삶을 가장 체계적으로 설명한 신학자이다. 비록 그가 우주와 인간에 대해 형이상학적 분석을 했지만 그의 궁극적 관심은 우주와 인간 존재의 분석이 아니라 인간의 구원에 있다. 그가 남긴 많은 작품들 속에서 궁극적으로 의도한 것은 영적 진보의 과정을 묘사하는 것이었다. 그는 「프락티코스」, 「그노스티코스」, 그리고 「케팔라이아 그노스티카」 등의 가장 중요한 작품에서도 영적 진보의 과정을 분명하게 보여 주고 있다.[66] 라우스는 에바그리우스 신학의 핵심이 영혼의 영적 진보에 있다고 보고 그 과정을 실천학, 자연학, 신학으로 단계를 나누어 설명했다.^67) 이와 같이 앞에서 분석한 우주론과 인간학도 영적 진보의 관점에서 이해해야 전체 영성을 명확하게 설명할 수 있다.

나아가 에바그리우스에게 육안으로 보이는 우주의 창조인 두 번째 창조는 타락이고, 하나님의 편에서는 징벌이다. 그러나 그는 두 번째 창조를 다른 한편으로는 하나님의 자비의 행동으로 보는데 그 이유는 만약 물질적 세계, 물질적 실체와 이성적 본성이 창조의 과정 속에서 함께 연합되지 않았다면 현존재는 죄와 하나님에 대한 무지로부터 자유로울 수 없다고 보기 때문이다. 여기서 에바그리우스가 창조를 긍정적 가치를 가지고 있는 것으로, 그리고 그 본성을 선 그 자체로 이해하고 있는 것을 발견할 수 있다.^68) 따라서 하나님의 우주 창조의 목적은 타락으로부터 발생한 악의 영향을 막고, 마음을 원초적 상태로 되돌리기 위해서라고 보는 것이다. 하나님이 세계를 창조한 것은 마음이 하나님께로 돌아갈 수 있도록 하는 관상의 대상을 제공한 것이다.^69) 이와 같이 에바그리우스의 인간 이해의 기초는 마음이 하나님께로 복귀하는 영적 여정에 있다.

에바그리우스의 인간 이해가 마음이 삼위일체 하나님께로 복귀하는 영적 여정의 과정임을 보여 주는 것은 그의 마음(nous)의 이해와 영혼(soul)과 육체의 관계에서 찾아볼 수 있다.

첫째, 앞에서 분석했듯이 에바그리우스에게 있어서 마음(nous) 또는 이성(logikos)은 존재의 내적 본성과 동일성을 유지하는 특징을 가지고 있다. 그는 인간의 현존재를 8가지 악한 생각들과 그것을 치유해 가는 과정을 통해 잘 밝혀 주고 있다.^70) 인간의 악한 생각들은 영혼에서 일어난다. 즉, 욕망(epithymia), 분노(thymos), 그리고 마음($nous_2$)의 충동으로 영혼에는 온갖 악한 생각들이 나타난다. 이러한 인간의 존재를 치유할 수 있는 길은 어디에 있는가? 인간 구원의 희망은 어디에 있는가라는 질문의 해답을 에바그리우스는 인간 존재 속에 존재하는 마음($nous_2$)에서 찾았다. 그것은 그가 첫 번째 창조로 생긴 비물질적인 마음($nous_1$)과 유사한 영혼의 이성적 부분으로 마음(soul2)을 설정한 것에서 발견할 수 있다. 이 마음은 자기 동일성을 유지하는 특징이 있는데, 이것은 인간이 가진 온갖 악한 생각들 속에서도 하나님을 지향할 수 있는 희망이 있음을 보여 주는 것이다. 그리고 에바그리우스의 마음의 개념은 하나님을 아는 직관적이고 비추론적인 지식을 내포하고 있다. 이것은 마음에게 직관적 통찰을 통해 진리를 발견할 수 있는 능력이 있음을 말해 주고 있다. 인간의 존재 속에 이미 자기 동일성을 유지할 능력과 하나님을 직관할 힘이 내재되어 있다는 것이다. 이것은 에바그리우스의 인간 이해가 영적 진보의 기본적 이해와 떼놓을 수 없음을 잘 보여 주고 있다.

둘째, 앞에서 분석한 바와 같이 에바그리우스는 수용성(receptibility)의 개념으로 마음을 이해하고 있다. 마음(nous)은 본질적인 지식(gnosis)은 될 수 없다. 그러나 마음은 본질적 지식을 받을 수는 있다. 에바그리우스에게 있어서 영혼의 가장 높은 부분인 마음(nous2)은 마음(nous1)의 타락으로부터 발생한 두 번째 창조의 사건이다. 그러나 영혼의 높은 차원의 마음은 이성적 영혼으로서 첫 번째 창조의 마음과 동일성을 유지한다. 그러므로 마음은 그것이 첫 번째 창조의 마음이든 두 번째 창조의 마음이든 수용할 수 있는 능력이 있다. 여기서 수용은 본질적 지식을 수용할 뿐 아니라 육체의 감각도 수용한다. 육체적 감각은 내적 세계를 구축하는 과정에 근본적인 요소이다. 이 수용성은 마음, 영혼, 그리고 육체의 3중 구조의 높은 단계로부터 낮은 단계까지 다 받아들인다.[71] 이것은 마음이 인간의 영적 여정 가운데 금욕적 실천이든, 자연학이든, 신학이든 모든 단계가 서로 깊이 관계되어 있고, 서로 영향을 주고받는 것을 의미한다. 따라서 에바그리우스의 수용성은 영적 진보의 핵심적인 개념이다. 결국 영적 여정의 진보는 마음과 각 기능이 무엇을 수용하느냐에 달려 있다.

셋째, 에바그리우스의 인간 이해의 기본 구조인 마음, 영혼, 그리고 육체는 상호간에 긴밀하게 연결되어 있다. 에바그리우스에게 있어서 마음은 영적 성장에 중요한 역할을 한다. 그러나 이 마음이 독립적 활동을 통해 영적 진보를 이룰 수는 없다.[72] 육체와 영혼의 도움 없이는 마음이 하나님을 관상할 수 없다.[73] 그렇다면 어떻게 영혼의 상태가 마음에 영향을 미치는가? 이 질문에 대한 답을 에바그리우스는 덕과 지식 그리고 악과 무지의 개념으로 설명했다. 영혼이 덕을 행하면 지식을 얻게 되고 영혼이 악을 행하면 무지하게 된다. 영혼이 자신의 적절한 본성을 거역하고 옳은 일에 태만하면 마음은 무지 속으로 떨어진다. 이와 같이 마음과 영혼은 밀접하게 연결되어 있다.

그리고 영혼 또한 육체와 깊은 관계가 있다. 영혼의 낮은 부분인 정욕과 분노는 비이성적인 부분으로 정열의 부분이다. 이 영혼의 낮은 부분은 감각에 의해서 자극을 받는다. 우리에게 악한 생각도 감각의 대상이 없이는 우리에게 일어나지 않기 때문이다. 영혼의 비이성적 부분은 육체로부터 영적 변화의 계기를 이끌어 낼 수 있다. 비록 에바그리우스가 육체의 부활을 믿지 않았지만 육체는 죄의 상태에 놓여 있는 마음에 도움을 주기 위해 창조되었다고 보았다. 육체는 악을 줄이기 위해 창조되었기 때문에 육체의 창조 그 자체를 축복으로 생각했다. 나아가 육체는 영혼의 집이다. 육체의 감각들은 마음이 감각적 대상을 관찰하고 보는 창문이다.[74] 플라톤에게 있어서 육체는 영혼의 감옥이지만 에바그리우스에 있어서 육체는 감옥이 아니다. 왜냐하면 육체는 영혼에게 관상의 대상을 제공해 줄 뿐 아니라 영적 진보를 위해 없어서는 안 될 가장 기본적 요소이기 때문이다. 이와 같이 에바그리우스는 마음, 영혼 그리고 육체는 아주 밀접하게 연결되어 있다고 보았다. 그것도 인간의 존재론적 차원에서 밀접하게 연결된 것이 아니라 인식론적 차원, 즉 인간의 영적 진보의 관점에서 밀접하게 연결되어 있다고 생각했다. 사실 에바그리우스의 영적 성장의 목적은 순수 지성인 하나님을 추구하기 위해서 영혼의 세 요소를 변화시키는 것이었다.

에바그리우스는 마음의 특징을 자기 동일성의 유지와 직관적 지식 그리고 수용성 등으로 분석했다. 이러한 마음의 분석과 영혼 그리고 육체의 분석과 이해는 그의 영성학의 뼈대를 이루고 있다. 따라서 에바그리우스의 인간 이해는 그가 일생을 통해 추구한 영적 여정의 과정을 이해하는 데 없어서는 안 될 필수적 요소이다.

5. 이 장의 요약

에바그리우스는 동서방 교회 영성의 발전에 지대한 영향을 미친 인물이다. 그의 신학은 동서방 교회 영성 전통을 형성하는 데 기본적인 틀이 되었다. 그는 이집트 사막 수도사의 삶과 기도 생활의 원형을 우리에게 전해 주었다. 그리고 인간이 하나님을 향해 나아가는 영적 여정의 과정을 체계화시켰으며 그 과정에서 형이상학적 우주론과 인간의 이해의 기본 골격을 우리에서 소개했다. 또한 인간이 어떻게 자신의 현존재를 넘어 하나님께로 나아갈 수 있는지를 밝혀 주고 있다.

그는 첫 번째 창조와 두 번째 창조의 개념을 통해 우주의 질서를 설명하고, 인간의 형성도 첫 번째 창조와 두 번째 창조의 구조 속에서 설명하고 있다. 그의 인간에 대한 구체적인 분석은 두 번째 창조의 핵심인 영혼의 이해에 있는데, 영혼을 마음과 욕정 그리고 분노 세 부분으로 나누어 설명하고 있다. 이 영혼의 세 요소인 마음과 욕정과 분노의 관계 속에서 현존재의 상태가 결정된다고 보았다. 즉, 천사적 존재가 될 것인가 악마적 존재가 될 것인가 그것은 무엇에 의해 인간 영혼이 주도되느냐에 달렸다는 것이다.

이러한 인간 이해의 기본 구조는 마음(nous)의 이해에서 보다 분명해지는데 그는 인간을 존재론적으로 분석했을 뿐 아니라 인식론적, 수행론적 관점에서 이해하고 있음을 발견할 수 있다. 그가 이해한 마음의 특징과 기능은 '자기 동일성의 유지', '직관적 지식', 그리고 '수용성'이다. 이와 같은 기능들은 타락한 인간이 어떻게 원래의 상태로 복귀할 수 있는가에 초점이 맞춰져 있다. 따라서 그의 인간 이해는 영적 성장이라는 인식론적이고 수행론적 관점에서 이해할 때 보다 명확하게 될 것이다. 한편, 에바그리우스가 신플라톤의 사상을 수용하면서도 인간의 육체와 자연에 대한 긍정적인 사유를 견지하고 있다는 점도 특징적이라 할 수 있다. 그러므로 에바그리우스의 인간 이해는 오늘날 영성과 영성 훈련의 중요성을 강조하고 있는 한국 교회의 영성 연구에 중요한 역할을 할 것으로 기대된다.

기독교적 완전에 대한
니사의 그레고리오스의 교훈[1]

김수천(협성대학교, 기독교 영성학)

신학은 그 역사를 통하여 인간은 한계를 지닌 유한한 존재임을 선포해 왔다. 그래서 칼 라너(Karl Rahner) 같은 가톨릭 신학자는 인간의 한계 극복 의지를 자신의 신학의 출발점으로 삼기도 하였다. 이러한 인간 한계 극복에 대한 스승으로서 니사의 그레고리오스(Gregory of Nyssa, 335-395)가 있다. 그레고리오스는 인간은 덕의 성취를 통하여 인간의 한계를 극복할 수 있다고 생각하였다. 이 덕의 성취 또는 완전에 이르는 길의 개념은 일찍이 동방정교회의 아타나시우스(Athanasius)에 의하여 강조된 신화(神化)의 개념과 유사하다.[2] 아타나시우스에 의하여 처음으로 강조된 신화 (theosis : deification)는 베드로후서 1 : 4을 근거로 삼고 있다.[3] 인간은 하나님의 성품에 참여하도록 부름 받았다는 이 신학적 비전을 구체적으로 이루는 길이 완전에의 길인 것이다.

동방정교회의 대 스승이던 그레고리오스는 생애의 후반부에 영적 삶에 대한 다양한 책들을 저술하였는데, 그중에서 「모세의 생애」(*The Life of Moses*)는[4] 영성신학에 관한 가장 핵심적인 저서다.[5] 그레고리오스는 신자의 삶에 있어서 신화 또는 성화를 위한 모범자가 있다면 유익할 것이라고 판단했다. 그리하여 성서적인 모델로 모세를 착안하였는데 모세의 생애에서 관상적인 삶(contemplative life)과[6] 기도 안에서 하나님과의 친밀한 교제와 연합(intimate fellowship and union with God) 같은 초대 교회의 영성적 주제들과 밀접하게 관련된 삶을 발견할 수 있었다. 그래서 모세 개인의 영적 여정과 그와 동행하던 이스라엘 백성들의 삶을 통해 완전에 이르는 길에 대한 실제적 모델을 제시하려고 하였다.

필자는 이 장에서 모세의 생애에 나타난 완전에의 길을 영적 진보의 단계라는 관점과 그 진보를 위한 성삼위의 역할과 그에 대한 인간의 응답이라는 관점에서 설명하고자 한다. 첫째, 영적인 진보는 정화(purification), 조명(illumination), 그리고 연합(union)의 세 단계로 설명할 수 있는데 이러한 관점들이 모세의 생애에서 어떻게 나타나고 있는가를 살펴보고자 한다. 나아가 신학 특별히 영성신학의 기본 구조인 성삼위의 역할과 인간의 응답이라는 상관 관계가 어떻게 제시되고 있는가를 밝히고자 한다. 그리고 그러한 관점을 통해 그레고리오스가 표현하고자 하는 완전의 개념을 제시하고자 한다. 이를 통해 기독교적인 완전의 개념을 정리해 보려고 한다. 그런 의미에서 이것은 신학적 분석 방법이라고 하겠다. 전통적인 기독교 영성학의 연구 방법으로는 역사적 연구와 신학적 연구를 말할 수 있다. 그리고 그 후에 등장한 학제 간 연구를 말할 수 있는데 그 가운데 신학적 연구는 가장 보편적인 연구 방법이라고 할 수 있겠다.

1. 그레고리오스의 신학적 위치와 「모세의 생애」의 의의

니사의 그레고리오스는 아리우스파를 단죄했던 아타나시우스 이후 동방정교회에서 세 명의 교부 중 하나로 활동하였다. 그는 381년 제2차 종교 회의로 불리는 콘스탄티노플 종교 회의에서 니케아 신조에 대한 상세한 해설을 함으로써 니케아 신조가 정통 교리로 재확인되는 데 결정적인 기여를 하였다.[7] 종교 회의 후에는 테오도시우스(Theodosius) 황제의 신학 고문으로 활동하기도 하였다. 한편 그레고리오스는 가이사랴의 감독이던 형 바실레이오스(Basil the Great of Caesarea)에 의하여 니사의 감독으로 임명되었다. 그러나 형과 달리 침묵과 고독을 즐기는 성향으로 인해 영성적 명상 생활로 더욱 알려지게 되었다.

그레고리오스는 단순히 신비적 명상만이 아닌 철학에도 깊은 관심을 가졌는데, 일찍이 플라톤, 플로티누스(Plotinus), 그리고 필로(Philo)의 저서들을 탐독하였다.[8] 알려진 것처럼 그레고리오스는 그리스도교 사상가들 중 특히 오리게네스(Origenes)의 사상에 깊은 영향을 받았다.[9] 오리게네스는 잠언, 전도서, 아가서의 세 지혜 문학을 영혼의 영적 상승에 비유하였다. 그 세 단계는 죄악을 극복하고 덕을 실천하는 단계, 피조물에 대한 관상, 그리고 하나님 자신에 대한 관상이다. 기본적으로 그레고리오스는 이러한 도식을 따른다. 하지만 오리게네스가 신플라톤주의의 관점처럼 영혼의 상승을 영혼의 본래 상태에 대한 회복으로 이해하며 어둠으로부터 점차 빛을 향한 상승으로 설명하는 반면, 그레고리오스는 빛으로부터 신적인 어둠으로의 상승이라는 이미지를 사용한다. 그레고리오스의 이러한 신적인 어두움 또는 신 앞에서의 침묵이라는 관점은, 영적인 엑스타시(ecstasy) 상태에서 인간의 사고 기능들은 신 앞에서 침묵하게 된다는 필로의 사상과 유사하다고 할 수 있다.[10]

이처럼, 그레고리오스는 영성신학사의 입장에서 볼 때 철학과 영성신학을 균형 감각을 가지고 조화롭게 적용한 인물이다. 철학에 대한 그의 긍정적인 입장은 「모세의 생애」에도 잘 표현되어 있다. 모세가 이드로의 딸에게서 얻은 아들에 관하여 다음과 같이 설명한다.

예를 들어 이방 철학은 영혼이 불멸하다고 말한다.[11] 이것은 경건의 한 자녀다. 그러나 그것은 또한 영혼이 몸에서 몸으로 지나며 합리적인 본성에서 비합리적인 본성으로 변한다고 말한다. 이것은 육체적이고 이방적인 포피(음경의)이다. 그 외에도 많은 예들이 있다. 이방 철학은 신이 있다고 말하면서 그것을 물질적 존재로 설명한다. 그것은 하나님을 창조주로 인정하나 창조를 위해서 물질이 필요하였다고 말한다. 그것은 신이 선하고 능력이 있다고 말하지만 그러나 결국 운명의 필연성에 따른다고 설명한다.[12]

그레고리오스는 이러한 이방 철학이 기독교적 계시를 이해하는 데 유용하다고 다음의 글에서 확신한다.

> 덕에 대한 우리의 가르침은 부유한 이집트인들로부터 도덕과 자연 철학, 기하학, 점성술, 그리고 수사학 같은 교회 밖에서 추구되는 지식들을 받아들일 것을 강조한다. 왜냐하면 그러한 것들은 신비스러운 신적 진리가 이성의 풍요에 의하여 아름답게 될 때 유용할 것이기 때문이다.[13]

그레고리오스는 이렇게 신 이해에 대한 철학적 추구를 긍정적으로 수용하고 있지만 하나님의 본질에 대한 이해 과정에서 인간은 자신의 전이해들을 부정해야 함을 강조한다.[14] 그리고 궁극적인 이해의 단계에서는 다만 침묵 가운데 주어지는 계시 앞에 머물러야 함을 강조하고 있다.[15] 그런데 이러한 하나님 이해의 과정은 지적인 영역에 국한되지 않는다. 하나님 이해의 진보 과정은 인간의 인격 완성과 깊은 관련을 가지고 있다. 하나님과의 교제와 만남은 지적 확장만이 아니라 그 하나님을 닮는 신화와 연결된다. 그러므로 그레고리오스와 헬라 철학자들과의 결정적 차이를 하나님의 본성에 의한 채워짐으로 해석한 로버트 젠슨(Robert Jenson)의 견해는

타당하다.[16)]

이렇게 인간이 하나님과의 만남을 통해 모든 덕의 원천(the source of virtues)인 하나님처럼 변화될 수 있다는 신화에 대한 구체적인 안내서가 「모세의 생애」가 지니는 가치라고 할 수 있다. 「모세의 생애」는 카이사리오스(Caesarius)라 불리는 젊은 수도사의 요청으로 저술되었다.[17)] 이 책은 Ⅰ부와 Ⅱ부로 구성되었는데 Ⅰ부는 출애굽기를 중심으로 한 모세의 생애에 대한 기록이다. Ⅱ부는 모세의 생애에 대한 그레고리오스의 명상적 해석이다. 이 명상적 해석의 많은 부분에서 그레고리오스는 당시에 유행하던 알레고리적 해석 방법을 따르고 있다. 한편, 그레고리오스는 모세 개인의 이야기만 다루지 않고 이스라엘 백성들의 이야기를 통해서도 신자의 영적 성장 과정을 설명하고 있다. 그런 점에서 더욱 효과적인 안내서라고 할 수 있다.

2. 모세의 삶에 나타난 영적 진보의 세 여정 : 정화(Purification), 조명(Illumination), 연합(Union)

일반적으로 영성가들에게 있어 영적 진보의 여정은 정화, 조명, 연합의 세 단계로 이해되어 왔다. 정화는 죄로부터 해방되는 것을 의미하지만 단순히 영적, 도덕적 청결만 의미하는 것은 아니다. 적극적인 의미에서 정화는 무정념(apatheia : dispassion)의 상태도 포함한다고 할 수 있다.[18)] 무정념이란 인간의 내면에서 활동하는 잡념, 욕심, 근심, 과거의 기억의 활동들로부터 자유한 내면의 고요를 의미한다. 조명은 성서에 대한 묵상이나[19)] 신자의 내면에서 성령의 활동을 통해 이루어지는 자신과 진리에 대한 깨달음을 의미한다. 그리고 연합은 신성과 하나되는 것을 의미하는데 성자와의 연합 또는 성부와의 연합을 의미하며 하나님의 뜻과 일치되는 것이라 할 수 있다. 따라서 완전을 향한 영적 진보의 과정을 묘사하는 모세의 생애를 이러한 틀에서 해석하는 것은 의미 있는 작업이라고 여겨진다. 그런데 그레고리오스는 모세의 생애에서 그 진보의 과정이 단계별 또는 직선형으로 이루어지기보다는 일종의 나선형으로 진행된 것으로 설명하고 있다. 즉, 정화의 단계를 지났어도 여전히 죄의 유혹에 넘어질 수 있음을 강조한 것이다.

1) 정화

모세의 생애에 나타난 정화는 모세가 십계명을 받기 위해 시내산에 올라가는 이야기와 홍해 사건에서 잘 나타난다. 먼저 시내산 이야기에서 집단적인 정화 의식을 다음과 같이 묘사하고 있다.

> 백성들은 혼과 몸에 관련된 모든 불결함으로부터 자신들을 지키고 정욕들로부터 순결할 것을 명령받았다. 그리고 일정 기간 동안 마음과 몸의 정결을 위하여 성적인 접촉이 금지되었다. 그 산의 이름은 시내였다. 사람들 가운데 남자들만, 그리고 남자들 가운데 모든 오염으로부터 정결하게 된 자들만 산에 접근하는 것이 허용되었다.[20]

백성을 대표하여 시내산에 오른 모세는 산 위에서 십계명을 받는데 이것은 정화를 위한 구체적인 말씀이다. 정화라는 관점에서 그 계명들은 죄를 극복하고 덕을 실천하기 위한 것들이라고 할 수 있는데, 예를 들어 이웃의 소유나 아내를 탐내지 말라는 열 번째 계명이 그러하다.

시내산 아래에서 일어난 정화 외에 이스라엘 백성이 집단적으로 경험한 정화는 홍해 사건이었다. 시내산에서의 정화가 외형적이고 의식적인 것이라면 홍해 사건은 내면 세계에 대한 정화였다.

> 신비로운 물의 세례(침례)를 통과한 모든 사람들은 악의 모든 것들을 물속에 장사 지내야만 한다. 욕심, 통제되지 않는 욕망, 탐욕스러운 생각, 자만심, 교만, 야성적 충동, 진노, 화냄, 사악함, 질투 등. 그러한 것들은 우리의 본성을 지배하려고 하기에 생각 안에서 그것들이 활동하기 시작하는 것과 그로 인해 일어나는 행위들을 물속에서 죽여야 하는 것이다.[21]

그렇다면 이렇게 정화의 세례(침례)를 통과한 영혼들은 모두 정화의 단계를 지난 것일까? 그레고리오스는 결코 그렇지 않음을 강조한다. 그는 광야의 여정에서 마지막까지 쾌락의 유혹으로부터 자유롭지 못한 백성들의 모습을 묘사한다. 모압 여인들과 성적인 즐거움에 빠지는 장면이 그것이다.

> 그것은 인간의 생각을 타락하게 하는 많은 것들 가운데 쾌락의 질병보다 강한 것은 없다는 것을 우리에게 가르친다. 이스라엘 사람들은 이집트의 전차, 아말렉의 군대, 그리고 미디안의 군대들을 극복하였으나 이방 여인을 보는 순간 이 질병에 포로가 된 것을 보여 준다. 쾌락은 우리가 싸우기 어렵고 극복하기 어려운 적이다.[22]

그레고리오스는 우리를 불태우는 이 쾌락의 질병을 극복하는 방법은 그것을 멀리하는 것이라고 조언한다.[23] 이렇듯 정화에 대한 그레고리오스의 교훈에는 정화의 과정은 끝이 없으며 반복되어야 한다는 관점이 명백하게 드러난다.

2) 조명

불타는 떨기나무에 대한 해석은 영적 진보의 두 번째 단계인 조명에 대한 그레고리오스의 견해를 잘 보여 준다. 먼저, 그레고리오스는 조명을 경험하기 위해서는 고요하고 평화로운 삶을 유지해야 함을 강조한다. 그리고 모세가 신을 벗어 자신을 준비한 것처럼 비존재에 대한 우리의 견해들을 먼저 정화해야 한다고 말한다.[24] 그는 모세가 경험한 조명을 다음과 같이 해석하고 있다.

> 진리는 참된 존재에 대한 분명한 이해다. 그래서 누구든 오랜 기간 동안 고요함 속에서 보다 높은 철학적 문제들에 대해 탐구한다면 스스로 존재하는 것에 의하여, 그것의 본질 자체에 존재를 포함하는 참된 존재와 형상에 의해서만 존재하는 비존재에 대하여 이해하게 될 것이다……. 하나님의 현현에 의하여 모세는 …… 모든 존재들이 의존하는 초월적 본질이며 우주의 기원인 참 존재만이 오직 존재함을 깨달았다……. 이성(조명된 모세의 이성)은 어떤 존재도 참 존재에 대한 참여 없이는 존재하지 않는다는 것을 깨달았다……. 참 존재는 모든 존재들의 갈망의 대상이고 그 존재들이 참여하는 대상이지만 그 참여에 의하여 축소되지 않는다. 이것에 대한 깨달음이 진리에 대한 지식이다.[25]

여기서 그레고리오스가 이해하는 조명은 두 가지로 해석할 수 있다. 영성가들에 따라 차이가 있지만 일반적으로 조명의 의미는 자신에 대한 성찰과 하나님의 뜻에 대한 깨달음이 주된 내용이었다. 그런데 그레고리오스는 그러한 일반적인 의미와는 달리 철학자들이 추구하던 것과 유사하게 현상과 궁극적 실재 또는 비존재와 참 존재에 대한 깊은 사유를 포함하고 있다. 둘째, 동방정교회에서 추구해 온 신화의 사상과 같은 맥락에서 설명될 수 있다. 참 존재는 모든 비존재들의 갈망의 대상이며 모든 비존재들은 참 존재에 참여하려고 한다는 사상은 비존재인 인간이 참 존재인 창조주의 성품에 참여하는 자(partaker of the divine nature)로서 피조되었다는 관점과 상통한다.

3) 연합

모세가 체험한 시내산 경험과 죽음에 대한 기록은 연합의 의미를 잘 설명해 준다. 먼저, 모세의 시내산 경험에 대하여 그레고리오스는 다음과 같이 기록한다.

> 모든 감각에 의한 것과 지성에 의하여 알려진 것들을 뒤로하고 보이지 않고 이해되지 않는 것에 이를 때까지 나아간다. 거기에 하나님이 있다. 이것은 참된 지식인데 그것은 보이지 않는 것에서 보이는 것이다……. 그러므로 모세가 지식에서 자라 갔을 때 그는 어둠 속에서 하나님을 보았다고 선포했다. 즉 그는 모든 지식과 이해를 초월하는 신성을 알게 된 것이다. 왜냐하면 성서가 "모세는 하나님이 계신 흑암으로 가까이 가니라"[26]고 말하기 때문이다. 어떠한 하나님인가? 그것은 "그는 흑암을 자신의 은신처로 삼으신다."는 다윗의 말이 의미하는 것이다.[27]

모세는 하나님을 만나기 위해 어둠 속으로 들어가서 자신의 모든 지식을 뒤로하여야 했다. 이제까지 자신이 알고 있던 모든 신에 대한 지식을 부정해야만 했다. 그리고 다만 침묵 가운데에서 하나님을 기다려야 했다. 인간의 모든 지식을 거부하는 침묵, 그것은 바로 신적인 계시가 임하는 통로가 되는 것이다. 이 침묵을 통하여 인간과 신은 만나게 된다.[28] 그리고 그 만남을 통하여 인간은 참된 지식을 얻게 된다. 바로 여기에서 우리는 그레고리오스가 하나님과의 만남과 연합을 지성의 완성이라는 측면에서도 이해하고 있음을 보게 된다.

하지만 그레고리오스는 하나님과의 연합의 의미를 지적인 측면으로만 설명하지 않는다. 모세의 죽음에 대한 해석을 통하여 그레고리오스는 연합이란 하나님의 성품과 일치하는 것, 즉 신화라고 강조한다.

> 이것에 관하여 역사는 무엇이라고 기록하는가? "하나님이 명한 대로 하나님의 종 모세가 죽었다. 그리고 누구도 그의 무덤을 발견하지 못하였다. 그의 눈은 희미해지지 않았고, 그의 얼굴은 창백해지지 않았다."[29] 이것으로부터 우리는 모세가 그러한 고상한 삶을 마감하게 되었을 때, 하나님의 종이라는 위대한 칭호를 얻게 되었다는 것을 발견한다……. 이제까지 말해진 것을 통하여 무엇을 배울 수 있는가? 우리 삶의 한 가지 목표는 우리가 사는 삶의 덕들을 통하여 하나님의 종들이라고 불리는 것이다……. 하나님의 형상에 진정으로 가까워지고 신적 인격에서 벗어나지 않는 자는 자신 안에 구별되는 흔적들을 지니게 되고 모든 것에서 자신의 원형과 일치를 보이게 된다. 그는 자신의 영혼을 썩지 않고 변하지 않으며 전혀 악한 면이 없는 아름다움으로 만드는 것이다.[30]

그러므로 그레고리오스의 관점에서 완전이란 지적인 면에서 성장하는 것만이 아니라 하나님의 성품에 참여하는 자가 되는 것이다. 그렇게 신화의 삶을 추구하는 영혼은 하나님의 종이라는 영광된 칭호를 얻게 되는 것이다.

3. 완전을 위한 삼위의 역할과 인간의 응답

신자가 성화 또는 신화되는 과정에서 성삼위의 역할과 그에 대한 인간의 응답을 살펴보는 것은 완전의 길을 위해 필수적이다. 그레고리오스는 모세의 생애에서 성삼위의 역할과 그에 대한 인간의 응답을 구체적으로 여러 가지 사건들을 통하여 설명한다. 성삼위 가운데 성부가 주도적인 역할을 하고 있지만 영적 성장의 단계라는 관점에서 여기에서는 성자, 성령, 성부의 순서로 분석하고자 한다.

1) 성자의 역할

먼저 성자의 역할에 대하여 그레고리오스는 대속의 희생 제물과 질병의 치료자라는 관점을 강조한다. 대속의 희생 제물이라는 관점은 유월절 사건에서 묘사되고 있다.

> 장자의 죽음은 이집트인과 히브리인들 간에 더욱 명확한 구분을 만들었다. 이집트인들은 자신들의 가장 사랑하는 자녀의 상실이라는 슬픔을 경험한 반면, 히브리인들은 전적인 안전과 고요 가운데 지낼 수 있었다. 피 흘림에 의해 구원이 그들에게 분명하게 된 것이다.[31]

또한 불뱀에 물린 이스라엘 백성들이 모세가 만든 구리뱀을 통해 치료되는 사건을 묘사하며 그레고리오스는 육체와 함께 악한 마음을 고치는 성자의 치유자로서의 역할을 강조한다.

> 그래서 인간은 죄인의 모습처럼 되었고 그 구리뱀을 향하던 인간들처럼 사

람이 되신 그분을 통하여 죄로부터 해방된다. 그는 죽음을 가져오는 그 상처들을 고치시지만, 그 불뱀 자체를 죽이지는 않으셨다. 그 불뱀을 나는 욕망이라고 생각한다. 죄를 낳고 그래서 사망을 낳는 악이 그 십자가를 바라보는 자들을 지배하지 못하지만 영혼을 거스르는 육체의 정욕이 완전히 제거된 것은 아니다.[32]

한편 그레고리오스는 성자를 완전을 향한 진보의 과정에서 신자가 서야할 덕의 반석(the rock of the absolute virtue)으로 해석한다. 모세의 두 번째 시내산 등정에서 하나님은 모세에게 "내 곁에 한 장소가 있으니 너는 그 반석 위에 서라"(출 33 : 21)고 말씀하시는데 이 구절을 다음과 같이 해석한다.

> 또 다른 성서 구절에서 그 진보는 조용히 서 있는 것을 의미하는데, "너는 그 반석 위에 서라."고 말하기 때문이다……. 그는 마치 모래 언덕 위를 오르는 것처럼 끝없이 수고하는 자와 같다. 비록 장시간 발걸음을 내딛지만 모래 위에서의 발걸음은 언제나 아래로 미끄러진다. 그러므로 많은 동작에도 불구하고 진보는 없는 것이다. 그러나 만약 시편 기자의 말처럼 그가 진흙 구덩이에서 발을 들어 올리고 완전한 덕이 되시는 그리스도의 반석 위에 둔다면 그가 바울의 권고처럼 그 덕 안에서 더 견고하고 흔들림 없이 될 것이다. 그리고 그는 자신의 경주를 더 빨리 마치게 된다.[33]

요약하면 그레고리오스는 완전에 이르는 길에 있어서 성자는 구속자와 치유자의 역할도 하지만 완전을 향해 달리는 신자를 위해 특별한 역할을 한다고 말한다. 그 특별한 성자의 역할이란 완전한 덕으로서 신자가 그 위에 서 있음을 통하여 흔들림 없이 더 빨리 달릴 수 있게 하는 것이다.[34] 덕을 실천하는 자만이 덕의 완성을 향해 더 빨리 진보할 수 있는데, 덕을 실천하기 위해서는 완전한 덕이신 성자에게 토대를 두어야 한다는 것이다.

2) 성령의 역할

완전에 이르는 길에서 성령은 신적인 은혜 또는 돕는 자로서 묘사된다. 아브라함 마허비(Abraham Malherbe)는 성령의 역할에 대한 언급이 모세의 생애에서는 그레고리오스의 다른 글들과 비교할 때 적게 나타난다고 지적한다.[35] 그 이유는 우리가 알고 있는 것처럼 모세의 생애가 기록된 모세 오경에는 성령의 활동에 대한 기록이 상대적으로 적기 때문일 것이다. 그럼에도 우리는 성령에 대한 언급들을 부분적으로나마 확인해 볼 필요가 있는데 먼저 모세를 돕는 아론에 대한 해석을 통하여 엿볼 수 있다.

> 우리의 본성에 주어지는 하나님의 도움은 덕의 삶을 옳게 사는 자들에게 주어진다. 이 도움은 우리의 출생 때에 이미 존재하는 것이지만 우리가 우리 자신들을 더 높은 덕을 향해 열심히 훈련하고 보다 더 강한 시험들에 노출할 때 잘 나타나게 된다.[36]

성령에 대한 또 다른 해석은 홍해를 건너기 전에 나타난 구름에 대한 묘사이다.

> 이 건넘에 있어 구름은 안내자의 역할을 한다. 우리 이전 사람들은[37] 구름을 성령의 은혜로서 곧잘 해석하였는데 그 성령은 선을 향한 안내자로서 가치 있는 자들을 안내한다(Αὐτὸ καθοδηγεῖ τοὺς ἀξίους πρὸς τὸ ἀγαθό).[38] 누구든지 그를 따르는 자는 물을 통과하는데 왜냐하면 그 안내자는 그 따르는 자들을 위하여 물 가운데 길을 만들기 때문이다.[39]

여기서 우리는 완전을 향한 성령의 역할에 대하여 그레고리오스가 세 가지의 관점을 제시하고 있음을 본다. 첫째, 성령은 돕는 자로서 완전을 향한 영적 여정에서 안내자 역할을 한다. 둘째, 성령은 인간의 출생 때부터 하나님의 보편적 은혜로서 이미 존재한다. 셋째, 그러나 그 성령의 활동은 신자의 영적 훈련의 정도에 비례한다. 위 인용문에서 '가치 있는'(worthy)을 의미하는 헬라어 단어(άξίος)가 형용사인데 복수, 중성으로 쓰인 것에 주목해야 한다. 다시 말해 성령은 영적 진보를 위해 헌신하는 신자들에게는 누구에게나 그 진보를 돕기 위해 안내자 역할을 한다는 것이다. 이 점에서 완전에 이르는 길이란 신적 은혜와 인간의 노력이 상호 협력하는 결과로서 이루어지는 신인 협력설(divine-human synergism)의 관점에서 이해될 수 있다.[40]

3) 성부의 역할

모세의 생애에서 성부는 완전을 향한 여정의 주도자요 신자에게 영원한 갈망의 대상으로 이해된다. 먼저, 완전을 향한 영적 여행의 주도자로서 성부는 계시자로서 묘사된다. 광야에서 고독과 관상의 삶을 살던 모세에게 하나님은 불타는 떨기나무를 통하여 자신이 누구인지를 계시하였다. 그리고 모세로 하여금 철학적 진리에서 종교적 진리를 추구하도록 그의 지성을 조명하였다. 그 하나님은 시내산에서 십계명과 다른 계시들을 통하여 자신의 뜻을 나타내었다.

이러한 주도자와 계시자의 역할 외에 성부는 영적 갈망의 대상으로서 그려진다. 이러한 이미지는 모세가 시내산에서 두 번째 대면한 하나님과의 대화에 잘 나타난다. 이 두 번째 대면에서 모세는 하나님에게 "주의 영광을 내게 보이소서"(출 33 : 18)라고 요청한다. 하나님은 "내 영광이 지나

갈 때에 내가 너를 반석 틈에 두고 내가 지나도록 내 손으로 너를 덮었다가 손을 거두니 네가 내 등을 볼 것이요 얼굴은 보지 못하리라"(출 33 : 22-23)고 대답하신다.

하나님이 등만 보이신 이 사건을 그레고리오스는 영적 진보에 대한 갈망이라는 관점에서 설명한다. 다시 말해, 모세의 입장에서는 하나님의 등만 본 것도 영적인 기쁨이었다. 왜냐하면 그것은 하나님 임재의 생생한 경험이었기 때문이다. 피조된 인간이 창조주를 만나 창조주와 직접 대화를 나누었고 창조주의 사랑을 경험하였기 때문이다. 이 하나님과의 직접적인 만남과 대화는 모세의 지성을 고양시켰을 뿐만 아니라 그의 영혼을 빛나게 하였다. 그 결과 모세가 하산할 때에 그의 얼굴의 광채로 인하여 사람들이 그를 주목할 수 없었다. 모세의 얼굴은 하산 후에도 한동안 계속 광채를 발하였다. 그래서 모세는 사람들을 대할 때 한동안 수건을 사용했다고 출애굽기 34 : 33~35은 기록하고 있다. 모세의 영혼이 하나님을 닮아 아름답게 변모한 것이다. 이 하나님을 닮음에 대하여 그레고리오스는 다음과 같이 기록한다.

> 그가 진실로 하나님의 형상을(εἰκόνα θεοῦ)[41] 닮아 왔고 하나님의 성품으로부터 벗어나지 않았기에 그는 자신 안에 하나님 형상의 독특한 모습들을 가졌고 모든 면에서 그 원형과 닮았음을 보여 주었다. 그는 썩지 않고, 변하지 않는 것으로 그의 영혼을 복되게 하였으며 악함을 공유하지 않았다.[42]

그러한 모세에게 이제 새로운 영적 목표가 생겼다. 하나님의 등을 본 것이 끝이 아닌 것이다. 언젠가는 하나님의 얼굴을 대면하게 될 것이라는 소망이 생긴 것이다.[43] 하나님의 등을 본 것만으로도 모세의 영혼이 아름답게 되었다면, 하나님의 얼굴을 보며 하나님과 대화한다면 그 아름다움은 얼마나 더할 것인가! 모세의 성품은 하나님의 성품을 닮게 될 것이다.

베드로후서 1 : 4에서 말한 "세상에서 썩어질 것을 피하여 신성한 성품에 참여하는 자가 되게 하려 하셨느니라"는 신화의 약속이 성취되는 것이다. 예수님이 명령하신 하늘 아버지의 온전하심과 같이 너희도 온전하라는 말씀이 성취될 것이다. 그래서 모세의 영혼에는 지극한 갈망이 생겼다. 그것은 하나님을 대면할 것에 대한 사랑이다. 바로 이 하나님을 대면하는 아름다움에 대한 영혼의 사랑이 동방정교회 영성의 한 핵심이 되었다.[44]

요약하면 그레고리오스가 이해하는 성부는 신자가 영적 진보를 시작하도록 이끄는 주도자의 역할을 한다. 그리고 그 여행 가운데 계시자로서 신자의 어두운 영혼을 조명하고 깨우친다. 나아가서 성부는 신자에게 완전한 연합에 대한 갈망을 갖도록 한다. 바로 이 성부와의 대면과 연합이라는 영적 아름다움에 대한 사랑을 불러일으키는 것이다.

4) 인간의 응답

그레고리오스는 삼위의 역할만으로 인간은 완전해지지 않는다고 가르친다. 완전을 향한 진보에는 그 삼위의 역할에 대한 인간의 응답이 뒤따라야 한다. 그러한 인간의 응답은 의지에 의한 선택, 고독과 관상의 훈련, 그리고 영적 진보에 대한 갈망으로 요약할 수 있다.

먼저 모세의 탄생과 바구니를 통한 구원의 사건을 통해 그레고리오스는 인간의 선택을 강조한다. 모세의 탄생은 모세 부모들의 선택에 의한 결과였다. 이것은 대부분의 아기들이 부모들의 의지에 의하여 태어나는 것과 같다. 더욱이 모세가 갈대 상자에 의하여 구원받은 것은 부모들의 선택에 의한 결과였다. 대부분의 이스라엘 부모들처럼 모세의 부모도 모세를 바로의 부하들에게 내어 줄 수 있었다. 그러나 모세의 부모는 아기의 생명을 지키기로 결정하였고 그에 따라 나일 강의 위험에서 한동안 생명을 보존할 수 있도록 역청과 나무진을 칠하여 안전한 상자를 만들었다. 한편 언제든지 어린 아기를 위험에 빠뜨릴 수 있는 강물을 그레고리오스는 삶의 지속적인 욕망의 물결로 설명한다. 모세의 부모가 강물의 위협으로부터 아기를 보호하기 위한 선택을 하였듯이 모든 신자는 그 욕망의 물결로부터 자신을 보호하기 위한 결정들을 해야 한다고 강조한다.[45]

둘째로, 모세는 이스라엘 사람들 사이에서 일어난 싸움을 중재하려다 자신의 살인 사실이 발각되어 광야로 피신한다. 그레고리오스는 모세가 자신의 도피를 고독과 관상을 위한 영적 훈련으로 삼았다고 해석한다. 모세는 광야에서 장인 이드로의 가족들과 함께하는 시간보다는 홀로 광야에서 가축을 돌보는 일을 하였다. 이 고독과 침묵과 관상은 모세로 하여금 애굽에서 배운 철학과 인간적 학문들을 토대로 더 깊은 진리를 묵상하는 훈련이 되었다.[46] 모세가 떨기나무에 불이 붙었으나 떨기나무가 타지 않는 것을 의아하게 여겨 그 나무로 돌아섰다는 것은 의미 있는 교훈을 준다. 모세는 침묵과 관상을 통하여 자연의 섭리에 대한 깊은 깨달음을 얻었을 것이다. 불타는 나무가 불에 의하여 소멸되는 것은 자연의 이치다. 그런데 이 자연의 이치에 따르지 않는 초자연적 현상을 보고 모세는 떨기나무로 돌아서게 된 것이다. 즉, 피조물에 대한 관상이 초자연적 계시를 받아들일 수 있는 준비 과정으로 작용하였다. 이처럼 고독과 침묵과 관상의 생활은 삼위의 활동들을 감지하고 그 활동들에 반응할 수 있는 인간의 행위라고 할 수 있다.

끝으로, 신자가 완전의 덕에 이르기 위해 해야 할 결정적인 응답은 그 덕을 위해 갈망하는 것이다. 신자 속에서 활동하는 성삼위의 가장 큰 비밀은 그러한 활동들을 통해 영혼에게 기쁨을 선사하는 것이다. 앞에서 성부의 역할에 대하여 언급한 것처럼 성삼위의 활동은 인간의 영혼에 더 깊은 갈망이 일어나게 한다. 하나님과의 만남은 인간의 영혼에 사랑, 기쁨, 평강이라는 신적 생명을 경험하게 하는데(롬 14:17) 이러한 생명은 세상에서 경험하지 못하는 것이다. 그리고 그 생명은 하나님의 형상을 따라 지어진 인간의 영혼이 그 형상을 회복하게 만든다. 그 형상의 회복은 곧 영원한 아름다움이다. 이렇게 자신의 영혼 안에 실현되는 신적 생명과 아름다움을 경험한 영혼은 그 아름다움을 더욱 열망하게 된다. 그리고 이것이 덕의 완전에 이를 때까지 인간이 전력을 다해 달려갈 수 있는 응답의 에너지가 된다.

4. 완전의 개념

그레고리오스에게 완전의 개념은 네 가지로 요약될 수 있다. 첫째, 완전이란 덕의 원천인 하나님의 성품과 일치되는 것이며 그러한 신자는 하나님의 친구라고 불리게 된다. 둘째, 완전에 이르는 것은 그 과정이 중요한데 끊임없이 목표를 향해 달려가야 한다. 셋째, 완전의 개념은 하나님에 대한 인식론적 측면에서도 적용할 수 있는데 하나님은 영적 진보의 초보자에게는 명백히 알려지지만 진보자에게는 감추어짐에 의해서 계시된다. 넷째, 완전을 향한 개인의 진보는 진보한 만큼 공동체에 유익을 주게 된다.

첫째, 모세는 하나님의 성품을 닮아 가는 완전에의 길에서 인간이 성취할 수 있는 최고의 상태에 이르렀다. 모세의 생애 결론에서 그레고리오스는 다음과 같이 선언한다.

> 모세가 성취 가능했던 완전에 이르렀다는 사실에 대하여($\Gamma\iota\alpha\tau\acute{\iota}$, $\tau\grave{o}$ $\H{o}\tau\iota$ $\grave{o}$ $M\omega\upsilon\sigma\tilde{\eta}\varsigma$ $\pi\acute{e}\tau\upsilon\chi\epsilon$ $\tau\grave{\eta}$ $\delta\upsilon\nu\alpha\tau\grave{\eta}$ $\sigma\tau\grave{o}\nu$ $\H{\alpha}\nu\theta\rho\omega\pi o$ $\tau\epsilon\lambda\epsilon\iota\acute{o}\tau\eta\tau\alpha$)[47] 더 진실한 증언을 어디서 찾을 수 있겠는가? 그것은 "내가 다른 사람들보다 너를 더 알아 왔다."는 하나님의 말씀이다. 또한 하나님 자신에 의하여 '하나님의 친구'라고 불린 사실이 그것을 보여 준다……. 그러한 모든 일들은 모세의

생애가 완전의 최정상에 이르렀다는 명백한 증언이자 증거다.[48]

여기서 '모세가 성취 가능했던 완전에 이르렀다.'는 사실은 무엇을 의미하는가? 두 가지 단어를 살펴보아야 하는데 '완전에 이르렀다'를 나타내는 헬라어 단어(πέτυχε)와 '인간적인 완전'을 나타내는 헬라어 구절(ἄνθρωπο τελειότητα)이다. 먼저 3인칭, 단수, 과거, 직설법으로 쓰여진 헬라어 단어(πέτυχε)는 모세가 확실하게 완전에 이르렀음을 의미한다. 그런데 그것은 인간적인 기준의 완전(ἄνθρωπο τελειότητα)이다. 절대적인 의미의 완전이 아니다.[49] 인간이 이를 수 있는 최정상에 도달한 또 다른 증거를 우리는 민수기에서 찾을 수 있는데 민수기 12:3은 "이 사람 모세는 온유함이 지면의 모든 사람보다 더하더라"고 기록하고 있다.

둘째, 완전에 이르는 길은 그 과정이 중요한데 그 과정은 끊임없는 달리기와 같은 것이다. 서론에서 그레고리오스는 그 길을 말 경주에 비유하여 묘사한다. 말 경기장에서 관중석에 앉은 사람들은 자신이 승리를 기원하는 말을 향하여 열정적으로 응원한다. 비록 자신의 몸짓과 목소리가 최선을 다해 달리는 그 말에게 별로 영향을 주지 못하는데도 그렇게 하는 것이다. 그레고리오스는 바로 자신이 이 관중과 같은 태도로 자신에게 이 책을 써 줄 것을 요청한 젊은이를 향해 그의 영적 달리기를 응원한다고 강조한다. 모세의 생애 끝부분에서 그레고리오스는 다음과 같이 거듭 강조한다.

> 그럼에도 불구하고, 서론에서 우리의 정의를 잊지 말자. 거기에서 우리는 완전한 삶에 대한 묘사가 어렵다고 해서 그것의 진보를 방해할 수는 없다는 것을 역설하였다. 더 나은 것을 향한 삶의 지속적인 성장이(επεκτασις) 완전을 향한 영혼의 길이 되는 것이다.[50]

크리스티나 로브 도버(Kristina Robb-Dover)는 그레고리오스가 여기서 지속적인 진보의 개념을 통하여 완전에 대한 새로운 기독교적 개념을 제시하였다고 지적한다. 즉, 완전을 덕의 정적인 성취 개념(static achievement of virtue)으로 이해한 플라톤주의자들의 관점이 아닌 동적인 성취 개념(perpetual progress, επεκτασις)으로 설명하였다는 것이다.[51] 한편, 에버렛 퍼거슨(Everett Ferguson)은 이 동적인 성취 개념이 필로, 이레나이우스(Irenaeus), 알렉산드리아의 클레멘트, 그리고 오리게네스의 글에도 등장하였으나 신학적인 개념으로 정착된 것은 그레고리오스에 의해서 이루어졌음을 지적한다.[52]

셋째, 완전에 대한 또 다른 개념은 하나님에 대한 인식론적 측면에서 설명된다. 모세의 생애에서 하나님은 영적 성장의 초보자에게는 빛 가운데에서 계시되는 반면, 진보자에게는 어둠 가운데 알려진다. 다른 말로 하면 하나님의 드러남과 감추어짐이라고 할 수 있다. 모세에게 처음 나타난 하나님은 떨기나무의 빛 가운데 계시된다. 여기에서 빛이 암시하는 것은 구체적인 드러남을 의미한다. 하나님은 의아해하는 모세에게 자신을 아브라함, 이삭, 야곱의 하나님이라는 구체적인 관계를 통하여 알리신다. 나아가 하나님은 자신의 신적 본질을 스스로 있는 자라고 명백히 드러내신다. 이와는 다르게 영적 진보의 정상이라고 할 수 있는 시내산에서 하나님은 암흑 가운데 나타나신다. 빛 가운데에서는 모든 것을 볼 수 있으나 어두움 속에서는 그렇지 않다. 여기에서 하나님은 감추어진다. 이것은 모세가 이제까지 알고 있던 하나님에 대한 모든 전이해들을 부정해야 함을 상징한다.[53] 영적 진보자는 과거의 모든 지식과 경험을 부정하고 다만 어둠과 침묵 가운데에서 주어지는 새로운 신적 계시를 기다려야 하는 것이다. 이처럼 그레고리오스의 완전에 대한 개념 가운데에는 부정의 방법으로 하나님을 이해해 가는[54] 부정의 신비신학(apophatic theology)이 포함된다.[55]

끝으로, 개인적 완전은 공동체의 유익에 기여한다. 완전의 덕은 개인을 위한 목표만이 아니라 공동체의 유익을 위한 것이다. 그레고리오스는 결론의 마지막 장에서 모세의 생애를 서술해 줄 것을 요청한 젊은이에게 다음과 같이 충고한다.

> 이제 자네의 이해가 장엄하고 신적인 것으로 고양되었을 것이라고 생각하네. 나는 자네가 많은 것들을 발견하였을 것이라고 확신하네. 무엇을 발견하였든지 가장 확실한 것은 그것이 예수님 그리스도 안에서 공동체의 유익이 될 것이라는 것이네. 아멘.[56]

그렇다! 완전의 덕을 향한 경주는 곧 이웃을 향한 달음질이다. 이러한 사실은 동방정교회 영성가들이 공통적으로 사용하던 숯불에 달구어진 쇠의 비유에서도 잘 나타난다.[57] 쇠는 그 자체로서 차갑고 무거우며 날카로울 수 있어 자칫 다른 사람을 해칠 수도 있다. 그러나 숯불에 달구어지면 빛과 열이 된다. 어두운 곳을 비추는 빛이 되고 추운 곳을 따뜻하게 해 주는 열이 되는 것이다. 불이 되어 버린 쇠의 본질은 변하지 않는다. 여전히 쇠다. 그러나 불이 된 쇠는 자신의 본질과 관계없이 자신이 가는 곳마다 빛과 열을 나누어 준다. 다른 존재로 기능하는 것이다. 차가운 쇠가 열을 받아 불이 되는 것은 이기적인 인간 존재가 하나님의 사랑 가운데 머물러 이타적 존재로 변화되는 것을 의미한다. 하나님의 임재 가운데 충분히 머물렀기에 하나님의 성품을 소유하게 된 것이다. 그리고 하나님의 본성처럼 자신의 모든 것을 나누어 주는 존재로 살아가는 것이다.

5. 이 장의 요약

그레고리오스는 철학과 영성신학을 조화롭게 종합한 인물이다. 교회의 스승으로서 그는 신자의 소명인 그리스도를 닮는 삶에 깊은 관심을 가졌다. 그래서 완전을 향한 길을 위한 성서적 모델을 제시하고자 모세의 생애를 기록하였다. 필자는 모세의 생애를 영적 성장의 세 단계라는 관점과 완전을 위한 성삼위의 역할과 그에 대한 인간의 응답이라는 관점에서 분석하였다.

먼저, 영적 성장의 세 단계인 정화, 조명, 그리고 연합의 관점을 보면 다음과 같다. 첫째, 정화에 관한 것으로서, 홍해 사건은 도덕적 정화를 의미하는 것으로 해석된다. 그러나 그레고리오스는 이스라엘 백성들이 광야 여정의 끝부분에서 모압 여인들과 성적인 쾌락에 빠지는 것을 지적한다. 즉, 정화의 단계는 직선형으로 이루어지기보다는 나선형으로 이루어지는 것으로 언제든지 다시 타락할 수 있음을 경고한다. 둘째, 조명의 단계에서 그레고리오스는 절대자에 대한 깊은 이해를 추구하는 철학적 조명을 강조한다. 그런데 그레고리오스는 절대자에 대한 이해를 넘어 신자는 절대자에 대한 참여를 추구한다고 강조한다. 바로 이 절대자에 대한 참여는 동방정교회의 신학적 비전인 신화 사상과 관련이 있다. 셋째, 연합은 하나님의 성품에 참여하는 것이다. 덕의 원천이자 인간 형상의 원형인 하나님의 모습을 닮는 것을 의미한다.

완전에의 길은 성삼위의 활동과 그에 대한 인간의 응답으로 이루어진다. 첫째, 성자는 구속자이며 치료자일 뿐 아니라 덕의 성취를 위한 반석으로서 설명된다. 즉, 신자는 완전을 향한 도상에서 매 순간 완전한 덕이 되는 성자 위에 굳게 서야 한다. 성육신 사건을 덕의 성취를 위한 삶의 모범자라는 측면에서 특별히 강조하는 동방정교회의 신학이 표현되고 있다. 둘째, 성령은 완전을 향하는 인간을 돕는 자로서 모든 신자들에게 역사한다. 하지만 성령은 덕의 성취를 위해 매진하는 영혼 안에서 더 많은 활동을 한다는 신인협력설의 관점이 나타난다. 셋째, 성부는 완전에의 길을 위한 주도자요 계시자로서 활동한다. 나아가서 성부는 신자들에게 영원한 갈망의 대상이 되는데 이 갈망은 신자에게 있어 완전을 향한 경주의 원동력이 된다. 이러한 성삼위의 활동에 대하여 인간은 인간의 응답으로서 완전을 향한 의지적 선택, 고독과 관상의 삶, 그리고 더 나은 완전을 갈망하는 길을 쉼 없이 달려가야 한다.

　이상의 분석을 토대로 완전의 개념은 네 가지로 요약할 수 있다. 첫째, 완전은 하나님의 성품과 일치하는 것이다. 하나님의 성품에 가까운 삶을 사는 신자들은 하나님의 종 또는 친구라는 칭호를 얻게 되는데 그것은 하나님과 동행하는 삶의 귀결이다. 둘째, 완전은 목표만큼이나 과정이 중요하다. 경주장에서 최선을 다해 마지막 순간까지 달리는 말처럼 신자는 경주해야 한다. 셋째, 완전은 동시에 지성적인 성장도 의미한다. 그런데 지적인 성장 과정에서 이미 얻은 전이해들을 부정하는 단계를 거쳐야 한다. 그리고 마지막에는 모든 것을 부정하고 다만 침묵 가운데 열리는 신적 계시를 경험해야 한다. 자신의 모든 전이해들을 부정하고 신적 임재 앞에 서게 될 때 신자는 비로소 완전한 지식에 이른다는 의미다. 끝으로, 개인적 완전은 공동체의 유익을 위한 것이다. 완전에 이른 만큼 신자는 공동체의 유익에 기여하게 된다.

　이상에서 다룬 그레고리오스의 완전에 대한 개념이 그리스도교 영성학에서 추구하는 완전의 개념에 대한 절대적인 대답이 되지 않을 수도 있다. 하지만 그레고리오스의 정의는 교회사를 통해 참고되고 보완되어 왔다는 점을 통해 21세기에 완전을 추구하는 독자들에게 충분히 참고가 될 것이다.

어거스틴의 종교적 회심과 영성 이해[1]

김동영(한신대학교, 종교심리학/영성학)

인간의 종교 체험은 온전한 영성을 회복하는 데 중요한 영향을 끼친다. 회심 체험의 주제는 인간의 종교 체험을 이해할 때에 빼놓을 수 없는 것이다. 이러한 면에서 그리스도인의 회심 경험에 대한 바른 이해는 그리스도교 영성을 이해하며 온전한 영성의 삶을 살아가는 데 도움이 될 것이다. 이 글에서는 사도 바울의 회심의 이야기처럼, 그리스도교 역사상 우리에게 깊은 영향을 주고 있는 어거스틴의 회심과 삶의 이야기를 나누고자 한다.

이 글의 목표는 종교적 회심을 학문 간의 상호 대화식 접근법을 통해 통전적으로 이해하며, 그 유익함을 고찰하는 데 있다. 이러한 과정 속에서 루이스 람보(Lewis R. Rambo)의 체계적인 종교 체험의 모델을 사용하여 성 어거스틴의 회심의 사례를 이해하고자 한다. 어거스틴의 회심에 대한 전 연구들은 어느 특정한 관점 — 예를 들면, 신학, 역사학, 혹은 심리학 — 에서 그의 삶의 이야기를 논의하여 왔다. 다시 말하면, 전 연구들은 어거스틴의 종교 체험을 분석하고 이해하기 위하여 제한된 시각, 협소한 범위 안에서의 물음과 문제의식을 가지고 출발하였다. 본 연구는 학문 간의 체계적, 구조적 그리고 비평적인 대화의 장을 열고자 한다. 이러한 대화 속에서, 어거스틴의 회심 과정 안에 있었던 개인적, 사회적, 문화적 그리고 종교적 요소들이 어떻게 형성되었으며, 또한 그 요소들이 어떻게 서로 상호 작용을 하는지 살펴보고자 한다.

　루이스 람보는 회심 현상의 복합성과 다양성을 이해하기 위하여, 심리학, 사회학, 인류학 그리고 종교학/신학을 비평적이며 상호 보완적인 대화의 장으로 함께 초대하고 있다. 람보는 상황(context), 위기(crisis), 탐구(quest), 만남(encounter), 상호 작용(interaction), 참여(commitment), 결과(consequences)라는 단계들을 포함하는 회심의 모델을 제시한다. 좀 더 구체적으로 말하자면, 그의 모델(the systemic stage model)은 다음 일곱 가지의 상호 연관된 요소들을 함축하고 있다 : (1) 회심은 생태학적인 상황 안에서 일어난다. (2) 잠재적 회심자는 위기와 좌절을 경험하게 된다. (3) 위기 가운데 있는 잠재적 회심자는 지나온 인생을 되돌아보며, 탐구/반추하기 시작한다. (4) 잠재적 회심자는 종교적 후원자를 만나게 된다. (5) 이 종교적 후원자와 잠재적 회심자는 삶의 이야기들을 나누며, 서로에게 영향을 주게 된다. (6) 잠재적 회심자는 한 종교에 구체적으로 참여하게 되며, 회심자가 된다. (7) 회심의 결과들은 회심자의 나머지 삶 속에서 명백하게 나타난다.[2)] 람보에게 있어서, 한 개인의 회심 과정은 심리학자들, 사회학자들, 인류학자들, 그리고 신학자들의 공동의 연구와 참여 속에서 잘 이해될 수 있다. 람보의 모델은 회심의 복합적이고 다양한 측면들을 알아보고자 할 때 도움이 된다. 이 모델은 인간의 변화 과정에 대한 학문 간의 상호 대화식 접근법의 유익함을 증언해 주고 있다. 아울러 이 모델은 종교 체험(예 : 어거스틴의 회심 이야기)을 이해하려고 할 때, 중요한 요소들(factors)을 잘 준비하도록 도와주며, 또한 올바로 배열(appropriate disposition)할 수 있도록 도움을 준다.

　통전적(integrated)이란 어거스틴의 살아 있는 경험 — '회심' — 을 해석할 때에, 다양한 사고들과 접근법들을 효과적으로 상호 연결시키며, 일관성 있게 나아가는 것을 의미한다. 이러한 맥락에서, 통전적이란 단순히 덧붙이는 것(additive), 병렬시켜 정렬하는 것(juxtaposed), 그리고 그저 여러 관점에서 보는 것(multidisciplinary)을 가리키는 말이 아니다. 이것은 상호 관계적이고(interrelated), 서로 밀착되어 소통하는 것이고(coherent), 나아가 학문 간의 상호 비평적인 대화(interdisciplinary)를 통해 더 좋은 결과를 얻게 하려는 것이다.[3] 그리스도교 영성과 종교심리학 분야에 속한 학자로서 그리고 그리스도교 공동체 안에 있는 목회자로서, 필자는 어거스틴의 회심 체험에 대하여 더 통전적인 재해석을 다음과 같은 분들에게 제시해야만 된다는 책임감을 느낀다 : (1) 어거스틴의 회심에 대해서 사회과학적인 해석 ─ 특히, 심리 분석적 해석 ─ 의 필요성을 느끼지 못하는 학자들, (2) 종교 체험의 과정에서 신적인 존재의 치유의 능력에 대해 주목을 하지 않은 사회과학분야의 학자들, 그리고 (3) 인간의 변화 과정에 개인적, 사회적, 문화적 요소들이 영향을 줄 수 있다는 점을 외면하는 신앙인들과 오직 종교적인/신학적인 요소만 강조하는 학자들.

다음과 같은 질문들은 이 글을 효과적으로 이해하는 데 도움이 될 것이다 : (1) 인간의 종교 체험을 어떻게 이해하여야 하는가? (2) 인간의 종교 체험은 영성 회복 ─ 특히 관계성의 회복 ─ 과 어떠한 관련이 있는가? 온전한 관계성의 회복을 위해서는 다음과 같은 측면들이 포함되어야 한다 : 나와 나 자신의 관계(self-self relationships), 나와 다른 사람과의 관계(self-others relationships), 그리고 나와 하나님과의 관계(self-divine relationships) (3) 어거스틴의 회심 이야기의 다양한 해석을 어떻게 하면 효과적으로 그리고 통전적으로 이해할 수 있는가? 그리고 (4) 어거스틴의 회심 이야기가 어떻게 하면 우리 자신의 삶의 이야기들과 함께 어우러질 수 있는가? 그의 회심 이야기와 그리스도교적 영성이 오늘 우리의 영성의 삶을 위하여 그리고 우리 신앙 공동체를 위하여 어떠한 함축적 의미를 주고 있는가?

1. 회심에 대한 정의와 문헌비평

1) 회심이란?

회심에 관한 중요한 성서적 단어들은 히브리어 나함(naham)과 셔브(shub)이고, 헬라어 메타노이아(metanoia)와 에피스트로페(epistrophe)이다. 첫 번째 단어군인 나함과 메타노이아는 회개를 강조하며, "무엇(죄)으로부터 돌아섬"(a turning from 〈sin〉)을 의미한다. 두 번째 단어군인 셔브와 에피스트로페는 "어떤 분(하나님)을 향하여 돌아섬"(a turning toward 〈God〉)을 내포하고 있다.[4] 고전적인 라틴어 — 어거스틴의 글들 속에서도 발견되는 — 컨버어시오(conversio)와 컨버어테레(convertere)는 "돌이키거나 혹은 형성되어 가는 행동 — 영적인 감각에서든지 혹은 물질적인 감각에서든지 간에 — 변화의 결과"를 가리킨다.[5] 종교심리학적인 관점에서, 윌리암 제임스(William James)는 회심을 분열된 자아가 통합되어 올바르고 숭고하게 되며, 행복하게 되어 가는 것으로 본다.[6] 사회학적인 관점에서, 윌리암 베인브리지(William S. Bainbridge)는 회심을 "새로운 종교의 유대 관계 안으로 들어가는 것"(the joining of a new religious fellowship)으로 해석한다.[7] 인류학적인 관점에서, 다이앤 어스틴-브루스(Diane Austin-Broos)는 회심을 "한 구체적인 장소 안에서 문화적인 존재로 되어 가는 — 문화에 동화되어 가는 — 과정"(an encultured being arriving at a particular place)으로 설명한다.[8] 신학적인 관점에서 도날드 맥킴(Donald K. McKim)은 회심을 "인간이 하나님의 부르심을 향하여 — 예수 그리스도를 따르는 믿음과 신앙 가운데 — 돌아서는 것 혹은 그 부르심에 응답하는 것"으로 본다.[9] 심리학적, 사회학적, 인류학적, 그리고 종교학적 관점들을 통합하는 측면에서, 루이스 람보는 회심을 "사람들, 사건들,

사상들, 제도적인 기관들, 사회적 기대치들, 문화적/환경적 순응들이 함께 공존하는 장소 안에서 발생되는 종교적 변화 과정"으로 본다.[10] 학문간의 상호 대화적인 관점에서, 필자는 다음과 같이 종교적 회심에 대한 정의를 내리고자 한다 : 회심이란 종교 체험의 복합적이고 다양한 측면들이 포함된 하나의 변화 과정 ― 한 개인의 삶에 영향을 주고, 인생의 목표를 새롭게 정립하여, 삶이 새로운 방향으로 나아가게 하는 것 ― 이다. 이 회심의 과정은 개인적인, 사회적인, 문화적인 그리고 종교적인 요소들이 서로 상호 작용하는 가운데 형성되며 영향을 받게 된다.

2) 회심 연구에 대한 문헌비평

종교 체험 현상의 복합성 때문에 많은 학자들은 서로 다른 관점에서 회심에 대한 다양한 이해들을 제시하고 있다. 예를 들면, 심리학자들은 개인적인 위기, 욕구, 필요 그리고 정신적 발달이라는 관점에서 회심을 이해하려고 한다.[11] 사회학자들은 사회적 기관들의 힘과 영향에 의해 형성된 변혁이라는 관점에서 회심을 설명하려고 한다. 그러므로 그들은 사회적 영향력과 한 종교적 그룹의 일원이 됨을 통한 개인의 변화에 관심을 둔다.[12] 인류학자들은 특수한 환경 안에 있는 문화적 요인들에 초점을 맞추어 회심을 고찰한다. 그들에게 있어서 회심이란 하나의 과정이며, 이것은 세계관이나 문화의 구조와 밀접하게 연관되어져 있다.[13] 신학자들은 무엇보다도 인간의 변화/치유 과정을 이끄시는 하나님의 절대적인 역사하심에 초점을 둔다. 그들은 그리스도교인의 회심 현상을 적절하게 이해하기 위해서는 하나님과 회심자 사이의 관계성, 즉 직접적 만남의 측면을 꼭 고찰해야 한다고 주장한다.[14] 위에서 살펴본 것처럼, 하나의 이론적 학문 분야의 연구만을 통해서는 회심 과정에 관련된 다양한 해석들을 다 함축하여 이해할 수는 없다. 그렇기에 회심연구에 관련된 학문 간의 — 신학적 분야와 사회과학적 분야들 사이에 — 비평적이며 상호 통합적인 대화들이 필요하다고 본다.

2. 어거스틴의 회심 사례 및 그의 기본적인 신학 사상과 삶을 소개하기

인간의 변화와 종교 체험의 과정을 설명하기 위하여 어거스틴의 회심사례를 소개하고자 한다. 4세기말 이후, 성 어거스틴(354-430 A.D.)은 심오한 영적 순례를 추구하는 수많은 사람들의 모범이 되어 왔다. 어거스틴의 「고백록」(Confessions)은 하나님 앞에서 자기 자신을 솔직히 드러내는 개인적 차원의 기도(a personal prayer)였으며, 동시에 사제/주교였던 어거스틴이 그의 회심 — 마니교로부터의 돌아섬과 그리스도교를 향한 돌아섬 — 의 진정성을 증언하기 위한 공인으로서의 행동(a public act)이었다. 어거스틴은 이러한 「고백록」을 쓰는 동안에, 하나님을 만나기 위해 그의 내면세계로 들어가 고백을 하였고, 밖으로는 교회 공동체에 있는 많은 증인들 앞에서 그의 신앙을 고백하였다(conf. 10.1.1).

넓은 의미에서, 어거스틴의 사상과 삶은 마니교(Manichaeism)로부터 회의주의(skepticism)로, 회의주의로부터 신플라톤주의(Neoplatonism)로, 그리고 신플라톤주의로부터 그리스도교로 나아간 것과 밀접한 관련이 있다. 어거스틴의 기본적인 사상은 — 그의 영성신학과 깊은 연관이 있는 — 다음의 주제들 속에 잘 표현되어 있다 : (1) 하나님과 영혼, (2) 죄와 하나님의 은총, (3) 창조, 시간 그리고 영원, (4) 하나님의 사랑과 이웃 사랑의 관계 — 기도와 행동, 그리고 (5) 교회와 세례. 어거스틴의 기본적인 그리스도교 사상 및 신학 형성은 그 시대의 사회적, 문화적, 역사적, 정치적,

그리고 종교적인 상황들과 깊은 연관이 있었다. 특히 그의 중요한 사상과 신학은 하나님의 교회를 지켜 내고 성도들을 보호하기 위하여, 마니교도들(Manichees), 도나티스트들(Donatists), 아리안들(Arians), 그리고 펠라지안들(Pelagians)과의 치열하고 긴 논쟁들 속에서 이루어졌다.

어거스틴의 회심의 경험은 그의 전 인생의 여정과 깊은 연관이 있다. 그의 삶의 여정을 다음과 같은 맥락 속에서 간략하게 알아보기로 하자 : 그리스도교로 회심하기 전 단계로서의 어거스틴의 삶-그의 처음 32년간의 삶(354-386), 어거스틴이 그리스도교로 회심하는 시기-386년 여름 밀란의 정원에서, 그리고 그리스도교로 회심한 이후의 어거스틴의 삶(386-430).

(1) 어거스틴은 당시 로마 제국의 영토였던 북아프리카 타가스테(현 알제리의 수크 아라스)에서 태어났다. 그리스도교인이었던 어머니 모니카(Monica)와 이교도였던 아버지 패트리시우스(Patricius) 밑에서 어린 시절(354-370)을 보내게 되었다. 그 후 북아프리카에서 가장 큰 도시였던 카르타게에서 수사학 공부를 하였다. 이곳에서 그는 어린 시절 그의 어머니를 통해 접했던 그리스도교를 떠나 마니교인이 되었고, 그 당시 하층 계급의 여인을 만나 평범한 관습적 결혼(common/unlawful marriage)을 하게 되었다(371-374). 젊은 마니교도로서 어거스틴은 그의 고향 타가스테로 돌아와 학생들을 가르쳤으며, 그 후 사정이 여의치 않아 다시금 카르타게로 돌아가 수사학 교수직을 수행하였다(375-383). 어거스틴은 카르타게에서 교수로서 명성을 얻었다. 그러나 그가 몸담았던 마니교에 회의를 품기 시작하였으며, 로마로 거처를 옮기게 되었다. 그는 로마에서 학생들을 가르쳤으며, 점차 회의주의자가 되었고, 당시 로마 제국의 수도였던 밀란으로 다시 거처를 옮긴 후에 교수직을 계속하였다. 어거스틴은 밀란의 지식인들의 모임에 들어가 활동하였고, 거기에서 신플라톤주의의 사상을 접하게 되었다(383-386).

(2) 신플라톤주의자 어거스틴은 386년 여름 밀란의 정원에서 하나님을 만나는 경험을 하였다. 그는 이 경험을 한 후 그리스도교인이 되었다.

(3) 그리스도교로 회심한 이후의 어거스틴은 그를 따르는 사람들과 카시시아쿰에 가서 공동체적인 삶을 시작하였다. 그 후 잠시 밀란으로 돌아와 암브로스(Ambrose) 주교로부터 세례를 받았다(387). 어거스틴은 세례를 받은 후 북아프리카로 돌아가는 도중에 오스티아(Ostia)에서 그의 어머니 모니카와 함께 하나님을 만나는 신비 체험을 하였다. 그 후 모니카의 갑작스러운 죽음과 그 당시 정치·사회적인 이유 — 맥시무스(Maximus)의 반란으로 인해 지중해의 뱃길이 원만하지 못함 — 때문에 로마에 잠시 머무르게 되었다. 388년에 드디어 어거스틴의 일행은 북아프리카의 카르타게를 거쳐 그의 고향인 타가스테에 도착하였다. 여기서 어거스틴은 그의 고향집을 이용하여 그리스도교 평신도 수도원을 세웠으며, 한 명의 평신도로서 어거스틴도 이 공동체에 참여하였다(388-391). 그 후 어거스틴은 자기의 의사와 상관없이 힙포 레지우스의 발레리우스(Valerius) 주교에 의해 사제로 임명되었다. 이러한 상황 속에서 어거스틴과 그의 친구들은 힙포로 거처를 옮기에 되었고, 평신도 수도원을 세우게 되었다. 그 후 주교가 된 어거스틴은 성직자를 위한 수도원 그리고 여성들을 위한 수도원을 세웠을 뿐만 아니라, 발레리우스의 뒤를 이어 교회 교역에 참여하였다. 430년 밴달(Vandal)의 군대에 의해 힙포가 포위되어 그의 생을 마칠 때까지, 어거스틴은 하나님을 만나기 위한 기도의 삶과 교회와 이웃을 섬기는 삶에 헌신적으로 참여하였다.[15]

어거스틴의 인생 속에 있었던 중요한 사건들을 특별한 장소들과 시간의 흐름에 따라 다음과 같이 간략히 소개한다(이 사건들은 어거스틴의 회심의 과정을 재해석하고 이해하는 데 매우 중요한 역할을 한다.) : ① 어린 시절 학교에서 가혹한 체벌을 받은 경험들과 그에 대한 부모들의 무관심, 그리고 체벌을 피하게 해 달라는 그의 기도에 대해 하나님의 침묵하심을 경험함

(*conf.* 1.9.14-15), ② 세상 친구들과 어울려 배를 훔쳤으며 그것들을 돼지 우리에 던져 버린 사건(2.4.9-2.6.12), ③ 이름이 알려지지 않은 그의 친구의 죽음-마니교도였던 어거스틴은 그리스도교인이었던 그의 친구를 마니교로 개종시키려고 했음. 죽음이 임박한 순간에 그의 친구가 그리스도교 세례를 받는 것을 비웃었음(4.4.7-9), ④ 마니교 사상에 대한 어거스틴의 물음들 그리고 거기에 대한 파우스트의 불충분한 답변들(5.6.10-5.7.13), ⑤ 어거스틴이 그의 어머니를 속이고 로마로 떠나감(5.8.15), ⑥ 어거스틴이 그의 아내를 저버림(6.15.25), ⑦ 어거스틴이 그의 영적인 스승들과 친구들을 만나게 됨(예 : 그리스도교 플라톤주의자 심플리시아누스⟨Simplicianus, 8.5.10⟩, 그의 친구 알리피우스⟨Alypius, 8.9.27-8.12.30, 9.6.14⟩), ⑧ 밀란의 정원에서 하나님을 만나는 경험(8.12.28-30), ⑨ 암브로스 주교로부터 세례를 받음(9.6.14), ⑩ 오스티아에서 그의 어머니와 함께한 신비한 체험-공동체적으로 하나님을 만나는 경험(9.10.23-26), ⑪ 힙포의 수도사와 사제/주교로서 수도원 생활과 교회 교역에 헌신함(Possidius, *v. Aug.* 4, 5, 7, 8), 그리고 ⑫ 밴달 군대에 의해 힙포가 포위되어 있는 상황 속에서 하나님의 교회와 성도들을 지켜 내기 위한 그의 마지막 노력과 죽음(*v. Aug.* 29, 30, 31).

3. 어거스틴의 회심에 관련된 문헌비평 및 상호 대화식 물음들 제시하기

1) 어거스틴의 회심 이해에 관한 문헌비평

어거스틴의 회심 현상의 복합성과 다양성 때문에, 학자들은 그의 변화 과정에 대해 여러 가지 해석들을 제시하고 있다. 예를 들면, 심리학적인 관점에서, 학자들은 어거스틴의 회심을 오이디푸스적인 갈등 — 퇴행적인 정신 병리학적인 측면에서 ― 을 해결하려는 노력,[16] 그의 분열된 자아를 통합하려는 과정,[17] 혹은 그의 정신적 발달과 점진적인 성숙을 통한 자아확립의 과정으로 해석하고 있다.[18] 사회학적인 관점에서, 학자들은 「고백록」에 묘사된 다른 사람들의 회심의 이야기들이 어거스틴의 회심에 어떠한 영향을 주었는지에 대하여 주목한다("한 이야기 안에 있는 또 하나의 이야기"〈a story within a story〉).[19] 그들은 어거스틴의 회심을 다른 사람들과의 인간적인 결속(interpersonal bonds)과 그리스도교 공동체 안에서의 긴밀한 유대감(Christian friendships)을 통한 변화로 설명하고 있다.[20] 인류학적인/철학적인 관점에서, 학자들은 어거스틴의 회심을 고대시대 후기의 신플라톤주의가 그의 지적인 변혁에 영향을 준 결과로 본다.[21] 또한 그의 회심을 4세기 후기와 5세기 초에 있었던 그리스도교 수도원 운동(Christian monastic movements) ― 특히 안토니 계열의 개인적이며 금욕주의적인 전통과 파코미우스 계열의 공동체적 수도원 전통 ― 을 통한 변화라고 해석한다.[22] 신학적인 관점에서, 학자들은 어거스틴의 회심을 하나님의 은혜와 그분의 치유능력의 결과,[23] 하나님의 음성을 듣는 것과 성서 읽음을 통한 돌이킴(예 : 로마서 13 : 13-14, cf. 안토니의 사례, 마태복음 19 : 21),[24] 밀란 교회에서 거행된 세례 의식을 통해서 다시 태어남,[25] 그리고 그리스도교적인 삶 ― 하나님 사랑과 이웃 사랑 ― 의 헌신을 통한 계속적인 갱신으로 이해하고 있다.[26] 실제로, 어거스틴의 회심에 관한 전 연구들은 마치 대도시 기차역 안에 평행되어 정렬되어 있는 선로들처럼 서로 서로 분리되어져 있다. 그것은 각 학문들이 회심을 설명하기 위하여 그 학문의 영역 안에서 서로 다른 방법론들을 사용하고 있기 때문이다. 다시 말하면, 전 연구들은 어거스틴의 회심을 이해하기 위하여 종교적/신학적 관점과 사회과학적인 관점들을 서로 비판적으로 통합하여 사용하고 있지 않다.

2) 어거스틴의 회심 이해를 더 발전시키기 위한 중요 물음들을 제시하기

어거스틴의 회심 현상의 복합성과 풍부함을 이해하기 위해서 학문 간의 상호 대화식 물음을 다음과 같이 제안하고자 한다 : "어거스틴의 회심 과정 안에 있었던 개인적, 사회적, 문화적 그리고 종교적 요소들이 밀접하게 연결되어 상호 작용하고 있었음을 효과적으로 이해하고 있는가?" 이와 같은 중요한 질문을 기초로, 이 글은 다음 여섯 가지의 세부적인 질문들을 제시한다. 이 세부적인 질문들은 어거스틴의 회심을 통전적으로 고찰할 수 있도록 도울 것이다. 다시 말하자면, 이 질문들은 어거스틴의 삶의 변화 과정 속에서 다양한 요소들이 서로에게 어떠한 영향을 주는지 — 동시에 그리고 점진적으로 — 에 대하여 큰 그림을 그릴 수 있도록 도움을 줄 것이다. 상호 조화를 이루며 긴밀하게 연결되어진 그림은 어거스틴이 자기 자신과의 관계 속에서 어떠한 경험을 하였는지(Augustine-himself relationships), 어거스틴이 다른 사람들과의 관계 속에서 어떠한 경험을 하였는지(Augustine-others relationships), 나아가 어거스틴이 신적인 존재와의 관계 속에서 어떠한 경험을 하였는지를(God-Augustine relationships) 살펴볼 것이다.

(1) 어거스틴의 심리적인 위기가 어떻게 그 자신과 신적인 존재를 알기 위해서 영적 탐구를 시작하도록 하였는가?(많은 사람이 삶의 위기를 맞이하게 될 때 지나온 삶을 돌이켜 보며 반성하고 더 나은 방향으로 나아가고자 노력한다. 이때에 자기 자신을 깊이 살피고, 초월적인 영역과 신적인 존재에 관심을 가지며, 묵상하기 시작한다.)

(2) 자기 자신과 하나님을 알고자 했던 어거스틴의 내적인 여행과 신앙 공동체 안에서 다른 사람들을 알고자 했던 그의 외적인 탐구가 치유와 회심의 과정에서 어떻게 연관되어 있었는가?(진정한 자기 자신을 알아 가고 하나님을 만나는 체험의 과정에서, 좋은 신앙의 동반자나 신앙 공동체는 중요한

역할을 할 수 있다.)

(3) 신앙 공동체 안에서 만난 사람들이 보여 주었던 사랑, 지원, 소속감 등이 사회 문화적 상황 속에서 어거스틴이 느꼈던 외로움, 좌절, 심리적 단절감 등을 어떻게 이기고 극복하도록 하였는가?(개인은 사회 문화적 상황 속에서 때로는 이방인처럼 외롭고 힘들다. 그러나 개인이 좋은 신앙 공동체를 만나 그 속에서 사랑을 경험하고, 그 공동체의 일원임을 느끼게 된다면, 자기 자신을 향한 부정적인 감정들을 극복해 갈 수 있다.)

(4) 어거스틴의 정체성, 세계관, 신앙/신념이 다른 사람들과의 계속적인 만남을 통하여, 신앙 공동체의 참여를 통하여, 그리고 문화적 변화 경험을 통하여 어떻게 재형성되어 갔는가?(개인은 신앙 공동체를 변화시키는 데 도움이 될 수 있다. 동시에 신앙 공동체에 의해 변화될 수도 있다. 사람들은 문화를 만들어 간다. 동시에 문화에 의해 사람들은 영향을 받는다.)

(5) 어거스틴과 다른 사람들과의 만남의 관계들, 하나님 형상에 대한 이미지들, 그리고 하나님과의 구체적인 만남의 관계들이 그의 치유와 회심의 과정 속에서 어떻게 상호 작용하였는가?

하나님 형상에 대한 이미지(the God representation)란 인간이 하나님을 경험하거나 하나님과의 관계를 통하여 내적으로 형성된 하나님의 상을 가리킨다. 이것은 인간의 의식적이고 그리고 무의식적인 차원에서 연관되어지는 이미지들, 사상들, 감정들, 느낌들, 그리고 기억들로 이루어진다. 하나님 형상에 대한 이미지에 관련된 기존의 연구들을 간략하게 소개하고자 한다 : ① 심리학적인 ― 특히 대상 관계 이론적 ― 관점에서,[27] 안나-마리아 리주토(Ana-Maria Rizzuto)는 한 개인의 내부에서 형성되고 경험되는 하나님 형상에 대한 이미지 모델(a model of the individual's private representations of God)을 제시한다. 리주토는 어린 시절의 대인 관계 속에서 내재된 다른 사람들의 이미지들(internalized human object representations)이 하나님에 대한 이미지들을 형성할 때에 어떠한 영향을 주고 있는지에 대하여 설명한다. 또한 그녀는 일생을 통하여 한 사람의 하나님 형상에 대한 이미지들이 계속 변화됨을 강조한다.[28] ② 사회 문화적(그리고 심리학적) 관점에서, 멜포드 스피로(Melford E. Spiro)는 공동체적이고 정신적인 측면들을 포함하는 하나님 형상에 대한 이미지 모델(a model of the collective and mental representations of God)을 제안한다. 스피로에 의하면, 아이들은 태어나면서부터 부모들(혹은 돌봄을 주는 가까운 사람들)과의 긴밀한 교류 속에서, 나아가 사회 구조적/제도적 상황 속에서 자라난다. 이러한 맥락에서, 하나님에 대한 이미지 형성 과정은 정신적이고 개인적인 측면을 포함할 뿐만 아니라, 한 개인의 사회적 그룹들과의 관계로부터 영향을 받는 공동체적이고 문화적인 측면을 포함한다.[29] ③ 종교적인(그리고 심리학적인) 관점에서, 모쉐 스페로(Moshe H. Spero)는 신학적이며 심리적인 측면들을 함축하는 하나님 형상에 대한 이미지 모델(a model of interpersonal and religious/deocentric representations of God)을 보여 주고 있다. 스페로에 의하면, 하나님에 대한 이미지는 인간의 관계들 속에서 (재)형성될 뿐만 아니라, 실제로 현존하시는 하나님(a real Deity object)과의 만남과 직접적 관계 안에서도 (재)형성될 수 있다.[30] 학문 간의 상호 대화식 관점에서, 위의 세 모델들 — 리주토의, 스피로의 그리고 스페로의 모델 — 은 우리가 종교적 회심을 통전적으로 이해하려고 할 때에, 특히 하나님 형상에 대한 이미지들을 이해하려고 할 때에, 개인적, 사회 문화적 그리고 종교적 측면들을 함께 고찰하도록 도움을 줄 것이다.

이 글은 하나님 형상에 대한 이미지들이 한 인간의 전 생애를 통하여 점진적으로 형성되며 또한 재형성되는 과정을 거친다는 점을 강조한다. 위에서 알아본 것과 같이, 하나님 형상에 대한 이미지의 형성 그리고 재형성의 과정은 인간의 개인적, 사회적, 문화적, 그리고 종교적 요소들에 의해 깊은 영향을 받는다. 본 연구는 하나님에 대한 이미지 형성과 재형성의 과정은 인간의 영적 성숙의 과정과도 깊은 연관이 있다는 점을 드러내고

자 한다.

예를 들면, 어거스틴의 어린 시절의 경우, 특히 그리스도교로 회심하기 전 그의 하나님에 대한 이미지들은 부정적이었다 : ① 벌 주시는 하나님(God as punishing)-"주님은 벌 주심(punishment)을 통하여 저 — 너무 작은 아이(so tiny a child), 너무 큰 죄인(so great a sinner) — 를 가르치셨습니다"(conf. 1.12.19). ② 채찍을 드시는 하나님(God as whipping)-"저는 주님의 매질(chastisement)로 인한 심한 아픔을 말없이 견디어 낼 수는 없었습니다"(9.4.12). ③ 인간의 절망을 비웃으시는 하나님(God as laughing)-"전지전능하시다는 하나님은 우리가 아픔과 절망 가운데 있을지라도 관심이 없으시며 비웃으시는 분입니다"(4.1.1). 그리고 ④ 물질로서 존재하시는 하나님(God as material and divisible)-"하나님은 온 우주에 물질의 형태(a corporeal form)로 편만해 계신 분입니다"(3.7.12).

그러나 회심과 그 이후에는 어거스틴의 하나님의 형상에 대한 이미지들이 긍정적으로 바뀌었다 : ① 자비로우신 하나님(God as merciful)-"주님께서는 부드럽고 자비하신 손으로 저를 만지셨으며, 저의 마음을 위로 하셨습니다"(conf. 6.5.7). ② 돌보시는 하나님(God as caring)-"저는 주님을 느낄 수 있습니다. 저는 여전히 주님의 은혜를 갈망합니다. 주님의 임재하심 속에서 저는 평안함을 맛볼 수 있습니다"(10.27.38). ③ 치유하시는 하나님(God as healing)-"주님의 은밀하신 치료의 손길로 인해 저의 종기와 아픔은 치유되었으며, 저의 분열된 마음과 어두워진 눈은 회복 되었습니다"(7.8.12). 그리고 ④ 영으로서 계시는 하나님(God as incorporeal and indivisible)-"저는 신플라톤주의에 관한 책을 읽은 후에 비물질적인 진리의 측면, 즉 나누어질 수 없는 본성을 이해하게 되었습니다"(7.20.26). "하나님은 영(a Spirit)으로 계신 분입니다"(3.7.12).

(6) 어거스틴과 그 자신과의 관계, 다른 사람들과의 관계, 그리고 신적인 존재와의 관계가 그의 정신적 발달과 영적 성숙함에 어떠한 영향을 끼

치게 되었는가?(인간의 심리 발달과 영적 성장은 분리될 수 없다. cf. 심리학
-인간의 발달단계, 신학-성화의 삶)

4. 어거스틴의 회심을 통전적으로 이해하기

이제 어거스틴의 회심 과정에 관한 더욱 상호 연결된 그림을 함께 완성하기 ─ 놀이하기(playing together) ─ 위하여 독자 여러분들을 초대하고자 한다. 어거스틴의 변화됨의 이야기를 재해석하는 동안, 우리를 신앙 공동체 안에서 성가를 함께 부르기 위하여 참여한 성가대원들이라고 상상해 볼 필요가 있다. 각 성가대원은 자기 자신의 찬양 소리를 내며 동시에 들을 뿐만 아니라, 다른 사람들의 찬양 소리들도 듣고 존중해 주어야 한다. 이러한 조화와 균형의 정신 속에서 전체 성가대원들의 찬양에 관련된 재능들이 효과적으로 발휘될 수 있으며, 또한 찬양하는 곡 자체의 의미와 풍부함을 성공적으로 보여 줄 수 있을 것이다. 성가대원들이 상호 협조적으로 찬양을 드리는 것처럼, 우리는 어거스틴의 살아 있는 경험에 대한 다른 사람의 독창적인 설명을 들으며 존중해 주어야 하고, 동시에 어거스틴의 회심에 관한 다양한 소리들 ─ 해석들(interpretations) ─ 을 효과적으로 통합해 나가야 한다.

람보의 학문 간의 대화를 추구하는 방법론 안에서, 이 글은 어거스틴의 회심 체험이 ① 심리적인 번민과 위기의 경험(예 : *conf.* 7.7.11, 8.5.10, 8.12.28), ② 그 자신과 신적인 존재를 알고자 하는 탐구(예 : *conf.* 7.10.16, 9.1.1), ③ 중요한 사람들과의 긴밀한 만남들/어울림들(예 : 암브로스⟨Ambrose⟩, *conf.* 5.13.23-5.14.25, 6.3.3-4, 9.6.14 ; 심플리시아누스⟨Simplicianus⟩, 8.2.3-5, 8.5.10 ; 폰티시아누스⟨Ponticianus⟩, 8.6.14-15, 8.7.16-17 ; 알리피우스⟨Alypius⟩, 8.8.19, 8.11.27, 8.12.30 ; 모니카⟨Monica⟩, 6.2.2,

9.7.15, 9.10.23-26 ; 법적으로는 결혼하지 않은 그의 아내〈his unmarried wife〉, 6.15.25), ④ 신앙 공동체 안으로의 참여들(예 : 5.13.23-5.14.25, 9.6.14), ⑤ 철학적이며 문화적인 도전들 — 신플라톤주의 전통과 그리스도교 수도원 운동 — 과 그에 따른 변화들(예 : 7.9.14-17.23, 8.6. 14-15 ; Possidius, v. Aug. 3, 5), 그리고 ⑥ 신적인 존재/하나님과의 만남(예 : 8.12. 28-29, 9.1.1)과 깊은 연관이 있다는 점을 강조하고자 한다. 다시 말하자면, 본 연구는 어거스틴의 회심이 다양한 요소들로 이루어진 점진적이고, 발전적인 과정이라는 점을 밝히고자 한다. 어거스틴의 회심 과정 안에서, 이러한 요소들은 서로 다르지만 긴밀하게 상호 연관되어 서로 영향을 주고받고 있다. 이러한 상호 보완적 요소들은 어거스틴이 자기 자신과의, 다른 사람들과의 그리고 신적 존재와의 관계성을 점차 회복시켜 나아가는 것을 묘사하는 데 도움이 된다.

어거스틴의 회심에 대한 통합적인 재해석은 람보의 종교 체험의 모델의 단계들 — 상황, 위기, 탐구, 만남, 상호 작용, 참여 그리고 결과들 — 과 깊은 연관이 있다. 어거스틴의 회심은 관계적 상황들 — 어거스틴과 그 자신과의 관계, 어거스틴과 다른 사람들과의 관계 그리고 하나님과 어거스틴의 관계 — 안에서 발생되었음을 증언한다. 다른 말로 표현하면, 그의 회심은 그 시대의 개인적, 가족적, 사회적, 문화적, 그리고 종교적 상황들 가운데서 이루어졌다. 이것은 어거스틴의 삶이 관계의 연결망 가운데 있었음을 나타낸다. 어거스틴은 과거로부터 이어지는 각 순간들 속에서 사람들을 만났으며, 때로는 독서하는 가운데 사람들을 경험했으며, 나아가 구체적인 상황들 속에서 하나님의 메신저들과 대면하게 되었다. 이와 같이 계속 전개되는 회심의 과정 속에서, 그는 행동했으며 응답하였던 것이다.

어거스틴은 386년 봄에 밀란의 정원에서 그리스도교로 회심하였다. 그의 회심은 존재론적이고 영적인 변화를 가리키며, 이 회심의 과정은 복합적이고 다양한 측면들을 포함한다. 이 회심을 통하여 어거스틴은 그의 인생의 목표를 새롭게 세웠으며, 그의 삶을 새로운 방향으로 나아가게 했다. 이 연구는 앞서 제기한 학문 간의 대화를 촉진하도록 도움을 주는 물음들을 사용하여 어거스틴의 회심 과정에 대하여 통합적인 그림을 그리고자 한다.

1) 어거스틴 시대의 거시 상황과 미시 상황

그리스도교가 로마 제국의 공식적인 종교가 되어 있던 354년에 어거스틴은 로마 제국의 영토였던 북아프리카에서 태어났다. 312년에 콘스탄틴 황제가 그리스도교로 회심한 이후, 로마 제국 내에서는 그리스도교에 대한 박해의 시대가 끝났다. 콘스탄틴 이후, 그리스도교인들이었던 로마의 황제들은 로마의 전 영역이 그리스도교화(Christianization)되도록 적극적으로 후원하였고, 이러한 영향은 어거스틴이 태어난 고향 타가스테에도 미치게 되었다. 로마 제국을 그리스도교화하려는 운동은 북아프리카 내에 심각한 종교적 갈등 ― 그리스도교와 이교도 사이의 다툼 ― 을 불러일으켰다.

이러한 갈등의 상황 속에서, 북아프리카 지역에서는 크게 두 가지의 움직임이 있었다 : ① 감각적/육체적 기쁨을 우선시하고 물질(sensual pleasure and materialism)을 선호하는 운동, 그리고 ② 도덕적 청렴함과 순수함(moral earnestness and purity)을 지키려는 운동. 이교도였던 어거스틴의 아버지 패트리시우스는 전자의 운동에 더욱 영향을 받은 사람이었고, 그리스도교인이었던 어머니 모니카는 후자의 운동에 의해 더 영향을 받은 사람이었다고 본다. 어거스틴의 가정 환경 속에서, 그의 아버지와 어머니 사이에는 심각한 감정적인 적대감이 없었다고 본다. 하지만 부부 사이의 서로 다른 성격, 삶의 가치관 그리고 종교적인 갈등은 어린 시절과 청소년기에 있었던 어거스틴에게 많은 영향들 ― 그의 성격, 가치관, 종교성/신앙 — 을 끼치게 되었다.

　어린 학생 시절에 어거스틴은 학교 선생님들로부터 많은 매를 지속적으로 맞았기 때문에, 어린 그의 몸은 아팠을 뿐만 아니라 마음에도 큰 상처를 받게 되었다. 이 당시는 체벌이 보편화되었던 시절이기 때문에, 어거스틴의 부모님들은 어거스틴의 아픔에 대해 심각하게 생각하지 않았고 오히려 웃어 넘겨 버리곤 했다. 어린 어거스틴이 체벌을 피하게 해 달라고 하나님께 기도했지만, 하나님은 어거스틴의 기도에 침묵하셨다. 이러한 아픔의 상황 속에서 어거스틴은 하나님에 대한 이미지들을 점차 부정적으로 형성 — 때리시는, 웃으시는 그리고 무관심하시는 하나님 — 하게 되었다.

2) 심리적인 고뇌와 위기를 경험

　그리스도교로 회심하기 전, 마니교도이며 회의론자였던 어거스틴은 세상적으로 이미 성공한 사람이었다. 그는 이미 밀란에서 수사학 분야의 책임을 맡은 교수였다. 이 당시 수사학 교수의 직분은 로마 제국 내에서 권력의 자리를 얻는 데 아주 좋은 역할을 하곤 했다. 그러나 외적으로 성공했음에도 불구하고, 그는 심리적인 번뇌와 위기를 경험하고 있었다. 다시 말하자면, 어거스틴은 그의 마음 속에서 내적인 분열감, 단절감, 그리고 불안감 — 영혼의 아픔/외로움(the sickness of the soul) — 을 느끼고 있었다. 이러한 어거스틴의 내적인 갈등은 그가 겪었던 어린 시절의 아픔들과 그의 부모로부터 영향을 받은 상반되는 욕구들 — ① 감각적/육체적 기쁨과 세상의 명예를 추구하는 삶 그리고 ② 진리(the Truth)를 좇으며 도덕적 순결함을 추구하는 삶 — 과 깊은 관련이 있었다. 이러한 심리적 번뇌 가운데, 젊은 어거스틴은 다른 사람들 — 예 : 그의 어머니 모니카, 그리스도교 세례를 받은 익명의 친구, 이름이 알려지지 않은 그의 아내(i.e., 아데

오다투스〈Adeodatus〉의 어머니) ─ 과의 심각한 관계 상실들의 위기를 동시에 겪고 있었다.

3) 자기 자신을 알기 위한 내적 탐구와 동시에 하나님을 알기 위한 내적 여행

중요하게도 이러한 어거스틴의 깊은 심리적 위기와 존재론적 절망은 그 자신을 알고 신적인 존재를 알고자 하는 내적인 성찰을 하도록 유도했다. 불안감에 사로잡힌 어거스틴은 그의 삶의 전반을 회고하고 반성하기 시작했다. 여기서 어거스틴은 그의 내적인 분열의 뿌리와 삶의 문제의 근본적인 원인을 깨닫고자 노력했다. 이러는 가운데 그는 점차 그의 마음속에 내재하시는 신적인 존재의 음성에 귀를 기울이기 시작했다. 이것은 다음과 같은 점을 나타낸다 : 어거스틴은 신적인 존재/하나님과의 깊은 만남과 경험을 통하여 그의 분열된 자아를 통합하는 과정 안으로 들어가기 시작했다는 것이다.

4) 중요한 사람들을 만나게 됨과 그리스도교 공동체에 참여하는 것

어거스틴이 그 자신과 신적인 존재를 알기 위한 탐구와 그의 삶의 목표와 의미를 재확립하려고 노력하는 중에, 그는 그의 인생에 중요한 영향을 끼치게 되는 사람들을 만나게 된다. 수사학자이며 진리를 좇는 구도자로서 어거스틴은 신앙 공동체 안에서 다른 사람들 ─ 특히 암브로스, 심플리시아누스, 폰티시아누스, 알리피우스 그리고 모니카 ─ 로부터 사랑스러운 돌봄과 지원을 받게 된다. 암브로스 주교는 밀란의 교회를 찾아온 어거스틴을 따뜻하게 환대하였다(이 당시 어거스틴은 신플라톤주의를 접하고 있지만 아직은 마니교도였으며 회의주의자였다). 어거스틴은 정기적으로 교회 예배에 참석하였으며, 암브로스의 설교들을 듣게 되었다. 암브로스의 뛰어난 성서 해석들을 듣는 중에 어거스틴은 그리스도교의 성서를 새롭게 읽는 방법들을 배우게 되었고, 나아가 그리스도교 신앙과 그리스도교인의 삶에 대해서 깊은 관심을 가지게 되었다(청소년 시절 어거스틴은 라틴어로 투박하게 번역된 성서에 별로 관심을 보이지 않았다. 마니교도였던 어거스틴은 구약성서를 천시하며 읽지 않았다). 특히, 그리스도교 플라톤주의자였던 암브로스는 젊은 어거스틴에게 하나님과의 만남을 위해 내적인 여행을 하도록 권고하였다. 이러한 가운데, 결국 어거스틴은 마니교를 떠날 것을 결심하였고, 대안적인 신앙 공동체 — 밀란 교회 — 에서 세례 지원자(a catechumen)가 되었다.

어거스틴과 암브로스의 만남들 그리고 그리스도교 공동체에 참여함 속에서, 어거스틴은 자연스럽게 심플리시아누스를 만나게 되었다. 그리스도교 플라톤주의자 심플리시아누스는 암브로스의 영적 스승이었으며, 로마에서 밀란으로 와 암브로스에게 세례를 베푼 사람이었다. 이제 심플리시아누스가 어거스틴의 영적 스승이 되었다. 심플리시아누스는 어거스틴의 존재론적 위기와 영적 침체를 잘 극복하도록 도움을 주었으며, 또한 바울서신서를 읽도록 권고하였다. 특히, 심플리시아누스는 그의 친구 빅토리누스(Victorinus) — 로마에서 수사학 교수였음 — 의 회심 이야기를 어거스틴에게 들려주었다. 회심 전, 빅토리누스는 전통적인 로마의 신들(the traditional Roman cults)을 섬기는 이교도였다. 그러나 그리스도교의 성서를 읽은 후에 빅토리누스는 겸손히 화육신하신 예수 그리스도 앞에 그 자신을 내어 놓게 되었다. 빅토리누스는 그가 그리스도교 신앙을 받아들이게 된다면, 이교도 줄리안 황제(the emperor Julian)의 칙령에 의해 로마에서 수사학 교수직을 행할 수가 없다는 사실을 알면서도 공개적으로 세례를 받았다.

어거스틴이 암브로스와 심플리시아누스와 만나며 교제했던 시기에, 그는 폰티시아누스(Ponticianus)의 방문을 받게 되었다. 폰티시아누스는 이집트 사막의 수도사였던 안토니(Anthony)의 삶에 대하여 이야기를 해 주었다. 특히, 안토니의 삶에 영향을 받은 그의 두 친구들 — 로마 제국의 법원에서 주요직에 있었던 사람들 — 이 트라이어(Trier)에서 회심을 하였다는 이야기를 들려주었다. 폰티시아누스의 두 친구들은 세상에서 우러러 보는 직위를 버린 후에, 그들은 안토니처럼 금욕주의적이며 홀로 사는 삶(the life of asceticism and celibacy)을 선택하였다. 폰티시아누스의 두 친구들의 삶의 영향으로 인해, 그 두 친구들의 약혼자들도 금욕주의적인 삶을 살며 하나님을 따르기로 결심하였다. 이러한 가운데, 폰티시아누스는 비록 그가 그 친구들의 삶을 따라 합류하지 못했을지라도, 그는 그리스도교 세례 교인이 되었다는 내용이다. 안토니의 삶의 이야기와 폰티시아누스의 두 친구들(그리고 그들의 약혼녀들)의 회심 이야기들을 들은 후에, 수사학자 어거스틴은 그 자신에 대하여 부끄러움을 느끼기 시작하였다. 왜냐하면 그의 인생은 아직도 세상의 명예를 좇는 욕구 안에 갇혀 있었기 때문이며, 또한 아직도 그는 그리스도교인이 되는 것에 결단을 내리지 못하고 머뭇거리고 있었기 때문이다.

실제로 위에서 언급한 어거스틴이 만난 사람들은 신앙 공동체 안에서 그리고 그리스도교인의 친밀한 유대 관계들을 통하여 그의 영적 변화 과정에 중요한 역할을 했다. 좀 더 구체적으로 말하자면, 어거스틴은 다른 사람들과의 긴밀한 상호 작용들 그리고 그의 신앙 공동체 — 밀란 교회 — 에 참여함 속에서, 그의 이분법적 물질주의적 사상과 회의주의적 사고를 극복할 수 있었으며, 그의 심리적 필요들 — 소속감과 연대감 — 을 만족시킬 수 있었으며, 나아가 공동체 안에서 살아가는 새로운 삶의 방법을 배울 수 있었다. 이러한 가운데 서로 긴밀하게 상호 연결되어 있는 회심의 이야기들 — 빅토리누스, 안토니, 폰티시아누스의 두 친구들, 그리고 그들의 약혼녀들의 이야기들 — 은 젊은 어거스틴이 그의 존재론적 위기와 영적인 어두움의 상태를 직시하도록 하게 했으며, 또한 그리스도의 신앙 안에서 그들의 겸손의 삶을 따르도록 권면하고 도전했다.

5) 신플라톤주의의 유산과 그리스도교 수도원 운동의 영향에 의한 문화적 변혁들

어거스틴이 신앙 공동체에 참여하여 다른 사람들과의 긴밀한 친분 관계를 맺어 교류하는 동안, 그는 점차 신플라톤주의의 유산과 그리스도교 수도원 운동의 영향을 받게 되었고, 그리하여 철학적 그리고 문화적 변화의 과정에 들어가게 되었다. 밀란에서 어거스틴이 수사학 교수직을 행하는 동안, 그는 지식인의 모임에 정기적으로 참여하였고, 이것을 계기로 그리스도교 플라톤주의자들(암브로스, 심플리시아누스)을 만나게 되었다. 이러한 교제들 속에서, 어거스틴은 신플라톤주의자들 — 특히, 플로티누스(Plotinus)와 포르피리(Porphyry) — 의 책들을 읽게 되었고, 신플라톤주의의 중요한 개념들(예 : 근원자를 향한 영혼의 상승/내적 여행〈the ascent of the soul toward the One/the return to the Origin〉)을 이해하게 되었다. 이러한 과정 속에서, 어거스틴의 신적 본성과 악에 대한 이해가 바뀌게 되었다. 마니교도와 회의주의자였던 어거스틴은 신이란 우주에 편만해 있는 물질로서, 나누어질 수 있는 존재(the corporeal and divisible being)로 이해했었다. 신플라톤주의의 영향을 받은 어거스틴은 신(the Truth/the One)을 비물질적/영적이며 나누어질 수 없는 분(the incorporeal and invisible being)으로 이해하였다. 또한 어거스틴은 악은 실제로 존재하는 것(a real existence)이 아니라 선의 결핍(a privation of Good)으로 이해하게 되었다. 신적 존재의 본성과 선악에 대한 어거스틴의 재이해는 그의 영혼이 하나님과의 만남과 연합을 위해 내적 여행을 할 때에 도움이 되었다.

이와 같이 어거스틴이 하나님을 만나기 위해 내적 여행을 하고, 다른 사람들과 교제를 하며, 신플라톤주의의 책을 읽으며, 나아가 신의 본성과 악의 기원에 대하여 이해를 새롭게 정립하는 상황 속에서, 그는 성서를 다시금 읽게 되었다. 성서를 읽는 동안 어거스틴은 그리스도교의 경전과 신플라톤주의의 책들 사이에 다음과 같은 중요한 차이를 발견하게 되었다 : 바울서신서에 보면, 그리스도교인들은 예수님을 그리스도로 고백하지만, 이교도 플라톤주의자(예 : 포르피리)들은 예수님을 단지 한 명의 현자(a wise man)로 본다는 점이다. 다시 말하자면, 이들은 예수님의 신적 본성의 가치보다는 예수의 인간적 측면에만 관심을 두고 있었다. 어거스틴은 신플라톤주의의 책들 속에서 바울 서신에서 증언하는 성육신하신 그리스도 ― 하나님과 인간 사이의 화해자 ― 에 관한 내용을 발견할 수 없었다. 젊은 철학자 어거스틴 자신도 그가 회심하기 전에는 그의 지적 교만(intellectual pride) ― 자기 자신 속에 지혜와 덕의 근원(a source of wisdom and virtue)이 있다고 보는 견해 ― 때문에 예수님을 한 명의 현자로 보았다.

신플라톤주의의 책들과 성서 사이의 중요한 차이점을 발견하는 시기에, 젊은 어거스틴은 초기 그리스도교 수도원 운동에 대해서 관심을 가지기 시작했다. 위에서 언급한대로, 그는 폰티시아누스로부터 초기 그리스도교 수도원 운동, 특히 이집트 수도자 안토니의 금욕적 삶에 대해서 듣게 되었다. 폰티시아누스의 두 친구들이 안토니의 회심 이야기로부터 영향을 받은 것처럼, 어거스틴도 전통적인 안토니 계열의 금욕주의적 운동으로부터 영향을 받았다. 좀 더 구체적으로 말하자면, 안토니 계열의 금욕주의적 수도원 운동은 어거스틴으로 하여금 세상적인 기쁨과 출세를 지향하는 삶으로부터 도덕적 고결함과 순수함을 지향하는 삶으로 바꾸어지게 하였다.

6) 하나님의 개입하심과 은혜를 경험

신적인 존재를 만나기 위한 내적인 여행, 새롭게 형성된 다른 사람들과의 교제들, 신앙 공동체로 참여함, 그리스도교 플라톤주의와 수도원 운동을 배움으로 인한 철학적/문화적 변화들 속에서, 어거스틴은 386년 밀란의 정원에서 그 자신과 정직하게 대면하게 되었으며, 또한 하나님을 새롭게 만나게 되었다. 비록 어거스틴이 신의 본성과 선악에 대한 재이해를 통하여 지적인 변화를 느꼈음에도 불구하고, 그는 여전히 영혼의 안식처(the resting place)를 찾기 위해서 치열하게 노력하고 있었다. 어거스틴의 내적 분열감과 싸움 — 하나는 선을 행하려는 욕구, 다른 하나는 돈과 세상의 명예를 얻으려는 욕구 — 이 점차 심해지는 가운데 그는 밀란의 정원 안으로 들어가게 되었다. 여기서 어거스틴은 하나님의 메신저 — Lady Continence — 를 통해 그의 불안한 마음 가운데로 하나님께서 개입해 오심을 느낄 수 있었다. 하나님의 사자는 겸손과 독신의 삶에 대한 많은 예들을 어거스틴에게 보여 주었으며, 어거스틴이 그리스도인이 되는 것에 대하여 주저하고 있음을 책망하며, 나아가 어거스틴이 그리스도교의 금욕과 헌신의 삶에 참여하도록 권면하였다. 어거스틴이 나무 아래서 심하게 울며, 결정을 내리기 위한 내적 투쟁을 하고 있을 때에, 어거스틴은 하나님의 음성 — 들어 읽어라 들어 읽어라!(Tolle lege, Tolle lege!) — 을 듣게 되었다(이 음성은 이웃집 어린이들이 찬가를 부르는 것과 같은 소리였다). 어거스틴은 수도자 안토니가 마태복음 19:21의 말씀을 듣고 변화되었다는 것을 떠올리며,[31] 그는 사도 바울의 서신 — 특히 로마서 13:13~14 — 을 읽게 되었다. "낮에와 같이 단정히 행하고 방탕하거나 술 취하지 말며 음란하거나 호색하지 말며 다투거나 시기하지 말고 오직 예수 그리스도로 옷 입고 정욕을 위하여 육신의 일을 도모하지 말라" 구체적인 성서의 구절을 읽는 동안, 어거스틴은 그의 마음속에 하나님의 임재를 느끼게 되었고, 그의 상처받은 영혼 가운데 하나님의 치유의 능력과 은혜를 받아들이게 되었다. 어거스틴은 하나님의 말씀을 통하여 그 인생 속에 개입해 오시는 하나님을 만나 뵙게 되었다. 이러한 과정 속에서 어거스틴은 그 자신을 하나님의 자비로우신 손에 맡겼으며, 그 자신이 하나님과 화해하는 길을 찾게 되었다. 이러한 하나님과의 화해는 어거스틴의 존재론적 단절감 ― 영혼의 외로움 ― 을 극복할 수 있도록 해 주었고, 나아가 분열된 자아/의지(the division of the self ; the split of the will)가 치유되고 회복(the integration of the self ; the transformation of the will)될 수 있도록 해 주었다. 이러한 내적 치유와 회복의 과정 속에서, 어린 시절부터 형성되어 온 어거스틴의 하나님에 대한 부정적 이미지들이 점차 긍정적 이미지들 ― 사랑의(loving), 함께 하시는(present), 그리고 돌보시는(caring) 하나님 ― 로 바뀌기 시작했다. 어거스틴의 영혼이 하나님과의 회복된 관계 속에서 안전하고 평안하게 쉴 수 있게 되었다. 결국 젊은 어거스틴은 겸손하게 화육신하신 예수 그리스도(the humble Incarnate Christ) 위에 그의 인생을 올려놓을 수 있게 되었고, 세상의 명예를 좇는 삶을 포기하였으며, 나아가 금욕적이며 헌신하는 삶으로 들어가게 되었다.

7) 그리스도교 세례를 받아들임과 오스티아에서 공동체적 신비 체험

어거스틴의 그리스도교에 대한 회심은 그리스도 안에서 신앙과 유대 관계를 더욱 돈독하게 하였으며, 그를 따르는 일행들과 함께 새로운 공동체를 이루도록 하는 데 중요한 역할을 하였다. 빅토리누스, 안토니, 그리고 폰티시아누스의 두 친구들의 회심 이야기들이 어거스틴의 영적 변화에 영향을 준 것처럼, 어거스틴의 회심은 그의 친구 알리피우스의 회심 ― 어거스틴에 이어 로마서 14 : 1을 읽고 변화됨 ― 과[32] 그의 어머니 모니카의 변화에도 영향을 주게 되었다. 그리스도교로 회심한 이후, 어거스틴은 그의 가족들 그리고 친구들과 함께 카시시아쿰(Cassiciacum)으로 퇴수회를 떠났다. 폰티시아누스의 두 친구들과 그들의 약혼자들이 공동체적 수도원 생활을 시작했던 것처럼, 어거스틴과 그 일행들은 함께 모여 공동체적인 삶 그리고 금욕과 절제의 삶을 추구하였다. 387년 부활절 전야에, 어거스틴은 그의 아들 아데오다투스와 그의 친구 알리피우스와 함께 밀란의 교회에서 암브로스 주교로부터 세례를 받게 되었다. 세례자 어거스틴은 예수 그리스도의 죽으심과 부활에 동참함을 통해서 그 자신의 옛 모습은 죽고 새로 태어나는 경험을 하게 되었다. 세례를 통하여 어거스틴은 공식적으로 하나님의 교회의 일원이 되었다. 밀란 교회에서의 세례 의식은 어거스틴이 하나님과 새로운 관계를 맺을 수 있도록 도움을 주었으며, 신앙 공동체에 소속감을 느낄 수 있도록 했고, 나아가 이웃과 다른 교우들 ― 예 : 아리안들(the Arians)을 상대로 하여 교회를 지켜 내기 위하여 헌신하고 있는 밀란의 교인들 ; 그와 함께 영적 순례의 길을 가고 있는 카시시아쿰 공동체의 일원들 ― 을 위하여 살아가야 하는 책임감을 가질 수 있도록 했다.

8) 하나님과 이웃을 향한 섬김과 헌신의 삶

그리스도교로의 회심과 세례 받음 속에서, 어거스틴은 영적 순례의 길 ― 계속적인 변화(converting) ― 에 참여하였다. 이러한 어거스틴의 헌신적 삶은 앞으로 그가 그리스도교 수도원들을 세우고, 나아가 교회 교역을 감당하는 것 속에서 잘 나타난다. 세례를 받은 후, 어거스틴은 오스티아(Ostia)를 거쳐 ― 여기서 그의 어머니 모니카와 함께 하나님을 만나는 경험을 함 — 로마에 가게 되었다. (이 오스티아 비전은 종교 체험/신비 체험의 공동체적 측면을 강조하고 있다.) 어거스틴은 로마에서 제롬(Jerome)을 통하여, 파코미안 전통의 수도원 운동(the Pachomian tradition of Christian monasticism) — 함께 모여/공동체적으로 신앙 생활을 하며 그 가치를 강조하는 운동(the life of the community of the cenobites) — 에 대해서 배우게 되었다. 로마에서 수도원 운동에 대한 배움을 마친 후에, 어거스틴은 그의 추종자들과 함께 북아프리카로 돌아왔다(388). 그는 평신도로서, 그의 고향 타가스테에 그리스도교 평신도 신앙 공동체를 세우게 되었다. 후에 수도자요 동시에 사제/주교가 된 어거스틴은 힙포 교회 정원에 평신도 수도원을 세우게 되었고(391), 그의 주교관에 성직자 양성을 위한 수도원을 세웠으며(395/6), 그리고 여성들을 위한 수도원들을 히포 근교에 설립하였다. 어거스틴은 수도자로서 수도원 공동체의 삶에 참여했을 뿐만 아니라, 사제와 주교로서 힙포 교회의 교역들을 수행했으며, 나아가 목회적 의무를 다하는 삶을 살았다. 다시 말하자면, 그 당시 북아프리카의 교회와 시대 상황 속에서, 어거스틴은 하나님을 만나기 위하여 기도의 생활(love of God)을 소홀히 하지 않았고, 또한 하나님의 교회를 지켜 내고 이웃을 돌보는 생활(love of neighbor)을 조화롭게 하였다. 어거스틴은 계속하여 자신을 갱신하여 가는 삶을 사는 동안, 겸손한 그리스도의 종(a servant of the humble Incarnate Christ)이었으며, 동시에 하나님의 자녀들을 위해 겸손한 그리스도교인(a humble Christian for God's people)이었다.

5. 어거스틴의 관계의 영성에 담긴 함축적 의미

어거스틴의 영성은 관계의 영성이라고 볼 수 있다. 「고백록」에 보면,

어거스틴의 영성의 삶을 나타내는 세 가지 측면의 관계성이 묘사되어 있다 : ① 어거스틴과 그 자신의 관계, ② 어거스틴과 다른 사람들과의 관계, 그리고 ③ 어거스틴과 하나님과의 관계. 어거스틴의 회심의 과정은 세 가지의 중요한 관계적 상황들과 긴밀하게 연관되어 있다. 즉, 어거스틴의 삶이 관계의 연결망(the web of relationships) 속에 존재하는 가운데, 그의 회심은 개인적, 가족적, 사회적, 문화적, 그리고 종교적 상황들 가운데서 발생되었다.

그 당시 어거스틴은 사제로서 혹은 주교로서 북아프리카의 지역의 교회들을 보호하기 위하여 마니교도들, 도나티스트들, 아리안들, 그리고 펠라지안들과의 수많은 논쟁들에 참여하게 되었다. 긴 시간의 논쟁들 속에서, 어거스틴은 다음과 같은 그리스도교적 사상들이 형성되도록 공헌하였다 : ① 하나님과 영혼, ② 죄와 하나님의 은혜, ③ 창조, 시간, 그리고 영원, ④ 하나님 사랑과 이웃 사랑의 조화, 그리고 ⑤ 하나님의 교회와 세례. 이러한 그리스도교적 핵심 사상들은 어거스틴의 영성신학의 기초가 되었으며, 그의 관계 영성의 세 가지 측면들 — ① 나와 나 자신의 관계, ② 나와 다른 사람들과의 관계, ③ 나와 하나님과의 관계 — 과 깊은 관련이 있다. 어거스틴의 영성신학적 주제들과 그리스도교적 사상들은 우리로 하여금 역사적이고 사회 문화적인 상황 속에서 더 나은 그리스도교적 변화의 삶을 이루어 가도록 안내하고 있다.

우리의 몸과 영혼이 온전하게 하나님과의 연합(union with God)을 이루어 내는 것이 어거스틴의 영성의 핵심이다.[33] 어거스틴은 그 자신의 이성(reason)과의 대화를 통하여 다음과 같이 고백하였다 : "나는 하나님과 나의 영혼에 대하여 알기를 원합니다. 그 외에는 더 이상 없습니다"(*sol.* 2.1.7). 어거스틴은 자신의 영혼에 대하여 그리고 하나님에 대하여 알고자 하는 열망하는 가운데, 그는 자기 자신보다도 자기에게 더 가까이 계신 하나님을 발견하게 되었다(*conf.* 3.7.2). 결국 어거스틴은 그토록 갈망했던 하나님을 자신의 마음 속 깊은 곳에서 만나게 되었다. 그리고 어거스틴은 하나님과의 연합을 통한 감격과 신비를 다음과 같이 고백하였다 : "주님, 나의 마음이 주님의 품 안에 있을 때에, 평안할 수 있습니다"(conf. 1.1.1). 어거스틴에 의하면, 우리가 하나님과 바른 관계를 맺고 살아갈 때에, 하나님은 우리 몸과 영혼에 질서를 주시며, 우리 몸과 영혼의 갈망이 충족되어 행복감(happiness)을 얻게 하신다. 또한 우리가 하나님과 바른 관계를 맺고 살아갈 때에, 하나님께서는 세상적인 유혹과 물질적인 탐욕으로 인하여 산산이 깨어진 우리 마음을 그분의 사랑의 풀(the glue of love)로 붙이셔서 회복시키시고 온전하게 하신다.

어거스틴의 영성 안에서 개인, 공동체, 그리고 하나님은 긴밀하게 상호 연관되어 있다.[34] 어거스틴은 밀란의 정원에서 하나님과 그 자신을 알기 위해서 하나님과 연합되는 개인적인 내적 신비 체험을 하였다. 그 후, 어거스틴은 오스티아(Ostia)에서 모니카와 함께 하나님과의 연합을 향한 영적 순례의 공동체적 신비 체험을 하게 되었다.[35] 이와 같이 오스티아 비전의 공동체적 경험을 한 후에, 어거스틴은 플라톤주의의 개인주의적 개념 — "홀로 있는 신적 존재를 향한 인간 개인의 여행"(the flight of the alone to the Alone) — 을 점차 극복하고, 그리스도교 신앙 공동체 안에서의 삶의 중요성과 그리스도의 신앙 안에서의 연대의 중요성을 깨닫게 되었다.

어거스틴의 영성은 홀로 거함 안에서의 삶(Christian living in solitude)과 공동체 안에서의 삶(Christian living in community)의 조화를 강조한다. 어거스틴은 폰티시아누스의 두 친구들의 금욕적인 삶의 모습을 통하여 사막의 수도자 안토니 계열의 영적 고독의 수도원 전통을 배우게 되었다(conf. 8.6.15). 그 후(약 387년 경), 어거스틴은 로마에서 제롬을 통하여 이집트 사막의 수도자 파코미우스 계열의 그리스도교 공동체의 수도원 전통(the Pachomian Koinonia)을 배우게 되었다(그 당시 파코미안 수도원 전통은 개인주의적 단절된 삶의 위험성을 극복하기 위하여 수도자들의 공동체적 삶을 강조하였다).[36] 이와 같이 안토니 계열과 파코미우스 계열의 수도원 전통을 배운 후에, 어거스틴은 수도자적 삶 속에서 개인적으로 하나님을 만나기 위한 명상의 시간을 소중히 여겼고, 그의 목회사역의 현장에서 다른 사람들에게 돌봄을 제공하는 것을 소중하게 여겼다. 또한 개인적인 변화의 측면과 그리스도교 공동체의 연대감의 측면을 존중하는 가운데, 그는 겸손히 성육신한 그리스도의 종으로서의 삶을 다했고, 동시에 다른 사람들을 위한 겸손한 그리스도인이 되었다. 어거스틴의 영성의 삶은 우리로 하여금 겸손의 모범을 보이신 주님 안에서 개인적인 금욕의 삶과 공동체적인 삶의 상호 연합을 이해하고 따르도록 격려하고 있다.

어거스틴의 영성은 또한 하나님의 사랑과 이웃 사랑이 연합되어 실현되는 삶을 강조한다. 어거스틴의 회심 이야기는 계속되는 변화의 과정(an ongoing transformative process of spiritual life)에서 사랑이 구체적으로 실현되는 것을 나타내고 있다. 그렇기에 어거스틴의 영성의 삶은 하나님을 향하여 나아갔을 뿐만 아니라, 이웃을 향하여 나아갔다. 즉, 어거스틴은 그리스도교적 사랑(Christian love-caritas)의 마음을 가지고 하나님을 섬기고 또한 이웃을 섬기기 위하여 나아갔다.[37] 어거스틴의 영성의 삶은 하나님 사랑과 이웃 사랑 안에서 우리로 하여금 개인적 기도(the life of prayer)와 사회 참여(the life of social engagement)의 상호 어울림 속에서 그리스도교의 삶의 이상을 충실히 이루도록 안내하고 있다.

「고백록」에 보면, 어거스틴의 회심의 이야기들과 다른 사람들의 회심의 이야기들이 서로 밀접하게 연관되어서 상호 영향을 주고 있다. 예를 들면, 어거스틴은 폰티시아누스로부터 그의 두 친구들의 회심 이야기를 듣게 되었다.[38] 또한 그의 영적인 스승인 심플리시아누스로부터 빅토리누스의 회심 이야기를 듣게 되었다.[39] 그 당시 밀란의 대학에서 수사학 교수였던 어거스틴은 로마 제국 내에서 높은 지위를 차지하고 싶은 욕망을 가지고 있었다. 하지만, 폰티시아누스의 두 친구들과 빅토리누스의 회심 이야기들은 어거스틴으로 하여금 하나님을 떠나 세상적인 욕심에 사로잡혀 있는 자신의 모습을 성찰하게 하였다. 그 후 밀란의 정원에서 하나님과의 연합을 통해 회심을 경험한 어거스틴은 그의 친구 알리피우스의 회심에 영향을 주게 되었다. 알리피우스는 마니교를 떠나 밀란의 교회에서 암브로스 주교를 통하여 어거스틴과 함께 세례를 받게 되었다. 이와 같이, 어거스틴의 회심 이야기는 다른 사람들의 회심 이야기들과 긴밀한 관계의 망 속에서 이루어졌으며, 우리로 하여금 그리스도교 공동체 안에서의 연대감과 영성의 삶을 서로 나누는 것의 중요성을 깨닫게 해 주고 있다.

어거스틴의 「고백록」은 그를 따르는 사람들과 그의 독자들에게 강한 연대감과 유기적 관계를 요구하는 순례자의 책이다. 이 책을 통하여, 어거스틴은 삶의 현장 속에서 자기 자신에게 했던 실존적 질문들에 대하여 그의 추종자들과 독자들이 씨름하게 하며, 나아가 함께 대답하기를 요구하고 있다. 「고백록」에서 어거스틴은 하나님을 향한 자신의 영적 순례의 여정을 드러내 보이고 있으며, 자신의 친구들과 독자들을 자신의 변화 이야기 안으로 초대하고 있다. 그러기에 우리는 「고백록」 안에서 어거스틴과 하나님 사이의 영적인 연대감뿐만 아니라, 어거스틴과 독자들 사이의 연대감을 볼 수 있다.

그리스도교 공동체 안에서 회심의 이야기가 계속된다는 관점에서, 우리는 어거스틴의 영적 여행의 이야기를 다양한 목회 돌봄 상황들 안에서 우리 자신들의 영적 순례의 이야기들과 상호 연결해 볼 수 있다. 어거스틴의 경우, 그는 자신이 되어가는 과정(the process of self-becoming) 안에서 내적인 싸움을 하였다 : "무엇이 나로 하여금 지금의 모습을 지니게 하였는가?"(What is becoming of me?) 어거스틴의 변화 이야기와 우리 자신의 변화 이야기들 사이의 창조적이고 통전적인 대화를 통하여, 우리 그리스도인들은 더 나은 성숙한 영적 순례의 여정을 만들기 위해 우리 자신에게도 존재론적인 물음을 던질 수 있다 : "무엇이 우리로 하여금 지금의 모습을 지니게 하였는가?"(What is becoming of us?) 이러한 창조적이고 통전적인 대화는 종교적 회심의 개인적인 측면(personal dimension)과 보편적인 측면(universal dimension)을 깨닫도록 해 준다. 즉, 분리된 것 같지만 상호 인지적인 대화를 통하여 어거스틴의 개인적인 회심 이야기(a personal story of conversion)가 공동체 안에서 보편적인 회심 이야기(a universal story of conversion)가 될 수 있다.[40] 결국, 어거스틴의 변화의 삶의 경험이 우리의 삶 속에서 재조명되는 가운데, 어거스틴은 우리로 하여금 그리스도교 영적 순례의 여행에 참여하기를 격려하고 있다고 볼 수 있다.

6. 이 장의 요약

어거스틴이 자기 자신과의, 다른 사람들과의, 그리고 하나님과의 관계를 재창조하였다는 주제는 우리에게 다음과 같은 점을 깨닫게 해 준다 : 인간의 회심 경험은 단순히 일생 속에서 '오로지 한 번 있는 사건'(once and for all event)이라기보다는, 전 인생을 통해서 일어나는 변화의 과정(an ongoing process of change — 'converting')이다. 인간의 회심 경험은 세상과의 단절과 세상으로부터의 후퇴 안에 있는 것이 아니다. 오히려 회심은 자기 자신과의, 다른 사람들과의, 그리고 신적인 존재와의 치유와 회복의 관계 안으로 들어가는 것을 의미한다. 이러한 맥락에서, 회심의 과정 안에 있는 사람은 그 시대의 구체적인 문화와 사회적 상황들 속에서 하나님을 만나 뵙기 위한 기도의 삶과 이웃을 위한 삶을 잘 조화를 이루며 살아갈 수 있다. 실제로, 새롭게 (재)형성된 관계들 속에서, 회심자는 하나님을 섬기고 이웃을 섬기기 위해 자신을 헌신하며 나아갈 수 있다.

이 글은 학문 간의 상호 대화적인 접근법이 학문 현장에 있는 학자들/학생들과 신앙 공동체에 있는 사람들이 회심 — 특히 어거스틴의 회심 이야기 — 을 통전적으로 연구하고 이해할 때에 도움이 될 수 있다고 본다. 필자는 어거스틴의 회심의 이야기가 우리 신앙 공동체 안에서 통합적으로 이해될 뿐만 아니라, 그의 이야기가 그리스도교 영성과 목회 돌봄의 현장들 속에서 그리고 역사적이고 사회 문화적인 상황들 속에서, 우리 자신의 회심 이야기들을 건전하게 이해하는 데 도움이 되었으면 한다. 앞으로 종교 체험에 대한 다른 사례들을 연구할 때에, 학문 간의 비평적이며 상호 대화적인 방법론 — 람보의 회심 모델 — 을 사용하기를 제안한다.[41] 필자는 다양한 상황들 속에서 일어나는 회심 경험들의 비슷한 점과 다른 점을 비교 분석하는 연구들이 더욱 많아지기를 소망한다(예 : ① 초기 이집트 수도자의 회심 이야기〈안토니〉와 현대 미국인 수도자의 회심 이야기〈토마스 머튼〉 혹은 ② 서구 세계의 그리스도교 플라톤주의자의 회심 이야기와 동방의 그리스도교 유교주의자의 회심 이야기).

아빌라의 테레사의
영성 이해[1]

박세훈(장로회신학대학교 외래교수, 기독교 영성학)

'신앙의 살아 있는 경험'(The lived experience of faith)으로서 그리스도교 영성은 역사 전체를 아울러 다양한 믿음의 경험을 포괄한다.[2] 신앙의 선배들은 자신들이 속한 상황(Context)에서 살아 있는 신앙의 경험을 남겨 후대 그리스도교인들에게 전해 주었는데, 그들의 신앙과 삶의 기록에 대한 해석적 접근을 통하여 현대 그리스도교인들은 자기 변화적 경험에 이를 수 있게 된다.

아빌라의 테레사(Teresa of Avila, 1515-1582)는 자신의 대표적 저서인 「영혼의 성」(1577)에서 하나님과의 연합을 향한 영적 여정을 본인의 경험을 기반으로 자세히 기록해 준다. 이뿐 아니라 그 이전에 쓴 「천주 자비의 글」(1562)과 「완덕의 길」(1566)을 통하여 하나님과의 연합에 대하여 지속적으로 안내해 주고 있다. 그녀는 '영적 결혼'(Spiritual Marriage)에까지 이른 자신의 경험을 바탕으로 하여, 하나님과의 연합을 위한 영적 여정을 설득력 있고도 세세하게 그려 보여 준다. 동시에 가장 단순하고도 수동적 형태의 기도 중 하나인 거둠의 기도를 설명하면서, 이 기도의 실천이 하나님과의 연합을 위해 각 영혼을 준비시켜 주는 핵심적 방법임을 제시한다.

그녀는 '영적 결혼'과 거둠 기도의 실천에 대한 가르침을 통해, 사랑의 관계성이야말로 영혼과 하나를 이루시는 하나님께로 나아가는 지름길임을 후대에 전해 준다.

테레사에 대한 신학적 연구는 '영적 결혼'으로 표현되는, 사랑을 통한 연합의 중요성을 드러내 보여 줄 것이다. 현대의 경쟁적 환경 가운데 그리스도교인들도 자기를 주는 사랑 대신에 자기 몰입적 태도로 살아가기 쉽다. 많은 한국의 성도들이 사랑 안에서 절대적 실재와의 대면을 통해 자기 변화를 경험하기보다는, 배우고 획득한 신앙으로 자기 자신을 강화하는 방향으로 치우치기도 한다. 자기 변화를 일으키는 관계를 하나님과 직접 세워가기보다 기독인 모임 안에서 종교적으로 되는 정도에서 머무는 이들이 상당히 많다. 이런 상황을 고려해 볼 때, 테레사의 '영적 결혼'으로서의 신비적 연합에 대한 이해는 많은 그리스도인들이 영적 성숙 가운데 자라나고 세상을 위한 하나님의 창조적이고 구속적인 활동에 동참하도록 이끌 것이다. '영적 결혼'으로 드러나는 하나님과 영혼의 상호 내어 줌의 연합 모델은 더 많은 영혼들이 하나님과 친밀한 관계를 형성하는 가운데, 피조 세계를 위한 활동에 동참하도록 기여할 수 있다.

이 글에서는 테레사가 제시하는 하나님과의 연합에 대하여 그녀의 대표적인 세 책들인 「천주 자비의 글」(1562), 「완덕의 길」(1566), 그리고 「영혼의 성」(1577)을 비교하며 연구할 것이다. 테레사는 세 책을 쓰던 기간 중인 1572년에 '영적 결혼'을 경험하게 된다. 그러므로 「영혼의 성」은 '영적 결혼'의 경험 이전에 쓰여진 「천주 자비의 글」이나 「완덕의 길」보다 하나님과의 연합에 대한 보다 성숙한 이해를 보여 준다. 테레사는 '영적 결혼'의 경험 후에 하나님께서 불변의 사랑으로 영혼 깊이 현존하시는 영혼의 구조를 보다 상세히 기록하게 된다. 더불어 연합의 경험에 이른 존재로서, 다른 영적 단계의 영혼들에 대해 그리고 세 가지 다른 종류의 연합에 대해 더 깊은 이해를 담아 기록한다. 특별히 「영혼의 성」에서 테레사는 세 가지 차원의 하나님 연합에 대하여 기록하고 있으나 「천주 자비의 글」에서는 두 종류의 연합에 대해서만 설명해 준다. 이는 '영적 결혼'의 경험 이후에 하나님과의 연합에 대하여 보다 구체적이며 상세한 이해를 가지게 되었음을 반영해주는 것이다. 그러므로 그녀의 세 저서에 대한 비교 연구는 '영적 결혼'의 경험이 하나님과의 연합에 대한 테레사의 이해에 어떤 영향을 끼쳤는지를, 그리고 그녀의 성숙한 연합 이해의 특성들이 무엇인지를 자세히 보여 줄 것이다.

1. 아빌라의 테레사 : 생애와 작품

아빌라의 테레사(1515-1582)는 평생을 걸쳐 많은 이들의 환영을 받지 못하는 삶을 살아갔다. 그녀 생전에 스페인 종교재판소는 여성의 신비 추구나 정신 기도를 억압하였으며, 그리스도교로 개종한 유태인 출신들을 적대시하였다. 그녀는 이 종교재판소가 대적했던 세 가지 배경에 모두 해당했기에 자신이 속했던 시대에 생존하는 것조차 쉽지 않은 상황이었다. 그럼에도 불구하고 그녀는 자신에게 부과되었던 사회정치적 요구 조건들을 충족하거나 또 극복해 내고 대표적인 여성 신비가로 현대에 영향을 끼치고 있다.[3]

아빌라의 테레사는 그리스도교로 개종한 유태인 가정에서 12명의 자녀들 중 여섯 번째로 태어났다. 20세가 되어 성육신(Encarnacíon) 수도원에 들어가기 이전까지 매우 경건한 가정에서 교육을 받았다. 유태계 배경을 숨기기 위하여 다소 엄격한 신앙의 삶을 추구한 가정 안에서 자라나면서, 테레사는 자신의 신분을 감출 필요에 대해서도 자연스레 배워 갈 수 있었다. 불행하게도 13살이 되었을 때, 자신의 어머니를 잃게 되는 상실의 슬품을 맞이하게 된다. 그 이전까지 그녀의 어머니는 그녀를 지속적이며 깊은 사랑으로 돌보아 주었을 뿐 아니라, 함께 기사도에 대한 책을 읽는 취미를 나눌 정도로 친밀한 관계를 맺어 왔었다. 충격적인 어머니의 죽음으로 인해 테레사는 성장기에 있어서 더 이상 모성적 사랑의 경험을 지속하기 어려운 상황이 되었다.[4] 유태계 출신을 감춰야만 하는 상황 속에서 테레사는 명예를 중시하는 당대의 분위기를 인지하기는 하였으나, 이로 인하여 타인의 생각과 판단에 민감해지게 되었다. 자신의 평판에 해를 끼치게 될 심각한 잘못을 저지르지는 않았지만, 사촌과의 관계 가운데 세상에 대한 허영심은 더욱 커지고 종교적인 열정은 식어만 갔다. 이를 염려했던 그녀의 아버지는 그녀가 16살이 되었을 때 그녀를 기숙 학교로 보내게 되었다. 테레사는 이 학교에서 점차 경건한 삶을 회복하고 수녀가 되기를 소망하게 되지만, 심각한 병에 걸려 집으로 돌아오게 되었다. 결혼한 언니의 집에서 회복을 하는 동안 그녀는 여성의 결혼 생활이 그렇게 행복하지 않다는 사실을 알게 되었으며, 점차 제한적이고 억압적인 여성의 삶에 대해 인식하게 되었다. 그러나 이 회복기를 가지는 동안 방문한 페드로 삼촌의 집에서 수녀로 살아가는 삶에 매력을 느끼게 되었으며 이는 그녀가 1535년에 갈멜 수도원에 입회하는 계기가 되었다.

테레사는 20살이 되었을 때 하나님을 위한 '병사이자 모험가'가 되기를 원하는 영적 열망을 가지고 성육신 수도원에 들어갔다. 그러나 초반의 19년 동안은 그다지 깊은 열의 없이 시간을 보내기도 하였다. 자신의 「천주 자비의 글」에 그녀는 많은 방문객들과 수다를 떨기도 하였으며 거의 일 년 동안 기도를 그만둬 버리기도 하였다고 고백하였다.[5] 심각하게 아픈 기간 동안 삼촌의 집에서 머무르며 오수나의 프란시스(Francisco de Osuna)가 쓴 "제삼 기도의 초보"를 읽기도 하였으나, 병이 회복된 후에는 이내 예전의 상태로 돌아가 버렸다. 이 기간 동안 수도원 안에서조차도 그녀는 영적인 삶과 세상적 즐거움 사이에서 씨름하였다. 또한 이 기간 동안에 그녀는 하나님을 향한 사랑보다는 지옥에 대한 두려움 때문에 영적 삶을 지속해 갔다고 기록하기도 하였다. 심각한 내적 씨름이 계속되는 동안 영적으로 태만한 삶이 이어졌는데, 그녀는 이 시기에 대하여 하나님과 세상 사이에서 전쟁과 갈등의 시간을 보냈다고 묘사하였다. 세상 사람들에게 사랑받고 관심을 받는 것을 바라던 마음은 하나님을 사랑하고자 하는 영적 갈망과 갈등을 이뤘던 것이다.

1554년에 일어난 두 번째 회심 경험으로 인하여, 테레사의 영적 성장에 있어서 특별한 기간이 시작된다. 그리스도의 십자가 수난상을 보는 경험과 어거스틴의 고백록을 읽는 시간을 통해 삶을 변화시키는 회심의 경험을 하게 되었다.[6] 이 경험을 기점으로 그녀는 자신의 삶을 구분짓는데, 「천주 자비의 글」에서도 1장에서 9장까지는 이 회심 이전의 시기를 다루고 10장부터 40장까지는 회심 이후의 시기로 구분짓는다. 이 회심의 결과로 그동안 자신을 괴롭혔던 내면의 전쟁은 끝이 나고 삶과 기도의 방식에도 큰 변화를 경험한다. 뿐만 아니라 큰 결단으로 영적 삶에 매진하게 되었으며, 매우 빠른 속도로 영적으로 성장하게 되면서 다양한 신비적 현상들도 경험하게 되었다.

급속한 영적 성장과 함께 테레사는 세상 가운데 있는 이들을 위한 활동에도 전념하기 시작하여, 갈멜 전통 안에서 개혁을 시도하고 가르침을 위해 글을 썼다. 지옥에 대한 환상을 경험한 후에 그녀는 관상적 삶을 위해 수덕적인 규율을 추구하는 개혁 수도원을 세우기 시작하였는데 그 첫 번째 수도원은 1562년 아빌라의 성 요셉 수도원이었다. 이후 지속적으로 영적 진보를 이루는 가운데 추가로 16개의 맨발의 갈멜 수도원을 설립하였다. 그러나 이런 활동은 종교재판소의 위협을 불러왔으며, 그녀는 수많은 법적 분쟁에 시달리게 되었다. 갈멜 수도회의 개혁 작업에서 그녀의 협력자이자 동료인 십자가의 성 요한은 1577년에 감옥에 투옥되었으며, 이후

교황의 승인을 받기 전까지는 이런 개혁 작업은 끊임없는 반대와 소송의 공격을 받았다.

한편, 테레사는 글쓰기를 통해서 관상적 삶을 세우고 가르침을 주려고 노력하였는데, 「천주 자비의 글」, 「완덕의 길」, 「수도원 설립에 관한 책」 그리고 「영혼의 성」은 그녀의 대표적인 저작들이다. 당시 스페인 종교재판소는 여성들의 거룩함 추구에 반대하여 외래의 사상을 전해줄 수 있는 모든 책들을 금하였으며, 마침내 1559년에는 발데스 인덱스를 발표하여 금지 도서 목록을 공지하였다.[7] 신비 문학에 대한 접근을 금지했던 발데스 인덱스 때문에 테레사는 수녀들에게 관상적인 삶과 신비신학에 대해 가르치기 위해 글을 쓸 필요를 느끼게 되었다. 영적 지도자의 권유를 받아 1562년에 자신의 삶을 변호하는 동시에 기도에 대한 가르침을 전해주기 위해 「천주 자비의 글」을 썼다. 이 책은 곧 종교재판소의 검열에 걸리게 되었으며 그녀가 죽은 뒤 6년이 지나서야 출판 승인을 받게 된다. 「천주 자비의 글」의 승인 없이 테레사는 1562년에 「완덕의 길」을 쓰기 시작하여 1566년에 완성하게 되었다. 이어 1573년에 맨발의 갈멜회의 발전을 변호하고 또 설명하는 동시에 그녀 자신의 신비적 경험과 가르침을 기록한 「수도원 설립에 관한 책」을 쓰기 시작하여 죽을 때까지 그 기록을 이어 갔다. 1572년 '영적 결혼'의 경험이 일어난 지 5년 뒤인 1577년에는 그녀의 가장 성숙한 이해를 담아 내는 「영혼의 성」을 상당히 짧은 시간 안에 완성해 내었다. 그러나 종교재판관의 검열과 수정 작업 때문에 이 책이 출판되기까지는 추가로 11년이라는 시간이 걸리게 되었다.[8] 테레사는 자신의 수녀들에게 어떻게 기도의 삶을 살아갈지 가르치는 중에도 종교재판소의 검열의 위험성을 염두에 두고 조심스럽게 자신의 글을 써야 했다.

2. 「천주 자비의 글」에 나타나는 하나님과의 연합 이해

1) 「천주 자비의 글」과 주요 내용

1562년 테레사는 자신의 영적 지도자들의 요청을 받아 친구들과 수녀들을 위하여 「천주 자비의 글」을 썼다. 비록 요청을 받아 글을 쓰기 시작하였으나, 자신이 원하는 대로 쓰기 위해서는 점검을 거쳐 승인도 받아야만 했다. 「천주 자비의 글」을 쓰기 시작할 무렵, 테레사는 하나님께서 그녀의 삶에 대한 책을 쓰기 원하신다고 생각하였다. 그 부름에 순종하는 마음과 더불어 또 본인의 의지로 삶과 기도에 대한 책을 쓰기 시작하였다. 그러나 이 책은 이내 죄 많은 자신에게 베푸신 하나님의 은혜에 대한 찬양으로 바뀌었다. 영적 지도자들은 그녀의 깊은 죄악이나 사악함에 대해서는 직접적으로 쓰지 못하도록 주의를 주었으나, 테레사 본인은 하나님의 깊은 자비와 자신의 죄악에 대하여 지속적으로 써 내려갔다.[9] 「천주 자비의 글」은 믿음 안에서 회심하고 새로운 삶으로 하나님을 찬양하게 된, 한 그리스도인에 대한 이야기라고 할 수 있다.

「천주 자비의 글」에서 테레사는 신비적인 경험이나 그 결과보다는, 신비적 경험들을 일으켜 주시는 하나님께 초점을 둔다. 흥분조보다는 차분한 톤으로 기도 가운데 만난 신비적, 초자연적 경험들을 설명해 준다. 그녀는 그런 신비적 경험들이, 죄 많은 자신의 삶에 임하신 하나님의 전적인 은혜로 말미암았음을 고백한다. 겸손한 태도로 자신의 신비적 경험과 교회의 가르침을 연결지었기에, 신비주의를 경계하던 교회와의 관계에서 다른 특별한 어려움을 경험하지 않는다. 더구나 테레사는 교회의 예전을 통하여 신비적 경험을 했기 때문에 자신의 개인적 경험과 교회의 가르침을 통합할 수 있었다.[10] 자신의 경험과 교회의 전통적 가르침을 조화시키는

데 성공함으로써 그녀는 종교재판소의 공격을 받기는 하였지만 살아남았을 뿐 아니라, 하나님과의 연합에 대한 가르침도 지켜 내고 전해 줄 수 있게 되었다. 또한 그녀의 가르침은 특별한 신비적 경험에만 주목하다가 하나님에 대한 초점을 잃게 될 가능성을 막는 데에도 도움을 준다. 결론적으로 그녀의 신비적 경험들은 인간의 죄성과 악함을 드러내고, 하나님에 대한 회심을 촉진하는 동시에, 삶과 경험에 대하여 분별하도록 그녀의 마음을 이끌었다.

2) 「천주 자비의 글」에 나타나는 하나님과의 연합 이해

아빌라의 테레사는 본래 자신의 삶과 경험을 설명하기 위하여 「천주 자비의 글」을 쓰기 시작했다. 이 책의 총 40장은 어린 시절부터 책을 쓴 시기까지 시간 순서대로 그녀의 생애를 다룬다. 그러나 11장부터 22장은 예외적으로 그녀의 삶 대신에, 기도의 네 가지 방식을 신학적으로 가르쳐 준다. 총 40장에 걸친 내용 중에서 12장을 할애했다는 사실은 그녀의 평생을 걸친 영적 여정에서 기도가 얼마나 중요했는지를 보여 준다고 할 수 있다. 더구나 이 기도에 관한 가르침이 차지하고 있는 위치를 살펴보면, 기도가 그녀 자신의 영적 여정에서 핵심적 역할을 하였음을 알 수 있다. 그녀는 이 기도의 가르침을 다루는 내용 바로 앞에서는 자신이 1554년에 경험한 회심 경험을 설명하고 있으며, 23장 이후부터는 전혀 다른 양상의 삶이 시작되었다고 밝힌다.[11] 실제로 그녀는 회심 경험 이후에 매우 빠른 속도로 영적 성장을 이루었는데, 무엇보다 기도의 훈련이 그녀의 새 삶과 성장에 동력을 불어넣었다. 이런 경험적 이유로 테레사는 자신의 새로운 삶을 다루는 23장 이전에 총 12장을 할애하여 기도와 연합에까지 이르는 영적 여정에 대해 자세히 서술하였다.

「천주 자비의 글」에서 테레사는 하나님과의 연합을 향한 기도의 여정을 크게 네 가지로 나누고, 이를 네 가지 물을 긷는 방식에 비유한다. 이 네 가지 방식은 "팔의 힘으로 우물로부터 직접 물을 긷는 것", "두레박을 단 도르래나 양수기를 돌리면서 물을 긷는 방법", "시내나 도랑에서 물을 끌어오는 것", 그리고 "다량의 비가 (하늘에서) 내리는 것"이다.[12] 첫 번째 방식은 매우 노력이 많이 드는 힘든 방법으로, 인간의 추론적 사고를 활용하여 묵상하며 흩어져 있는 감각들을 모으는 수고를 포함한다. 이 단계에서 추론적 묵상은 계속 하나님을 향하고 또 진보해 갈 수 있도록 돕는 데 핵심적인 역할을 하게 된다. 두 번째 방식은 거둠 기도의 단계로서, 하나님의 초자연적 은혜가 시작되어 사람의 의지나 지성의 기능에 상당한 영향을 끼치게 되는 상태이다.[13] 이때는 적은 노동의 수고로도 더 많은 물을 길을 수 있게 되는데, 추론적 묵상을 하는 이성적 수고는 줄어들지만 더 많은 영적 이해와 은혜를 얻게 된다. 세 번째 물 긷는 방식은 고요의 기도에 해당하는 단계인데, 사람의 기능들이 하나님의 사랑으로 잠들어 버리는 상태에 해당한다. 이 단계에서 영혼은 하나님의 사랑에 사로잡혀서 세상에 대한 모든 것을 잊고, 전심으로 하나님의 사랑에 응답하게 된다.[14] 테레사는 이 단계를 설명하면서 관상과 일상의 활동이 통합된 상태로 나아가게 된다고 밝히면서 마르다와 마리아의 비유를 통해 이를 설명한다. 네 번째 방식은 하늘에서 비가 내려오는 것으로, 이 단계에서 영혼은 하나님과의 연합의 영향력이 얼마나 큰지를 경험하게 된다.

네 번째 단계는 「천주 자비의 글」을 쓸 당시 하나님과의 연합에 대한 테레사의 이해를 보여 주고 있으므로 조금 더 자세히 살필 필요가 있다. 테레사는 이 단계에서 하나님 사랑의 거대한 불이 영혼을 변화시키는 경험을 하게 되는데, 이는 마치 철의 성질을 변화시키는 것과 같다고 설명한다.[15] 하나님의 주도적인 은혜가 이 연합의 과정을 신비롭게 인도하기 때문에 영혼은 이전보다 더 깊은 수동적인 상태를 경험하게 된다. 무엇보다 중요한 것은 이 네 번째 단계에서 영혼은 하나님과의 연합을 경험하게 되는데, 하나님께서 사람과 하나 됨을 이루는 사랑으로 그 영혼 안에 거하시는 것을 깨닫게 된다.[16] 이 네 번째 단계를 다루는 「천주 자비의 글」의 20장에서, 테레사는 신비적 경험에 해당하는 다양한 탈혼 상태에 대해서도 설명한다. 이 신비적 경험을 통해 영혼은 하나님께 대한 경외심을 경험하게 되며, 동시에 깊은 차원의 영적 정화의 과정을 통과하게 된다. 통렬한 고통을 동반하는 정화의 과정을 설명하면서, 테레사는 이 정화의 과정이 금을 장식하는 것과는 달리 마치 순도를 높이는 정련의 과정과 같다고 알려 준다. 그럼에도 불구하고 이 영적 단계에서 영혼은 기쁨으로 이 고통을 감내하며 죽어서라도 천국에 이르고 싶은 열망을 가지게 된다. 또한 이런 정화의 과정을 통해 영혼은 온전하게 자신을 하나님께 드리게 되며, 물을 길어오는 이미지 자체에도 큰 변화를 경험한다. 정원을 관리하는 차원이 아닌 이제 대장의 명령에 따르는 것 외에는 어떤 것도 원하지 않는 용사처럼 변화한다. 하나님의 사랑으로 말미암아 정화된 참된 사랑의 의지로 하나님의 뜻을 따르는 열망으로 서게 된다.

3. 「완덕의 길」에 나타나는 하나님과의 연합 이해

1) 「완덕의 길」과 주요 내용

아빌라의 테레사는 「완덕의 길」의 초본을 1566년에 작성하게 된다. 「천주 자비의 글」을 이전에 완성하기는 하였으나 당시 감독관의 제지 때문에, 수녀들은 「천주 자비의 글」을 읽을 수 없는 상황이었다. 수녀들은 지속적으로 기도와 수도원의 삶에 대한 가르침을 테레사에게 요청하였고, 이에 당시 그녀의 감독이었던 도밍고 바녜즈(Domingo Bánez)는 기도에 대한 가르침이라는 전제 조건을 걸고 책을 쓸 수 있도록 허락하였다.[17] 그럼에도 불구하고 그녀는 「완덕의 길」에서 과감하게 민감한 주제들을 다루었는데, 여성의 관점으로 성서 해석을 다룬다거나 거둠 기도나 고요의 기도 등을 이야기한다. 테레사는 개혁 수도원에 있는 수녀들에게 기도를 통한 참된 관상적 삶이 무엇인지를 설명할 필요성을 생각하면서 담대하게 책을 썼다. 기본적으로 「완덕의 길」은 기도에 대한 교육과 신학이 주요 주제이다. 이 책을 통해 그녀는 수도적 기도의 가치와 덕의 성장을 강조하였다. 이런 까닭에 「완덕의 길」은 「천주 자비의 글」보다는 보다 교육적이며 신학적 성격을 보여 준다.

책의 구성을 간단히 살펴보면, 테레사는 1~4장에서 이상적인 관상적 삶과 교회를 위한 봉사에 대하여 썼으며, 5~15장에서 수도원 삶의 다양한 경험과 성격들에 대하여 가르쳐 주었다. 또한 19~26장을 할애하여 기도의 방법에 대해 집중적으로 알려 주는데, 그 바로 앞인 16~18장에서는 관상적 존재의 미덕과 기도와 관상적 삶 사이의 관계에 대해 설명해 준다. 그리고 책의 나머지 부분은 주기도문에 대한 주석을 담는다.

2) 「완덕의 길」에 나타나는 하나님과의 연합 이해

「완덕의 길」에서 테레사는 하나님과의 연합에 대해 집중적으로 다루지는 않는다. 기도와 관상적 삶에 대한 가르침을 전해 주는 가운데, 연합에 대한 자신의 이해를 전달해 준다. 거둠 기도와 고요의 기도를 먼저 다룬 뒤, 일치의 기도를 설명하면서 하나님과의 연합에 대하여 이야기한다. 일치의 기도 상태에서 영혼은 자신의 노력이 전혀 필요 없는 완전히 수동적 상태로 하나님의 은혜를 경험하게 된다. 인간의 주요한 기능들인 의지나 지성, 기억 모두 하나님의 은혜로 인하여 정화되고 그 모든 기능들이 하나님께 붙잡히듯 연합하게 된다. 하나님께서 그들의 모든 능력들을 붙잡고 연합을 이룬 채로 하나님을 위해 일하도록 이끄심을 보게 된다.

테레사에게 있어서 거둠 기도는 영혼을 하나님과의 연합으로 이끄는 구체적 방법이었다. 그녀는 외적 세계로부터 감관들을 거두어들이고 중심에 계신 하나님께 집중함으로써 영혼은 하나님을 위한 내적 공간을 더 만들어 갈 수 있으리라고 보았다. 거둠 기도는 인간이 의도를 가지고 실천할 수 있는 가장 수동적 형태의 기도이지만, 하나님께서는 은혜를 통해 영혼을 보다 수동적인 거둠 기도와 고요의 기도까지 이끄시게 된다.[18] 이 기도 안에서 영혼은 초자연적인 것들과 자신의 노력과는 별개로 하나님이 주권적으로 부여하시는 은혜를 경험하게 된다. 이 주도적인 신적 은혜 경험을 통하여, 각 영혼은 하나님께서 연합을 위한 길로 자신들을 이끄신다는 사실을 경험적으로 배우게 된다.

4. 「영혼의 성」에 나타나는 하나님과의 연합 이해

1) 「영혼의 성」과 주요 내용

테레사는 1577년에 지도자들의 명령에 따라 기도에 대해 가르치기 위하여 「영혼의 성」을 쓰기 시작하였다. 그러나 이내 이 책의 내용이 하나님에 대한 기록으로, 즉 하나님께서 영혼 안에서 어떤 일을 하고 계신지에 대한 책으로 바뀌어 가는 것을 깨닫게 되었다. 이 책을 쓰면서 테레사는 하나님께 도움을 간구하였는데, 이때 영혼의 성(내면의 성) 이미지가 마음속에서 떠오르는 것을 경험하였다. 그녀는 그 성을 다음과 같이 설명한다.

"…… 문득 한 가지가 떠올랐습니다. 어쩌면 그것은 이제부터 써 나갈 것의 바탕일 수도 있습니다. 우리 영혼을 금강석이나 아니면 맑디맑은 수정으로 이루어진 하나의 궁성(宮城)으로 보는 것으로서, 거기에는 마치 하늘에 자리가 많듯이 여러 궁실(방)이 있다는 것입니다."[19] 더불어 이 성은 매우 많은 방들로 이뤄져 있으며, 구조적으로 겹겹이로 된 방들의 층으로 구성되어 있으며, 그 형태가 마치 야자수 열매나 양파와 유사하다고 밝힌다.[20]

무엇보다 중요한 것은 이 성의 이미지에서 그 중심 가운데 영혼의 애인으로서 거하고 계신 하나님이다. 그분은 궁성의 중심에서 마치 태양처럼 성 안에 있는 모든 방들에 빛을 비추어 주신다.[21] 이런 중심 안에 현존하시는 하나님 때문에 테레사가 보여 주는 영적 여정은 기본적으로 영혼의 중심 안에 계신 하나님을 향한 내적 움직임으로 드러난다. 「영혼의 성」은 각각 많은 방들로 이뤄져 있는 7가지의 층들을 통과하여 그 성의 중심으로 향하는 내적 여정을 그려 보여 준다.

더불어 영혼 안에 계신 하나님의 임재는, 하나님과 사람 사이에 이뤄지는 사랑의 관계로서의 신비를 보여 준다. 하나님께서는 사랑 때문에 영혼 안에 현존해 계신데, 각 영혼은 하나님과의 사랑의 관계를 형성하고 경험해가는 중에 경험적으로 이 하나님의 현존과 연합을 이해해 가는 것이다. 그러나 무엇보다 영혼의 중심 안에 거하기로 하시는 하나님의 사랑 때문에 영적 여정이 시작될 수 있으며, 지속적으로 영혼을 끌어당기시는 사랑 때문에 경험적 연합 인식이 가능함을 「영혼의 성」은 보여 주고 있다.

하나님에 의해 시작되고 그 경험적 가능성이 열린 하나님과의 연합에 대한 이해는 삼위일체의 신비를 이해하게 되는 7번째 궁방에서 절정을 이루게 된다.[22] 성부, 성자, 성령이 어떻게 연합을 이루시는지에 대한 이해를 얻는 동시에, 그 연합의 신비를 통하여 각 영혼들도 하나님과 연합을 이룬다는 사실을 깨닫게 된다. 영적 여정 가운데 점점 더 성장하는 사랑의 관계를 통하여, 마침내 경험적으로 하나님과 영혼의 연합의 신비를 맛보며 알아 가게 된다. 그리고 영혼 자신의 영적 추구 이전에 이미 하나님께서 전적인 은혜의 활동으로 영혼과 함께 연합을 이뤄 가고 계심을 보고 동의하게 되는 것이다. 또한 기도를 중심으로 진행했던 자신의 고된 영적 여정 자체도 사실은 하나님의 임재의 사랑 때문에 가능했던 것이며, 지속적으로 여정 전체에 빛 비추시고 인도하시는 하나님 때문이었음을 고백하게 된다. 「영혼의 성」은 테레사가 7궁방에 이른 영혼으로서 알고 깨닫게 된 내용을, 그 앞 단계에 해당하는 다양한 상황의 영혼들에게 사랑으로 안내해 주는 내용을 담아 내고 있다고 하겠다.

2) 「영혼의 성」에 나타나는 하나님과의 연합 이해

「영혼의 성」에서 각 영혼의 영적 여정은, 성의 중심을 향하여 1궁방에서 7궁방까지 통과해 나가는 내적 움직임으로 그려진다. 비록 테레사는 (위 디오니시우스가 표현한 뒤로 자리 잡게 된) 전통적인 정화-조명-일치의 구조로 영적 여정을 표현하지는 않지만, 연합에 대한 이해는 명확히 구별하여 집중적으로 다룬다. 영적 여정의 후반기에 해당하는 5, 6, 7궁방에서 나타나는 세 가지 다른 차원의 연합에 대하여 서술하는데 그것은 하나님과의 맞선 및 사랑에 빠짐, 영적 약혼, 그리고 영적 결혼으로 표현된다. 앞서 저술한 「천주 자비의 글」이나 「완덕의 길」과는 달리 테레사는 이 책에서 하나님과의 연합의 차원을 세 단계로 구별하여 자세히 서술하였다. 이제 각각의 연합의 차원을 다루면서 접근해 보고자 한다.

5궁방에서 일어나는 하나님과의 연합은 마치 맞선에서 이상형을 만나 첫눈에 깊이 사랑에 빠지는 경험과 같다. 타오르는 사랑으로 불붙게 되어 강렬한 사랑 안에서 하나님과 일치되는 것 같은 경험을 맛보게 된다. 하나님께서는 그 영혼을 강력한 사랑으로 끌어당기시며 그 마음 안에 사랑의 불을 놓는다고 할 수 있다. 그 사람의 의지는 불타는 사랑 때문에 정화되어 오직 하나님과 사랑의 관계를 위해서만 일하게 되며, 이성과 기억 두 기능까지도 사랑에 사로잡혀서 하나님을 사랑하는 일을 위해서만 그 역할을 감당하게 된다. 마치 눈먼 사랑을 경험하고 오직 하나님의 신부가 되리라고 확신하며 믿게 되는 경험이다. 무엇보다 하나님께서 영혼 안에 현존하신다는 사실을 굳게 믿게 되는데, 이로써 자기 자신에 대한 이해도 크게 바뀌게 된다. 곧 이제 자신은 하나님의 신부가 될 것이며 이 결혼을 위해 모든 것을 하리라고 다짐하게 되는 것이다. 이런 변화의 급진성은 테레사가 제시한 애벌레-번데기-나비의 변화 비유로 드러난다.[23]

6궁방의 연합은 영적 약혼의 상태로서의 연합이라고 테레사는 일러 준다. 하나님 사랑에 불붙은 영혼은 이제 영적 약혼이라는 다음 단계로 나아가게 된다. 이곳에서 영혼은 하나님의 사랑과 주도적 은혜로 인하여 다양한 신비 현상들을 경험하게 된다. 눈으로 보는 환상이나 지식적으로 깨닫는 환상(지적인 보임), 그리고 탈혼 증상들이 그 예들인데, 이 신비적 경험들은 그 영혼을 향한 하나님 사랑의 증거로 작용할 수 있다. 탈혼 등의 경험을 통해 하나님께서는 영적 결혼을 이루고자 하시는 굳은 의지를 영혼 안에 남겨 주심으로 영적 결혼으로 나아가도록 굳건히 붙잡아 두신다.[24] 이 초대의 확신은 영혼의 깊은 곳에 새겨지는 수준으로 남게 되어, 그 영혼은 영원히 잊을 수 없는 경험적 확신을 가지게 된다.

그러나, 한편 역설적으로 이 강렬한 사랑의 연합 경험은 통렬한 고통을 동반한다. 6궁방에서 영혼은 깊은 영의 밤을 통과하게 되면서, 타인들의 질타와 심각한 육체의 질병과 같은 심각한 고통에 휩싸이게 된다. 또한 가장 큰 고통으로서, 하나님께서 자신을 버리고 멀리 떠나 버리신 것 같은 영적 고독과 메마름을 경험하기도 한다. 이 통렬한 고통을 통해 영혼은 하나님과 영적 결혼을 이루는 데 방해가 될 만한 그 어떤 요소도 제거해 가는 과정을 밟아 가게 되는 것이다. 하나님께 해당하지 않는, 맞지 않는 자신의 본성적 요소들을 정화해 감으로써 신실한 신부로 성숙하게 준비되어 가는 영적 약혼으로서의 연합 단계이다.

7궁방은 하나님과 영적 결혼을 이루고 그 결혼의 상태로 살아가는 연합을 말한다. 7궁방에 들어간 영혼은 삼위일체의 신비를 깨닫게 되는 지성의 보임을 경험하게 되는데, 테레사는 이를 신비적 여정의 절정에 해당한다고 일러 준다.[25] 이 신비적 경험을 통해 영혼은 삼위의 하나님이 어떻게 연합을 이루게 되는지를 깨닫게 된다. 삼위일체 안에 드러나는 연합은 어떻게 그 삼위가 영원한 본질을 공유하며, 친밀한 사랑의 관계 안에서 일하시는지를 테레사에게 알려 주었다. 이 신비적 경험을 통해 테레사는 창조 세계 안에 임하시는 하나님의 영원한 현존과 또 피조 세계 가운데 일하시는 하나님의 역동성을 온전히 이해하게 된다.[26] 창조하시고, 구원하시며, 또 새롭게 하시는 하나님의 활동에 대한 깊은 인식과 신뢰를 통해, 7궁방의 영혼은 하나님과 자신의 연합을 보고 알아가는 능력도 얻게 된다.

하나님과의 영적 결혼은 이 삼위일체의 신비를 깨닫는 경험과 함께하게 된다. 하나님께서 삼위일체의 사랑으로 자신의 중심 가운데 거하심을 깨닫는 이들은 이제 하나님과 더 이상의 분리가 없음을 확신한다. 이 비분리성의 연합을 이야기하면서 테레사는 분리의 가능성이 남아 있는 영적 약혼과 비유적으로 대조한다. 영적 약혼은 두 자루의 촛불이 함께 있으면 한 불꽃을 이루지만 다시 떨어질 수 있는 상태와 같다. 반면에 영적 결혼은 마치 하늘에서 내리는 비와 흐르는 강의 관계와 같아서 다시 분리될 수 없다.[27] 이 영적 결혼의 연합 안에서 각 영혼은 하나님의 창조하시는, 구원하시는, 그리고 새롭게 하시는 활동에 동참하게 된다. 그러므로 삶 가운데 관상과 활동의 통합을 이루게 되는데, 이는 항상 하나님과 일치를 이루는 중에 일하기 때문이다. 하나님께서 거하시는 영혼의 중심에서 넘치는 사랑의 힘이 흘러나와, 타인을 위한 사랑의 일을 할 수 있도록 이끈다. 영적 결혼 안에서 각 영혼들은 하나님과의 연합을 경험할 뿐 아니라, 활동 안에서도 그 연합을 드러내며 살아가게 된다.

5. 하나님과의 연합에 대한 테레사의 후기 이해 : '영적 결혼'의 경험 이후의 하나님과의 연합 이해

1) 영적 결혼과 하나님과의 연합

영적 성장에 관한 다양한 모델 중에서, 하나님과의 연합은 그리스도교 신비주의 역사 가운데 중요한 역할을 해왔다.[28] 특히 위 디오니시우스(Pseudo-Dionysius)의 신비신학(De Mystica Theologia) 이후에 하나님과의 연합의 개념은 하나님을 향하여 위로 나아가는 여정의 최종 목적을 의미해 왔다. 더불어 알렉산드리아의 아그네스와 캐서린(Agnes and Catherine of Alexandria)은 하나님과의 연합을 묘사하기 위하여 신비적 결혼의 비유를 사용하였다.[29] 신비적인 결혼의 개념은 아가서에서 하나님과 이스라엘 백성 사이의 관계를 드러내는 데 처음으로 등장하였으며, 더불어 하나님과 교회의 관계를 설명할 때에도 비유적으로 사용되었다.[30] 교회 안의 다양한 신비가들은 하나님과 백성 사이의 결혼 관계를 말하는 성서의 개념을 발전시켰을 뿐만 아니라, 하나님을 향한 신비적 여정 가운데 그들 스스로 영적 결혼이라는 사랑의 관계를 직접 경험하였다. 일반적으로 영적 결혼은 하나님께서 각 영혼을 부르시고 신부로 삼아 주시는 그 초대를 통해 시작되며, 영혼은 하나님과의 친밀함이 갑자기 성장하거나 영적 결혼에서 신부로서의 증표를 받는 일을 통해 성취된다. 동시에 영혼은 이제 자신의 배우자가 된 하나님의 일, 곧 세상을 위한 헌신에 동참하도록 부름을 받는다.

그러나, 보다 엄격한 의미에서 '영적 결혼'이라는 표현은 아빌라의 테레사와 십자가의 요한이 분명하게 사용하였다. 그들은 하나님과의 신비적 연합이라는 절정의 경험을 묘사하기 위하여 영적 결혼이라는 표현을 사용한다. 테레사는 영적 결혼의 관점 하에서 전 삶을 통해 이뤄진 자신의 영적 성장과 종교적 발달을 체계화하여 보여 주는데, 그 성장과 발달의 최종적 단계를 영적인 결혼으로 묘사한다. 더불어 영적 여정과 영적 결혼에 대한 자기 경험을 바탕으로, 그녀만의 성숙한 신비적 이해들을 책을 통하여 남겨 주고 있다.

2) 테레사의 '영적 결혼' 경험과 세 가지 책

테레사는 1572년 한 성찬식에서 빵을 받았을 때, 영적 결혼이라는 신비적 연합을 경험하였다. 57세의 나이로 영적 여정의 가장 극적인 순간에 이르렀을 뿐 아니라, 그 이후로 지속적으로 그리스도의 신부로 살아갔다. 영적 결혼의 경험에 대해서는 자신의 「영적 증언들」(*Spiritual Testimonies*)이라는 책에 기록하였는데, 어떻게 예수님께서 환상 가운데 나타셨는지를 묘사하였다.[31] 이 신비적 경험 가운데 예수님은 테레사와의 연합이 이제 어떤 것으로도 나누어지지 않을 것을 약속하였으며, 영원한 결혼의 징표로 (십자가의) 못을 전해 주셨다. 이 경험적 사건을 통해 테레사는 자신이 영원히 그리스도의 참된 신부가 되었음을 확신할 수 있게 되었다.

테레사는 하나님과의 연합된 삶을 살아가던 중인 1577년에 「영혼의 성」을 쓰게 되었다. 반면 「천주 자비의 글」은 영적 결혼의 경험 이전인 1562년에, 그리고 「완덕의 길」은 그보다 4년 뒤인 1566년에 썼다. 테레사는 그녀의 종교적 발달 측면에서 볼 때 성숙한 상태에 이르렀을 때 세 가지 책을 집필하였다. 그러나 앞의 두 책은 1572년에 그녀가 경험한 영적 결혼의 특성, 그리고 그 경험을 통해 테레사가 새롭게 인식한 내용들을 반영해 주지 못했다.

3) 테레사의 하나님 연합에 대한 후기 이해의 특징

테레사는 「영혼의 성」을 통하여 하나님과의 연합에 대하여 보다 성숙하고도 발전적인 이해들을 남겨 준다. 앞의 두 책들과 비교해 볼 때 테레사는 연합의 단계를 5, 6, 7궁방의 세 단계로 보다 세분화하여 서로간의 차이를 드러내 보여 주고 있다. 특히 마지막 7궁방에서는 영적 결혼 이후 테레사가 영적 연합에 대하여 더 깨닫게 된 내용을 자세히 설명한다. 「영혼의 성」을 기준으로 보면, 「천주 자비의 글」에는 5, 6, 7궁방에 해당하는 서로 다른 연합의 성격이 혼재되어 나타나는 사실도 확인할 수 있다. 이제 영적 결혼의 경험 이후에 드러나는 테레사의 연합에 대한 이해의 특징을 세 가지 정도로 정리하고자 한다.

첫째, 테레사의 영적 결혼은 일회적인 사건이 아니라 영원히 지속되는 연합의 상태를 의미한다. 영적 결혼의 경험은 결혼식과 같은 하나의 경험적 사건이지만 이 결혼은 하나님의 변하지 않는 약속으로 인하여 지속된다. 테레사는 6궁방과 7궁방의 연합을 비교하면서 하나님과 영혼 사이의 분리되지 않는 연합을 결혼 상태에 비유한다. 삼위일체의 신비 가운데 삼위가 서로 공유하는 사랑으로 하나님께서 영혼 안에 현존하심을 영혼은 깨닫게 되고, 동시에 그 사랑의 관계 안으로 계속 부름을 받고 있었음을 경험적으로 인식하게 된다. 영적 결혼 안에서 이 존재론적인 연합을 경험적으로 알아차리게 되고 그 연합된 상태로 살아가게 되는 것이다. 그렇기 때문에 6궁방에 드러나던 신비적 현상들은 점점 더 일상적인 것이 되며, 이미 연합 가운데 사는 영혼에게 끼치는 영향력도 미미해진다.

둘째, 테레사의 영적 결혼은 그녀가 다양한 활동 가운데에서도 관상적 존재로 살아갈 수 있도록 이끌었다. 수도원 개혁 운동과 이로 인한 종교재판소의 위협 한가운데에서도 테레사는 하나님의 임재에 대한 지속적인 인식을 유지하며 살아갔다. 「영혼의 성」 7궁방에서 묘사하는 삼위일체의 경험에서처럼, 하나님께서 영혼 중심 가운데 거하신다는 사실과 자기 소통의 삼위일체의 사랑으로 이제 자신과도 연합하도록 초대하신다는 사실을 깨닫게 되었다.[32] 영적 결혼의 연합은 삼위의 하나님이 나누는 역동적인 관계 안으로 테레사를 초대하는 동시에 세상을 위한 하나님의 활동으로 그녀를 이끌었다. 하나님의 파트너가 된 테레사는 열정적인 활동가의 모습으로 자신이 속한 공동체의 개혁을 위해 적극적으로 헌신하게 되었다. 그러나 다양한 활동의 한가운데에서도 자신의 활동에 원동력이자 근원적인 이유가 된 하나님의 내적 임재를 놓치지 않고 살아갔다.

마지막으로 영적 결혼 안에서 하나님의 사랑은 인간의 기능들인 의지, 기억 그리고 이성에 능력을 줌과 동시에 그것들을 통합하도록 이끈다. 영적인 결혼 안에서 영혼은 하나님의 영원한 생각으로 생각하고, 그분의 영원한 사랑으로 사랑하며, 하나님의 뜻으로 소망하게 된다. 정화-조명-일치의 과정을 지나가는 동안 인간의 기능들은 변화되어 하나님의 뜻에 일치와 조화를 이뤄 가게 된다. 동시에 의지와 지성 기능들의 경계가 의미를 잃게 되고 함께 하나님과 조화를 이루게 된다. 하나님과의 신비적 연합을 경험하는 가운데 사랑과 지식은 한 형태를 이루게 되는 것이다. 하나님의 주도적 은혜를 통해 테레사가 경험한 지적인 보임(Intellectual Vision)들은 테레사에게 사랑에 찬 영적 지식인 동시에 사랑을 일깨우는 역할을 하게 된다. 하나님의 내적 현존에 대한 신비적 인식은, 하나님과의 사랑의 관계를 경험적으로 맛보도록 이끄는 동시에, 영적 결혼의 연합을 살아 내는 중에도 핵심적 인식으로 지속되었다.

6. 이 장의 요약

아빌라의 테레사는 영적 여정을 통하여 영적 결혼의 경험에까지 나아간 대표적인 신비가 중 하나이다. 스스로 신비가인 동시에 활동가로 살았으며, 경험적 지식을 통하여 각 영혼을 하나님과의 신비적 연합으로 인도한다. 그녀의 「천주 자비의 글」, 「완덕의 길」, 그리고 「영혼의 성」 세 책은 영적 여정과 연합이란 무엇인지를 제시해 준다. 그러나 「영혼의 성」과 비교하여 앞의 두 책은 테레사 개인의 영적 결혼의 경험(1572) 이전에 쓰였기에, 하나님과의 연합에 대해서는 제한적 이해를 보여 준다고 할 수 있다. 반면 동일한 이유로 「영혼의 성」과 다른 두 책을 비교해 봄으로써 테레사의 하나님과의 연합에 대한 이해가 어떻게 발전하였는지 확인해 볼 수 있을 것이다.

「영혼의 성」에서 테레사는 다양한 방들을 통과하면서, 하나님께서 거하시는 가장 중심의 방을 향하여 나아가는 영적 여정을 설명해 준다. 하나님은 빛나는 태양으로 또한 사랑하는 임이자 임금으로 영혼의 중심 안에 현존하시면서, 각 영혼을 연합을 향하여 지속적으로 초대하시며 인도해 가신다. 영적 결혼의 순간까지 나아가는 영혼들은 하나님의 내적 현존을 이제 경험적으로 깨달아 가게 된다. 그들 중 한 사람인 테레사는 자신의 영적 경험들로부터 오는 신비적인 이해들을 나누어 주는데, 「영혼의 성」은 하나님과의 연합에 대한 그녀의 원숙한 이해들을 보여 주고 있다. 그녀가 제시하는 영적 연합의 세 가지 특징은 영혼의 중심 가운데 계신 하나님에 대한 지속적인 인식, 관상과 활동의 일치, 그리고 하나님의 사랑과 은혜로 가능해지는 영혼 능력들(의지, 이성, 기억)의 통합이다.

현대의 독자들은 테레사의 세 작품을 서로 비교해 봄으로써 하나님과의 연합을 향한 영적 여정에서 중요한 요소들이 무엇인지, 그리고 영적 연합에 대한 성숙한 이해의 특징들이 무엇인지 이해할 수 있을 것이다. 테레사는 스스로 진정성 있는 영적 여정을 걸어갔을 뿐 아니라, 계속해서 성장하는 영성가의 삶의 모습을 글로 보여 주었다. 그녀의 하나님과의 연합에 대한 가르침에 귀 기울임으로써, 현대의 그리스도인들도 지속적으로 영적 결혼으로 초대하시는 하나님의 내적 현존을 더 깊이 발견해 갈 수 있을 것이다.

요한 웨슬리의
영성 세계

/ 이후정(감리교신학대학교, 역사신학)

　오늘 우리는 세속화와 물질주의가 지배하는 시대를 살면서, 점점 더 심각하게 영적 고갈을 체험하는 현대인들을 만나게 된다. 비록 그들이 겉으로는 여러 가지 행복의 모습들을 추구하거나 소유하고 있는 것처럼 보일지 모르지만, 내면적으로는 심한 공허와 무의미와 혼란을 극복할 수 없음을 보여 준다. 또한 불행하게도 그들은 오늘날 범람하는 여러 가지 사이비 내지는 유사 영성들에 호기심을 갖거나 매혹되곤 한다. 역사적인 교회는 이러한 사람들에게 참되고 바른 영적 삶의 비전을 제시해 주어야 하는 도전과 과제를 감당해야 한다. 먼저 교회에 속한 신자들에게, 나아가서는 오늘의 현대 사회와 세속인들에게까지 하나님의 충만한 진리와 생명의 영적 차원들을 깊이 있게 제시하는 일은 오늘 교회의 일차적 사명이라고 할 수 있다. 여기에 그리스도교 영성의 필연적 요청이 존재하는 것이다.
　웨슬리는 18세기 영국의 황폐한 종교적, 도덕적 상황 속에서 진정한 그리스도교의 회복과 갱신을 위해 복음적인 부흥 운동을 일으킨 위대한 영성가이다. 그는 먼저 자신이 처한 부패한 시대의 그리스도교가 빠졌던 무력과 왜곡을 철저하게 직면하였고, 회심의 심각한 내면적인 변화를 통해 생명 있는 참된 '복음적 신앙'을 체험하고 증거하게 되었다. 나아가서 그는 이와 같은 '성령의 체험'을 개인적 삶에서부터 공동체와 교회 전체에까지 확대하는 능력을 위로부터 부여받은 특별한 하나님의 종, 성령의 사람이었다. 이런 점에서 우리는 웨슬리의 영성을 체험적 영성이라고 보게 된다. 또 한편 웨슬리는 처음부터 초대 교회의 신령한 전통 속에서 고전적인 영성의 뿌리를 찾아 자신의 성서 중심의 복음주의 신앙에 합치시킨 균형잡힌 영성가였다. 그 보편적 영성 전통의 중심적 주제는 "완전한 성결에의 추구"였다. 이러한 역사적 연속성이 그로 하여금 좀 더 포괄적이고 종합적인 ― 복음적이면서도(evangelical) 보편적인(catholic) ― 영성(즉, 에큐메니즘적 영성)을 나름대로 독특하게 형성하도록 인도했음을 우리는 주목해야 한다.

　웨슬리의 영성은 한 마디로 '성화의 영성'이라고 할 수 있다.[1] 그에게 있어서 성화는 복음의 종착적(termimus ad quem), 완성적 차원이다. 그래서 그는 그리스도교인의 완전을 목표하는 성화의 순례와 여정을 매우 강조하게 되었던 것이다. 복음의 기초적 차원이 회심과 칭의라면 그 완성적 목표의 차원은 성화인 것이다. 우리는 신앙의 기초가 중요한 것과 마찬가지로 그 방향과 목표가 중요하다는 것을 웨슬리와 함께 배우게 된다. 만일 든든한 기초가 있다고 해도 그 위에 아름다운 집을 세우지 못한다면 소용없듯이, 영성은 닦고 세워 완성시켜 나가는 단계적인 진보, 연단, 성숙의 과정을 필요로 한다고 본 것이 웨슬리의 성화의 영성이 가지는 위대한 공헌이다. 그에게 계시된 완성의 비전은 사랑, 거룩하고 순결한 ― 성결한 ― 사랑이었다.[2]

　실천적인 면에서 이 성화의 영성은 규칙적인 훈련 또는 수련을 요하게 된다고 웨슬리는 보았다. 영성의 규칙과 리듬은 오늘날 그리스도교 영성에 있어서 매우 강조되는 부분이다. 영성 생활은 불규칙적이고 무질서한 삶의 양식 속에서 정진, 발전될 수 없기 때문이다. 모든 다른 예술, 기술

(법), 도가 규칙적인 수련을 필요로 하듯이, 예술 중의 예술, 기법 중의 기법인 지고한 종교의 도, 기도의 도인 영성은 규칙적인 수련을 요구한다. 물론 영성은 수련에 매이지 않는다. 어떤 특정 기법과 도가 정도, 왕도가 되는 것이 아니기 때문이다. 하나님의 신비로운 은혜의 역사는 인간적 수단과 길을 초월한다. 그럼에도 불구하고, 웨슬리를 비롯한 위대한 영성가들은 대체로 규칙적인 수련의 수단을 목표에 이르는 데 필요한 것으로, 긍정적으로 보았다. 웨슬리는 그가 이끈 감리교(Methodist=규칙주의) 운동 속에서 이러한 규칙적 훈련을 구체적으로 실천하였고, 그 결과 고결한 영성을 낳게 된 것이다.[3]

이제 우리는 웨슬리의 성화의 영성을 살펴보면서, 오늘 교회가 추구해야 할 영성의 바람직한 모델을 거기서 찾아보려 한다. 거룩함은 하나님께 속한 것인 동시에 인간이 창조된 바 하나님의 형상이므로, 인간이 그 신적 거룩함을 분여받아 사랑으로 그것에 온전히 참여, 응답함으로써만 새롭게 창조되어 참 인간의 충만한 분량에 도달할 수 있다는 것을 이 영성은 말해 준다. 삼위일체 하나님의 거룩한 사랑의 인격적인 친교 없이 인간은 성숙한, 온전한 삶에 이를 수 없다는 이 중대한 사실을 현대인들은 알지 못한다. 불행히도, 오늘의 교회 역시 이 궁극적인 종교적 진리를 등한시하는 것 같다. 그 결과 오늘의 인간은 피폐되고 기형화되면서도 참 목표와 방향을 찾지 못한다. 그러므로 우리는 다시 이 성화의 영성이 회복되어 교회와 세계를 소생시킬 수 있도록 기도하고 진력해야 할 것이다.

1. 복음적 회심과 성령 체험의 영성[1]

웨슬리의 영성의 일차적 특징은 복음적 회심에 의한 성령 체험에 있었다. 이 성령 체험은 무엇보다도 변형의 체험, 변화의 체험이다. 웨슬리 자신이 올더스게이트(Aldersgate)에서 회심의 체험을 통해 회복한 신앙은 성령으로 말미암아 "마음이 이상하게 뜨거워짐을 느꼈던" 주관적인 내면적 체험을 포함하였다.[5] 그런데 그것은 먼저 그리스도의 보혈의 공로로 죄를 용서받음으로써 죄인이 의롭다 하심을 받게 되는 "참된 생명 있는 신앙"에 기초한다(마르틴 루터). 여기서 웨슬리는 무엇보다도 하나님과의 바른 관계는 우리의 공로, 노력, 예배 의식, 도덕적 행위 등등에 의해서가 아니라, 오직 믿음으로 하나님의 주도하시는 은총, 값없이 주시는 선물인 은혜를 받아야만 회복이 가능하다는 종교개혁적 복음주의의 영성을 계승하였다.

이리하여 웨슬리의 영성에는 복음적 회심이 특히 강조되었다.[6] 거기에는 인간의 삶에 전적인 전환이 이루어지는 특별한 순간이 있다는 것, 하나님께로부터 선사받는 새로운 삶의 질이 가능하다는 것이 전제된다. 그 이전에는 죄로 인한 심한 죄책감, 심판에 대한 두려움, 하나님께로부터의 소외로 인한 불안과 절망 등이 존재한다. 결과적으로 율법 아래 있는 자연적(본성적) 인간은 은혜의 복음에 의한 자유와 구원을 간절히 찾게 된다. 그리고 회개를 통해 살아 계신 하나님과의 바른 관계에 들어가고자 열망하게 된다. 하지만 그 해결은 인간의 노력이 아니라 하나님의 은혜, 그의 객관적인 구원의 역사에 의한 것임이 분명해진다. 따라서 우리는 그 은총에 복종하여 수동적으로 칭의를 전가받아야 한다. 하나님과의 평화는 죄의 용서와 화해를 가져온다. 동시에 하나님께서 새로운 생명을 창조하시는 새로운 탄생이 일어난다. 죄에서 의로의 변화가 일어나는 것이다.

그런데 웨슬리의 영성은 여기서 특히 성령의 체험과 증거를 더욱 강조하였다.[7] 회심은 성령의 역사하심으로 그리스도 안에서 하나님을 아바 아버지로 부르는 새로운 은혜의 삶을 가져오기 때문이다. 우리는 웨슬리의 영성이 중생, 즉 새로운 탄생을 칭의보다 더 강조함으로써 종교개혁자들보다 경건주의자들의 영성에 더 가까움을 발견한다. 즉, 웨슬리는 루터가 강조하였던 법정적, 수동적 전가의 칭의론보다는 새로운 생명을 누리는 창조적 변형에 역점을 두는 중생론에 의해 그의 부흥 운동의 영성을 강화시켰음을 우리는 잊지 말아야 할 것이다. 이러한 차이는 웨슬리가 성령으로 말미암은 중생을 '참된 실제적인 변화'(real change)라고 하면서 칭의의 관계적 변화(relative change)와 구별한 것에서 잘 드러난다. 따라서 중생의 변화는 우리 영의 주관적 인지, 의식을 동반하는 각성을 포함한다. 즉 사죄의 객관적 관계가 거듭난 신자에게 확증(신)을 주게 될 때 그는 그 산 증거를 느끼고 의식하는 것이다. 이와 같은 살아 있는 인식(awareness)은 변화의 체험적 차원을 강조한 것이다.

신생을 경험한 신자는 하나님의 생명을 영적으로 회복하여 그리스도 안에서 그와의 소외와 분리로부터 연합으로 변화되는 새로운 창조를 겪게 된다. 원죄는 극복되었고, 위로부터 거듭나서 이제 새로운 영의 사람으로 태어난 것이다. 이러한 새로운 탄생은 신비이므로 그 방식은 말로 설명할 수 없는 초월적인 것이다. 웨슬리는 하지만 이 새로운 탄생을 유비적으로 자연적 탄생과 비교해 보았다. 아기가 세상에 태어날 때 그에게 새롭게 열린 신체적 감각에 의해 그를 둘러싼 세계를 체험, 감지하듯이, 영적으로 새로 태어날 때 신자는 '영적 감각들'이 열려서 하나님과 새로운 세계, 즉 신령한 세계를 감지하고 체험하게 된다는 것이다. 이러한 영적 감각에 따른 체험은 우리가 하나님을 알고 사랑하고 느끼는 새로운 삶을 사는 표시이다. 신자가 성령 안에서 체험하는 평화와 기쁨과 사랑 역시 이러한 영적 감각에 의한 것이다. 웨슬리는 여기서 참된 영성이 반드시 체험적인 것임을 확증한다.

체험(경험)은 어떤 외부로부터의 객관적 실재가 우리의 감관을 통해 찍혀질 때 형성되는 인상에 의해 이루어진다. 웨슬리에 의하면 영적 체험은 초월적인 원천이신 하나님의 실재가 인간의 영혼 위에 중생에서 회복된 영적 감각을 통로로 하여 찍으시는(인치시는) 영적 인상들에 의해 하나님의 새로운 세계를 만나고 발견하고 체험하는 경이로운 신비의 역사이다. 이러한 체험은 단지 수동적인 것이 아니라, 그 체험을 통해 체험자 자신이 먼저 존재론적으로 변형을 겪고 그를 둘러싼 모든 것이 새로운 세계로 열리는 변화의 경험을 가져오는 위대한 영성의 통전적 모멘트인 것이다. 웨슬리는 감각적 체험의 생생한 감수성을 영성에서 살려 내는 중요한 작업을 하였다. 단지 관념적, 추론적 언어로는 전혀 담을 수 없는 하나님 체험은 성령으로 거듭나서 위대한 변화를 체험하여 이제 살아 계신 하나님을 감지하고 그 현존 속에 있음을 영적으로 감각하는 성령의 사람들에 의해 생생히 증거되는 것이다. 이와 같은 직접적인 감지와 체험의 생동성이야말로, 웨슬리 당시 메마르고 죽어 가던 영국 교회를 소생시키는 체험적 부흥의 영성으로서 성령의 숨을 회복한 변형의 에너지요 힘이었던 것이다.

오직 성령 안에서 새롭게 창조된 삶만이 진정으로 본래적인 삶, 생명으로 충만한 참된 삶이요, "하나님 안에서 그리스도와 함께 숨겨진" 신령한 성령 안에서의 삶인 것이다. 웨슬리는 그 삶의 본질을 기도와 찬양과 예배에서 찾았다. 이제 하나님의 형상을 갱신하고 회복한 새로운 영성 생활은 하나님과의 끊임없는 교제와 교통으로서, 하나님으로부터 흘러나오는 생명의 은혜가 우리 속에 부어지고 우리에게서부터 다시 하나님께로 들어 올려지는 것이다. 그것은 하나님의 생명의 숨(영)이 우리에게 부어져서 다시 우리의 숨으로 응답되는 것과 같다. 웨슬리의 의미 깊은 통찰에 의하면, 이와 같은 영적 상호운동의 에너지가 없이는 영적으로 자라날 수 없다. 거듭난 후에도 지속적으로 생명의 하나님과 교통하게 될 때 신자는 의롭고 거룩한 삶을 살 수 있도록 변화되는 것이다. 즉, 거듭남의 목표는 바로 성화이다.

웨슬리는 회심의 체험이 가지는 주관적 성격을 성령의 증거 또는 확증으로 표현하였다. 우리가 은혜 안에 살게 되는 새로운 삶은 증거와 느낌이 있다는 것이다. 물론 그것은 단지 주관적인 것이 아니며 그래서도 안 된다. 먼저 성령의 객관적인 증거하심이 있고 그에 대해 신자가 협동하는 주관적인 증거가 있다. 그것은 그리스도 안에서의 사죄, 화해, 양자 됨의 뜻을 체험적으로 인식·감지하게 되는 것으로, 기쁨, 화평, 자유, 확신을 가져다준다고 웨슬리는 보았다. 나아가서 성령의 열매들은 거듭난 사람들의 인격과 삶을 형성하는 면에서 간접적 증거가 된다. 총체적으로 성령의 확증은 웨슬리의 영성을 주관주의나 심리적 감정주의에로 빠지게 하지 않고 변형적 체험을 통한 영적 성숙을 위한 모멘트로 작용해야 했다. 웨슬리는 결국 성화의 성숙한 영성 생활에로 발전해 가는 것을 통해 그것을 해결하게 된다.

2. 완전한 사랑에 의한 성화의 영성[8]

웨슬리의 영성의 독특성은 회심과 중생이 영성 여정의 마지막이 아니라, 한 단계의 마침이며 새로운 다른 — 성화의 — 단계의 시작이라고 본 데 있었다. 영성은 삶이므로 과정 속에서 진보해 나아간다는 것이다. 잘못된 순간적 회심주의나 은사제일주의로 빠지는 위험이 없이 성숙한 성화의 삶으로 목표를 향해 진보하는 단계적 발전 과정을 신자의 일생에 걸쳐 볼 수 있었던 이른 바 '목적론적(teleological) 관점'이 그의 영성을 균형 잡힌 온전한 형태로 되게 한 것이다. 그것은 신자의 인격과 삶을 어떻게 충만하게 통전하며, 방향과 목표를 가지고 점점 더 성장, 성숙시킬 수 있느냐 하는 매우 중대한 영성적 차원에 관계된 것이다. 웨슬리는 그것을 성화, 즉, 완전한 사랑에 의한 진보와 성숙의 과정으로 정의하였다.

거룩함이란 하나님의 본성으로서 타락한 인간에겐 어떤 의미에서 접근

불가능한 것이다. 그러나 이제 새롭게 탄생한 신자는 자신이 더 이상 죄에 속해 있는 존재가 아니며 사랑으로 충만하게 되는 거룩한 하나님의 형상으로 회복되어 완전한 사랑을 향해 점점 더 나아가는 것을 발견한다. 물론 지상의 삶 속에서 인간은 육적 한계와 상대성 속에 있다. 하지만 은혜의 분량에 따라 삼위일체 하나님의 거룩하심을 분여받아, 그분과의 인격적인 친교와 교통을 통해 신성에 참여하여 거룩하게 변모되어 가는 것이 성도의 영성 생활의 본질인 것이다. 웨슬리는 젊은 시절부터 거룩한 삶을 추구하였는데, 그의 영성이 성숙해 가면서 성화와 완전의 사상도 충분히 발전되었고 결국 '완전한 사랑'이란 형태에서 그 절정을 발견하였다.

웨슬리에 의하면 성화의 영성에는 긍정적 차원과 부정적 차원의 두 차원이 있다. 먼저 '긍정적으로' 볼 때, 성화는 완전한 성화의 은혜를 받아 충만한 정도로 하나님의 생명을 누리는 데까지 변모되어 나가는 것이다. 더 특정하게 말해서 그것은 '거룩하고 완전한 사랑'으로 충만해지는 변화이다. 하나님의 무한하고 다함없으며 측량 못할 완전한 사랑이 우리 속에 부어질 때 우리는 사랑으로 응답하게 된다. 비록 처음에 우리의 사랑은 부족하고 미약하지만 점점 더 증가되고 강화되고 성장하여 하나님의 사랑을 닮아 간다. 그리하여 웨슬리는 어떤 순간에 완전하고 충만한 사랑으로 인해 우리가 전적으로 변화되어 하나님과 일치되는 완전 성화에 도달될 수 있다고 믿었다.

하지만 웨슬리는 완전이 절대적 의미에서의 초인간적 실체가 아니라 인간의 한계와 정도를 인정하는 상대적 완전, 즉 지상에서 도달 가능한 것이라고 보았다. 그러므로 인간의 실수, 오류, 무지, 부족함 등을 인정해야 하며, 또한 그 완전이 지상적인 한 더 발전과 성장, 증가와 향상이 가능한 완전인 것이다. 웨슬리는 영원에까지 완전한 사랑이 무한히 계속적으로 성장한다고 믿었는데, 완전에 대한 이러한 비고정적, 역동적 이해는 동방교회의 전통에서 마카리우스나 니사의 그레고리 같은 교부들에 의해 발전된 것이었다. 이 전통에서 볼 때, 역설적으로 말해서 완전은 완성된 것이 아니라 "영광에서 영광으로", 끝없이 계속 더 풍요하게 발전하는 초월적 목표로서 늘 새롭게 발견되는 하나님의 사랑의 무한한 차원들을 말한다. 웨슬리 역시 이러한 영성 발전과 성숙의 진보, 상태적 변화와 움직임을 중시한 것이다.

웨슬리가 본 그리스도교적 완전은 이처럼 새로운 영성 주제는 아니었다. 그가 인정했듯이 그것은 신약성서의 절정을 이루는 면류관과 같은 교리이다. 그것은 예수 그리스도의 복음의 가르침의 핵심이며, 사도들의 가르침에서도 확증된다. 만일 우리가 믿음으로 의롭다 함을 받고 성령으로 거듭나서 신자가 되었다고 해도, 계속 성장하여 장성한 그리스도의 분량에 이르는 성숙하고 충만한 데까지 나아가지 않는다면 우리의 신앙은 실로 온전한 것이 못 된다는 것이다. 성도는 이 세상에서 영적 여정과 순례의 길을 가는데, 거기서 계속적인 발전과 진보를 통해 그처럼 온전하고 거룩한 분량에 도달하기를 추구해야 한다. 그 완전의 목표는 바로 그리스도처럼(Christlike) 성결하고 의롭고 선하게 되는 것이다. 모든 정욕과 악과 죄의 세력에서 정화되고 자유케 되어 빛나는 하나님의 형상으로 변모함으로써 순결한 그리스도의 신부로 화하게 된다. 이처럼 성화는 그리스도와의 일치, 즉 성령 안에서 하나님의 은혜로 충만하게 되어 주님과 한 영이 되는 것이다. 사도 바울의 말씀대로 "이제는 내가 사는 것이 아니라 내 안에 그리스도께서 사시는" 변화와 일치가 완전한 성화이다.

웨슬리는 이러한 완전 성화를 가장 강한 이미지로 표현할 때, 인간이 하나님의 본성에로 참여, 변형되는 것으로 말했다. 이것은 베드로후서 1:5에 의거해 동방 교부 전통에서 나타난 위대한 구원의 완성적 목표인 '신화'(theosis)에 해당하는 것으로서, 하나님의 충만한 생명과 사랑, 그의 완전한 형상으로 닮아 변형되는 바 신적 본성에의 참여와 교통(교제)을 말하는 것이다.[9] 웨슬리는 하나님이 만유의 만유가 되사 우리가 아무 것도 아닌 공(void)으로 화할 때, 즉 우리가 하나님으로 충만하여(full of God) 악과 죄가 존재할 여지가 없게 될 때, 우리는 완전 성화에 도달하여 완전하고 순결한, 성화된 사랑 안에서 완전한 평화, 기쁨, 안식을 누리게 된다고 증거한다. 그런데 이러한 완전한 사랑은 단지 종말론적, 초세계적 목표만이 아니라 지상의 삶 속에서도 도달될 수 있는 것이라고 웨슬리는 믿었다. 이 점에서 웨슬리는 어느 정도 전통적인 그리스도교 영성에 있어서의 신비주의적 변형일치(합일)의 목표를 '실천적으로' 받아들인 것이 된다 — 그로 인해 그의 영성은 실천적 신비주의로 불리었다.

'부정적인 차원'에서 성화는 사랑의 증가의 반대 면에서, 죄의 지배의 약화로 설명되었다. 결국 웨슬리는 어떻게 우리 존재가 죄와 그 지배하는 정욕의 세력들로부터 정결케 되고 순화되어 하나님의 온전한 형상으로 회복될지를 성화의 영성의 또 다른 핵심으로 본 것이다. 완전 성결, 성화의 의미는 죄를 범하지 않는 것이니, "하나님으로부터 태어난 자는 죄를 짓지 않는다"는 것이다. 물론 우리가 거듭날 때 죄를 용서받고 우리가 죄에서 자유케 된 것을 체험한다. 하지만 경험적인 삶에 있어서 죄는 신자들의 삶 속에서 다시 발견된다. 인간이 육적 한계 상황에 거함으로, 죄는 그 뿌리가 아직 완전히 뽑히지 않아서, 마음 깊이 감추인 자기의지, 교만의 죄가 남아 있는 것이다. 결국 이러한 죄의 뿌리의 근거, 존재 깊은 데 놓인 죄를 전적으로 정복할 수 있을까?

통상적인 개신교의 견해는 인간이 죽을 때까지 죄에서 완전히 자유롭지 못하며, 오직 죽음 후의 종말에 있어서 죄가 없어진다는 것이다. 하지만 웨슬리는 이처럼 지상적 삶에 있어서 죄의 최종적 정복 불가능성을 인정하는 것은 하나님의 선하신 능력을 낮게 평가하는 것으로서, 오히려 하나님의 계명들에 비추어 볼 때 지상에서도 죄에서의 완전한 자유가 가능하다고 보았다. 물론 이러한 죄에서의 자유는 이미 말했듯이 한계를 가진 인간으로서의 육신적(피조적인) 연약함들로부터의 자유는 아니다. 단지 사랑이 충만하게 지배하여 그 동기가 전적 사랑이라면, "본래적 의미에서의 죄는" 없다는 것이다. 완전한 자에게 남은 결함들이 있지만 — 따라서 그리스도의 속죄에 계속 전적으로 의존해야 하지만 — 이러한 죄에 대한 완전한 구원의 승리에 대하여 성령의 증거가 있고 그 은사의 실재는 확증된다. 웨슬리의 후예들 중 복음적 성결 운동에서 나타나는 '제2의 축복'으로서의 완전 성화의 은사는 죄의 권세에서의 자유와 죄에 대한 항존적 승리 상태에 도달함을 인정한 것이었다.

하지만 웨슬리는 이러한 죄에 대한 완전한 승리의 주장이 내포하는 실제적으로 어려운 점들을 알고 있었을 것이며, 동시에 죄를 관계론적, 목적론적으로 보는 관점을 놓치지 않았다. 비록 그에게 죄를 본질로서 보는 견해가 있었지만, 다른 한편 웨슬리는 죄를 사랑과의 관계, 더 중요하게는 하나님과의 계속적 '관계 속에서' 보는 견해도 가지고 있었다. 이에 따르면 죄는 영혼이 사랑으로 하나님을 향하며 그와 계속 교통하는 한에서만 극복되는 것이다. 그러나 사랑의 완전에 이른 자도 그것이 정도가 존재하는 상대적 완전임을 알아야 하며, 다시 잘못들을 통해 타락하여 죄를 — 비록 중죄가 아닐지라도 — 지을 수 있음을 잊어서는 안 된다. 이러한 역동적, 관계적 차원에서 죄를 볼 때에만 잘못된 완전주의의 위험을 극복할 수 있다. 이 점에서 우리는 웨슬리가 경모했던 영성 생활의 대가 마카리우스가 "세상에서 완전한 자를 보지 못했다."고 하면서도 완전한 사랑을 가능한 것으로 설명한 이중성이 웨슬리의 영성에 더 가깝다는 것을 알 수 있다.[10]

전체적으로 볼 때, 웨슬리의 완전 성화의 영성은 지상적 삶에 처한 우리가 기대와 희망 속에 완전을 목표하며 진보하는 성화의 삶을 살아야 한다는 데 대한 힘찬 긍정과 부름을 뜻한다. 영원한 하나님의 현존 속에서 뿐만 아니라 이 세상의 시간적 삶 속에서도 완전한 사랑은 가능하다. 그러므로 우리는 항상 동경하며 열망하는 마음으로 이 사랑의 완전을 희망하고 예기해야 한다. 그 희망의 역동성이 없이 죄의 궁극적 지배를 비관적으로 인정하는 것은 은혜의 낙관적 추진력을 거부하는 것이 된다. 하나님이 하실 수 있는 것을 인간이 못한다고 하는 것이다. 하나님의 약속은 그리스도 안에서 얼마든지 우리에게 "예"가 되는 것이다. 웨슬리는 완전한 사랑이 죽는 순간, 혹은 죽기 바로 전에 가능하지만, 그보다 몇 년, 몇 개월 전에도 가능한 것이라면, 왜 현재, 지금 여기서는 불가능하느냐고 묻는다. 그러므로 우리는 지금 완전한 구원(full salvation)에 이르는 성화가 이루어지기를 대망해야 한다.

이제 웨슬리의 성화론에 있어서 그동안 잘 취급되어 오지 못한 주제들에 눈을 돌려 보려 한다. 그중 한 가지 중요한 주제는 정화(purification) 혹은 마음의 순결(purity, 정결)이다. 사실 영성을 다룰 때 정화는 매우 통상적인 주제이다. 그런데 웨슬리의 경우 이 주제가 — 비록 웨슬리에게서 발견되지만 — 주된 관심을 받아 오지 못했다. 하지만 우리는 성화를 설명하는 웨슬리의 글들 속에서 정화가 강조된 것을 놓쳐서는 안 된다. 전통적인 — 특히 동방 교회의 — 영성에서 정화는 죄의 형상인 악한 정욕들 — 교만, 탐욕, 분노, 음란, 허영, 탐식, 우울, 나태, 미움 등 — 로부터 자유하게 되어 사랑으로 충만한 순결한 마음으로 화하는 무정욕(apatheia)이란 차원을 통해 완전의 수덕적(금욕적) 프락시스(실천, 수행)의 목표로 여겨졌다. 이처럼 옛사람의 모습인 어둠의 더러운 정욕들을 벗어 버리고 정화되어야 예수 그리스도의 새사람을 입어 거룩한 빛으로 변모되는 사랑의 연합의 길로 나아간다는 것이다.

웨슬리는 참된 영성에 장해가 되는 죄의 정욕들을 예수 그리스도의 성품인 덕들로써 몰아내어 하나님의 빛난 형상으로 회복되는 것을 강조하면서 마음의 순결을 말하였다. 그것은 곧 겸손, 믿음, 소망, 사랑으로 채움받는 온전한 그리스도인으로 화하는 길이다. 웨슬리에 의하면 특히 죄 된 인간의 마음은 더러운 육적 욕망들로 가득차 분열, 분산되어 있는데, 회개하고 고침을 받아 주님의 순(정)결하심과 같이 순결하게 될 때, 그 속에 하나님의 영이 거하시는 성전으로 화할 수 있다. 이제 성결하게 된 마음은 그 의도와 동기가 단일, 순수하게 통합, 통전되어, 모든 것을 사랑으로 온전히 지배하게 된다. 즉, 그 정화된 마음은 이제 순일하게 되어 오직 하나님의 뜻만을 행하고 그를 기쁘시게 하려는 열망과 소원으로 가득 차게 된다. 빛으로 환하게 된 집같이 거룩한 존재를 이루는 것이다.

그의 산상 설교를 꿰뚫는 주제를 마음의 성결로 잡았던 웨슬리는 거기서 영혼이 성하게(순일하게) 되고 온전히(건강하게) 회복되어 모든 삶 전체를 바르게 주관하는 거룩하고 행복한 성도, 기쁨과 평화로 가득 차서 하나님의 충만한 임재 속에 빛의 자녀가 된 성도를 그리려 하였다. 그러한 정결하게 된 성도만이 그리스도의 모든 품격, 즉 심령의 가난, 온유, 겸손, 자비, 의와 사랑으로 충만한 거룩한 인격과 삶을 실현할 수 있게 된다. 그것은 곧 그리스도의 장성한 분량에까지 자라는 성화의 적극적인 길로서, 결국 하나님의 참된 형상인 그리스도에게로 동화 일치되는 완전에 이르게 된다.

이와 함께 우리가 다루려는 또 하나의 주제는 성화와 완전의 영성을 인격의 완성의 관점에서 보는 것인데, 그것은 웨슬리 영성에서 매우 중요한 의의를 가진다. 완전한 사랑은 완전한 인격(person, 위격)이신 그리스도의 인격적인 품격(character, 성품)에서 찾아져야 하기 때문이다. 그러므로 성화란 그리스도의 인격 혹은 신-인적 위격으로 모방, 변모, 연합되는 것이어야 한다. 그것은 더는 자기중심적인 삶을 살지 않고 그리스도처럼 하나님으로 충만해져서 성결하고 완전한 사랑으로 불타오르는 삶을 사는 것이다. 동방 교부들처럼 웨슬리도 참된 그리스도교인이 하나님의 완전성을 모방하고 전사(轉寫 : transcribe)함으로써 인격의 완성으로 성숙해 나가야 한다고 보았다. 그 결과 인격과 덕을 갖춘 성숙하고 온전한 그리스도교인의 모습은 모든 잘못되고 죄 된 욕망, 정욕들로부터 완전히 정화되어 내면적으로 일치, 제어되고(self-mastery) 외면적으로는 성령의 열매를 맺는 자로 웨슬리에 의해 묘사되었다. 그는 삼위일체 하나님 안에서 집중되어 조화롭게 평정된 순결한 인간, 완전한 인격을 하나님의 형상으로 회복한 자이다. 이처럼 그리스도의 형상으로, 성령으로 충만한 인간은 의와 평화와 기쁨, 행복과 거룩함을 보여 주게 된다.

이와 관련해서, 의의 열매, 선한 열매를 맺는 거룩한 삶은 성화와 완전의 성품이 낳는 성령의 열매를 통해 가능하다고 웨슬리는 주장한다. 사랑, 평화, 기쁨, 온유, 절제, 인내, 양선 등 성령의 열매는 덕 있는 성품인 인격에서부터 행위에 이르기까지 성화된 삶의 표가 된다. 물론 거기서 사랑은 모든 다른 열매들을 연결, 통전시키는 중심과 완성을 이룬다. 마카리우스의 표현대로 이러한 성령의 열매들은 합쳐서 덕의 합창, 교향악을 낳으며, 영적 추수의 열매를 가져온다. 웨슬리는 특히 하나님의 계명 전체를 순종, 준수하는 것이 열매를 맺는 것으로서, 곧 사랑의 율법을 그리스도 안에서 성령의 에너지를 힘입어 완성시키는 것이라고 보았다. 여기서 율법은 부정적인 것이 아니라 사랑으로 완성되는 영원한 하나님의 뜻이다.

이처럼 성화와 완전은 진정한 그리스도교인의 삶에서 실제적으로 체현되어야 한다. 하지만 동시에 그 삶은 기쁨과 행복뿐만 아니라 고난과 자기 비움의 삶이라는 사실을 웨슬리는 잘 알고 있었다. 성화와 완전의 삶은 매일 십자가에 동참하는 고난 없이 불가능한 것이다. 거기서 우리는 원수를 사랑하는 삶, 환난과 핍박 속에서 기뻐하며 의를 위해 인내하는 삶이 성화의 다른 면임을 깨닫게 된다. 거룩한 삶에는 또한 섬김과 자기 죽음과 부정, 비움의 표지들이 있어야 한다. 그것은 영적인 완성이 결코 인간적 자기 완성이 아니라는 것을 철저히 드러내는 면이다. 반대로 그것은 오직 하나님께 영광이 돌려지며, 자신 속에서는 오직 질그릇과 같이 연약하고 비천함을 발견하는 겸손과 온유(유순)의 영성에서만 역설적으로 승화된다.

3. 웨슬리와 영성 수련[1]

오늘날 영성 수련(혹은 훈련, discipline)은 매우 중대한 주제로 부각되고 있다. 교회에서는 수련회를 늘 해 왔는데, 실상 무엇이 수련(修鍊)인지에 대하여는 깊이 생각하거나 반성해 보지 못한 것 같다. 따라서 근본적으로 수련에 대하여 웨슬리적 영성의 관점에서 고찰해 보고 오늘에 있어서 바람직한 실천적 모델을 찾아보는 일은 의의 깊다고 보겠다.

먼저 웨슬리는 성화와 완전을 목표로 하는 그리스도교적 영성 생활이 반드시 어떤 규칙적인 수단(rule)에 의해 실천되어야 할 것을 확신하고 있었다. 우리가 흔히 잊어버리는 사실이지만, 웨슬리 자신이 바로 그러한 규칙적 영성 생활의 표본이었다. 실로 그는 수도원적 생활에나 비견될 수 있을 철저한 규율적인 영성 생활에 투신하였던 것이다. 뿐만 아니라, 그가 일으킨 감리교 부흥 운동에서 형성된 신도회, 속회, 신도반 등의 조직적 공동체를 통해 웨슬리의 규칙적 영성은 실천될 수 있었다. 나는 만일 그러한 규칙적 영성이 없었다면, 웨슬리의 운동이 그러한 아름다운 성화의 열매들을 맺을 수 없었을 것이라고 생각한다. 오직 철저하게 끊임없는 수련을 거쳐 정진할 때에만, 신자의 영적 진보가 가능하며 숭고한 성화의 목표로 성장해 나갈 수 있음을 웨슬리는 잘 알고 있었으며 계속해서 강조하였던 것이다.

웨슬리는 하나님께서 정해 주신 규례(ordinances) 혹은 방식들을 은혜받는 수단으로 보고 그것들을 부지런하고 철저히 지켜 나감으로써 은혜의 충만함과 완성을 향해 성화되어 간다고 보았다.[12] 이러한 은혜 생활의 모델을 웨슬리는 사도행전에 나오는 처음 교회 성도들의 공동체적 삶에서 도출하였다. 물론 초대 교회 이후 역사 속에서 그와 같은 은혜의 수단이 오용되어 그 목적인 은혜에 집중되는 대신 단지 형식적으로 외적 수단에만 그친 경우들이 많았지만, 그럼에도 불구하고 마음의 종교인 은혜 받는 길은 이러한 수단과 통로들을 바르게 잘 사용하는 것과 대립되지 않는다는 것이 영국 교회에 준한 웨슬리의 입장이었다.

특히 이러한 은혜의 수단(means of grace)을 영성 수련으로 볼 때, 그것은 인간 편에서 은혜를 받기 위해 응답적으로 하나님께 추구와 갈망을 가진다는 것을 포함한다. 웨슬리는 하나님의 은혜를 우리의 응답적 간구의 수단을 통해 대망하고 구하고 찾을 때, 그 길 속에서 더욱 충만하게 성숙한 분량으로 주어진다고 본다. 따라서 그는 그러한 수단을 무시하고 순전한 수동성 속에 영성을 해소시켰던 당시의 모라비안적 정적주의를 그리스도교에 가장 해로운 잘못된 신비주의라고 비판하였다. 이들은 은혜 받기 위해 아무 것도 할 필요가 없으며, 그저 고요히 기다리기만 하라고 권하였다. 예배와 기도, 그 밖의 그 어떤 외적 수단도 이러한 수동적 신령주의, 극단적 내면주의 속에 자리 잡을 수 없었던 것이다. 이에 반대하여 웨슬리는 내면성과 외면성 사이의 균형 잡힌 종합을 보여 주는 통전적인 영성을 추구하였다.

웨슬리가 보기에 은혜의 수단들은 무엇보다도 먼저, 기도와 성서 탐구, 성찬과 금식, 그리스도교적 집회 등이었다. 뿐만 아니라 웨슬리는 은혜의 수단 속에 그러한 집회들을 통한 자비의 일과 선행의 실천을 포함시켰다.[13] 이러한 여러 가지 실천적 은혜의 수단들은 영성을 훈련시켜서 성화의 길에서 신자가 한 단계 한 단계 진보하도록 해 주는 통로가 되는 것이다. 물론 거기서 우리를 인도하시는 것은 하나님의 주도하심과 성령의 길 안내라는 것을 웨슬리는 분명히 했으며, 성도는 그러한 인도에 따라 응답하고 추구하면서 성숙한 영성 생활을 위해 바르게 영성 지도를 받아야 할 것임을 지적했다. 우리는 여기서 웨슬리의 영성 수련에 관해서 특히 성서 말씀, 기도, 금식의 세 가지를 중심으로 살펴보려 한다. 물론 성찬이나 공동체적 삶, 사회적 성화의 실천적 삶의 훈련 등도 한결같이 중요하지만, 좀 더 전통적 영성의 주제를 염두에 두고 이 세 차원에 국한하여 고찰하려는 것이다.

먼저 성서말씀의 탐구(search)에 대하여 웨슬리는 날마다 일정한 리듬을 가지고 하나님의 말씀을 읽고 듣고 묵상하는 것을 강조하였다.[14] 물론 예배 속에서 봉독되고 선포되는 말씀에 귀 기울이는 일도 중요하지만, 개인적으로 하나님의 말씀을 독서할 때 경배의 자세로 경외심을 품고 읽는 것도 마찬가지로 중요하다. 급하지 않게 조용한 시간을 내어 질적 목표를 가지고 집중하여 정성껏 성서를 읽게 될 때, 바른 수련을 쌓게 된다. 특히 고요한 시간을 찾아 이른 아침과 저녁을 성서 독서와 묵상에 사용하는 것이 좋다. 또한 성서를 체계적으로 읽으면서 성서 전체를 하나님의 구원의 의도와 대의 속에서 포괄적으로 연속성을 갖고 읽는 것이 필요하다. 이와 함께 성서 묵상은 실천적인 적용을 통해 영성 생활을 변화, 성숙시켜 나가는 성화의 도구가 되어야 한다. 그것을 실천하는 데 있어서 우리는 자신만을 위하지 않고, 받은 은혜를 형제자매들과 함께 나누며 서로의 영적 성장을 도와주는 상호적, 친교적 읽기를 해야 한다. 그것은 공동체적 영성으로서 말씀을 중심으로 교회를 덕 있게 세우는 중대한 차원을 가리킨다.

우리는 웨슬리가 성서만을 영성 독서의 대상으로 삼지 않은 것을 잘 알고 있다. 그는 좋은 영성 고전들과 그 당시의 탁월한 영성 서적들을 신도들이 계속 읽으면서 성화의 영성을 훈련할 것을 권면하였다. 그가 이러한 목적으로 편집, 출판한 "그리스도교 문고"(Christina Library)를 두고 보더라도 그 속에서 가톨릭, 청교도, 경건주의, 초대 교회에 걸친 보고(寶庫)와 같은 영성가들의 글들을 우리는 발견할 수 있다. 그러한 영성 서적들을 읽는 방법을 설명하면서, 웨슬리는 정해진 시간의 리듬과 규칙에 따라 질서 있게 독서의 훈련을 닦을 것을 충고했다.[15] 마음을 기울여 주의 깊게 진지하게 지속적으로 정규적 영성 독서를 할 때, 그와 같은 수련의 규율적인 수단을 통해 취득되는 영적 지혜와 통찰력은 신자가 하나님의 은혜를 충만히 누리며 그 삶이 성화되는 데 기여할 수 있다. 나는 이를 '변형적인

(transformative) 독서'라고 칭하고 싶다.

나아가서 기도는 웨슬리의 영성의 참된 중심을 차지한다. 깊은 말씀묵상은 저절로 기도로 나아가게 된다. 웨슬리는 진정 기도의 사람이었다. 그의 삶 전체가 기도로 화하게 하려고 그는 철저히 규칙적인 기도 생활에 임했던 것이다. 전체적으로 평가해 볼 때, 우리가 웨슬리의 기도에서 발견하는 종국적인 영성은 '성화의 기도'라고 특징지을 수 있겠다. 그러한 성화를 위해서 초대 교회적 전통에서처럼 기도는 단지 어떤 행위라기보다는 신자의 거룩한 삶의 전체적 태도와 자세, 성품과 상태로 화해야 한다고 웨슬리는 보았다.

우선 웨슬리는 기도가 하나님의 영적 임재를 체험하는 성령 안에서의 숨과 운동이라고 보았다. 은혜의 주도적 역사에 대해 우리가 영적으로 응답, 반응하여 하나님과 교통하는 기도와 찬양은 감사와 함께 하나님을 체험하는 영적 감각의 통로가 되는 것이다. 웨슬리는 이 기도에 있어서 우리가 무엇보다도 거룩하고 순결한 마음, 순일한 의도와 정서(정감)를 가져야 한다고 강조하면서 기도가 "하나님께 마음을 들어 올리는 것"이라고 정의한다. 즉, 기도는 인간적 보상, 이익이 목적이 아니라 하나님께 영광을 돌리고 그 이름을 거룩하게 하는 찬미가 주가 될 때 순수하고 은밀한 기도가 된다는 것이다. 웨슬리는 기도가 이처럼 깊은 마음의 골방, '깊은 근저'(ground of the heart)로부터 하나님께 집중되어 그를 향하여만 열려지는 마음의 문제임을 강조하였다. 따라서 마음의 중심과 깊이를 상실하고 중언부언하는 외식적, 형식적 기도는 극복되어야 한다.

예수님의 산상수훈 등의 가르치심에 입각하여 웨슬리에게서 발전된 마음의 기도는 교회의 오래된 거룩한 전통에 일치하는 것이다. 그것은 오직 예수님께 마음의 눈과 영혼을 고정시키면서 끊임없이 그를 기다리며 사모, 갈망하는 것으로서 고전적 기도에 있어서의 주시와 관상에 가깝다. 또한 웨슬리는 끊임없는 지속적 기도에 대하여 강조하였다. 이 주제는 사도 바울의 "쉬지 말고 기도하라."는 실현하기 어려운 말씀에서 출발된 것으로서, 기도의 역사적 전통에서 매우 중요한 것이다. 이에 대한 답으로서 웨슬리는 마음의 언어, 침묵으로 하나님께 들어 올려진 충만한 영적 기도를 가르쳤다. 항상 하나님의 현존 속에서 하나님께로 향한 마음의 상태는 계속 기도 속에 있다는 것이다. 의식적, 언어적 기도를 넘어서는 이러한 기도는 하나님의 현존과 임재 속에 기도를 위치시켜, 우리의 내면생활이 하나님과 함께하는 삶에 있음을 잘 보여 준다. 웨슬리는 마음의 소원이 계속 하나님을 향한 충만한 사랑 속에 있고 그를 기쁘시게 하고자 하는 열망으로 존재할 때 이것이 가능하다고 보았으며, 그러한 기도를 통한 하나님과의 관계를 지고한 영성으로 제시한 것이다.

완전하고 충만한 성화의 기도는 숨 쉬는 것과 같다. 하나님의 거룩한 생명을 충만히 누리기 위해 기도의 숨은 한 순간도 그쳐서는 안 되며, 그 은혜의 지속 속에서 하나님과의 교통과 친교는 성숙, 충만해진다. 물론 이처럼 고결한 성화의 기도를 위해서는 고통스러운 수련과 정결하게 되는 과정을 필요로 한다는 것을 우리는 잊어서는 안 된다. 웨슬리도 이러한 연단과 정화를 기도에서 강조하였다. 그것은 기도 속에서 완전한 사랑으로 충만하게 되어 결국 하나님과 일치하게 되는 완전한 기도가 되는 것이다. 이를 위해 우리 마음의 심연이 비워져서, 자기중심적인 모든 것을 버리고 하나님께 온전히 집중되며 그분으로만 충만하게 되는 공(void)과 무가 된다고 웨슬리가 묘사할 때, 그러한 겸허와 자기 비움을 통한 기도라는 묘사는 극치의 신비적 합일에 가까운 것이라고 볼 수 있다. 충만한 삼위일체 하나님의 무한한 바다에 우리의 인간적 강들이 마침내 돌아가서 다 비워지고 영원한 안식 속에 하나님의 생명을 누리는 기도는 웨슬리의 기도의 한 승화된 차원을 말해 준다. 그것은 바다의 표면이 뒤흔들릴지라도 그 내면 깊은 곳 바닥은 고요하게 평정을 누리는 것이다. 그와 같은 기도가 곧 성화의 기도요 성령 안에서 누리는 참된 기쁨과 평화와 의의 충만한 완전한 기도일 것이다.

　이미 언급했듯이 웨슬리의 기도는 리듬과 규칙을 통해 수련, 성숙되는 기도이다. 웨슬리는 기도의 규칙적 실천이 기도를 점점 더 깊이 있고 충만하게 하는 데 필수적임을 잘 보여 주었다. 매일의 삶에서 예배적인 영성 생활의 패턴을 잃어버리면, 영성은 그 형성력을 찾지 못하고 인격적 결실로, 즉 성화로 나가지 못한다. 웨슬리는 기도를 주의 깊게 성찰하여 합당한 바람직한 구도 속에 세우면서, 덕을 쌓는 영적 진보의 틀 속에 위치시켰다. 성도는 매일 전인적인 삶 속에 기도를 위치시키고 성결과 행복이라는 그리스도교적 완전을 실현하려는 의도와 노력을 동반해야 한다. 아침과 저녁에 기도의 리듬을 가지고 규칙적으로 예배하고 기도할 때, 그것은 단순히 성도의 개인적 내면적 삶에 그치는 것이 아니다. 그의 삶 전체에 풍기는 덕과 향기에 의해, 그 삶 속에서 우러나오는 평화와 기쁨의 빛에 의해 온 세상에 복음을 전파하는 생명 넘치는 기도가 될 것이다.

　말씀과 기도의 수련에 이어 금식을 다룸으로써 우리는 웨슬리의 영성의 금욕적 실천의 차원을 대하게 된다. 이미 위에서 말했듯이 금욕(또는 수덕, askesis)이란 그리스도교 영성에서 초대 교회 이래 전통적으로 잘못된 악한 정욕들(passions, pathe), 세상적이고 육적인 죄의 세력으로서의 어두운 욕망들을 씻는 정화(purification)의 과정을 말한다.[16] 이러한 파괴적인 정욕들로 인해 타락한 인간은 하나님과 자신, 나아가서 이웃을 바르게 보지 못하며 무엇보다도 참되게 사랑하지 못하게 된다. 그와 같은 정욕들의 제거와 포기는, 무엇보다도 먼저 회개와 통회의 눈물에서 시작되어 매일 자기를 부정하고 십자가를 지고 나아가는 제자의 철저한 영적 투쟁의 삶을 통해서 이루어진다고 위대한 영성가들은 경험적으로 증거해 왔다. 또한 그 전투에서의 승리는, 그러한 정욕들 대신 이제 완전한 사랑을 중심으로 하는 덕들이 빛된 새로운 삶에 육성되어 그리스도의 온전한 형상으로 치유, 갱신, 회복되어 나가게 해 준다. 이러한 금욕주의가 바로 금식의 영성 수련적 의의이다.

　금식은 십자가의 고난에 동참하는 좁은 길의 훈련으로서, 웨슬리는 그것이 궁극적으로는 하나님의 은혜를 받고 복을 전달하는 목적을 위한 수단이 된다고 보았다. 또한 그것은 참회의 겸비의 표로서, 애통하고 통회 자복하는 길로 나아가도록 성도를 인도한다. 금식의 실천을 위와 같은 금욕의 틀에서 보면서, 웨슬리는 그것을 전혀 무가치하게 보는 완화된 입장과 지나치게 과대평가하는 극단적으로 왜곡된 입장의 양자를 모두 경계하고, 온건하고 균형 잡힌 형태의 금식을 권장하였다. 웨슬리가 좋게 여긴 금식 형태는 초대 교회의 통상적 관례에 따라 매주 수요일과 금요일에 오후 세시까지 하는 것이고, 사순절 기간 및 수난 주간에 집중적으로 하는 것이었다. 웨슬리는 육체의 고행보다는 절제의 유형을 통해서 더 하나님을 잘 섬기기 위해 유익을 얻는 점을 취하였다. 그러한 절제된 훈련의 삶은 동물적인 정욕과 탐닉에서 인간이 자유롭게 되어 하나님의 형상을 회복하는 길이며, 하나님께 영광을 돌리는 데에서 기쁨과 감사를 찾는 성화의 삶으로 이르는 것이다.

　특히 웨슬리에게서 강조된 점은 금식과 기도의 불가분의 관계이다. 기도는 금식의 목적과 의도가 된다. 금식이 가져오는 가난하고 비워진 마음의 기도를 통해 겸손하게 자신의 죄를 깊이 뉘우치고 하나님의 진노에서 돌이켜 하나님의 자비와 용서를 구하는 은혜의 길로 나아가려는 간절한 열망을 경험하는 것이 그 핵심이라는 것이다. 그에 따라 성도는 예리하고 감수성 있는 양심, 죄악 된 세상에 대한 부정, 거룩하고 고결한 감정 등을 가지게 된다. 결국 이와 같은 금식 기도는 하나님의 축복과 계시를 위한 수단이 된다. 웨슬리는 하나님이 기뻐 받으실 만한 금식의 태도는 오직 주님께만 눈을 고정시키면서 우리의 뿌리 깊은 범죄를 자복하고 정화의 은총을 구하는 겸비하고 상한 통회하는 심령이라고 보았다. 이러한 마음의 온전한 회개와 그로 인한 거룩함에로의 변화가 금식의 목표인 것이다.

끝으로 웨슬리는 금식이 자기뿐만 아니라 형제, 이웃을 위해 우리의 기도를 넓혀야 한다는 것을 강조한다. 그것은 개인적인 것에 그쳐서는 안 된다. 하나님이 교회를 거룩하게 세우시고 빛을 회복해 주시도록 간구하는 부르짖음이 있어야 하며, 구제와 자비를 겸하여 행하면서 정의와 진리를 낳는, 하나님이 원하시는 금식이 되도록 해야 한다. 이와 같은 공동체적, 사회적 변형의 차원의 영성이 있게 될 때, 금식은 하나님의 나라의 거룩한 임재의 표가 되는 것이다. 이처럼 금식은 자기를 비워 하나님의 진리로 충만해지는 길이며, 온갖 탐욕과 죄의 욕망들로 가득한 오염된 세상을 맑고 깨끗하게 변화시키는 신선한 숨, 곧 하나님의 영을 소생시키는 축복의 통로인 것이다.

이제까지 우리는 웨슬리적 영성 수련에 있어서 말씀 탐구와 기도 및 금식의 세 가지를 중점적으로 살펴보았다. 마침내 이와 같은 수단들을 통해 우리가 누리게 되는 은혜는 우리 인격과 삶을 거룩하게 변형하는 성화의 은혜임을 웨슬리는 분명히 보여 주었다. 수단은 목적에 일치되어야 한다. 이런 관점에서 성화의 목표를 향해 최선의 수단들을 사용하여 진력, 정진하는 삶을 웨슬리의 실천적, 훈련적 영성은 중요시하였다. 물론 그 전체적 여정에서 예수 그리스도는 동시에 길과 목표가 되신다. 즉, 그 수련의 수단들은 예수 그리스도의 가르침과 삶의 길 속에서 찾아져야 할 것이며, 결국에는 거룩하신 하나님의 참 형상인 예수 그리스도가 성도들의 삶의 최종적 목표가 되어야 할 것이다.

4. 이 장의 요약

우리가 오늘 웨슬리의 성화의 영성을 다시 회복해야 하는 이유는 무엇일까? 그것은 새로운 시대의 도전 앞에서 한국 교회가 성숙된 영성의 질, 그리스도교적 인격과 삶의 온전함과 충만을 향해 재도약해야 할 사명 앞에 서 있기 때문이다. 그동안 한국 개신교회는 양적으로, 은사적으로 크게 성장하고 발전해 왔다. 그와 더불어 우리에게 절실히 느껴지게 된 사실은, 질 없는 양, 열매와 성숙 없는 은사는 예수 그리스도와 그가 세운 처음 교회의 사도들의 가르침에 맞지 않는 것일 뿐더러 이 세상에 빛과 소금이 되는 산 위의 교회를 세울 수 없다는 것이다. 이 세상을 볼 때, 더욱더 타락하여 극도의 물질주의와 세속화 속에서 방향과 목적을 찾지 못하고 방황하고 있다. 그리스도교 영성은 이러한 상실된 세상에 대하여 참 인간성을 회복하고 고결한 정신적(영적) 가치와 의미를 줄 수 있는 하나님 나라의 실재들을 제시하는 것이다.

웨슬리는 그의 시대에 위대한 영성을 통해 하나님의 나라를 증거하였다. 그의 영성의 독특성은 개신교 복음주의의 영성과 보편적, 역사적인 교회의 성화의 영성을 연결, 종합시킨(synthesis) 데서 찾아볼 수 있다. 먼저 그의 회심과 성령 체험에 근거하여 웨슬리는 참된 영성이란 하나님의 은혜를 받아들여 하나님의 생명으로 충만한 존재로 새롭게 창조되는 것이라고 보았다. 깊은 죄의 회개와 변화를 통해 우리는 더 이상 죄의 지배에 노예 된 삶이 아니라, 성령 안에서 살아 계신 하나님의 은혜의 지배 아래 살아가는 자유로운 새로운 존재로 부름 받은 것이다. 특히 웨슬리는 이러한 중생의 변화를 체험적 영성의 자리에서 강조하였다. 이제 회복된 영적 감각(spiritual senses)을 통해 신자는 하나님과 신령하게 교통하면서 기도와 찬양의 영적 운동에 들어간다.

하지만 이러한 중생의 변화는 순간에 마쳐지는 것이 아니라는 것을 웨슬리는 잘 인식하고 있었다. 오히려 그 참된 실질적 변화는 거듭남으로부터 시작하여 일생에 걸쳐 성화되어 가는 완전에로의 부르심에서 성숙하는 것이다. 거듭남 이후에도 신자는 계속 남아 있는 죄와 싸우면서 육체의 정욕들을 극복하고 그리스도의 성품과 인격을 입는 거룩한 삶을 추구해야 한다. 그러한 성화의 순례 여정에는 성장, 진보와 성숙이 있다.

웨슬리는 그 순례의 목표를 완전한 사랑이라고 칭하였다. 이러한 그리스도교인의 완전은 하나님의 은혜에 온전히 응답하여 성령으로 충만해져서 하나님과의 일치에 이르는 구원의 종국적 목표인 것이다. 그것은 웨슬리에게 있어서 죄의 점진적 약화와 소멸, 사랑의 증가와 성장의 두 면으로 구성되어, 마침내 완전한, 성결한 사랑의 충만함에서 절정에 도달한다. 그러나 이 완전은 이 지상의 한계와 정도에 따르는 상대적(relative) 의미의 완전이므로 하나님과의 계속적 관계 속에서 다시 타락할 수도(fallible), 또다시 회복 성장할 수도 있는 완전한 사랑인 것이다.

특히 오늘의 정황에서 우리가 웨슬리의 성화영성에서 수련(훈련)의 강조점을 회복해야 한다고 나는 생각한다. 사도 바울은 고린도전서 10 : 24~27에서 경기장에서 경주하는 자들의 비유를 사용하여 훈련된 영성을 그리스도교적 삶의 본질로 제시하였다. 그것은 빌립보서 3 : 12~16에서도 볼 수 있듯이 앞에 놓인 완전의 목표를 향해 상 받기 위해 달려가는 것이다. 누구든지 썩지 않을 면류관을 얻고자 하면, 모든 일에 절제, 즉 자신을 훈련, 지배(self-mastery)하는 것이 마땅하다고 사도 바울은 말씀하신다. 또한 그는 달음질하기를 향방(목표) 없는 것 같이 아니하고 싸우기를(권투) 허공을 치는 것같이 아니한다고 비유한다. 그렇게 하기 위해 경기하는 자는 철저히 훈련을 쌓고 규칙에 따라 싸우면서 승리를 목표해야 한다.

그렇다면 오늘 성화의 영성에서는 어떤 수련이 요구될까? 무엇보다도 먼저 우리에게는 거룩한 삶을 사는 데 요구되는 규칙적 영성 생활의 확립이 필수적이라고 나는 본다. 사도 바울이나 웨슬리처럼 우리도 철저히 자신을 쳐서 복종시키는 자기 부정과 정복이 있어야 할 것이다. 오직 그러한 엄숙한 십자가의 자기 수련을 통해 점점 더 우리의 인격과 삶이 정화되어 더 이상 망령된 육체의 정욕들에 흔들리지 않는 평정되고 조화된 존재, 충만한 사랑의 존재로 변형되어야 할 것이다. 그것은 내면적 일치에 도달하고 하나님의 온전한 은혜의 지배와 주관 속에 집중된 인격과 삶의 목표라고 나는 믿는다. 그러한 거룩한 평화에 도달될 때, 하나님의 사랑과 진리, 자비와 정의, 기쁨과 안식이 우리로부터 반영되고 흘러나와 교회와 이웃, 사회와 세계를 변화시킬 수 있게 될 것이다.

웨슬리의 영성에서 이러한 훈련적인 면은 매우 의의 깊은 것으로서 기도와 말씀 묵상, 금식과 성찬, 공동체적 삶과 자비의 선행에 걸쳐 실천되어야 할 것이다. 오늘 우리 교회는 대체로 훈련과 규율이 없이 이완되고 무질서한 영성 생활의 양태를 보여 주고 있다. 그러한 현재의 상태로부터 거룩하고 고결한 인격적 열매와 향기를 기대하기는 어려울 것이다. 또한 그러한 성결함이 교회와 성도들에게서 추구되지 못한다면, 세상을 변화시킬 힘을 어디에서 찾을 수 있겠는가? 이에 대해 우리는 웨슬리와 함께 깊이 반성해야 할 것이다.

한국 교회의
기도원 영성 이해[1]

김영수(한신대학교, 실천신학/목회학)

　기도원은 한국 그리스도교의 근간을 이루고 있는 토착성령운동의 중심지라고 해도 과언이 아니다.[2] 토착성령운동은 개신교 역사 초창기부터 배태되어 그리스도교 개종자들에게 전달되었고, 1930년대 이래로는 부흥사들을 통해 전파되었다. 한국 전쟁 후, 교회의 폭발적인 성장과 더불어 토착성령운동은 부흥회와 기도원이라는 통로를 통해 널리 퍼져 나갔기 때문에 한국 그리스도교를 이끌어 왔던 하나의 큰 흐름이 될 수 있었다. 하지만 한국 그리스도교에 미친 영향력에 비해 기도원은 그 가치가 자주 폄하되었고, 객관적인 학문적 연구도 많이 진행되지 않았다.
　이것은 주로 과거 기도원에서 일어났었던 간통, 사이비 교주 등장, 신비 체험으로 인한 물의 같은 것들과 연결된 기도원의 부정적인 이미지 때문이었다. 그래서 지금까지 한국 신학자들이 한 연구들은 기도원을 부정적으로 다룬 것들이 대부분이었다. 지금까지 행해진 기도원에 대한 연구들은 크게 3가지로 요약될 수 있다. 기도원에 대한 양적 연구, 기도원 운동 안에 있는 종교혼합주의적 요소에 대한 연구, 기도에 대한 연구가 그것이다. 첫 번째 그룹의 연구는 단순한 양적 연구 자료들이다. 예를 들면, 박만용과 노봉옥은 기도원에서 실시한 설문지를 토대로 통계자료를 제공한다.[3] 하지만 이 글들에는 어떤 특정한 주제에 대한 분석이라든지 비판이라든지 논의는 없다. 단지 그 책에서 그들은 자료를 통해 기도원이 그리스도인들의 종교생활에 유용할 수 있다는 점을 지적했을 뿐이다.

이요한과 이성용으로 대표되는 두 번째 그룹의 연구는 기도원의 종교 혼합적 측면과 상황화 신학에 초점을 둔 것들이다.[4] 이것은 한국의 많은 학자들과 목회자들의 관점을 대변한다. 장로교 출신인 이요한은 기도원의 기도와 의례 뒤에 있는 동기에 초점을 두는데, 그 속에 무속적 요소가 많이 있다고 본다. 이성용은 용문산 기도원의 나운몽 장로에 대한 연구를 통해서, 한국의 종교적 상황에서 그리스도교를 상황화 시킨 과정을 말한다. 그리고 그 과정에서 발생했던 문제들을 보여 주려고 한다. 이요한과 이성용은 그들의 연구를 통해 종교 사회적 배경에서 기도원을 이해하려고 했지만, 이요한은 그의 논쟁을 심화 시킬 이론과 그 이론을 뒷받침할 확실한 학문적 증거를 제시하지 못했고, 이성용은 연구 자료 속에서 논점을 명확하게 이끌어 내지 못했다.

마지막으로 기도에 대한 연구는 주로 오순절 계열의 학자들이나 외국인 학자들이 진행해 왔다. 휘터커(Whittaker)는 그의 책에서 오산리 기도원을 방문한 경험을 토대로 기도의 중요성을 강조한다.[5] 하지만 그는 기도원을 단순히 기도를 위한 장소로 묘사함으로써 기도원을 과대평가하는 경향이 있다. 휘터커는 외국인이었기 때문에 아마도 사회·문화적 상황에서 기도원을 볼 수 없었던 것 같다. 대부분 많은 글들이 두 번째 그룹에 속해 있는 반면, 세 번째 그룹에 속해 있는 몇 개의 글들은 휘터커처럼 기도를 강조함으로써 기도원을 긍정적으로 보기도 한다. 하지만 이 글들은 주로 소수의 학자들에 의해 쓰여졌기 때문에, 기도원에 대한 부정적인 시각을 바꾸기에는 학문적 타당성이 충분하지 않고 그 영향력이 미미하다.

이 글에서는 한국 개신교 역사에서 중추적인 역할을 했던 기도원의 역할에 대해 논의할 것이다. 기도원에 대한 역사적인 접근을 하는 것이 이 글의 목적은 아니기 때문에 필자가 자료를 수집한 시점을 기초로 분석한다. 이 부분을 논의하기 위해 기도원의 영적 지향성에 대한 부분을 언급할 것이다. 그리고 이어지는 부분에서는 기도원을 방문하는 주요한 목적을 다루면서, 기도원 영성의 특수성을 다룬다. 기도원 영성은 삶의 문제가 있는 특별한 상황에서 나온 영성이지만, 한국 교회에서 탄식 기도나 고난에 직면했을 때 사용할 수 있는 기도를 개발하고 가르치지 않아서, 간구나 청원기도가 자주 반복되는 경향이 있다는 것을 지적할 것이다.

이 연구를 위해 사용한 주요한 방법은 인터뷰를 바탕으로 한 질적 연구 방법이다. 여기에 사용된 인터뷰 자료는 크게 두 가지이다. 하나는 기도원과 관련된 내용들이고, 다른 하나는 기도에 대한 심층인터뷰 자료들이다. 기도원에 대한 내용들은 2007년에 수집한 것으로 "한국 그리스도인들은 교회가 근처에 있는데 왜 기도원에 가느냐"는 주제를 중심으로 모은 자료들이고, 기도에 대한 것은 2016~2017년 인터뷰 자료들로 한국 그리스도인들이 어떻게 기도를 배우고 있는지 파악하기 위해 진행된 것이었다.

2007년 자료는 주로 기도원에서 수집되었고 총 44명을 만났다. 인터뷰 참여자들은 연령대와 직업 분포가 다양한 사람들이었고 교단도 다른 사람들이었다. 2016~2017년에 진행된 연구의 참여자는 총 7명으로 모두 장로교 교인들이다. 예장 합동, 통합, 기장 세 교단의 교인으로 연령은 30~50대 사이의 남녀 평신도였다. 이들 모두 다 교회에 헌신된 그리스도인들이어서 교회에 열심히 봉사를 하고 있는 사람들이었다.

1. 기도원 방문자들의 영적 지향성

　기도원은 한국 개신교 안에 있는 독특한 종교 공간이다. 교회와는 다른 예전과 분위기와 신비적 성향을 가지고 있지만, 모든 교단의 그리스도인들이 찾아오는 특이한 장소이다. 그럼에도 불구하고 기도원은 영적 지향성에 대한 부분에서 많은 비판을 받아왔다. 기도원은 자주 무속적이고 기복적이라는 인식과 비판에서 자유롭지 못했다.[6] 하지만, 실상은, 세속적 가치에 중점을 두는 영적 지향성에 있어서만큼은 적어도 기도원과 교회가 크게 다르지 않다. 이것은 기도원 방문자들과 기도원을 싫어하는 그리스도인들의 기도 내용에서 잘 드러난다.

　기도원을 방문하는 남성과 여성의 기도 편향이 다소 다르기는 했지만, 한국 그리스도인들의 기도는 대부분 어떤 것을 얻기 위한 청원적 성격의 기도가 대부분이었다. 37세의 남성이었던 한 참여자는 늦게 들어간 대학을 졸업한 후에 취직이 되지 않아 고심하던 끝에 기도원을 방문한 사람이었다. 그는 좋은 직장에 들어갈 수 있게 길을 열어 달라는 간구를 하기 위해 기도원에 왔다. 다른 참여자는 은퇴를 한 집사였는데 마음이 힘들 때 그리고 교회 수련회 때문에 기도원을 방문했다고 했고, 35세의 남성 전도사는 10년 동안 사역을 하면서 교회의 성도들이 기도원에 갈 때 인솔하는 차원에서 갔다고 했다. 이들 남성 참여자들은 기도원을 방문하는 목적과 동기가 여성들보다는 '자기중심적'이었다. 그들은 기도를 통해 현실적인 문제를 해결 받고 싶어 하기도 했지만, 교회에서 부여한 그들의 의무를 수행하고, 자신의 평안이나 일상에서 부족했던 종교적 시간을 가지기 위해 기도원을 방문했다.

　여성들의 기도는 보다 가족 중심적이고 남성보다 더 강한 청원적 성격을 가지고 있었다. 아들의 수술을 앞두고 기도원을 방문한 여성은 아들의 회복을 위해 기도했다. 다른 여성은 남편의 사역지를 다른 곳으로 옮겨야 하는 목회자 사모였기 때문에 사역지를 두고 기도하기 위해 기도원을 방문했다. 또 어떤 여성은 수험생을 둔 학부모였는데 매주 그녀의 딸을 위해 기도하려고 기도원에 온다고 했다. 결혼해서 가정이 있는 여성들은 일반적으로 그들 자신의 문제보다 아들의 건강이나 딸의 시험, 남편의 일과 같은 가족의 문제에 관심을 가지고 기도하는 경향이 있었다. 다른 기도 제목 때문에 기도원을 방문했다고 말했던 여성들조차 가족에 대한 기도를 배제하지 않았다. 자녀가 없거나 비(미)혼인 여성들의 기도 제목은 남성들처럼 자기중심적인 기도가 대부분이었다. 자기에 대한 기도가 중심인지 아니면 가족에 대한 기도가 중심인지에 대한 차이는 있었지만, 한국 그리스도인들은 대체로 청원적 성격의 기도를 많이 하고 있었다. 이것은 다른 종교 신자들의 기도와도 크게 다르지 않았다.

한국 무교를 연구했던 켄달은 그녀의 연구논문에서 Enduring Pine Village라고 불렀던 마을의 사람들을 3그룹으로 나눴다[7] (절에 다니는 사람, 점치러 다니는 사람, 교회를 다니는 사람).[8] 그녀에 의하면, 그리스도교는 전통 종교와 다르지만 다른 두 개의 종교 그룹의 신자들은 신앙이나 종교 의례의 경계가 분명하지 않다고 한다.[9] 무속인이었던 용수 어머니와 그의 고객들은 그들 자신을 불교 신자들과 동일시했고 그들의 종교를 불교라고 생각한다는 것을 켄달은 알게 되었다. 사람들은 절에 가는 것이나 무속인의 신당에 가는 것을 같은 맥락에서 보았다. 거기에서 드리는 여성들의 기도는 거의 동일했는데, 그 기도는 주로 "자녀들 잘 되게 해 달라는 것"과 "집이 편하게 되는 것"이었다.[10] 사람들은 "어떤 사람이 아프거나 아들이 일을 찾아야 할 때", 자녀가 대학에 들어가기 전과 같이 어떤 소원이 있을 때 기도하러 절에 간다고 했다.[11] 켄달은 그리스도교를 완전히 다른 종교 체제라고 생각했지만, 이 세 종교를 가진 한국 사람들이 하는 기도의 내용은 유사한 양상을 보인다. 그들의 종교가 무엇이든 상관없이, 사람들은 자신과 그들 가족의 평안과 행복을 바라는 기도를 하는 것 같다. 이런 점에서 그리스도인들의 기도가 기복적이라는 것은 완전히 틀린 말은 아닐 것이다. 그리스도인들의 기도도 다른 요소들보다 반복적인 간구의 기도가 많기 때문이다.

하지만 엄밀한 의미에서 생각해 보면 기도는 기본적으로 청원적인 성격을 가지고 있다. 인간의 종교적인 심성에는 어떤 것을 성취하고자 하는 내적 갈망이 있기 때문에, 모든 종교의 기도는 이런 측면을 포함하고 있다고 보아야 한다. 유해룡에 의하면, 그리스도인들의 기도는 주문적 측면과 교제적 측면이 있다.[12] 그가 말하는 주문적 측면이란 청원적인 성격을 가진 기도를 말한다. 기도는 분명히 간구를 포함하는 주문적 측면이 있기 때문에 그 자체가 문제가 되지는 않지만, 그것만을 지향하는 한국 그리스도인들의 기도 경향은 문제가 된다고 보는 것이다.[13]

유해룡이 지적한 대로 그리스도인들의 기도는 청원적인 특성만으로 이루어져서는 안 된다. 무교에서 신은 인간의 욕구를 충족시켜 주는 존재이다.[14] 인간은 신을 기쁘게 만들어서 그가 바라는 것을 신으로부터 얻는다. 하지만 그리스도교의 하나님은 인격을 가지고 있는 신이기 때문에, 인간과 신의 관계가 기계적이거나 목적론적이지 않다. 인간과 신의 관계는 인격적인 교제를 전제로 한다. 그리고 더 나아가 신과의 진정한 하나 됨, 합일을 지향한다. 그래서 그리스도교 영성은 인간의 세속적인 욕구와 욕심을 내려놓고, 하나님을 향한 순수한 사랑과 마음을 온전히 회복해, 하나님과의 인격적인 교제와 그 교제를 통해 발생할 수 있는 자기 변화를 목표로 한다. 그래서 내적이고, 자아 초월적이며, 궁극적인 어떤 가치를 지향하는 것으로 생각되어 왔다. 하지만 기도원 운동은 문제 해결이라는 세속적 가치에 초점을 둔다.[15]

그런데 이런 경향이 기도원을 방문하는 그리스도인들에게서만 발견되는 것은 아니다. 2016~2017년에 필자가 "한국 그리스도인들은 어떻게 기도생활을 하고 있으며, 어떻게 기도를 배우고 있는가?"에 대한 소규모 연구를 진행했는데 그 자료에 의하면, 기도원을 방문하는 그리스도인들과 그렇지 않은 그리스도인들의 기도는 차이가 나지 않았다. 예를 들면, 기도원의 분위기를 좋아하지 않아 그곳에 가지 않는다고 했던 59세 여성 권사의 기도도 여기에서 많이 벗어나지 않았다.

> (기도할 때) 첫째는 우리나라 우리 교회 순서가 바뀔 수도 있고. 지금 우리나라가 많이 힘들잖아요. 일자리도 없고, 청년들도 힘들고, 우리 주변에 몸 아픈 사람들도 있지만. 결혼 문제로 자녀들 문제, 그런 거 다하는 거죠. 제일 먼저 하는 건 나라, 민족, 우리나라 정치계 너무 많이 속이고 이런 거 많잖아요. 당연히 우리 목사님 당회 위해서…… 당회, 장로님 일단은 장로님들 세워 놨으니까 맘대로 일하고 섬길 수 있도록 먼저 장로님 가정이 잘되어야 하니까. 사업도 잘되고, 자녀들 축복 기도도 하고, 목사님 당연한 거고, 부목사님, 전도사님…….

기도원을 다니지는 않지만 이 참여자의 기도 내용도 지극히 청원적인 성격의 기도이다. 그리고 이것은, 섣부른 일반화일 수도 있겠지만, 한국 교회 대다수 성도들의 일반적인 기도 패턴과 크게 다르지 않다.

기도원을 방문하는 사람이든 그렇지 않은 사람이든 기도 내용이 다르지 않은 이유는 한국 그리스도인들이 일차적으로 기도를 배우는 곳이 교회이기 때문이다. 49세의 남성 안수집사인 한 연구 참여자에 의하면, 평신도들은 교회에서 다른 평신도들이 하는 기도를 듣고 기도를 배운다.

> 모방이죠. 모방…… 어렸을 때부터 그렇게 자라왔으니까. 교회에서. 아 저 장로님 저 목사님 기도가 참 좋다. 모방. 그런 언어 선택. 그런 걸 주로 했던 것 같고요. 그리고 이제 쓰기 시작하잖아요. 학생회 다닐 때. 다음 주 기도

가 누구라고 하잖아요. 그럼 써서 종이에 써서 만들고 고치고 고치고 하는 그런 기도. 누구한테 배웠다기보다는 알아서 한 건데. 첫째는 모방이었던 것 같아요. 모방…… 예배 시간에 남들이 한 것을 들어서 나도 사용하는 거죠. 그분들이 사용하는 표현을 나도 사용하는 거죠.

이들은 주로 예배나 교회의 소모임에서 다른 사람들이 하는 기도를 듣고 순서나 내용을 모방한다. 기도는 주로 사람을 통해 배우지 교회 교육을 통해 배우지 않는다. 연구 참여자들 모두 교회에서 기도에 대한 교육을 한 번도 받아 본 적이 없다고 했다. 어떤 참여자는 필자에게 "그런 것을 가르쳐 주는 데도 있어요?"라고 되물었다. 참여자들에게 기도에 대한 교육이란 주일 학교 때 배운 기도의 다섯 손가락 — 하나님, 찬양과 감사, 회개, 간구와 중보, 예수님의 이름으로 기도합니다. 아멘 — 이 전부였다. 그래서 그들은 기도 방법이나 내용이 어떻게 다를 수 있는지 알지 못했다. 아마도 기복적인 형태의 기도가 교회에서 계속해서 이어지고 있는 이유 중에 하나는 기도에 대한 실질적인 교회 교육과 다양한 기도에 대한 실연(實演)이 없이 구두로 모방되고 있기 때문일 것이다.

한국 초창기 기도회에 대한 연구를 했던 박종현은 외국 선교사들이 한국 그리스도인들과 어떤 기도를 했는지에 대한 문서분석을 시도했다.[16] 그 연구에 의하면 초창기 선교사들이 인도한 기도회의 기도는 예수 그리스도의 생애를 중심으로 진행되었다.[17] 그래서 사적인 내용의 간구가 아니라 예수 그리스도의 생애를 묵상하는 것을 포함하는 기도였다. 한국 그리스도인들은 기도를 구두로 배워 왔고 초창기 선교사들은 기복적인 기도를 가르치지 않았다면, 오늘날과 같은 기복적이고 청원적인 형태의 기도는 어디에서 나왔을까?

일부 학자들은 기복 신앙의 뿌리를 그리스도교 초창기에 활동했던 전도부인들에게 둔다. 예를 들어, 하비(Harvey)는 무속과 그리스도교가 섞이게 된 이유가 전도부인 때문이라고 생각한다.[18] 그리스도교 초창기에 선교사들은 두 가지 이유 때문에 전도부인을 고용했다. 첫째는 전통 한국 사회에 존재했던 남성과 여성의 분리 때문이었고, 둘째는 여성 선교사들의 언어 장벽 때문이었다.[19] 남녀를 구분하는 전통 때문에 그 당시 남성 선교사들과 한국인 남성들은 공식적으로 한국 여성들을 만나거나 어떤 일을 같이할 수 없었다. 또한 서구 여성 선교사들은 언어적 한계를 가지고 있었기 때문에 한국 여성들에게 복음을 전하거나 가르치거나 의료적 혜택을 베풀 때, 한국 여성들의 도움을 받아서 일해야 했다.

스크랜튼 부인(Mrs. Scranton)은 1890년대에 처음으로 이화학당 출신의 세 명의 여성들을 전도부인으로 채용했다.[20] 그들의 선교사역은 긍정적인 측면이 많았음에도 불구하고, 그것은 그들이 전한 복음의 정통성에 대한 문제를 만들었다. 전도부인들은 대부분 충분한 성서적 지식이 없었기 때문에, '죄, 회개, 천국과 지옥, 사탄, 세례문답서, 예수 그리스도의 삶, 일부 성서구절'만 사용할 수 있었다.[21] 이런 이유 때문에 아펜젤러 부인(Mrs. Appenzeller)은 전도부인을 제대로 훈련받지 않은 '미숙한 이방인들'(Raw Heathen)이라고 폄하했다.[22] 아펜젤러 부인의 말대로, 실제로 문제가 있었던 것 같다. 초창기 한국 여성들에 대한 연구를 했던 김영정에 의하면, 1900년대에 막 개종을 했던 한국 여성들은 그리스도인이 된 후에도 무속 신앙적인 관점을 계속 고수했다고 한다.[23] 그는 여성들의 무속화 된 종교적 신앙은 그리스도교의 원시적이고 신비적인 요소들을 가지고 와서 '한국화 된 그리스도교'를 형성했다고 주장한다. 결과적으로 일부 그리스도인 여성들은 교회의 예배와 기도를 무속적인 의례로 생각했고, 목회자들의 심방과 기도는 무당이 하는 어떤 역할처럼 생각했다고 한다. 결국 이런 형태의 기도는 기도원에서 비롯된 것이 아니라 보다 더 깊은 연원을 가지고 있다고 보아야 한다. 만약 기도원의 영적 지향성이 교회와 비슷하다면, 기도원과 교회의 영성은 어떤 차이가 있는가? 이것을 이해하기 위해서는 그리스도인들이 언제 기도원을 방문하는지 그리고 그들의 방문 목적이 무엇인지를 먼저 고찰해야 한다.

2. 기도원 : 삶의 문제를 다루는 곳

사람들이 기도원에 가는 주요한 목적은 그들의 삶의 문제를 다루기 위해서이다. 그리스도인들이 삶 속에서 '절박한 순간'을 만나게 되면 그들에게 특별한 장소가 필요해진다. 그 '절박한 순간'은 보통 그들의 인생에서 중요하고 힘든 순간을 말한다. 33세의 여성 평신도는 다음과 같이 말했다.

> 여기 금식 기도원은 각자 자기 문제 때문에 오시는 거잖아요. 평신도 중에서도 당장 그 문제 때문에 힘들어서 오시는 분들이 많으시잖아요……. 문제가 해결 받기 위해서 문제에 눌리니까 오시는 분들이 많기 때문에 혼자 기도하는 거에 대해서 잘 모르시는 분들도 많고…… 여기는 자기 문제로 넘어질 듯할 때 많이 기도원에 오세요. 그럴 때는…… 기도하면 자기 한탄만 나올 때가 있잖아요.

상당수의 참여자들은 위의 참여자가 말한 것처럼 삶의 문제로 답답하고 힘들 때 기도원을 방문한다고 말했다. 그런데 왜 교회에서는 기도를 하지 못할까? 기도원 방문에 대한 일차적인 대답은 하나님을 만나고 싶어서라거나, 하나님 안에서 문제를 해결하고 싶어서라거나, 기도하기 위해서라는 것이었다. 하지만 기도로 하나님을 만날 수 있는 가장 편하고 가까운 곳은 교회다. 그런데 기도원 방문자들은 교회 대신 왜 기도원에 갈까? 그리스도인들이 기도원을 방문하는 데는 참 다양한 사회·문화·종교적인 이유가 있다. 그리고 그 이유는 많은 경우 '남에게 말할 수 없는 그들의 비밀'과 연결되어 있다. 남편이 장로였던 한 권사는 다음과 같이 말했다.

교회에서는 말하자면은 각 가정이 드러나 있습니다. 사생활이 거의 70%는 오픈하고 있습니다. 교회 지체들은. 목장 모임이나 셀 모임이나 구역 모임이나 이렇게 구분하면서 모이기 때문에 거의 70%이상을 사생활을 드러내야 됩니다. 그 30%를 드러내지 못하는 것이 있습니다. 가장 중요한 치부를 드러낼 수 없는 것이 가장 단점입니다. 한국 교회에. 그러기 때문에 그 30%의 가장 중요한 점은 내가 하나님께 내어 놔야 되는데 제 기도 소리를 혹시 내 마음을 혹시 읽지 않나? 가장 가까운 사람이 읽지 않나? 성도가 읽지 않나? 이런 조바심이 한국 교회의 단점입니다. 그래서 그걸 오픈 하지 못해서 제가 기도원에 오면 정말 모르는 지체들과 이렇게 옆자리에서 사랑하면서 기도하는 그 모습을 가장 사랑합니다……. 그게 제 개인의 문제이면 아무렇지도 않습니다. 아무렇지도 않은데. 제 존경하는 남편의 문제면 내놓을 수가 없습니다. 그래서 그렇습니다……. 남편의 권위나 명예나 그 자존심을 다치시면 안 되죠. 저로 인해. 가장 소중한 아내가 갖춰야 될 모양새도 없이 다 오픈을 했다가 사실 그래요. 인간은 비밀이 없기 때문에 다 오픈을 했다가…….

사람들은 교회생활을 하며 다양한 모임을 가지게 되는데, 거기에서 형성된 관계가 평상시에는 많은 것을 줄 수 있는 통로가 되지만 가장 어려운 순간이 되면 걸림돌이 된다. 참여자들에 의하면 '가장 중요한 그들의 치부'가 알려질 수 있기 때문이다. 보통 그 치부란 가족의 문제를 포함하는 것이다.

(개인적으로 열어놓지 못하는) 그게 있어요. 이쯤(권사쯤)되는 사람한테 상

대편이 완벽해 주기를 원해요……. 다 넉넉해서 문제가 없길 바라죠……. 이제 어린 믿음들 있잖아요. 그런 사람들한테는 그들에게 덕이 돼야 되니까 나중에 알면 상관이 없죠. 알아도 상관이 없지만 그래도 그들이 믿음생활 할 때 도와줘야 되니까 다 터놓을 그런 터놓지 못할 그런 문제도 돼요……. 근데 이제 간혹 자식의 체면도 있고 하는 거는 조금은 오픈이 다 될 수는 없고 감춰지게 돼요…….

57세였던 이 권사가 말하는 문제란 남편과 자식의 문제를 포함하는 것으로, 당사자와 가족들의 체면과 명예를 해치지 않는 범위 내에서 다뤄야 하는 문제들이다. 그러면 같은 교회에서 친밀한 관계를 유지하고 있는 그리스도인들이 왜 다른 그리스도인들 앞에서 체면을 유지해야 할까?

그리스도인들이 교회 안의 다른 사람들에게 그들의 문제를 드러내 놓을 수 없는 가장 큰 이유는 체면을 중시하는 한국 문화 때문이다.[24] 체면은 부끄러움을 느끼지 않고 사회의 다른 사람과 상호 작용하기 위해서 따라야 하는 어떤 원리이며 성취해야 하는 의무이다.[25] 어떤 상황에서 어떤 사람이 행해야 하는 사회적 규범이나 기대를 충족시킬 때 사람들은 체면을 유지할 수 있다. 사회 생활에서 얻게 되는 사회적 직위가 높으면 높을수록, 어떤 공동체의 서열상 직위가 높으면 높을수록 체면을 유지해야 하는 것은 중요한 덕목이 된다. 교회는 서열 집단이면서 동시에 사람들 사이의 유대가 긴밀한 공동체이다. 그래서 사람들은 그들의 문제를 편안하게 드러내 놓을 수 없다.

교회에 따라 상담실을 운영하는 경우도 있지만 교회 안의 상담실은 교회라는 공간 안에 있기 때문에 자유로운 곳이 될 수 없다. 거기에 왔다갔다 하면 소문이 날 수도 있는데 사람들은 그런 위험 부담을 가지고 싶어 하지 않는다. 이것은 실제로 필자가 교회 안에서 상담실을 운영하는 상담 관계자들을 만났을 때 들은 이야기이다. 10년 전 최희안은 「한국여성과 하나님」이라는 책에서 상담이 한국 목회 현장에서 대중적이지 않은 것은 두 가지 이유 때문이라고 했는데, 현재도 그 상황에서 크게 벗어나지 않는 것 같다.[26] 최희안이 말한 두 가지 이유란 첫째, 상담이라는 것이 한국인들에게 친숙하지 않고, 때때로 정신병이나 문제 등과 같은 부정적인 것과 연결되어 있기 때문에, 상담을 배우는 학생이나 심각한 정신 질환을 가진 사람이 아니면 상담실에 가지 않는다는 것이다. 두 번째 이유는 상담이나 심리학 이론이 서구의 것을 가져온 것이기 때문에 한국인들의 아시아적인 정서와 맞지 않는 것이 있다는 것이다. 한국은 사회화 초기에 집단적인 것을 강조하지만 서구 심리학은 개별적이고 독립적인 것을 강조하기 때문에 미묘한 차이가 존재한다는 것이다. 최희안은 이런 두 가지 이유로 인해 한국 그리스도인들이 그들의 삶의 문제를 다룰 때 상담실에 잘 가지 않는다고 보았다. 그리고 여기에 덧붙여 한 가지 더 생각해 본다면, 상담을 받는 비싼 비용 때문에 쉽게 가지 못하는 이유도 있을 것이다. 결과적으로 그리스도인들이 삶의 문제를 다루는 방법을 찾는 것은 생각보다 용이하지 않을 수도 있다.

이런 측면을 고려하여 기도원을 생각해 본다면, 기도원은 좋은 점이 있다. 기도원은 체면을 생각하지 않고 내 문제를 다뤄도 되는 곳이다. 다른 사람을 의식하지 않아도 되고 교회에서 부여한 직분에서도 자유할 수 있다.

> 의식이 많이 되죠. 교회서는······. 근데 여기서(기도원)는 왜 좋은가 하면 모두 다 크게 기도를 하니까 처음에는 제가 기도원에 왔을 때는 사람들이 의식이 되더라구요. 내 기도. 좀 창피한 생각도 들고 내가 울고 뭐 하고 내가 큰소리로 하고. 저 사람들이 내 기도를 듣지 않을까 그렇게 막 창피한 생각이 드는데 나중에는 내가 급하니까 그런 것도 없고 그냥 들으면 들어. 왜 사람이 안 보이더라구요······. 교회서는 사람이 보이기 때문에 내가 조심하게 되는데 기도원의 큰 장점은 사람이 보이지 않기 때문에 나와 하나님과의

관계만 딱 보기 때문에 기도를 못하든 잘하든 상관없이 내 있는 그대로 진심을 그대로 다 토할 수 있는 것 같아요.

40대의 여성 집사였던 이 참여자는 기도원이 사람이 많은 곳인데도 자유로울 수 있는 이유는 체면을 생각하지 않아도 되기 때문이라고 했다. 기도원은 나를 아는 사람이 없기 때문에 서열이나 직분, 사회적 신분에서 자유해질 수 있는 곳이다.

이것은 터너(Turner)가 언급한 'limbo'(이도 저도 아닌 불확실한 단계)라는 개념 안에서도 이해할 수 있다.[27] 라틴어로 'communitas'는 평등, 유대감, 통합을 바탕으로 해서 만든 '공동체'를 말한다. 커뮤니타스(communitas)는 커뮤니티(community)와는 다른 공동체를 말한다. 일반적인 공동체(community)에는 그 조직의 질서를 유지하기 위한 서열이나 직위가 존재하지만, 커뮤니타스는 힘, 부, 성별, 나이 등에서 올 수 있는 사회적 구분이 없다. 교회는 일반 사회 조직과 다를 바 없는 공동체에 속하지만, 기도원은 커뮤니타스의 특성을 가지고 있다. 다시 말하면, 교회는 직분에 따른 서열이 존재하지만, 기도원에서는 그 서열이 의미가 없어진다. 기도원에서 굳이 직분을 밝힐 이유도 없고 밝힌다고 하더라도 역할에 대한 기대가 적다. 교회는 교회의 질서와 전통과 관습에 의해 제한된 부분이 있지만, 기도원에서는 교회가 부여한 서열이 의미가 없어지고 체면을 생각해야 하는 경우도 많지 않다. 그래서 기도원은 체면을 생각하지 않고, 어떤 사람이나 분위기를 의식하지 않고 기도할 수 있다. 더욱이 다른 사람들이 그들의 기도를 듣는다고 하더라도 교회보다 위험 부담이 적은 이유는 그들을 다시 만날 일이 없기 때문이다. 그들의 이야기는 그들의 삶의 반경에서 소문이 나지 않는다.

여기에 덧붙여 기도원은 삶의 공간과 분리되어 몰입하는 것을 방해하는 것에서 자유로워질 수 있다. 교회가 아니라도 집에서 기도를 할 수 있지만, 집이라는 공간은 생활 공간이기 때문에 해야 되는 일도 예기치 못한 방해를 받을 일도 많은 장소이다.

> …… 집에서 침대에서 기도하면 기도원의 굴과 동일한 기도가 될 때가 있거든. 그래도 그 떠나는 거 하고 달라서 나는 떠날 때는 떠나야 한다고 생각해요. 내 먹는 거. 여기 있으면 곧 남편이 들어와서 식사 준비를 해야 되고, 곧 전화가 울릴 수 있고 온전한 분리가 안 되지. 거기 가서는 나도 떠날 수 있잖아. 기도원에 갈 때는…….

50대였던 이 사모에 의하면, 기도원은 일상생활과 분리된 곳이라 방해를 받지 않고 집중할 수 있는 장소가 된다. 그런데다가 기도원은 종교적인 장소이다. 대다수의 기도원 방문자들은 기도원이 성령이 충만한 곳이라고 생각한다. 기도원이 장소적으로 특별해서가 아니라 그곳은 많은 사람들이 기도하는 곳이기 때문이다. 64세의 여성 평신도는 다소 극단적인 것 같기는 했지만 이에 대한 것을 다음과 같이 표현했다.

> 여기는(기도원은) 누구든지 다 기도를 하기 때문에 하나는 천을 쫓고 둘이 앉아서 기도하면 만을 쫓는다 그랬어. 마귀를. 이 많은 사람들이 와서 기도를 하기 때문에 영력이 엄청 세다고. 그래서 다 응답을 받는 거야. 문제가 해결이 안 되면 오겠어? 문제 응답받고 해결이 되니까 이렇게 오지……. 기도원 안에서 모든 사람이 다 기도하잖아.

그녀에 의하면 기도원은 사람들이 기도를 많이 하는 곳이기 때문에 성령의 강력한 처소가 된다. 그리고 그 성령의 강력함은 그들의 문제를 해결하는 데 더 좋은 환경을 제공한다. 그리스도교 역사상 중요했던 예루살렘이나 로마 같은 성지를 순례자들이 방문했던 이유도 이들과 비슷한 기대가 있었기 때문이었을 것이다. 사람들이 "성지 순례를 하는 기본적인 이유 중에 하나는 성지에서 일어나는 치유의 기적에 대한 기대" 때문이었다.[28] 그래서 성스러운 곳은 하나님의 역사가 나타날 가능성이 많은 것이다.

하지만 이러한 이유 외에도 기도원은 다른 사람과 독특한 동질 의식을 형성할 수 있다는 장점이 있다. 참여자들은 기도원에서 다른 사람들을 보면서 위로받는다. 그 과정에서 그들은 묘한 연대감을 형성한다.

> 기도원이라는 곳은 어차피 혼자 오는 사람들이 많다고 저는 생각하거든요. 문제를 가지고……. 기도원에 혼자 오지만 뭔가 같이 공동체 의식을 느낄 수 있는 것이 있어요. 나도 문제 있고 저 사람도 문제 있고 모두가 문제 있다. 혼자 오지만 여기서도 뭔가 공동체 의식 뭔가 문화들이 많이 발전되고 또 여기서 내가 또 어떤 뜨거움이라든지 어떤 그런 답이 있으니깐 아무래도 많이 오게 되겠죠. 그러니깐 기도원이란 공간 자체는 독특하네요. 그렇죠? 또 혼자 오고 싶어서 오기도 하고 그런데 많은 사람들이 뭉쳐 있는……. 그러니깐 굉장히 특이한……. 그러면서 다 같은 문제들이 나름대로 있으니깐……. 세상적인 모임은 아니지만 교회 모임 같은 경우는 내가 문제는 있지만 다른 사람은 없을 수도 있잖아요. 그러면 이제 거기서 같이 뭐 하기가 그런데 여기는 어쨌든 다 문제를 가지고 온 사람들이잖아요. 그래서 무거운 짐을 다 들고 온 사람들이기 때문에 그런 데서 막연한 아 그렇기 때문에 처음 만나도 쉽게 공감대를 형성하면서 대화를 나눌 수 있는 것 같아요.

40대 여성이었던 이 평신도와 더불어 몇몇의 참여자들은 말하지 않고 깊은 대화를 나누지 않는데도 기도원을 방문하는 사람들은 다른 사람들도 그들과 같이 문제를 가지고 있다고 전제했다. 그리고 함께 문제를 해결하실 수 있는 전능하신 하나님에 대한 설교를 들으면서, 서로 울면서 기도하는 소리를 들으면서 그들은 서로 공감대를 형성한다고 했다. 일부 학자들은 유사성이 사람들 사이의 어떤 연결점을 만들 수 있다고 생각한다.[29] 예를 들면, 레베카 김(Rebecca Y. Kim)은 이민 2세 한국계 미국인들의 대학 동아리 가입에 대한 연구를 했다. 그 연구에 따르면, 그들은 미국에서 언어와 문화 장벽이 없음에도 불구하고 한국인 그리스도교 동아리에 가입하는 경향이 있었는데, 그 이유는 그들이 소수 민족이라고 생각하는 그들 부모와 문화적 갈등을 겪고 있었기 때문이었다.[30]

유사한 맥락에서 기도원 방문자들은 대체로 동일한 삶의 상황에 있다고 생각할 수 있다. 참여자들이 말한 것처럼 그들은 대부분 절박한 삶의 문제를 가지고 있고, 교회 공동체 안에서 그들의 문제를 다룰 수 없는 같은 문화적 상황을 가지고 있기 때문에, 제3의 종교적 환경이 필요하다. 기도원은 한국 그리스도인들이 환경적·문화적 제재에서 자유한 가운데 삶 속에서 경험하는 고통과 고난의 문제를 종교적으로 다룰 수 있는 특별한 장소가 된다. 결국 기도원은 그리스도인들이 특별한 상황, 즉 삶의 문제 가운데 있을 때 하나님을 만나는 장소이며, 그래서 기도원 영성은 고난 가운데 있을 때의 영성이라고 말할 수도 있다.

3. 고난 가운데 있을 때의 영성

기도원에 오는 사람들은 절박한 삶의 문제가 있는 경우가 많기 때문에 그들은 고난 가운데에서 하나님을 만나게 된다. 고난과 고통은 지극히 자연스러운 인간 삶의 한 부분이다. 그렇기 때문에 그것은 당연히 기도의 일부분이어야 한다. 기도원에 있는 그리스도인들의 대부분은 고난 가운데서 어떻게 기도할 수 있고, 어떤 방법으로 기도해야 하는지 배워야 하는 그리스도인들이다. 하지만 불행히도 한국 교회는 고난을 당한 그리스도인들이 할 수 있는 기도가 어떤 것일 수 있는지 가르치지 않는다.

이런 맥락에서 주종훈은 탄식 기도의 중요성을 설명한다. 그는 인간의 모든 삶의 경험을 하나님과 연결시킨다는 점에서 고난의 때에 하게 되는 탄식 기도는 중요한 위치와 의미를 가지고 있다고 본다.[31] 하지만 한국 교회가 이 부분을 충분히 가르치고 있지 않고 공적인 예배에서조차 이 부분이 누락되어 있기 때문에 탄식 기도를 배울 수가 없다고 한다.[32] 그에 의하면, 이것은 결국 "그리스도교 신앙의 영성을 단지 긍정적 확신 정도로만 간주하거나 추구하는 왜곡된 현상을 보편화"하게 만든다.[33] 그래서 그는 교회가 고난의 언어를 개발하고 가르쳐 줘야 할 필요성이 있다고 역설했다.

그가 지적한 대로 교회가 고난의 때에 할 수 있는 기도 방법을 제대로 가르치지 않고 있기 때문에 그리스도인들은 무조건 기도한다. 기도의 방법은 생각하지 않고 그들이 일반적인 설교에서 그리고 성서에서 보았던 '기도를 들으시고 응답하시는 하나님'에 대한 메시지를 기억하면서 기도한다. 그래서 그들은 그들의 삶의 문제와 해결책을 간구하는 반복된 기도를 한다.

하지만 삶의 문제 속에서 아프고 힘든 사람들은 자신의 아프고 슬프고 절망적인 마음을 토로하는 것에서 기도를 시작하는 것이 효과적일지도 모른다. 감정적으로 건강한 영성이 무엇인지에 대한 책을 쓴 스카지로(Peter Scazzero)는 욥의 경우를 예로 들면서 솔직한 탄식의 기도의 중요성을 말한다.[34] 고통 가운데 있는 사람은 그가 느끼는 부정적인 감정에 대해 숨김없이 기도할 때 감정적으로 건강한 영성을 형성할 수 있는 토대를 가지게 된다는 것이다. 그래서 좋은 애도의 감정은 건강한 영성을 형성할 수 있게 한다. 감정을 나누는 기도는 하나님과의 관계를 형성하는 데 있어서 굉장히 중요하다.[35] 하나님과의 교제란 지적인 나눔만을 의미하지 않기 때문이다.

물론 교회에서 가르치지 않는다고 해서 모든 기도원 방문자들이 탄식 기도를 하지 못하거나, 고난이 주는 교훈과 의미를 배우지 못하는 것은 아니다. 연구 참여자들 중 일부는 깊은 영성을 발전시키는 사람들도 있었다. 가령, 60대의 한 장로는 병원에서 암 진단을 받고 대학 병원에 수술을 하러 가기 전에 기도원을 방문했다. 처음에 기도를 하면서 이 분은 하나님을 믿는다고 믿었는데 왜 이런 병이 걸렸는지 원망했다고 한다. 원망을 하다 보니 회개가 나왔고, 울면서 회개를 하다 보니 평안이 오기 시작했다고 한다. 그렇게 기도를 하고 있는데 많은 군중들이 그를 위해 기도하고 있는 환상을 보고는 절정의 경험을 했다고 한다. 그 기도 후 그는 마음속에 알 수 없는 기쁨과 확신으로 가득 차서 죽어도 괜찮다는 생각을 하기 시작했고, 평안한 마음으로 기도원에서 돌아와 병원에 가보니 종양이 없어졌다는 이야기를 듣게 되었다고 한다. 그 이후 그는 하나님과 지속적이고 깊은 관계를 맺기 시작했으며, 늘 하나님께 초점을 맞추는 기도를 하기 시작했다고 한다. 기도원을 방문하고 있던 57세의 다른 여성 참여자도 사업 실패로 인해 기도원에 가게 되었는데, 기도원에 가기 전까지만 해도 그녀는 그냥 교회만 다니는 피상적인 신앙을 가지고 있었다고 한다. 그런데 기도원에서 6일 동안 금식을 하면서 자신의 세속적인 욕심이 사라지고 종교적인 열망이 생기기 시작했다고 한다.

> 인제 그 말대로 지푸라기 잡는 심정으로 왔지요. 왔는데 와서 기도원에 와서 생활을 해 보니까 처음에는 뭐가 뭔지도 모르겠고 어떨떨하게 예배 참석하고 그랬는데……. 내가 여기 오기 전까지 하나님이 주고자 하시면 주시고 거두고자 하시면 거두시는 거에 대해 전혀 실감을 못했어요. 왜냐면 이 사람과의 약속으로 열심히 해야 이 결과가 나오지 이렇게 생각했지 못했거든요. 그랬는데 여기 와서 있는 동안 엊그저께부터 깨달음이 왔어요. 진정 하나님이 헛되고 헛되다 했던 모든 것에 대해서……. 정말 하나님 뜻대로 산다면 이제까지 내 머리 내 계산으로 했던 모든 부분을 다 지워야 한다. 그 이후에 내가 어떻게 살든 어떻게 가든 하나님 뜻대로 가는 거다. 인제 이렇게 바뀐 거예요……. 반드시 얻었으면 좋겠다 보다도 나는 지금 내가 붙들

고 매달린 이 내 안에 임하신 성령이 불길같이 타오르게 항상. 24시간 나와 동행하고 타오를 수 있게 어떻게 지켜 갈 수 있느냐 그걸 생각하고 그리고 어떻게든 식지 않았으면 좋겠다. 바람은 그거예요.

그녀는 기도하는 동안 그녀의 영적 지향성이 달라졌다고 보고했다. 인터뷰에 참여한 몇몇 그리스도인들도 동일한 이야기를 했다. 기도하는 동안 그들은 그들의 삶의 아픔을 나누기 시작했고, 울면서 기도하다 보니 그들의 처음 지향과 다른 소망이 생기고 다른 마음이 생겼다고 했다.

이들은 모두 고난이 주는 가치와 의미를 기도원에서 경험하고 있었다. 고난과 고통은 역설적인 가능성을 가지고 있다.[36] 빠져나갈 수 없는 절망 속에 있는 사람들은 고통을 호소하고 거기에서 헤어 나올 수 있는 새로운 방법을 모색해야 한다. 그 과정에서 인간은 하나님 앞에서 그의 무능력을 인정해야 하고, 그가 이제껏 사용했던 이성적이고 논리적인 방법과는 다른 새로운 대안을 찾아야 한다.[37] 기도는 기존의 사고와 삶의 방식으로부터의 전환점이 될 수 있다. 기도하면서 신앙인은 그의 욕망과 욕구를 점검하고, 정화하고, 변형시키고, 거기서 자유하게 된다.[38] 결국 고난은 하나님과의 관계를 발전시키고, 사람을 성장시키며, 생명을 주는 매개체가 되게 한다.[39]

위에서 본 것처럼 일부 참여자들의 기도는 그들의 세속적인 욕심과 생명에 대한 집착을 내려놓게 했다. 그리고 기도를 통해 종국에 도달해야 하는 목표, 하나님을 신뢰하는 믿음 안에서 그 문제에 대한 결과까지 온전히 내어맡기는 데까지 나아갔다. 이것이 다수에게서 발견되는 아주 보편적인 현상은 아니지만, 일부는 그리스도교 영성이 지향하는 방향으로 가고 있었다. 앞으로 교회는 더 적극적으로 삶의 고난 가운데 있는 그리스도인들에게 기도하는 방법을 제시해 주고 그 고난 가운데 함께 계시는 하나님과 더 깊이 교제할 수 있도록 도와야 한다. 그런 기도에 대한 제시를 통해 한국 그리스도인들은 좀 더 성숙한 영성을 개발시키고 실현해 가지 않을까 생각해 본다.

4. 이 장의 요약

지금까지 기도원 영성에 대한 내용을 인터뷰라는 질적 연구 방법을 토대로 살펴보았다. 기도원이라는 독특한 현상에 대한 방대한 해석이 있을 수 있지만, 이 글은 기도원 영성을 고난의 자리에 있을 때의 영성으로 이해하고 거기에 초점을 두고 논의했다. 기도원은 한국 교회사에서 중요한 역할과 위치에 있음에도 불구하고 많은 경우 비판되어 왔다. 그 비판 중에 하나는 기도원의 영적 지향성에 대한 것인데, 기복적이고 세속적이라는 것이다. 이 글에서는 기도원의 영적 지향성이 세속적이라는 것을 기본적으로 인정하지만, 그것은 한국 교회의 영적 흐름과 크게 다르지 않다고 보았다. 청원적인 성격의 기도는 기도원을 좋아하는 사람이든 그렇지 않은 사람이든 동일하다고 주장했다. 더 나아가 그리스도인들은 교회의 다른 사람들을 통해 기도를 배우고 있기 때문에 기도 내용이나 형식에서 차이가 날 수 없다는 것도 언급했다.

그런 다음에 교회와 기도원의 영적인 지향성이 차이가 나지 않는다면 기도원을 어떻게 이해할 수 있는지를 다룬다. 이에 대한 출발점으로 그리스도인들은 교회가 근처에 있는데 왜 기도원에 가는지에 대한 이야기에서 시작했다. 한국 그리스도인들이 기도원을 가는 이유는 지극히 문화적이고 환경적인 요인들 때문이었다. 삶의 문제를 가진 사람들이 다른 사람에게 들키지 않고 여러 가지 제약을 넘어 종교 안에서 그 문제를 다루기 원할 때 기도원에 간다는 것을 지적했다. 그리고 참여자들의 인터뷰에 의하면 거기는 여러 가지 유익이 있었다. 이것을 토대로 기도원의 영성은 고난 가운데 있을 때의 영성이라는 결론을 내렸다.

이 논의를 통해 고난의 때에 필요한 그리스도교 영성에 대한 부분을 생각해 보았다. 교회가 그동안 탄식 기도, 고난의 영성을 개발하고 가르치지 못했기 때문에, 평신도 그리스도인들은 그 가운데서 깊이 하나님을 만나는 방법을 모르고 있다고 생각했다. 그래서 고난의 때에 필요한 그리스도교 영성은 어떠한 것이고 어떤 기도를 할 수 있는지에 대한 질문과 과제를 교회에 던져 주었다.

이 글은 2007년 인터뷰 자료가 사용되었다는 명백한 한계를 가지고 있다. 그동안 교계가 달라졌고 기도원의 분위기도 달라졌다. 그렇기 때문에 그 차이를 세세히 담아내지 못하는 아쉬움이 있다. 최근 기도원 운동은 10년 전과는 너무나 달라져서 다른 해석이 필요하다. 2018년을 사는 그리스도인들은 10년 전보다 기도원을 훨씬 더 적게 방문한다. 여러 가지 이유가 있겠지만 추측해 보면, 어떤 변화 때문일 것이다. 더 이상 기도원의 어떤 부분이 현대 그리스도인들의 욕구를 충족시키지 못할 수도 있고, 직장인의 비율이 달라졌거나 삶의 여건이 달라졌을 가능성도 염두에 둘 수 있을 것이다. 또는 절박한 삶의 문제가 줄었거나, 삶의 문제를 푸는 방식이 달라졌거나, 종교적 열심이 사라졌을 수도 있다. 2007년 기도원 방문자들은 삶의 문제를 종교적으로 해결하려는 열심을 가지고 그들의 환경적 제재를 넘을 수 있는 기도원에 갔었다. 하지만 2018년에는 그런 모습이 사라지고 있다. 여기에 대해서는 좀 더 확장된 연구가 필요하겠지만, 어쩌면 작금은 교회가 평신도들의 기도생활과 영성에 적극적인 관심을 가져야 할 시점이지 않을까 조심스레 말해 본다.

이런 한계에도 불구하고 이 연구의 공헌은 2000년대 초반의 기도원 방문자들의 이야기를 분석하고 개신교 역사에 중요한 한 획을 그은 기도원에 대한 시각을 확장했다는 데 있다. 이러한 연구를 토대로 앞으로 한국교회의 더 성숙한 영성이 형성되고 확장되길 바란다.

Ⅳ부

영성에 대한 실천신학적 이해

개신교 영성 훈련의
현재와 전망[1]

/ 김경은(장로회신학대학교, 기독교 영성학)

1. 인간 경험으로서의 영성

    조금만 관심을 가지고 살펴보아도 최근의 저술들이나 사람들의 대화 속에서 영성이란 단어가 자주 사용되고 있음을 보게 된다. 마치 영성의 부족이 모든 것의 원인이고, 영성을 채우는 것이 모든 것의 해답인 것처럼 들린다. 영성에 대한 관심이 이렇게 고조된 이유에 대해 톰 라이트(N. T. Wright)는 '은행 잔고를 채우는 것보다 더 높은 차원의 삶이 있다는 의식'이 여러 문화 가운데 있기 때문이라고 한다.[2] 인간은 다차원적으로 살도록 지어진 존재이기 때문에 영성에 대해 목이 마르지만, 참되고 지속되는 영성을 어디서 찾아야 할지 확신하지 못하고, 교회에서 영성을 찾을 수 있다는 기대도 크지 않다고 한다.[3] 이는 종교와 영성을 분리하려는 세속적 경향과 더불어 교회가 사람들의 관심과 기대에 제대로 응답하지 못하고 있다는 반증이기도 하다.
    다양한 형태의 영성운동이 세계 도처에 나타나고, 사람이나 문화에 따라 다르게 사용되고 있기 때문에 영성이란 용어를 한마디로 정의하기는 어렵다. 그러한 가운데서도 크게 분류해 보면 영성운동에는 두 줄기 흐름이 있다고 그리스도교 영성학자인 마이클 다우니(Michael Downey)는 말한다. 하나는 눈에 보이는 물질적 세계만이 아니라 영적 차원과 같은 다른 차원의 세계가 존재하고 있다는 것을 전제하는 것이고, 다른 하나는 '개인의 온전성을 추구하려는 노력'이다.[4] 이 두 가지가 영성을 이해하는 데 불변하는 구성 요소라고 한다. 영성은 초월적 존재에 대한 경험과 자아실현을 향한 추구와 관계된다는 것인데, 어떤 요소에 더 초점을 두느냐에 따라 각 영성운동의 특징에 차이가 있다.[5]

그리스도교적 관점에서 보면 영성의 두 가지 구성 요소는 하나님 인식과 자기 인식에 관계된다. 하나님은 어떠한 방식으로 인간의 내적 삶과 외적 삶에 활동하시고, 사람들은 어떻게 하나님을 알고 반응하는가에 대한 질문이 영성이란 용어에 담겨 있다. 그리스도교 영성은 '하나님과의 관계성 안에 있는 인간'이라는 그리스도교 인간학에 근간한다. 그래서 바울이 pneumatikos(the spiritual)를 통해 말하고 있는 것처럼 그리스도교 영성의 관심은 그리스도인들의 삶에 나타나는 하나님의 임재와 활동, 즉 성령의 영향력이며, 그에 대한 사람들의 반응이다.[6] 하나님을 아는 것은 지식과 경험, 즉 신학과 영성의 두 가지 경로를 통해서이다. 이 둘은 분리될 수 없고 둘의 연합을 통해 바른 하나님 인식을 갖게 되지만, 영성은 경험의 측면을 다룬다.[7]

1) 내적 경험으로서의 영성

그리스도교 초기 영성가인 사막의 안토니(Anthony the Great) 같은 사막 교부들의 영성 생활은 악한 영의 유혹과 속임을 분별하고 예수 그리스도의 삶을 따라가며 완전을 지향하는 삶이었다. 미혹과 분별, 악한 영과 선한 영의 싸움은 결국 개인 안에서 일어나는 내적 경험이었기 때문에 수도자들은 개인의 내면에 관심을 기울일 수밖에 없었고, 인간 내면은 하나님 체험이 일어나는 공간일 수밖에 없었다. 사람들의 내면, 감각과 의식을 통한 하나님 체험은 덕의 실천을 통해 외적으로 표현되었다.

영성을 인간의 내면에서 경험되는 하나님 체험으로 보는 경향은 영성가들의 저술에서 많이 나타나는데, 그들은 하나님이 계시는 좌소가 인간 영혼이라고 생각했기 때문에 하나님 경험은 인간의 내면에서 이루어지는 것이었다. 아빌라의 데레사(Teresa of Avila)나 십자가의 성 요한(John of the Cross), 노리치의 줄리안(Julian of Norwich), 「무지의 구름」의 저자, 마이스터 에크하르트(Meister Eckhart)와 같이 중세 신비가들이라 불리는 영성가들에게서 이런 경향은 두드러지게 나타난다. 그들이 하나님을 경험하는 방법은 기도이고, 기도를 통한 영적 성장의 과정은 정화·조명·일치라는 단계를 거치게 되며, 하나님과의 신비적 연합이 영성 생활의 목표가 된다.

인간의 내적 경험으로서의 전통적인 영성 이해는 현대 영성에서도 여전히 중요한 부분을 차지한다. 현대 영성에서도 영성은 '궁극적 현실이 경험되는 인간의 내면적 차원'처럼 인간 존재의 깊은 차원으로 묘사되기도 한다.[8] 이것은 인간은 하나님과 소통할 수 있는 존재이고 인간 내면은 하나님이 활동하시는 공간이 된다는 인간 이해에서 비롯된다. 즉, 영성을 인간의 구성요소의 한 부분인 내적 차원이나 활동의 한 부분인 내적 활동과 연결시키는 입장이다. 그러나 현대 영성에서는 전인적이고 통전적인 인간 이해 속에서 내적 경험을 포함한 더 포괄적인 인간 경험을 영성과 연관하여 설명한다.

2) 통전적 경험으로서의 영성

현대에서도 일반적으로 '내면으로의 여행을 통한 자아 찾기'라는 식의 표현이 개인의 영적 여정을 의미하는 메타포로 자연스럽게 사용되기도 한다. 이렇게 영성을 내적 경험으로 이해하는 경향이 많지만, 그리스도교인의 영성 생활에 대한 현대적인 관점은 통전적인 접근법을 강조한다. 통전적 경험으로서의 영성 이해는 영성을 인간을 구성하는 어떤 부분이나 활동의 부분으로서가 아니라, 인간 삶의 전체 또는 근본적 방향성이라는 관점에서 서술한다. 그래서 내적 경험만이 아니라 포괄적인 삶의 경험에 관심을 둔다.

현대 영성의 개념 정의에서 가장 많이 인용되는 학자인 샌드라 슈나이더스(Sandra Schneiders)는 영성을 적용하는 범주를 하나님과의 개인적 관계 형성을 위한 기도 생활로만 제한하는 것은 통전적인 이해가 아니라고 말한다. 그녀는 기도를 포함한 일상의 삶 전체를 포괄하는 전인적 삶을 영성의 적용 범주로 본다.[9] 슈나이더스는 영성을 한 사람이 가진 궁극적 가치를 향하여 자기 초월을 통해 삶을 통합해 가는 과정에 의식적으로 참여하는 것이라고 본다.[10] 즉, 한 개인이 궁극적 가치라고 생각하는 것을 지향해 가는 과정이고, 그 목적은 삶의 통합이다.

궁극적 가치는 사람마다 다른데, 믿음의 대상을 향한 추구일 수도 있고 인간으로서의 충만한 삶이거나 어떤 가치가 될 수도 있다. 슈나이더스는 영적 삶이 개인의 독특성과 주도성이 강조되는 과정이지만, 자기 몰두나 자기 도취적인 과정이 아니라 자기 초월을 통한 과정이라고 본다.[11] 따라서 그리스도교 영성은 끊임없이 자신에게 몰두하려고 하는 경향에서 벗어나 하나님을 지향하고 그리스도를 닮아 인격과 삶의 변화를 이루는 데 관심을 두는 것이다. 자기애가 아니라 자기 초월적인 하나님 추구를 통해 지성과 감성, 내면과 외면의 삶을 조화하고 기도와 행동에 균형을 이루는 통합적 인간 경험에 대한 것이다.

영성을 통전적이고 전인적인 인간성을 추구하는 것과 연관시키는 인식은 '삶의 목적과 의미를 찾는 자아실현', '삶의 방식'으로 표현되기도 한다.[12] 영성은 내적 삶과 외적 삶 모두를 포함한 전인적인 인간 경험에 관심을 가지면서, 개인이 생각하는 궁극적 가치라는 최종 목적을 지향한다. 이것을 그리스도교적으로 표현하면, 우리 삶의 목적과 의미와 가치가 되는 하나님을 추구하며, 성육신하신 예수 그리스도에게 헌신하기 위해 제자로서의 삶을 성령 안에서 사는 것이라고 말할 수 있다. 이런 점에서 유진 피터슨은 영성을 '하나님과 함께 하는 삶'이라고 했고,[13] 알리스터 맥그라스(Alister McGrath)는 사고방식과 행동양식을 포괄하는 '그리스도인의 삶'이라고 묘사했다.[14]

영성을 이해하는 데 있어 인간의 경험이라는 측면에 초점을 두는 분위기는 한국도 마찬가지이다. 최근 한국에서 영성학만이 아니라 다양한 분야에서 영성에 관련된 연구가 나오고 있다. 유해룡은 2000년 이후 대부분의 논문들이 인간 이해와 인간 성숙을 위한 실천적 방법의 차원에서 서술되었다고 한다. 인간학의 측면에서 인간 성숙의 길을 찾기 위해 영성을 다루는 경향이 강하다는 것이다.[15] 이러한 경향은 인격 성숙에 대한 관심과 방법 탐구가 필요한 현 상황에서 제기되고 있는 그리스도교적 과제에 대한 모색이다.

통전적 경험으로서의 영성이해와 인격 성숙을 강조하는 현대 영성도 '경험의 내면화'를 영성 생활의 핵심으로 본다.[16] 내면화를 통해 경험에 대한 성찰과 숙고를 하게 되고, 성찰과 숙고를 통해 모든 경험 속에서 하나님 체험을 발견하게 된다는 것이다. 그리고 하나님 체험의 의미는 외적으로, 인격과 삶을 통해 표현해야 한다는 것이다. 인격과 삶의 변화를 통해 성령의 열매를 맺는 것, 이것이 온전한 인간됨이며 통전적 인간화를 향해 가는 길이고, 현대 그리스도교 영성이 강조하는 점이다.

통전적 인간화는 지성과 감성, 내면과 외면의 통합, 기도와 활동의 통합으로 나타나야 한다. 이런 일련의 과정이 헨리 나우웬(Henri Nouwen)을 통해 잘 표현되고 있다.[17] 그는 그리스도인이 삶의 매 순간 하나님의 영(성령)의 음성을 듣고 응답하는 영적으로 성숙한 삶을 살아야 하고, 이를 위해 하나님과의 친밀한 소통을 형성하고 실천해야 한다고 말했다. 나우웬이 볼 때, 영성에 대한 관심이 급속히 증가하게 된 이유는 많은 전통적 삶의 방식이 붕괴되면서 개인의 선택이 중요해졌기 때문이다. 따라서 영성 지도와 같은 방법을 통해 하나님의 임재로 들어가 하나님의 부르심을 분별하는 법을 배워야 한다고 제안한다.

3) 관계성으로서의 영성

20세기 후반과 21세기에 들어서, 영성에 대한 논의에서 영성이 개인적 차원으로 제한되거나 심리학으로 축소되는 것을 경계해야 한다는 목소리들이 커지기 시작했다.[18] 우리나라에서도 한동안 큰 인기를 끌었던 '힐링'을 영성의 동의어인 것처럼 이해하는 분위기도 있었고, 개인 영성 추구를 자기 몰두와 자기 애착으로 오해하는 사람들도 있었다. 그래서 그리스도교 영성도 구원론이나 공동체와는 상관없는 용어처럼 생각하는 경향들이 있었다.[19] 그러나 브래들리 홀트(Bradley Holt)는 영성이 네 가지 관계와 연결되어 있다고 말한다.[20] 나와 하나님의 관계, 나와 나 자신과의 관계, 나와 다른 사람들과의 관계, 나와 피조물과의 관계가 그것이다. 자신과의 관계도 영성을 구성하는 한 측면이기 때문에 치유도 영성과 관계되지만 그것과 동일시되거나 축소될 수는 없다.

영성이 개인적이고 심리적인 차원으로 축소되고 있다고 비판하는 사람들은, 그리스도교 영성의 근본이 성령이기 때문에 영성에서 우선시 되어야 하는 것은 인간 영의 활동보다는 '사람들 안에' 그리고 '사람들 가운데' 활동하시는 하나님의 임재와 활동이어야 한다고 주장한다.[21] 이는 그리스도교 영성이 개인뿐만 아니라 공동체에도 주목해야 한다는 의미를 포함한다.

전통적으로 영성이 하나님과의 개인적인 관계를 설명하기 위해 주로 사용되어 왔다고는 하지만, 개인의 경험이 개인의 삶이 놓여 있는 자리와 떨어질 수 없기 때문에 진정한 통전적 영성 이해를 위해서는 공동체를 배제할 수 없다. 사람들은 사회 안에서, 여러 형태의 공동체 속에서 다양한 관계를 맺으며 살고 있는 관계적 존재이다. 때문에 개인적 경험은 섬처럼 떨어져서 소외된 혼자만의 경험이 아니다. 한 공동체 안에서 개인과 개인의 관계, 공동체와 개인, 공동체와 공동체, 더 큰 공동체 속의 작은 공동체 등 다차원의 관계망 속에서 일어나는 다양한 형태의 경험을 통해 사람들은 사회 구조와 개인의 삶이 분리될 수 없다는 인식을 갖게 된다.

관계성이 시대를 해석하는 중요한 핵심어가 되면서, 이 시대 구원의 메타포는 '화해'라고 할 만큼 사람들은 모든 영역에서 깨어진 관계의 치유와 회복에 주목하고 있다.[22] 궁극적인 관계의 치유와 회복을 위해서는 진실과 신뢰, 정의와 평화가 있는 '보다 나은 공동체'(a better community)로의 진보가 필요하다는 인식의 공감대는 구조를 변화시키는 일에 헌신하고자 하는 개인들의 소명의식을 불러일으킨다. 그래서 20세기와 21세기의 영성에 관한 서구권 저술에서는 사회 구조와 영성 추구를 통합해야 할 필요성이 제기되면서 정의 추구를 위한 예언자적 영성 실천이 많이 논의되고 있다.

사회 구조의 문제와의 연관성 속에서 영성에 대한 저술을 많이 쓰고 있는 케네스 리치(Kenneth Leech)는 이미 한 세대 전부터 종교를 개인의 영역에만 가두어 두는 관점이 끝나 갔고, 교회들은 공공의 문제들에 이전보다 더 많은 역할들을 감당하고 있다고 말한다. 그는 유럽이 "개인적 종교가 개인적 행동 원리로서 끊임없이 가르쳐지는 사회가 되면서 사회적 삶과 협동의 추구를 위한 영감과 기준을 제공하는 것으로서 종교를 바라보는 시간은 잊혀졌다."고 갈파했다.[23] 그러면서 개인적 종교는 미국에서 더욱 강화되었는데, 이제는 "그리스도교 사회 행동에 영적 깊이를 제공해야 할 필요성"에 영성도 참여해야 한다고 주장했다.[24]

데이빗 론즈데일(David Lonsdale)은 그리스도교 영성이 사적인 영역으로 간주되고 영성지도가 공동체와는 동떨어진 채 사적인 조언을 주는 공간으로 움직이는 경향이 있다고 비판하면서, 질병과 소외, 절망과 죽음이 있는 곳에 그리스도가 십자가를 통해 치유와 교제, 소망과 새로운 생명을 가져오셨기에 영성은 예언자적 사역과 떨어질 수 없다고 말한다.[25] 십자가가 그리스도교 영성을 치유와 내적 평안을 추구하는 방법으로 축소시키고 있는 상황에 대한 교정책이 되어야 한다는 것이다. 자넷 러핑(Janet Ruffing)은 정의에 대한 관심과 참여는 하나님의 긍휼과 관계가 있고, 정의와 진실에 대한 탐구는 영혼을 돌보는 하나의 측면이기 때문에 사회적 문제들에 관련된 기도를 통해 예언자적 사역에 참여하는 것이 가능하다고 말한다.[26] 그리스도의 삶에 참여하는 것, 즉 성육신의 의미를 이해하고 그리스도의 고난과 부활의 신비에 참여하는 것은 공동체를 위한 사역과 분리될 수 없다. 이렇게 공동체 및 사회 구조와 영성을 연관시키려는 관점은 공적 신학에 대한 오늘날의 논의와 같은 맥락에서 사회적 영성에 대한 관심을 불러일으키고 있다. 신학이 교회와 사회의 문제와 별개로 존재할 수 없듯이, 영성 역시 다양한 관계 속에서 일어나는 인간 경험에 그 근거를 두고 있기 때문이다.

4) 영성과 경건

개혁교회 전통에 서 있는 사람들은 경건이라는 소중한 영적 자산이 있는데, 꼭 영성이란 용어를 사용할 필요가 있는가에 대해 질문을 제기한다. 영성은 로마 가톨릭 수도원 전통에서 사용된 것으로 인간적 노력에 의한 하나님과의 신비적 연합을 목표로 하기 때문에 개신교 교리나 상황과는 맞지 않는다는 것이다.[27] 그러나 위에서 논의한 것처럼 오늘날 영성이란 다양한 관계를 포괄하는 통전적인 인간 경험에 적용하는 용어로 재정의되어 사용되고 있고, 궁극적 가치를 추구하며 삶을 통합하는 것을 목적으로 하는 인간 경험을 뜻한다. 그런 의미에서, 하나님과의 올바른 관계를 지향하며 성령의 인도 안에서 예수 그리스도를 따르는 신자들의 삶의 방식을 그리스도교 영성이라고 명명하는 것은 세상과의 소통을 위해서도 필요한 일이다. 알리스터 맥그라스는 '영성'이 '헌신', '경건', '거룩', '신앙심' 같은 말들을 점차 대체하고 있다고 보고 있다.[28]

미국 장로교(PCUSA) 목회자인 하워드 라이스(Howard Rice)는 경건이라는 말이 '엄격한 규칙 준수에 대한 의무감'을 강조하는 것 같은 부정적 반응을 가져오고 있다고 지적하며, '경건'이 하나님께 대한 감사와 순종으로 삶을 형성하는 것이라는 본래적 의미가 희석되어 있다고 한다.[29] 경건은 여전히 개혁주의 영성의 핵심적 용어로 사용되고 있기에 영성과의 관계 속에서 경건의 의미를 살펴볼 필요가 있다.

칼뱅은 그리스도인이 성화를 위해 부르심을 받았기 때문에 신자의 삶은 '계속적인 경건의 실천'이 되어야 한다고 말한다.[30] 칼뱅은 "하나님에 대한 경외와 하나님에 대한 사랑이 결합된 것"을 경건이라고 말하는데, 여기서의 사랑은 "그의 은혜를 깨달아 앎으로써 오는 것"이다.[31] 경건의 의미는 일차적으로 신자들의 '하나님을 향한 태도'로서 하나님과의 관계성의 측면이고, 광의적으로는 인간에 대한 수평적 관계를 포함한다고 볼 수 있다.[32] 경건으로부터 '인간에 대한 의와 사랑과 봉사'가 나오고, 의와 사랑과 봉사에 의해 참된 경건이 입증되기 때문에, 둘 사이에는 관계성과 연속성이 있다. 경건은 참 믿음을 위한 본질적 요소로서 그 핵심이 하나님과의 관계에 기초하여 삶을 본래대로 잘 정돈하는 데 있다. 따라서 경건을 하나님과의 관계를 핵심으로 하며 이웃과의 관계를 포괄하는 삶의 방식으로

이해할 수 있을 것이다.[33]

이런 점에서 영성과 경건을 동의어로 볼 수 있을 것 같지만, 이 둘은 구분될 필요가 있다. 경건은 구원의 특별 은총이 강조되는 표현인데 반해, 영성은 구원의 특별 은총과 더불어 모든 사람에게 적용될 수 있는(일반 은총까지 포용하는) 용어로서 좀 더 포괄적이고 개방적이며 통전적으로 사용된다고 볼 수 있다. 따라서 '영성'이란 용어가 오늘의 세상과 적극적으로 소통할 수 있는 언어로서는 더 적절한 것으로 보이고, '경건'은 개혁교회 영성의 핵심이자 특징으로 이해하고 사용하는 것이 바람직하다고 본다.

2. 삶의 형태(the shape of living)를 만들어 가는 과정 : 영성형성과 영성 훈련

1) 영성형성을 위한 영성 훈련

영성은 개인적 차원과 사회적 차원을 포괄하는 통전적 차원의 인간 삶에 관심을 가지지만, 인간의 관계성의 근거이자 토대는 하나님과의 관계이다. 인간은 하나님의 형상으로 창조되었고 그리스도의 십자가로 하나님과 화해되었으며 성령 안에서 성화의 삶을 살아가는 존재이다. 따라서 삼위일체 하나님과의 관계는 그리스도교영성의 출발일 수밖에 없다. 하나님 안에 있는 존재, 하나님과의 관계성 안에 있는 존재라는 자기 인식이 그리스도교 영성을 위한 인간학적 근거이다. 따라서 하나님과의 관계는 나 자신과의 관계, 타자와의 관계 및 세상과의 관계에 질서를 부여하고 삶의 방향성과 형태를 만들어 간다.

그리스도인으로서 삶의 형태를 만들어 가는 과정은 삼위일체 하나님 안에서 신앙과 인격, 그리고 삶이 지속적으로 변화되는 과정이다.[34] 이 변화의 과정을 '영성형성'(spiritual formation)이라고 하는데, "우리 안에 성령이 거하심으로써 우리의 모습이 그리스도의 형상과 일치하게 되는 것"으로 요약될 수 있다.[35] 영성형성은 광의적으로 삼위일체 하나님과의 관계 속에서 이루어지는 전인격적 변화를 뜻하기 때문에 영적 성숙과 동의어라 할 수 있다.

그리스도의 형상으로 자라나는 과정을 묘사하는 영성형성은 '성화'와 유사성 혹은 연관성을 갖는다.[36] 칼뱅에게 있어 성화는 믿음을 통해 그리스도와 연합할 때 칭의와 함께 주어지는 하나님의 이중 은총의 한 축이다. 성화는 하나님의 변화시키는 은혜를 의미하며, 모든 그리스도인들은 성화로 부르심을 받는다.[37] 그리스도와의 연합을 통해 그리스도의 형상을 닮아 가는 과정을 헤세링크(John Hesselink)는 하나님의 은혜의 '감미로움'(sweetness)에 대한 우리의 응답으로 표현한다. "하나님은 우리에게 억지로 강요하지 않으시며, 우리 마음을 감미롭고 매혹적인 다양한 방법으로 이끄셔서 우리가 그분의 제안과 초대에 달게 응답하도록 하는 일을 추구하신다."[38] 성화와 영성형성은 하나님의 은혜에 대한 반응으로, 성령의 도우심에 의해 그리스도인으로서 삶의 형태를 만들어 가는 과정이라 할 수 있다.

영성형성은 때로 좀 더 협의적 의미로 사용되기도 한다. 우리 안에 그리스도의 형상을 이루도록 도와주는 생활 형태나 훈련을 지칭하는 용어로 쓰이는 경우도 있다. 영성형성의 용법에 대한 두 입장 사이에는 차이가 있다. 이 논문에서는 명료성을 위해 영성형성과 영성형성 방법을 구분하여 사용하는 것이 필요하다고 생각하여, 영성 훈련은 영성형성을 위한 방법들을 지칭하는 용어로 사용하고자 한다. 그리스도인으로서의 삶의 형태를 만들어 가는 변화의 과정에는 '영성 훈련'이라는 여러 도구와 도움이 필요하다.

2) 그리스도교 전통 속의 영성 훈련

영성 훈련의 전통은 수덕주의(asceticism)에서 찾아질 수 있다.[39] 때로 수덕주의는 육체의 고행을 강조하는 금욕주의자를 연상시키는 것과 같이 부정적으로 이해되기도 한다. 그러나 그리스도교 전통은 그리스도교인의 연단된 생활을 묘사하기 위해 훈련(askesis)이라는 단어를 사용해 왔다. 따라서 수덕주의는 그리스도인들을 보다 헌신적인 예수 그리스도의 제자로 만들기 위해 다양한 훈련 방법을 사용하는 것이라고 할 수 있다. 규칙적 기도, 금식, 금욕, 단순한 생활 방식, 자발적 독신, 자발적 가난, 자선과 봉사, 덕을 키우고 악을 피하는 등의 훈련 형태는 자기 부인을 실천하는 방법이었다.[40]

수덕주의는 그 자체가 목적이 아니었고 그리스도를 닮아 가기 위한 수단이었다. 그래서 존 카시안은 어느 수도자의 말을 인용하여 "금식, 철야, 성서 묵상, 벌거벗음, 완전한 가난 등이 완덕을 이루는 것은 아니다. 그것들은 완덕에 이르는 수단이다."라고 말했다.[41] 그리스도교 전통의 영성 훈련은 그리스도를 따르기 위한 방법인 자기 부인, 자기 포기의 방식이었고, 그 목적은 "아무든지 나를 따라오려거든 자기를 부인하고 날마다 제 십자가를 지고 나를 따를 것이니라"(눅 9 : 23)는 그리스도의 부르심에 응답하는 방법이었다.

3) 현대 영성 훈련

현대 영성의 관심은 인간의 통합적 경험에 있다. 영성 훈련은 이런 경험을 토대로 의식적이고 친밀한 하나님과의 관계 성장에 초점을 둔다. 그래서 '경험의 내면화'를 통해 올바른 하나님 인식과 자기 인식을 얻는 개인

훈련의 중요성을 강조한다. 하나님의 뜻을 발견하며 기쁨과 자발성을 가지고 그리스도께 참여할 수 있도록 이끄는 것이 영성학에서 다루는 영성 훈련의 고유성이자 독특성이기 때문이다.

우리의 영혼에서 성령이 활동하시도록 내적 공간을 개방하는 훈련을 통해 우리는 자기 몰두에서 벗어나 하나님을 향하는 태도와 습관을 형성해야 한다.[42] 롤하이저(Ronald Rolheiser)는 사람들의 행위를 형성하는 내적 갈망이 사람들을 파괴와 분열로 이끌지 않고 '통합과 생명의 방향'으로 가게 하는 습관의 중요성에 대해 강조했다.[43] 이는 갈망의 방향성이 하나님을 향하도록 우리의 생각과 태도를 형성해 가는 것이 중요하고, 이를 위해서는 영성 훈련이라는 도구가 필요하다는 것이다.

현대 영성 훈련은 과거 수도원 전통의 수덕주의와는 다르다. 수도원에서 독거하며 사는 수도자들의 삶의 형태와 일상 속에서 살아가는 사람들의 삶의 형태가 다르기 때문이다. 일상의 삶을 살아가는 그리스도인들은 직업이나 건전한 신자로서의 생활, 사람들과의 관계와 결합된 영성 생활에 관심을 두어야 한다. 따라서 매일의 삶 속에서 하나님의 자녀로서, 그리스도의 제자로서의 생명이 충만하도록 성령의 인도하심에 따르는 삶이 되어야 한다.

그리스도교 영성은 기도를 하나님과의 관계 형성을 위한 가장 핵심적인 수단으로 여긴다. 신약학자인 오스카 쿨만은 현대인들의 바쁜 삶과 습관적 행위로서의 기도가 하나님과의 관계를 발전시키는 기도에 장애물이 된다고 말한다.[44] 이는 하나님과의 관계 맺음을 목적으로 하는 의식적 기도 생활이 필요하다는 것을 뜻한다.

기도는 통성 기도나 중보 기도와 같이 '하나님께 말씀을 드리는 기도'와 '하나님의 말씀을 듣는 기도'로 구분할 수 있다.[45] 한국 교회의 기도는 오랫동안 말씀을 드리는 기도에 집중되어 왔다. 말씀을 드리는 기도는 특히 공동체를 위해 중요하고 미래에도 계속되어야 하는 기도이다. 그러나 전

인격적 변화를 위해서는 하나님의 음성을 듣고 성령의 인도를 따르기 위한 말씀을 듣는 기도와 매일의 삶 속에서 경험되는 하나님의 활동을 살피고 응답하는 성찰 기도가 함께 있어야 한다.[46] 이러한 기도 생활을 통해 그리스도인들은 하나님과의 관계성 안에 있는 자신의 정체성을 더욱 분명히 깨닫게 되면서 공동체 안에서 소명을 발견하고 자발적 헌신으로 나아갈 수 있다. 매일의 삶에서, 일상과 밀착되어 실천할 수 있는 영성 훈련 방법에는 말씀묵상기도(Lectio Divina)와 그리스도의 생애로 기도하기(복음관상)와 같이 말씀으로 기도하기, 영성일기 쓰기, 성찰 기도, 영성 지도 등이 있다.

3. 현대 개신교 영성 훈련

영성형성을 위해서는 개인 영성 훈련 외에도 공동체 훈련이 도움이 된다. 공동체 예배, 소그룹 공동 생활, 합동 봉사, 단기 선교 등의 훈련을 통해 사람들은 의식적으로나 무의식적으로 변화되기 때문이다. 예배가 개인훈련과 더불어 영성형성의 중요한 원동력이지만, 하나님 음성에 귀 기울이며 우리 삶에 더 많은 하나님의 개입을 초청하는 훈련으로서의 개인 영성 훈련이 영성형성에 필수적이다.[47]

그리스도의 형상으로 변화되어 가는 과정에서 내적 경향성의 변화와 훈련의 필요성은 청교도 신학자인 존 오웬(John Owen)과 조나단 에드워즈(Jonathan Edwards)에게서 설명된다. 존 오웬은 성화를 가리켜 성령의 사역과 함께 인간의 훈련을 통해 얻어지는 '습성 형성'이라고 했고,[48] 조나단 에드워즈는 인간 행위의 원천이 '마음의 성향'이라고 했다.[49] 따라서 내적 변화를 통해 자발적 행위가 나올 수 있다. 루터나 칼뱅으로부터 본회퍼, 유진 피터슨 등의 현대 신학자나 영성 저술가에 이르기까지 내적 경향성의 변화, 내면 형성을 위한 훈련 방법으로 말씀에 근거한 믿음과 기도를 제시한다.[50]

현대 개신교 영성 프로그램은 영성지도자를 양성하는 것을 주요 교육목표로 하고 있으며, 여기에는 기도, 분별, 성찰, 자기점검, 영성지도와 같은 교육 내용이 있다.[51]

1) 말씀묵상기도

하나님과의 교제를 목적으로 하는 현대 영성 훈련은 성서를 기도의 도구로 사용하여 내면을 형성하는 것을 강조한다. 말씀묵상과 함께 기도로 이끄는 영성 훈련 방법으로 말씀묵상기도가 널리 사용되고 있다. 말씀묵상기도는 렉시오 디비나(Lectio Divina)에 근거한다. 렉시오 디비나는 고대 교부들과 수도원 전통에서 이어온 전통으로 12세기에 귀고 2세에 의해 lectio, meditatio, oratio, contemplatio로 체계화되었다. 가톨릭 학자인 엔조 비앙키는 렉시오 디비나를 유대교 전통에서 물려받은 유산으로 보는데, 교부들에 의해 풍요로워지고 중세까지는 실천되었으나 16세기 이후로는 가톨릭 교회에서 거의 실천되지 않았다고 하면서, 대신 형태를 달리하여 개신교회에서 살아남아 있다고 본다.[52] 이는 렉시오 디비나를 가톨릭 묵상 방법으로만 알고 있는 사람들과는 다른 입장이다. 렉시오 디비나의 개신교적 변형이라 할 수 있는 것은 QT(Quiet Time)인데, QT가 적용점을 찾는 것에 초점을 둔다면 렉시오 디비나는 말씀 묵상을 통한 하나님과의 관계 형성에 초점을 둔다고 볼 수 있다.

루터는 신학을 바르게 공부하는 방법으로 기도, 묵상(성서연구를 의미), 시련을 제시했다. 루터가 수도자였음을 상기할 때 이 세 가지 단계는 렉시오 디비나 전통과 무관하지 않아 보인다.[53] 이 세 단계는 신학 훈련 방법으로서만이 아니라 개인 영성 훈련을 위한 방법으로도 제시되었다.[54] 루터는 중세의 렉시오 디비나 전통의 contemplatio 대신 신자들이 구체적인 현실의 삶 속에서 경험하는 시련을 포함시켰다. 이는 고난의 자리이자 영적 투쟁의 현장인 그리스도인들의 삶에서 믿음은 말씀에 근거해야 한다는 것이다.

십자가 신학을 특징으로 하는 루터는, 그리스도인들은 하나님이 그들을 그리스도의 형상으로 빚어 가시도록 그리스도의 고난에 참여해야 한다는 것을 강조했다.[55] 최근 개신교 신학자들인 제임스 윌호이트(James Wilhoit)와 에반 하워드(Evan Howard)는 렉시오 디비나를 그리스도를 닮아 가게 하는 영성 프로그램의 하나로 제시한다. 또한 루터가 말하는 시련은 "인생의 시련을 겪는 중에 하나님을 성실히 추구하는 것"이라고 말하면서 렉시오 디비나의 네 단계에 시련의 단계를 더한 다섯 단계를 개신교 영성형성을 위한 성서 읽기로 제시하고 있다.[56] 최근의 말씀묵상기도는 렉시오 디비나의 원형을 철저히 따른다기보다는 말씀을 통해 하나님과의 관계를 형성하고 하나님의 뜻을 찾기 위한 기도 방법으로 다양하게 활용된다.

2) 그리스도의 생애로 기도하기(복음 관상)

칼뱅은 그리스도인의 삶에서 가장 중요한 것은 그리스도의 '자기 부정'(self-denial)을 본받는 것이라고 했다.[57] 자기 부정은 자기 사랑과 반대되는 개념으로, 우리 존재 자체가 우리에게 속한 것이 아니라 하나님께 속해 있다고 여기는 것이며, 그리스도 안에서 새로워짐을 통해서만 찾아오는 것이다.[58] 칼뱅은 그리스도의 제자라면 마땅히 자기 부정을 통해 옛 사람을 십자가에 못 박는 고된 내적 훈련과 삶에서 십자가를 지는 외적 훈련이 필요하다고 했다.[59] 이를 위해 회개의 중요성을 강조하는데, 회개의 목적은 하나님의 형상을 회복하는 것이다.[60] 칼뱅이 말하는 자기 부정을 위한 내적 수행은 자기 사랑을 제거하는 과정이라고도 할 수 있으며, 성령의 역사에 의해 그리스도와의 일치를 향해 갈 때에만 가능하다. 이를 위해 그리스도의 생애로 기도하도록 이끄는 복음관상이 효과적이다.

복음관상의 원형은 이냐시오식 영신수련(Ignatian Spiritual Exercises)이다. 영신수련은 예수 그리스도의 삶과 고난, 십자가와 부활의 묵상을 통해 그리스도를 본받는 사도적 영성을 가진 제자의 삶으로 초대하는데, 최근에는 서구의 많은 개신교인들이 이 방법에 매력을 느끼며 참여하고 있다. 개신교 영성지도자인 조이스 허게트(Joyce Huggett)는 그 이유를 네 가지로 말한다.[61] 첫째는 무엇보다 성서 본문을 묵상하며 기도한다는 것이며, 상상력을 이용한 기도를 통해 성서의 지식이 내면에 영향을 미치도록 한다는 것이다. 둘째는 그리스도께 우리를 일치시켜 가도록 이끄는 기도는 계속적인 회심의 과정으로 묘사되는데, 회심(conversion)과 같은 용어들을 개신교인들이 친숙하게 느낀다는 것이다. 셋째는 영적 전쟁이나 영적 분별 같은 용어들이 오순절 계통의 신자들에게 익숙하다는 것이다. 넷째는 하나님과의 인격적 관계를 열망하고 하나님 안에서 안식을 경험하면서 편안함을 느끼는 개신교인들이 많다는 것이다. 데이빗 론스데일(David Lonsdale)은 이냐시오식 영성 훈련이 그리스도의 삶을 통해 자신의 삶을 반추해 볼 수 있고, 분별을 위해 성서를 사용하고, 하나님과의 인격적 대화를 배울 수 있다는 점에서 개신교인들이 끌리고 있다고 본다.[62]

서구 개신교인들은 이냐시오식 기도에서 가장 도움을 받은 것으로 하나님과의 친밀한 교제와 사랑의 경험을 꼽았다.[63] 인격적 예수님을 경험하면서, 멀리 있는 것으로 느껴졌던 예수님이 자신들과 아주 가까이 함께 계시는 것으로 경험되었다고 한다. 그래서 세상 가운데 살면서도 확고한 토대 위에 서 있는 것을 느꼈다고 했다. 성서 공부 중심의 지적 훈련이 정서적 경험을 통해 균형이 잡힌다고 느껴지면서, 성서의 이야기들이 '머리에서 가슴으로' 경험되었다고 했다. 성서를 '나의 이야기'로 경험했다는 것이다. 또한 일상의 삶에서 하나님의 뜻을 분별하려고 노력하는 습관이 형성되었다고 했다.[64] 이냐시오식 기도는 '성서수련'으로 불릴 정도로 복음서에 기초한 기도에 집중하는데, 의식 성찰이라는 훈련을 통해 매일의 삶 속에서 경험된 하나님과의 관계를 반추하는 것도 이 기도의 특징이다.

3) 성찰 기도와 자기 점검[65]

매일의 삶에서 자신을 돌아보며 하나님의 임재와 활동에 대해 살피고 자신의 반응에 대해 살펴보는 영적 실천을 '성찰 기도'(의식 성찰)라고 한다. 이를 위한 구체적 방법으로 영성일기 쓰기가 많이 활용된다. 영성일기는 하루 동안 있었던 다양한 경험을 돌아보며 하나님과의 관계를 돌아보고 의미를 찾는 데 유익하다. 아침에 묵상했던 성서 말씀에 비추어 오늘 하루의 삶을 어떻게 살았는지를 살피는 기도도 좋은 성찰의 방법이 된다. 영성형성을 위해 계속적인 자기 점검도 필요하다.

4) 영성지도

영성지도는 영적 갈망을 가진 그리스도인들을 영적 성숙에 이르도록 돕는 영성형성 방법의 하나로서, 영성지도를 통한 체계적 안내에 의해 보다 효과적인 영성 훈련이 이루어질 수 있다. 영성지도에서는 지도자가 피지도자의 이야기를 경청하고, 영적 경험을 분별하는 것이 가장 중요하다. 피지도자의 삶의 이야기가 하나님의 시각으로 재해석되도록 돕는 영성지도는 피지도자의 삶의 역사가 신앙의 이야기로 변형되도록 안내한다.[66] 지도자와 피지도자 간의 일대일 관계로서의 영성지도는 사막의 교부/교모(abba/amma) 전통에서 시작되었다. 이는 그리스도교 영성사에서 중요한 역할을 담당했음에도 불구하고, 개신교에서 재조명되기 시작한 것은 1970년대에 들어와서다. 현대 영성지도와 같은 형태는 아닐지라도 루터, 칼뱅, 쯔빙글리와 같은 종교개혁가들도 인격적인 영적 인도를 위해 구두로 혹은 편지로 영적 조언을 해 주거나 개인적 지도를 제공하는 것을 포함해 다양한 방식으로 영성지도 사역에 관여해 왔다. 그 이후 경건주의와 청교도주의에서도 개인적 영성지도에 상당한 관심을 발전시켜 왔다.[67] 현대 종교개혁 전통 안에서 영성지도에 대한 관심은 하워드 라이스, 유진 피터슨, 앤드류 드레이처, 벤 존슨(Ben Johnson) 등에 의해 그 필요성이 제시되고 있다.[68]

4. 이 장의 요약

위에서 논의한 것처럼 오늘날 영성이란 다양한 관계를 포괄하는 통전적인 인간 경험에 적용하는 용어로 재정의되어 사용되고 있고, 궁극적 가치를 추구하며 삶을 통합하는 것을 목적으로 하는 인간 경험을 뜻한다. 개신교 영성 훈련은 하나님과의 관계 안에 있는 그리스도인이라는 정체성의 확립과 하나님의 뜻에 순종하기 위해 소명을 발견하고 실천하는 것에 관심을 갖는다. 성령의 열매를 맺는 삶, 인격과 삶에서 성숙한 그리스도인이 되도록 우리를 빚어 가는 성령의 활동과 우리의 반응이 그리스도교 영성의 핵심이다. 그리스도의 형상을 닮아 가며 제자도를 실천하기 위해 내면의 성숙과 함께 외적 실천이라는 두 가지 과제를 조화롭게 이루어 갈 때,

참다운 영성형성, 즉 성화를 향해 갈 수 있다. 개인의 내면과 외면, 개인적 삶과 사회적 책임의 조화를 위한 개인 훈련과 공동체 훈련이 필요하다. 그런 가운데서도 내면의 성향이 외적 실천의 원천이기 때문에 말씀에 기초한 묵상과 기도, 성찰과 자기 점검, 영성지도를 가장 우선적인 영성 훈련 방법으로 사용하고 있다.

영성은 당대 그리스도인들의 하나님 경험과 삶의 방식을 반영한다. 하나님과의 친밀한 관계를 갈망하는 현대 그리스도인들은 정서적 경험에 목말라한다. 이것은 머리와 가슴의 조화에 대한 요구이다. 우리는 지식과 경험이 조화를 이루는 균형 있는 영성을 통해 성령 안에서 그리스도와의 일치를 향해 가면서 하나님의 형상을 회복해 가는 영성형성을 이루어 가야 한다. 이것이 교리와 사람들의 경험이 만나야 하는 이유이고, 신학과 영성이 연합해야 하는 이유이다. 하나님과 자신에 대한 바르고 깊은 인식을 통해 그리스도인들은 하나님 안에서 더 풍요로운 삶의 여정을 걸어갈 수 있다. 이를 위해 영성에 대한 전통적 그리고 현대적 이해와 더불어 개신교 영성형성을 위한 다양한 방법 연구가 있어야 할 것이며, 개신교 전통의 신학자들과 목회자들의 영성 훈련에 대한 심층 연구가 계속되어야 할 것이다.

현대 관상 기도 이해[1]

오방식(장로회신학대학교, 기독교 영성학)

오늘날 전 세계적으로 관상(contemplation)과 관상 기도(contemplative prayer)에 대한 관심이 높아지고 있다. 한국 교회 안에서도 관상 기도에 대한 관심이 점차 증가하고 있는 실정이다. 이런 상황에서 혹자는 관상과 관상 기도에 대하여 너무 신비적이거나 지나치게 개인적인 기도라고 평가하기도 하며, 또는 하나님과의 존재론적인 합일, 일치를[2] 구하는 기도라고 비판한다. 관상 기도는 극소수의 특별한 사람들만이 드릴 수 있는 기도이기 때문에 일반 평신도들이 드리기에는 너무 어려운 기도 또는 위험한 기도라고 말하기도 한다. 무엇보다 성서 안에 관상이라는 용어가 나오지 않기 때문에 비성서적인 기도가 아닌가 하는 의혹의 눈초리로 관상 기도를 바라보거나 경계하는 분위기도 있다.

우리가 관상 기도에 대해 고찰할 때 고려해야 할 중요한 사항이 있다. 그것은 긍정적으로든 부정적으로든 관상 기도를 이야기하는 사람들이 서로 다른 이해를 가지고 관상 기도라는 용어를 사용한다는 것이다. 오늘날 관상 기도에 대한 많은 비판들이 고려할 만한 가치가 있고 의미가 있는 것은 분명한 사실이다. 그러나 이 중에는 관상 기도에 대한 오해와 잘못된 이해에서 비롯된 것들이 많이 포함되어 있는 것 또한 사실이다. 그러므로 바른 시각으로 관상 기도를 이해하기 위해서 무엇보다도 먼저, 관상 기도가 무엇인지를 바르게 인식하는 것이 중요하다.

그러므로 이 글의 목적은 첫째, 현대 그리스도인들이 관상 기도라고 부르는 기도들이 어떠한 기도인가를 탐구하여 제시하는 데 있다. 즉, '관상 기도란 무엇인가?'라는 질문에 답하는 것이다. 이에 대해 논의하기 위하여 관상과 관상 기도의 관계를 고찰할 것이다.

둘째, 관상 기도에 대한 바른 이해에 기초하여 관상 기도란 실제적으로 어떻게 드려지는 기도인가를 고찰할 것이다. 교회 전통에서 어떤 기도를 관상 기도라고 불렀으며, 그것은 어떻게 드려지던 기도인가? 그리고 현대 관상 기도는 어떻게 드려지는 기도인가? 예를 들어, 현대 그리스도인들이 관상 기도라고 말하는 센터링 침묵 기도(Centering Prayer)[3]나 예수기도(Jesus Prayer)[4], 예수마음기도[5] 또는 그리스도교 묵상(Christian Meditation)[6]으로 기도하는 자는 무엇을 어떻게 하는 것인가? 구체적으로 기도자의 능동성과 수동성의 측면에서 살펴볼 때, 이 기도들은 하나님께서 인간에게 주신 이성이나 상상, 추리의 기능들을 사용하여 능동적으로 드리는 기도인가? 아니면 소위 주부적인(infused) 관상처럼 전적으로 수동적인 자세로 기도하는 것인가? 서로 다른 형태의 다양한 관상 기도들 사이에서 이 수동성과 능동성은 어느 정도 차이가 있는가?[7]

17세기 이래로 20세기 초반까지 관상 기도는 다양한 오해들로 인해 그리스도교회 안에서 위험스러운 기도로 경계를 받거나 소수의 사람들만이 실행에 옮길 수 있는 특별한 기도로 여겨져 오기도 했다. 그럼에도 불구하고 오늘날 많은 그리스도인들이 관상 기도에 관심을 갖고 있으며, 그 관심이 더욱 증가하고 있다. 이러한 정황 속에서 이 글은 현대 관상 기도의 실천을 위해 관상 기도에 대한 바른 이해를 제공하고자 한다.

1. 관상이란 무엇인가?

1) 어원

어원적으로 관상(contemplation)이라는 말의 라틴어인 '컨템플라시오'(contemplatio)는 '템플럼'(templum : 성역)[8]에서 파생되었다. 그리고 여기에서 '템플'(temple : 성전, 사원)이 유래되었다. 이 '템플럼'은 성스러운 사람들이 하나님의 뜻과 목적을 발견하기 위해서 '사물의 내면'을 들여다보는 장소였다.[9] 이와 같이 어원적으로 관상은 실체(reality)의 내면을 '바라보는 것'을 의미한다. 실체의 내부를 들여다봄으로써 그것들의 바탕과 기원인 하나님을 발견하고 바라보는 것이 관상이다.[10]

또한 관상은 'con'(함께)+'templum'(집, 지성소, 성전)의 합성어이므로 집이나 성전에 함께 머무른다는 뜻도 될 수 있다. 즉, 어원적으로 관상은 성전 안에 계신 하나님과 함께 머무른다는 것으로 이해할 수 있다. 이런 의미에서 보면 관상은 단순히 하나님을 지적으로만 추구하여 아는 것이 아니라 하나님을 만나 함께 머무르는 체험을 통하여 친밀한 영적 교제를 하며 하나님을 알아 가는 것을 말한다.[11]

2) 그리스도교 전통에서의 관상 기도

성서 안에 관상이라는 용어는 나오지 않는다. 그러나 우리는 관상의 의미를 함축하는 용어나 개념, 표현 또는 이미지들을 성서에서 발견할 수 있다. 구약성서에서 관상의 의미를 나타내는 중요한 용어는 바로 דעת(da'ath)이다.[12] 구약성서는 하나님에 대한 경험적 지식을 강조하기 위하여 히브리어 דעת(da'ath)를 사용한다.[13] 이 דעת(da'ath)는 인간의 지력뿐만 아니라 전인격적으로 하나님을 아는 지식을 말한다(시 139 : 1-6; 호 4 : 1,6). 그리스어 성서는 히브리어 דעת(da'ath)를 γνωσις(gnosis)로 번역한다. 사도 바울은 하나님을 사랑하는 성도들의 하나님에 대한 지식을 나타내는 말로 γνωσις(gnosis)라는 말을 사용했다(엡 3 : 14-21; 골 1 : 9).

관상에 대한 이해를 위해 그리스 교부들의 사상을 살펴보는 것도 도움이 된다. 알렉산드리아의 클레멘스나 오리겐, 에바그리우스, 그리고 니사의 그레고리 등은 컨템플라시오의 의미를 나타내기 위하여 신플라톤주의 학파에서 '테오리아'(theoria)라는 말을 가져와 사용했다.[14] 이것은 원래 '진리에 대한 지적인 시각'을 뜻하는 것으로 그리스 철학자들은 이것을 최고의 활동으로 간주하였다. 그리스 교부들은 이 'theoria'의 본래적인 의미에 히브리어 דעת(da'ath)의 의미를 첨가하였다. 그리고 그들은 'theoria'를 피조물들 중에서 하나님의 흔적을 찾는 '자연 관상'(theoria physike)을 표현하는 데 사용한다.[15]

이들이 말하는 자연 관상이란 계시의 상징과 자연 속에 반영된 하나님의 모습 안에서, 또는 그 모습을 통해 하나님을 직관하는 것이다. 그것은 우리에게 있는 자연적 능력으로 하나님을 관상하는 것을 의미하는 것이 아니라, 자연 속에 계신 하나님을 관상한다는 뜻이다.[16] 바로 이런 면에서 자연 관상은 신비이며 하나님의 선물이다. 그러나 자연 관상은 오랫동안 금욕함으로써 마음을 온전히 정화시키는 기도자의 노력을 전제한다. 기도자의 사고가 더 이상 욕망에 의해 좌지우지되지 않고 뒤틀리지 않을 때 사물의 본질을 그대로 꿰뚫어 볼 수 있게 되기 때문이다. 자연 안에서 그리고 자연을 통하여 하나님을 보는 이 자연 관상은 궁극적으로는 하나님의 선물에 의하여 신비적인 통찰 안에서 완성되지만, 인간이 주도권을 가지고 하나님을 찾고 준비하는 과정을 포함한다. 이런 점에서 토마스 머튼은 이 자연 관상을 능동적 관상의 원형이라고 부른다.[17]

다른 한편으로 그리스 교부들은 관상의 가장 높은 형태인 직접적이고 총체적인 — 하나님과 하나가 되는 직접적인 경험으로서의 하나님 인식을 표현하는 데 '신학'(theologia)이라는 용어를 사용하였다.[18] 신학[19]은 모든 생각을 초월하여, 즉 개념이라는 매개물 없이 이뤄지는 하나님과의 직접적이고 준체험적인 접촉(direct quasi-experiential contact with God)이다. 이것은 욕망 또는 감상이나 상상에 물든 개념뿐 아니라 하나님과 영혼 사이에 모종의 매개물을 요하는 가장 단순한 지적 직관까지 배제한다. 이처럼 신학은 하나님과의 직접적 접촉을 의미한다. 그리스 교부들에 의하면 이 지고한 그리스도교 관상은 하나님을 그분 그대로 아는, 즉 한 성품세 위의 하나님으로 아는 준체험적 지식이다. 머튼의 표현으로는 생각과 자연적 빛과 영적 이미지는 하나님을 만지는 영의 적나라한 직선적 감수성을 방해하는 휘장이나 덮개와 같다. 휘장이 걷히면 신비의 어둠 속에서 우리의 영과 객체인 하나님 사이의 간격이 없어지고, 우리는 신비한 사랑의 포옹으로 그분이 하나님임을 알게 된다. 이것이 가장 순전한 의미에서의 주입된 관상 또는 신비적 관상이다.[20]

이 지고(至高)의 신비에 들어서는 것은 영적 노력이나 지적 정교함의 문제가 아니며 학습의 문제는 더욱 아니다. 그것은 온전히 사랑으로 말미암아 하나님과 하나가 되는 것이다(요일 4 : 7-8, 13-14).[21] 이처럼 친밀한 하나님의 임재 체험에 바탕을 둔 하나님에 대한 지식[22]이라는 뜻으로 관상을 이해하는 것은 중세까지 계속되었다.

한편 초기 그리스도교 시대부터 평신도와 수도자들에게 렉시오 디비나(lectio divina)라는 기도 방법이 권장되었는데, 이를 통해서도 관상에 대한 이해에 접근할 수 있다. 렉시오 디비나는 성서말씀을 읽고(lectio) 입으로 반복하여 외우며 묵상하여 깊은 내면의 차원에서 하나님의 말씀을 듣는 방법이다. 이 과정 중에 묵상(meditatio)과 기도(oratio)가 단순화되면서 우리는 하나님의 임재 안에 머물러 쉼을 얻게 되는데, 그것이 바로 관상(contemplatio)이다. 렉시오 디비나를 통해 알 수 있는 중요한 사실은 원래 관상이란 하나님의 선물이지만 우리가 능동적으로 말씀을 읽고 묵상하고 기도하는 가운데 자연스럽게 관상에 이르게 된다는 점이다.

현재 우리는 과거의 전통을 되돌아보며 관상의 단계나 성격 등을 구별하지만 사실 16세기 이전까지 하나님께 나아가는 인간의 접근 방법이 말씀 묵상, 정감적 기도, 신비적인 관상으로 분명하게 구분되지는 않았다. 16세기에 이르러서야 마음 기도는 사고를 주로 하는 논리적 묵상, 의지의 행위를 중점으로 하는 정감적 기도, 하나님께로부터 부어지는 은혜가 지배적인 관상으로 나누어졌다.[23] 이 결과로 인해 묵상과 기도와 관상은 더 이상 하나의 기도 속에서 발견되는 행위가 아니라, 각각 다른 지향과 방법과 목표를 가지는 완전히 독립된 기도가 되었다. 기도들이 이렇게 나뉘면서 사람에 따라 형태적으로 다른 기도를 하게 되었으며, 관상은 몇몇 사람에게만 주어진 특별한 은혜라는 잘못된 생각이 깊어졌다.

특히 르네상스와 종교개혁 이후에 개신교 안에서 관상을 추구하는 노력은 거의 사라졌다. 물론 개신교 안에서도 추리적인 묵상과 정감적인 기도에 대한 가르침은 강조되었다. 개신교의 대표적인 인물인 칼뱅은 계시에 대해 다루면서, 성령의 역사를 통해 복음의 바른 가르침이 마음속에 확신된다고 말하였다. 이는 말씀에 대한 깨달음의 이성적인 측면과 정감적인 측면을 동시에 표현한 것이다. 그리고 리처드 박스터도 묵상에서 '숙고'(consideration)가 "머리와 가슴 사이의 문"을 여는 하나의 방법이라고 묘사함으로써 추리적인 묵상과 정감적인 확신을 연결하였다. 또한 존 화이트와 본회퍼도 동일하게 추리적 묵상과 더불어 정감적인 요소를 강조하였다.[24]

그러나 계몽주의 이후로 개신교와 가톨릭, 모두에서 점차 이 정감적인 요소는 무시되고 추리적인 묵상이나 사려 깊은 연구를 강조하는 기조가 이어졌다.

한국 교회에서 실천되는 큐티(Quiet Time)를 볼 때에, 정감적인 요소도 강조되나 전반적으로 이성과 추리 그리고 상상력의 기능을 강조하는 추리적 묵상의 성격이 상당히 강하다. 비단 한국 교회뿐만이 아니라 전 세계의 교회 안에서도 관상에 대한 이해나 추구는 거의 사라져 버렸다.

이러한 흐름은 오랫동안 교회 전통 안에서 잊혀져 왔던 기도들이나, 특별히 렉시오 디비나에 대한 관심이 증대되면서 달라지고 있다. 많은 기도자들이 말씀 묵상 안에서 자연스럽게 주어지는 관상의 선물을 사모하기 시작했다. 이것은 정감적 수준 이상의 은혜를 체험하고자 기대하는 것이다. 그리스도교 초기부터 있어 왔던, 말씀으로부터 샘솟듯 흘러나오는 기도와 관상을 바르게 이해하고 경험하게 되면서 점차 관상은 낯선 주제의 자리에서 벗어나게 되었다.

3) 두 종류의 관상의 길

그리스도교 전통에는 우리가 하나님을 만나고 하나님께 이르는 두 종류의 관상의 길이 있다. 하나는 '유념적인 방법'(긍정의 길, kataphatic)이며, 다른 하나는 '무념적인 방법'(부정의 길, apophatic)이다. 윌리엄 샤논은 이 두 종류의 길을 설명하면서, 이 두 가지 길을 이해하는 데 도움을 주는 대표적인 신학자들로 오리겐과 니사의 그레고리를 꼽는다.[25]

오리겐(Origen : ca. 185-255)은 알렉산드리아 학파로 '빛'의 신학자다. 그에게 있어서 인간의 목적은 타락 이전의 본래 모습을 회복하는 것이다. 구속이란 인간이 본래의 하나님을 닮은 모습을 회복하는 것이요, 관상이라는 본래적 상태로 돌아가는 것이다. 오리겐은 인간이 세 단계를 거쳐 이 본래의 모습으로 돌아간다고 말한다. 그 중 첫 단계는 도덕적 조명인데 그것은 죄로부터 떨어져 나와 덕을 실천하는 삶(praxis)으로 돌아서는 것이다. 그리고 둘째는 자연 관상(theoria)이며, 마지막은 하나님 관상(theologia)이라고 부른다. 이 마지막 단계에서 우리는 자신의 본래의 상태로 돌아가 잃어버린 하나님의 형상을 회복하게 된다. 여기에서 오리겐이 말하는 움직임은 빛에서 더 밝은 빛으로의 움직임이며, 오리겐은 어둔 밤이나 무지를 통한 앎에 대해서는 전혀 말하지 않는다. 이러한 유념적인 방법은 개념이나 이미지를 통하여 하나님께 나아가고자 하는 것이다. 그것은 이 땅에 존재하는 모든 피조물이 — 개념, 상징, 이미지를 포함하여 — 하나님을 묵상하고 그분께 이르는 데 도움이 된다고 본다.[26] 모든 피조물이나 인간의 모든 선한 경험들은 하나님의 실재를 엿볼 수 있는 창문의 역할을 한다. 이러한 기도에서는 기도자의 능동적 활동을 인정할 뿐 아니라, 더 밝은 빛으로 나아가기 위해 필수적인 것으로 이해한다.

한편, 갑바도기아 교부들(Cappadocian Fathers) 중 하나인 니사의 그레고리(Gregory of Nyssa : ca. 335-395)는 관상 이해의 다른 경향을 나타낸다. 이것은 특히 그의 대표작인 「모세의 생애」에 잘 나타난다. 이 「모세의 생애」에서 그레고리는 오리겐이 했던 것처럼 세 가지 단계를 말하고 있으나, 그 방향은 오리겐의 것과 정반대이다. 즉, 빛에서 어두움으로 이동하는 것이다. 그 첫째 단계로, 모세의 빛의 경험은 출애굽기 3장에 나오는 불타는 수풀에서 일어난다. 그러나 다음 두 단계는 깊은 어두움으로 들어가는 것인데, 이 중 먼저는 출애굽기 19장에 나오는 어두운 구름(nephele) 안으로 들어가는 것이며, 다음은 출애굽기 33장에 나오는 짙은 어두움(gnophos)으로 들어가는 것이다. 그곳에서 하나님은 이성으로는 인지되지 못하지만, 그 어느 때보다 선명하게 자신을 나타내 주신다. 도리어 이 어두움 안에서 가장 분명한 하나님 인식에 이르게 되는 것이다.

이러한 무념적인 방법에서는 긍정의 길은 제한되어 있다고 본다. 모든 피조물들은 하나님에 '대해서' 말해 줄 뿐이며 궁극적으로 하나님의 내면의 실재에 이르도록 하지는 못한다고 말한다. 인간의 어떠한 생각이나 사유, 단어, 상징도 인간을 하나님 실재에 이르게 할 수는 없다. 무념적인 방법은 우리가 가지고 있는 하나님에 대한 생각이나, 개념, 이미지, 상징을 내려놓음으로써 하나님께서 친히 자신을 드러내 주시고 알려 주심을 직접 체험하여 그분과 온전히 하나가 되고자 하는 목적을 가진다. 그러므로 우리는 하나님의 실재에 이르기 위해서 우리의 개념적인 장갑을 벗고 '빈 손'으로 어둠 속으로 가야 한다.

그리스도교 영성 전통에서 무념적인 접근의 성향을 가진 영적 작가로서 14세기에는 「무지의 구름」의 익명 저자, 마이스터 에카르트, 16세기에는 십자가의 요한, 그리고 20세기에는 토마스 머튼 등이 있다. 그리고 유념적인 접근의 성향을 가진 작가로는 아빌라의 데레사, 로욜라의 이냐시오 등을 말할 수 있다. 데레사의 주요 작품들인 「천주자비의 글」, 「영혼의 성」, 「완덕의 길」은 유념적인 전통에 기초하고 있다. 그러나 동시에 데레사는 말이나 개념을 넘어서는 무념적인 영적 체험에 대해서도 말하고 있다. 반대로 무념적인 전통에 뿌리를 둔 머튼이나 십자가의 요한도 많은 이미지나 개념, 또는 상징을 통하여 하나님을 향한 여정을 묘사하고 있음을 우리는 발견할 수 있다. 위-디오니시오도 그의 저서 「신의 이름들」에서 하나님에 대하여 긍정하는 유념적인 접근을 사용하지만, 이 긍정의 길을 통해 언제나 하나님을 완전하게는 알 수 없다고 주장한다.

비록 무념적인 접근과 유념적인 접근이 하나님을 향한 여정과 접근에서 서로의 방향은 다르지만, 하나님을 찾아감이라는 목적에 있어서는 상호 보완적이라고 할 수 있다. 긍정의 길과 부정의 길, 이 두 개의 길은 우월이나 선택의 문제가 아니라 동일한 목표를 위하여 서로 조화를 이룰 필요성이 있는 것이다. 하나님과의 일치라는 목표를 위해서 말이다.

2. 관상과 관상 기도 : 관상 기도란 무엇인가?

지금까지는 그리스도교 전통에서의 관상에 대한 이해와 접근을 보았다. 그렇다면 오늘날은 관상이나 관상 기도를 어떻게 이해하고 있는가? 오늘날 관상이나 관상 기도라는 용어는 사용하는 사람에 따라 서로 다른 이해를 가지고 다양하게 사용하고 있다. 일반적인 묵상에서부터 하나님의 인도하심으로 수동적 차원에 이르게 되는 주부적인 관상까지, 마음 기도[27]의 전 범위를 나타내는 용어로 관상이나 관상 기도라는 용어를 사용하고 있다. 그리고 이 두 용어를 사용함에 있어서도 특별히 구별을 두지 않고 동일한 내용을 표현하는 데 병행하여 사용한다. 실제로 적지 않은 작가들이 이 두 용어를 서로 바꾸어 가며 사용하기도 한다. 예를 들어 그리스도교 묵상 운동의 창시자인 존 메인은 "나는 묵상이란 용어를 관상, 관상 기도, 묵상 기도 등과 같은 뜻으로 쓸 것이다."라고 명백히 말한다.[28] 이런 점을 볼 때, 관상과 관상 기도에 대한 이해를 명확히 할 필요성을 발견하게 된다. 이번 장에서는 관상과 관상 기도의 관계를[29] 살펴보고, 관상 기도란 무엇인지 그리고 어떻게 드려지는 기도인지를 밝히고자 한다.

관상과 관상 기도의 관계는 무엇인가?[30] 관상과 관상 기도의 관계를 규정하기 위하여 라킨(Larkin)은 이 두 용어의 차이를 제안한다. 그 내용은 관상 기도는 '길'이며 관상이 최종 목표라는 것이다.[31] 관상에 대한 앞 장(章)들의 이해를 기반으로 표현하자면, 관상은 하나님과의 친밀한 사귐과 교제가 이루어지는 어떤 영적 상태를 말하는 것이다. 그리고 관상 기도는 그 상태에 이르도록 돕는 역할을 하는 일종의 '길'이다. 그러나 라킨은 이렇게 관상과 관상 기도를 명백하게 구별하면서도 이 구별은 부적절할 수 있다고 지적한다.[32] 왜냐하면 이 두 가지는 너무나 긴밀하고 유기적으로 연결되어 있기 때문이다. 하나는 다른 하나를 포함한다. 관상 기도는 관상을 성취하기 위하여 고안된 일종의 '길'이지만 관상 기도로써 시작하는 기도는 곧 관상이 될 수 있다. 이렇게 기도의 흐름이나 역동이라는 측면에서 관상 기도는 기도의 시작부터 관상 그 자체까지를 포함하는 것으로 이해될 수 있다. 그러나 엄밀한 의미에서 관상 기도가 언제나 관상에 이르도록 보장한다고 말할 수 없다. 관상의 상태는 오직 하나님께서 준비된 영혼에게 은혜의 선물로 주시는 것이기 때문이다.

마찬가지로 키팅이 고안한 바 현대 관상 기도라고 불리는 센터링 침묵 기도도 관상은 아니다. 이 기도는 우리의 기도가 관상의 차원으로 나아갈 수 있도록 돕는 아주 수용(수동)적인 자세의 기도이지만, 엄밀한 의미에서 능동적이되 단순한 기도이다. 그럼에도 불구하고 실제로 기도를 드릴 때에 센터링 침묵 기도가 관상의 경험과 완전히 구별되거나 분리되는 것은 아니다. 이 둘이 구별은 되지만 기도 안에서 이 둘의 역동적인 관계를 이해하면 센터링 침묵 기도는 관상의 문턱에 있는 기도라 하겠다. 즉, 이 기도는 관상을 준비하는 기도이지만, 이 기도 안에서 수동적 차원의 상태가 시작됨으로 관상이 이뤄지는 기도라고 말할 수 있다.

관상과 관상 기도의 관계를 명료화하기 위하여 이 둘을 구별하는 라킨의 관점은 매우 적절하고 유익하다. 비록 그가 키팅의 관상과 관상 기도에 대하여 일부 오해를 가지고 있지만 말이다.[33] 지금까지의 내용을 정리하면 라킨과 키팅의 관점은 동일한데, 그것은 관상 기도는 길이며 관상이 최종 목표라는 사실이다.

그렇다면 이 관상 기도는 어떻게 드려지는 기도인가? 엄밀하게 보면 여기에서 관상과 관상 기도가 구별된다. 관상 기도가 관상을 지향하는 기도라고 한다면, 사실상 우리의 모든 기도가 관상을 지향하므로 '모든 기도를 관상 기도라고 부를 수 있겠는가?'라는 질문이 나타날 수 있다.

이에 대해 윌리엄 존스톤이 열거한 관상 기도의 몇 가지 방법에 대한 설명은 우리가 관상과 구별하여 관상 기도가 무엇인지를 파악하는 데 큰 통찰을 주며, 그 결과 관상 기도를 어떻게 드려야 하는지를 이해하는 데 도움을 준다.

> 우리는 묵상 안에서 고요히 앉아 있는 모든 문화와 시대의 그리스도인들을 모든 곳에서 본다. 어떤 이는 십자가나 성상 앞에서 한 가지에 초점을 맞추고 묵상하며 앉아 있으며, 어떤 이는 제단을 바라보며 앉아서 호흡만을 한다. 또한 어떤 이는 그들의 환경 안에서 정념(awareness, 깨어 있기)이나 하나님을 발견하기(awareness of God)를 실천한다. 어떤 이는 그들 자신의 호흡의 리듬을 따라 만트라를 암송한다. 어떤 이들은 자신들의 정신과 마음을 우주 안에 계신 하나님의 현존에 열어 드린다. 다른 이들은 하나님께 그저 말씀을 드린다.
> 확실히 이런 다양한 방법들은 직접적으로 신비적이라고 불리지는 않는다. 그러나 그것들은 신비주의에 이르는 관문이다. 그 모든 것이 침묵으로 인도하며 데레사의 고요의 기도[34]나 더 높은 궁방으로 이끈다.[35]

위 표현에서 보면 존스톤은 관상과 관상 기도를 확실히 구별하고 있다. 관상 기도는 고전적인 의미에서 신비적이거나 수동적인 기도가 아니다. 그것은 그 방향을 관상으로 향하도록 하는 기도이다. 모든 기도가 관상을 지향한다고 말할 수 있지만, 엄밀한 의미에서 관상 기도라는 용어는 아주 적극적으로 사색하거나 상상하던 입장에서 떠나 단순화된 능동적 기도로 관상을 지향하는 기도를 의미한다고 할 수 있다.

이와 같이 기도의 실천에서 나타나는 관상과 관상 기도의 차이를 이해하면, 구체적으로 관상 기도를 어떻게 드릴지에 대해서도 말할 수 있다. 관상 기도는 하나님의 은혜 안에서 기도하는 자의 능동적인 행위로 시작된다. 처음에 우리는 말씀에 대한 사색이나 추리, 또는 상상력을 사용하여 묵상하며 기도할 수도 있을 것이다. 그러나 이러한 묵상의 수준을 넘어 다른 차원으로 넘어가면 우리의 기도 행위는 일반적으로 매우 단순하고 비추리적인 활동이 된다. 관상 기도를 드리는 이는 사색, 논리적인 추론, 상상이나 정서를 불러일으키는 행위를 넘어서 점차적으로 고요한 현존과 하나님 앞에서의 침묵을 추구하는 상태에 이르게 된다.

교회 전통에서 가르쳐 온 일반적인 기도의 단계를 통해 설명하자면 소리 기도, 추리적인 묵상, 정감적인 기도의 단계를 지나 우리의 전 존재로 하나님과의 일치를 구하는 매우 단순한 형태의 기도가 있는데, 이것이 오늘날 관상 기도라고 부르는 것과 유사하다고 말할 수 있다. 이 기도 형태들은 고전적인 주부적 관상의 관점으로 볼 때는 관상의 경험을 직접적으로 묘사하는 것은 아니라고 할 수 있다. 그 이유는 기도자가 관상의 은총을 얻기 위하여 아직도 능동적으로 기도를 드리는 성격이 남아 있기 때문이다. 그러나 이미 살펴본 대로 기도의 실천 가운데 일어나는 흐름과 역동에서 가장 단순화된 능동적 기도를 관상 기도라 할 수 있다. 교회 전통에는 다양한 형태의 단순 기도들이 있다. 바로 이 관상의 은혜를 받고자 우리가 드리는 매우 단순한 형태의 능동적인 기도를 관상 기도라고 정의할 수 있다.

3. 주부적인 관상과 관상 기도

앞 장에서는 관상 기도의 흐름과 역동이라는 측면에서 관상과 관상 기도를 구별하였다. 관상 기도는 관상을 목표로 하고 시작하게 되는데, 이 관상 자체가 무엇인지, 그리고 진정한 관상이라고 불리는 주부적인 관상은 무엇을 말하는지에 대해서도 정확한 이해가 필요할 것이다. 그러므로 이번 장에서는 관상과 관상 기도의 관계를 명료화하기 위하여 관상, 특히 주부적인 관상의 의미를 깊이 살펴보고자 한다.

그리스도교 전통에서 진정한 관상은 하나님의 임재를 직접적이고도 신비적으로 체험하는 주부적인 관상을 의미한다. 주부적인 관상은 "하나님께 대한 초자연적 사랑이요, 인식을 말한다. 하나님에 의하여 영혼의 그 꼭대기에 부어져 내린, 단순하고 어둑한 것으로서, 관상은 영혼으로 하여금 직접적이고도 체험적인 하나님과의 만남을 이루게 해 주는 것이다."[36] 갈멜 수도회 전통의 대표적인 안내자인 데레사와 십자가 요한에게 있어서 관상은 아주 구체적이며 명확한 구획을 가진다. 그들에게 있어서 관상은 수동적인 어둔 밤에서 시작되는 것으로서, 어둠 가운데서 하나님을 순수하게 사랑하는 경험이다. 그것은 신비적이다. 그것은 일반적인 은혜의 역사 아래에서 인간적인 노력으로는 획득될 수 없는 순수한 하나님의 선물이다. 이 체험 안에서 기도자는 일상적인 추리나 사고를 할 수가 없으며, 침묵의 깊이에서는 어느 정도 차이가 있을 수 있지만 의심의 여지없이 확실하게 하나님의 임재를 느끼는 체험을 하게 된다. 여기에서 중요한 것은 우리가 어떤 형태의 기도를 드리는가 하는 것보다는 어느 수준에서 이 기도들이 드려지고 있는가 하는 점과 누가 이 기도를 주도하고 있는가이다. 주부적인 관상의 수준에서는 우리가 어떤 형태의 기도를 드리든지, 성령이 전적으로 주도하시고 우리는 오로지 그분의 인도를 받으며 수동적인 차원의 기도를 드리게 된다.

그런데 오늘날의 영성신학에서 능동적인 기도와 수동적인 기도, 즉 주부적인 관상 사이의 구별은 무시되는 경향이 있다. 이러한 경향을 잘 보여 주는 인물이 20세기의 대표적인 영적 안내자 토마스 머튼이다. 그는 그의 초기 작품들 속에서 그리스도교 전통의 이해를 그대로 받아들여 관상을 능동적인 관상과 수동적 관상으로 나누면서 진정한 관상은 오직 수동적 관상이라고 말한다.[37] 그러나 그의 중반기 이후 작품들에서 머튼은 능동적인 관상과 수동적인 관상의 구별을 부적절한 것으로 인식하며 양자의 구별을 거부한다. 왜냐하면, 신비적인 기도의 현상학적인 한계 때문이다. 즉, 기도의 어느 시점에서 '자연적' 내지 '획득된' 상태가 끝나고, '초자연적' 또는 '주입된' 상태가 시작되는지에 대하여 명확한 경계선을 긋기 어렵기 때문이다. 다르게 표현하자면 그것은 인간이 언제 스스로 행위의 주관자이기를 멈추고 그 자리를 성령께 내어 드리는지에 대한 문제이다. 즉, 어느 시점에서 기도가 신비적인 징후를 보이는가 하는 것이다.

머튼은 이 모든 문제가 관상과 신비를 어떻게 정의하는지에 달려 있다고 본다. 일반적으로 관상을 자연적 관상과 초자연적 관상으로 나누는[38] 사람들은 자연적 관상은 획득될 수 있다고 본다. 이렇게 획득된 관상은 능동적 관상과 유사한 것이며, 관상가 자신은 영적 노력으로 얻어진 초자연적 실체를 직관적으로 인식한다. 관상을 구분하고, 획득된 관상을 옹호하는 이들은 이 관상이 별로 신비적이지 않다고 본다. 그러나 이들과는 달리 어떤 사람들은 동일한 기도 상태를 말하면서도 그것이 참된 신비적인 관상이며 획득된 것은 아니라고 말한다. 그들은 이 기도의 상태를 수동적인 초자연적 선물로 보는 것이다.[39]

관상과 신비에 대한 이해를 얻는 데에 칼 라너의 견해는 분명한 도움을 전해 준다. 칼 라너에게 있어서 모든 하나님 체험은 믿음과 사랑의 체험이다. 또한 그는 지상적인 것까지 포함하여 모든 것을 신비적이라고 부른다. 하나님에 대한 모든 지식과 사랑이 주부적인 것이다. 기도 경험뿐만이 아니라 심지어 믿음의 산물인 평범한 그리스도교인들의 경험들도 성령의 움직임이다. 그것들은 일상적인 신비주의이며 매일의 신비주의이다.

그런데 라너의 관점에서처럼 모든 하나님 체험이 신비적이고 주부적인 것이라면 그리스도교 전통에서 수동적인 관상으로 이해되어 왔던 것을 이제는 어떻게 이해해야 하는가? 이에 대하여 라너는 수동적인 관상을 사랑과 믿음의 기본적인 경험이 높은 강도로 체험되는 것이라고 말한다.[40] 성인들의 고전적인 신비 경험은 '비범한' 것이다. 그는 그것들이 비범한 것은 원리 때문이 아니라 강도와 희귀성 때문이라고 주장한다. 신학적으로, 묵상이나 인간 활동 안에서의, 또는 고전적인 주부적인 관상 안에서의 하나님 체험은 우리 안에서 활동하시는 하나님의 동일한 선물이다. 오직 그 정도의 차이만 있을 뿐이다.

그러나 우리의 질문은 여전히 남는다. 왜냐하면 두 종류의 관상을 경험할 때에는 둘 사이에 차이가 분명하게 존재하기 때문이다. 라너의 신학도 경험적인 차원이나 수준에서는 이 둘 사이의 상당한 차이를 제거하지 않는다. 라너의 이해에서도 여전히 깊은 차원의 기도 수준은 존재하는 것이다. 이러한 점이 바로 연구할 영역이다.

그러므로 우리는 관상과 관상 기도를 구별하고 관상 기도를 어떻게 드릴 것인지를 논함에 있어서는 관상의 이해를 다음과 같이 할 필요가 있다. 현대적 관상과 신비 이해를 통해 능동적 관상과 수동적 관상의 연속성을 이해하면서도 그 정도의 차이는 구별해 두어야 할 것이다. 이 구별이 중요한데, 왜냐하면 이 구별된 경계선 상에 단순화된 능동적인 기도, 즉 관상 기도가 위치하기 때문이다. 이에 대해서는 다음 장에서 묵상과 관상의 관계를 통해 분명하게 제시하고자 한다.

4. 묵상과 관상 그리고 관상 기도

묵상과 관상에 대한 전통적인 가르침을 살펴보면, 관상과 관상 기도에 대한 이해를 보다 깊게 가질 수 있으며, 현대 관상 기도의 성격에 대해서도 더 잘 알 수 있다. 현대 관상 기도라 할 수 있는 센터링 침묵 기도의 형태나 그리스도교 묵상의 형태에서 관상 기도는 묵상에 속하는가? 아니면 관상에 속하는가? 이것은 앞 장에서의 능동적인 기도와 수동적인 기도의 관계, 그리고 주부적인 관상과 관상 기도의 관계에 대한 질문이기도 한 것이다. 이번 장에서는 묵상과 관상의 이해를 통해 관상 기도는 무엇인지에 대한 논의를 이어 가고자 한다.

일반적인 이해에서 묵상은 능동적인 기도이며, 관상은 수동적인 차원의 기도 또는 수동적 차원의 영적 상태를 말한다. 묵상은 하나님의 은혜에 의존하지만 실제적으로 기도하는 자는 성령의 인도 아래에서 능동적으로 주도해 나가게 된다. 로렌스 커닝햄(Lawrence S. Cunningham)과 키스 이건(Keith J. Egan)의 공동저서에 의하면, 묵상은 "하나님 사랑과 이웃 사랑을 일깨워 주는 반추적인 기도요, 기도자로 하여금 관상의 선물을 받을 준비를 할 수 있도록 도와주는 기도"이다. 반면에 관상은 "하나님의 임재에 대한 선물로서 주어지는 것이고 변화시키는 경험"이다.[41] 십자가 요한에 의하면 관상은 하나님에 대한 사랑의 지식(loving knowledge of God)이며, 성령에 의하여 우리가 받을 준비가 되었을 때에 순수한 선물로 우리에게 주어지는 것이다. 묵상은 은혜를 입은 사람이면 누구라도 노력하여 행할 수 있는 것이지만, 관상은 오직 하나님만이 행하실 수 있다.[42]

어원적으로 '묵상하다'라는 뜻의 라틴어 'meditari'는 "하나님의 말씀을 내면으로 받아들이다."라는 뜻인 'meletan'에서 왔다. 이것은 다시 "어떤 것을 작은 소리로 읊조리다."라는 뜻의 히브리어 'haga'에서 유래했다. 유대 전통이나 고대나 중세 수도 전통에서 묵상은 성서 본문을 읽고 암송하여 마음으로 그 구절의 충만한 의미를 배우는 것을 의미했다. 즉, 그것은 영혼과 육체의 전 인간이 성서 본문을 작은 소리로 끊임없이 반복하고, 암송하여 마음에 각인시키는 방법이었다.[43]

Meditatio(묵상) 개념은 처음에는 ruminatio(되새김, 반추)의 의미로 사용되다가 12세기 이후 스콜라 학문의 영향을 받으면서 지성적인 면을 강조하는 경향으로 흐르게 되었다. 그래서 본래의 묵상의 개념에 '생각'(cognitatio), '숙고'(consideratio), '연구'(studium)와 같은 지성적인 의미가 첨가되었고 이런 의미들로 대체되기 시작했다. 12세기에 렉시오 디비나를 체계화한 귀고 2세에 의하면 묵상의 단계란 "하나님의 말씀 안에 숨은 진리를 깨닫기 위해 적극적으로 인간의 이성과 정신을 사용하는 능동적인 단계"다. 종교 개혁자 마르틴 루터의 경우도 묵상에서 이성의 기능을 강조하는 것은 마찬가지이다. 성령의 조명 없이는 절대로 인간이 스스로 하나님의 말씀을 깨달을 수 없지만, 성령의 인도를 받으며 이성의 기능을 사용하여 적극적으로 말씀을 묵상할 것을 강조한다.

렉시오 디비나에서는 rumanatio의 방법이든, 이성의 기능을 강조하는 스콜라적 묵상이든, 묵상은 관상을 지향한다. 비록 이성과 추리적인 기능을 적극적으로 사용하여 묵상을 할지라도 지적 깨달음의 수준에만 머무르지 않으며, 하나님께서 말씀을 통하여 영혼에게 다가와서 깊은 일치를 이루시는 관상의 선물을 갈망한다.

묵상과 관상을 통한 하나님을 앎은 개혁주의 신학자 몰트만에게서도 발견된다. 몰트만은 묵상과 관상을 다음과 같이 설명한다.[44] 묵상은 십자가, 파스카의 신비, 우리를 위한 그리스도의 복음 메시지를 묵상하는 것이다. 그리고 관상 또한 성서적이며 그리스도 중심적인데, 왜냐하면 관상은 묵상을 하며 반추하는 동안에 각 사람 안에서 일어나는 사랑과 지식의 앎이기 때문이다. 그러므로 관상은 하나님을 앎으로 깊어지게 되는 자기 앎으로의 회귀이며, 우리 안에 계신 그리스도를 앎이다. 몰트만은 다음과 같이 말한다.

> 나는 '묵상'을 어떤 것에 대하여 사랑하고 동정적이며 참여하는 인식으로 이해한다. 관상은 이 묵상 안에서 내 자신의 자아를 성찰하면서 의식하게 되는 것으로 이해한다. 묵상하는 자는 그 묵상의 대상 안에 침잠해 들어간다. 직관 속에서 그는 그들 자신이 사라지며 "자기 자신을 잊어버린다." 그 묵상의 대상은 역으로 그들 속으로 가라앉는다. 그러면서 관상 안에서 그들은

자신을 다시 내면화한다. 그들은 그들 자신의 변화를 인지한다. 그들은 자기로부터 나간 다음에, 자기 자신으로 돌아온다. 묵상 속에서 우리는 대상을 인식한다. 이와 결합되어 있는 관상 속에서 우리는 우리의 인지를 인식한다. 물론 관상 없는 묵상이 없으며, 묵상 없는 관상은 없다. 그러나 이해를 돕기 위하여 묵상과 관상을 이렇게 구분하는 것이 좋을 것이다.[45]

관상은 우리 가운데서 행하시는 하나님을 그리스도 안에서 경험하는 것이다. 묵상의 여파로서 우리의 몸과 마음, 영 안에 남겨지는 것이다. 라킨은 모든 묵상에 이런 관상의 순간들이 있다고 말한다. 이런 관상의 순간에서는 묵상 안에서 추구했던 사고나 상상, 정서를 불러일으키는 행위를 더 이상 추구하지 않고, 단순히 하나님의 임재 앞에 머물러 있게 되는 것이다.

그렇다면 관상 기도는 묵상과 관상 중 어디에 속하는가? 앞에서 살펴본 대로 매우 단순한 능동적 기도의 형태로 본다면, 이러한 구조의 틀에서 현대 관상 기도인 센터링 침묵 기도나 그리스도교 묵상은 사고나 추리 또는 상상력을 적극적으로 활용하는 능동적인 묵상이나, 하나님과의 깊은 일치를 나타내는 관상의 어느 범주에도 속하지 않는다.

이 논의에 있어서 렉시오 디비나는 관상 기도가 묵상과 관상에서 어디에 위치하게 되는지를 설명하는 데 도움을 준다. 관상과 관상 기도는 렉시오 디비나의 네 단계로 이루어진 구조를 통해 보다 명확하게 이해될 수 있다. 관상은 렉시오 디비나에서 자연스럽게 하나님의 선물로서 주어지는 경험이다. 렉시오 디비나에서의 네 번째 단계가 주부적인 관상이기 때문이다. 앞의 세 단계는 분명히 능동적이다. 하지만 네 번째 단계인 관상은 쉼, 고요, 수동성을 나타낸다. 귀고 2세는 "관상은 정신이 하나님께로 들어 올려져 거기에 머무르는 단계로, 이때 한없이 감미로운 환희를 맛봅니다."[46]라고 묘사한다. 이것은 주부적인 관상을 묘사하는 표현이다. 그러나 여기서 주목할 것은 이 관상이 동시에 렉시오 디비나의 일부로서 기도에

서의 일상적인 경험이라는 사실이다.[47]

그렇다면 관상 기도는 이 네 단계 중에서 어디에 속하는가? 관상 기도를 실제적으로 가르친 현대의 기도 안내자 라킨이나 키팅 그리고 페닝턴은 공통적으로 그것을 렉시오 디비나의 세 번째 단계와 네 번째 단계 사이에 둔다. 관상 기도는 일종의 고안된 능동 기도의 형태이지만 동시에 '관상적'(contemplative)이다. 왜냐하면 그것은 주님 안에서 쉼을 목적으로 시작되며, 곧 그것에로 옮겨 가기 때문이다. 그러므로 관상 기도는 능동적인 차원의 기도와 주부적인 차원의 기도 사이의 기도라 하겠으며, 일상성과 주부적인 은혜, 이 둘의 역동적인 관계를 이어 주고 설명해 주는 기도라고 할 수 있다. 이와 같은 사실에서 묵상과 관상 사이의 기도라고 할 수 있다.

관상 기도란 무엇인지에 대한 논의는 관상과 관상 기도의 관계를 통해서 분명히 살펴볼 수 있었다. 관상 기도는 수동적 관상에 이르기를 목표로 하면서 드리는 기도이다. 그런 면에서 관상과 관상 기도는 구별된다. 하지만 관상 기도의 흐름 안에서 관상이 시작되기 때문에 관상과 관상 기도는 서로 긴밀하게 연결되어 있다. 더불어 묵상과 관상의 관계에서 살펴본 대로 관상 기도는 분명히 묵상의 단계를 넘어서는 것이되, 관상을 지향하는 것으로써 관상 이전의 단계에 위치한다. 그러므로 관상 기도는 묵상과 관상 어디에도 속한 것은 아니다. 다만 능동적이되 단순화된 상태로 하나님께 나아가는 지향을 이어 가는 기도이다. 즉, 우리의 사고나 의지가 단순하게 되어 오직 하나님에게만 집중하게 되는 것이 바로 관상 기도이다.

5. 아빌라의 데레사와 십자가의 요한

관상 기도란 무엇인가에 대한 답을 찾기 위하여 지금까지 관상과 현대 관상 기도들의 관계에 대하여 살펴보았다. 그러면 지금까지의 분석은 이 둘의 관계에 대하여 가장 고전적인 가르침을 주는 데레사와 십자가 요한의 가르침과는 어떤 관계가 있는가? 관상 기도란 관상을 최종 목표로 드려지는 기도이며, 단순화된 능동적 기도라는 지금까지의 이해와 이 두 신비가의 가르침이 어떤 관계가 있는지를 이번 장에서 살펴보고자 한다.[48]

데레사는 그녀의 저서인 「완덕의 길」과 「영혼의 성」을 통해 소리 기도에서부터 일치 기도에 이르기까지 다양한 형태의 기도를 제시하고 있다.[49] 데레사의 실제적인 가르침에서 오늘날 우리가 관상 기도라고 말할 수 있는 형태의 기도가 있는가? 이에 대하여 데레사가 「완덕의 길」 28장과 29장에서 제시한 '능동적 거둠'의 기도로 답할 수 있을 것이다. 데레사의 표현에 따르면 능동적 거둠은 "영혼이 제 모든 능력(기관)을 거두어들여 자기 안으로 들어가 주님과 함께 있는 것"이다.[50] 능동적 거둠의 기도는 이전 단계의 기도인 이성이나 상상을 많이 활용하는 추리적인 묵상과는 달리 매우 단순화된 기도이다. 그러나 이것은 능동성이 완전히 배제된 주부적인 관상도 아니다. 이 기도는 묵상에서 관상으로 옮겨 가는 중간 단계에 위치한 기도의 형태라고 볼 수 있으며, 바로 이것이 현대의 관상 기도와 유사하다고 말할 수 있다. 센터링 침묵 기도 운동의 대표적인 안내자이면서 이 기도의 역사적인 뿌리를 고찰한 바실 페닝턴은, 데레사에게 센터링 침묵 기도와 유사한 기도의 형태가 있다는 사실을 주목하여 표현한다.[51] 또한 라킨은 데레사가 말하는 '능동적 거둠'의 기도가 현대 센터링 침묵 기도의 수준에 속한다고 볼 수 있으며, 실제로 센터링 침묵 기도와 유사하다고 주장한다.[52]

그렇다면 데레사가 표현한 기도에서 현대 관상 기도라 할 수 있는 '능동적인 거둠'의 기도와 구분되는 주부적인 관상의 기도는 존재하는가? 만약 존재한다면, 그 기도가 관상 기도는 아니며 관상 자체라고 할 수 있는 특징은 무엇인가? 이에 대해서 우리는 '수동적 거둠'과 그 이후에 계속되는

'고요의 기도', '일치의 기도'를 설명함으로써 답할 수 있을 것이다. 「영혼의 성」 제4궁방에 나타나는 데레사의 관상은 '능동적 거둠' 이후의 단계라 할 수 있는 '수동적 거둠'과 '고요의 기도'로 시작된다. '수동적 거둠'은 목자의 피리소리를 듣고 양 무리들이 자신들의 처소로 이끌려 들어가듯이 하나님에 의하여 우리가 내면 안으로 들어가게 되는 차원의 기도이다. 그러므로 이 '수동적 거둠'의 기도에서부터 능동성은 사라지고 수동적 차원이 중심이 되는 주부적인 차원의 기도가 시작된다고 할 수 있다.[53]

데레사의 '능동적 거둠'은 제4궁방의 '수동적 거둠'과 '고요의 기도'의 앞 단계의 기도로, 분명히 우리가 능동적으로 더 깊은 기도로 이끌림을 받을 수 있도록 노력하는 차원이 있다. 다시 말하면 전적으로 수동적이며 주부적인 기도는 아니다. '능동적 거둠'의 기도는 고요나 일치적인 신비 기도에 이르도록 하는 문과 같다. 이런 면에서 데레사의 '능동적 거둠'의 기도는 현대 관상 기도인 센터링 침묵 기도나 그리스도교 묵상과 동일한 수준의 기도라고 할 수 있겠다.

반면에 십자가의 요한은 데레사의 '능동적 거둠'이나 현대의 새로운 형태의 관상 기도처럼 뚜렷하게 구별되는 관상 기도 형태를 제시하지는 않는다. 십자가 요한의 관심은 영적 생활에서 관상으로 이끌림을 받았을 때 우리가 어떻게 응답해야 하는지에 관한 것이며, 이 관점에서 관상에 대한 가르침을 주고 있다. 요한은 기도자가 이전의 방법으로는 기도하기가 어려워지면서 '감각의 어둔 밤'에 이르게 되는데, 그 안에서 관상의 첫 열매를 경험하게 된다고 이해한다. 요한은 '감각의 어둔 밤'을 설명하면서 이때 나타나는 세 가지의 표시 — '무미건조함', '논리적인 묵상을 할 수 없음', '내면의 방황'[54] — 에 대하여 말한다. 요한은 이 세 가지의 표시가 다 있을 때 감각의 밤에 들어간 것이 분명하다고 말한다. 십자가의 요한은 실제로 이런 '감각의 밤'이 하나님께서 각 개인으로 하여금 더욱 친밀한 관계로 그들을 이끌기 위한 것이요, 젖을 먹는 어린 아이의 신앙에서 단단한 음식을 먹는 순수한 어른의 신앙으로 이끌기 위한 하나님의 은총이라고 가르친다.

십자가 요한에게는 묵상에서 관상으로 전이하는 형태의 기도가 없다. 앞에서 묵상과 관상 사이에 관상 기도가 위치한다고 결론 내린 사실을 고려해 본다면, 요한의 가르침에서 관상 기도에 대한 설명은 없다고 할 수 있다. 요한은 관상 기도의 형태 자체에 관심을 두기보다는, 우리가 이미 주부적으로 하나님께서 자신 안에서 행하시는 것을 알아차리고, 다만 하나님을 단순히 주목해야 한다고 조언한다. 이런 사실에서 라킨은 요한의 기도 지침을 현대의 관상 기도 형태와 동일한 것으로 간주하는 것은 요한의 조언을 다른 상황에 적용시키는 잘못된 이해라고 지적한다.[55] 왜냐하면 주부적인 관상에서의 단순한 주목은 하나님의 특별한 활동이 일어나고 있다는 것과, 이미 기도자가 수동적 차원으로 기도를 드리고 있다는 사실을 전제하기 때문이다. 요한이 말하는 '감각의 어둔 밤'은 엄밀한 의미에서 주부적인 관상의 시작이라는 사실이다. 기도자는 이 주부적인 관상에서 사랑스러운 눈길을 가지고 아무 노력 없이 수동적인 사랑의 주목을 드리는 것이다.

십자가 요한에게 있어서 관상은 순수한 선물이며 단순히 받는 것이다. 그가 관상을 선물로 받기 위한 길로써 주부적인 관상을 이해하여 능동적인 협력 차원의 기도를 제안하는 것은 아니다. 이런 면에서 십자가의 요한의 관상 이해는 데레사의 것과는 달리 현대 관상 기도와 같은 형태의 구조를 갖고 있지 않다고 할 수 있다.

관상 기도가 무엇인지에 대한 이해는 아빌라의 데레사와 십자가의 성 요한이라는 두 그리스도교 전통의 대표적 관상가들을 통해 더욱 정교해지며 확고해질 수 있다. 아빌라의 데레사의 가르침에서 현대 관상 기도는 그녀가 말한 '능동적 거둠'의 기도며, 주부적 관상인 '수동적 거둠'의 기도와 '고요의 기도'와는 구별된다는 사실을 분명히 확인할 수 있었다. 십자가의 성 요한의 가르침에는 관상 기도 자체에 대한 설명은 없지만, '감각의 어두운 밤'을 이해함으로써 관상, 즉 주부적 관상은 무엇을 의미하는지를 보다 명료하게 살필 수 있었다. 이 두 신비가의 이해를 통해 우리는 관상 기도란 온전히 수동적인 관상 그 이전의 것이며, 능동적인 요소가 미약하지만 남아 있는 단순화된 기도라고 결론 내릴 수 있을 것이다.

6. 이 장의 요약

이 글은 무엇이 관상 기도이며, 이에 대한 논의를 통해 왜 우리에게 이런 관상 기도가 필요한지를 밝히고자 하였다. 이 연구를 진행함에 있어서 시작점은 관상과 관상 기도의 관계를 고찰하는 것이었다. 이 논의가 중요한 이유는 관상의 신비적 차원과 그 차원과 연관된 관상 기도가 구체적으로 어떻게 서로 연결되어 있으며(상호 관계성), 또한 상호 간의 차이는 무엇인지를 분명히 볼 수 있어야 하기 때문이다.

이를 위하여 먼저 정의적 측면에서 용어의 어원을 분석함으로써 관상의 의미를 이해하였다. 어원적 의미를 통해 살펴보면, 관상은 우리 존재의 바탕이며 기원인 하나님을 바라보는 것이다. 또한 그것은 단순히 지적으로 하나님을 알고자 추구하는 것이 아니라 하나님과의 인격적인 영적 교제를 통하여 알아 가게 되는 경험적인 사랑의 지식을 추구하는 것이다.

또한 여러 학자들이 제시한 관상과 관상 기도의 관계를 간략하게 정리하면, 관상은 목표이며 관상 기도는 관상에 이르는 길이라고 할 수 있다. 각 개인은 관상에 이르기 위해 관상 기도를 드릴 수 있으나 관상 자체는 우리 인간의 노력으로 성취할 수 없고, 하나님이 은혜의 선물을 주실 때에야 우리가 받아 누릴 수 있는 것이다. 그러므로 관상 기도는 우리가 관상에 이르는 은총을 받을 수 있도록 우리를 준비시켜 주는 단순화된 능동적 기도라 말할 수 있다.

그 다음 부분에서는 목표로서의 관상과 관상에 이르는 길로서의 관상 기도의 관계를 보여 주기 위하여 먼저 역사적 전통 가운데 진정한 관상으로 여겨져 왔던 주부적인 관상의 의미를 연구하였다. 중세 이래 갈멜 수도회나 도미니크회 전통에서는 관상에 대한 이해를 능동적인 관상과 수동적인 관상으로 구분하였으며, 이 중에서 수동적인 관상만이 진정한 관상이라고 이해해 왔다. 그러나 현대에 이르러 토마스 머튼이나 칼 라너와 같은 인물들이 관상을 능동적 관상과 수동적 관상으로 나누는 것에 대하여 문제를 제기하였던 것도 또한 살펴보았다. 그러나 이러한 문제 제기를 고려하여 다 수용한다고 하더라도, 수용적 관상으로 부를 수 있는 강도 높은 깊이의 수준을 가진 기도의 차원이 있음을 어느 누구도 부인하지는 못할 것이다. '어떻게 이러한 깊은 차원의 기도를 우리가 드릴 수 있을 것인가?' 하는 것은 여전히 과제로 남게 된다. 여기에서 우리는 관상 기도의 필요성을 이야기할 수 있는 것이다.

또한 이 글에서는 전통적으로 이해해 온 추리적인 묵상과 관상과의 관계를 조명하면서, 현대 관상 기도가 묵상과 관상 이 둘 중 어느 하나에도 속하지 않음을 밝힘으로써 관상 기도의 의미를 더욱 분명히 하였다. 특히 렉시오 디비나의 역동을 통하여, 관상은 전적으로 하나님의 선물이지만 또한 묵상으로(말씀으로) 기도를 드리는 가운데 은혜의 선물로 주어지는 일반적인 체험인 것을 지적하면서 관상 기도의 중요성을 다시 한 번 강조하였다. 렉시오 디비나 중에 말씀은 우리 존재의 일부가 되고, 사도 바울이 고백하듯이 주님이 내 안에 계시고 우리가 주님 안에 계심을 느끼고 경험하는 일치적인 관상의 체험을 선물로 받을 수 있다. 묵상은 하나님에 대하여 추론적으로 인식하지만 관상은 사랑에 의한 앎이다. 관상 기도는 묵상의 수준을 넘어서서 바로 이 관상을 선물로 받을 수 있도록 돕는 단순

기도라 할 수 있다. 이성과 추리를 통한 묵상적인 앎을 넘어서 하나님께서 친히 알려 주시는 친밀한 앎인 관상의 선물을 얻을 수 있도록 하는 데에 관상 기도의 의미와 필요성이 있는 것이다.

그리고 본론의 마지막 부분에서는 갈멜의 두 대표적인 기도 안내자인 아빌라의 데레사와 십자가 요한의 기도와 묵상 그리고 주부적인 관상에 대한 이해를 명료화함으로써 현대 관상 기도들이 그들의 가르침과 어떤 관계성을 가지는지를 살펴보았다. 아빌라의 데레사가 표현한 단순 기도로서의 '능동적 거둠'은 관상을 지향한다는 측면에서 현대 관상 기도의 형태들과 같은 수준의 기도 행위를 다루고 있으며, 특별히 '능동적 거둠'은 센터링 침묵 기도와 그 실천의 형태와 원리가 유사하다는 사실을 보여 주었다. 한편으로 십자가 요한은 '감각의 어둔 밤'을 통해 주부적인 관상에 대하여 말하였다. 그 사실로부터 요한의 관상과 현대 관상 기도가 서로 다른 차원의 기도라는 사실을 알 수 있으며 관상과 관상 기도의 차이를 보다 명백히 인식할 수 있다.

지금까지 고찰한 바와 같이 오늘날 관상 기도는 현대 그리스도인들이 삶 속에서 하나님의 은혜로 관상적인 일치를 이루고 관상적인 깨달음을 얻을 수 있도록 고안된 기도다. 관상 기도는 어떤 형태의 기도이든지 관상을 지향한다. 이런 면에서 오늘날 현대적인 관상 기도는 우리가 묵상하는 말씀이 우리 자신의 일부가 되고, 우리의 기도가 더욱 깊어져서 하나님과의 깊은 영적 교통과 교제를 통한 앎으로 나아가는 데에 결정적인 기여를 할 수 있을 것이다. 물론 이처럼 관상 기도에 대한 바른 이해를 가졌다고 관상이 이루어지는 것은 아니다. 바른 이해를 가지고 어떻게 이 기도를 드릴 것인가가 이제 우리의 실천적 과제이다. 관상은 노력의 산물이 아니라 은혜로 주어지는 선물이지만, 일상적인 기도 안에서 자연스럽게 흘러나온다. 관상은 소수의 특별한 사람에게만 제한된 것이 아니며, 또한 일상과 유리된 차원의 신비도 아니다. 관상이 하나님의 은혜의 선물임을 알고 기도하는 이들에게 관상 기도는 신비와 관상의 문을 여는 기도가 될 것이다. 우리 한국 교회 안에서 관상 기도에 대한 바른 인식이 커져 가고 더불어 꾸준한 기도 수련을 함으로써 하나님의 은혜로 끊임없이 변화하고 성숙하는 삶이 이루어지기를 소망한다.

영성지도의
현대적 이슈들 이해[1]

／이강학(횃불트리니티신학대학원대학교, 기독교 영성)

영성지도는 목회적 돌봄의 중요한 한 사역이다.[2] 한국에서는 영성지도(spiritual direction)가 이제 소개되는 단계이지만, 북미 지역에서는 영성지도의 부흥기를 맞이했다고 해도 과언이 아닐 정도로 영성지도에 대한 관심이 많고, 영성지도자 양성 프로그램이 신학교와 피정 센터들을 중심으로 많이 열리고 있다. 그 배경에는 현대인의 영성에 대한 증대된 관심이 있다. 본 논문은 영성지도에 관심을 가질 뿐만 아니라 영성지도 사역을 준비하고 있거나 이미 사역에 참여하고 있는 신학자들과 목회자들을 위해서, 영성지도 사역을 이해하는 데 도움을 주는 문헌들을 소개하고, 영성지도와 관련된 큰 주제들을 소개하는 것을 목적으로 한다. 먼저 영성지도에 대한 간략한 설명을 통해 영성지도를 처음 접하는 독자들의 이해를 돕고, 다음으로 영성지도에 대하여 북미 지역에서 나온 자료들을 다섯 가지 주제들로 분류해 봄으로써 현대적 영성지도가 어떤 이슈들에 주로 관심을 갖고 실천되며 적용되고 있는지를 살펴보려고 한다. 그 다섯 가지 주제들은 다음과 같다 : 전통(tradition), 이야기(narrative), 심리학, 상황(context), 그리고 문화.

1. 그리스도교 영성지도란 무엇인가?

1) 정의

그리스도교 영성지도란 한 성숙한 그리스도교인(영성지도자, director)과 다른 그리스도교인(피지도자, directee)이 맺은 계약적 관계의 과정이다. 이 관계를 통해 피지도자는 자신의 삶의 의미를 발견하고, 하나님과의 관계를 더욱 깊이 하며, 하나님의 뜻을 분별(discernment)하고, 그 뜻에 기초해서 살아가는 데 도움을 받을 수 있다.

2) 전통적 영성지도

그리스도교 전통에서 영성지도의 모델은 다음과 같이 분류할 수 있다. 첫째, 부모와 자녀의 모델이다. 3~5세기 시리아와 이집트 지역에서 일어난 사막의 영성 시기에 영성지도자인 압바(abba)와 암마(amma)는 영적 부모의 정체성을 지니고 있었다. 그들에게 영성지도를 받던 사람들은 압바 또는 암마에게 마음에 있는 모든 것을 털어놓는다. 압바와 암마는 분별 후 피지도자들에게 아주 단순한 가르침을 주며 피지도자들은 순종한다. 둘째, 스승과 제자의 모델이다. 복음서의 예수와 제자들의 관계에 기초를 둔 것으로서, 수도원에서 수도원장과 수사들의 관계에 적용이 되었고 나중에는 제자도(discipleship) 운동 안에서 꽃을 피운 모델이다. 이 관계에서는 스승의 발자취를 따르는 것이 제자의 목적이 된다. 셋째, 12세기 라테란 공의회 이후 공식화된 고백성사적 모델이다. 고백자는 자기의 양심을 성찰한 후 깨달은 죄를 고백신부에게 찾아가서 고백하고 보속을 받았다. 넷째, 영혼의 친구(soul friend) 모델이다. 영혼의 친구는 켈틱 영성(Celtic spirituality)의 아남 카라(anam cara)에서 나온 표현이다. 서로를 깊이 신뢰하며 영적으로 영향을 주고받는 친구 관계를 일컫는다. 마지막으로, 목자와 양의 모델이 있다. 성서(시 23편, 요 10장)에 기초를 두고 있으며 주로 목회자와 평신도의 관계에 적용되었다. 위의 다섯 가지 영성지도 모델 가운데 개신교에서는 부모와 자녀 모델, 스승과 제자 모델, 그리고 목자와 양의 모델이 복합적으로 적용되어 왔다고 할 수 있다. 그리스도교의 경우 일대일 관계에서는 주로 편지 또는 심방을 통해 영성지도를 받았다.

전통적 영성지도는 어떤 특징들을 지니고 있는가? 케네스 리치(Kenneth Leech)는 전통적 영성지도가 다음과 같은 일곱 가지의 특징들을 보여 주었다고 말한다.[3] 첫째, 영성지도의 관계는 우정의 관계에 가까웠다. 둘째, 영성지도는 성사적 고백과 죄의 사면(보속)과 관계되었다. 셋째, 영성지도는 훈련이나 기술보다는 거룩함과 영적 분별의 증대에 관심을 두었다. 넷째, 영성지도는 그리스도의 몸 된 교회 공동체를 세우는 과정의 한 부분이었다. 다섯째, 영성지도자의 역할은 제한적이었으나 중요했다. 여섯째, 영성지도는 그것이 중심은 아니었지만 개인적으로 기도하는 법을 가르쳤다. 일곱째, 영성지도의 목적은 구원이었다. 마지막으로, 영성지도는 관리와 비용보다는 신학과 영성에 더 관심을 기울였다. 영성지도의 전통은 교단에 따라 다양성을 보이기 때문에 리치가 제시한 특징들이 모든 전통에 그대로 다 적용되는 것은 아니다. 특히 첫째 특징인 우정의 관계와 다섯째 특징인 영성지도자의 제한적 역할을 보여 주는 전통적 모델은 오히려 드문 케이스에 해당된다.

그리스도교 내의 다양한 영성지도 모델들로부터 많은 통찰을 얻으면서, 현대 영성지도는 고유한 특징들을 발전시켜 왔다. 자넷 러핑(Janet Ruffing)은 영성지도의 현대적 특징들을 다섯 가지로 요약하고 있다.[4] 첫째, 현대 영성지도는 은사적이며 비제도적이다. 둘째, 영성지도자와 피지도자는 영성 생활을 통해 함께 성장해 가는 사람들로서, 그리스도 안에서 서로를 형제요 자매로 본다. 셋째, 권위와 순종을 이해하는 방식이 변화되었다. 넷째, 지도자의 역할은 "진정 도움이 되지만 보충적인 것"이다. 마지막으로, 현대 영성지도는 원리와 규칙의 적용보다는 "피지도자의 구체적인 종교적 경험"에 관심을 둔다. 이 특징들은 대체로 전통적 영성지도와 현대적 영성지도의 차이점이 지도자 중심의 영성지도에서 피지도자 중심의 영성지도로 바뀐 데 있음을 보여 준다.

영성지도라는 표현에서 '지도'(direction)라는 용어에 대해 권위적인 태도를 기피하는 현대인들은 부담스러워하는 경향이 있다. 왜냐하면, 이 용어가 영성지도자의 권위와 피지도자의 순종을 암시하고 있다고 느끼기 때문이다. 그래서 좀 더 평등하고 대등한 관계를 지향하는 사람들은 '영성지도자'라는 표현보다 '영혼의 친구'(soul friend) 또는 '영적 동반자'(spiritual companion)라는 표현을 사용하기도 한다. 그러나 아직은 전통적으로 쓰이던 용어를 대체할 만한 다수가 동의하는 용어가 없으므로, 용어의 한계를 인식한다는 전제하에 계속해서 '영성지도'라는 표현을 사용하고 있다. 또, '영성'(영적, spiritual)이라는 표현은 세상 그리고 육체를 초월했다는 이원론적인 의미가 아닌 통합적인 의미로 이해하며 사용된다는 점을 주지할 필요가 있다.

3) 현대적 영성지도의 실제

현대의 영성지도 방법을 구체적으로 들여다보면 다음과 같다. 영성지도자와 피지도자는 대개 월 1회 또는 격주로 한 시간씩 정기적으로 만나서 대화하는 시간(session)을 가진다. 피지도자는 기도 생활을 통해 경험한 것(life story)을 영성지도자에게 말하며, 영성지도자는 피지도자의 라이프스토리를 경청한 후, 영성지도의 목적에 맞게 개발된 전문 대화 기술을 사용해서 피지도자가 자신의 삶 속에서 하나님의 임재를 알아차리고 하나님과의 친밀한 관계를 더욱 심화할 수 있도록 도와준다. 그 대화 기술들에는 관상적 경청(contemplative listening), 알아차린 느낌들, 몸언어(body language), 그리고 반복되는 패턴 되돌려 주기(responding), 반영하기(mirroring), 요약하기, 질문을 통해 경험을 명료화하고 심화시키기, 음미하기(savoring) 등이 있다. 영성지도자에게 있어서 이런 대화의 기술들을 훈련하는 것도 중요하지만, 무엇보다 중요한 것은 스스로 꾸준한 영성 생활을 통해 하나님과의 친밀한 관계가 성숙해지는 것을 경험하고 분별의 능력을 키울 수 있도록 노력하는 것이다.

그리스도교 영성지도는 크게 두 가지 관계로 이루어져 있다. 첫 번째 관계는 하나님과 피지도자의 관계이고, 두 번째 관계는 영성지도자와 피지도자의 관계이다. 먼저, 영성지도의 초점은 피지도자와 하나님과의 관계이다. 그리스도교 영성지도는 창조주이시고 구속주이신 하나님, 삼위일체이신 하나님을 우리가 인격적으로 경험할 수 있다고 전제한다. 윌리엄 베리(William Barry)와 윌리엄 코널리(William Connolly)에 따르면, "하나님은 우리와 인격적인 관계를 간절히 원하신다. 하나님이 그 관계를 시작하시고 우리는 그것을 알아차리고 응답한다."[5] 프랭크 후덱(Frank J. Houdek)에 의하면 "하나님은 인격적인 분으로서, 개인과 공동체의 안녕을 원하신다. 하나님은 우리가 알 수 있는 분으로서, 다양한 방법으로 신적 신비와 실재를 개인에게 드러내신다. 하나님은 관계적인 분으로서, 인간관계를 유지하시고 이 관계들을 종합하는 파트너가 되신다."[6] 하나님에 대한 이런 전제들을 믿기 때문에 영성지도가 가능한 것이다. 그러므로 영성지도에서 영성지도자가 주로 관심을 갖는 것은, "피지도자가 생각하고 경험하는 하나님은 어떤 분인가? 피지도자가 하나님과의 관계에 있어서 진전이 없다면, 다시 말해서, 친밀함을 경험하지 못한다면 그 이유가 무엇일까?" 등이다.

그리스도교 영성지도를 이루는 두 번째 관계는 영성지도자와 피지도자의 관계이다. 사실, 이 관계는 피지도자와 하나님의 관계에 비해서 부차적인 관계이고, 부각되어서는 곤란한 관계이다. 영성지도자와 피지도자의 관계가 서로에게 중요하다고 인식되고 부각될수록 영성지도의 핵심인 하나님과의 관계는 뒷전으로 밀려나기 때문이다. 그러므로 영성지도자는, 진정한 영성지도자는 성령이시라는 점을 한시도 잊어서는 안 된다.

그렇다고, 영성지도자의 역할이 미미한 것은 결코 아니다. 영성지도자의 환대와 공감적 태도, 신학적, 심리학적 지식, 성령의 역사에 대한 민감한 분별력 등은 피지도자가 하나님과의 관계를 더욱 심화시킬 수 있도록 안내하는 데 유효한 방향타가 되기 때문이다. 영성지도자는 일상 속에서 관상적 경청(contemplative listening)을 훈련해야 한다. 관상적 경청은 영성지도자로 하여금 자기의 선입견을 버리고 하나님께 그리고 피지도자에게 집중할 수 있도록 마음을 준비시켜 준다. 또한, 영성지도자는 스스로 기도하는 사람이어야 한다. 다양한 기도 방법들을 실습을 통해 알고 있어야 하며, 그중 몇 가지는 일상 속에서 지속적으로 경험하고 있어야 한다. 영성지도자가 먼저 깊은 기도의 경험을 맛보지 않고서는 피지도자의 경험을 분별할 수 있도록 돕는 것이 무척 힘들다. 그런데 원론적으로 영성지도자는 훈련으로 되는 것이 아니라 하나님의 부르심이 있어야 한다. 영성지도자 훈련 프로그램을 이수했다고 영성지도 사역을 누구나 할 수 있는 것은 아니다. 영성지도는 하나님의 선물로 주어진 은사이기도 하면서 동시에 훈련의 결과라고 알려져 있다. 그러므로 영성지도자는 영성지도 사역으로의 부르심을 분별한 후에, 훈련을 받을 뿐만 아니라, 영성지도를 지속적으로 받고 있어야 하며, 자주 수퍼비전을 받음으로써 자신에 대한 이해를 깊이 하고, 내면의 걸림돌들을 제거하고, 영적인 자유를 지니고 영성지도를 해 나갈 수 있도록 노력해야 한다.

그러면 영성지도를 받을 필요가 있는 사람은 어떤 사람인가? 자네트 바크(Jeannette Bakke)에 의하면 영성지도가 도움이 되는 때는 다음과 같

다 : 하나님을 갈망하는 마음이 들 때, 삶의 전환기에 처해 있을 때, 누군가에게 자신의 삶의 여정을 나누고 싶을 때, 하나님의 기대에 맞게 살지 못한다는 죄책감이 느껴질 때, 현재 삶의 모습에 대한 회의가 일고 삶의 의미를 발견하고 싶을 때, 이전에 알았던 것과는 다른 영적 경험을 했을 때, 마음을 열고 하나님의 사랑을 보다 온전히 받아들이며, 또한 그 사랑에 보다 온전히 응답하길 원할 때, 분별에 관한 일반적이거나 보다 구체적인 질문들을 탐구하고자 할 때 등이다.[7] 이런 상황에서 영성지도를 받기로 결심하였다면, 피지도자는 영성지도자가 안내해 주는 기도 방법을 따라 일상 속에서 성실하게 기도 생활을 할 수 있어야 한다. 그리고 경험한 것을 성찰하며 기록한 후에, 영성지도 시간에 경험한 것들을 말로 표현할 수 있어야 한다.

2. 영성지도의 현대적 이슈들

현대적인 영성지도는 학문의 발전과 새로운 상황의 전개를 참고로 하여 더욱 폭넓고 깊게 분화되어 가는 특징이 있다. 20세기 후반에 나온 영성지도 관련 자료들을 살펴보면 현대적 영성지도가 어떤 주제들을 깊이 있게 다루며 적용하고 있는지를 가늠할 수 있다. 필자는 다섯 가지 주제들을 중심으로 자료들을 정리해 보려고 한다 : 전통(tradition), 이야기(narrative), 심리학, 상황(context), 그리고 문화.

1) 전통(tradition)과 영성지도

그리스도교 전통 안에서 영성지도의 뿌리를 찾아보려는 노력들이 담긴 자료들을 먼저 살펴보자. 영성지도의 역사를 살펴보려는 노력의 동기는 무엇인가? 리치에 의하면 고대 자료들을 탐색하고 과거의 지혜를 재발견하려는 노력이 일어난 배경에는 목회상담과 심리치료의 통찰에 지나치게 의존하던 목회에 대한 반작용이 있었다. 그 지나친 의존으로 말미암아 "목회자의 정체성에 혼란이 일어났고, 영적 전통 그 자체와 어떤 단절이 일어났기"[8] 때문이다. 목회자가 영성지도자로서의 정체성을 회복하려면 전통 안에서 영성지도의 뿌리를 찾는 일이 급선무이다.

고전적 영성지도의 전통들을 다루는 자료들은 크게 두 종류로 분류해 볼 수 있다. 첫째 자료들은 그리스도교 영성지도의 다양성을 폭넓게 다루고 있는 자료들이다. 다양한 전통들을 한 권의 책 안에서 맛볼 수 있다. 예를 들어, 노빈 베스트(Norvene Vest)가 편집한 *Tending the Holy : Spiritual Direction across Traditions*는 네 가지 그리스도교 전통들 안에서의 영성지도를 소개하고 있다 : 이냐시오, 복음주의, 갈멜, 그리고 베네딕트.[9] 베스트는 더 나아가 그리스도교 전통들 외에도 네 가지 다른 종교 전통들 안에 있는 영성지도의 모습도 이 책에 담고 있다 : 불교, 수피교, 힌두교, 그리고 유대교 전통. 다양한 전통들 안에서의 영성지도를 소개하는 다른 책으로는 라비니아 번(Lavinia Byrne)이 편집한 논문집 *Traditions of Spiritual Guidance*가 있다.[10] 이 책의 논문들은 원래 예수회 저널인 "The Way"에 수록된 것들이다. 이 책은 그리스도교 전통에서는 사막 교부들, 베네딕트회, 카르투지오회, 갈멜회 등의 전통들과 함께 이냐시오 로욜라(Ignatius of Loyola), 아빌라의 데레사(Teresa of Avila), 피에르 드 베룰(Pierre de Berulle), 이블린 언더힐(Evelyn Underhill), 그리고 씨에스 루이스(C. S. Lewis) 등의 주요 영성가들을 포함하고 있다. 또한 이 책은 다른 종교 전통들의 영성지도에 관한 논문들도 포함하고 있는데, 그 종교들은 힌두교, 선불교, 그리고 이슬람 등이다. 마지막으로 로버트 매닝(Robert Manning)

은 그의 책 *Spiritual Direction : Contemporary Readings*에서 그리스도교의 여섯 전통들의 영성지도를 다루고 있다 : 신약성서, 프란치스코회의 1223년 규칙서, 시에나의 캐더린(Catherine of Siena), 십자가의 요한(John of the Cross), 아빌라의 데레사, 그리고 토마스 머튼(Thomas Merton) 등.[11] 참고로 앞의 두 권, 즉 베스트와 번이 편집한 논문들은 그리스도교 전통을 넘어서서 다른 종교들까지도 들여다보고 있는데, 이는 편집자들이 영성지도를 범종교적인 것으로 정의를 내리기 때문이다.

두 번째로 소개하는 자료들은 그리스도교 내의 한 전통 안에서 영성지도의 뿌리를 찾으려는 의도를 담고 있다. 동방정교회, 도미니크회, 영국성공회, 장로교, 감리교 등 각각의 전통에서 영성지도가 어떻게 실천되어 왔는지를 살펴볼 수 있다. 예를 들어, 동방정교회 전통에서 영성지도를 다루는 책은 세 권이 있다. 아이레네 호이셔(Irénée Hausherr)는 *Spiritual Direction in the Early Christian East*[12]에서 영적아버지(spiritual father)의 의미와 역할에 초점을 맞추고 있다. 다음으로 조셉 J. 알렌(Joseph J. Allen)은 *Inner Way : Toward a Rebirth of Eastern Christian Spiritual Direction*[13]에서 'Iatros Pneumatikos'(영적 의사, the Spiritual Physician)와 'elder'(장로)로서의 영성지도자의 역할을 소개하는 한편 영성지도에 있어서 신학적 뿌리와 심리학적 이슈들을 다루고 있다. 마지막으로 존 크리사프기스(John Chryssavgis)는 *Soul Mending : The Art of Spiritual Direction*[14]에서 스케티스의 이사야(St. Isaiah of Scetis)와 존 클리마쿠스(St. John Climacus)의 글에 기초하여, 성직자의 잘못된 행위들부터 어린이 학대라는 주제까지 다양한 주제들을 다루고 있으며, 영성지도에서 상호 관계의 책임성에 대해 강조한다. 도미니크 수도회의 영성지도에 관해서는, 베네딕트 M. 에쉴리(Benedict M. Ashley)가 그의 작품 *Spiritual Direction in the Dominican Tradition*[15]에서 토마스 아퀴나스와 다른 도미니크 수도회 영성지도자들의 영성에 대한 깊이 있는 자료들을 제공한다.

영국 성공회의 영성지도에 관해서는 두 명의 저자의 작품이 널리 읽히고 있다 : 피터 볼(Peter Ball)과 케네스 리치(Kenneth Leach). 피터 볼은 *Journey into Truth : Spiritual Direction in the Anglican Tradition*[16]에서 12세기 영성지도자인 레지날드 소머셋 워드(Reginald Somerset Ward)와 복음주의 계열의 영성지도자들을 포함하여 영국의 영적 전통 안의 영성지도 자료들을 소개하고 있다. 그의 최신작 *Anglican Spiritual Direction*[17]은 앞의 책에 더 많은 자료를 보충하고 묵상을 돕기 위한 질문까지 첨부한 확장판이다. 다른 한편으로, 영국 성공회 신부인 케네스 리치(Kenneth Leach)는 영성지도의 개론서로 널리 알려진 *Soul Friend : Spiritual Direction in the Modern World*에서 부분적으로 "영국 성공회 내의 영성지도"와 "영국 개신교의 영성지도에 대한 접근 방법들"에 대한 좋은 내용들을 다루고 있다.[18]

장로교 전통에서의 영성지도에 대해서는, 샌프란시스코 신학교의 영성신학자였던 하워드 라이스(Howard Rice)가 저술한 두 권의 책에 나타나 있다. 첫 번째 책은 *The Pastor as Spiritual Guide*[19]인데, 이 책에서 저자는 장로교 목회자의 핵심 이미지를 영적 안내자로 규정하고 이를 사역의 다양한 측면 즉, 예배 인도, 목회적 돌봄, 교육, 사회 참여, 그리고 행정 등에 적용한다. 그는 영적 안내를 "다양한 사역을 종합해 주는 원리"라고 인식한다. 그런데 이 책은 장로교 전통 안에 자리 잡고 있긴 하지만 전통 안에 있는 역사적 자료들을 많이 사용하고 있지는 않다. 다음으로 라이스는 *Reformed Spirituality*의 한 파트를 "상담 : 개혁주의 전통에서의 영성 안내"에 할애하면서 개혁주의 전통의 역사적 자료를 몇 가지 소개하고 있다.[20] 개혁주의 전통에서는 권징, 고백, 그리고 목회 상담 등이 영성지도의 방편들로 사용되었으며, 방법으로서는 편지 쓰기와 그룹 나눔

등이 활용되었다. 장로교 전통의 영성지도를 역사적 자료를 통해 정리하는 것은 앞으로 중요한 연구 과제라고 할 수 있다.

감리교 전통에서의 영성지도에 관한 연구는 두 가지로 분류할 수 있다. 하나는 영성지도자인 존 웨슬리에 대한 연구이고, 다른 하나는 그룹 영성지도의 모델인 속회에 관한 연구이다. 웨슬리의 영성지도에 대해서는 웨슬리 D. 트레이시(Wesley D. Tracy)의 "John Wesley, Spiritual Director : Spiritual Guidance in Wesley's Letters"[21]와 스티븐 하퍼(Steven Harper)의 "John Wesley : Spiritual Guide"[22]가 잘 보여 주고 있다. 트레이시는 그의 글에서 웨슬리가 앤 볼튼(Ann Bolton)에게 쓴 편지를 분석함으로써 편지 쓰기라는 형식을 통한 웨슬리의 영성지도에 초점을 맞추고 있다. 하퍼는 그의 글에서 웨슬리의 가정 환경 및 독서를 통한 영성 형성 과정, 저술 작품의 목회적 성격, 일기에 나타난 영적 경험들 등을 간략하게 살펴봄으로써 영성지도자로서의 웨슬리의 자질에 초점을 맞추고 있다. 다른 한편으로, 감리교 전통의 영성지도는 그룹 영성지도의 모델로서 자주 인용된다. 트레이시는 "Spiritual Direction in the Wesleyan-Holiness Tradition"[23]이라는 논문에서 웨슬리가 "Christian Conference"라고 불렀던 상호 영성지도 그룹들, 즉 classes, bands, societies, families, 'twin soul,' 그리고 faith mentoring pairs 등에 대해 소개하고 있다. 감리교 목사 출신으로 가톨릭 신부가 된 W. 폴 존스(W. Paul Jones)는 그의 책 *The Art of Spiritual Direction*[24]의 한 장을 할애해서 그룹 영성지도의 모델로서 웨슬리 운동을 소개하고 있다.

마지막으로, 한 가지 전통보다는 한 시기에 집중해서 영성지도를 살펴보는 자료가 있는데, 조지 E. 데마코풀로스(George E. Demacopoulos)의 *Five Models of Spiritual Direction in the Early Church*[25]가 그것이다. 저자는 이 책에서 다섯 명의 초기 그리스도교 영성가들, 즉 아타나시우스, 그레고리 나지안젠, 히포의 어거스틴, 존 카시안, 그리고 교황 그레고리 1세의 업적과 사상들을 검토하면서, 평신도 공동체 및 금욕적 수도 공동체들 안에서 영성지도를 접근하는 다양한 방식들을 논의한다.

2) 이야기(narrative)와 영성지도

현대 영성지도에서 자주 언급되는 두 번째 주제는 이야기(narrative) 또는 라이프 스토리이다. 이야기를 연구하는 것은 영성지도에서 중요하다. 왜냐하면, 영성지도의 주요 소재가 피지도자의 삶의 경험에 관한 이야기들이기 때문이다. 영성지도와 이야기의 관계를 다루는 두 개의 중요한 자료가 있다. 첫 번째 자료는 자넷 러핑(Janet Ruffing)의 *To Tell the Sacred Tale : Spiritual Direction and Narrative*이고 두 번째 자료는 P. 그레그 블랜튼(P. Gregg Blanton)의 "Narrative Family Therapy and Spiritual Direction : Do They Fit?"[26]이다. 앞의 자료가 해석학과 이야기 신학 방법론을 영성지도에 적용했다면, 뒤의 자료는 이야기 심리학을 방법론으로 사용했다.

먼저, 러핑은 영성지도가 이야기를 사용하는 활동이며 해석학적 과정이라고 주장한다.[27] 우리는 대화를 나누는 상대방에 따라 우리의 이야기를 각각 다르게 말하는 경향이 있다. 그리고 우리는 우리의 발달단계의 어느 시점에서 우리 자신에 대해 다르게 이야기하기 시작한다. 이와 같은 사실들을 인지함으로써 우리는 "영성지도의 이야기적 특징"(narrativity)을 알아차릴 수 있다. 영성지도에서 지도자가 되돌려 주는 반응은 피지도자가 자신에 대하여 자신이 한 경험에 대하여 새로운 관점, 즉 하나님의 관점을 발견하고 새로운 이야기를 만들어 가도록 돕는다. 영성지도 대화에서 피지도자는 자신의 하나님 경험이라는 관점에서 자기 이해의 과정에 참여하고 있는 반면, 지도자는 피지도자가 자신의 라이프 스토리와 하나님 경험을 설명하는 것을 이해하기 위한 해석학적 과정에 참여하게 된다. 영성지도는 피지도자에게 자신의 라이프 스토리를 말할 수 있는 안전하고 따뜻한 환경을 제공함으로써 피지도자의 개인적 그리고 영적 정체성을 구성하도록 돕는다.

다른 한편, 두 번째 자료에서 블랜튼은 이야기 치료(narrative therapy)가 영성지도에 어떻게 도움이 되는지를 다섯 가지로 정리한다.[28] 첫째, 피지도자는 옛 이야기들, 즉 문제로 가득 찬 이야기들(problem-saturated stories)을 말하기 시작함으로써 마음의 짐을 덜 수 있다. 둘째, 이야기 치료에서 사용하는 대화 기술들은 피지도자를 그의 문제들로부터 떼어 놓음으로써 하나님으로부터 오는 것들을 알아차릴 수 있는 공간을 만들 수 있도록 도와준다. 셋째, 이야기 치료는 피지도자가 그의 삶에서 이전에 소홀히 여겨졌던 사건들을 알아차리고, 해석하고, 평가하도록 도와준다. 그래서 더 선호하는 삶의 방향들을 파악하도록 도와준다. 넷째, 피지도자는 하나님 경험에 대한 더 풍부하고, 상세하고, 의미 있는 이야기들을 개발할 수 있다. 마지막으로, 피지도자는 현재의 새로운 이야기를 과거의 경험에 연결시킴으로써, 그들의 과거 경험들에 대한 새로운 통찰이나 관점들을 획득할 수 있다.

피지도자의 라이프 스토리를 소재로 하는 대화에 담긴 이야기적 특징들을 알고 이야기 치료의 과정을 아는 것은, 피지도자의 삶의 경험이 지닌 특징들을 이해하는 데 도움이 되고 피지도자가 하나님과 더욱 풍성한 관계를 개발하도록 안내하는 데 도움이 된다. 더 나아가 영성지도자와 피지도자의 문화적 배경이 다른 문화간 영성지도(cross-cultural spiritual direction)에서 라이프 스토리 형성의 문화적 측면을 고려한다면, 영성지도의 이야기적 관점에 대한 이해는 문화간 영성지도에도 매우 유용할 것이다.

3) 심리학과 영성지도

현대 영성지도의 세 번째 주제는 심리학과 영성지도의 관계에 대한 것이다. 목회신학 분야가 1940년대에 영혼의 치료와 목회 상담과 같은 주제들을 강조하기 시작하면서, 상담 운동은 북미의 그리스도교 목회 사역에 큰 영향을 끼쳤다. 그 영향으로 현대 영성지도 역시 심리학 이론들과 실습들에 긴밀하게 연관되어 있다. 리치는 "영성지도와 심리학적 건강의 획득은 긴밀하게 연관되어 있다."고 주장하며, 또한 "영성지도와 심리치료의 원리들이 구분될 필요는 있지만, 그들은 여러 가지 중요한 포인트들에서 겹치며 서로 영향을 주고받는다."고 말한다.[29] 뉴 칼리지 버클리(New College Berkeley)의 영성지도자이고 사회학자인 수잔 S. 필립스(Susan S. Philips)는 심리학과 영성지도의 친화적인 관계가 1990년대에 증대된 반면에, "오늘날 많은 그리스도교인들은 교회가 영혼을 돌보는 사역을 위해 너무 많은 것을 심리치료로부터 아웃소스했다. 그런데 심리치료사들은 대체로 신학적 주제들에 대해 훈련받지 않았다."고 지적한다.[30] 이들의 견해에 드러나듯이 영성지도와 심리학은 구별되지만 동시에 긴밀한 관계를 갖다. 필자는 다음과 같은 두 가지 질문을 통해 그들의 관계를 정리해 보려고 한다. 첫째, 영성지도와 심리학적 실습들 사이에 어떤 구별되는 특징들이 있는가? 둘째, 심리학적 통찰과 실습들이 어떻게 영성지도에 도움이 되는가?

(1) 영성지도와 심리학적 실습들을 구별하는 특징

영성지도와 심리학적 실습들이 어떻게 구별되는지에 대해 다양한 견해들이 있다. 리치는 영성지도와 목회 상담(사목 상담)을 세 가지로 비교한다.[31] 첫째, 목회 상담가들의 관심이 주로 문제들과 문제 해결에 있는 반면, 영성지도자의 관심은 감정적 침체를 포함한 일상적 삶의 경험들 속에서 하나님과의 관계를 증진시키는 데 있다. 둘째, 목회상담 운동이 상담실 또는 사무실을 기반으로 하는 데 반해서, 영성지도는 교회 또는 공동체를 기반으로 하며 예전적이고 성사적인 틀 안에 확고하게 자리 잡고 있다. 셋째, 목회상담 운동이 문제의 원인을 개인 내부에서 찾는 경향이 있고, 개인적 조절과 사회적 적응을 제안하는 반면, 영성지도는 삶 속에서 사회적이고 정치적인 차원을 고려하는 등 더 넓은 이슈에 관심을 기울인다.

General Theological Seminary의 영성지도자이자 교수인 앤 윈첼 실버(Anne Winchell Silver)는 영성지도와 상담 또는 심리치료 사이에 있는 또 다른 차이점들을 조명한다.[32] 첫째 차이점은, 영성지도의 과정이 지도자의 기술, 개입 그리고 치료 계획에 초점을 맞추는 것이 아니라, "진짜 지도자"인 하나님을 의존하는 지도자와 피지도자 둘 다의 경청과 분별에 초점을 맞춘다는 것이다. 둘째, 영성지도는 일종의 직업 선택과 같은 것이 아니라, 지도자는 그 일을 하도록 하나님이 부르셨다고 느낀다. 셋째, 영성지도자로 기능하는 능력은 훈련 프로그램, 안수나 종교적 서약에서 오는 것이 아니다.

필립스는 영성지도와 심리치료의 차이점을 관계에 대한 관점의 차이에서 찾는다. 그녀에 따르면, "심리치료는 치료적 관계 그 자체를 개인의 성장을 위한 비옥한 토양으로 보지만, 영성지도는 그 관계를 하나님의 은혜로운 현존이라는 더 큰 틀 안에 위치시킨다."[33] 신학자 월터 E. 콘(Walter E. Conn)은 두 실습의 목적은 자기 초월이라는 점에서는 같지만, 목회 상담은 자기 초월을 증진시키기 위해서 내담자의 삶 안에서 특정한 발달적인 문제나 다른 문제들에 초점을 맞추는 반면, 영성지도는 피지도자가 그 지속되는 발달 과정에서 자아가 급진적으로 변화되도록 격려함으로써 그의 삶 속에 있는 자기 초월의 가능성이 실현되는 길을 찾는다.[34] 아울러 이런 변화는 도덕적, 정서적, 인식적, 그리고 종교적 회심이라고 일컬어질 수 있다.

(2) 영성지도에서 심리학적 실습의 유용성

이렇듯 심리학적 실습과 영성지도는 목적과 방법에 있어서 두드러지게 구별되지만, 심리학적 과정은 영성지도를 위해 매우 유용하다. 리치는 그 유용성을 다음과 같이 제시한다.[35] 첫째, 심리학에서 자아에 대한 통찰은 자기 지식을 얻는 데 도움이 되고, 이것은 하나님을 알기 위해 필요한 정서적 성숙과 필수적인 자기 인식으로 이끈다. 둘째, 심리학적 건강을 위해 몸이 중요하다는 사실에 대한 심리학적 통찰은, 영적 목표를 달성하기 위한 방법으로서 그리스도교 전통의 금욕주의에서 사용되던 몸과 관련된 방법들의 의미를 재발견하는 데 도움이 된다. 셋째, 무의식에 대한 심리학적 통찰은 영성 생활에서 상징, 의식, 그리고 기도의 중요성을 이해하도록 도움으로써, 그리스도교인들이 온전한 삶을 성취하도록 도우며 자기 지식과 하나님 지식을 심화시키도록 돕는다.[36] 넷째, 성(sexuality)에 대한 현대적 통찰과 이해는 영성지도자들이 영적 건강과 성적 건강이 긴밀하게 연관되어 있다는 것을 깨닫도록 돕는다 : "성적으로 미성숙한 사람은 영성을 추구할 때 성적 통합에 대한 요청을 회피할 수 있다."[37] 다섯째, 어떤 심리치료사들은 가치, 책임감, 옳고 그름의 문제, 그리고 죄책감의 긍정적 측면들이 지니고 있는 중요성을 인식하는데, 이것은 피지도자의 영혼 안에 있는 자유와 책임감이 얼마나 중요한지에 대한 인식을 강화시켜 준다 : "심리치료사의 관심은 내담자가 자유롭고 자치적인 성인이 되도록 돕는 것이다. 영성지도자는 죄인이 은혜로 말미암아 하나님에 대한 지식에 이르도록 돕는다."[38]

결론적으로 영성지도와 심리학적 실습들의 구별되는 특징들과 영성지도에서 심리학적 통찰들이 어떻게 유용한지를 살펴볼 때, 영성지도자들과 목회 상담가들은 그들의 역할을 더 효과적으로 성취하기 위해 서로 협력할 필요가 있다.

4) 상황(context)과 영성지도

현대 영성지도가 다루는 네 번째 주제는 다양한 상황에 대한 관심이다. 다음에 소개하는 북미 지역의 영성지도 관련 자료들은 현대 영성지도가 교회와 사회의 다양한 상황에 구체적이고 실천적인 관심을 갖고 있다는 것을 잘 보여 준다. 먼저, 케빈 G. 쿨리건(Kevin G. Culligan)이 편집한 *Spiritual Direction : Contemporary Readings*[39]는 두 종류의 대상에게 행해지는 영성지도를 다룬다. 하나는 가톨릭교회의 여성을 위한 영성지도에 관한 것이고, 다른 하나는 미국에 있는 성직자들을 위한 영성지도에 관한 것이다. 그런가 하면, 닉 와그너(Nick Wagner)가 편집한 *Spiritual Direction in Context*[40]는 더 많은 상황들을 언급하고 있는데, 그 대상에 따라 여성, 남성, 신학생들, 성직자들, 노인들, 시골 사람들, 노숙인들, 병원의 환자들, 그룹들, 소공동체들, 동성애자들, 치매에 걸린 사람들로 분류하여 다루고 있고, 또한 그 주제에 따라 꿈과 정의를 위한 실천이라는 상황을 다루고 있다.

다음으로 한 가지 상황에만 집중해서 영성지도의 실천을 다루는 자료들이 있다 : 여성, 목회적 돌봄, 그룹 영성지도, 단기 영성지도, 그리고 구조와 문화 등이 그것이다. 첫째로, 현대 영성지도는 점점 더 여성을 영성지도자로 인식하고 있으며, 여성들이 하는 경험의 독특성을 인식하고 있다. 여성을 집중적으로 다룬 자료는 두 개가 있다. 첫 번째 자료인 캐슬린 피셔(Kathleen Fischer)의 *Women at the Well : Feminist Perspectives on Spiritual Direction*[41]은 여성의 경험을 영성 생활의 신뢰할 만한 출발점으로서 강조하고 있다. 또한, 여성들의 영적 주제들은 본질적으로 사회적인 성격을 지니고 있다고 주장한다. 아울러 여성들을 위한 그룹 영성지도의 새로운 모델로 여성들의 동아리(Women's Circles)를 제안하고 있다. 피셔는 또한 여성들에게 특별히 의미가 있는 여러 가지 주제들을 언급하는데, 그 주제들은 권력, 분노, 여성을 향한 폭력, 그리고 여성들의 영적 유산 등이다. 두 번째 자료는, 마가렛 귄터(Margaret Guenter)의 *Holy Listening : The Art of Spiritual Direction*[42]이다. 이 책은 여성 영성지도자들의 역할을 경청자, 외부인, 그리고 양육자로 보고 있으며, 여성 피지도자들이 가져올 수 있는 언어, 몸의 경험, 죄, 그리고 학대 등의 특별한 주제들을 어떻게 이해하고 다룰지에 대해 제안하고 있다.

둘째로, 영성지도는 목회적 돌봄(사목적 돌봄) 사역에도 영향을 끼쳤다. 개신교 목회자이자 교수인 진 스테어스(Jean Stairs)는 영성지도를 교회에서 어떻게 적용할지에 대해 그리고 목회적 돌봄과 영성지도의 관계에 대해 그녀의 책 *Listening for the Soul : Pastoral Care and Spiritual Direction*[43]에서 다루고 있다. 그녀가 제안하는 "영혼을 담은 목회적 돌봄"(soulful pastoral care)은 영성지도의 통찰, 특히 경청의 기술을 교회 상황에 적용한 것이다.

셋째로, 그룹 영성지도(group spiritual direction)는 영성지도를 영적 공동체의 상황에 적용한 것이다. 로즈 매리 도어티(Rose Mary Dougherty)는 영성 훈련센터인 "The Shalem Institute for Spiritual Formation"에서 현대적 그룹 영성지도를 시작했다. 그녀에 따르면, 하나님을 추구하는 것(God-seeking)이 영적 공동체의 기반이다.[44] 영적 공동체 중에는 서원을 하는 수도 공동체에서부터, 감리교의 속회(class), 그리고 퀘이커 회합의 명료화위원회(the Clearness Committee)도 있다. 그룹 영성지도의 과정은 매우 단순하다 : 침묵, 참여자의 삶의 나눔, 침묵, 그룹의 반응, 침묵 등. 이 과정을 모든 참가자가 다 이야기할 때까지 반복한다. 그룹 영성지도는 많은 활동적인 소그룹이 있는 한국 개신교 교회에 효과적일 수 있다.

넷째로, 영성지도가 다섯 번 이하의 만남 동안만 이루어지는 단기의 상황을 위한 자료도 있다. 듀안 R. 비드웰(Duane R. Bidwell)은 *Short-Term Spiritual Guidance*에서 장기간의 영성지도 관계에 초점을 맞춘 이론들은 영성지도를 단기간으로 끝내야 하는 실제 상황과 잘 맞지 않는다는 점에 주의를 기울였다. 단기 심리치료와 단기 목회 상담의 이론과 실습에 기초해서, 비드웰은 "구체적인 개입"(concrete interventions)을 옹호하는 한편, "영성지도자가 정교한 방식으로 질문하기, 코칭, 그리고 대화 구성하기를 함으로써 피지도자를 적극적인 자세로 대해야 한다고" 주장한다.[45]

마지막으로 현대 영성지도는 구조와 문화에 초점을 맞춘다. 예를 들어, 바바라 A. 쉬한(Barbara A. Sheehan)은 *Partners in Covenant : The Art of Spiritual Companionship*에서 영성지도자가 피지도자의 삶의 배경에 놓여 있는 폭넓은 구조적 문제들과 문화적인 차이점들을 인식하는 것이 중요하다고 제안한다. 영성지도자는 효과적인 경청을 위해 구조적/권력적인 문제들을 인식해야만 한다 : "구조적인 문제를 인식할 때, 영적 동반자는 편견 없는 경청을 통해 개인의 더 온전한 상황을 이해하게 될 뿐만 아니라, 편견을 투사함으로써 동반자 관계에 말없이 유입되는 역동을 이해할 수 있게 된다."[46] 영성지도자는 또한 문화의 사회적 구성이 피지도자의 자아정체성, 하나님 이미지, 권력에 대한 이해, 수치와 죄책감을 내면화하는 과정, 그리고 타자 및 하나님과의 관계에 영향을 끼친다는 것을 인식해야만 한다.

이상에서 언급한 자료들은 다양한 상황 즉, 성, 나이, 거주지역, 직업, 신체적인 면, 정신적인 면, 개인, 공동체, 교단, 경험, 구조와 문화 등에 대해 다루고 있는데, 이는 영성지도를 적용하는 수많은 현실과 가능성들을 보여 주고 있는 것이다.

5) 문화와 영성지도

현대 영성지도가 다루는 마지막 주제는 문화간 영성지도(cross-cultural spiritual direction)이다. 여기에서 필자는 문화를 다음과 같은 의미로 사용한다 : 언어나 몸 언어, 행위, 상징, 신화, 의식, 그리고 시스템 안에서 표현된 한 그룹의 일련의 가정들 또는 가치들로서 그룹의 정체성과 연대의 원천을 제공하며, 그룹 구성원들이 느끼고, 생각하고, 행동하고, 조직하고 관계를 맺는 방식을 결정하도록 도와주는 것.[47] 수잔 라코치(Susan Rakoczy), 테레사 우칙(Theresa Utschig), 그리고 피터 C. 팬(Peter C. Phan)은 모두 그들의 글에서 문화간 영성지도를 다루는데, 서양 문화에 기초를 둔 영성지도에 대한 이해가 다른 문화에서 메타내러티브(meta-narrative)로 작용할 가능성을 피하도록 도와주며, 영성지도에 있어서 문화의 독특성을 인식하도록 도와준다.[48]

먼저, 라코치는 1982년부터 아프리카 가나에서 사역한 미국인 신학자이며 영성지도자인데, 다수의 논문을 통해, 아프리카에서 나타나는 문화간 영성지도의 실질적인 통찰을 보여 준다.[49] "Unity, Diversity, and Uniqueness : Foundations of Cross-Cultural Spiritual Direction"이라는 글에서, 그녀는 영성지도에서 피지도자의 경험에 담긴 문화적 차이를 이해할 때 유용한 세 가지 견해들을 소개한다. 첫째, 피지도자의 경험에는 "다른 모든 사람들이 한 경험과 같은"(like all others) 성격의 경험이 담겨 있다. 둘째, 영성 지도자들은, 자아, 세상, 그리고 종교에 대한 독특한 문화적 경험 때문에, 피지도자의 경험은 "일부 사람들의 경험과만 같다"(like some others)는 것을 받아들여야만 한다. 마지막으로, 영성지도자들은 "누구와도 같지 않은"(like no other) 피지도자의 경험이 지닌 독특성을 보아야 하고 그 사람을 동정심(sympathy), 공감(empathy), 그리고 상호 교감(interpathy)[50]을 가지고 접근해야 한다. 동정심, 공감, 그리고 상호 교감 등은 영성 지도자가 "독특성을 지니고 오는 사람들과 점진적으로 더욱 깊은 심리적-영적 연대를 경험"[51]할 수 있게 해 준다. 다시 말해서, 피지도자의 라이프 스토리에는 모든 사람이 이해할 수 있는 내용이 있는가 하면(like all others), 일부의 사람만 이해할 수 있는 내용이 있고(like some others), 아무도 이해할 수 없는 내용도 있다(like no other)는 사실을 영성지도자가 받아들여야 한다는 것이다. 문화적 차이점들을 인식하는 것의 중요성을 강조하는 라코치의 생각은 아프리카 문화 출신 사람들뿐만 아니라 동아시아, 특히 한국 문화 출신 사람들과의 문화간 영성지도에도 적용될 수 있다.

다음으로, 성 안드레 수도회의 수녀인 우칙은 "Bridging the Gap : Cross-Cultural Spiritual Direction"이라는 논문에서, 테제 공동체에서 영성 지도 사역을 했던 경험을 바탕으로 영성지도자의 자질에 대해 논하고 있다. 우칙에 따르면, 영성 지도자는 "피지도자의 이야기에 담긴 뉘앙스에 더 잘 반응해 주기 위해 피지도자가 행동하는 기반으로 삼고 있는 문화적 전제들"[52]을 인식할 필요가 있다. 영성지도자는 다른 문화 출신의 피지도자들이 보여 주는 몸 언어와 행위들을 매우 가깝고 주의 깊게 고려해야만 하며, 피지도자들이 생각할 수 있는 여유를 충분히 주어야 한다. 또한 영성지도자는 문화간 영성지도에서 전이(transference)가 다른 형태로 발생할 수 있다는 것도 이해해야 한다. 예를 들어, 피지도자는 의식적으로 또는 무의식적으로 지도자로부터 긍정, 도전, 또는 무반응과 같은 어떤 것을 기대하고 있다가 지도자가 보이는 반응을 오해하게 될 수도 있다. 지도자는 또한 피지도자의 하나님 이미지가 지도자와의 관계 맺는 방식에 영향을 끼칠 수 있다는 것을 고려해야 한다. 그것은 지도자를 권위적인 위치에 있는 사람으로 여겨서 무의식적으로 그를 기쁘게 하려고 시도하는 부정적인 역동을 불러일으킬 수도 있다는 사실을 인식하는 것을 의미한다. 영성지도에 영향을 끼치는 문화적 요소들에 관한 우칙의 설명은 무척 실제적이며 동아시아 문화에서는 실제로 일어나는 것들이다. 동아시아 문화에서는 상호 관계의 권력 역동이 유교의 영향 때문에 매우 복잡하게 일어나기 때문이다.

마지막으로, 베트남 출신의 미국 신학자인 피터 C. 팬은 다양한 문화 출신의 신학생들을 만나 본 경험을 바탕으로 "영성지도에 대한 양문화적(bicultural) 그리고 다문화적(pluricultural) 접근"의 중요성을 인식하고 있다.

> 이 접근 방식은 문화의 타자성을 깊이 있게 존중하기 때문에, 가능한 한 많이 그들을 알려고 하고, 그들 자신의 말로 그들을 평가하며, 그들의 가치와 아름다움을 인식하고, 그들의 약점과 죄성을 분별하며, 자기 자신의 문화를 최고의 것이자 모두를 위한 규범으로 간주하는 경향과 익숙하지 않은 것을 위협 또는 열등한 것으로 여기는 경향을 거절하고, 문화의 좋은 것들을 합해서 서로를 기름지게 하고 풍부하게 한다.[53]

이런 인식에 기초해서, 팬은 백인 영성지도자들이 "아프리카 출신의 미국인들, 멕시코 출신의 사람들, 아시아 출신의 사람들이 어떻게 그들 자신의 독특한 방식으로 초월자와 관계하고, 세상을 바라보고, 그들 자신을 이해하고, 가족과 사회를 구성하고, 진, 선, 미를 인식하는지"[54]를 배워야 한다고 주장한다.

위에서 언급된 문화적 차이에서 발생하는 상황들은 어떻게 동아시아 문화 출신의 피지도자들과 유익한 커뮤니케이션을 이끌어낼 수 있을 지 고민하는 북미지역의 지도자들에게 매우 도전적이다. 아울러 라코치, 우칙, 그리고 팬의 설명은 글로벌화된 사회에서 생활하는 현대인들이 경험하는 영성지도의 현재 상황을 구체적으로 묘사해 주며, 문화간 영성지도의 성공적인 실천을 위해 많은 실제적인 제안들을 제공해 준다. 문화간 영성지도를 다루는 자료들은 다문화를 현재 깊이 체험하고 있는 한국 교회에서 이루어질 영성지도에 무척 유용할 것이다.

3. 이 장의 요약

위의 글에서 현대적 영성지도를 개괄적으로 살펴본 후, 북미 지역에서 출판된 현대 영성지도 자료들을 다섯 가지 주제들 즉, 전통, 이야기, 심리학, 상황, 그리고 문화 등에 따라 분류해 보았다. 분류하면서 필자가 느낀 점은 다음과 같다. 첫째, 영성지도에 관한 자료가 많이 출판되었다는 것은 그만큼 현대의 영성지도 사역이 북미 지역에서 중요한 사역 중 하나로 이미 인식되고 있다는 것을 의미한다. 둘째, 현대 영성지도는 전통 안에서 그 뿌리를 찾으려는 노력을 통해 그 역사적 교단적 정체성을 확인함과 동시에 영성지도에 대한 불필요한 오해를 극복하고 있다. 셋째, 현대 영성지도는 이야기학(narrative studies), 심리학 그리고 문화학 등의 일반 학문의 열매들인 이론들을 적극적으로 참고하여 영성지도 실습에 적용하기 위해 많은 노력을 하고 있다. 넷째, 현대 영성지도는 피지도자들이 처한 상황을 이해하고, 그들의 삶의 경험을 더 효과적으로 경청하기 위해 다양한 시도들을 하고 있다.

이 논문에서 처음 시도한 영성지도 자료들의 분류는 한편으로 영성지도에 깊이 있는 관심을 지닌 분들에게 영성지도의 현황을 한눈에 볼 수 있도록 도와주는 장점이 있는 반면 나름대로 한계도 지니고 있다. 첫째, 북미 지역의 자료만 정리한 것이므로 유럽에서 나온 자료들의 관점들은 반영되어 있지 않다. 둘째, 북미 지역의 자료들이 한국 교회의 상황에 적용되기 위해서는 또 다른 문화적이고 임상적인 연구가 필요할 것이다. 셋째, 자료들 중 한국어로 번역된 것이 아직은 많지 않아서, 폭넓게 소개하기에 아쉬움이 있다. 넷째, 필자 자신의 한계로 이 분류에서 빠진 주제들도 있을 것이고, 미처 참고하지 못한 자료들도 있을 것이다. 그러나 이러한 한계들은 앞으로의 연구를 통해 더 보충될 수 있을 것이다.

예술목회와 영성 수련[1]

이주형(숭실대학교 교목/조교수, 실천신학)

1. 미학적 경험과 그리스도교 영성

인간은 하나님의 신비한 은혜를 경험할 때 심미적 언어로 표현해 왔다.[2] 중학생 시절, 처음 신앙 수련회를 참석했던 날, 그 아름다운 여름밤을 지금도 뚜렷이 기억한다. 별빛은 어두운 밤하늘을 다이아몬드처럼 장식해 놓았고, 매캐했던 시골마을 냄새는 어느새 어머니의 따뜻한 품처럼 내 영혼을 감싸 주는 향기가 되어 있었다. 시끄럽게 울리던 귀뚜라미와 밤벌레 소리는 내 영혼의 기쁨에 맞추어 노래를 부르는 듯 친근하고 경쾌한 노래로 바뀌어 있었으며, 무섭고 불편하게 느껴졌던 교회 형님들이 멋져 보이기 시작했다. 나를 감싸고 있는 모든 자연과 인간이 완벽한 조화를 이뤄 한편의 아름다운 예술작품처럼 내 앞에 펼쳐져 있었다. 이처럼 하나님의 놀랍고 신비로운 '은혜'를 경험한 사람들에게 공통적으로 나타나는 현상은, 특별할 것 없던, 의미 없던 일상 속에서 아름다움을 발견하는 심미적 경험을 고백한다는 것이다.

"신앙 감정론"의 저자인 조나단 에드워즈는 구원의 은혜를 경험한 사람들은 새로운 감각, 즉 영적 감각이 주어진다고 말한다.[3] 이 영적 감각은 하나님의 말씀의 참 의미를 깨닫고, 자연 가운데 계시된 하나님의 영광과 아름다움을 인식할 수 있도록 인간의 영혼을 조명하신다고 믿었다. 에드워즈의 신학에 따르면, 어릴 적 그 여름밤의 경험을 통해 내 영적 감각이 깨워졌고, 내 영혼이 성령에 의해 조명되어져서, 세상과 현실을 새롭게 바라볼 수 있게 된 것이다. 특별할 것 없는 일상과 불만으로 채워졌던 현실 속에서 하나님의 영광과 아름다움을 발견하도록 영적 감각이 인도하였기 때문이다. 하나님의 은혜를 경험한다는 것은 하나님의 아름다움과 영광을 체험하는 것이기에 영적 경험은 미학적이라고 에드워즈는 주장하는데, 이로 인해 그의 신학은 미학적 신학이라 일컬어지고도 있다.[4] 영적 감각의 궁극적인 대상은 하나님의 아름다움이며, 하나님을 알고 그분의 뜻을 알아 가는 인간의 방식은 미학적 경험이기 때문이다.

그리스도교 신학은 본래적으로 아름다움을 형성하고 조형하는 신앙을 추구한다고 심광섭은 명시한다.[5] 하나님의 계시는 역사적으로 이성적 설명을 통해 이해를 추구하기도 했지만, 더불어 인간의 신앙은 미학적이고 예술적인 방법으로 표현되고 구현되어 왔다. 신적 미의 세계는 '아름다움'이란 형식을 통해 '사랑'이란 내용을 담아내는 세계이기 때문이다. 따라서 신적 세계에 대한 경험은 예술적이고 심미적인 표현과 수단으로 인간의 영혼 가운데 경험된다. 하나님의 계시가 인간에게 심미적으로 경험된다면, 예술 표현과 미학적 참여 행위를 통해 우리의 영혼이 영적으로 변화와 성장을 경험할 수 있지 않을까? 예술적 표현과 미학적 경험이 영적 감각을 고양시키어 성령의 인도하심을 더욱 민감하게 수용하고, 영혼의 변화와 갱신을 유도할 수 있는 영적 수련방법이 가능하지 않을까?

이에 대한 그리스도교 신학적 방법론으로 손원영은 예술영성 형성 개념을 제시한다. 그리스도교 교육의 재개념화란 차원에서, 이 시대의 화두인 영성을 통해, 영성 형성을 목표로 하는 그리스도교 교육의 새로운 방향성을 제시한다. 특별히, 예술영성 형성은 예술적 표현과 행위를 통해 신앙인들의 삶 속에서 그리스도교 영성이 형성될 수 있다고 주장한다. 손원영에 따르면, 예술영성 형성이란 "음악이나 무용 혹은 놀이처럼 다양한 예술 활동 곧 통합 예술을 통해 학습자들이 예술 체험을 할 수 있도록 협업하는 과정에서 얻어지는 미적 체험에 따른 영성 형성"[6]이라 정의할 수 있다. 그의 연구는 예술과 영성을 그리스도교 신학적 이론에서 최초로 통합을 시도하였다는 점에서 그리스도교 공동체에 기여하는 바가 상당하다. 만약 기독공동체와 교회 안에서 예술영성 형성을 목표로 한다면, 영성형성을 위한 구체적인 수련 혹은 실천 방법들에 대한 학문적 탐구가 논의될 수 있을 것이다. 이 연구의 학문적 탐구와 논지는 여기에서부터 출발한다. 즉, 예술영성이 그리스도교 공동체와 영혼 가운데 형성되기 위해서는 그에 따른 영성 수련과 실천 방법이 필수적으로 동반되어야 하는 것이다.

그렇다면, 어떤 영성 수련과 영성 실천 방법론이 예술영성 형성과 예술목회에 수반될 수 있을까? 이 질문에 대답을 얻기 위한 학문적 탐구는, 영성 수련이 예술영성 형성과 어떤 이론적 관계를 맺고 있는지를 먼저 정의 내려야 한다. 영성 형성은 영성 수련과 실천을 전제로 하기 때문이다. 영성 수련과 실천을 통해 그리스도인들은 구체적인 경험과 지식을 터득하고, 이를 통해 영성 형성의 기초가 되는 영적 정보와 지적인 체계를 구축해 나간다. 따라서 영성 형성을 위해서는 구체적인 영성 수련과 실천이 동반되어야 한다는 주장이 이 논문의 핵심적 전제이다. 예술영성 형성을 위해서는 영적 감각을 일깨워 아름다움을 인식하도록 인도하는 영성 수련과 실천의 구체적인 방법론이 우선적으로 제시되어야 한다.

이 논문은, 예술영성 형성을 위한 그리스도교 영성학의 이론적 토대를 구축하고, 영성 수련과 실천이 어떠한 방식으로 예술영성 형성과 예술목회에 기여할 수 있는지를 탐구하고자 한다. 더불어, 예술 활동과 참여의 핵심적 요소인 상상력과 창의성을 향상시키는 데 있어 영성 수련이 결정적인 역할을 할 수 있음을 증명할 것이다. 이를 토대로, 예술영성 형성이 목회 현장에서 어떻게 적용될 수 있으며, 그 구체적인 열매는 무엇이 될 수 있는지를 살펴보고자 한다. 이 논의를 위해서 다음과 같은 단계를 거치고자 한다. 첫째, 그리스도교 영성 내에서 영성 수련과 실천의 학문적 위치와 토대가 무엇인지를 살펴보고자 한다. 그리스도교 영성을 학문적으로 구축한 Sandra Schneiders와 영성 실천의 이론적 근거를 제공한 Elizabeth Liebert를 중심으로 살펴볼 것이다. 둘째, 영성 실천의 역사적 통찰로서 이냐시오 영신수련을 탐구하고, 특별히 이냐시오가 강조하는 상상적 관상이 수련을 통해 어떻게 생성되고, 영적 감각과 나아가 미적 감각으로 이끌 수 있는지를 살펴볼 것이다. 마지막으로, 영성 실천과 예술영성 형성 간의 상호적 관계를 규명하고, 구체적인 사례를 통해, 예술목회 상황 안에서 그 현실적 가능성을 살펴보고자 한다. 즉, 예술목회를 지향하는 관점에서, 영성 수련과 실천은 어떻게 활용될 수 있는지, 우리의 예술영성 형성에 어떻게 영향을 미치며, 어떤 방식으로 활용될 수 있는지를 살펴보고자 한다.

2. 영성 수련의 그리스도교 영성학적 근거

그리스도교 영성(Christian Spirituality as Academic Discipline) 안에서 영성 수련의 이론적 토대를 쌓아 가는 작업은, 예술 행위와 영적 감각 사이의 이론적 연관성을 구축하는 데 있어 중요한 출발점이다. 영성 실천이 그리스도교 영성의 구성적 요소가 될 수 있는 이유는, 그리스도교 영성이 자기-함축적 방법론(Self-Implication)을 지향하기 때문이다.[7] 그리스도교 영성의 학문적 토대를 마련한 Sandra Schneiders에 따르면, 하나님에 관한 영적인 지식은 개인과 공동체의 영적 경험으로부터 시작되어야 하며, 그러하기에 자기-참여적 접근이 필수적이다.[8] 내게 의미 있는 영적 지식과 정보를 성찰하고 분석하여 타인과 그리스도교 공동체에게도 의미 있는 경험을 유도하고 초대하는 것이 그리스도교 영성의 궁극적인 방향성이기 때문이다.

Elizabeth Liebert는 영성 수련과 실천이 그리스도교 영성에 있어 필수불가결한 구성적 역할을 한다고 주장한다. 그녀는 Schneiders의 학문적 방법론을 바탕으로, 그리스도교 영성에 있어 수련과 실천이 구성 요소가 되기 위한 조건을 다음과 같이 주장하고 있다. 첫 번째 전제 조건은 존재론적 지식(ontological knowledge)이다. 그리스도교 영성이 추구하는 지식은 인식론적 지식이라기보다는 존재론적 지식이어야 한다고 강조한다.[9] 전자가 이성적 인식과 판단에 근거한 지식 체계라고 한다면, 후자는 이성의 영역을 넘어선, 자연과 우주, 존재 전체를 통한 경험을 바탕으로 이뤄진 지식 체계로 정의 내릴 수 있다. 그리스도교 영성은 인간의 경험을 근거로 하나님에 관한 지식을 존재 전체를 통하여 습득하여 고백하는 것을 전제로 한다. 이런 의미에서 Liebert는 인간의 경험은 영성에 있어 구성적 요소요, 재료라고 강조한다. 경험은 "실재와의 조우 혹은 참여"라고 정의 내릴 수 있으며, 확장된 의미에서는 "현실과의 만남과 참여에 관한 성찰과 대상과 존재 사이의 관계망을 포함한다."라고[10] 특징짓는다. 이에 근거한다면, 경험은 인간이 자신과 타자, 사회 구조, 자연과 초월자와의 상호 작용을 통해 생성된 기억, 생각, 이미지, 감정, 결정과 선택 등을 포괄하고 있다.

그렇다면, 영성 수련과 실천은 어떻게 정의 내릴 수 있는가? Liebert는 우리가 항상 행하고 있는 대상에 관하여 "공유되고 자기-비판적으로 성찰하는 살아 있는 영성에 관한 경험"이라고 '실천'을 정의 내리고 있다.[11] 즉, 영성 실천은 "영적 공동체 내에서 고백되며 공유되고 있는 경험들, 또한 개인과 공동체 안에서 건설적 비판을 통해 성찰된 생동감 있는 영성"이라고 정의 내릴 수 있다. 따라서 영성 실천은 지식과 지식 습득자(the known and the knower) 사이의 관계적 역동성을 전제로 한다. 근대적 인식론의 한계는 지식과 지식 습득자의 관계를 객관화시키고 분리시켜, 대상과 주체 사이에 커다란 간극을 만들어 놓았다. 이 방법으로는 영적 경험의 참다운 본질을 체득하는 데 한계가 있다. 초월자와의 관계를 통한 삶의 신성함과 생명력, 다양한 영성의 본질과 신비감을 체득하는 데 있어, 근대적 지식방법론은 한계가 있기 때문이다. 따라서 영성실천의 이론적 배경은 다음과 같은 전략적 접근을 차용해야 한다.[12]

첫째, 학생 혹은 수련자들이 한 지식에 관해 다양한 접근 방식을 사용할 수 있도록 여러 방법들과 도구들의 사용을 열어 놓아야 한다. 예를 들어 Lectio Divina를 영성 수업 시간에 수련 방법으로 차용한다면, 학생들과 수련자들이 이 기도 방법에 획일적으로 접근하거나 습득하게 하기보다는, 다양한 측면을 통해 Lectio Divina를 경험하도록 인도하는 것이다.[13] 이런 다양한 접근 방식을 통해 얻은 인간의 영적 경험에 관한 지식은, 개인의 경험과 삶의 이야기를 바탕으로 한 자기-함축적인 접근 방식을 통해 존재론적 지식에 도달할 수 있게 된다.

둘째, 영성 실천을 유도하는 영적지도자나 영성교육가는 각 수련과 실천이 특정 지식에 도달하는 데 지니는 이해 과정, 전제, 상황, 가능성 등을 뚜렷하게 제시해 줄 수 있어야 한다. 영성형성의 뚜렷한 목표는 하나님과의 친밀한 관계로 유도하거나 사랑을 심화시킬 수 있다는 전제를 가지고 있지만, 수련에 참여하고 배우는 모든 사람들이 동일한 과정과 결과를 경험할 수 있는 것은 아니다. 즉, 일반화의 오류를 방지하고 개별적으로 접근함을 통해 지식에 대한 접근성과 신뢰성을 높일 수 있다. Lectio Divina를 수련할 때, 성 베네딕트가 의도했던 과정과 결과가 오늘 우리의 현실에서 그대로 적용되거나 반영될 수 있다는 전제를 내려놓는 것이다. 말씀묵상이란 그 본질적 특징상 사람마다 그 과정과 결과가 다르게 나타나기 때문이다.

　셋째, 수련인도자 혹은 영성지도자는 영성 실천의 중심적 개념들을 다양한 표상과 언어로 평가, 표현하도록 도울 수 있어야 한다. Lectio Divina의 핵심적 개념과 이해는 단지 묵상을 심화시키는 것뿐 아니라, 묵상을 통해 얻게 된 새로운 통찰을 자신에게 유용한 방법으로 표현하여, 현재의 삶을 변화시키고 갱신하도록 돕는 데 목표를 둔다. 그 방법은 영적 대화, 찬양과 경배, 예전, 섬김과 봉사 등으로 구체화 될 수 있다. 여기에서 우리의 주된 논제인 예술적 표현이 지니는 그리스도교 영성과의 연관성을 찾을 수 있다. 영성 수련과 실천은 '새로운' 경험을 유도하는데, 예술적 표현을 통해 이 내적 경험을 구체화하여 "영적 경험"의 구체화 혹은 현재화를 추구할 수 있다. 아름다움의 현재화 혹은 구체화가 미적 도구를 통해 심미적 경험을 표현해 낼 수 있게 된다.

　이상의 논의를 통해 알아본 그리스도교 영성에 있어서의 수련 혹은 실천의 의미와 특징을 다음과 같이 정의 내릴 수 있을 것이다. 첫째, 그리스도교 영성 실천은 자기-함의적 방법론을 근거로 하며 '경험'이 그 내용물이 된다. 그리스도교 영성은 하나님과의 관계에서 개인과 공동체의 경험을 전제로 하며, 전인적 영적 변화를 지향한다. 둘째, 영적 실천과 수련은 하나님에 대한 '새로운' 경험을 유도하는 것을 전제로 한다. 셋째, 영성 실천을 통한 새로운 경험은 하나님에 대한 새로운 '지식,' 실존적 지식과 정보를 제공할 수 있다. 넷째, 이 새로운 지식과 정보는 인식론적 차원에서의 하나님 지식을 존재론적 지식으로 확장하여, 기존의 교리적 차원의 일방적 가르침에서 경험을 통해 체득된 실존적 지식으로 구체화되고 확장된다. 다섯째, 이 존재론적 지식은 전인적이고 통합적인 경험으로 확장될 수 있으며 개인과 공동체의 변화와 갱신을 주도하게 된다. 여섯째, 성서를 비롯한 영적 가치가 있는 역사적 저서들은 실천과 수련을 통해 개인과 공동체 삶에 현재화(be presented)된다. 즉, 지금 여기(here and now)에서 내게 주시는 하나님의 뜻을 분별하고 받아들여, 성서의 고백이 오늘 나의 고백이 되도록 인도한다. 결과적으로 영성 수련과 실천은 역사적으로 의미 있는 영적 경험들의 기록을 오늘 내 삶의 언어와 표현으로 변화시켜 새로운 영적 경험을 유도하고, 그를 통해 신비한 경험을 존재론적 지식으로 전환시켜, 하나님과의 관계를 현재화함으로써 살아 있는 영적 변화와 성숙으로 이끄는 데 결정적 방법을 제공한다. 이런 의미에서 영성 실천은 그리스도교 영성 형성의 구성 요소로 작용한다.

이제 우리의 논의는 이냐시오의 영신수련을 통해 영성실천의 역사적 지혜와 통찰을 살펴볼 것이다. 이를 통해 심미적 경험으로 인도할 미학적 상상력의 영성 실천적 근거를 알아볼 것이다.

3. 이냐시오 영신수련의 상상적 관상과 현대적 재발견

그리스도교 영성사에서 이냐시오 영신수련(Ignatius of Loyola's Spiritual Exercises)은 영성 실천 방법론의 정점에 위치한 작품으로 평가된다. 이냐시오 작품의 중요성은 서양 그리스도교 전통 속에서 처음으로 영성 수련의 체계를 구축했다는 역사적 기여 이외에도, 당시까지 다양하게 사용되던 기도 방법들을 취합하여 수련자들이 사용할 수 있도록 체계화하고 종합했다는 데 의의가 크다.[14] 이냐시오 영신수련이 현대 그리스도교인들에게도 관심을 받는 이유 중에 하나는, 기도 방법들과 영적 수련 지침들이 상상력을 적극적으로 활용하도록 인도하기 때문이다. 이냐시오는 "영신수련"의 주요 목표인 변화와 그리스도와의 연합에 도달하기 위해서 상상력은 필수적 조건이라는 사실을 강조하고 있다.[15] 대표적으로 예수의 탄생에 대한 묵상에서 다음과 같이 수련자들을 인도한다. "상상의 눈을 통해 나사렛으로부터 베들레헴에 이르는 길을 볼 것이다; 그것의 깊이와 넓이를……"(112) 상상력에 호소하는 것은 영적 수련의 궁극적 목표를 향한 필수적인 통로임을 강조하고 있다.

그럼 인간의 능력으로서의 상상력은 인간의 영적 경험에 어떤 영향과 역할을 하는가? 영적 경험 가운데 어떤 방식으로 인간은 상상력을 사용해 왔는가? 근대 과학의 인식론적 배경 하에서 상상력은 쉽게 배제되어 왔다. 과학적 방법론을 통해 지식 체계를 구축하던 근대 사회에서 상상력은 신뢰할 만한 지적 능력이 아니었다. 그러나 최근 인지 과학적 연구들은 인지 기능과 상상력 사이에 중요한 연결점이 있다는 사실을 발견해 내고 있다. 모든 인지 활동은 상상력을 통해서 그 역할을 완수하는데, 상상이 진리로 향하는 개념적, 지식적 접근을 보완해 주기 때문이다.[16] 상상력은 본문을 읽는 과정과 지식을 습득하는 과정 사이의 이분법적 체계를 극복하는 방식을 제공하고 있다는 것이다.[17] 즉, 본문을 읽어 정보를 감지하는 과정과, 그 인지 활동 속에 기존의 정보들과의 연관성을 찾아 지식으로 받아들이는 과정에 인간의 상상력이 연결고리 역할을 한다는 것이다. 중요한 점은, 이와 유사한 방식을 통해 인간의 상상력은 신성한 존재를 표현할 수 있는 다리 역할의 능력을 부여받는다. 인간의 현상계와 신적 세계 사이를 이어 주는 역할을 상상력이 해 낸다는 것이다.

신학적 인간론에서 보면 상상력을 통해 우리 인간은 현상을 이중적 관점으로 볼 수 있는 능력을 부여받았는데, 하나는 일상의 사건들로 구성된 현실이며, 다른 하나는 그 사건들 가운데 임재하신 하나님을 경험하는 능력이다. Fischer에 의하면, 인간은 한 번에 두 영역에서 거주할 수 있는 능력을 부여받았다. 첫 번째 영역은 일상의 사건들로 구성된 영역이며, 두 번째는 그 사건들 속에서 하나님의 임재로 구성된 영역이다.[18] 인간은 이 두 영역을 모순되지 않은 방식으로 인식할 수 있는 능력을 부여받았는데, 이는 상상력을 통해 가능하다는 것이다. 인간의 상상력은 하나님에 관한 경험에 있어서 필수불가결한 매개체 역할을 한다는 것이다. 본질적으로 상상력은 인간의 본성이며, 피조물에게 주신 하나님의 은총이며, 종교적 혹은 영적 경험에 있어 극히 본래적인 수단이다. 왜냐하면 상상력은 하나님을 향한 인간 갈망을 지구에서부터 천국으로 끌어올리는 원동력이기 때문이며, 더불어 세계의 구원을 위해 인간과의 자발적 협력을 행하시는 하나님의 열망을 천국에서 지구로 이끌어 오기 때문이다.[19] 따라서 이제 우리는 상상력이 거룩한 신비를 경험하도록 인간에게 부여된 능력임을 주장할 수 있다.

그렇다면, 영성 수련과 실천은 상상력을 통해 어떻게 구체화할 수 있는가? 상상력을 통한 영성 수련은 어떤 새로운 경험과 하나님에 대한 지식을 변화시키는가? 이냐시오의 영신수련에 나타난 지침과 안내를 따라 그 역동성과 변화를 살펴보고자 한다.

1) 영신수련에 있어 상상적 관상의 중심성

이냐시오는 영신수련의 과정을 4주로 나누어 인도하고 있다. "주"(week)라는 명칭은 시간적 구조를 말하기도 하지만, 궁극적으로는 한 영혼이 따르게 되는 영적 과정 혹은 단계를 의미한다(영신수련, 4).[20] 따라서 한 주를 7일이란 시간적 틀로 규정하지 않고, 그 주에 해당되는 영적 여정을 충분히 거치는 것이 더욱 중요하다.[21] 네 단계로 나누어진 수련 과정은 각 주제별로 다음과 같이 구성되어 있다 : 세계와 개인의 죄에 대한 관상(첫째 주), 예수 그리스도의 공생애 관상(둘째 주), 예수님의 고난과 십자가 관상(셋째 주), 예수 부활의 영광 관상(넷째 주).

첫째 주에서 수련자는 수련의 원칙과 기초를 안내받는다. 핵심 원칙은 인간의 궁극적 소명으로부터 출발하는데, 이는 모든 인간은 하나님을 찬미하고, 경외하며 그분만을 섬기기 위해 창조되었다는 사실이다(23). 이 근본적 목적 외에 영신수련 전체를 통틀어, 수련자는 자신을 위한 모든 노력과 행위들을 내려놓도록 인도를 받는데, 이것을 영적 평정심 혹은 불편심(indifference or spiritual freedom)으로 소개한다. 수련자들은 여기로부터 또 다른 영적 요소에 대한 세심한 감각을 인식하도록 인도받는다. 그것은 욕망(desire)이다. 욕망은 인간의 원초적 에너지이며, 존재의 근원 요소이다. 이 욕망이 육체적이고 물질적 대상으로 향하면, 영적인 욕망은 줄어들거나 사그라진다고 보고 있다(16). 이 욕망의 근원과 방향을 주님으로 향하고, 그분의 길을 따라가겠다고 결심하고 선택하는 것이 영신수련의 궁극적 방향이다. 이런 이유에서 이냐시오는 영신수련의 원칙과 기초를 소개한 이후 곧바로 내면 성찰 기도(Examination of Conscience)를 배치해 놓고 있다(24-26). 내면의 다양한 요소들(생각, 감성, 의지, 직관 등)의 근원에는 욕망이 있기 때문에, 이 내적 요소들의 방향과 흐름을 통해 욕망을 파악하고, 관상과 성찰을 통해 보다 거룩한 욕망으로 향하도록 하는 영적 준비가 필요하다고 주장한다. 이냐시오는 영신수련에 참여하는 모든 수련자들에게 수련 기간 내내 이 두 가지 영적 요소, 즉 영적 평정심 유지와 욕망에 대한 철저한 성찰을 요구한다.

관상은 영신수련의 또 다른 핵심 구성 요소이다. 관상은 영성실천에 있어서 필수적 기도 방법이며 동시에 존재론적 경향성이다. 관상에 관한 가장 보편적으로 인용되고 있는 정의는 Walter Burghardt의 "A Long Loving Look at the Real"이다.[22] 그에 따르면, 관상 기도란 "사랑의 시각으로 있는 그대로의 세계를 오랫동안 혹은 거리를 두고 지켜보는 영적 태도 혹은 자세"라고 정의하고 있다. 이 관상 기도의 방법론의 첫 번째 특징은 '사랑'의 자세이다. 예수 그리스도를 통해 계시된 하나님의 사랑을 체득하여 삶의 모든 현장에서 깨닫고, 구하고, 실천하는 영적 태도를 장착할 것을 기독인들에게 요구한다.

둘째는 '하나님의 시간' 안에서 대상을 바라보라고 기대한다는 것이다. 인간은 자기 인생의 길이 안에서 자신의 욕망이 충족되길 기대한다. 이 욕망에 사로잡히면 하나님의 뜻을 이기적으로 해석하게 되기 때문에, 하나님의 시간 안에 거하는 것은 관상에 있어 중요한 주제이다. 하나님의 시간이라는 개념은 우리의 인간적 개념을 넘어서고 있음을 베드로 사도는 고백하고 있다.[23] 인간의 시간적, 경험적, 이성적, 감정적, 역사적 제약 속에 하나님을 제한시킬 수 없음을 고백하는 것이다. 관상은 이와 같이, 인간의 이기적, 육체적, 물질적 욕망과 사고의 틀 속에서 벗어나 주님의 시간과 공간에 머물러 그분이 행하시는 일을 보도록 초대한다. 그리하여 이기적 욕망의 덧없음을 깨닫고, 하나님의 창조적 시간 안에서 자아, 타자, 세계를 바라보도록 초대하는데, 이를 통해 이기적이고 육체적인 욕망은 줄어들고, 하나님의 거룩한 열망이 영혼의 내면에 중심을 잡도록 인도한다.

셋째, 관상은 "바라봄"이다. 관상의 바라봄은 내 자신을 규정해 왔던 모든 내적 요소들에게 구속되지 않는 것을 의미하며, 나아가서는 내 관점과 시각을 규정하는 외적 요소들에게 묶이거나 제약받지 않는 것을 의미한다. 여기서 욕망에 대한 성찰과 관찰, 영적 평정심 혹은 불편심의 중요성이 대두된다. 인간은 자신의 인생 여정 속에서 의식적이든 무의식적이든 외부 환경과의 관계 속에서 형성된 자의식과 그로 인한 신념 체계, 세계관, 가치관들에 의해 영향을 받는다. 이 내적 요소들이 지대한 영향을 미치게 되면, 우리의 바라봄은 그 순수함과 진정성을 잃어버리게 된다. 이냐시오는 내적으로는 이기적이고 물질적인 욕망으로부터 자유해져야 한다고 말하면서, 동시에 외적으로 우리 삶에 영향을 미치는 세계관과 가치관, 생활 양식, 문화적 관습과 체계에 구속되지 말아야 함을 강조한다. 그것이 순전한 하나님의 뜻을 구하고, 성령님의 현재적 인도하심에 민감하게 반응하기 위한 절대적 조건이기 때문이다. 따라서 바라봄은 영적 분별의 은

사를 필요로 한다. 이를 위해 이냐시오는 두 종류의 영적 식별법을 영신수련의 주요한 가이드라인으로 제시하고 있다(313-336).

넷째로, 바라봄의 대상은 '실재'(reality)를 근거로 해야 한다. Burghardt는 우리의 시각과 관점이 실재를 있는 그대로 바라보기보다는, 외부의 영향을 받아서 왜곡된 관점을 가지기 쉽다고 지적하고 있다.[24] 일례로, 2016년 이후 세계 사회는 파리에서 발생한 무슬림 무장 단체의 테러나 중동의 시리아 내전으로 발생한 난민들을 유럽 각국이 어떻게 대처하는지를 지켜보고 있다. 무슬림의 테러로 야기된 중동 사람들의 망명, 특히 시리아 난민에 대한 각국 사회의 반응이 냉소적이며 배타적으로 변해 가는 소식을 어렵지 않게 접할 수 있다. 세상과 언론이 일반적으로 표현하는 방식대로 현상을 바라보면, 우리는 쉽게 문화적 선입견과 편견에 사로잡혀 실재를 '있는 그대로' 바라보지 못하고, 왜곡된 편견에 사로잡힐 수 있다. 그러나 철저한 성찰과 관상으로 수련된 그리스도교인은 무슬림이란 이유만으로 시리아 난민들을 배타적으로 혹은 공격적으로 대하지 않는다. 그보다는 시리아에서 살던 한 가족이 정치적 상황으로 인해 난민이 될 수밖에 없었던 실재적 상황과 그로 인한 그들의 고통을 있는 그대로 바라보게 된다. 난민의 고통스러운 여정을 하나님의 관점에서 하나님의 긍휼의 마음으로 받아들일 수 있는 내적 역량이 생긴다. 이것은 관상적 바라봄(contemplative viewing)이며, 현상을 실재대로 바라볼 수 있는 능력을 말한다.

관상의 체계적인 이해와 실천을 전제로 한 이냐시오는, 영신수련의 둘째 주를 시작하면서 관상 안에 '상상력'을 덧입히며 수련자들을 더 심오한 영적 세계로 인도한다. 수련자들은 주어진 신약성서 본문을 묵상하면서 예수님의 공생애의 여정을 따라가게 된다. 이때 이냐시오는 거룩한 상상력을 통해 관상하도록 요구한다(47, 91). 상상력은 성서본문을 뛰어넘어설 수 있도록 도와주며, 물리적 한계를 넘어서서 예수님이 거하시는 장소와 그분의 사역하시는 현장에 참여하고 동참할 수 있는 기회를 제공한다.[25] 예를 들면, 예수님의 성탄 이야기에서 이냐시오는 다음과 같이 영적 지도를 제공한다. "상상의 눈으로 나사렛에서 베들레헴까지의 길을 보는데 길이와 폭, 그리고 그 길이 평탄한지 혹은 계곡이나 언덕을 따라서 가는지 따위를 생각하면서 본다. 또 태어난 곳, 혹은 동굴을 보면서 그것이 얼마나 큰지, 얼마나 작은지, 얼마나 낮은지 얼마나 높은지 그리고 무엇이 어떻게 배치가 되었는지 등을 본다"(112).

여기서부터 관상은 상상적 관상(imaginative contemplation)이라 명해진다. 이냐시오의 관상은 상상력을 기반으로 영적 민감성을 더욱 심오하게 추구한다. 또 다른 본문에서 상상력을 기반으로 한 관상은 인간의 온 감각을 최대한 활용하도록 초대한다. 첫 번째 날의 다섯 번째 관상에서 이냐시오는 오감을 사용할 것을 권한다. 청각(123), 후각과 미각(124), 촉각(125)을 총동원하여 하나님의 은총과 예수 그리스도와의 인격적 만남을 전인적인 총체적 체험으로 확장할 것을 말한다. 이것은 상상적 관상의 목적이 구원 사건의 현재화에 있으며, 하나님으로 임한 영적 위로(consolation)가 영신수련의 궁극적 목표임을 뚜렷하게 밝히고 있는 부분이다.[26]

상상적 관상을 통해 예수님의 길을 따르던 수련자들은 "선택하기"(Good Election, 149-157) 수련을 통해 둘째 주의 정점에 다다른다. 이냐시오는 여러 다양한 선택의 순간을 상정하면서, 둘째 주 마지막까지 예수님의 길을 따라왔던 영혼이 이제 결정적 상황에서 예수님의 길을 따를 것인지, 아니면 저버릴 것인지를 선택하도록 인도한다. 선택의 과정은 자신의 욕망을 하나님께로 맞추도록 고안되어 있다. 이 선택의 과정에서도 특히 세 번째 선택의 두 번째 방법은 상상적 관상을 최대한 활용한다. 수련자는 세 가지 상황에 자신이 놓였다는 사실을 상상적 관상을 통해 기도하며 깨닫는다. 첫째는 처음 만난 사람이지만, 자신과 같은 상황에 처한 이에게 어떤 조언을 해줄 것인지에 대한 상황(185)이며, 둘째는 자신이 죽음의 문턱에 서 있는 상황(186), 마지막으로는 마지막 심판의 날에 이르렀을 상황(187)을 상상적 관상을 통해 선택하도록 인도된다. 각 선택의 상황에 처하게 될 때마다 수련자는 자신의 영적 평정심을 점검하면서, 더불어 감정과 내적 욕망이 어느 방향으로 흐르는지를 분별하며 반응하도록 인도된다.

  상상적 관상은 둘째 주를 넘어서 셋째 주와 넷째 주에도 동일하게 적용된다. 셋째 주에서, 예수님의 고난에 대한 수련자들의 반응은 상상적 관상을 통해 타자의 고난에서 자신을 위한 고난, 자신의 고난과 고통으로 현재화 혹은 내재화의 과정을 거치게 된다. 이는 수련자들이 어떤 희생을 치르고서라도 주님과 동행하도록 초청하는 데 결정적 계기를 제공한다. 넷째 주에는 부활하신 예수님의 영광에 참여하는 관상 기도를 하며, 이로써 상상력을 통해 수련자들의 영혼에 현재적 사건으로 내면화되어 간다. 이는 영신수련의 전 과정을 거친 수련자들이 예수님과 끝까지 동행하겠다고 하는 영적인 다짐과 결단을 남기도록 돕는다.

  영신수련은 상상적 관상이 영적 감각을 일깨워 영혼이 어떻게 변하고 성장할 수 있는지를 구체적으로 보여 주고 있다. 이냐시오에게 있어 상상력은 관상을 더욱 심화시키고 말씀을 오늘의 상황에서 성육신하도록 돕는 인간의 내적 역량이다. 무엇보다 상상적 관상은 영적 감각을 일깨워, 하나님의 세계에 대한 새로운 경험으로 인도하는 데 결정적 역할을 한다. 예수님이 태어나신 장소를 방문함으로써, 예수님이 기도하시던 감람산에 동행함으로써, 예수님의 십자가 상에서 함께 고난을 받음으로써, 한 영혼은 개인적이고 실재적이며 직접적인 경험을 얻게 되고 이는 새로운 영적 지식으로 자리 잡는다. 이 경험은 예수님과의 관계를 새롭게 형성하여 하나님과의 관계에서 변화와 갱신을 이끌어 내는 결정적 지식과 정보로 작용하게 된다.

4. 영성 수련을 통한 예술목회

이냐시오의 영신수련은 예술영성의 형성을 위해 영성 수련 혹은 실천이 어떻게 구성되어야 하는지를 보여 준다. 그리스도교인의 예술영성 형성은 영적 평정심과 욕망에 대한 깊은 성찰을 바탕으로 한 상상적 관상과 그로 인해 생성되는 영적 감각을 그 핵심적 구성 요소로 상정하여야 한다. 예술영성 형성을 위한 상상적 관상은 하나님과 세계, 그리고 자신에 대한 새로운 영적 감각과 정보를 제공하며, 곧이어 예술적 창의성을 자극하게 된다. 이냐시오에게 있어 상상력은 관상적 태도와 결합될 때, 새로운 영적 감각을 생성해 낼 수 있다. 따라서 예술영성 형성을 위한 영성 수련과 실천방법론에 상상적 관상이 적극적으로 활용되어야 하며, 이를 통해 생성된 영적 감각은 미학적 표현 방법, 즉 예술 참여와 행위를 통해 예술 작품으로 형상화 혹은 구체화될 수 있다. 이런 맥락에서 상상력을 고양시키는 영적 수련은 영성 형성에 있어서 필수적으로 전제된다.

영신수련을 경험한 영혼에게는 다음과 같은 영적 지각과 미학적 인식을 기대할 수 있다. 첫째, 삼위일체 하나님 내의 무한한 관계적 사랑의 연합이 창조라는 예술 행위를 가능하게 하였다. 즉, 삼위일체 하나님 안에서의 사랑의 나눔과 표현이 선한 창조의 출발이자 궁극이라는 것이다. 설령 인간의 경험 속에서 인식되는 고통의 현실이 창조의 선한 의도를 의심하게 한다 할지라도, 창조가 인간에 대한 사랑에 기인한 은혜적 사건임을 의심하지 않는다. 둘째, 인간이 선한 창조의 결과물이라 하여도 하나님의 아름다움에는 여전히 인간에게 감추어져 있는 부분이 있다는 사실을 겸허하게 받아들인다. 하나님은 완전한 아름다움으로서 인간에게 오셨다. 그러나 인간에게 완전하게 드러내시지는 않았다. 그 감추어진 영역이 인간에게 초월과 신비로 남아 있다는 사실을 고백하는 것은 예술영성 형성에 중요한 기초가 된다. 셋째, 그럼에도 우리 인간에게 주어진 은혜는 하나님의 형상으로 지음 받았다는 사실에서 찾아진다. 하나님은 인간도 이 아름다움에 참여할 수 있는 가능성을 은혜 가운데 열어 놓으셨다. 인간이 하나님의 피조물로 존재하지만 동시에 하나님의 창조적 사역에 부르심을 받았다는 고백은, 예술적 창조 행위와 참여를 통해 하나님의 영광과 아름다움을 드러내고자 하는 예술영성 형성에 중요한 신앙적 기초가 된다. 단, 인간의 예술적 표현은 온 세계에 드러난 하나님의 영광과 아름다움의 부분 혹은 일면만을 투영할 수밖에 없다는 실존적 한계를 받아들이는 자세가 중요하다. 넷째, 예술영성 형성을 바탕으로 한 그리스도교 예술가 혹은 예술 참여자는, 예술 작품의 창작에 대한 동기가 하나님의 영광과 아름다움을 현실에서 투영하고자 하는 거룩한 열망에서 비롯한다는 사실을 고백한다. 현실 세계에서는 숨겨져 있던 하나님의 아름다움이 예술 작품을 통해 구체화되고 현재화되어, 계시적 도구로 활용될 수 있음을 인식하게 된다.

영성 수련과 실천을 통해 형성된 인식적 변화와 영성 형성은 하나님에 대한 새로운 지식과 고백으로 구현될 것이며, 영혼의 경험을 표현하기 위한 방법으로 예술적 행위를 활용할 수 있게 될 것이다. 영적 수련 과정 중에 그림이나 음악을 접할 수 있도록 미술도구 혹은 악기들을 배치해 놓아, 수련자들이 현재 자신의 영적 상태와 경험을 예술적 방법으로 표현하도록 초대할 수 있다. 이 영성 실천을 통해 언어로 표현되지 않는 영적 경험을 미적 감각으로 표현하도록 도울 수 있으며, 이 표현 과정은 하나님을 향한 개인의 열망이나 실망감, 혹은 영적실망(desolation)이나 영적위안(consolation)의 상태를 파악할 수 있는 도구가 될 수도 있다.[27]

지금까지 영성 수련이 예술영성 형성에 어떤 영향을 미치는지 살펴볼 수 있었다. 영성 수련을 통해 영적 감각이 일깨워진 영혼은 거룩한 상상력을 통해 예술영성을 위한 예술적 창의성이란 영적 능력을 갖추게 된다. 숨겨져 있던 하나님의 아름다움과 영광을 자신에게 주어진 예술적 기술을 통해 표현하도록 예술가 혹은 참여자를 독려할 수 있다. 이때 예술영성 형성은 예술 활동과 표현으로 구체화될 수 있을 것이다.

예술신학적 이해를 바탕으로 형성된 그리스도교 예술영성 형성은 목회와 사역 현장에서 다음과 같은 변화를 유도하고 기대할 수 있을 것이다. 첫째, 예술목회의 궁극적 목표는 예술 행위와 표현을 통해 하나님에 대한 신앙적 감정과 고백적 지식, 신비한 경험을 표현하는 것이며, 이를 토대로 영적인 성장과 변화를 이끌어 내는 것이다. 둘째, 영성 수련과 실천은 예술영성 형성에 필수적인 요소이며, 새로운 영적 감각과 상상적 관상은 예술영성 형성에 있어 필수적인 내적 요소임을 확인한다. 셋째, 예술목회는 예술영성 형성을 바탕으로 체계화될 수 있으며, 이는 예술을 목회적 도구로서만 차용하는 것이 아닌 자연과 세계, 인간의 삶 가운데 숨겨져 있는 하나님의 신비로운 아름다움을 발견하고 표현하는 관상적 태도를 전제하고 있다. 즉, 예술목회의 온전한 실천을 위해서는 관상적 관점과 삶의 자세가 전제된다는 것을 의미한다.

지금까지 우리의 논의를 통해 영성 수련, 예술영성 형성과 예술목회라는 세 개념 사이의 연관성과 이론적, 실제적 관계를 정립할 수 있었다. 이제, 영성 수련이 목회 현장과 사역에서 어떻게 실현될 수 있는지를 살펴보고자 한다.

1) 영성 수련의 예술목회적 적용

영성 수련과 실천은 우리의 구체적인 목회 상황 속에서 어떻게 활용될 수 있을까? 20세기 그리스도교 영성을 대표하는 헨리 나우웬을 통해서 우리는 예술목회와 영성 수련이 접목된 훌륭한 사례를 발견할 수 있다. 그의 수많은 저작 중에 「탕자의 귀향」이란 작품이 있다. 이 책은 렘브란트의

"탕자의 귀향"이란 작품을 감상하면서 자신의 소명을 다시 확인하고 삶에 새로운 원동력을 부여받은 과정을 관상적 성찰을 통해 쓴 글이다.[28] 이 책은 몇 가지 측면에서 영성 수련과 예술목회의 관계를 정립하는 데 상당한 의미를 부여할 수 있는 작품이다. 첫째, 미학적 경험이 어떻게 영적 감각을 일깨워 심오한 하나님과의 대화와 만남으로 인도하였는지를 보여 주고 있다는 점에서 예술영성 형성을 위한 예시적 작품이다. 영적 의미를 담고 있는 예술 작품을 감상할 때, 우리의 영적 감각이 일깨워지고 나아가 소명 체험에 이를 수 있다는 사실을 확인시켜 준다. 둘째, 거룩한 상상력을 통해 자신의 영적 감각을 최대한 일깨우고 있다는 사실이다. 우리가 살펴본 이냐시오의 상상적 관상을 고스란히 그의 글에서도 발견할 수 있다. 대표적인 경우로 렘브란트의 작품에서 서로 다르게 그려진 아버지의 두 손을, 헨리 나우웬은 하나님의 양면적 사랑으로 해석하고 관상하고 있다.[29] 아버지의 왼손은 근육질의 남성성으로 강하게 표현되었다면, 오른손은 매우 부드럽고 따뜻하게 감싸며 돌봐 주는 느낌으로 형상화되었다. 나우웬은 탕자 아버지의 손을 묵상하면서, 하나님의 사랑과 긍휼이 어떻게 자신의 영혼을 치유하고 회복하였는지를 고백하고 있다. 그는 예술 작품을 통해 일깨워진 영적 감각이 자신을 상상적 관상으로 이끌었고, 작품에 대한 해석이 관상과 기도로 이어지면서 자신의 삶을 향한 성령님의 인도하심을 발견하고 소명을 확인하였다고 밝히고 있다.

세 번째로 목회적 차원에서, 헨리 나우웬은 자신의 기도의 과정을 글로 남김으로써 영적 고뇌와 미학적 변화의 과정을 목회적 도구로 겸손하게 사용하였다는 점이다. 자신의 영적 경험을 공동체와 나눔으로써, 마치 예술 작품을 감상한 사람들의 마음에 감동과 메세지를 전달하듯, 자신의 변화 경험을 통해 복음을 전달하였다는 것이다. 예술목회를 지향하는 목회자가 예술영성 형성을 목회에 접목할 때 기대되는 영적인 열매를 헨리 나우웬을 통해 살펴볼 수 있다.

다음으로 목회적 방법으로써 예술영성 형성이 어떻게 우리의 목회 상황과 현실에서 구체화될 수 있을지를 알아보려 한다. 교회와 목회 사역에서 예술적 표현은 점차적으로 증가하고 있다. 대표적인 사례가 포스트 모던 세대를 위해 새로운 교회 공동체를 표방하는 이머징 교회의 예배 형식이다. 필자는 유학 시절 산타크루즈에 위치한 Vintage Faith Church의 주일 대예배를 참석한 경험이 있다. 당시 가장 인상적이었던 부분은 강대상 위에 놓여 있던, 아직 완성되지 않은 커다란 캔버스의 그림이었다. 한국교회 예배당이라면 강대상이 자리 잡아야 할 정중앙 위치에, 미완의 그림이 놓여 있었던 것이다. 그림의 용도와 역할이 무척 궁금했던 나의 궁금증이 해결된 순간은 놀랍게도 설교 시간이었다.

담임 목사인 Dan Kimball이 설교를 시작하자, 한 여성이 단에 올라 그림을 완성해 가기 시작했다. 이 과정은 설교 내내 이어졌는데, 설교의 제목과 내용을 듣는 예배 참여자는 직관적으로 그림의 주제를 인식할 수 있었다. 담임목사는 4주간에 걸쳐 죄의 속성과 그 파괴적 영향력에 대해 연속 설교를 하고 있었는데, 앞에 놓인 그림은 죄로 인해 고통당하고 있는 사람들이 구원의 손길을 갈망하는 듯한 형상으로 채워지고 있었다. 예배를 마치고, 담임목사에게 그림의 취지에 대해 물어보았을 때 단순하지만 깊은 울림이 있는 대답이 돌아왔다. "그 자매는 자신의 예술적 재능으로 예배를 드리고 있는 것입니다." 실제로, 그 교회의 예배에는 드라마와 영상을 포함한 다양한 형태의 예술 활동들이 적극적으로 도입되었고, 예배의 형식으로 이해되고 있었다.[30]

그녀의 예배는 참으로 은혜로웠다. 그림을 그리는 과정은 그 예술가 자매에게 영성 수련과 같은 경험이다. 주신 영적 감각과 상상을 통해 말씀을 묵상하면서 그림을 그리고 있었고, 예배를 통해 구현하고 있었다. 담임목사의 설교만큼이나 강력한 메세지를 그림을 통해 교인들에게 전달하고 있었다. 그림은 설교의 시각적 산물이었다. 그림을 그리는 자매와 그 작품을 보면서, 마치 내가 그림이란 예술 행위에 동참하는 것 같은 거룩한 착각을 불러 일으켰다. 예배 동참자로서 그녀의 예술 행위에 함께한 것이다. 이렇게 그려진 그림들은 그 교회에 위치한 카페에 전시되었다. 카페에 들러 전시된 그림을 보는 교인들은, 자연스럽게 설교를 묵상하는 시간을 부여받게 된다. 예배 시간에 그려진 예술 작품을 통해 다시금 설교와 예배의 은혜가 기억되고, 그 메시지가 환기되면서, 깊은 묵상과 성찰로 이어지는 영적인 효과를 기대할 수 있는 것이다. 한 사람의 영적 예술 행위가 공동체의 예배 가운데 구현되었을 때, 한 사람의 영적 감각과 상상적 관상은 공동체적으로 공유될 수 있으며, 이 과정은 예배 참여자들의 영적 감각과 관상 속에 영적 파장을 일으키고, 예배 공동체의 영적 경험과 변화로 이어질 수 있음을 보여 주었다.

이렇듯, 예술영성 형성을 위해 영성 수련을 고려하고 있는 목회자는, 영적 의미가 담겨 있는 예술 작품을 감상하고 그 안에서 성령의 인도하심과 일깨워진 영적 감각을 심도 있게 성찰하여 예배와 설교를 통해 영적 공동체 일원들과 나눌 수 있다. 심미적 경험과 상상적 관상이 목회자의 영적 경험 속에서 조화롭게 통합되어 목회적으로 구현된다면, 영성 수련의 중요한 목표에 도달하는 과정으로 인식할 수 있다. 이 영적 성찰을 신앙 공동체와 나눌 때에 공동체 일원과 영적 경험을 공유함과 동시에 영적 대화의 매개체로서도 활용되어 영적 공감대를 형성할 수 있다.

이상으로 목회적 차원에서의 예술 활동이 어떻게 교인들의 영적 감각을 일깨워서 영적으로 풍성한 분위기를 일깨울 수 있는지를 살펴보았다. 이 두 사례는 영성 수련과 실천이 어떻게 상상적 관상을 통해 영혼의 영적 감각을 일깨우고, 하나님의 뜻을 분별하는 영적 통찰로 이끄는지를 보여 줄 뿐 아니라, 동시에 예술 행위가 영성 수련의 하나의 도구가 되어 예배 공동체의 영적 감각을 심화시키는지를 보여 주고 있다. 이를 통해 영성 수련과 예술 행위를 통한 예술영성 형성이 어떻게 목회 현장에서 가능한

지를 살펴볼 수 있었다.

2) 영성 수련과 그리스도교 교육

예술목회를 지향하는 목회자, 혹은 사역자는 어떤 방식으로 예술목회적 접근을 그리스도교 교육이나 교회학교에서 적용할 수 있을까? 영성 수련을 바탕으로 한 예술목회를 전제한다고 하였을 때, 목회자 혹은 교사는 교육의 대상자인 학생들의 내적이고 영적인 여정에 깊이 관여하기 보다는 주체적이고 능동적인 방식으로 진리에 이르도록 돕는 교육 과정을 활용할 것이다. 교회학교 학생이나 교인들이 스스로 하나님의 뜻과 하나님과의 관계에 관심을 가지도록 도우며, 성령님의 인도를 통해 직접적으로 주님과 소통하고 교제하여 영적 만남을 지속하고 영적인 변화와 성장을 경험하도록 돕는 교육 프로그램을 소개할 것이다. 예술적 인식이나 미적 체험을 통해 하나님에 대한 새로운 경험을 지향한다면, 상상력을 고양시키는 학습 방법을 도입할 것이다. 앞에서 살펴본 바와 같이, 관상적 상상력은 하나님에 대한 앎을 삶 속에서 실천하도록 도움으로써 앎과 삶을 통합하도록 돕는다. 교육 과정에 렉시오 디비나를 활용한다면, 관상적 상상력을 통한 성서 묵상은 수련자들에게 성령의 임재와 인도하심을 자기 내면에서 직접적으로 경험하도록 인도한다. 나아가, 피교육생의 내면에 새롭게 올라온 상상력을 다양한 예술적 방식 — 시, 그림, 음악, 댄스 등 — 으로 표현하도록 격려하고 배려하는 교육 환경을 제공하는 것도 중요하다.

이를 위해 중요한 전제 조건은, 목회자와 교회학교 선생님들이 영성지도에 대한 기본적인 수련과 지식을 갖추고 있어야 한다는 것이다. 영성지도는 수련자가 하나님과의 영적 교제를 시작하고 보다 깊은 체험을 얻도록 그들의 영적 여정을 응원하고 격려하는 영적 동행 사역이다(Barry &

Connolly, 1986).[31] 영성지도 사역에서 수련자와 지도자 사이의 관계는, 전통적인 의미에서 일방적인 지식을 전달하는 선생과 제자의 그것과는 다르다. 영성지도자는 수련자들 혹은 교육생들이 배움의 과정을 통해 성령의 인도를 받고, 주체적으로 하나님과의 관계를 심화시키며, 예수 그리스도와의 영적인 관계를 보다 더 친밀하게 경험하도록 돕는 조력자의 역할에 초점이 맞춰져 있다. 즉, 영적 멘토 역할을 하도록 요청받는다. 영적 산파로서 목회자와 교회학교 교사가 영적 경청을 기초로 하는 영적 대화에 대한 이해와 기술을 갖추면 영적지도자로서의 역할에 도움이 된다.[32] 영성 수련에 있어 영적지도는 필수적인 구성 요소이기에 영성 수련을 바탕으로 한 그리스도교 교육에는 영성지도에 대한 기본적 이해와 실행이 수반되어야 한다.

5. 이 장의 요약

본 논문은 예술영성 형성의 필수적 구성 요소로 영성 수련 혹은 영성 실천을 제시하면서, 예술영성 형성과 영성 수련 사이의 학문적 연관성과 필연성을 증명하고자 하였다. 이는 예술목회를 위한 영성 형성에 필수적 절차이며 따라서 영성 수련의 필요성과 타당성도 탐구하였다. 하나님 계시의 인간적 경험과 지식 습득은 예술적 방법과 미학적 경험을 통해 표현된다는 신학적 배경으로부터 출발하였다. 영성 수련을 통해 획득된 상상적 관상은 하나님이 창조하신 세계의 아름다움을 발견하고, 이를 토대로 한 예술영성 형성이 일상과 목회 현장에서 아름다움을 재발견하고 재구성하여 그리스도교 신앙의 핵심을 표현하고 구현해 낼 수 있다는 사실을 주장하였다. 이를 위해, 영성 수련 혹은 영성 실천이 그리스도교 영성에서 차지하는 학문적 위치를 확인하였고, 하나님에 대한 인식론적 지식을 존재론적 지식으로 확장하는 데 결정적 도구로 제시되었다. 더불어 이냐시오의 영신수련은 상상적 관상과 그로 인해 깨어난 영적 감각이 예술영성 형성에 있어 영적 구성 요소임을 밝혀 주었다. 또한 영신수련의 상상적 관상을 통해 일깨워진 영적 감각을 경험한 영혼에게는 미학적 인식이 생성되며, 예술적 방식을 통해 영적 경험을 표현한다는 사실을 살펴보았다. 새로이 깨어난 영적 지각과 미학적 인식은 예술목회의 신학적 초석이 되어야 함을 주장하였다. 또한 예술영성 형성에 있어서 영성 수련의 기능과 역할, 그리고 연관성을 밝혔으며, 예술영성 형성을 바탕으로 목회를 위한 이론적 제언도 제시하였다. 그리고 예술영성이 구비되고 형성된 목회자가 어떤 방식으로 목회 현장에서 미학적 인식을 구현하고, 예술적 표현을 실제적으로 활용하는지를 살펴보았다. 마지막으로는 영성 수련에 대한 그리스도교 교육적 적용과 영성지도의 필요성에 대해 간략하게 소개하였다.

학문적 논의가 이제 막 시작되는 예술목회에 있어 영성 수련의 의의를 처음으로 논의하였다는 사실에서 이 논문이 가지는 학문적 의의를 찾을 수 있겠다. 앞으로 예술목회가 신학적으로 발전하고 그리스도교 공동체에 기여하기 위해 논의되어야 할 담론과 추가적인 탐구 대상도 다음과 같이 발견될 수 있을 것이다. 우선, 예술 신학과 예술영성 형성에 있어서 생태신학적 관점이 보충되어야 할 필요성이 제기된다. 예술신학적 이해의 정점에는 하나님의 선한 창조로서 자연 세계에 대한 신학적 탐구가 필요하기 때문에, 이를 위해 생태신학적 접근과 통찰이 영성 수련과 예술영성에 기여하는 신학적 측면도 탐구되어야 할 것이다. 더불어, 선교적 차원에서 교회와 그리스도교를 외면하고 있는 청년 세대의 영적 성장을 위한 예술목회적 접근과 영성 수련 방안을 모색할 필요성이 제기된다. 감각적 경험에 민감한 청년 세대의 영성 형성에 영적 감각과 미학적 경험이 건설적인 영향을 미칠 수 있기 때문이다. 그리스도교 교육의 현장에 영성 수련을 도입하기 위해서는 영성지도에 대한 학문적 소개와 담론이 앞으로 지속적으로 탐구되어야 할 부분이다.

'관계'에 대한 대상관계이론과 관계적 영성[1]

/ 김홍근(한세대학교, 영성과 목회상담)

"무의식은 최초의 자극적인 경험을 반복하려는 강박적인 힘이다."[2] 라는 명제에서 알 수 있듯이 병리적인 관계경험의 결과 병리적인 인격 조직이 형성된 사람은 그의 모든 삶에서 병적인 행위를 반복한다. 물론 그의 영성 생활도 마찬가지일 것이다. 우리는 흔히 성령을 받으면, 새롭게 변화되어 이전의 것은 사라지고 새것이 된다고 한다. 성령을 받는 것을 마법의 지팡이처럼 만사능통하게 만드는 것으로 여긴다. 그리스도교 교리에 의하면 거듭남, 즉 중생은 성령의 내주하심으로 인하여 죄인이 의인으로, 죄로 말미암아 죽을 인생이 하나님의 아들이 되는 특권을 가진 자로 사는 구원의 사건이다. 성령세례는 성령의 임재를 확인하는 사건이라고 할 수 있다. 하지만 중생이나 성령세례는 그의 영적 신분의 변화를 말하는 것이지, 그의 인격의 변화를 가리키는 것은 아니다. 물론 바른 영성 지도를 받을 때, 겸손히 하나님을 배우고 열망할 때 점진적인 성화의 과정으로 나아갈 수 있다. 병리적 인격이 왜곡된 초기 관계에서 발생한 것이기에 인격의 변형도 관계성을 통하여 일어난다.

사랑받을 만함과 수용받을 만한 존재로서의 자기라는 주제는 어떤 관계에서나 존재한다. 즉, 아이들뿐만 아니라 어른들의 주요 관심사도 자신이 가치 있는 존재인가에 있다. 이를 달리 말하면 인간은 관계에 예민한 존재라는 말이다. "관계에 대한 대상관계이론과 관계 영성"이라는 제목에서 알 수 있듯이 그리스도교 영성과 대상관계이론은 관계성이라는 핵심 주제어를 다룬다는 점에서 접촉점이 많다. 본 장에서는 '관계'에 대한 대상관계이론과 그리스도교 영성적인 주장들을 서술한 후, 한 개인의 병리적 인격구조형성 과정과 변형에 대한 대상관계 정신분석적 주장과 그리스도교 영성적 주장을 대비시킴으로써 그 형성 과정과 치료적 국면의 유사성을 말하고자 한다.

본 장의 연구 목적은 첫째, '관계'에 대한 그리스도교 영성의 주장과 대상관계 정신분석적인 설명을 한 후 두 학문 분야의 많은 접촉점에 대해서 말하려 한다. 둘째, 병리적 인격조직의 형성 과정과 변형과 성장으로 나아가는 길에 대한 두 학문 분야의 접촉점을 밝히려 한다. 이렇게 통합적으로 연구함으로써 한 개인의 관계성과 그 관계 경험의 결과인 병리적 인격조직에 대한 새롭고 확장된 인식을 얻을 수 있다.

1. '관계'에 대한 그리스도교 영성과 마틴 부버의 관계적 영성 이해

한 개인이 겪는 병리적 인격조직의 형성은 유전적 소인이나 신경생리학적 소인도 있겠지만, 무엇보다도 생애 초기에 겪은 관계성의 질에 달려 있다. 그러므로 관계에 대한 연구는 중요하다. 그리스도교 영성의 특이성은 관계적이라는 데 있다.

1) '관계'에 대한 그리스도교 영성

'영혼'이란 희랍어로는 psuche로 번역되며, 라틴어로는 anima이다. 이 두 용어는 모두 히브리어 Nephes의 번역이다. 이 말의 주된 의미는 "생명을 소유하고 있는" 또는 "살아 있는 것"이다. 영혼은 살아 있는 모든 것의 생명, 또는 살아 움직이는 중심이다. Nephes는 탐욕의 심중(시 78 : 18), 감정의 원천(사 1 : 14), 갈망의 자리(시 63 : 1)이며, 종교적 생활의 자리이자 인간과 하나님과의 관계가 형성되는 자리이다. 예수님에 의하면, 영혼도 때로는 휴식이 필요하다(마 11 : 29). 사도 바울도 영혼이라는 말을 사용할 때는 신체 안에 있는 생명을 지칭하였으며, 욕망과 감정의 중심이라고 하였다(빌 1 : 27, 살전 5 : 23).[3]

'영성'이란 말은 한 개인이 가진 정서, 의지, 지성 등과 같이 그를 규정하는 고유성을 말하는데 특히 그의 종교적 관계성의 독특성을 의미한다. 영성에 대한 정의는 영성신학자들마다 달리하고 있다. 하지만, 공통적으로 일치하는 것은 영성을 관계적으로 보는 것이다. 넬슨 떼이어(Nelson S. T. Thayer)는 "영성이란 역사적, 문화적, 사회적 환경과의 관계에서 체험된 경험"[4]이라고 말한다. 즉, "살아 본 체험이 영성의 중심"[5]이라는 것이다. 살아 본 체험이 영성의 중심이라는 말은 그 사람이 관계를 맺은 대상과의 체현된 경험 안에서 하나님과의 관계를 맺는다는 의미이기도 하다.

어반 홈즈(U. T. Holmes)는 그리스도교 영성을 관계적 경험으로 보고 다음과 같이 다섯 가지로 자세히 설명한다.[6] 첫째로, 영성은 인간의 관계성 형성에 대한 보편적인 능력이다. 영적인 사람, 비영성적인 사람이란 없다. 영성이란 관계성을 향한 개방성이며, 이는 누구나 갖는 보편적인 능력이다. 인간을 사회적 동물, 정치적 동물로 보는 것은 인간이 존재하기 위해서는 공동체 안에 실존해야 한다는 말이다. 인간 존재란 본질상 관계성을 요구하는 생물이라고 하는 사실에서 영성은 시작된다. 영성은 인간이 된다는 것은 타자에 대해 개방적으로 된다는 것이라는 가정에서 시작하여, 각자의 내부에는 타자와의 합일을 원하는 타고난 열망이 있음을 주장한다. 이 열망은 에로스라고 알려져 있는데 여기서 애욕적(erotic)이란 단어가 나왔다. 그런데 이 욕망은 외설적인 감정보다 훨씬 더 심오한 것이다. 이것은 인간 상호 간에 그리고 궁극적으로 하나님에 대해 느끼는 기본적인 욕구이다. 이것은 개인 속에 있는 일종의 에너지이며, 그 본래 목적에서 다소 벗어남에도 불구하고 인간의 영성적 열망의 터 닦음이 되는 것이다. 둘째로, 이러한 사실은 감각 현상을 초월하는 그 무엇과의 관계를 맺고자 하는 영성을 기대하게 한다. 과학적 분석은 모든 경험을 숫자로 축소시켜 버리고 말았다. 그 결과 객관성, 예측, 통제라는 가치에 중요성을 두게 되었다. 그러나 이러한 가치로서는 인간관계의 신비를 설명할 수 없다. 영성에서 말하는 초월성 경험이란 자신의 힘으로 이해할 수 있는 것보다 더 위대한 그 무엇에 의해 물질세계를 초월하여 주어지는 경험이다. 인간의 초월성 경험은 일종의 에너지이다. 인간은 스스로 하나님을 알 수 없다. 다만 초월적 존재가 인간의 유한한 마음과 대면할 때 알게 된다. 하나님은 인간의 본질적이며 규범적인 가치의 궁극적 근원이 되지만, 인간이 이것을 파악하려면 하나님의 에너지가 각자의 경험의 세계로 들어와야 한다. 이 초월적 에너지에 대하여 개방하고 있는 것이 영성적인 삶의 특징이다. 초월성은 다른 방법으로는 얻을 수 없는 의미를 포착할 수 있다는 가능성이며, 또한 영성은 그러한 의미, 즉 하나님의 마음과 관계성을 형성할 수 있는 능력이다. 셋째로, 영성은 고양되고 확장된 의식을 갖게 된다. "자기 소명의 명확성", "전적으로 새로운 의미와 목적 의식"을 갖고 굳건하게 그 길을 걷게 하는 힘이다. 영성은 습득하여 가질 수 있는 것이 아니다. 영성적으로 된다는 것은 수용성이요, 기다림이요, 신뢰함이다. 그런 면에서 영성은 능동적인 수동성(An Active Passivity)이다. 개인이 하나님을 알 때, 즉 초월성과의 관계가 형성될 때, 그 경험의 결과로 인식이 고양되고 확장된다. 초월성과의 관계 경험의 결과로 인식이 고양되고, 확장되면, 더 깊게 관계할 수 있는 능력이 주어진다. 넷째로, 영성은 지식의 본체로 인도하며, 이 본체는 항상 역사적이다. 역사적이란 말은 지식을 담고 있는 내용적 형상이 특정한 시간과 장소의 기능을 가지고 있다는 뜻이다. 하지만 그리스도교 영성의 특성은 역사적 성격을 띠고 있으나, 시간적이며 지리적인 편협성을 초월한다. 예를 들면 예수 그리스도의 십자가의 사건은 역사성을 띠고 있다. 정확한 시간과 장소가 있다는 말이다. 그러나 오늘을 사는 우리에게 그 역사는 오늘의 역사이지 이천 년 전의 역사에 국한되는 것이 아니다. 역사 안에 순간적으로 제시된 하나님의 자기 동일화(The Identification of God)는 모든 역사 안에서 하나님을 보게 하는 일종의 초청이다. 역사적 예수 안에는 최고 극치의 순간, 즉 우주적 역사를 예기시켜 주는 사건이 있다. 그러나 그것은 여전히 역사이다. 또한 인간 개인은 역사 안에서 각기 다른 영성적 경험을 하게 된다. 그러므로 인간 존재는 역사적 상황 가운데서 자기의 영성을 실현하는 존재이다. 다섯째로, 영성은 세계 속에서 창조적 행위를 통하여 드러난다. 어떤 결단을 내리는 일과 이 결단에서 나오는 행동은 자신의 인식의 산물이다. 만약 테니스 게임을 한다면, 먼저 테니스 게임이 있다는 것을 인식하고 그 규칙을 숙달하여야 한다. 모든 행동은 자신의 선택의 여지를 가지고 행한다는 의미이다. 이러한 행동은 세계를 향한 일종의 투사이다. 그리하여 전에는 몰랐던 일을 알게 된다면 그것은 불가피하게 행동으로 나타나게 된다. 또한 진정한 영성은 사회적 행동과 일치한다. "하나님의 나라가 하늘에서처럼 땅에서도 이루어지이다."라고 기도할 때 더욱 그러하다. 인간이 하나님의 보여 주심에 따라 세상을 볼 수 있고, 알 수 있게 되는 것이 영성의 본질이다. 그리고 영성의 성취는 하나님 나라를 위한 그 사람의 행위에 의해서 측정된다. 예수님께서 말씀하기를 "열매로 그를 알리라."고 했던 것과 같다.

그러므로 "영성이란 대상과의 관계 경험을 통하여, 인식의 확장과 고양성을 가지고, 하나님의 마음인 긍휼로써 세계 공동체 속에서 창조성을 드러내는 것이다."라고 정의할 수 있다. 여기서 중요한 것은 관계성이다. 한 개인이 부모, 가족, 사회, 한 국가, 종교와 어떠한 관계를 경험하느냐에 따라 영성의 고유성과 유일성을 갖게 된다.

2) '관계'에 대한 마틴 부버의 관계 영성 신학

마틴 부버(Martin Buber)는 "태초에 관계가 있었다. 관계야말로 실존의 범주요, 남을 맞아들이려는 준비태세이며, 혼의 틀인 것이다."[7]라고 말하면서 모든 존재를 관계로 인식하였다. 부버는 개인의 우위성보다 관계의 우위성을 주장한다. 부버는 개성(個性)을 관계적 경험의 산물로 보았다. 부버는 관계성이 두 가지 형태를 취한다고 주장하였다. 그것은 '나-너'와 '나-그것'의 관계이다. 여기에서 '나-너'와 '나-그것'의 차이는 대상에 따른 것이 아니라 '나'에 달려 있다. '나-너'의 관계에서의 '나'와 '나-그것'에서의 '나'는 각기 다른 나이다. '나-그것'에서 나는 정서적으로 떨어져 있고, 관련되어 있지 않다. 단지 나는 그것을 수단으로 사용할 뿐이다. 하지만, '나-너'의 관계에서 나는 정서적으로 연결되어 있고, 나는 너를 돌보며, 너에게 헌신하며, 활기를 주고받는 존재이다. 나는 너를 수단으로 사용하는 것이 아니라 너와의 관계 안에 있고, 너의 자율성과 자유를 존중하는 '나'이다. 여기서 중요한 것은 대상이 아니라 '나'이다. 왜냐하면 대상에 따라 '나'는 다른 '나'로 관계를 맺기 때문이며, 대상을 향한 '나'의 지향성에 달려있기 때문이다. 그러므로 '나'는 어떤 대상과도 '너'로서 혹은 '그것'으로서 관계를 맺을 수 있다. 부버는 "나라고 하는 것은 존재하지 않는다. 다만 '나-너'라는 기본어와 '나-그것'이라는 기본어 안에 있는 '나'가 있을 뿐이다."[8]라고 주장한다. 그러므로 나는 항상 다른 대상들과의 관계 속에서만 존재한다.

부버는 '나-너'의 만남은 하나의 은총이며, 인위적으로 이루어지는 것이 아님을 강조한다. 그러나 내가 너를 향하여 근원어를 건네는 것은 나의 전 존재를 건 행위, 즉 나의 가장 본질적인 행위인 것이다. '나-너' 사이에는 어떠한 개념 형태도, 예비 지식도 그리고 어떠한 상상도 뚫고 들어갈 여지가 없다. 회상조차도 단편적인 형태에서 전체적 통일에로 진전할 때에만 '나-너'는 성립된다. 모든 수단이 다 장애이며, 진실로 모든 수단이 무너질 때 비로소 '나-너'의 만남이 실현된다. 부버는 '나-너'의 사이에서 일어나는 것을 사랑이라고 부른다. 감정은 사람 속에 깃들어 있는 것이다. 그러나 사랑은 결코 나에게 달라붙어서 너까지도 자기의 내용이나 대상으로 만들어 버리려고 하는 감정이 아니다. 사랑은 나 안에 있는 것이 아니라, 나와 너 사이에 있는 것이다. 사랑은 너를 인격으로 보고, 이 세계에서 자유롭고 유일한 존재로 너를 보면서 나의 실존을 느낀다. 미움은 너를 부분적으로 보게 하나, 사랑은 너를 전체로 보게 하며, 너의 전체를 긍정하게 한다. 부버는 인간의 정신도 너에 대한 응답이라고 본다. 정신도 '나' 안에 있는 것이 아니라, '나와 너' 사이에 있다는 말이다.

부버는 '나-너'의 관계와 '나-그것'의 관계의 역전과 반복성을 설명하기 위해 예술의 세계를 예로 들었다. 화가는 자연에 마주서서 진정으로 자연을 '너'로서 만나 얻게 된 교감을 어떤 형상으로써 속박하며, 이처럼 속박된 형상은 작업 과정을 통하여 작품이 된다. 작품이 된 이 자연은 이미 '너'의 세계가 아니고 '그것'의 세계로 멈추게 된다. 그런데 그것이 된 작품을 이용 가치로서만 묶어 둔다면 그때 '그것'은 썩는 세계로서만 머물게 된다. '그것'으로서의 작품을 다시 '너'로서 마주설 때 비로소 자유로울 수가 있다. 이렇게 볼 때, 역사의 위대한 문화도 근원적으로는 만남에서 비롯되며, 너에의 응답, 곧 정신의 본질적 행위에 근거하고 있다.

'나-너'의 관계는 세 가지 영역에서 이루어진다. 첫째, 자연과 더불어 관계를 맺는 삶, 둘째, 사람과 더불어 관계를 맺는 삶, 셋째, 예술과 초월적 존재와 더불어 관계를 맺는 삶이다.[9] 첫째 영역의 경우는 모든 피조물들이 나와 마주서서 활동하고 있지만, 나에게까지 오지는 못한다. 그리고 나는 그러한 것에 '너'라고 말해도 언어의 장벽을 넘기 어렵다. 한 그루의 나무나 자연 경관과도 관계 형성으로 나아갈 수 있다. 그러면 그 나무는 '그것'이 아니며, 나에게 활기와 살아 있음을 느끼게 만드는 '너'가 된다. 둘째 영역, 즉 사람과 더불어 관계를 맺는 경우에는 말이 통한다. 여기에서 관계는 말의 형태를 취한다. 언어는 말의 주고받음 속에서 연속적으로 완성된다. 그리고 언어로 형성된 말은 상호 응답을 하게 된다. 셋째 영역의 경우에는 관계가 구름에 덮여 있으나 스스로 나타나고, 말이 없으나 말을 만들어 낸다. 나는 '너'라는 말을 듣지 못하지만, 그렇게 부름 받고 있음을 느끼며 대답한다.

부버는 모든 관계가 나와 너의 관계 유형이어야 한다고 주장하지는 않는다. 예를 들어 사람들은 주유소의 직원이나 톨게이트 직원들을 단순히 기계적인 관계로 맺는다. 그는 내 차에 기름을 넣고 나는 그에게 돈을 지불한다. 톨게이트 직원은 통행료를 받고 내 차를 통과시키면 된다. 주유원과의 관계하는 시간은 5분 내외일 것이고, 톨게이트 직원과의 관계하는 시간은 5초 안에 끝난다. 그것이 문제될 수는 없다. 하지만 현대 문명 사회는 너무나 '나-그것'에 연류되어 있기 때문에 나와 너로 관계하는 능력을 상실시키는 것이 문제이다. 그리고 참 영성의 삶은 보편적인 사랑이 가능하다. 예수 그리스도의 삶과 성인들의 삶은 모든 관계에서 긍휼과 따뜻함을 가지고 '나-너'의 관계의 삶을 살았다. 그러므로 짧은 순간에 서로의 필요에 의해서 맺는 관계에서도 '나-너'의 관계가 가능하다.

2. '관계'에 대한 대상관계이론(Object Relations Theory)[10]의 이해

프로이트(S. Freud)의 고전적 정신분석학은 "리비도(libido)[11]는 쾌락을 추구한다."[12]는 명제에서 출발한다. 그래서 그의 이론을 욕동구조 모델이라고 한다. 하지만 대상관계정신분석학은 견해를 달리한다. 대상관계이론 학자인 페어베언(R. Fairbairn)은 "리비도는 쾌락을 추구하는 것이 아니라, 대상을 추구한다. 쾌락은 단지 대상과의 관계를 위한 촉매자 혹은 인도자의 역할을 할 뿐이다."[13]라고 했다. 페어베언의 주장에서 알 수 있듯이 인간 행동의 기본 동기는 쾌락과 긴장 해소라는 목적을 충족하기 위해 타인을 사용하는 것이 아니라, 타인들과의 관계를 맺고 유지하는 데 있다고 본 것이다.

프로이트에 따르면, 유아는 어머니가 수유를 통해 구강적 욕구를 채워주기 때문에 강력한 관계를 맺는다고 한다. 그러므로 프로이트에게 있어서 대상은 본능의 긴장을 완화시켜 주는 역할을 할 뿐이다. 그런 의미에서 대상은 욕동 충족의 가치를 갖고 있다. 초기 인간 존재는 일차적인 자기애로 가득하지만, 발달단계에 따라 자신의 에너지를 타자와의 관계에 투자하게 된다. 성인기에서도 이런 관계는 쾌락 추구와 긴장 완화를 둘러싸고, 구조화된다고 보았다. 하지만 대상관계이론의 중요한 학자인 페어베언은 그렇게 생각하지 않았다. "리비도적 목적은 대상-관계와 비교해 볼 때 이차적인 중요성만 갖는다. 충동의 만족이 아니라, 대상과의 관계가 리비도적 추구의 궁극적인 목적이다."[14] 그의 동기이론의 주요 개념은 첫째, 리비도는 쾌락을 추구하지 않고, 대상을 추구한다는 것이다. "대상은 처음부터 본능의 충동 안에 자리 잡고 있다."[15]고 보았던 클라인(M. Klein)의 수정된 충동이론에서 더 나아가, 원래 리비도 에너지는 대상을 추구하며, 쾌락은 충동의 궁극적인 목적이 아니라 타자와의 관계를 위한 수단, 혹은 길잡이 역할을 하는 것으로 보았을 뿐이다. 둘째, 충동은 정신구조로부터 분리될 수 없다. 다시 말하면 에너지와 구조를 분리할 수 없다는 것이다. 프로이트는 19세기 물리학의 영향을 받아 충동을 자아와의 분리된, 방향성 없는 별개의 에너지 덩어리로 간주하였으며, 초자아와 자아를 신체적 또는 정신적 활동을 위하여 그 에너지를 사용하는 대리자로 여겼다. 하지만 페어베언은 자아 구조는 에너지를 가지거나 혹은 그 자체가 에너지이며, 에너지는 처음부터 대상을 향하도록 구조화되어 있다고 생각했다. 페어베언의 견해에 따르면 자아를 기구와 에너지 없는 구조로 보는 견해는, 원래 에너지화 되고 동시에 구조화된 인간 활동을 언어적으로 왜곡하는 것에 지나지 않는다. 그러므로 원 본능으로부터 분리된 자아란 존재하지 않는다. 충동은 구조와 대상관계로부터 분리될 수 없으며, 자아 안의 충동은 자아가 대상들과 관계를 맺을 수 있게 해 준다. 페어베언은 그의 새로운 동기이론을 주장했다. 리비도는 대상을 통해 본능적 긴장을 해소하려는 성향보다는 대상 자체에 집착하는 성향이 더 크다. 부모가 어떤 돌봄을 제공하든 아이는 그것을 통해 부모와 관계를 맺는다. 그 후, 이러한 관계형태는 아이가 타인들과 애착하고 관계를 맺는 유형으로 자리 잡는다. 즉, 유아는 처음부터 타자들을 지향하며, 유아가 관계를 지향하는 것은 생물학적 생존을 위해서도 필수적이다. 유아는 개별적인 유기체가 아닌 인간 환경과 상호 작용하는 존재이다. 이처럼 페어베언은 인간의 근본적인 동기가 타자와의 접촉과 그 관계를 유지하려는 데 있음을 주장했다.

그러면 페어베언의 동기이론에서 공격성의 역할은 무엇인가? 페어베언은 임상적 측면에서 공격성이 지닌 중요성을 강조했다. 공격성은 자발적으로 발생한다기보다, 타자와 접촉하고자 하는 일차적 목적이 좌절된 결과 발생하는 반작용이다. 따라서 공격성은 자연적인 것이 아니라, 만족스럽지 못한 실패한 대상관계에서 오는 이차적 결과물이다. 비록 페어베언의 체계에서 공격성이 일차적인 동기는 아니지만, 그 임상적 의미는 매우 크다. 어머니와 유아라는 단일체가 자연스럽게 발달하는 것을 방해하는 문명의 파괴적인 영향으로 인해 발생하는 강렬한 공격성은, 좋은 대상관계를 유지하기 위해서 자아가 해결해야 하는 결정적인 문제이다. 그러므로 인간의 기본 동기를 관계로 보는 페어베언의 전제는, 친밀감은 물론이고 공격성까지도 관계를 향한 열망임을 표현한 것이다. 즉, 동기는 쾌락의 추구가 아닌 타자들과 접촉하고, 그 관계를 유지하려는 데 있다. 페어베언에게 있어서 쾌락은 어떤 위치를 차지하는가? 쾌락은 목적에 도달하기 위한 수단이요, 대상에게 가는 길잡이 역할을 한다. 유아는 성감대를 통한 다양한 감각적 쾌락 추구 행동들을 한다. 이는 타자와 만나고 관계의 양식을 형성하게 하는, 대상에게로 가는 길을 제공한다. 그러므로 성감대는 일차적인 리비도적 목표가 아니며, 다만 대상 추구라는 목표에 도달하는 통로이다.[16]

인간의 기본적인 동기는 타자들과의 연결을 갖고 유지하는 것이다. 쾌락은 대상 추구에로 인도하지 않지만 대상 추구는 쾌락을 제공한다. 쾌락은 목표가 아니라 만족스러운 관계의 결과이다. 쾌락은 일차적인 동기라기보다는 이차적인 것이며, 좋은 대상관계의 파생물이다. 충동은 대상을 추구하지 않지만, 대상은 정서적인 반응을 촉발시킨다. 자유롭게 떠다니는 정욕의 에너지가 방출의 기회를 기다리며 저장되어 있는 것이 아니라, 감각적인 타자와의 대인관계적인 만남이 흥분하게 하고 리비도를 자극시킨다. 그러므로 페어베언에게 있어서 인간의 본성은 처음부터 관계적이다. 삶은 긴장의 감소가 아니라, 연결의 확립을 둘러싸고 구조화된다. 페어베언은 인간이 때때로 긴장의 감소를 추구한다는 사실을 부정하지는 않는다. 그러나 쾌락 추구는 그 자체로 목적이 아니기 때문에 그런 모습은 인간 본성이 왜곡된 모습이며, 이차적인 또는 타락한 행동이라고 주장한다.[17] 하지만 순수한 쾌락 추구 속에도 타자와의 관계성을 열망하는 끔찍한 고독이 도사리고 있기에 왜곡이 내재될 수 있다.

인간은 성기적 단계에 도달했기 때문에 만족스런 성관계를 즐길 수 있는 것이 아니라, 성숙한 대상관계 능력을 가졌기 때문에 만족스런 성관계를 즐길 수 있다. 성기는 타자와의 밀접한 상호 교류를 위한 가장 강렬하고 적절한 매개물이다. 페어베언의 발달이론에서 가장 중요한 것은 친밀한 상호관계를 맺을 수 있는 능력이다. 따라서 한 개인이 진정한 성기적 기능을 획득한다는 것은 친밀감을 형성하는 역량을 가지게 되었다는 뜻이다.[18]

대상관계이론에서 보면 리비도는 대상을 통해 본능적 긴장을 해소하려는 성향보다는 대상 자체에 집착하는 성향이 더 크다. 그리하여 페어베언은 이를 "대상추구적 리비도"라고 불렀다. 즉, 인간을 대상과의 관계 추구적인 존재로 본 것이다. 초기 부모가 어떤 돌봄을 제공하든 아이는 그것을 통해 부모와 관계를 맺는다. 그 후, 이러한 관계 형태는 아이가 타인들과 애착하고 관계를 맺는 하나의 유형으로 자리를 잡게 되는 것이다.

3. 마틴 부버의 '영원한 너'와 하인즈 코헛의 '자기대상으로서의 하나님'

부버는 하나님을 영원한 당신이라고 부른다. 이 용어에서 그가 의미하고자 하는 것은 하나님은 영원한 너라는 것이다. 부버의 중심적인 신학적 금언은 "영원한 당신은 나가 될 수 없다."[19]는 것이다. 하나님은 다만 나와 너의 관계에서만 접근될 수 있을 뿐임을 가르친다. 부버의 하나님 이해는 '나-너'의 관계의 연장이다. 그의 주된 관심 가운데 하나는 그가 영원한 너라고 부르는 하나님과의 관계를 가지는 것이다. 더욱이 그가 의도하고 찾고자 하는 것은 사람들과 관계를 가지는 것처럼 하나님과도 하나 되어 살 수 있는 친밀성을 유지하는 것이다.[20] 부버는 생활 속에서 매일 만나는 순간적인 너는, 영원한 당신에게로 가게 하는 작은 빛의 역할을 한다고 생각했다. 모든 관계의 연장선은 영원한 너에게서 만난다. 모든 하나하나의 너는 영원한 너를 들여다보게 하여 주는 창문과 같다. 이 하나하나의 너를 통하여 영원한 너에게 나아간다.

　이 세상에 영원한 당신이라고 부를 수 있는 존재는 없다. 왜냐하면 세상에 있는 모든 너는 죽을 수밖에 없기에 언젠가는 그것이 되어 버리기 때문이다. 하지만 영원한 당신은 영원한 존재요, 스스로 계신 분이시다. 영원한 당신은 그것이 될 수 없다는 사실은 어떻게 인간이 하나님에게로 나아갈 수 있는가를 말해 준다. 정서적으로 거리가 있는 비관계적인 태도로 하나님을 취급하는 것은 우상과 관계하는 것에 지나지 않는다. 그것은 하나님 자리에 유한한 것을 두었기 때문이다. 따라서 아무리 경건한 철학과 신학이라 하더라도, 부버에게 있어서 그것들은 무신론을 향하는 첫걸음이다. 왜냐하면 그것들은 오직 관계적으로만 만날 수 있는 인격적인 존재로서의 하나님이 아니라, 관념 또는 개념적 존재로서의 신에게 접근하기 때문이다. 부버는 말하기를 인간은 하나님과의 만남에서 수용성을 필요로 하는데 그때 그가 수용하는 것은 어떤 내용이 아니라, 하나님의 현존이다.[21]

　부버는 자신의 저서인 「예언자의 신앙」에서 하나님을 "네가 애굽 땅에서 나옴으로부터 나는 네 하나님 야훼니라"(호 13 : 4)고 말하는, 이스라엘에게 대화를 걸어 온 하나님으로 나타내고 있다.[22] 이스라엘의 하나님은 앞에 가시고, 그 백성은 뒤를 따라간다. 하나님은 이스라엘을 애굽에서 불러내시고, 인도하시고, 길을 가르쳐 주신 분이어서 하나의 바른 길과 많은 잘못된 길을 구별하시는 하나님이시다. 그런 면에서 인간과 하나님과의 관계를 신앙의 현실성 속에서 파악했고, 민족과 개개인이 하나님께 고하는 자가 되고, 하나님은 이스라엘 민족에게 말을 걸어 오는 관계이다.[23] 이러한 하나님과 인간과의 관계는 인간은 하나님께 자신을 호소하고, 하나님과 더불어 변론할 수 있는 그런 대화의 관계이다. 인간은 본질적으로 하나님을 지향하고 있고, 너와 더불어 모든 만남에서 영원한 너를 만나게 되고, 전 존재를 바쳐서 하나님을 신뢰해야 하는 존재이다. 하나님은 이 세계의 모든 것 속에 계시기 때문에 찾아 헤맬 필요가 없다.[24] 타자와 자연과의 만남을 통해서 역사하시는 하나님을 순간순간 만날 수 있다.[25] 이 만남은 우리가 우리의 전체로 하나님께 응답함으로써 주어지는 것이며, 선물이다. 그러므로 인간과 하나님과의 관계에서 그 책임이 인간의 결단과 개방성에 있다.[26]

사람들은 절대 존재를 만났을 때, 특별한 감정을 경험하게 된다고 믿는다. 이 경험에서 경험하는 감정적 느낌이야말로 하나님과 사귀는 데 있어서 중요한 동기가 된다. 그러나 만남에서 얻어지는 감정적 느낌이 강력하다 할지라도 그 감정은 만남에서 파생된 부차적인 것이다. 하나님과의 만남은 영혼에 의해서 극단적이거나 모순적인 방법으로만 가능하다. 하나님과의 관계는 감정이나 느낌과 달리 우연 속에서 가능한 것으로 알려져 있다. 하나님과의 순수한 관계 속에서 그에게 의존함으로써 완전히 자유할 수 있다는 것을 경험한다.[27] 부버는 신비주의를 받아들이지 않는다. 왜냐하면 실체, 즉 진정한 삶은 매일의 생활과 느티나무 잎사귀에 비치는 태양의 광선 속에서 영원한 당신인 하나님의 모습을 찾는 데 있는 것이지, 불가사의하고 신비한 수수께끼 속에 있는 것이 아니기 때문이다. 생의 본질, 신비의 실체는 인간의 삶과 지식의 한계를 넘어선 황홀한 무아의 경지에서 찾을 수 있는 것이 아니라, 오히려 온전한 인간의 생활 속에서 그리고 매일의 일상의 삶 속에서 찾을 수 있다.

하나님은 모든 것 안에 계시며 우리 삶의 일상적인 사건과 장면 속에서 그리고 인류 역사의 사건들 속에서 자신을 나타내신다. 때문에, 하나님께 응답할 준비가 되어 있다면 영원한 당신은 항상 가까이 계시는 분이시다.

코헛(H. Kohut)에 의하면 "인간은 관계 안에서 태어나 거기에서 살다가 죽는다. 자기는 자기대상의 모체 바깥에서는 결코 존재하지 않는다."[28]고 주장한다. 코헛이 말하는 자기대상은 자기의 응집력, 활기, 힘 그리고 조화로움을 유지할 수 있게 하는 대상을 말한다.[29] 코헛은 성숙한 자기대상 관계의 예들을 다음과 같이 말한다. 친구가 조용히 어깨에 팔을 올려놓을 때 위안을 받을 수 있는 능력, 음악을 들으면서 힘이 나고 고양되는 것을 느낄 수 있는 능력, 반응해 주는 자기대상으로서의 청중에게 인정을 얻기 위해 자신의 창조성의 산물을 즐겁게 보여 줄 수 있는 능력이다.[30] 코헛의 이러한 주장은 마틴 부버가 말하는 '나-너'의 관계와 맥락을 같이한다. 부버와 마찬가지로 코헛에게 있어서도 자기대상은 사람일 수도 있고, 음악이나 특별한 문서, 자연 경관일 수도 있다. 종교적 전통이 신성한 것으로 인정하는 것들, 예컨대 경전, 나무, 조각물, 음악 등은 자기대상으로 기능할 수 있다. 부버의 주장과 마찬가지로 어떤 것이 자기대상이 되는 것은 대상의 성질 때문이 아니라 그 대상과 특정한 방식으로 관계할 수 있는 개인의 능력 때문이다. 코헛은 자기대상의 경험을 주변에서 끌어올 수 있는 능력에 따라서 그 사람의 정서적 성숙도를 판단하다. 다시 말해서 반영적 자기대상(Mirroring Selfobject), 이상화 자기대상(Idealizing Selfobject), 그리고 보조적 자아 혹은 쌍둥이 자기대상(Alter Ego or Twinship Selfobject)을 경험할 수 있는 기회를 많이 가진 사람이 바로 자신의 본능을 조절한 능력을 갖추게 되고, 동시에 안정된 정서적 상태를 유지할 수가 있다. 자기와 자기대상과의 관계는 자긍심의 기초가 되며, 타인에 대한 사랑의 감정의 토대가 된다. 자기대상이 "이상화된 힘과 고요함의 원천으로서 본질적으로 그와 같으면서 고요히 그의 곁에서 현존하며, 그의 내적 생활을 붙잡을 수 있도록 한다."[31] 이를 통하여 "사람은 그의 일생을 통해 그의 경험과 연결되며, 그것은 시간과 공간 안에서 그 자신을 응집력이 있고 조화로운 굳건한 존재로서 경험하게 만든다."[32] 산소가 생존을 위해 필수적인 것처럼, 아동의 심리적 생존에 있어서는 타자와의 관계가 그러하다. 자기는 타고난 아기의 잠재력과 아기에 대한 부모의 기대가 만나는 지점에서 출현한다.[33] 유아에게 있어서 자기대상은 한 사람이 성숙하면 스스로 담당하게 될 그의 정신구조의 기능을 유아 시절에 대신 맡아 주는 사람을 말한다. 유아는 대상이 수행하는 것을 심리적 기능으로 경험하는 것이지, 대상의 특정한 인격적 성품을 경험하지 않는다. 유아는 대상을 심리구조인 자기의 일부분으로 경험한다. 대상이 자신의 기능을 제대로 수행하는 경우, 대상을 자신의 손과 발의 하나로 또는 몸의 한 부분처럼 당연한 것으로 여긴다. 대상이 자신의 기능을 수행하지 못할 경우, 심리구조가 형성되기 어렵고 따라서 병리의 원인이 된다. 코헛은 자기의 부분으로 경험되는 대상들을 '자기-대상들'이라고 했으며, 1978년 10월 29일 어네스트 이라 월프(E. Ira Wolf)의 집에서 '-'을 떼어 '자기대상(Selfobject)'이라고 했는데, 이는 유아에게 있어서 대상은 자기와 분리된 존재로서 경험되지 않는다는 생각을 강조하기 위해서이다. 심리구조는 전에 자기대상들이 수행하던 기능, 즉 마음을 진정시키고 긴장 조절과 적응을 담당하던 기능들이 내재화된 것이다. 이 구조는 이상화된 옛 대상에게 투자된 자기애의 점차적 철회의 결과로 발달된 것이며, 자기대상이 부재함에도 불구하고 심리적 기능을 계속해서 수행할 수 있다.

아동의 초기 심리구조는 자기대상의 발달된 심리구조와 융합된다. 그렇게 해서 아동은 자기대상의 감정 상태를 경험한다. 아동은 촉감, 목소리의 음조 등과 같은 다양한 수단을 통해, 자기대상의 감정을 마치 자신의 것인 양 느낀다. 자기대상은 유아의 욕구에 공감적으로 반응해 줌으로써 자기가 발달하는 데 필요한 경험들을 제공해 준다. 아동은 자기애적 욕구에 따라 자기대상과의 관계에서 두 가지를 요구한다. 그것은 과대적 자기와 이상화된 부모원상이다. 과대적 자기대상 경험은 아이의 과대주의와 과시주의의 욕구에 대해 공감적인 반응을 제공하는 것이다. 아이는 자신이 대단한 존재이며, 그러한 자신의 존재를 다른 사람들에게 드러내고, 주목받고 관심과 인정과 찬사를 받고자 하는 자기애적 욕구를 가지는데, 부모는 이에 대해서 긍정적인 반응을 제공하고 충분한 찬사를 제공함으로써 아이로 하여금 과대주의와 과시주의의 욕구가 충족되는 경험을 갖게 해야 한다. 이러한 자기애적 욕구가 충족되는 동안 아이의 자기는 힘 있고, 자신 있고, 가치 있는 존재로 경험되고, 이런 경험을 통해서 초기의 응집력이 없던 자기는 차츰 응집력을 지닌 자기로 변형된다. 또한 이러한 경험과 함께 원시적인 과대주의와 과시주의는 차츰 길들여지고 조절되고, 보다 현실적인 요소를 받아들일 수 있는 긍정적인 자기감 또는 자존감으로 성숙해 간다. 그러나 이러한 초기의 과대주의와 과시주의가 공감적인 반응을 받지 못하면 자기애적 상처가 생기게 되고, 고착이 발생한다. 따라서 그러한 개인의 과대주의와 과시주의는 발달과 성숙의 과정을 거치지 못하고 원시적인 형태로 남게 되며, 그의 자기는 충분한 응집력을 지니지 못한 파편화되기 쉬운 취약한 자기로 남게 된다. 이상화된 부모원상 경험은 자신을 이상화시키는 아이의 시도를 수용해 주고, 이상화된 대상으로서 아이를 실망시키지 않고 그와 관계를 맺는 것이다. 부모를 이상화하고, 그 이상화된 대상으로부터 보호받고 반영받는 경험을 통해서, 아이는 현실에서 불가피하게 경험할 수밖에 없는 결함과 좌절에 직면했을 때 무력감과 공허감을 느끼지 아니하고, 강한 힘을 느낄 수 있게 된다. 아이는 이러한 이상적인 자기대상들과의 연합이 유지되는 한, 강하고 충만하고 안전함을 느낀다. 뿐만 아니라, 아이는 이 이상화된 부모상과 자기를 동일시하게 되고, 차츰 그 이상화된 부모상을 내면화하여 자기 이상으로 삼게 된다. 자기 이상은 그가 인생을 살면서 보다 가치 있고, 보다 높은 이상을 추구하며 살 수 있도록 하는 원동력이 된다. 그러나 이상화의 시도가 좌절되거나 그러한 기회를 갖지 못한 아이는 결국 자아 이상을 형성하지 못하고, 그의 인생을 목적의식 없이 낭비하는 삶을 살게 된다.

자기심리학에서 보면 하나님은 인간의 자기대상이다. 하나님은 전능하며, 사랑이 충만하시며, 완전하게 반사하는 부모(Perfect Mirroring Parent)로서 경험될 수 있다. 코헛은 "이상화된 부모상과의 관계는 진실한 신자가 그가 믿는 하나님과의 관계에서 그 유사점을 가질 수 있다."[34]라고 말한다. 즉, "약하고 겸허한 신자가 융합하기를 원하는 완전하고 전능한 하나님은 아주 오래된 전능한 자기대상, 이상화된 부모상과 일치한다."[35]는 것이다. 한 걸음 더 나아가, 자기대상이 되시는 하나님에게서 나오는 이상화된 신성 현존의 환각적 마법(Hallucinatory Conjuring)[36]은 개인에게 탁월한 용기와 힘을 줄 수 있는 원천이다.

그리스도교는 처음부터 관계적 종교이다. 그리스도교 신앙 안에서는 비단 인간뿐만이 아니라, 이 세계 전체가 창조주이신 하나님과의 관계 안에서 정의되고 이해된다. 즉, 그리스도교 신앙의 기본 전제는 야훼를 통해서 만물이 지음 받았으며, 그분 안에서 만물이 살고 있음과 동시에 그분은 피조물을 초월해 계시는 전적 타자로서 존재하실 뿐만 아니라 피조물과의 관계성 속에 계신다는 것이다. 이처럼 인간의 존재와 삶 자체를 관계적 모체로부터 떠나서 생각할 수 없는 그리스도교 신앙의 세계관은 그 근원적인 차원에서 코헛의 자기심리학과 궤를 같이하고 있다. 우리는 창세기에서 전능한 창조적 능력으로 만물을 지으시는 하나님의 역사를 읽는다. 인간을 자신의 형상대로 지으시고 인간 안에 자신의 가치를 불어넣으셨을 뿐만 아니라, 인간을 바라보며 감탄하시고 칭찬하시며 복 주신 창조 이야기는 코헛이 말하는 자기의 탄생 과정에 대한 서술로도 읽을 수 있다. 아기의 자기가 자신을 감탄하는 눈빛으로 바라보며, 긍정해 주며, 찬사를 보내는 부모를 경험함으로써 그 탄생과정을 시작하듯이, 인간의 첫 경험 또한 창조주 하나님의 긍정적인 눈빛과 찬사가 담긴 축복이었다. 이것은 비단 인간과 하나님 사이의 관계에만 해당되지 아니하고, 하나님과 피조 세계, 인간과 피조 세계, 그리고 남자와 여자 사이의 관계에도 마찬가지로 해당되는 진실이다. 남자와 여자가 서로를 바라보며 "그대는 나의 살 중의 살이요, 뼈 중의 뼈"(창 2:23)라고 감탄 어린 소리를 발할 때, 그것은 무엇보다도 인간의 성(性)이 철저하게 관계적 존재임을 확인하고 있다.

이 맥락에서 하나님은 무엇보다도 인간을 위한 자기대상이시다. 인간을 사랑하시되 독생자를 주시기까지 사랑하시는 하나님의 사랑은 인간을 위한 자기대상으로서의 하나님의 속성을 말해 준다. 물론 우리는 하나님의 사랑 안에서 양육 받고 강건해지고, 성장해야 한다. 그러나 그 성장 과정은 결코 하나님의 사랑을 필요로 하지 않는 경지에 도달하는 것을 의미하는 것이 아니다. 아니 오히려 더욱 하나님께 가까이 나아가고, 하나님 앞에서 더욱 단순하고, 어린아이 같은 심정이 되는 것을 의미한다. 하나님은 우리의 기도를 들으시고 응답하시는 분이다. 기도를 통해서 우리는 자기대상으로서의 하나님과 관계 맺고 있다. 창세기가 계속해서 보여 주고 있는 인간의 타락과 원죄에 관한 이야기는 자기대상으로부터의 갑작스러운 단절로 상처 입은 자기가 드러내는 병리적인 모습과 관련된다. 창조주와 피조물 사이의 사랑의 관계를 깨뜨리고 자신이 하나님처럼 되고자 하는 교만은, 자기애적 병리가 드러내는 교만하고 거만한 인간의 모습이기도 하다.

물론 그리스도교 신앙의 세계관과 코헛 사이에는 문제의 근원을 바라보는 시각에 근본적인 차이가 있다. 창세기가 증언하는 관계의 파괴는 인간의 교만에 그 원인이 있는 것으로 묘사하고 있는 반면, 코헛은 관계 파괴의 원인이 자기 대상의 실패에 있는 것으로 묘사하고 있다. 그러나 원인론에 대한 시각의 차이가 있음에도 불구하고, 그에 따른 결과와 파괴된 관계의 회복 과정에 대한 서술에는 커다란 공통점이 존재한다. 타락에 따른 직접적인 인간의 반응은 수치심과 공포였다. 이것은 어린아이의 과시주의가 반영되지 못한 채 노출되었을 때 느끼는 첫 반응이기도 하다. 타락의 두 번째 반응은 책임의 전가였다. 아담은 하와에게 그리고 하와는 뱀에게 각각 그 책임을 전가했다. 심리학적 용어를 사용해서 말한다면, 이들은 각각 투사를 사용하여 상처 입은 자기가 느끼는 수치심과 공포를 방어하고 있는 것이다. 이 방어적인 투사는 점점 더 편집적인 체계를 형성하게 되고, 거기에는 의심과 박해, 불안, 그리고 증오의 분위기로 가득해진다. 인간의 자손은 뱀의 머리를 칠 것이고, 뱀은 인간의 뒤꿈치를 물 것이며, 하와는 해산의 진통을 겪게 되고, 땅은 엉겅퀴를 낼 것이라는 저주 안에 담긴 내용이 바로 이런 것이라고 하겠다. 그리스도교의 구원에 관한 교리는 철저하게 관계론적으로 구성되어 있다. 즉, 하나님과 인간, 인간과 인간, 그리고 인간과 자연 사이의 깨진 관계를 회복하는 것으로 되어 있다. 이와 같은 구원의 길로 들어서기 위해서 인간의 결단을 요청하는데, 그것이 바로 회개이다. 이 회개의 과정은 자기심리학적 관점에서 볼 때, 개인이 그의 자기의 핵심에 깊은 부조화와 파편화의 위협을 가지고 있음을 인식하고 치료 과정을 시작하는 것과 같다. 그는 자신이 연약한 존재이며, 스스로는 자신을 구원할 수 없는 무력한 존재임을 인정해야 한다. 이것은 그동안 자신이 세워 놓은 방어 체계들을 포기하고, 새로운 자기대상과의 신뢰와 의존의 관계를 시작하는 것을 말한다. 그리스도교 구원 교리에서 기독론은 중심적인 위치를 차지한다. 그리스도는 하나님과 인간 사이의 갭을 메워 주고, 단절되었던 관계를 회복시켜 주는 중재자이시다. 뿐만 아니라 그리스도는 인간의 현재의 죄 된 모습과 하나님이 창조하신 대로의 인간성의 모습 모두를 보여 주는 거울의 기능을 갖는다. 인간은 그리스도를 바라볼 때, 자신의 죄 된 모습을 깨닫게 됨과 동시에 자신이 앞으로 되어야 할 참된 모습이 어떤 것인지를 알게 된다. 따라서 그분은 우리가 날마다 바라보고, 배우며 닮아 가야 할 모델인 것이다. 예수 그리스도를 닮아 가는 과정도 하인즈 코헛의 자기 심리학적 용어에서 변형적 내면화(Transmuting Internalization)라고 부르는 것과 유사하다. 변형적 내면화란 내재화와 비슷한 과정으로 아이의 자기 속에 자기대상의 한 측면이 깊이 연결되어 있는 것을 말한다.[37] 이는 현실에서 부딪치는 사건들에 직면하고 좌절과 실망을 견디어 냄으로써 자기대상의 기능적 특성들을 내면화하는 것이다.[38] 그리스도인들이 주님을 닮아 가는 과정도 이와 같다. 그들은 현실에서 부딪치는 의심과 자신의 연약함, 좌절 속에서 성화되어 간다. 코헛의 자기대상 개념을 힘 주시고, 생기와 조화로움과 안전을 공급하시는 하나님 이미지와 연결하여 생각할 때, 하나님은 더없이 좋은 자기대상이 된다.

4. 병리적 인격조직의 형성과 치료적 변형에 대한 대상관계이론과 관계영성적 이해

병리적 인격조직은 무의식이 최초의 경험을 강박적으로 반복하려는 힘이다. 그러므로 대상관계이론이나 그리스도교 관계영성은 생애 초기를 비롯한 평생 동안의 관계 경험이 얼마나 중요한가를 일깨운다. 황폐하고 치명적인 상처를 주는 관계 경험이 병리를 만들고 반복 강화되듯이, 치료적 변형이 일어나려면 공감적 환경 속에서 지속적으로 새로운 관계에 노출되어야 한다. 여기서는 병리적 인격조직의 형성 과정과 치료적 변형에 대한 정신분석학적이고 그리스도교 영성적인 이해를 갖고자 한다.

1) 병리적 인격조직의 형성과 치료적 변형에 대한 대상관계 정신분석적 이해

후기 클라인학파 학자인 존 스타이너(John Steiner)는 임상 중에 환자가 마치 굴에서 조심조심 모습을 드러내는 뱀처럼 자신의 정신적인 은신처로부터 나오다가, 자신의 진실과 접촉이 일어날 때 극심한 불안 상태에서 특이한 형태로 방어하는 것을 관찰할 수 있었다. 존 스타이너는 환자와 진실 간의 접촉을 방해하는 장애물과, 치료의 진전과 성장을 방해하는 장애물이 서로 연관되어 있음을 알았다. 이는 모두 환자가 불안을 피하기 위해 동원하는 특정한 방어조직 때문이었다. 존 스타이너는 이러한 무의식의 반복적인 방어조직이 일상에서도 계속된다고 보았으며, 이를 병리적 인격조직(pathological organizations of the personality)이라고 하였다.[39] 병리적 인격조직은 한 개인이 자기와 대상의 어두운 그림자, 그리고 현실과의 접촉을 회피함으로써 불안을 피할 수 있는 방어 체계이며, 이를 반복함으로써 강화된다. 정신심리치료는 정신적 은신처에 머물러 있는 자들로 하여금 분석가의 담아 주는 공감적인 환경 속에서 자신의 병리적 인격조직의 황폐함을 있는 그대로 바라보게 함으로써 정신적 변형과 성장을 도모하는 작업으로 이루어진다.

병리적 인격조직은 관계에 대한 욕구가 충족되지 않는 시점이 생애 초기일수록, 그리고 그러한 경험이 지속적이고 황폐할수록 파괴성이 매우 강하게 형성된다. 어린 아동들에게는 어른들 만큼 심리적 자원들이 없기 때문에 미숙한 아이의 자기는 이러한 환경을 담아 낼 수 없다. 자신을 도와 줄 사람은 아무도 없고, 생존한다는 것이 위협적으로만 느껴진다면, 아동은 얼어붙고, 철수하고, 부인하며, 보다 견디기 쉬운 어떤 것, 즉 병리적 인격조직 속으로 들어감으로써 고통스러운 정서로부터 일시적이나마 안전한 상태에 머무를 수 있는 법을 배우게 된다.[40] 아이는 내적 나쁜 대상들이나 박해자를 억압으로써 방어하고 무의식 속으로 추방하려 한다. 만일 이러한 내적인 나쁜 대상들이 통제할 수 없을 정도로 강하여 억압하지 못하면, 다양한 형태의 심리적 병리를 야기한다.[41] 결국 아이의 내적 세계는 황폐하게 되고, 아이는 자신의 고유한 정신적 은신처를 만들게 된다. 내적 대상[42]들이 지닌 나쁨의 강도와 충전된 에너지의 강도, 그리고 자아가 그것들과 동일시하는 정도, 이 모든 것들이 신경증적이고 정신 병리적 증상들을 발생시키는 내면화된 나쁜 대상들의 양상이다. 정신적 은신처, 즉 내면화된 나쁜 대상들에 의한 증상과 반응은 이러한 나쁜 대상들로부터 자신을 보호하기 위해 자아가 행하는 방어들의 종류와 발달적 단계들에 의해서 각 개인마다 고유한 형태로 형성된다.[43]

병리적 인격조직의 노출은 환자의 말이나 무의식적 은신 경험에 대한 이미지나 이야기를 부여하는 꿈이나 자유 연상 혹은 일상생활의 에피소드, 서사 등을 통해 이루어진다. 병리적 인격조직은 마치 도피처나 피난처, 요새처럼 달콤한 안전감을 제공하기 때문에 벗어나기가 어렵다. 환자는 병리적 인격조직이 제공하는 위안과 안정감 때문에 무의식적 반복을 체념하거나 인정해 버림으로써 쉽게 받아들인다. 혹은 이에 저항하면서도 어쩔 수 없이 받아들여 병리적이지만 안전한 자신의 동굴 속에서 안주한다. 환자는 이 은신처가 이상적이든 박해적이든 간에 정신적 진실에 노출되어 고통을 받는 것보다 더 낫기 때문에 이것을 유일한 대안이라고 여긴다.[44] 환자는 일시적으로 어떤 평형 상태에 도달하고 불안으로부터 상대적으로 자유로워지지만 이는 자신의 정신적 성장을 포기한 대가로 주어진 아편과 같은 것이다. 예를 들면, 정신증적 인격조직은 정신증적 파편화의 공포로부터 환자를 보호하며, 비록 상당한 능력 저하를 그 대가로 치르기는 하지만 그 대신에 일정 기간 동안 환자가 감당할 수 있는 평형 상태를 이끌어 낸다. 그러나 이러한 평형이 안정적으로 계속 유지되는 것은 불가능하며, 환자는 항상 정신증적 인격조직의 붕괴와 그에 따른 감당할 수 없는 고통이 올 것이라는 불안감에 사로잡혀 있다. 실제로 환자는 이 평형이 깨어질 때 치료자를 찾고, 자신의 정신증적 인격조직을 재확립하기 위해서 분석가를 자신의 정신증적 힘과 연합하도록 투사적 동일시로 끌어당긴다.[45] 이처럼 정신증 환자는 정신증적 인격조직을 갖고 있으며, 이를 통하여 일시적으로 안정을 누리지만 평형은 곧 깨어진다. 하지만 그들은 자신의 병리적인 인격조직을 포기하지 못하고 매달려 있다.

정신적 은신처 개념과 유사한 개념으로서 안나 프로이트(Anna Freud)의 자아 방어기제를 들 수 있다. 방어기제는 기본적으로 한 개인을 불안으로부터 보호하는 자아의 무의식적인 기능이다. 자아가 너무 약하여 적절한 대처 능력이 결핍되었을 때, 그리고 상황 자체가 자신의 힘으로는 감당하기 어려울 때, 개인은 불안을 야기하는 상황을 제대로 처리할 수 없다. 방어기제는 이러한 상황을 자신에게 익숙한 병리적인 방법을 통해 무의식적으로 처리하게 한다.[46] 이처럼 자아의 방어기제는 불안에 대처하는 비합리적인 방식이다. 왜냐하면 현실을 왜곡하고, 숨기고, 부정하고 심리적 발달을 저해하기 때문이다. 방어기제의 영향력이 커지면, 방어기제가 자아를 지배하고 자아의 유연성과 현실 적응력을 현저히 감소시킨다. 그리고 방어에 실패하면, 자아는 의지할 것이 없어지기 때문에 다시 불안에 압도되고 더 깊은 정신적 은신처 속으로 들어가서 병리가 더욱 깊어진다.

리젠버그 맬컴(Riesenberg Malcolm)은 방어가 피학적이고 자기징벌적인 형태로 속죄하려는 것에 대해서 서술했다. 환자는 자기징벌에 빠져드는데, 이는 자신의 손상된 내적 대상을 지각하는 것을 회피하기 위해 속죄와 고통을 이용하려는 것이다. 환자는 이를 통해서 죄책감을 피하려 한다. 이러한 자기징벌은 보상, 즉 환상 속에서 공격당한 내적 대상의 회복을 갖게 한다. 하지만, 자기징벌은 대상에 대한 추가적인 공격이 되며, 그 결과 죄책감은 늘어나기 때문에 환자는 더 깊은 궁지로 몰리게 된다.[47] 바라는 갈망에 매달리는 것은 곧 그것의 부재와 결핍이 있었음을 의미한다. 결핍이 강할수록 더욱 강렬하게 매달린다. 그리고 갈망의 자리의 반대편은 공포와 불안의 자리이다. 이 두 자리의 대한 방어로써 한 개인은 자신만의 비효율적이고 병리적인 패턴을 반복적으로 사용한다. 결국에는 그런 패턴이 자신의 인격의 일부가 된다.

장 다비드 나지오(J. D. Nasio)는 되살리기(Reviviscence)를 통한 병리적 인격구조의 변형을 제시하고 있다. 치료 목적의 되살리기는 강박적이지 않고, 분석가가 유도하고 기다린 것으로써 외상성 주이상스(Jouissance)[48]가 감정의 형태로 다시 회귀하는 것이다. 그것을 느끼는 분석 주체는 외상을 다시 체험하는 자신과 외상을 다시 체험하는 모습을 보는 자신을 분리할 수 있게 한다. 되살리기는 환자 자신이 한 번도 의식적으로 느껴본 적이 없는 주이상스를 몸으로 격렬하게 느끼는 것이며, 고통스런 사건을 떠올림으로써 고통 속으로 들어가는 것이다. 병리적인 반복은 폐제되고 억압되었던 외상적 과거가 우리의 증상과 행위화를 통해 강박적으로 다시 돌아오는 것이다. 여기서 무의식은 주체로 하여금 외상의 관능적이며 고통스러운 주이상스를 끊임없이 다시 겪고 싶어 하도록 부추기는 죽음의 충동이다. 하지만 되살리기는 분석 준비기간을 거친 이후 이어지는 여러 번의 회기 동안에 이루어진다. 되살리기는 깊은 감정이 불쑥 밀려드는 것일 뿐만 아니라, 그 감정에 영향을 받고 있음을 의식하는 것이다. 느끼는 동시에 느낀다는 사실을 의식하는 것이고, 외상을 재경험하는 사람과 자신이 외상을 재경험한다는 사실을 아는 사람으로 분열되어야 하는 것이다. 위에서 설명한 바와 같이 되살리기의 첫 단계는 환자로 하여금 무의식의 외상 상황을 분석 장면에서 재현하도록 이끄는 것이다. 두 번째 단계는 분석주체가 과거의 외상적 상황에 조금씩 친숙해지는 것이다. 그 결과 자신의 현재 행동에 대해 더 많은 통찰을 얻게 된다. 세 번째 단계는 사랑했던 죽은 사람에게서 조금씩 분리되는 애도 작업처럼, 반복되는 되살리기 경험을 통해 분석자는 환상 속의 인물들과 자신을 조금씩 탈동일시하고 그 인물들이 겪었던 감정에서 분리된다. 애도 속에서 상실을 경험한 사람이 사랑했다가 잃어버린 대상으로부터 벗어나듯이, 분석주체는 되살리기 경험 속에서 자신을 소외시켰던 중독적인 주이상스로부터 벗어나는 것이다.[49]

클라인은 "편집 분열적 자리에서의 죽음본능은 죽음 그 자체를 향하는 욕동으로서 주체의 생명과 살려는 소망을 공격한다."[50]라고 주장한다. 그렇게 함으로써 우울적 자리의 이동을 저해하여 병리적 인격구조에 평생 머물게 하는 것이다. 이렇게 병리적인 정신구조로부터 어떻게 정신적인 변형과 성장을 이룰 수 있는가에 대한 방안은 매우 중요하다.

2) 병리적 인격조직의 변형을 위한 그리스도교 관계 영성적 이해

알셀름 그륀(Anselm Grun)은 병리적 인격조직이 변형되기 위해서는 아래로부터의 영성을 추구해야 한다고 주장한다. 위로부터의 영성은 이상적 요소들을 제시하고 그것을 실행하려고 노력하는 것이며, 언젠가는 이를 이루어야 한다.[51] 이는 강박적이고, 능동적인 영성의 형태를 취하는 것이 특징이다. 위로부터의 영성이 지닌 위험은 자신의 힘이나 노력으로 하나님께 이를 수 있다고 여기는 데 있다. 이러한 사람은 결코 자신을 만나지 못하기 때문에 하나님과도 만날 수 없다. 하지만 아래로부터의 영성은 자신의 고통, 각종 질병들, 상처, 에움길, 무능력, 불안의 실체들을 받아들이고, 그 속에서 하나님을 찾는 것을 의미한다.[52] 자신의 내면의 고통, 질병, 상처들에게서 도피하거나 두려워하지 않고 아래로 내려가서 그것들과 대화를 나눌 때, 하나님께서 말씀하시고자 하는 것이 무엇이며, 자신의 정신적 은신처 안에 들어 있는 보물들이 무엇인가를 발견하는 것이다.[53] 위로부터의 영성과 아래로부터의 영성이 균형 잡힌 조화를 이룰 때, 삶을 활기차게, 건강하게 영위할 수 있다. 이처럼 아래로부터의 영성으로 내려감으로써 위로부터의 영성으로 나아갈 수 있다. 아래로부터의 영성을 실천하는 방법론으로 자신의 생각·느낌들과의 대화, 자신의 질병들과의 대화, 나아가서 자신의 상처·아픔들과의 교제, 자신의 무능과 실패를 있는 그대로 체험하기 등이 있다.

하나님은 한 개인의 느낌과 고통을 통해 그에게 말씀하신다. 이러한 하나님의 음성을 주의 깊게 듣는다면, 우리는 그 음성을 통해서 하나님께서 우리에게 주신 정체성을 발견하게 되고 새로운 변형을 이룰 수 있다.[54] 자신 안에서 일어나는 부정적인 느낌들에 대하여 당황하고 자신을 부정적으로 판단하는 경우가 많다. 아래로부터의 영성은 나에게 다가오거나 내 안에서 일어나는 모든 고통들과 정서들과 화해하는 것을 의미한다.[55] 모든 것이 나를 하나님께 인도하는 도구가 될 수 있다. 나는 바닥으로 내려가서 그것들이 나에게 말하고자 하는 것이 무엇인가를 사색해야 한다. 아래로부터의 영성은 욕구들을 억압하거나 지배하지 않고 변화시키고자 한다. 아래로부터의 영성은 자신 안에서 욕구들이 일어나는 원인과 그 욕구들이 하고자 하는 최종적인 목적이 무엇인가에 대해서 묻는다.[56] 영적 삶의 목적은 하나님을 누리는 것(fruitio dei)이다. 즉, 하나님을 즐기는 것이다. 하나님을 누리고 즐길 수 있어야 자신의 삶도 누릴 수 있고 즐길 수 있다. 즐기는 것을 거부하는 사람은 하나님에 대해서 아무것도 체험할 수 없다. 참된 자기 훈련은 포기와 금욕이 아니라 참된 인간이 되는 훈련이며, 이것은 잘 즐기는 것을 훈련하는 것이다. 만약 자신에게 슬픔이 있다면, 자신의 슬픔을 회피하려 하거나 그것에 사로잡히지 말아야 한다. 그 슬픔의 밑바닥까지 깊숙이 들어가면, 슬픔은 변하여 나에게 달콤한 맛으로 다가올 것이다. 슬픔의 정서와 접촉할 때 슬픔은 유익하게 변하여 자신의 삶의 참된 모습을 알게 하고 자신에 대하여 가졌던 많은 환상들을 깨뜨리게 하는 좋은 역할을 수행하는 도구가 된다.

아래로부터의 영성을 추구하는 또 다른 방안은 자신의 꿈을 영성 생활에 적용하는 것이다. 프로이트는 꿈을 이상한 정신활동으로 생각했고, 꿈을 통하여 환자의 신경증을 찾아갈 수 있다고 믿었다. 그러나 융은 꿈을 정상적이고 창조적인 무의식의 표현으로 보았다. 융에 의하면, 꿈의 기능이란 "전체적인 정신적 평형을 미묘한 방법으로 재정립시켜 주는 꿈의 자료를 만들어 냄으로써 우리들의 심리적 균형을 회복시켜 주는 것"이다.[57] 융은 꿈을 의식에 의해 알려지지 않은 내적 진실을 나타내는 보상기능으로 생각했다. 또한 꿈을 어린아이 때의 성적 소원을 갈구하는 형태로 생각하지 않고, 꿈꾼 사람의 영유아기적 환상보다는 현재 생활 상황을 더 강조했다. 그는 "꿈의 상징은 그 꿈을 꾼 사람과 분리해서 생각할 수 없고, 어떠한 꿈이든 일정한 해석이나 규격화된 해석은 있을 수 없다."[58)]라고 했다. 또한 그 근원이 개인적이라기보다는 집단적인 많은 상징들이라고 보고했으며 이러한 집단적인 상징을 집단무의식의 원형으로 보았다.

비온(W. Bion)은 무의식적으로 깨어 있는 사고인 꿈꾸기를 존재의 필수 요소로 생각했다. 만약 환상이 없고 꿈이 없다면, 인간은 자신의 문제에 대해 생각할 수 있는 수단을 갖고 있지 않는 것으로 여겼을 만큼 꿈을 중요하게 취급했다.[59)] 꿈은 자신의 밑바닥 아래에 있는 그대로를 보여 주는 하나님의 선물이다. 하나님께서는 꿈을 통해 우리의 영혼에 에너지를 더 풍부하게 공급해 주신다. 꿈은 하나님께서 우리에게 주시는 은혜이다. 그러므로 이 은혜에 감사하는 마음으로 우리는 꿈 해석을 통해 변화된 자기 자신을 하나님께 드려야 한다.[60)] 꿈의 내용에 나타난 자신의 진실한 모습 그대로를 바라보고 하나님께 겸손히 자신을 맡기는 기도를 드리는 것은 아래로부터의 영성 생활을 실천하는 좋은 방안이다.

아래로부터의 영성을 실천하는 또 다른 방안은 자신의 죽음을 준비하면서 죽음과 맞서는 것이다. 그리스도인들은 자신의 생명이 다하고 죽음을 마주 대할 때 하나님 나라의 상속자로서의 자유를 주장함으로써 죽음이 어떤 힘도 행사하지 못하도록 해야 한다. 나아가서 우리는 매일의 삶의 현장에서 혹은 자신의 내면에서 일어나는 죽음의 순간들은 맞닥뜨려야 한다. 이러한 작은 죽음, 즉 상실의 고통을 직면할 수 있는 용기는 육체적인 죽음도 평온하게 맞이할 수 있게 한다. 그러므로 우리는 자신의 실존적 죽음과 친해지는 것뿐만 아니라, 생명이 다하여 하나님에게로 돌아가는 죽음과도 친해져야 한다. 자신의 죽음에 대해 우울함이 아니라 열린 마음으로 말할 수 있어야 하며, 자신의 공동체와 가족, 친구들에게 이생에서의 삶이 끝날 때까지 함께 그 길을 동행하는 동행자가 되어야 한다.[61)]

또 다른 실천 방안으로, 공동체를 통해서 아래로부터의 영성의 삶을 실천할 수 있다. 존 웨슬리(John Wesley)는 개인과 공동체의 연합을 소중히 여겼다. 한 개인은 홀로 하나님 앞에 서 있는 동시에 믿음의 공동체의 일원으로 하나님 앞에 세워진다. 믿음의 공동체는 개인에게 속죄의 기도자로서 기도할 수 없다. 반면에 그들은 하나님을 찾는 한 개인의 회개와 도움을 위해 기도할 수 있다. 그러므로 인간의 하나님과의 관계는 언제나 개인적이면서도 공동체적이다. 그렇기 때문에 그리스도인은 육신적으로 감정적으로 영적으로 병들었을 때 믿음의 공동체와 이 고통을 나눌 수 있어야 한다. 그리고 믿음의 공동체는 개인을 돌볼 책임이 있다.[62] 이처럼 공동체는 서로의 아픔으로 함께 내려가서 삶을 나누어야 한다.

5. 이 장의 요약

"성숙한 대상과의 관계, 영성적 관계가 충분히 경험되면, 긍휼의 삶을 살게 된다."라는 말로 글을 맺는다. 부버의 '나-너'의 관계, '영원한 당신'라는 개념과 페어베언의 '대상 추구적 리비도', 코헛의 '자기대상'의 관계 경험 안에는 긍휼이 핵심이 된다. 성숙한 대상 관계와 영성적 관계는 긍휼을 드러낸다. 왜냐하면 자기대상과의 관계, 나와 너의 관계 속에 있는 사랑을 경험했다면, 긍휼의 마음이 체득될 것이기 때문이다. 웨슬리는 긍휼을 동정심, 부드러운 마음, 특히 이웃을 내 몸처럼 사랑하는 형제애로 보면서 고린도전서 13장의 사랑을 설명한다.[63] 긍휼은 평범한 친절이나 부드러운 마음씨 이상의 것이다. 긍휼은 예수 그리스도의 성육신의 정신이다(빌 2:6-7). 예수 그리스도의 삶은 인간과 함께 겪으셨고, 함께 공유하신 것이다.

참된 긍휼은 기쁨을 포함하며, 기쁨과 축제는 긍휼을 둘러싸고 있다. 긍휼에서 가장 중요한 것은 연민의 감정이 아니라, 일체감이기 때문이다.[64] 모든 일체감에는 큰 기쁨이 있다. 어려운 상황 속에서도 일체감만 있다면 그것은 축제가 된다. 축제는 자아, 문제들, 어려움을 잊는 것이다. 버리는 것이다. 긍휼 역시 다른 사람의 아픔을 내 것으로 만드는 공통의 기반을 기억하기 위해, 그리고 그 고통의 완화를 마음에 그리기 위해 자아를 버리고, 문제들을 버리고, 어려움을 버리는 것이다. 그러므로 축제 없는 긍휼은 없고, 긍휼 없는 축제도 없다. 축제를 벌이지 않는 사람은 결코 긍휼의 사람이 될 수 없다.

긍휼의 범위는 우주적이다.[65] "야훼의 긍휼은 그 지으신 모든 피조물에 미친다"(시 145 : 9). 하나님의 긍휼은 인간을 넘어서 모든 피조물 가운데 지극히 작은 것에까지 미친다. 왜냐하면 하나님은 긍휼이 넘치고(시 103 : 11), 긍휼을 사람들에게 베풀겠다고 약속하시며(신 30 : 3), 이 약속대로 구원을 베푸시며(신 13 : 17), 하나님의 자비는 다함이 없고, 아침마다 새롭기 때문이다(애 3 : 22).

긍휼은 이타주의가 아니라, 자기 사랑과 대상 사랑이 하나가 된 것이다.[66] 이타주의는 자기를 희생하여 대상을 사랑하는 것을 의미한다. 하지만 긍휼은 이타주의가 아니다. 왜냐하면 긍휼이 뿌리박고 있는 온전한 통찰력은 다른 사람은 나와 다르지 않고, 나는 내가 아니라는 사실이다. 달리 말하면, 타자를 사랑함으로써 나는 나 자신을 사랑하고 있는 것이며, 나 자신의 가장 좋고 가장 크고 가장 충만한 자기-관심에 몰두하고 있는 것이다. 나의 아픔이기도 하고, 하나님의 아픔인 다른 사람의 아픔을 덜어 주는 데 몰두하는 것이야말로 나의 기쁨이 된다. 긍휼은 다른 사람을 사랑하면서 자신을 사랑하는 것이다. 그것은 사랑과 생존의 가능성을 사랑하는 것이다. 그것은 만물에 스며든 동일한 사랑이다. 이와 같이 긍휼은 모든 피조물이 서로 연결되어 있다는 인식에서 태어난 열정적인 생활 방식이다. 모든 피조물이 서로 연결되어 있는 이유는, 그들의 창조주가 같기 때문이다.

긍휼은 모든 대상을 대할 때 따뜻한 친절과 사랑의 마음과 태도를 갖는 것이다. 사랑 속에 노출되었다면, 귀하게 여겨지고 가치 있게 돌봐졌다면, 사랑의 빛을 받았다면, 그 빛은 자신의 삶에서 작든 크든 다시 반사될 것이기 때문이다. 모든 만물은 손 내밀어 긍휼과 상호 연결의 풍요로움 속에 거하기를 원한다.

그리스도교는 관계적 종교이다. 그리스도교 신앙은 인간뿐만 아니라, 이 세계 전체가 창조주이신 하나님과의 관계 안에서 정의되고 이해된다. 즉, 그리스도교 신앙의 기본 전제는 그분을 통해서 모든 만물이 지음 받았으며, 그분 안에서 만물이 살고 있음에도 불구하고, 그분은 피조물과 초월해 계시는 전적 타자로서 존재하시며, 동시에 피조물과의 관계성 속에 계신다는 점이다.

목회상담과 영성지도의 관계 이해[1]

권명수(한신대학교, 목회상담학)

1. 시작하며

목회상담이 목회자와 교인들에게 큰 관심을 받고 있다. 요즘의 교계 신문에는 내적 치유와 성장에 대한 세미나나 교육 프로그램에 대한 광고가 홍수처럼 쏟아지고 있다. 예전의 사경회나 부흥회가 이제 '내적 치유 수련회'나 '영성 수련회'로 이름이 많이 바뀌었다. 이런 변화는 많은 한국인의 심령이 편안하지 못하고 고통과 어려움 속에 처해 있음을 반영한다. 목회자나 교인들뿐만 아니라 일반 대중들도 치유에 깊은 관심을 갖게 된 것이다. 외형적인 면에서는 어느 정도 먹고 살 만하게 되었지만 예전에는 인식하지 못하고 누르고 묻어 두었던 마음의 아픔과 쓰라림들이 많이 올라오고 있음을 의미한다.

목회상담학이 본격적으로 발달한 곳이라 할 수 있는 미국에서는 1930년대부터 목회상담의 부흥이 일어났다. 목회자들이 목회 현장에서 어려움을 겪는 교인들의 문제에 대응하기 위하여 심리학과 상담학의 통찰들을 자신의 목회 활동에 적용하기 시작했던 것이다. 자신들의 문제에 유익함을 발견하게 된 교인들의 뜨거운 반응에 고무된 목회자들은 목회상담학이야말로 목회를 위해서 반드시 공부해야 할 필수 과목의 하나로 여기게 되었다.

목회상담이 당면하고 있는 주제 중의 하나가 영성이다. 왜냐하면 목회상담은 한 발을 그리스도교에 딛고 있고, 다른 한 발은 심리학에 딛고 있기 때문이다. 태생적으로 목회상담학은 종교의 문제를 다루지 않을 수 없다. 그래서 이 글은 목회상담과 유사한 활동을 하고 있는 목회적 돌봄과의 관계와, 목회상담의 정체성에 대해서 고찰하려고 한다. 또한 목회상담과 영성의 관계를 살펴보며 이를 집중적으로 다루는 영성지도와의 바람직한 관계 설정의 가능성을 모색하려고 한다.

2. 목회적 돌봄과 목회상담의 관계

목회상담을 심도 있게 논의하기 위해서는 '상담'의 앞에 오는 '목회'(pastoral)에 대한 이해가 필요하다. 왜냐하면 목회상담의 뿌리는 '목회'에서 유래되었기 때문이다. 목회적 돌봄(pastoral care)이란 단어를 안석모는 '목회적 양호'라고 번역했다.[2] 그러나 필자는 이를 '목회적 양호'보다는 '목회적 돌봄'이나 '목양'(shepherding)으로[3] 번역하는 것이 더 적절하다고 본다. 왜냐하면 '목회적 돌봄'이나 '목양'이 필자를 포함하여 이 분야의 종사자들과 평신도들에게 이 단어의 의미를 통용하는 데 크게 무리가 없기 때문이다. 필자는 '목양'이나 '목회적 돌봄'을 대체적으로 혼용하여 같은 의미로 사용할 것이다. 목양은 개인과 대인관계를 지지하고 양육하는 데 관련되는 모든 종류의 목회적 행위를 포괄하는 넓은 의미로 사용한다. 목회적 돌봄은 여러 가지 목양적 활동과 관계를 통해서 발생할 수 있는 일상적인 돌봄과 관심의 표현을 포함하는 폭 넓은 행위를 지칭한다.

이에 비해 목회상담(pastoral counseling)은[4] 목회적 돌봄과 같이 돌봄(care)이라는 '교역'의 한 영역이다.[5] 목회상담이라는 교역은 목양에 비해 도움을 요청하는 사람의 특별한 욕구와 관심에 초점을 맞추는 점이 두드러진다. 또한 이런 점에서 목회상담은 목회적 돌봄과 달리 도움을 요청하는 사람과 도움을 요청받는 사람 사이에 만남의 시간과 장소에 관한 합의가 이루어지는 최소한의 '계약'(contract)이 존재하게 된다. 만약 면담 기간이 장기로 갈 경우 목회상담이 이루어지는 기관에 따라 상담료에 대한 협의가 있기도 한다. 그래서 목회상담은 도움이 필요한 사항에 대해서 일정 정도의 기간과 정규적인 만남이 요구된다.

그러나 목양이라는 돌봄은 병자를 심방하는 것과 같이 주로 지지와 격려 같은 행위들로 구성된다. 목양은 목회상담보다 대체로 대화의 시간이나 만남의 지속 기간이 짧다. 또한 덜 의도적이고 다루는 주제도 덜 복잡하다고 말할 수 있다. 하지만 이 두 분야의 경계선은 불분명하다. 어디서부터 어디까지가 목회상담과 목양의 영역인지 선을 긋기가 쉽지 않다. 목회상담만이 고급의 치유를 행하는 것이 아니라, 어느 경우에는 오히려 목양을 수행한 목회자가 더 치유적 기능을 행할 수도 있다. 이 글은 두 분야가 다 주님의 백성들을 위해 봉사하는 소중한 '교역'에 속하며, 이 둘의 관계가 분명하게 구별하기가 쉽지 않고 서로 밀접하게 관련되어 있음을 밝힌다. 이런 목적을 위해 목회적 돌봄을 조금 더 논의한다.

먼저 성서가 말하는 목회적 돌봄을 알아보기로 한다. 왜냐하면 성서는 목회적 돌봄의 기원에 대해 가장 신뢰할 만한 토대를 제공하고 있기 때문이다. 구약 성서를 자세히 살펴보면, 여호와를 섬기는 공동체를 돌보기 위해서 선택된 개인들이 지도자의 역할을 해 왔음을 보여 준다. 이들은 제사장, 예언자, 현자 등 세 부류의 직무를 행하는 지도자들이었다.[6] 제사장은 예배와 의례를 담당했으며, 예언자는 당시대에 속한 공동체의 도덕적·정치적 지침을 제공하는 역할을 했다. 현자는 개인에 속한 여러 가지 문제들에 대해 현명한 처신을 조언해 주는 기능을 수행하였다.

이 세 부류의 지도자들 중에 누가 목회적 돌봄의 주된 역할을 수행했을까? 얼핏 보면 개인들에게 도덕적 지침을 제공한 현자들이라는 입장이 힘을 얻을 수도 있다. 그러나 이스라엘 초기에는 세 부류의 직무가 다 공동체에서 목회적 돌봄의 역할을 수행했다는 입장이 우세하다.[7] 그러다가 점차적으로 현자의 직무인 지혜에서 우러나오는 안내가 목회적 돌봄의 주도적인 역할을 감당하게 되었다. 그리스도교 역사를 살펴보면 목양의 역할은 그 당시 시대적 상황과 주변 사회의 정황에 적극적으로 반응하여 나름의 역할을 감당하며 발달해 왔다.

이 글의 주제인 목회상담을 다루기 위해서는 20세기 미국에서 목회상담학과 목양이 발달하던 과정의 초기를 고찰해 볼 필요가 있다. 필자의 생각에는 이 시기가 목회상담과 목양이 서로 분화하여 다른 길로 걸어간 최초의 시기였다고 판단되기 때문이다. 목양과 목회상담이 본격적으로 발달한 배경에는 19세기의 유럽과 미국의 종교적 분위기가 밀접한 연관을 맺고 있다. 이 당시에는 종교가 자아의 발전과 밀접한 관련이 있다고 믿는 경향이 팽배해 있었다. 또한 자유주의 신학과 복음주의 신학, 자아의 도덕적 수양을 중시하는 풍조 등이 서로 혼재해 있었다. 당시의 목회자들은 이런 여러 신학 전통들 중에서 어느 쪽에 교인들이 관심을 갖고 있는가를 생각하게 되었다. 그 결과 목회자들은 종교의 신비와 현실을 푸는 열쇠가 "우리 자신 안에" 존재한다는 결론을 얻었다고 홀리필드(Brook Holifield)는 평가한다.[8] 당시의 목회자들은 자유주의 물결 속에서 교인들이 개인의 내면에 호소력이 있는 학문 전통에 끌렸다고 보았다. 자아의 건강과 도덕적 수양을 중시하는 교인의 관심에 부응하게 되면서, 목회자들은 전통적인 의미의 '목회적 돌봄'보다는 자아의 도덕적 수양에 조금 더 무게를 두는 교역 활동으로 나아갔다. 이런 경향이 목양에서 목회상담으로 발전되어 가는 계기가 되었다.

이러한 분위기를 제공한 배경은 유럽에서 발달하기 시작한 심리학의 힘이었다. 유럽의 심리학은 개인의 내면을 들여다보고 탐험할 수 있는 도구를 제공하였다. 구체적으로, 실험심리학의 창시자인 분트(Wilhelm Wundt)와 정신분석학의 문을 연 프로이드(Sigmund Freud) 등이 인간의 내면에 대한 관심을 증폭시키는 데 결정적인 역할을 하였다. 특히 프로이드의 정신분석학은 미국에서 목회적 돌봄과 목회상담학에게 막강한 영향력을 행사했다. 현재에는 프로이드의 영향력이 초창기보다는 많이 약해졌으나 여전히 두 분야에 강한 이론적 토대로 자리하고 있다.

목회적 돌봄의 발달을 언급하면서 목회임상교육(CPE, Clinical Pastoral Education) 운동을 다루는 것이 필요하다. 왜냐하면, '목회적 돌봄'의 분야는 목회임상교육 운동을 통해서 이론이 한층 성숙해지고 실천적 가치를 높이게 되었기 때문이다. 목회임상교육 운동의 시작은 많은 사람들이 관련되어 있어 간단하게 정리하기가 쉽지 않다. 이 운동을 시작한 이들은 주로 의학과 사회복지 계통의 종사자들이었다. 이들은 의과대학의 인턴 제도와 같은 실습 제도를 본받아 신학교의 학생들을 훈련시키기 시작했다.[9]

이 운동의 발달에 보이슨(Anton Boisen)을 다룰 필요가 있다. 그는 자신의 정신질환으로 정신병원에 직접 2번이나 입원하면서도, 암흑의 길고도 먼 터널을 뚫고 나왔던 입지전적의 사람이다. 그는 자신의 경험을 토대로 정신적 고통을 받고 있는 사람들을 위해 목회하리라고 결심하였다. 보이슨은 1925년 병원의 원목으로 일하면서 신학교 학생들을 중심으로 목회임상교육을 실시하기 시작한다.[10] 그는 목회적 돌봄의 교육과 습득을 신학교의 강의실에서 가르치기 보다는 "살아 있는 인간문헌"(Living Human Document)인 정신병원의 환자를 직접 만나 대화하며 '목회적 돌봄'을 실습하도록 하는 경험적 학습을 시행하였다. 그래서 보이슨이 목회임상교육 운동의 초창기에 대표적 인물로 부각되었다.

이러한 보이슨의 노력은 이 분야에 종사자가 많아지면서 더욱 발전하게 되었다. 1930년대에서 1940년대까지가 목회임상교육 운동이 점차적으로 성장하는 시기였다면, 1950년대에서 1960년대까지는 이 운동이 신학교 안팎의 목회임상교육에 강한 영향력을 행사하는 성숙기에 이르게 된다.[11] 거의 모든 신학교에서 목회임상교육을 필수적으로 시행하기에 이르렀다. 필자가 유학하던 1990년 초기의 캐나다의 신학교에서는 필자를 위시한 상당수의 학생들이 방학 기간을 이용하여 종합병원에서 집중적인 목회임상교육을 받았을 정도로 여전히 높은 호응을 받고 있었다. 이것은 북미의 목회자들이 목회적 돌봄의 경험적·실천적 교육의 중요성을 인식하고 있었음을 보여 준다.

1940년대에 이르게 되면서 미국의 주류 신학교들이 목회적 돌봄학과 또는 목회신학과를 신설하기 시작한다. 이때 임명되어 목회적 돌봄을 강의한 교수들은, 신학교에서 학문적 훈련을 받아 새롭게 생겨난 분야를 위한 기초적 학문적 작업을 하기 시작했다. 병원에서 행하는 실습 교육은 그대로 지속하면서도, 목회적 돌봄의 활동에 학문적 토대를 놓는 작업을 하였다. 존슨(Paul E. Johnson), 힐트너(Seward Hiltner), 와이즈(Carol A. Wise), 오츠(Wayne E. Oates), 독일의 투르나이젠(Edward Thurneysen) 등 여러 인물들이 이러한 작업에 참가하게 된다. 이들은 자신의 저술 활동을 통해 목회적 돌봄 이론을 각자의 신학적 입장에 따라서 정리하고 발전시켜 갔다.[12]

이렇게 목회적 돌봄의 이론이 정립되어 갔지만, 한편으로는 목회적 돌봄과 목회상담을 구분하지 않고 서로 혼용하면서 양쪽의 경계선이 분명치 않기도 했다. 특히 와이즈는 「목회상담의 이론과 실제」(*Theory and Practice of Pastoral Counseling*, 1951)와 「목회적 돌봄의 의미」라는 저술을 통해 프로이드의 역동심리학과 로저스의 내담자 중심방법론을 결합시키려는 의미 있는 시도를 한다. 그는 목회적 돌봄이 근본적으로 수용하고 보살피는 관계를 통해서 일어난다고 보았다. 그래서 참다운 목회적 돌봄이란 "내담자의 필요성에 맞게 복음의 내적 의미를 전달하는 것"이라고 주장했다.[13] 그러나 그는 이런 작업을 수행하는 데 있어 심리학과 심리치료의 통찰에 우선적 관심을 두었다. 이런 와이즈의 입장은 목회적 돌봄을 '목자'의 역할이란 이미지로 확립시켰던 힐트너와 대립하게 된다. 이처럼 1940년대 초기에는 서로의 입장에 따라 목회적 돌봄의 신학적 의미를 발전시키는 데 치중하거나, 반대로 목회상담학에 관심하면서도 목양을 무시하지 않는 목회적 돌봄의 치료적 측면에 우선적 관심을 두는 방향으로 발전하였다.

내담자의 문제 해결을 중시하는 쪽에서는 심리학과 심리치료에 우선적 관심을 두는 경향이 관찰되었다. 그런데 심리학과 심리치료에 대한 관심의 집중은 돌봄을 행하는 목회자의 정체성 문제를 야기하게 되었다. 당시에도 그렇지만, 지금도 목회 현장에서 신자가 고민하는 문제의 해결에 도움이 되는 심리학이나 상담학의 통찰을 사용하는 것은 신자나 목회자에게 매력적으로 다가온다. 실제로도 많은 호응이 뒤따르고 있다. 어느 방법이든 도움이 되면 유익한 것으로 받아들여 사용하는 실용주의적 경향이 강하다. 그러나 이런 입장에서 목회상담을 하다 보면, "다른 상담자들과 구별되는 '기독교 상담자'로서의 독특성이 무엇인가?"라는 정체성의 문제에 부딪치게 된다. 이로 인해 "목회상담가에게 찾아오는 내담자들의 진정한 욕구는 무엇인가?", "목회상담가들만이 할 수 있는 전문 영역이 무엇이 있는가?"라는 질문들이 대두되었다. 힐트너(Hiltner)와 오츠(Oates)는 이런 경향에 대해 목회신학적 문제를 초기부터 제기하고 추구한 대표적인 인물들이다. 그러나 이들의 목소리는 전체 목회상담학계에서 크게 반영되지 않고 있었다.

1970년대 이후로 목회상담학계에 미국목회상담자협회(AAPC, American Association of Pastoral Counselors)가 조직되었다. 이 시기에 목회적 돌봄을 가르친 교사들과 종사자들은 그들이 수행하는 돌봄의 사역에 심리치료의 많은 방법들을 적용하려고 애썼다. 가족치료, 교류분석, 현실치료, 인지치료, 의미요법, 형태치료 등이 인간들이 겪는 어려움의 해결책으로서 제시되었으며, 많은 목회자들이 다양한 심리치료 이론의 통찰을 목양에 적용하려고 노력하였다. 이러한 경향의 대표적 인물이 클라인벨(Howard Clinbell)이다. 그는 로저스의 비 지시적 방법만을 가지고는 어려움에 처한 사람을 돕는 데 한계가 있음을 절감하고서, 다양한 상담학적 접근법을 자신의 목회상담에 적용하여 저술하였다. 그의 목회상담은 사람들을 관계적·인격적으로 "성장"시키는 데 주 관심이 있었다. 한편으로는 이 같은 방식으로 심리학과 상담학을 목회상담에 적용하는 데 관심을 기울이다 보니, 목회상담학과 상담학 사이의 경계선이 불분명하다는 비판이 일기도 했다.

이러한 과정 중에서 나름대로 자신의 본래적 역할에 대한 반성적 고찰을 지속적으로 한 또 다른 이들도 있었다. 역사적으로 지속되어 온 '영혼의 치유' 전통을 다시 살펴보고 거기에서 목회상담과 목회적 돌봄의 뿌리와 해결점을 찾으려고 노력하는 흐름이다. 이런 흐름은 힐트너의 목회신학적 이해를 같이하는 사람들이 모인 미국목회임상교육협회(ACPE)를 중심으로 이루어져 왔다고 할 수 있다. 이러한 흐름에 속하는 많은 인물들을 열거할 수 있겠으나, 대표적 인물로는 거킨(Charles V. Gerkin)과 패턴(John Patton)을 들 수 있다.

3. 목회적 돌봄의 네 가지 기능

힐트너는 목회적 돌봄의 학문적 이해에 디딤돌을 놓은 인물이다. 그는 목회의 내용을 치유(healing), 지탱(sustaining), 안내(guiding)라는 3가지로 구분하였다. 이 목회적 돌봄의 기능은 목회상담의 내용에 시사점을 제공하기에 여기서 간략하게 다룬다.

먼저 '치유'에 대해서 다루고자 한다. 힐트너는 치유를 온전하게 만든다는 의미로 이해한다. 이런 의미에서 힐트너는 질환이란 단어를 'disease' 대신 'illness'로 표현한다.[14] 전자가 화학적이고 신체적인 손상의 과정을 의미한다면, 후자는 통전적인 유기체의 손상을 나타내기 때문이다. 목회적 돌봄으로서의 치유는 "방향이나 그 스케쥴에 있어서 손상을 입었던 기능적인 온전성(wholeness)을 다시 회복하는 것"을 목표로 한다.[15] 또한 전자는 손상을 입은 신체적·정신적인 영역의 기능적인 회복을 중시한다. 이에 비해 크렙쉬와 재클(Clebsch and Jackle)은 치유를 본래적 상태의 인간의 전인성을 회복하는 동시에 새로운 차원에서 영적인 통찰이 이루어지는 상태라고 본다.[16] 크렙쉬와 재클은 힐트너의 치유 개념에 신체적이고 정신적인 요인들만 있을 뿐 영적인 자각과 발전들이 미흡하다고 비판한다. 그러나 이들의 힐트너 비판은 힐트너의 치유 이해를 너무 단순화시켜 보고 있기 때문이다. 사실, 온전한 치유가 이루어지기 위해서는 신체적, 정신적 영역뿐만 아니라 유기체가 통전적으로 기능하여야 한다. 이를 위해서는 영적인 통찰이 포함되어야 한다. 그러나 힐트너의 치유 이해는 영적인 차원을 다루는 면이 약하다는 점을 지적한 것이다. 크렙쉬와 재클이 주장하듯이, 치유의 참다운 의미는 인간의 궁극적인 의미를 찾고 회복하는 영적인 측면이 포함되어야 할 것이다.

힐트너는 치유의 대상을 크게 잡아 결함(defect), 침해(invasion), 왜곡(distortion), 결단(decision)으로 정리한다.[17] 결함은 생득적인 것, 침해는 외부의 공격에 의한 손상, 왜곡은 잘못 적용됨으로서 생겨나는 상태, 결단은 적절한 결단이 아닌 경우를 의미한다. 이 네 가지 대상은 크게 신체적인 질병과 마음에 유래되는 죄로 집약할 수 있다. 질병과 죄는 전인성을 파괴하고 회복의 정점인 구원을 상실하게 한다. 그래서 죄로부터의 용서와 구원에의 거듭남은 목양적인 치유의 핵심이다. 교회사에서는 기름 바르기, 성자와 유물에 손대거나 기도하기, 카리스마적 치료자, 악령 추방 의식, 신비적 의약 등이 활용되었다.

목양의 두 번째 기능인 '지탱'은 기다림의 기능이다. 이것은 치유와 달리 함께 옆에 서서 도와준다는 뜻이다. 곧 지탱은 전체 상황을 변경할 수 없거나 혹은 최소한 현시점에서는 변경할 수 없는 상황에 처한 교인에게 행하는 목회적 돌봄이다. 목회자는 현재의 어려움을 당장 어찌할 수 없는 상황에서는 고난과 고통을 견디는 인내를 통해 인격의 변화와 성숙을 이루도록 교인의 옆에서 용기와 격려로 돕는다. 이를 위해 고통을 공감하고 나누는 위로가 필요하며, 때로는 실제적 문제들에 대한 구체적 도움을 제공할 수도 있다. 여기서 도움이란 교인에게 무슨 힘을 제공한다는 의미가 아니라, 그에게 숨겨져 있는 힘의 근원을 찾아갈 수 있도록 하는 것이다. 곧, 아무리 절망적인 상황이라도 희망을 잃지 않도록 해 주는 것이 돌봄이다. "하나님은 신실하십니다. 그분은 여러분이 감당할 수 있는 능력 이상으로 시련을 겪는 것을 허락하지 않습니다"(고전 10 : 13). 절망적인 상황에서 무언가 남아 있는 것을 찾아 새로운 삶의 가능성을 찾도록 해 주는 것이 지탱이라는 목회적 돌봄이다.

세 번째 내용인 '안내'는 결정의 순간에 결단의 과정을 돕는 목회의 기능이다. 그러나 힐트너는 목양의 기능이 오해를 가져오기 쉽기 때문에 조심해야 한다고 경고한다. 왜냐하면, 일반적인 다른 학문 분야에서 사용하는 '지도'라는 개념으로 이해될 수 있어서 권위적 내용으로 여겨질 수 있기 때문이다. 힐트너는 안내의 돌봄을 수행하는 목회자가 강제력을 행사하는 감독자가 아니라는 것을 전제한다. 그래서 목회적 돌봄을 실천하는 사람은 영혼의 인도자로서 인간의 정신과 영혼의 복잡한 지형을 파악하고 위험을 충분히 예견하여, 교인이 어려움 없이 영적인 여행을 할 수 있도록 인도해야 한다고 강조한다. 힐트너가 말하는 안내는 강제나 설득이 되어서는 안 된다. 단지 교인들이 자신의 것이라고 인정하는 그것을 그에게서 유도하여

도출해 내는 것이어야만 한다. 이 점에서 힐트너가 이해하는 '목회적'이란 말은 로저스가 말하는 비 지시적 면담 기법의 원칙에 충실하고 있다. 이러한 과정에서 필수적으로 요청되는 자세는 목회자가 교인의 고통과 갈등을 함께 공감하고 들어주어야 한다는 점이다. 경청의 과정을 통해 교인 자신이 문제의 본질, 주변 상황, 자신이 원하는 방향 등을 정리하여 가능하면 스스로 결정해서 나아갈 수 있도록 돌보는 것이다. 교회 역사적으로 행해온 안내의 목회적 돌봄은 충고, 경청, 결심을 하도록 함 등이었다. 안내의 목양은 오늘의 토의 주제인 목회상담의 내용과 가장 많이 일치하는 기능이다. 이 기능은 뒤에서 영성지도와도 관련하여 논의할 것이다.

한편 목회역사학자인 크렙쉬와 재클은 힐트너의 3가지 기능에 '화해'(reconciling)의 기능을 추가한다.[18] 교회의 역사를 통해 발견한 또 하나의 목회적 돌봄의 내용이 화해이다. 화해는 '영혼의 돌봄'의 교역의 하나로서, 소외된 인간들로 하여금 하나님과 이웃 사이에 새롭고 적절한 관계를 맺도록 돕는 기능이다. 하나님 앞에서 "모든 사람이 죄를 범하였으므로"(롬 3 : 23), 죄인 아닌 사람이 없다는 의미이다. 그래서 사람은 자신이 죄인임을 인식하고 하나님의 용서를 체험하지 않고서는 하나님과 화해할 수 없다. 역사적으로 살펴볼 때, 깨어진 관계를 연결시켜 주기 위해서는 2가지가 필요하다. 첫째는 용서이다. 죄의 용서는 선언이며 선포이다. 그리고 이를 위한 전제 조건이 고백과 참회이다. 인간은 죄의 고백과 참회를 통해 용서를 선언 받게 된다. 둘째는 훈련(discipline)이다. 고백과 참회를 통해 용서받은 인간은 그의 인격이 교정되고, 목회적 권고를 받아들일 수 있는 훈련을 통해 사단의 유혹과 하나님의 진노로부터 보호받게 된다. 칼빈은 이런 훈련을 게을리하거나 싫어하면 교회를 와해시킨다고 했다.[19] 그래서 칼빈의 제네바 종교개혁에서 이 훈련의 기능이 매우 중요한 역할을 차지하게 됐다.

화해의 기능은 오늘의 한국 목회 상황에 매우 필요하다. 한국의 교회는 다양한 목소리를 하나로 통합하는 과정에서 많은 갈등을 겪고 있다. 이로부터 오는 인간관계의 깨어짐, 반목, 시기 등이 많은 사람들을 병들게 하고 있다. 뿐만 아니라 내면의 갈등으로 인한 인격의 분열, 인생의 의미를 상실하는 데서 오는 소외 현상, 인간관계의 단절 때문에 오는 갈등은 모두 화해의 기능이 감당해야 할 목회적 과제이다. 화해 기능의 하나인 고백은 갈등의 해결에 큰 역할을 담당할 수 있다. 고백에는 치유적 가치가 담겨 있다. 고백을 향한 준비, 고백, 참회, 화해의 단계로 진행되는 화해의 목회는, 갈등 상황이 많은 한국 교회 현실에서 감당해야 할 역할이 크다고 할 수 있다.

이렇게 목회의 4가지 기능인 '치유', '지탱', '안내', '화해'는 모두 목회상담에서 수행되어야 하는 기능이라 할 수 있다. 마음의 질병의 근원인 죄를 용서하고 치유하며, 인생의 위기나 중요한 시기에 결단을 할 때 옆에 있어 주며, 적절한 결단을 내리도록 안내의 돌봄을 베푼다는 점에서 목회는 목회상담의 기능과 별 차이가 없다. 이런 점에서 목회상담은 종교의 유산과 심리학의 통찰을 활용하여 교인의 내면의 문제를 보다 깊이 이해하고 파악하여 교인의 문제의 치유와 어려운 곤경을 해결해 가도록 돕기 위해 전문화된 교회 '교역'의 하나이다. 곧, 목회상담은 목회적 돌봄과 따로 분리되어 존재하는 것이 아니다. 이는 목양의 4가지 내용을 목회보다 더 집중적으로 장기간에 걸쳐 심리학과 상담의 통찰을 토대로 내담자를 전문적으로 돕는 교회 교역의 하나이다.

4. 목회적 돌봄의 핵심으로서의 영성

이러한 4가지 목양의 기능에 대해 '거룩의 차원'을 강조하는 새로운 목양 이론을 주장하는 학자가 있다. 떼이어(Nelson Thayer)는 종교를 "일련의 상징적 형태와 행위가 인간으로 하여금 자신의 실존의 궁극적 조건(the ultimate condition)에 관계하도록 하는 것"이라고 정의한다.[20] 이 정의는 그의 목양 이론을 전개해 가는 기본 토대가 되고 있다. 곧, 인간은 자신의 삶의 경험에서 우러나오는 존재하는 것의 궁극적 권능(power)과 의미의 경험을 상징과 행위로 표현한다. 예를 들면, 권능과 의미의 경험이 신앙생활을 통해서 표현된다. 그는 "목회적 돌봄은 종교 지도력의 한 차원으로서 그것의 본질은 세계 건설과 이를 유지(maintenance)"하는 데 기여해야 한다고 주장한다.[21] 떼이어가 말하는 목회적 돌봄이란 예배의 상징과 신앙생활의 행위의 토대가 되는 의미 있는 세계를 건설하고 또한 이를 지탱하도록 유지시켜 주는 것이다.

떼이어가 말하는 "세계 건설과 이를 유지하는 것"이라는 목양의 정의는 목회의 실천에 지대한 영향을 끼친다. 그가 이해하는 목양이란 인간에게 기본적으로 중요한 행위들을 돌보고 양육하는 것이다. 목양은 인간이 살고 있는 세계가 질서 있고, 가치를 지니고 있으며, 유지가 되고 있다고 인식할 뿐만 아니라 이러한 "세계를 경험하도록 도와주어야 한다."[22] 목회의 중요한 역할은 성서 속에서 계시되고 이 시대 속에서 교회의 전통과 삶을 통해 계시된 거룩한 초월자의 차원을 향해서 교인들의 삶이 나아가고 경험하도록 도와주는 것이라는 주장이다. 넓은 의미에서 이러한 돌봄의 행위는 그리스도교 영성 형성이며, 목회적 돌봄의 중심 과제라는 것이 떼이어의 주장이다. 이런 측면에서 보면, 그가 생각하는 목회적 돌봄은 목회상담과 따로 떨어져 존재하는 것이 아니다. 오히려 목양과 목회상담과 영성이 불가분리적 관계라는 것이다. 왜냐하면 목회적 돌봄은 거룩과 질서를 경험하는 세계의 건설과 유지라는 본질적 과제를 안고 있기 때문인데, 이 작업은 인간의 신앙의 성장과 발달을 다루는 목회상담의 궁극적 영역이기도 하기 때문이다.

떼이어가 이해하는 목양이 영성의 차원에 초점을 맞춘 육성이라고 해서 목양의 위기관리나 그 밖의 활동을 경시하는 것은 아니다. 그는 목회상담이나 목회적 돌봄을 수행하는 목회자가 교인의 위기에 개입하는 목적이 일반 상담가나 사회복지사가 행하는 자아 강화를 통한 능력의 회복에 그쳐서는 안 된다는 점을 강조하고 있다. 그가 강조하는 바는, 목회자는 도움을 요청하는 사람이 위기 체험을 통해 주님의 권능을 경험하며, 그로 인한 자신의 삶의 의미가 일치되고 실현되는 것을 자각하고 응답하는 차원까지 이르도록 도와주어야 한다는 것이다. 떼이어는 이 영역이야말로 목회적 돌봄이나 목회상담의 고유 영역이라고 보고 있다. 이런 점에서 떼이어는 힐트너나 크렙쉬와 재클이 제안하고 있는 목회적 돌봄의 4가지 기능인 개인의 치유, 지탱, 안내, 화해의 영역에서만 목회적 돌봄을 한정시킬 수 없다고 주장한다. 이보다 한 걸음 더 나아가 목회적 돌봄은 자신이나 다른 사람들, 자연, 하나님과의 관계 속에서의 양육과 안내와 성장을 동시에 취급해야 한다는 것이다.[23] 떼이어는 개인적 차원에서 돌봄이 이루어지는 것에서부터 자기 자신과 타인, 자연, 하나님에까지 목회적 돌봄의 영역이 확장되어야 한다고 말한다. 그래야 개인 안에 사유화된 신앙에서 벗어나 공동체와 자연, 하나님의 영역까지 포괄하는 온전한 경험과 삶을 살 수 있기 때문이다. 이런 측면에서 떼이어는, 목회적 돌봄이 이 영역의 핵심이라 할 수 있는 영성에 초점을 맞추어야 한다고 강조한다.

    요즘 화두로 등장하는 단어 중의 하나가 '영성'이다. 이 말은 무엇을 의미하는가? 누구나 쉽게 사용하기는 하나 간단하게 대답하기 힘든 것이 사실이다. 그 이유는 아마도 이 말에 여러 종류의 의미를 담아 사용해 왔기 때문일 것이다. 이 말에 담긴 의미는 무엇인가? 폭넓게 말해서 인간의 삶에 생기를 불어넣으며, 초월적 실재를 향해 도달하도록 돕는 태도, 신념(믿음), 신앙 실천을 서술하는 용어라고 말할 수 있다.[24] 여기서 말하는 영성은 상당히 폭넓은 영적 지향의 태도를 의미하기에 긍정적인 영성도 부정적인 영성도 포함 가능하다. 마치 히틀러의 영성이란 말이 가능한 것처럼 말이다. 그래서 어떤 사람은 영성이란 단어가 가지고 있는 모호성과 혼돈을 피하기 위해 '기독교인의 삶'이란 용어를 선호하기도 한다.

영성이란 말을 조금 더 설명하기 위해, 카즌스(Ewert Cousins)는 영성을 내면적 차원과 관련하여 이해하고 있다. 그에게 있어 영성은 "전통적으로 '영'이라고 불리고 있는 인간의 내적 차원에 관심을 둔 말이다. 이는 인간의 가장 심원한 중심을 의미하는데, 바로 이곳에서 인간은 초월적인 차원을 향하여 열려 있으며, 궁극적인 실재를 체험하게 된다."[25] 그런데 영성을 '초월적인 차원', '궁극적 차원'에 관심을 두는 방식으로 이해하면 결과적으로 영성의 역동성이 결여될 것을 예상하게 된다. 그래서 그는 이런 위험성을 피하기 위해 영성의 적극적인 의미를 추가하였다. 곧, "영적 성장발달의 원동력인 존재의 핵을 발견하고, 궁극적인 목적을 향한 여행이다."[26] 영성이란 존재의 원동력을 추구하고, 여기에서 머무는 것이 아니라 이를 실현하기 위한 적극적 삶을 포함하고 있다는 것이다.

이에 비해 샌드라 슈나이더(Sandra M. Schneiders)는 상당히 넓고 포괄적이다. 그녀는 종교의 일반적인 정의와 혼동을 피하기 위해 영성을 정의한다. 영성이란 "자신이 인지(認知)하고 있는 궁극적인 가치를 향하여 자신을 초월하여 자신의 삶을 통합하려고 할 때 경험되는 그것이다."[27] 이 정의는 추상적인 지적 체계인 믿음의 내용과 구별된 것으로서, 삶의 정황에서 추구하는 바가 직접적으로 경험되는 것이라는 의미로 넓게 이해할 수 있다.

떼이어의 영성 이해는 조금 더 의식(ritual) 지향적인 면이 강하다. 그가 보는 영성이란 우리의 관계들을 포함하여 어떻게 모든 삶의 영역들이 우리의 의식(awareness)에 통합적으로 작용하는가와 관련되어 있다. 영성은,

> '존재에 대한 통전적, 기능적 방향 정립'으로서, 그 존재는 초월을 향한 무한한 능력 안에서 전적으로 초월로 알려져 있고, 그 초월이 그것을 경험하는 바

로 우리의 능력에 의해 내재로 알려진 것에 대한 우리의 관계를 반영한다.[28]

우리가 추구하고 예배하는 존재는 무한한 능력을 지닌 초월적 존재이면서도, 또한 우리의 능력으로 그 존재를 경험할 수 있는 내재적인 존재이기도 하다는 말이다. 이 존재와의 관계 정도를 얼마나 깊고 강하게 유지해 갈 수 있는가에 따라 당사자의 영성 정도를 가늠할 수 있다.

이상에서 다룬 바와 같이 영성이란 궁극적인 가치를 지닌 초월적인 것 자체를 말할 뿐만 아니라, 현재의 구체적인 삶 속에서 초월적인 존재와의 관계를 실현하며 통합하려고 추구하는 과정을 포괄하는 용어이다.

포스트모던 사회가 본격화한 21세기에 접어들면서, 인간의 초월적인 측면에 대한 관심은 목회적 돌봄의 영역에도 새로운 방향을 가져오게 되었다. 영적인 영역에 대한 관심과 갈망은 신앙의 역동성과 이의 발달, 그리고 영성지도(spiritual direction)에 대한 재발견으로 이어졌다. 그리고 영성에 대한 관심은 영성 형성(spiritual formation)이란 주제로 나아가게 되었다. 이는 초월적인 영역과의 관계 속에 있는 인간 삶의 체험이 계속해서 더욱 깊이 있게 발전될 것을 가리키는 말이다.

5. 목회적 돌봄, 목회상담, 영성지도

현대 문화에 나타나는 영성에 대한 관심은 현대인의 영혼의 욕구를 드러낸다. 특별히 명상 전통에 대한 관심의 증가는 현대인에게 내적 경험에 대한 갈증이 심하다는 것을 보여 주는 증거이다. 떼이어의 주장처럼, 교회가 이를 인식하고 민감하게 반응하는 것은 여러 가지 의미에서 중요하다. 특히 현대인의 내적인 경험에 대한 관심에는 자기(self)에만 몰두하는 자기애적 성향이란 부정적 측면이 존재하는 것이 사실이기에, 이에 대한 관심과 적절한 안내가 요구되고 있다.

그래서 현대 그리스도교인의 개인적인 문제 해결에 관심하는 목회상담이 영적 문제에 관심을 갖지 않을 수 없다. 왜냐하면, 목회상담의 영역을 일상적 삶의 문제 해결이라고 좁게 보기보다는, 현대인의 일반적인 문화 현상인 내적 경험의 욕구에 대해 적극적 반응을 보이며 노력하는 것이 자신의 직무에 충실하는 것이기 때문이다. 목회상담이 심리학의 통찰을 목양의 영역에 적용하는 데서 한 걸음 나아가, 목회상담의 정체성과 직접적으로 연결되어 있는 영성의 영역에 관심을 갖는 것이 목회상담의 발전을 위해서 바람직한 일이 될 것이다.

이러한 영성 형성에 대한 관심은 이를 다루는 전문적 영역에 대한 고찰로 나아갈 수 있다. 교회 전통에서 영성 형성에 대한 영역을 전문적으로 다루는 교역 분야가 영성지도(spiritual direction)이다. 한국의 개신교에는 영성지도가 낯설지만, 천주교, 그리스 정교회, 성공회에서는 역사적으로 이 교역이 계속 유지되어 왔다.

현대적 의미의 목회적 돌봄을 대표하는 초창기 목회신학자인 힐트너가 영성지도를 자신의 목회적 돌봄의 구조에 포함하고 있음은 의미 있는 일이다. 그는 이 영역을 '안내'(guidance)라는 목회의 기능 안에서 다루고 있다. 그런데 그의 영성지도에 대한 이해를 살펴보면 그는 영성지도의 필요성에 대해서 심각하게 느끼지 못한 듯하다. 왜냐하면, 그가 이해한 영성지도는 치과의사에게 일 년에 한두 번 찾아가 치아 검사를 받는 것처럼 인생의 전반적인 문제를 폭넓게 검사해 보고 싶을 때 찾아가서 검사받는 것을 의미하기 때문이다.[29] 힐트너가 이해하는 수준의 영성지도란, 어쩌다가 영적 영역에서 조언의 필요성을 인식하면 영성지도자에게 찾아가서 면담하는 정도로 충분하다고 보았던 것 같다. 이런 면에서 그의 영성지도 이해는 이 영역을 자신의 목양 이해에 포함하고 있음에도 불구하고, 심도 있는 이해가 부족하다고 평가할 수 있다.

이에 비해 떼이어는 영성지도의 필요성을 절감하고 있다. 그는 영성 형성에 평생 동안의 인생이 관여된다고 이해한다. 그래서 이러한 영성 형성의 발전에는 초월과의 관련 속에 있는 인간의 체험이 중요하며, 이를 계속해서 더욱 깊이 있게 발전시켜 가야 한다고 본다.[30] 떼이어의 목회적 돌봄 이해에서는 영성 형성에 있어 영성지도가 중요한 역할을 하고 있음을 인식하고 있었으나, 일찍 세상을 등지게 되어 이를 직접적으로 발전시키지 못했음은 애석한 일이다.

그럼에도 불구하고, 떼이어의 목양 이해는 나름대로 목회적 돌봄과 목회상담에 의미 있는 진전을 이룰 이론적 기초를 제공한다. 그는 과거의 목회적 돌봄에서 개인적 영역의 문제가 목회의 주요 관심의 초점이 되었다고 비판하고, 신자의 영적인 정체성을 교회의 목양의 영역과 연결시키려고 노력하였다. 인간은 삶을 사는 중에 닥쳐오는 어려움과 고난을 무시하지 않으면서도 이것을 포용하여 고통과 고난을 극복할 수 있는 길을 추구해야 한다. 그는 이런 과정을 영성의 형성이라고 보았다. 이 형성 과정은 전 생애에 걸친 과정으로서, 개인의 의식과 초월적 영역의 지속적인 교제에 의해 가능하다고 보았다. 이 영성 형성은 영성지도가 직접적으로 주된 관심이 되어 다루고 있는 교역의 한 분야이다. 이상과 같이 떼이어의 목회적 돌봄 이해에서 보는 것처럼, 목회적 돌봄은 영성지도라는 영역과 밀접하게 연결된다.

목회상담은 영성지도와 어떤 관련성이 있는가? 목회상담과 영성지도는 모두 개인의 성숙을 위해 노력하고 있는 교회의 중요한 교역 활동에 속한다. 목회상담은 심리학과 상담학의 통찰을 활용하여 신학과의 대화 속에서 일대일, 가족, 공동체, 집단, 사회 체제를 다루면서 온전성과 건강을 돕는 교회의 중요한 교역의 하나이다. 이에 비해 영성지도는 그리스도교 역사적으로 이어져 온 교회의 중요한 신앙 발달을 위한 교역으로서, 일대일의 관계 속에서 신자의 영성 생활의 성장을 돕기 위한 노력이다.[31] 천주교회에서는 목회상담을 '사목상담'이라고 부르며 영성지도와 구별하고 있다. 개신교 목회상담 발달사를 돌아볼 때 그렇게 판단될 수 있는 여지가 있었음을 이해할 수 있다. 곧, 개신교 목양과 목회상담 활동에 있어 심리학을 전적으로 도입하여 활용했던 역사가 있었기 때문이다. 그러나 이러한 천주교의 사목상담(목회상담)과 영성지도에 대한 평가는 목회적 돌봄의 영역을 둘로 나누어 보는 이분법적인 평가라 할 수 있다. 왜냐하면 하나님께서는 세상과 교회를 구분해서 활동하시지 않으며, 거룩과 세속의 세계 모두에게 임재하여 역사하시기 때문이다. 그래서 교회 안이나 밖에서 인간의 문제를 온전하게 도와주려면 영적인 문제를 도외시할 수 없다. 이런 점에서 천주교에서 영성지도와 목회상담을 이원론적으로 구분하면서, 목회상담을 세속 학문의 도움으로 하는 문제 해결 중심적이라고 보는 것은 무리가 있다는 것이 필자의 평가이다. 역사적으로는 두 영역이 따로 발전되어 왔음을 부인하지는 않지만, 자신들이 관심을 기울이지 못한 영역을 겸허히 인정하고 부족한 점을 보완하려고 노력하는 것이 주님께서 맡겨주신 사명을 온전하게 감당하려는 자세일 것이다.

지금까지 살펴보았듯이, 목회적 돌봄의 영역인 '치유', '지탱', '안내', '화해'의 기능이 목회상담의 기능과 서로 중복되고 있다. 비록 목양의 수행에 사용하는 방식에 차이가 있다고 하더라도 본질적인 영역에서는 차이가 없다는 것이 필자의 주장이다. 목회상담은 신자의 생의 어려운 문제를 해결하기 위해 보다 전문적인 전략과 진단 방법론을 제공하는 타 학문의 도움을 받는다는 점이 목회적 돌봄과는 다르나, 양 분야가 다루는 내용과 기능하는 방식은 유사하다는 것이다. 또한 떼이어가 목양의 주 관심 영역이 영성이어야 하며, 이는 목양이라는 전반적인 교회의 교역에서 중심적 위치를 차지하고 있어야 한다고 주장하는 점은 이미 앞에서 다루었다. 이런 측면에서 목회적 돌봄이나 목회상담이 비록 짧은 기간 교인과 면담을 수행한다고 해도, 그들 문제 속에 담겨 있는 영성의 차원을 소홀히 할 수는 없다. 따라서 영성지도와 목회상담을 서로 구별할 수는 있어도, 서로의 영역을 구분하는 것은 바람직하지 못하다.

　목회적 돌봄, 목회상담, 영성지도 이 세 봉사의 교역은 모두 자신들의 활동을 통해 인간이 삶 속에서 겪고 있는 경험들을 바라보고 이해하며 극복하도록 돕는다. 더불어 이들 세 교역은 인간이 당면하고 있는 고통과 슬픔, 애환과 기쁨을 자신의 개인적 영역이라는 좁은 시야에서 벗어나 보다 큰 영역의 일환이라는 시각으로 바라볼 수 있게 도와주는 일이다. 이에 대하여 나우웬은,

> 치유한다는 것은 원칙적으로 고통을 제거하는 것이 아니라, 우리의 고통은 보다 큰 고통의 일부이고, 우리의 슬픔은 보다 큰 슬픔의 일부이며, 우리의 체험은 "그리스도는 영광을 차지하기 전에 그런 고난을 겪어야 하는 것이 아니냐?"(눅 24 : 26)고 말씀하신 그분의 커다란 체험의 일부임을 드러내는 것이다.[32]

　고통 속에 고민하는 영혼들을 참으로 전인적으로 도와주는 길은, 각자의 삶의 이야기가 세계와 단절된 단독자로서의 이야기가 아니라 보다 큰 경험의 일부인 예수님의 이야기와 연결됨을 발견하고 받아들이는 삶으로 나아가게 하는 일이라는 것이다. 이런 면에서 나웬의 지적은 이 글의 주제에 큰 시사점을 제공한다. 곧, 미시적으로 각 분야를 정의하고 활동하면서도 거시적으로 예수 그리스도의 시각에서 모든 인간의 문제를 바라보고 나아갈 수 있는 데까지 도와줄 수 있어야 진정한 의미에서 '온전한' 도움을 주었다고 할 수 있다. 그러므로 교회의 봉사의 교역인 목회적 돌봄, 목회상담, 영성지도는 서로 밀접하게 관련된 영역에서 비슷한 영역의 문제를 다루고 있는 것이다.

요즘 목회자의 교역의 성과를 좌우할 수 있는 중요한 변수는 목양이나 목회상담을 행하는 주체의 문제이다. 교역의 주체인 인간이 어떠한 존재인가라는 이해가 교역의 성과에 큰 변수가 되고 있다. 패턴은 전문직(professional) 경향으로 나아가려는 목회상담학계에 경종을 울렸다. 패턴은 목회상담을 전공하고 전문직으로 나아가는 사람들이 증가하고 있는 현실에서 이들의 수행하는 기능의 본질을 명쾌하게 정리해 준다. 그는 "목회상담은 전문직이 아니라 전문적으로 교역하는 사람들이 행하는 하나의 기능"이라고 주장한다.[33] 패턴이 주장하는 목회상담이란 자신이 취하고 있는 심리학이나 상담학의 통찰이 어떠하든지 간에, 그가 행하는 목회상담은 교회의 전체 교역 중 하나의 기능을 실천하고 있다는 것이다. 패턴은 근대적 사고의 영향 아래에서 인간 그 자체보다는 자신이 행하는 기능을 중시하는 도구주의적 사고의 경향에 제동을 걸었다. 목회상담가가 취하는 특정 유형의 상담을 목회상담이라고 정의할 때, 이는 상담에 사용하는 방법보다는 상담가의 인격과 책임(accountability)에 더 깊은 관계가 있다는 것이다. 목회상담가의 인격과 그의 지향성이 어떠한가가 더 중요하다는 말이다. 이런 점에서 그의 존재와 그 존재의 지향을 나타내는 영성이 중요하게 취급된다.

그럼 이 세 가지 영역의 관계는 어떻게 되는 것인가? 여러 가지 논의가 가능하겠으나 크게 두 가지로 나누어 본다. 먼저 목회상담과 영성지도는 상보적 관계로 볼 수 있다. 목회적 돌봄은 목회상담과 영성지도라는 두 개의 흐름을 그 안에 갖고 있다.[34] 목회상담이 인간의 정신(psyche)에 강조점을 두고 행하는 교역이라면, 영성지도는 인간의 영(spirit)에 강조점을 두는 교역이라고 할 수 있다. 이런 관점에서는 정신과 영이 서로를 필요로 한다. 이 시각에서는 정신은 영의 담지자(container)의 역할을 하기 때문이다. 그래서 정신적으로는 건강한데 영적으로 결핍된 삶을 사는 사람이나, 이와 반대로 영적으로는 풍요로운 삶을 살고 있는데 비해 정신적으로 인간의 삶에 대해 통합성을 갖지 못하는 경우도 있다. 이런 면에서 정신과 영은 서로의 온전한 발전을 위해서 서로를 필요로 하는 상보적 존재라고 보는 것이다.[35]

두 번째 관점은 위계적으로 보는 관계이다. 목회적 돌봄이 맨 위에 존재하고, 그 다음으로는 목회상담이 있으며, 맨 아래에 곧 가장 핵심부에 영성지도가 존재한다고 보는 관계이다.[36] 또는 동심원이란 비유로도 같은 맥락의 관계를 설명할 수 있다. 곧, 영성지도를 핵으로 보고, 그 밖은 목회상담, 그리고 가장 외부의 원은 목회적 돌봄이라고 보는 모델이다. 이 도식은 현재 영성지도 교역을 전통적으로 유지해 온 교회에서 이해하고 있는 관점이라 할 수 있다. 그러나 이 관점은 영성지도와 같은 교역에 대해 관심을 두지 않았던 교회들에게는 논란이 될 수 있다. 왜냐하면, 현재까지 이 세 가지 교역의 분야의 활동 목표에 대해 동의가 이루어진 적이 없기 때문이다. 앞에서 살펴봤듯이 개신교에서도 영성에 대한 관심의 증가하고 있으며, 이와 관련하여 영성지도의 수용도가 높아 가고 있는 현실이다. 이런 전환기적 시점에서 이 세 분야의 관계 설정에 대한 논의가 활발하게 일어나 생산적인 결과가 나오길 고대한다.

6. 이 장의 요약

결론적으로 목회상담은 목회적 돌봄에서 떨어져 나와 단독으로 존재할 수 없다. 이는 목회상담이 탄생한 환경으로부터 결코 자유로울 수 없기 때문이다. 목회상담이 비록 심리학과 상담학의 통찰로 자신의 기능 수행에 큰 도움과 영향을 받고 있다 할지라도, 역사적으로 면면히 흘러 내려오며 존재한 목회적 돌봄에게서 그 역할과 기능을 많이 위임받고 있기 때문이다. 그래서 목회상담은 자신의 정체성, 활동 영역, 목적에 목회적 돌봄과 밀접한 관계를 갖지 않을 수 없다. 이런 점에서 목회상담은 목회적 돌봄과 밀접한 관계를 유지해 가야 할 것이다.

그럼에도 불구하고 목회상담은 나름대로 고유의 영역을 가지고 있다. 목회상담은 목회적 돌봄이 상대적으로 약한 부분인, 인간의 문제를 해결하기 위해 효과적인 원인 진단과 해결 전략을 지니고 있다. 이런 점에서 사람들로부터 높은 호응을 받고 있지 않나 싶다. 그러므로 앞으로 더욱 효과적인 자신의 기능을 수행하기 위해 보다 열린 자세로 심리학과 상담학의 통찰을 배워야 할 것이다. 명심할 것은 우리가 봉사하는 교역은 우리의 모범이 되신 예수 그리스도의 뒤를 따르는 것이 되어야 한다는 점이다. 그분이 가신 길과 하신 일을 거울삼아 우리의 모든 활동에 기준이 되도록 해야 할 것이다. 우리들이 세속적인 의미에서 '상담 전문가'가 아니라, 주님의 가신 길을 배우고 행하려고 하는 '목회적 상담 전문가'라는 것을 의식하여 전문적 기술뿐 아니라, 내면의 자세에서도 적절하게 준비되지 않으면 안 된다.

이런 의미에서 목회상담은 본질적으로 영성을 필요로 한다. 목회상담가 자신뿐만 아니라, 목회상담가에게 도움을 받으러 오는 사람들을 위하여서도 마찬가지로 영성이 필요하다. 목회상담가와 내담자 모두 자신의 삶을 거시적 시각에서 보고 해석하며 나아가는 자세와 이를 도와주는 이론과 기술이 필요하다. 이런 측면에서 그리스도교 교회의 일부 전통에 오랫동안 존재해 온 영성지도에게서 겸허하게 배우는 자세가 필요하다. 목회상담은 단순히 정신적인 영역만을 다루려고 하는 것이 아니라, 온전한 건강을 위해 영적인 면도 다룰 수 있어야 함을 깨달아야 한다. 또한 이를 통해 이미 행하고 있었던 점을 보다 명확하게 다듬어서 정리하여 온전한 교역으로서 행할 수 있도록 해야 할 것이다.

도시의 세속화와
오순절 영성 목회[1]

/김상백(순복음대학원대학교, 실천신학/영성학)

한국 교회의 영적인 현 주소를 말할 때마다 등장하는 단어가 '세속화' (世俗化, secularization)이다. 사람들은 이구동성(異口同聲)으로 한국 교회의 세속화를 한탄하면서 교회 개혁의 당위성을 강조한다. 한국장로신문이 2014년 7월 10일 경주에서 열린 예장통합 전국장로수련회 기간 중 참석한 장로 852명을 대상으로 직접 설문조사한 결과를 보면, 한국 교회의 위기 원인에 대해 응답자의 33.7%(480명)가 '목회자의 부족한 영성과 인성'을 꼽았고, 29.0%(396명)은 '신앙 및 교회의 세속화'를 꼽았다. 이 설문조사의 결과를 분석해 보면 대다수의 교회 평신도 지도자들도 한국 교회의 대 사회적 신뢰도의 상실과 성장 정체의 원인을 교회의 세속화에 두고 있음을 알 수 있다.[2]

이러한 사실들을 살펴볼 때, 일반적으로 그리스도인들은 세속화의 개념을 교회의 영적 도덕적 타락의 개념과 동일시하는 것으로 사려(思慮)된다. 그러나 사실 세속화에 대한 개념은 신학적으로나 사회학적으로 다양한 견해가 존재한다. 어떤 이들은 하나님의 내재성의 강조나 교회의 적극적인 사회 참여로 세속화를 긍정적으로 해석하기도 한다. 심지어 기독교가 배타적이고 독선적인 이미지에서 벗어나 불교나 타 종교와 화해하려고 노력해야 한다는 종교다원주의의 움직임을 교회의 세속화로 높이 평가하기도 한다.[3] 이렇다보니 세속화에 대한 개념이 분명하게 정리되지 않고, 말하는 이마다 강조하는 것이 달라서 혼란스럽고, 서로 대화하는 데 어려움이 있다. 특히 도시화(urbanization)는 오늘날 현대 사회의 거역할 수 없는 트렌드(trend)이며 도시는 세속화의 근원(根源)지이다. 그래서 도시화와 세속화는 밀접한 관계가 있다. 그러므로 필자는 본 연구에서 지금까지의 세속화의 개념을 정리하고, 나아가 세속화와 도시화의 상관성과 도시 세속화의 특징을 살펴보고, 도시 세속화를 치유하고 구원하기 위한 방안으로서 오순절 영성 목회를 구체적으로 제안하고자 한다.

1. 도시의 세속화에 대한 이해

'세속도시', '도시의 세속화', '세속화된 도시' 등과 같이 도시와 세속화는 항상 함께 다니는 단어로 여겨진다. 그만큼 도시와 세속화는 밀접한 관련성을 가진다. 도시의 세속화를 이해하기 위해 세속화의 개념, 도시화의 개념, 도시화와 세속화의 상관성, 그리고 도시 세속화의 특징을 살펴보자.

1) 세속화의 개념

도시 세속화를 이해하기 위해 먼저 세속화 개념의 이해가 중요하다. 세속화란 과연 무엇인가? 세속화에 대한 다양한 정의와 이론이 존재하고 있기 때문에 세속화의 개념을 명확히 정리하는 것이 중요하다. 필자는 세속화에 대한 개념 이해를 위해 세속화에 대한 어원적 이해와 함께 지금까지의 세속화 개념들을 정리하고자 한다.

(1) 세속화에 대한 어원적 이해

사전적으로 세속화란 "종교적 가치와 제도가 매우 동일시되던 사회가 비종교적 가치와 세속적 제도로 변화하는 과정"을 일컫는다.[4] 즉 세속화는 종교적 가치를 중시하던 사회가 점점 비종교적 가치를 추구하는 것으로 변화되는 과정이라고 말할 수 있다. 또 어원적으로 세속의 영어 표현인 'secular'은 라틴어 'saeculum'에서 유래되었는데, '이 세대'(this age)라는 시간적 의미와 '이 세상'이라는 장소적 의미가 모두 내포되어 있다. 이러한 세속이라는 말의 어원적 의미를 정리해 보면, 영원한 종교적인 세계에 반대가 되는 것으로서 변화하는 현세를 의미한다. 즉, 참다운 종교의 세계는 비 시간적이고 변화가 없는 세계이지만, 세속 세계는 일시적이고 변화하는 세계이다. 따라서 비 시간적이고 영원한 참다운 종교의 세계는 변화무쌍한 세속 세계(현세)보다 상위 개념으로 이해된다.[5] 결국 세속화는 영원한 종교적인 세계를 추구하던 사회가 변화하는 이 세상(현세)을 추구하는 것이라고 할 수 있다.

(2) 세속화에 대한 상반된 두 가지 관점

요즘 세속화라는 용어가 교회에 참 혼란스럽게 사용되고 있는 것이 사실이다. 어떤 이들은 세속화를 긍정적인 신학적 의미로 받아들이고 있는가 하면, 많은 이들은 세속화를 아주 부정적인 의미로 받아들여서 개혁의 필요성을 역설하고 있다. 지금 세속화에 대한 다양한 관점이 사회학자들과 신학자들 사이에 존재하지만, 그 중에서 세속화에 대한 정확한 이해를 위해 현재 교회 안에서 서로 대립하고 있는 세속화에 대한 두 가지 관점을 정리해 보자.

첫째, 세속화를 긍정적으로 보는 관점에서는 오늘날 세속화가 부정적으로 받아들여지고 있는 것이 세속화를 의미하는 'secularization'을 잘못 해석했기 때문이라고 말한다. 세속화의 원래 의미는 콕스(Harvey Cox)가 세속신학자 반 퍼센(C. A. van Peursen)의 의견을 빌어 말한 것처럼 "첫째는 인간의 이성과 언어를 지배하던 종교로부터, 둘째는 형이상학으로부터 인간을 해방시키는 것"이라고 했다. 즉, 세속화는 모든 종교적이고 폐쇄적인 세계관과 모든 초자연적인 신화와 거룩한 상징들을 깨뜨려 버림으로써 세계를 종교적 또는 유사 종교적 이해로부터 자유롭게 하는 것이다. 그럼으로써 인간의 관심을 저 세상으로부터 지금 이 세상으로 돌리는 것이다. 이것이 인간의 자율화(man's coming of age)이다.[6] 교회의 세속화를 주장하는 사람들은 인간의 자율성 시대, 과학의 시대에 현대인들이 적용 가능한 종교로, 이해 가능한 수준으로 기독교가 낮아져야할 필요성이 있다고 말한다. 이렇게 함으로써 과거에 범인들이 접근하기 어려웠던 신성화된 종교가 아니라 세상 사람들과 적극적으로 소통할 수 있는 종교로 변화되어야 한다는 것이다. 이것은 예수 그리스도가 이 땅에 내려와 고난과 희생을 당하셨듯이 교회도 현세 속에서 자기희생적 고난의 삶을 살아야 하는 것이며, 바로 이러한 행동을 기독교의 본질로 재해석해야 한다는 것이다. 그래서 '세속화'라는 말보다는 교회의 책임을 강조하는 '기독교의 사회화' 혹은 폐쇄적이고 사색적인 종교적 개념에서 벗어난 '탈종교화'로 그 개념을 재해석하는 것이 바람직하다는 견해이다.[7] 세속화를 주장하는 신학자들은 세속화를 그동안의 하나님의 초월성에 대한 강조에서 하나님의 내재성을 강조하는 것으로의 신학적 흐름의 변화로 설명한다.

둘째, 세속화를 부정적으로 보는 관점은 세속화를 기독교의 타락으로 본다. 로버트 웨버(Robert E. Webber)는 세속화를 "역사적 기독교의 감수성들로부터 새로운 삶의 조건으로의 이행 운동"이라는 사상과 세계관의 흐름 변화로 정의했다. 웨버는 '역사적 기독교의 감수성'이란 서구 문화의 기초가 된 전통적인 기독교의 가르침들을 말하는 것이고, '새로운 삶의 조건'이라는 것은 20세기 후반에 나타난 세속적 사상들과 가르침들을 말한다고 했다.[8] 그에 의하면 세속화는 전통적인 기독교의 가르침과 세계관에서 벗어나서 진화론을 중심으로 한 과학적 가르침과, 칼 융(Carl Jung), 프로이드(S. Freud), 에릭 프롬(Erich Fromm), 칼 로저스(Carl Rogers), 롤로 메이(Rollo May) 등과 같은 인본주의 심리학자들의 자아 중심적 인간성의 가르침, 뉴에이지 운동, 동양 종교의 가르침, 물질주의 등에 빠져 들어가게 한다는 것이다. 이러한 흐름을 생각해 볼 때, 21세기를 세속화 시대로 규정할 수 있다고 했다.[9] 또한 블레마이어(Harry Blamires)도 현대 그리스도인들이 그 정신은 세속화에 굴복하고 있지만, 도덕성, 예배 의식, 그리고 영적 교화를 주는 하나의 종교로서의 기독교는 받아들이고 있다고 했다. 그는 세속화된 그리스도인들의 사고(思考)를 살펴보면 그들의 삶 가운데 일어나는 이 세상의 일들을 신앙적 맥락에서 해석하고, 기독교 신앙의 교리적 기초들과 연결시키며, 하나님의 주권과 천국과 지옥을 통해 보는 견해는 거부한다고 했다.[10]

이형원은 이러한 세속화가 현대 사회에서 인간의 이성을 중시하면서 종교의 간섭을 배제하려는 경향성을 의미하지만, 성서적 관점에서 본다면 세속화는 현대적 추세만이 아니라 인류의 조상인 아담과 하와가 하나님의 명령을 거부하고 뱀이 제시하는 새로운 삶의 조건을 따라 선악을 알게 하는 나무의 열매를 따먹은 사건으로부터 이미 시작되었다고 주장했다. 그에 따르면 세속화는 노아시대의 성적 무질서(창 6장), 인간의 교만함을 보여준 바벨탑 사건(창 11장), '배교-심판-회개-구원'의 신학적 순환(theological cycle)이 거듭되었던 사사 시대, 그리고 사울 왕 이후 수백 년 동안의 왕정 시대와 바벨론 포로기에 이르기까지 성서에서 지속적으로 나타나는 영적 현상이라는 것이다. 그는 세속화를 연구하는 마음으로 구약성서를 들여다 보면, 이것이 단지 현대 사회의 현상이라기보다는 근본적으로 타락한 인간의 보편적 문제이며 하나님 앞에서 심각한 결과를 초래하는 사안임을

깨달아야 한다고 설파(說破)했다.[11]

앞에서 정리한 이러한 세속화에 대한 서로 상반된 이해가 오늘날 한국 교회와 사회에서 충돌하고 있는 것이 현실이다. 물론 세속화를 긍정적으로 보고 교회의 사회화라는 주장에 공감하여 한국 교회가 교권주의(教權主義)에서 벗어나 성육신하신 예수 그리스도처럼 낮아져서 세상과 소통하고 봉사해야 할 필요성이 분명히 있다. 그러나 윌슨(Bryan R. Wilson)의 사회학적 정의인 "종교적 사고, 의식 및 기구들이 사회적 의미와 중요성을 잃게 되는 과정"으로 세속화를 생각한다면, 포스트모던 시대의 도시 사회에서는 이미 이러한 세속화가 심각하게 진행되고 있다고 할 수 있다. 그의 전망에 의하면 이러한 세속화 과정의 마지막은 결국 무종교(無宗敎) 사회가 되는 것이다.[12] 콕스도 세속 사회의 세대는 전혀 종교가 없는 시대이며, 그 시대에는 인간들이 생의 의미라든지 도덕을 종교적인 규율이나 의식에서 찾으려 하지 않을 것이라고 했다. 그에 의하면 세속 사회의 종교는 일종의 취미나, 민족이나 종족적인 표지가 되고, 일종의 사람들에게 심미적 즐거움을 제공할 뿐이지, 개인의 가치나 우주적 가치를 포괄적으로 일관성 있게 설명해 주는 세계관의 준거(準據)틀을 제공해 주지 못하게 될 것이라고 했다.[13]

물론 이것은 너무 지나친 전망이기는 하지만 분명히 도시화된 우리 사회의 세속화는 사회 속에서 교회의 영향력을 쇠퇴시키고 그 체질을 약화시키고 있다. 그러므로 도시의 세속화는 치열한 영적 대결이 일어나는 도시 사회에서 성서적 세계관이 세상의 세계관에 무릎 꿇게 하는 것이며, 결국 교회와 도시 영혼들을 병들게 하는 사단의 치밀한 전략임을 깨닫게 된다. 그리고 세속화를 사회학자들의 주장대로 단지 현시대에 발흥(發興)하여 유행하는 오늘날의 사회적 현상으로만 볼 것이 아니라, 신학적으로 이미 창세기로부터 시작하여 성서 전체에 흐르는 하나님과 교회를 대적하는 타락한 인간의 보편적인 영적 현상으로 보아야 할 것이다.

2) 도시화의 개념

도시(city)는 정주(定住)적 개념으로 특정 지역에 인구밀도가 높고 농수산업과 같은 1차 산업보다는 도시적 생활 양식인 2차, 3차 산업의 비중이 높으며, 도시적 생활양식과 문화형태인 도시성(urbanism)이 강하게 나타나는 곳을 말한다.[14] 도시화(urbanization)는 "비 도시 지역에 이러한 도시적 요소가 점차 늘어나서 도시적 성격의 지역으로 변화되는 것"을 말한다.[15] 이러한 도시화의 개념으로 생각해 볼 때, 2001년 행정자치부의 조사에 의하면 1975년에 48.4%에 불과하던 우리나라의 도시화율은 2000년에 87.7%에 이르고 있다. 이러한 급속한 도시화의 결과로 한국 사회는 거대한 하나의 도시로 변모하고 있고 대부분의 사람들이 이미 도시에 살고 있다고 해도 과언이 아니다.[16]

콕스는 도시화의 중요한 특징으로 이동성(mobility)과 익명성(anonymity)을 들고 있다.[17] 이동성은 도시의 변화와 발전을 가져오기도 하지만 인간관계의 접촉의 폭을 넓히면서 지역 사회에 대한 의존도와 책임감을 시골보다 낮추는 경향이 있다. 그리고 익명성은 처음에는 자유로운 것 같지만 서로의 마음을 굳게 닫아버려서 도시의 수많은 군중 속에서 고독감과 소외감을 느끼게 하며 무관심과 절망에 빠지게 한다. 그 외에도 도시에는 인구뿐 아니라 최첨단기술과 재화(財貨)가 집중되기 때문에 권력 지향성을 만들어내며, 높은 생산성과 모방성 그리고 다양성 등이 강하게 나타난다.[18]

하나님도 도시에 관심이 많으시다. 성서는 한 마디로 도시의 책이다. 우르(Ur), 바벨론(Babylon), 앗수르(Assyria), 예루살렘(Jerusalem), 에베소, 고린도, 안디옥, 빌립보, 그리고 사도 바울 시대 세계의 중심 도시였던 로마 등 수많은 도시가 성서에 등장하고 있고, 신구약성서에서 도시에 대해 무려 1,096번이나 언급되고 있다. 이것은 도시에 대한 하나님의 관심을 증명하는 것이다.[19] 도시는 많은 사람들이 모이는 곳이고 그 시대의 권력과 문화의 중심지일 뿐 아니라 다양한 종교의 집산지이기도 하다. 그러므로 도시는 신학적 의미에서 세계에 지대한 영향을 미치는 하나님의 선교(Missio Dei)의 전략적 장소이며 영적 전쟁터(the field of spiritual warfare)임을 간과해서는 안 된다.[20] 그러므로 필자는 도시화 현상을 총체적으로 이해하기 위해서는 도시화를 단순히 정치, 경제, 사회문화, 사회심리학적인 관점으로만 볼 것이 아니라, 도시 신학(urban theology)적인 관점에서 살펴보는 것이 중요하다고 생각한다.

3) 세속화와 도시화의 상관성

도시화와 세속화는 어떤 관계성이 있을까? 도시에는 시골의 인구, 재화, 사상, 종교, 기술, 문화 등이 집결하여 하나의 거대한 새로운 도시 문화와 전통을 만들어 내는 구심력이 있다. 또한 반대로 도시 문화의 큰 전통이 도시화로 인하여 다른 주변 시골 문화에 영향을 주는 원심력이 있기 때문에, 당연히 도시는 세속화의 중심지일 수밖에 없다.[21]

이에 대해 콕스는 도시화가 단순히 인구의 증가, 지리적 확대, 특별한 정부의 형태만을 말하는 것이 아니라고 하면서, 도시화는 일종의 공동 생활을 뜻한다고 했다. 이 구조 안에서는 다양성 및 전통의 붕괴가 극에 달하게 된다. 그에 의하면 도시화는 전통적 시골 사회의 도덕률적인 제재나 오랜 친숙한 사귐이 익명성(anonymity)과 비인격화로 대치되며, 여기서는 기능적인 관계만이 중요시된다. 이러한 현대 기술도시(technopolis)는 우리가 세속적 형태라고 부르는 종교 없는 세계를 지향하는 불가피적인 사회 제도를 제공하게 된다고 했다. 세속화가 종교와 형이상학에서 벗어나서 인간의 자율화를 주장한다면, 현대를 특징짓는 도시화는 이러한 인간의 자율화가 활성화되는 특수한 문화적 형태를 가지는 새로운 사회의 모형이라고 했다. 그래서 현대 과학기술 이전에는 현재의 세속 도시가 생겨날 수 없다고 콕스는 주장한다.[22] 그에 의하면 현대 사회의 도시화가 곧 세속화라고 할 수 있다.

도시화와 세속화의 관계를 성서에서 살펴보면 더욱 의미가 있다. 성서에 나타난 도시들을 살펴보면 하나님에게 도전하는 속성이 있음을 알 수 있다. 도시들의 이름은 그 지역을 장악한 신들의 이름을 가지고 있다. 바알스본(출 14 : 2), 바알브올(민 25 : 3), 바알므온(민 32 : 38), 바알갓(수 11 : 7)과 같은 가나안 도시들은 한결같이 가나안 지역의 농업과 다산의 신인 바알의 이름을 가지고 있고, 그 외에 아스드롯 가르나임(창 14 : 5), 아스다롯(수 9 : 10, 12 : 4) 등도 풍요의 여신인 아스다롯의 이름을 따라 지은 것이다. 그리고 이 도시를 지배했던 통치자들은 자신들을 신의 아들로 자처하면서 억압과 폭력으로 백성들을 힘들게 했으며, 도시는 우상숭배, 도적질, 살인, 간음, 거짓 맹세 등의 죄악이 가득했다(렘 7 : 9). 특히 요한계시록에 등장하는 바벨론은 이렇게 하나님을 배신하고 도전하는 세속화된 도시를 상징한다. 이 바벨론은 도시를 상징하는 권력(계 17 : 3-4), 부(富/계 18 : 13-17), 그리고 아름다움(계 17 : 2, 18 : 3)을 다 가지고 있으면서 그 중심에는 하나님과 어린 양 예수를 대적하는 사단이 자리 잡고 있다. 이 타락한 세속 도시 바벨론은 하나님이 창조하신 이상적인 도시인 새 예루살렘을 끊임없이 공격한다.[23] 그러므로 성서에 나타난 도시 권력은 구약의 바벨탑 사건이나 요한계시록의 세속 도시 바벨론에서도 알 수 있듯이 결국 하나님을 향해 배반하고 도전하는 속성이 있다.[24] 이러한 의미에서 세속화는 현대 과학기술과 문명의 발전으로 인해서 갑자기 출현한 것이기보다는, 타락한 인간의 본성의 발현(發現)이며, 오늘날의 과학과 문명의 발전이 도시의 세속화를 더욱 강화, 확산시킨 것이라고 할 수 있다.

이와 같이 하나님에 대해 적대적인 문화와 사상으로 오염되어 있는 세속 도시는 하나님의 심판의 대상임을 부인할 수 없다. 그리고 도시의 부패하고 교만한 권력은 예수 그리스도의 몸인 교회에 적대적일 수밖에 없다. 또한 누룩과 같이 도시 전역에 번지고 있는 세속화의 거센 물결은 도시 교회의 건강한 성장과 부흥을 저해(沮害)하고 있다. 그러나 절대로 간과할 수 없는 것은 하나님의 구원의 완성이 또한 도시를 통해 이루어진다는 것이다. 하나님은 타락한 도시를 심판하시지만, 또한 회복을 약속하셨다. 다윗의 자손이신 메시야가 거룩한 도시 예루살렘을 재건할 것이며(시 147 : 2), 또 다른 도시들에도 하나님의 축복이 임할 것이다(사 61 : 4). 이렇게 메시야가 통치하는 새로운 도시, 새 예루살렘이 임하게 되면 열방이 다시 하나님의 축복을 누리게 될 것이다(사 60 : 3).[25] 하나님은 도시의 수많은 영혼을 사랑하시며 또한 구원하기 원하신다. 이러한 하나님의 열망을 유대인들의 정치, 종교, 사회, 문화의 중심 도시였던 예루살렘에 성령이 충만히 임재하신 오순절 성령강림 사건이 증명하고 있다(행 2장).

4) 도시의 세속화의 특징

세속화가 "모든 종교적, 형이상학적 속박으로부터의 인간의 해방이요, 저 세상으로부터 이 세상으로 인간의 주의를 돌리는 것"이라고 할 때,[26] 이러한 도시의 세속화는 결국 도시인의 삶 가운데서 하나님을 밀어내고 인본주의(人本主義)가 그 중심 자리를 차지하게 했다. 그 결과 타락한 도시 사회 안에 다양한 도덕적·영적 병리 현상들이 나타나게 되었다. 그러면 도시의 세속화로 인해 나타나는 여러 특징들이 무엇인지 살펴보자.

(1) 실용주의(實用主義)
콕스는 도시 세속화의 중요한 특징을 실용주의(pragmatism)라고 했다.

실용주의는 도시 세속인들의 "그것이 어떤 효과가 있는가?"라는 질문에서 드러난 그들의 관심사라고 했다. 따라서 세속인들은 신비한 일에 종사하려 하지 않으며, 어떤 관념을 실천해서 거둘 그 결과에 따라 판단한다. 그들은 세계를 한 통일된 추상적인 조직체로 보기보다는 문제와 사업의 한 연속으로 취급한다. 즉, '석연치 않은 문제들'이나 추상적인 개념 같은 것에 거의 흥미를 느끼지 않고 실제적이고 물질적인 것에 더 흥미를 가지고 몰두한다.[27] 이렇게 실용주의는 현실에 나타난 결과가 진리를 판단하는 기준이라는 철학 사상으로서 특히 행동을 중시한다. 또한 사고나 관념의 진정성은 실험적인 검증을 통해 객관적으로 타당한 것으로 증명되어야 한다고 주장한다.[28] 도시 사회의 이러한 실용주의는 도시의 생산성과 연결된다. 도시인들은 절대 생산적이지 않고 효율성이 없는 일에 시간을 허비하지 않는다. 그들은 자신의 경쟁력과 생산성을 극대화하기 위해서 아침부터 저녁까지 몸부림친다.[29]

그러나 실증과 효율성 그리고 물질적인 것을 추구하는 실용주의는 기독교 영성의 한 축인 신비의 우물을 막아 버려 도시 그리스도인들의 영혼을 메마르게 하며, 도시 교회를 황폐하게 한다. 실용주의가 강력하게 휩쓸고 간 서구의 도시 교회의 모습에서 증명되듯이 성령의 신비한 역사가 사라진 교회는 경건의 모양은 있으나 능력이 상실된 황량하고 거대한 예배당의 빈껍데기로 남을 수 있다. 그리고 교회 안에 들어온 세속적인 마케팅 전략은 복음을 하나의 상품으로, 목사를 경영자로, 그리고 교회를 복음을 파는 회사로 변질시키고 있다. 또한 도시의 소비자 시대에 걸맞게 기독교인들도 자신들의 욕구를 가장 잘 충족시켜 줄 상품을 찾듯이 교회를 쇼핑하고 다니는 일이 흔한 일이 되었다. 이원규는 "이제 복음은 사람들의 기호에 맞추는 하나의 상품이 되었다"[30]고 실용주의에 물든 도시 교회의 세속화를 질타(叱咤)했다.

(2) 아노미(Anomie)

칸(Harvie M. Conn)은 도시의 사회 심리적 특성 중 하나로 아노미(anomie)를 꼽았다.[31] 아노미의 사전적 의미는 "사회적 규범의 동요, 이완, 붕괴 등으로 생기는 혼돈 상태, 또는 성원의 욕구나 행위의 무규제 상태"를 말한다.[32] 이 아노미 현상은 프랑스 사회학자 뒤르켐(Emile Durkheim)에 의해 최초 사회학적 용어로 주창(主唱)되었다. 그는 아노미의 주요한 동인(動因)으로서 인간의 탐욕을 제시했다. 그에 의하면 인간의 욕망은 동물과 달리 끝이 없다. 그래서 인간의 의식 속에 자리 잡은 욕망을 제한하기 위해서 사회적 규칙이 필요한데, 돌연히 갖게 된 권력과 부의 증대는 개인의 규칙에 대한 관념을 변화시켜서 가치관의 큰 혼란에 빠뜨린다는 것이다. 예를 들면, 경기의 변동이 큰 시기에 크게 덕을 본 계급이 있고, 반대로 손해를 본 계급이 있으면, 손해를 본 계급의 사람들은 큰 행운을 본 계급의 사람들에게 대해 시기, 질투를 하게 된다는 것이다. 그리고 얻는 자는 더 얻기 위해, 얻지 못한 자는 무엇인가를 얻기 위해 끊임없이 추구하지만 만족하는 자는 많지 않다. 이렇게 개인의 기대치와 실제 얻는 가치가 너무 차이가 크게 나게 되면 스스로 좌절하게 되고, 스트레스를 받게 되며, 결국 아노미적 자살에 이르게 된다는 것이다. 이와 같이 채울 수 없는 인간의 탐욕이 근본적으로 아노미적 자살의 원인이 된다.[33] 아노미는 도시인들의 심각한 가치관과 자아정체성의 혼란이며 이것은 도덕적 타락, 청소년 범죄, '묻지 마 살인' 등과 같은 강력 범죄와 테러, 자살, 중독 등의 심각한 사회 혼란을 야기(惹起)하고 있다.

필자는 이 아노미 현상의 근본 원인이 콕스가 말한 도시 세속화의 중요한 특징인 불경성(profanity)에 있다고 생각한다. 불경성은 문자 그대로 "성전 밖"(out of the temple)이라는 뜻이다. 즉 "이 세상과 상관하는 것"이라는 의미이다. 따라서 세속인들이 불경하다는 말은 신성을 더럽혔다는 뜻이라기보다는 더 이상 종교적이지 않다는 것을 암시한다.[34] 신학적인 의미에서 불경성은 세속화된 도시인의 마음과 삶의 중심에서 절대적 선의 기준이며 가치인 하나님을 밀어내고 인간 자신이 주인 노릇을 하는 것이다. 그 결과 인간은 절제할 수 없는 정욕과 삶의 무의미, 그리고 가치관의 혼란에 빠지는 것이다. 성서는 마음에 하나님이 없다고 하는 자들은 그 마음이 부패하고 가증하며 선을 행하지 않는다고 경고하고 있다(시 14 : 1-4). 그리고 하나님께서 불경한 그들을 정욕의 더러움과 상실한 마음대로 내버려두셔서 합당치 못할 일을 하게 하신다고 했다(롬 1 : 24-32). 하나님이 없는 불경한 마음과 채울 수 없는 인간의 욕망이 결국 도시 세속화의 근본적인 문제이며, 이것이 아노미 현상을 촉발하고 증대시키고 있다. 그러므로 도시인은 오직 하나님 안에서만 참된 평화와 안식, 삶의 참된 의미와 목적을 찾을 수 있으며 도시의 아노미 현상을 치유할 수 있다. 이것이 오순절 영성 목회가 지향(志向)하는 것이다.

(3) 개인주의(個人主義)

세속화된 도시인들의 사고는 개인주의(individualism)가 지배하고 있다. 미래학자 나이스비트(John Naisbitt)는 "20세기를 마무리 짓는 시점에서 가장 큰 통일된 주제는 개인의 승리이다".[35] 라고 도시화된 현대 사회를 그 어느 시대보다 개인이 강화된 사회로 분석했다. 개인주의는 국가나 사회 등 전체보다는 개인의 가치와 의의를 중시하고 우선하는 사상이나 태도이다. 이 사상은 사회가 산업화, 도시화되면서 전통적인 교회나 국가 등의 권위에 대한 시민 계급의 저항에서 비롯되었는데, 개인의 권리와 가치 그리고 자유를 적극 주장한다. 개인주의는 개인에 대한 국가의 우월성을 인정하지 않고, 오히려 국가가 개인의 행복을 위해 존재한다고 주장한다. 그러므로 개인주의와 자유주의는 밀접한 관계가 있다. 근대 초기 개인주의는 개인의 권리와 자유가 사회적 책임과 조화를 이루어야 한다고 주장했지만, 19세기 후반을 지나 산업화, 도시화가 급속히 진행되면서 내면적,

고립적, 현실 도피적 경향이 심해지고 심지어 무정부주의적인 경향성을 보이기도 했다.[36]

이기적인 개인주의는 결국 도시인들을 고독하게 하고, 핵가족화를 촉진하고, 도시의 공동체성을 파괴하고 있다. 개인주의는 또한 다원주의(多元主義)와 윤리적 상대주의(ethical relativism)를 낳고, 다른 사람의 행복과 권리보다는 오직 자신의 편리함과 이익만을 추구하는 이기주의로 변질된다. 요즘 대도시 주택가 골목길에서 벌어지는 주차 전쟁이나 아파트의 층간 소음 갈등 등은 이러한 극단적인 개인주의의 한 단면을 보여 주는 것이다. 개인주의는 공동체, 주의 만찬, 교제, 상호 의존, 그리고 책임감 등과 같은 성서적 가치관에 반(反)하는 것이며, 도시 교회 목회 사역에서도 분파주의(分派主義)를 조장하여 교회를 분열시키는 악영향을 끼치고 있다.[37] 그러므로 개인주의는 오직 자신의 이익과 편리함 그리고 효율성만을 추구하는 도시의 실용주의를 바탕으로 나타나는 도시의 세속화의 특징임이 분명하다.

(4) 배금주의(拜金主義)

도시의 세속화로 나타난 실용주의와 불경성은 결국 돈을 최고의 가치로 여기고 숭배하며, 삶의 목적으로 삼는 배금주의(mammonism)를 낳았다. 배금주의를 황금만능주의, 물신숭배(物神崇拜) 사상, 물질주의(物質主義)라고도 한다. 도시는 모든 산업과 재화가 집중되는 곳이다. 도시에서는 돈이 권력이고 능력이다. 그러므로 도시인들에게는 물질적 삶에 관심이 고조되어 부(富)를 성공의 기준으로 삼는 물질주의가 팽배하게 된다. 이젠 교회 안의 그리스도인들까지도 성공의 기준을 물질의 소유로 생각하는 경향이 있다.[38] 예수님은 사람들의 마음과 삶 가운데서 하나님과 동등한 위치를 차지하려는 물질의 유혹을 경계하시면서 이러한 세속화에 따른 타락을 분명히 경고하셨다. "한 사람이 두 주인을 섬기지 못할 것이니 혹 이를 미워하고 저를 사랑하거나 혹 이를 중히 여기고 저를 경히 여김이라 너희가 하나님과 재물을 겸하여 섬기지 못하느니라"(마 6 : 24). 도시 세속화에 빠진 도시인들은 도시의 소비 중심, 쾌락 중심, 물질 중심의 배금주의적 문화에 빠져 섬김과 나눔, 그리고 절제를 강조하는 예수 그리스도의 교훈을 아주 무의미하고 시대착오적인 것으로 받아들인다. 저 멀리 보이는 하늘나라도 좋지만, 지금 여기에서의 행복이 현실적으로 더 절실하고 중요해 보인다.[39]

(5) 비인간화(非人間化)

도시의 익명성(anonymity)은 도시를 비인간화(dehumanization)시킨다. 이 익명성은 사실 도시가 가진 매력 중 하나이다. 왜냐하면 지역 커뮤니티(community)에 의존하지 않고, 자기만의 독자적인 세계를 구축할 수 있기 때문이다.[40] 그러나 이러한 도시화의 익명성과 문화적 이질성, 그리고 아노미 현상은 도시 속에서 인간을 더욱 고립시키고, 비인간화가 되게 한다. 도시화로 인해 도시인들의 사회적 유대 관계와 교우 관계는 약화되고 단절되며, 가족들이 해산되면서 전통적인 가치 체계가 흔들리고 있다. 도시인들은 정체성 혼란 속에서 그들 자신이 아무것도 아니라는 것을 깨닫게 되었고, 너와 나와의 인격적인 관계는 사라지고, 물질주의(物質主義) 시대에 오직 나와 그것과의 관계만이 존재하는 비인간화가 팽배해지고 있다.[41] 손희영은 물질주의가 물질을 만드신 창조주 하나님을 배제하고 물질을 우주의 근원과 유일한 실존으로 여기기 때문에 인간도 물질로 만들어졌다고 보고 인간의 초월성을 무시한다고 했다. 그리고 물질을 최고의 가치로 여기고 인간의 가치를 오직 기능과 능력으로만 이해하는 물질주의는 오늘날 세속 사회의 심각한 문제라고 한탄했다.[42] 이렇게 익명성과 물질주의로 인한 비인간화는 더욱 도시인들을 고독하게 혼란스럽게 하고, 이것은 도시의 아노미 현상과 깊은 연계성을 가지고 있다.

(6) 포스트모더니즘(post-modernism)

도시의 세속화가 급진전하면서 등장한 것이 포스트모더니즘이다. 세속화의 첫 단계인 모더니즘(modernism)은 이성을 표준으로 삼아 기독교를 비판하고 해체하려고 했다. 그러나 기독교를 위협했던 이성주의(理性主義) 지나자, 1960년대부터 비이성적인 것을 주목하고 절대성을 거부하며 세상을 상대주의적 관점에서 보는 포스트모더니즘이 기독교를 흔들고 있다. 포스트모더니즘의 상대주의는 절대 진리를 부정하고 진리상대주의를 내세우며, 이를 근거로 종교다원주의를 주장한다.[43] 종교다원주의는 이제 한국 사회에 상당히 영향을 주어서 불교와 기독교의 공통점을 찾아보려는 길희성의 「보살 예수」, 「예수는 신화다」 등의 책이 한국 교회에 충격을 주었으며, 2008년 SBS특집스페셜 "신의 길 인간의 길"은 기독교 핵심진리인 부활과 동정녀 탄생을 하나의 신화로 묘사하는가 하면, 예수님의 신성을 부정하고 역사적인 사실 자체까지 의문을 품게 해서 기독교신앙의 근간을 뒤흔들었다. 또한 도올 김용옥은 「큐 복음서」와 「도마복음」 등의 책을 통해 예수님의 부활을 부정했다.[44]

이러한 세속화된 도시 속에서 강력하게 영향을 미치는 진리의 상대주의, 종교의 다원주의는 기독교를 포용력이 없는 독선적인 종교, 세상과 소통하지 않는 답답한 종교로 폄하(貶下)하고 도전하고 있다. 만약 교회가 포스트모더니즘 세상의 유혹에 넘어가는 순간 무서운 위기를 맞이하게 될 것이다. 교회는 초월적 존재와 유일하고 절대적인 진리를 믿는 공동체이다. 도시 교회가 포스트모더니즘의 상대주의와 종교다원주의를 극복하고 승리하는 길은 오직 초월적이고 유일한 복음의 진리를 굳게 잡는 것이다.[45]

2. 오순절 영성에 대한 이해

20세기에 들어와서 초기 기독교 신앙을 재현하려는 오순절 운동(Pentecostal Movement)이라는 새로운 영성 운동이 나타났다. 전용우는 오순절주의(Pentecostalism)를 가톨릭, 동방정교회 및 종교개혁적 전통과 함께 기독교 제4의 전통으로서의 면모를 갖추고 있다고 했다. 그는 오순절 운동이 복음주의적 성결 운동에 뿌리를 두고 있지만, 복음적 성결 운동과는 확연히 구별되는 세계관과 독특한 신학적 논리를 가지고 있다고 했다. 또한 오순절 운동은 19세기 말의 반성서적 세계관(anti-biblical world view)에 대항하여 강력한 초자연적(supernatural) 성령의 역사를 갈망하는 가운데 나온 성서적 세계관으로의 복귀를 꿈꾼 운동이었다고 했다.[46] 급속한 도시화와 세속화가 일어나는 이 시대 도시의 세속화를 극복하고 도시 영혼을 구원하고 치유하는 길은 결국 이렇게 반성서적 세계관을 극복하고 초자연적인 성령의 역사로 성서적 세계관을 회복하고자 했던 오순절 영성의 회복과 증진에 있다고 필자는 생각한다. 그러면 오순절 영성의 개념과 그 특징을 살펴보자.

1) 오순절 영성의 개념

오순절 영성에 대해 언급하기 전에 먼저 기독교 영성의 개념이해가 필요하다. 일반적으로 영성(spirituality)은 초월적 실재(super-sensible realities)와 접촉하려는 사람들의 삶에 활력을 주거나 도움을 주는 태도나 신앙 또는 이에 따르는 실천을 의미한다.[47] 그러므로 영성이라는 말은 기독교의 전유물이 아니고 타 종교나 철학 등에서도 얼마든지 사용하는 용어이다.

기독교 영성을 어떻게 정의할 수 있을까? 홈즈(Urban T. Holmes Ⅲ)는 영성이 "초월적 존재인 하나님과의 관계성 형성 능력"(a human capacity for relationship)이라고 했다. 그에 따르면 하나님의 은혜 속에서 이루어진 이 신비스런 관계를 통해 인간은 새로운 영적 각성(spiritual awareness)을 경험하게 된다. 그리고 영성은 역사적 상황 속에서 그 실체(substance)가 주어지고, 세계 속에서 창조적 행위를 통해 자신을 드러낸다고 했다.[48] 이렇게 홈즈는 기독교 영성의 관계성, 역사성을 강조했다. 또한 머레이(Andrew Murray)는 영성을 "신자의 마음속에 그리스도의 형상을 형성하는 것이며, 일상적인 행동 속에서 하나님의 기질과 태도가 나타나는 것"이라고 말하며 영성의 일상성(日常性)을 주장했다.[49] 그리고 김경재는 인간의 영성은 완결 형태의 불변적 실체가 아니라 싹이 트고 성숙해 나가야 하는 하나님의 형상(image of God)의 씨앗으로서의 가능성이라고 했다.[50] 이렇게 다양한 영성에 대한 정의를 살펴서 정리해 보면, 기독교 영성이란 하나님의 은혜 가운데 예수 그리스도 안에서 인간의 마음속에 심겨진 하나님 형상의 씨앗으로서 인간 존재의 본성이며, 하나님과의 신비스런 관계성 속에서 영적 각성을 통해 변화하고 성장하는 영적 가능성이다. 그리고 이 영성은 신비체인 예수 그리스도의 몸인 교회 안에서 성령의 인도하심을 받아 일상적인 삶의 정황 가운데 하나님의 뜻을 실현하는 전인격적인 순종을 포함한다고 할 수 있다.[51]

토마스(Garry Thomas)는 영성을 "신자가 하나님과 관계를 맺는 방식", 즉 "그분과 가까워지는 방식"이라고 정의한다. 그 방식은 하나가 아니고 신자의 특정 성향에 따라 다양하게 하나님을 대하고 사랑하게 되는데, 토마스는 이를 아홉 가지의 영성(영적 기질)으로 제시했다.[52] 그가 말하는 영성의 기질로 볼 때, 오순절 영성은 신비와 축제로 하나님을 사랑하면서, 하나님의 능력과 영적 감격을 추구하는 열정주의 영성을 가지고 있다고 볼 수 있다.[53] 열정주의 영성의 색깔을 가지고 있는 오순절 영성은 그리스도의 몸인 교회 가운데 임하시는 성령의 개인적인 현재적 경험을 강조하며, 이러한 영적 각성과 감각은 열정적인 예배와 지역과 선교 현장에서의 헌신적인 전도와 선교로 나타났다. 이것이 오늘날 오순절 교회의 특징이 되었고, 놀라운 교회 성장의 동력이 되었다.

2) 오순절 영성의 특징

기독교 영성은 하나님과 친밀한 관계성을 형성하는 것이며, 그분을 사랑하는 방식이라면 모든 사람이 똑같은 방식으로 하나님과 관계를 맺거나 사랑하지는 않을 것이다. 그래서 교단마다 개인마다 다양한 영성의 색깔을 가질 수 있다. 이것은 서로 '틀림'의 문제가 아니라, '다름'의 문제이다.[54] 오순절 영성의 독특한 특징을 다섯 가지로 정리할 수 있는데, 첫째, 개인적 경험의 극단적인 중요성, 둘째, 통성(the spoken)의 중요성, 셋째, 자발성(spontaneity), 넷째, 현세보다 내세의 강조, 다섯째, 인간 경험의 기초로 성서의 권위를 강조하는 것이다.[55] 그러면 오순절 영성이 가지는 독특한 특징들을 좀 더 자세히 살펴보자.

(1) 오순절 영성은 성령님의 현재적 사역(here and now)을 강조한다
기독교 영성의 핵심은 하나님을 경험하는 것(experiencing God)이다. 오순절은 지금(now), 여기(here)에서 일하시는 성령님의 신비스런 경험을 강조한다. 이러한 영성의 특징은 방언 기도나 열정적인 예배로 나타난다. 우리가 성령의 현재적 역사를 경험할 때, 결과적으로 진정한 삶의 진정한 목적을 깨닫는 영적 각성, 회개, 하나님의 자녀로서의 영적 정체성 확립(롬 8 : 15-17), 치유, 그리고 전적인 헌신 등의 열매를 맺게 된다.

(2) 오순절 영성은 하나님의 거룩성(Holiness)과 능력(Power)의 통합을 강조한다

초기 오순절 운동의 영성을 살펴보면 하나님의 의, 사랑 그리고 능력이 통합적으로 나타났다.[56] 성령 충만은 하나님의 능력을 드러내는 성령의 은사뿐 아니라 하나님의 거룩함을 나타내는 성령의 열매를 모두 말하는 것이다. 성령의 열매는 예수 그리스도의 성숙한 인격의 특징을 말하는 것이요(갈 5 : 22-26), 성령의 은사는 성령의 현재적 임재를 통한 하나님의 일(God's mission)을 이루는 것이다(고전 12 : 4-11). 성령의 열매와 은사는 오순절 운동의 양 수레바퀴와 같은 것이며, 이러한 하나님의 거룩함과 능력이 통합적으로 나타나고 강조될 때 건강한 오순절 운동이 된다.

(3) 열정적 기도 운동이다

오순절 운동은 다양하고 강력한 기도 운동을 동반하는데, 예를 들면, 통성 기도, 금식 기도, 새벽 기도, 철야 기도 등이 강력하게 일어났다. 특히 오순절 운동은 성령 세례의 육체적인 증거로 방언 기도를 강조한다. 이러한 오순절 영성의 열정적인 기도 운동은 다른 나라에서 볼 수 없는 기도원 운동을 일으켰는데, 현재 한국에는 오산리 국제기도원, 강남 금식기도원, 한얼산 기도원 등 약 700개의 기도원이 있다.[57] 그러므로 이 기도원 운동은 한국의 오순절 영성의 우물이라고 할 수 있다.

(4) 카리스마적 예배이다

예배는 근본적으로 하나님과 예배자의 인격적인 만남이다. 웨버(Robert E. Webber)는 예배를 정의하기를 "예배는 우리들이 하나님의 인격과 그의 사역을 찬양하고 찬송하면서 하나님께 영광 돌리는 하나님과의 인격적인 만남"이라고 했다.[58] 또한 토저(Aiden Wilson Tozer)는 인간의 최초이자 최종적인 존재 목적을 오직 하나님께 예배하는 것이라고 강조하면서, "그리스도인은 성령과 진리 안에서 하나님께 예배해야 하며, 성령이 임재하지 않는 예배는 참된 예배가 아니다."라고 했다. 그는 예배자가 성령의 임재를 뜨겁게 사모할 것을 강조했다.[59] 오순절 예배는 '지금'(now), '여기'(here)에서의 성령의 현재적 임재와 체험을 강조한다. 그러므로 오순절 예배의 특징은 예배 순서에 있어서 일정한 질서 속에서 성령의 자유로운 사역(거룩한 무질서)과 모든 예배자들의 능동적 참여를 강조한다. 그리고 이것은 예배 속에서 손을 드는 행동, 열정적 찬양, 통성 기도, 방언 기도, 그리고 하나님의 말씀에 대한 순종 등으로 나타난다.[60]

(5) 능력 있는 선교와 전도이다

성령 충만의 목적은 땅끝까지 예수 그리스도의 복음의 증인이 되는 것이다(행 1 : 8).[61] 이것이 하나님께서 교회에 성령의 은사를 주신 목적이기도 하다. 그러므로 오순절 영성은 예수 그리스도의 용사로서 자연스럽게 능력 있고 열정적인 선교와 전도로 이어져서 예수 그리스도의 마지막 지상 명령(Great Commission)을 수행하려 한다(마 28 : 18-20). 그 결과 세계적으로 하나님의 성회(Assembles of God)를 비롯한 오순절 교단들은 효과적이고 강력한 선교와 놀라운 교회 성장을 이루었다.

(6) 온전한 축복(perfect blessing)에 대한 믿음이다

하나님은 우리에게 좋은 것을 주시기 원하시는 참 좋으신 아버지시다. 왜냐하면 하나님은 우리가 영적 존재일 뿐 아니라 육체적 존재임을 잘 알고 계시며(시 103 : 13-14), 이 땅에서 우리의 모든 필요를 아시기 때문이다(마 7 : 9-11). 이러한 온전한 축복을 믿는 오순절주의자들의 메시지는 1970~1980년대 한국 사회의 가난하고 소외된 사회적 약자들에게 큰 위로가 되었으며, 사회적 변화를 주도하는 역할을 했다. 오순절 영성은 역사적으로 개인의 축복을 넘어 도시 사회 속에서 사회적 약자들을 돕는 사회봉

사로 이어졌다.[62] 그런데 오늘날 온전한 축복에 대한 그릇된 이해와 적용이 도시의 물질주의와 맞물리면서 도시 교회의 타락과 세속화를 부채질하고 있다. 이러한 의미에서 오순절 영성의 진정한 회복이 필요한 시대이다.

(7) 사도적 신앙의 회복이다

오순절주의가 사도 시대에 있었던 초대 교회의 부흥으로 돌아가려는 것이라면(행 1-4장), 사도 시대의 순수한 신앙과 진정한 부흥 운동을 회복하는 것이 오순절 영성의 목표이다. 그러므로 진정한 오순절 영성은 마음을 새롭게 하는 것이며, 오늘날 우리 세대에 교회들을 개혁하는 영성이다. 사도행전 28장은 아직 끝나지 않았으며, 성령은 오늘날 우리 세대에서도 계속 일하신다(행 28 : 31).

3. 도시 세속화를 치유하기 위한 오순절 영성 목회

도시사회를 치유하고 하나님의 나라를 확장시키는 목회 전략으로 필자는 성령 안에서 관계 중심의 오순절 영성 목회를 제안한다. 나우웬(Henri J. M. Nouwen)은 영적인 삶의 세 부분에 대해 언급했는데, 첫 번째 부분은 자신의 자아와 관련되어 있는 영적인 삶으로서 고독을 향한다고 했다. 두 번째 부분은 다른 사람을 위한 삶으로 적개심을 버리고 따뜻한 환대로 향해야 한다고 했다. 그리고 마지막 세 번째 부분으로는 영적인 근원이 되시는 귀하신 하나님과의 신비로운 관계로서 기도의 삶을 강조했다.[63] 이렇게 기독교 영성은 하나님, 자기 자신, 이웃(사회), 그리고 환경과의 친밀한 관계성을 형성하는 것이라고 생각한다. 이러한 친밀한 관계성은 근본적으로 하나님의 인격적인 '만남'에서 시작된다. 박문옥은 이러한 신앙의 체험으로서의 '만남'(encounter)이 강렬한 정서적 반응을 가져오고, 영적 긴장감을 갖게 되며, 행동의 변화를 경험하게 되는데 이것이 만남의 목적 그 자체일 수 있다고 했다.[64]

오순절 영성 목회는 '만남'(체험)과 변화를 추구하는 목회이다. 성서에는 하나님과의 놀라운 만남과 변화를 경험한 영적 사람들의 삶과 사역이 생생히 그려져 있으며, 하나님은 그들을 통해 세상을 변화시키고 구원 사역을 이루셨다. 도시의 세속화는 지금도 하나님과의 만남의 통해 극복되고 치유될 수 있다. 이것이 오순절 영성 목회가 추구하는 목표이다. 그러면 구체적으로 도시의 세속화를 극복하고 치유하는 오순절 영성 목회 방안을 살펴보자.[65]

첫째, 자신과의 관계 증진을 위한 목회이다. 현대 도시인들의 큰 갈등 중 하나는 세속적 세계관 속에서 자신의 정체성을 잃는 것이다. 맹목적인 황금만능주의와 물질주의 그리고 그 속에서 도구화되어 가는 자신을 보면서 "도대체 나는 누구이고, 나의 인생의 목적은 무엇인가?", "나의 삶의 의미는 무엇인가?"를 끊임없이 질문하면서 산다. 그러나 이것은 고독한 도시 영혼의 몸부림이며 세속적인 세상에 저항하는 한 줄기 영혼의 빛이기도 하다. 도시 교회는 이러한 고독한 영혼의 몸부림을 이해하고 치유하기 위해 기독교 세계관을 확고히 확립하는 목회를 해야 한다. 그래서 세속적인 세계관과 가치관에 확실히 대응할 수 있는 십자가 용사를 길러 내야 한다. 이를 위해 무엇보다 중요한 것은 성령 하나님과 만남을 경험하는 것이다. 그리고 양자의 영이신 성령 안에서 하나님의 자녀로서의 영적인 정체성(identity)과 새로운 삶의 목적을 발견하는 것이다. 그리고 중요한 사회적 이슈들에 대해 신자들이 '창조-타락-구속'의 관점에서 신학적 사고를 훈련해야 한다.[66] 또한 상처 입은 내면을 돌아보고 영적 성장을 방해하는 내면의 장애물과 상처를 제거하고 치유하는 목회를 해야 한다. 도시 교회 목회자는 예수님의 아가페 사랑을 바탕으로 해서 영적지도(spiritual direction)와 목회상담(pastoral counseling)에 대해 전문적 지식을 가져야 하며, 당연히 성령의 치유 능력을 경험하고 의지해야 한다.

둘째, 하나님과의 관계 증진을 위한 목회이다. 오늘날 도시 교회의 예배가 거센 도시의 세속화의 물결에 그 본질이 훼손되고 있다. 예배의 중심이 하나님에게서 청중으로 이동하면서 하나님께 드려지는 예배보다는 청중을 즐겁게 하는 쇼 프로그램처럼 변질되고 있다. 그리고 많은 성도들의 기도도 현세의 복을 추구하는 자기중심적인 기복적 기도의 형태를 벗어나지 못하고 있는 것이 사실이다. 제서니(Skye Jethani)는 자본주의, 소비자 지상주의 시대에 "소비자 중심 기독교는 즐거움을 주는 신앙을 통해 우리의 영혼을 튼튼하게 해 준다고 약속하지만 하나님, 신앙, 교회, 사역에 대해 병든 관점을 갖게 하여 오히려 우리에게 영양실조를 가져왔다."고 질타했다.[67] 그리고 요즘 오순절 교회까지도 그 성장이 정체 또는 퇴보하는 것은 성스런 삶(holy life)을 강조하던 초기의 오순절 영성을 제대로 계승하지 못하고 있기 때문이라는 비판이 있다. 그러므로 삶 가운데 성결을 강조하는 윤리적 차원에서의 초기 오순절 영성의 회복에 대한 관심이 고조되고 있다.[68] 하나님을 떠나고 대적하는 세속화된 도시 속에서 물질주의(物質主義), 성공주의(成功主義), 배금주의(拜金主義)에 맞서 싸우면서, 도시를 구원하려면 영성의 본질이신 하나님과의 더욱 친밀한 관계성을 증진하여 진정 성스런 예배의 삶을 회복하고 성령의 은사와 열매가 가득한 행복한 목회를 지향해야 한다. 이를 위해 예배 시간마다 하나님의 임재를 경험하는 영적 예배를 회복하는 목회를 해야 한다. 그리고 영성 제자 훈련(Spiritual Disciple Training) 목회를 해야 하는데, 참으로 예수님을 자신의 모든 삶의 주인으로 인정하고 순종할 뿐 아니라(Lordship), 영적 성장을 위한 구체적 영성 훈련의 지도가 이루어져야 한다.

셋째, 이웃과의 관계 증진을 위한 목회이다. 도시인들은 고독하다. 왜냐하면 이웃과의 관계가 복잡한 시골과 다르게 단순하고 상당히 계산적이기 때문이다. 인간의 어우러져 살 때, 살맛이 나고 인간미와 삶의 의미를 느낀다. 인본주의 심리학자인 아브라함 마슬로우(Abraham Maslow)는 인간 욕구의 단계를 언급하면서, 인간에게는 "소속감과 사랑의 욕구"(be-longingness and love needs)가 있다고 했다. 이는 어떤 곳에 소속되어 이웃과 어울리며 사랑을 나누고자 하는 욕구인데, 이 욕구가 충족되지 못하면 좌절과 고독 그리고 불행감을 느낀다.[69] 도시화의 격랑(激浪) 속에서 가족이 해체되고, 이혼율과 자살률이 점점 증가하고 있는 이 시대를 치유하기 위하여 도시 목회는 공동체 의식을 함량하고 교회 속에서 가족을 경험하게 하는 쪽으로 나아가야 한다. 교회는 가족 같은 공동체가 아니라 영적 가족 공동체여야 한다. 이것은 도시인들을 치유하기 위한 목회 전략이기도 하지만, 또한 초대 교회 때부터 면면히 이어오는 목회의 본질이다. 그 동안 회중 중심, 예배 중심의 목회에서 소그룹 중심의 목회로 목회 패러다임(paradigm)이 전환되는 것은 이웃과의 관계성을 증진함으로써 도시인들의 고독, 개인주의, 비인간화를 치유하고 건강한 가정을 세우는 바람직한 목회 형태라고 할 수 있다. 그런데 이 소그룹은 교회 안의 교회(Church in Church)로서 오늘날 구역 조직처럼 단순한 친교나 교제가 중심이 되기 보다는 복음의 확장을 위한 전초기지와 다리 교회(bridge church)의 역할을 해야 한다.[70]

넷째, 환경과의 관계 증진을 위한 목회이다. 예수님의 몸인 교회는 세상 속에서 호흡하며, 세상의 어둠을 밝히는 빛과 소금의 사명을 감당해야 한다. 도시화는 화려한 도시의 문명을 이루었지만, 그 이면에는 도시빈민 문제, 노동 문제 등의 사회 문제와 환경 생활적 문제로 얼룩져 있다. 도시 교회는 도시의 눈물을 닦아 주어야 한다. 그리고 정부나 사회 단체들과 함께 성서적 환경 운동을 실천해 나가야 한다. 이것이 사회 봉사 목회이다. 요즘 생태영성(Eco-Spirituality)이 연구되고 강조되는 것은 바람직한 현상이며, 교회가 좀 더 전략적으로 이를 실천해 나가야 할 것이다.

4. 이 장의 요약

「하나님을 팝니다?」, 「심리학에 물든 기독교」, 「마케팅에 물든 부족한 기독교」 등과 같이 교회의 세속화를 질타한 서적들이 베스트셀러가 되고 있는 현실은 도시의 세속화에 흔들리는 어두운 한국 교회의 자화상이다. 그리고 세계에서 그 유래를 찾아볼 수 없을 정도로 빠른 도시화를 경험한 한국은 역사상 가장 풍요로운 시기를 보내고 있지만, 실상은 우울한 사회이다. 한국의 전제 사망자 중 50% 이상이 자살로 생을 마감한다. 1998년 이후 OECD 국가 중 자살률 1위이다.[71] 하나님을 배제하고 물질주의와 성공주의에 매몰되며 세속화된 도시 사회는 결코 행복하지 않다. 이러한 시대의 기류(氣流)를 반영하듯이 요즘 웰빙(well-being) 열풍이 한국뿐 아니라 전 세계를 휩쓸고 있다. 그러나 진정한 웰빙과 건강한 교회 성장은 성령 안에서 하나님과의 친밀한 관계, 자기 자신과의 관계, 이웃과의 관계, 그리고 환경과의 관계가 풍요롭고 건강해야 한다. 이것이 바로 영혼이 잘되고 범사가 잘되고 강건한 온전한 축복이다(요삼 1 : 2).

어느 선교지나 목회지를 가든지 사람들이 모이는 도시는 그 지역의 정치, 경제, 사회, 문화의 중심지일 뿐 아니라, 영적으로도 선교와 목회의 전략적 중심지일 수밖에 없다. 현재 한국 교회는 성장의 퇴보와 전도 활동의 위축 그리고 도시화로 인한 세속화의 외우내환(外憂內患)을 겪고 있다. 한국 교회의 미래는 복음의 능력을 회복하여 얼마나 창조적으로 변화에 대응하느냐에 달려 있다.[72] 성령의 현재적 임재를 강조하는 오순절 영성 목회(Pentecostal Spiritual Ministry)는 도시화의 어둠을 치유할 수 있는 하나님의 지혜이며, 목회와 선교의 본질이다. 오순절 영성 목회는 일이나 업적보다는 관계성을 중요시하는 목회이며, 개인을 건강하게 하고, 교회를 건강하게 하며 나아가 사회와 국가를 건강하게 하는 목회이다. 오순절 영성 목회는 하나님의 온전한 축복과 치유를 믿는 목회이며, 또한 물질의 풍요 속에서 영적 빈곤을 깊이 경험하는 세속화된 이 시대를 치유할 수 있는 능력 있는 목회이다. 진정한 오순절 영성을 회복하는 목회가 꼭 필요한 시대이다.

미 주

제Ⅰ부 영성학 연구 방법론 이해

영성과 영성신학

1) 이 글은 유해룡, "영성과 영성신학," 「장신논단」 36권(2009. 12.), pp. 303-331을 수정한 것이다.
2) George Gallup은 "미국인들이 교회를 떠나는 가장 큰 세 가지 이유 중 하나는 그들이 보다 더 깊은 영적 의미를 원하기 때문이다."라고 지적한다 : Gallup, *People's Religion*, 144를 Kenneth J. Collins, ed., *Exploring Christian Spirituality : An Ecumenical Reader* (Grand Rapids, Michigan : Baker Books, 2000), p. 9에서 인용함.
3) 탈세속화 이론에서 주장하는 대로 한국 사회도 외형적으로 종교 인구가 계속 늘고 있다. 통계청 인구센서스 조사는 1985년부터 10년마다 종교인구 조사를 실시하였는데 그 결과에 따르면 한국의 종교 인구는 1985년 42.6%, 1995년 50.7%, 2005년 53.5%로 계속 늘어나고 있고, 20년 사이 10% 가량이 늘어났다. 종교 인구가 가장 많이 늘어난 연령대는 10세 미만으로 20년 사이 15.4%나 증가하였다. 10대의 경우도 11.7%나 증가하였는데, 자녀 연령대의 종교 인구가 많이 늘었다는 것은 가정 내 신앙 전수가 강화되고 있음을 짐작케 한다. 이외에도 통계치에 잡히지 않는 다양한 대체 종교 인구를 포함시킨다면 그 수는 더 크게 증가하고 있다는 것을 보여 줄 것이다.
4) Philip Sheldrake, *Spirituality & History* (Maryknill New York : orbis, 1998), pp. 34-35.
5) Jean LeClercq, *The Love Learning and the Desire for God*, trans. Catherine Misrahi (New York : Fordham University Press, 1962), pp. 191-192.
6) Philip Sheldrake, *Spirituality & History* (Maryknill New York : orbis, 1998), p. 35.
7) 위의 책.
8) 위의 책.
9) 위의 책, p. 36.
10) *Pseudo-Dionysius : the Complete Works* (New York : Paulist Press, 1987)에 실린 "the Divine Names", "the Mystical Theology", "the Celestial Hierarchy", "the Ecclesiastical Hierarchy"의 작품들을 참고할 수 있다.
11) Philip Sheldrake, *Spirituality & History*, p. 45.
12) "「신학대전」연구 입문" G. 달 사쏘-R. 꼬지 편찬, 이재룡, 이동익, 조규만 옮김, 「성 토마스 아퀴나스의 신학대전 요약」(서울 : 가톨릭대학교 출판부, 1995), pp. 591-612. 참고 : 「신학대전」의 발원(exitus)과 귀환(reditus)이라는 구조는 신플라톤주의자들의 영향을 받는 것으로 이해한다.
13) 「성 토마스 아퀴나스의 신학대전 요약」 G. 달 사쏘-R. 꼬지 편찬, 이재룡, 이동익, 조규만 옮김 (서울 : 가톨릭대학교 출판부, 1995) 참고.
14) Philip Sheldrake, *Spirituality & History*, pp. 45-46.
15) 위의 책, p. 46.
16) 필자가 받은 영성신학 석사 영어 공식명칭은 M. A. in Spiritual Theology가 아니고 M. A.

in Spirituality이다.
17) Philip Sheldrake, *Spirituality & History*, p. 50.
18) Sandra M. Schneiders, "Spirituality in the Academy," Kenneth J. Collins, ed., *Exploring Christian Spirituality : An Ecumenical Reader* (Grand Rapids, Michigan : Baker Books, 2000), p. 253.
19) Jon Alexander, "What Do Recent Writers Mean by Spirituality?", *Spirituality Today* 32(1980), pp. 247-256.
20) Daniel A. Helminiak, *The Human Core of Spirituality : Mind as Psyche and Spirit* (Albany : State University of New York Press, 1996), pp. 43-44.
21) 위의 책, p. 44.
22) Bernard J. F. Lonergan, *Insight : A Study of Human Understanding* (San Francisco : Harper & Row, Publisher, 1958), pp. 320-321.
23) Daniel A. Helminiak, p. 45.
24) 위의 책, p. 53.
25) 위의 책, p. 57.
26) Bernard J. F. Lonergan, *Method in Theology* (Toronto : University of Toronto Press, 1999), p. 9.
27) 헬미니엑은 그의 책, *The Human Core of Spirituality : Mind as Psyche and Spirit*, Part Two "Spirit"에서 영이 경험되어질 수 있는 실존이라는 것을 설명하기 위해서 로너건의 의식의 차원들을 매우 잘 활용하고 있다.
28) Robert M. Doran, "Jungian Psychology and Christian Spirituality : I," Robert L. Moore, ed., *Carl Jung and Christian Spirituality* (New York : Paulist Press, 1988), p. 78. 이러한 주장에 대해서 논란이 많다. 과연 로너건이 다섯 번째의 차원을 의식하면서 사랑 안에서 존재의 경험을 말하고 있었는가에 대해서는 논란의 여지가 많다 : Daniel A. Helminiak, 위의 책, pp. 94-99를 참고하라.
29) 위의 책, p. 79.
30) W. Eichrodt, *Theology of the Old Testament* (London : SCM; Philadelphia : Westminster, 1967), 2 : 46. in Exploring p. 64.
31) John Macquarrie, "Spirit and Spirituality," Kenneth J. Collins, ed., *Exploring Christian Spirituality* (Grand Rapid, Michigan : Baker Books, 2000), p. 65.
32) 위의 책, p. 67.
33) 위의 책.
34) Ewert Cousns, "Preface," Bernard MacGinn, John Meyendorff, and Jean Leclercq eds. *Christian Spirituality : Origins to the Twelfth Century* (New York : Crossroad, 1987), XIII.
35) Peter H. Van Ness, ed. *Spirituality and the Secular Quest* (New York : Crossroad, 1996) 참고.
36) Sandra M. Schneiders, "Theology and Spirituality : Strangers, Rivals, or Partner?" *Horizon* 13. 2(1986), p. 266.

37) Sandra M. Schneiders, "Spirituality in the Academy," Kenneth J. Collins, ed., *Exploring Christian Spirituality : An Ecumenical Reader* (Grand Rapids, Michigan : Baker Books, 2000), p. 254.
38) 샤르댕(Teilhard de Chardin)은 진정한 성장과 초월적 실존과의 통교를 위해서는 긍정적 분화가 필요하며, 그것은 근본적인 탈-중심화라고 했다 : 버나드 J. 티렐, 「깨달음을 통한 치유 : 그리스도테라피 I」(서울 : 가톨릭대학교출판부, 2002), pp. 167-168.
39) 빌 3 : 13~14 참고 : '뒤에 있는 것은 잊어버리고 푯대를 향하여 달려가노라'는 사도 바울의 경험이 바로 그것이다.
40) 위의 책.
41) 위의 책.
42) Bernard MacGinn, John Meyendorff, and Jean Leclercq eds. *Christian Spirituality : Origins to the Twelfth Century* (New York : Crossroad, 1987), pp. XV-XVI.
43) Daniel A. Helminiak, *The Human Core of Spirituality : Mind as Psyche and Spirit*, pp. 36-37.
44) Sandra M. Schneiders, "Spirituality in the Academy," p. 257.
45) 위의 책.
46) 위의 책, p. 258.
47) Ewert Cousins, "Spirituality : A Resource for Theology," *Catholic Theological Society of Proceedings, America* 35 (1980), pp. 124-137 참고.
48) 예를 들자면 '양자'와 '파동'이라는 표현적 모델을 통해서 빛의 다양한 현상들을 이해하고 경험하도록 한다.
49) Ewert H. Cousins, *Christ of the 21st Century* (Rockport, MA : Element, 1992), p. 45.
50) Ewert H. Cousins, "Models and the Future of Theology," *Continuum* VII (1969), p. 91.

해석학적 연구 방법론
1) 이 글은 최승기, "영성학 방법론 탐구 : 샌드라 슈나이더스(Sandra M. Schneiders)를 중심으로," 「신학논단」 77(2014), pp. 297-327을 교재 형태로 수정한 것이다.
2) 영성학(spirituality)은 그리스도교 영성학을 의미한다. 영성신학(spiritual theology)이란 용어 대신에 영성학이란 용어를 사용한 이유는 크게 두 가지이다. 하나는 중세 말과 근대에 영성신학은 조직신학(교의신학)이나 윤리학(규범신학)의 하부 학문으로 인식되었기 때문이다. 17세기에 일어난 그리스도인의 완전(perfection)에 대한 관심은 영성 생활을 연구와 가르침의 대상이 되게 하였고, 그 연구와 가르침은 18~19세기에 영성신학이란 용어로 불리게 되었다. 영성신학은 두 개의 하위 단위, 즉 수덕신학(ascetical theology)과 신비신학(mystical theology)으로 구성되었다. 전자는 주로 계명과 교회의 가르침을 준수하는 것에 중점을 둔 영성 생활에 머무는 보통 그리스도인들의 영성 생활을 다루는 반면, 후자는 신비 체험에서부터 지복에 이르는 가장 완전한 연합까지의 영성 생활을 다룬다. 이 둘의 구분은 완전을 향한 하나님의 부르심, 즉 관상적 삶에로의 부르심이 특정한 영적 엘리트들에게만 주어진 부르심이라는 잘못된 전제 위에 서 있다. 그러나 오늘날에는 완전을 향한 하나님의 부르심은 영적 엘리트만이 아니라 모든 그리스도인들에게 주어진 보편적 부르심이라는 견해가 일반적이다. 따라서 영성신학이란 용어는 조직신학이나 윤리학의 하부 학문이란 인상을 줄 뿐만 아니라, 완전에로의 부르심에 대한 잘못된

전제를 연상시킬 수 있기 때문에 영성학이란 용어로 대치되었다. 또 다른 하나는 영성학이 조직(교의)신학과 구별된 신학의 고유한 한 분야이기 때문이다. 신학이란 용어가 넓은 의미로 사용되어 성서학, 교회사, 조직신학, 그리스도교 교육학 등을 포함한 것이라면, 영성학은 신학 안의 한 학문이다. 그러나 신학이 좁은 의미로 사용되어 조직신학을 의미한다면 영성학은 신학과 독립된 한 학문이다. 따라서 이러한 독립성을 명확히 하기 위해 영성학이란 용어가 사용된다. 이외의 이유로는 영성학이란 용어가 신학보다 폭넓게 이문화간, 종교간 대화를 촉진시킬 수 있으며, 또한 영성학이 영성신학보다 학제 간 연구를 더욱 원활하게 할 수 있기 때문이다. Sandra M. Schneiders, "Theology and Spirituality : Strangers, Rivals, or Partners?," *Horizons* 13/2 (1986), pp. 260-264.

3) Stephanie Paulsell, "The Space between Earth and Heaven : Trends in the Academic Study of Spirituality in the North American Context," in *With Wisdom Seeking God*, eds. Una Agnew, Bernadette Flanagan and Greg Heylin (Leuven : Peeters, 2008), p. 11.

4) Bruce H. Lescher and Elizabeth Liebert, *Introduction to Exploring Christian Spirituality : Essays in Honor of Sandra M. Schneiders*, eds. Bruce H. Lescher and Elizabeth Liebert (Mahwah : Paulist Press, 2006), p. 1.

5) 샌드라 슈나이더스의 영성학 방법론에 관한 연구들은 다음과 같다. Schneiders, "Theology and Spirituality," pp. 253-274; "Spirituality in Academy," in *Modern Christian Spirituality : Methodological and Historical Essays*, ed. Bradley C. Hanson (Atlanta : Scholars Press, 1990), pp. 15-38; "Spirituality as an Academic Discipline : Reflections from Experience," in *Broken and Whole : Essays on Religion and the Body*, eds. Maureen A. Tilley and Susan A. Ross (Lanham : University Press of America, 1995), pp. 207-218; "Approaches to the Study of Christian Spirituality," in *The Blackwell Companion to Christian Spirituality*, ed. Arthur Holder (Malden : Blackwell Publishing, 2005), pp. 15-33; "The Study of Christian Spirituality : Contours and Dynamics of a Discipline," in *Minding the Spirit : The Study of Christian Spirituality*, eds. Elizabeth A. Dreyer and Mark S. Burrows (Baltimore : The Johns Hopkins University Press, 2005), pp. 5-24; "A Hermeneutical Approach to the Study of Christian Spirituality," in *Minding the Spirit*, pp. 49-60; "The Discipline of Christian Spirituality and Catholic Theology," in *Exploring Christian Spirituality*, pp. 196-212.

6) 샌드라 슈나이더스 외에도 영성학 방법론을 구축하기 위한 논의에 참여한 학자들이 많이 있다. 영성학 방법론에 대한 이들의 논의는 자신들의 강조점에 따라 신학적 방법, 역사적 방법, 인류학적 방법, 해석학적 방법, 내면성(interiroity) 방법으로 구분된다. 신학적 방법론을 강조한 대표적 학자는 피에르 파우레트(Pierre Pourret)이다. 그는 영성학을 그리스도교인의 완전과 그 완전에 이르는 길을 다루는 신학의 일부로 간주한다. 역사적 방법론을 강조한 대표적 학자는 버나드 맥긴(Bernard McGinn)이다. 그는 영성이 개인적 상황보다 특정한 공동체의 역사에 뿌리를 두고 있다는 입장을 취하면서 역사적-맥락적(contextual) 방법을 제시한다. 인류학적 방법론에 주 강조점을 둔 학자들은 조안 올스키 콘(Joann Wolski Conn), 진-클라우드 브레톤(Jean-Claude Breton) 등이다. 이들은 영성을 인간의 본성과 인간 체험의 한 요소로 간주한다. 해석학적 방법론을 채택한 대표적 학자는 샌드라 슈나이더스이다. 이 방법론은 본고에서 자세히 다루어질 것이다. 마이클 다우니(Michael Downey) 또한 해석학적 방법론을 주장한다. 그는 리쾨르의 동화(자기화, appropriation) 개념을 사용한다. 동화는 해석과 적용을 통해 얻은 참된 이해

를 의미한다. 참된 이해는 단지 이론적이지 않고 자기 변혁적이다. 동화 방법론은 상호 연결된 세 가지 단계로 구성된다. 이 세 단계는 슈나이더스의 해석학적 방법론과 일치한다. 첫째, 체험된 영성 생활 그 자체를 서술하는 단계이다. 둘째, 체험을 비판적으로 분석하는 단계이다. 셋째, 참된 이해를 통해 연구자의 변화와 확장을 추구하는 건설적 해석의 단계이다. 내면성 방법을 영성학 방법론으로 주장한 학자는 메리 프로리히(Mary Frohlich)이다. 그녀는 로너간(Lonergan)의 내면성 개념을 방법론적 원리라고 부르면서, 내면성을 영성학의 모든 연구를 통합하는 통합의 실로 제시한다. 로너간의 내면성 개념은 사회적 참여나 행동과 반대되는 개인의 내적 성찰을 의미하지 않고 무엇을 하고 있을 때 무엇을 하고 있다는 것을 아는 것을 의미한다. 즉, 내면성이란 의식의 상태로서, 자신, 타인, 세상에 온전히 임재 하는 것이다. 신학적, 역사적, 인류학적 방법에 관해서는 다음을 참조하라. Bernard McGinn, "The Letter and the Spirit as an Academic Discipline," in *Minding the Spirit*, pp. 25-41. 동화 방법에 관해서는 다음을 보라. Michael Downey, *Understanding Christian Spirituality* (Mahwah : Paulist Press, 1997), pp. 115-141. 내면성 방법에 관해서는 다음을 참조하라. Mary Frohlich, "Spiritual Discipline, Discipline of Spirituality : Revisiting Questions of Definition and Method," in *Minding the Spirit*, pp. 65-78.

7) 한국에서 영성학 방법론에 관한 연구를 찾아보기는 쉽지 않다. 다음의 논문이 거의 유일하다. 유해룡, "영성학의 연구 방법론 소고," 「장신논단」 15(1999), 428-450. 이 논문에서 유해룡은 이안 램세이(Ian Ramsey)의 모델 방법론이 영성신학의 방법론으로 사용될 수 있을 가능성에 대해 논한다.

8) McGinn, "The Letter and the Spirit as an Academic Discipline," 32-33.

9) Schneiders, "Theology and Spirituality," 26.

10) Bradley C. Hanson, *Introduction to Modern Christian Spirituality*, 2.

11) Schneiders, "Theology and Spirituality," 31.

12) Judith A. Berling, "Christian Spirituality : Intrinsically Interdisciplinary," in, 35.

13) Schneiders, "The Discipline of Christian Spirituality and Catholic Theology," 18. "개인적인 것들의 과학"에 관해서는 다음을 참조하라. Paul Ricoeur, *Interpretation Theory : Discourse and the Surplus of Meaning* (Fort Worth : Texas Christian University Press, 1976), 78-79.

14) Schneiders, "Spirituality as an Academic Discipline," 210.

15) Schneiders, "Theology and Spirituality," 272-273.

16) 샤를 앙드레 베르나르, 정제천 · 박일 옮김, 「영성신학」(서울 : 가톨릭출판사, 2010), 32.

17) Schneiders, "The Discipline of Christian Spirituality and Catholic Theology," 202.

18) Schneiders, "Approaches to the Study of Christian Spirituality," 30.

19) Schneiders, "Theology and Spirituality," 273.

20) Schneiders, "Spirituality as an Academic Discipline," 217.

21) Schneiders, "Spirituality as an Academic Discipline," 211-212.

22) Philip Sheldrake, "Spirituality and Its Critical Methodology," in *Exploring Christian Spirituality*, 20.

23) 앞의 책, 21.

24) Schneiders, "Approaches to the Study of Christian Spirituality," 19-21.
25) Schneiders, "Spirituality as an Academic Discipline," 212-213. 샌드라 슈나이더스는 영성학 연구 방법론이 학제 간 연구임을 밝히면서, 연구에 관련된 학문 분야를 구성적인(constitutive) 학문 분야와 문제를 다루는 학문 분야로 분류한다. 그녀는 성서, 역사를 구성적 학문 분야로, 신학은 구성적이면서 동시에 문제를 다루는 학문 분야로 분류한다. 이에 관해서는 이후 학제 간 연구 방법론에서 자세히 다루어질 것이다. 다음을 참조하라. Schneiders, "The Study of Christian Spirituality," 8-12.
26) Schneiders, "Approaches to the Study of Christine Spirituality," 24-25.
27) 앞의 책, 26.
28) Schneiders, "A Hermeneutical Approach to the Study of Christian Spirituality," 49.
29) Sheldrake, "Spirituality and Its Critical Methodology," 23.
30) Schneiders, "A Hermeneutical Approach to the Study of Christian Spirituality," 56.
31) Schneiders, "Spirituality in the Academy," 35.
32) Schneiders, "A Hermeneutical Approach to the Study of Christian Spirituality," 56.
33) Schneiders, "Spirituality in the Academy," 35.
34) Schneiders, "A Hermeneutical Approach to the Study of Christian Spirituality," 56-7.
35) Berling, "Christian Spirituality," 48.
36) Schneiders, "A Hermeneutical Approach to the Study of Christian Spirituality," 57.
37) Schneiders, "The Study of Christian Spirituality," 7-8.
38) 앞의 책, 8-9.
39) 앞의 책, 9.
40) 앞의 책, 10.
41) Schneiders, "Theology and Spirituality," 268.
42) Schneiders, "Approaches to the Study of Christian Spirituality," 29.
43) 앞의 책, 29-30.
44) 앞의 책, 30-31.
45) 앞의 책, 31.
46) Berling, "Christian Spirituality," 43.
47) 앞의 책, 43.
48) Sheldrake, "Spirituality and Its Critical Methodology," 21.
49) Berling, "Christian Spirituality," 45-46.
50) 메리 프로리히(Mary Frohlich)는 모든 영성학 연구를 통합하는 결합의 실로 버나드 로너간(Bernard Lonergan)의 개념인 내면성(interiority)을 제시한다. 내면성은 사적인 성찰을 의미하지 않으며, 행위나 사회정의를 위한 투쟁과 반대되는 개념이 아니다. 즉, 내면성은 이원론적 개념이 아니다. 내면성은 자기 자신 앞에, 타인 앞에, 하나님 앞에 온전히 현존하는 것이다. 내면성이 어떻게 영성학 연구의 통합의 실이 될 가능성이 있는가에 관한 문제는 본 연구의 범위를 벗어난 또 하나의 논문 주제가 된다. 따라서 여기서는 샌드라 슈나이더스의 학제 간 연구 방법론에 결합의 실이 보완되어야 한다는

점을 지적하는 것으로 논의를 제한한다. 영성학 연구 방법론으로서의 내면성에 관하여는 다음을 참조하라. Mary Frohlich, "Spiritual Discipline, Discipline of Spirituality : Revisiting Questions of Definition and Method," *Spiritus : A Journal of Christian Spirituality* 1/1 (2001), 65-78; Paulsell, "The Space between and Heaven," in *With Wisdom Seeking God*, pp. 11-23.

51) Philip Sheldrake, "Spirituality in the Academy : New Trajectories-New Challenges," in *With Wisdom Seeking God*, p. 30.

연구방법론 : 종합적 방법론(multidisciplinary approach)과 역사 서술적 방법론(historiographical approach)

1) 이 글은 Yang Jeongho, "Methodology for the Christian Spirituality : Multidisciplinary and Historiographical Apporoach to the tension between the Subject and Object of Christian Spiritualiy," *KPJT* vol. 48 No 3(2016, 9), 109-134를 수정한 것이다.

2) Sandra M. Schneiders, "Christian Spirituality : Definition, Methods and Types," in *The New Westminster Dictionary of Christian Spirituality*, ed. by Philip Sheldrake (Louisville : Westminster John Knox Press, 2005), 1-6.

3) Elizabeth Dreyer and Mark S. Burrows, *Minding the Spirit : The Study of Christian Spirituality* (Baltimore : The Johns Hopkins University Press, 2005), 1.

4) Bruce Demarest, Brad Nassif, Scott Hahn, Joseph D. Driskill, and Evan Howard, *Four Views on Christian Spirituality* (Grand Rapids : Zondervan, 2012), 18.

5) Bradley P. Holt, *Thirsty for God : A Brief History of Christian Spirituality* (Minneapolis : Fortress Press, 2005), 5.

6) http://www.augsburg.edu/faculty/holtb/ (accessed June 15, 2016).

7) Francis A. Schaeffer, *How Should Then We Live? The Rise and Decline of Western Thought and Culture* (Wheaton : Crossway Books, 2005), 김기찬 역, 「그러면 우리는 어떻게 살 것인가?」(서울 : 생명의 말씀사, 2005).

8) Sandra M. Schneiders, "The Study of Christian Spirituality : Contours and Dynamics of a Discipline" in *Minding the Spirit : The Study of Christian Spirituality*, ed. by Elizabeth A. Dreyer and Mark S. Burrows (Baltimore : The Johns Hopkins University Press, 2005), 5.

9) Sandra M. Schneiders, "A Hermeneutical Approach to the Study of Christian Spirituality" in *Christian Spirituality Bulletin* (Spring 1994) : 9-14. Sandra M. Schneiders, "A Hermeneutical Approach to the Study of Christian Spirituality" in *Minding the Spirit : The Study of Christian Spirituality*, edited by Elizabeth A. Dreyer and Mark S. Burrows (Baltimore : The Johns Hopkins University Press, 2005), 49-60.

10) David B. Perrin, *Studying Christian Spirituality* (New York : Routledge, 2007), 49.

11) Tobin Nellhaus, "General Introduction" in *Theatre Histories : An Introduction*, Bruce McConachie, Tobin Nelhaus, Carol Fisher Sorgenfrei, and Tamara Underiner (New York : Routledge, 2010), 6.

12) Mary Frohlich, "Critical Interiority" in *Spiritus : A Journal of Christian Spirituality*

(Vol. 7, No 1, Spring, 2007), 79.

13) Sandra M. Schneiders, "Spirituality in the Academy," in *Theological Studies* (50, no. 4, 1989), 676-697.

14) Sandra M. Schneiders, "Spirituality in the Academy," 682.

15) Jon Alexander, "What Do Recent Writers Mean by Spirituality?", *Spirituality Today* 32 (1980) : 247-56.

16) Sandra M. Schneiders, "The Study of Christian Spirituality : Contours and Dynamics of a Discipline," 13.

17) Bernard McGinn, "The Letter and the Spirit : Spirituality as an Academic Discipline" in *Minding the Spirit : The Study of Christian Spirituality*, ed. by Elizabeth A. Dreyer and Mark S. Burrows (Baltimore : The Johns Hopkins University Press, 2005), 25-41.

18) McGinn, "The Letter and the Spirit : Spirituality as an Academic Discipline," 30.

19) Perrin, *Studying Christian Spirituality*, 12-13.

20) Perrin, *Studying Christian Spirituality*, 12-13.

21) Perrin, *Studying Christian Spirituality*, 41.

22) 빅데이터를 이용하여 저널의 순위를 제공하는 The SCImago Journal & Country Rank (http://www.scimagojr.com)에서는 학문 분야를 27개의 주요 영역과 313개의 세부 영역으로 분류하고 있는데, 27개 주요 영역에 "multidisciplinary"가 포함되어 있고, 의학(Medicine)과 신경과학(Neroscience) 사이에 위치하고 있다.

23) Multidisciplinary approach 혹은 Multidisciplinary perspective가 interdisciplinary approach를 넘어서는 방법론이라고 제시하는 학자군은 기독교 신학 안에서 영성을 연구하는 학자들 가운데 목회상담 또는 기독교 상담을 전공한 학자들을 중심으로 형성되어 있다. 이 분야의 대표적인 저널로는 "Journal of Spirituality in Mental Health"가 있고, 이 영역에서 활동하는 학자들의 글을 모아 놓은 저서는 다음과 같다 : ed. by Christopher Cook ed., *Spirituality, Theology, and Mental Health : Multidisciplinary Perspective* (London : SCM press, 2013); Oliver J. Morgan and Mele Jordan ed., *Addiction and Spirituality : A Multidisciplinary Approach* (St. Louis : Chalice Press, 1999). "Multidisciplinary approach"라는 동일한 용어를 사용하면서도 다른 의미로 사용했던 홈즈와 쉘드레이크의 차이에 대해서는 트루디 쿠퍼(Trudi Cooper)의 다음 글을 참조하시오. Trudi Cooper, "Spirituality in A Secular Age : Possibilities for Youth Work" in *Spirituality for Youth-Work : New Vocabulary, Concepts and Practices*, ed. by Phil Daughtry and Stuart Devenish (Newcastle, UK : 2016), 32-33.

24) 아날 학파에 대해서는 다음의 책을 참고하시오. 김응종, 「아날 학파의 역사세계」(서울 : 민음사, 2001).

25) William Stringfellow, *The Politics of Spirituality* (Philadelphia : The Westminster Press, 1984), 19.

26) 누가복음 6 : 45

27) Perrin, *Studying Christian Spirituality*, 17-18.

28) Rowan Williams, *The Wound of Knowledge : Christian Spirituality from the New Testament to St. John of Cross* (London : Darton, Longman & Todd, 1990), 12.
29) 요한복음 9 : 1-3
30) Holt, *Thirsty for God*, 1.
31) 마가복음 12 : 30
32) Philip Sheldrake, *Spirituality & History : Questions of Interpretation and Method* (New York : Orbis Books, 1998), 65.
33) Edward Hallett Carr, *What is History?* (New York : Random House, 1967), 35.
34) Thomas Keating, *The Thomas Keating Reader : Selected Writings from the Contemplative Outreach Newsletter* (New York : Lantern Books, 2012), 132-139.
35) Keating, *The Thomas Keating Reader*, 132.
36) Michael Stanford, *Nature of Historical Knowledge* (Oxford : B. Blackwell, 1986), 50.
37) Perrin, *Studying Christian Spirituality*, 178.
38) Philip Sheldrake, "Interpretation" in *The Blackwell Companion to Christian Spirituality*, ed. by Arthur Holder (Oxford : Blackwell Publishing, 2005), 462.

제Ⅱ부 영성에 대한 성서적 그리고 신학적 이해

신구약에 나타난 영성 이해 : 성서 영성(Biblical Spirituality)이란 무엇인가?

1) 이 글은 이경희, "기독교 영성학 안에서의 성서 해석의 의미 : 성서영성학(Biblical spirituality)이란 무엇인가?", 「신학과 실천 56호」(2017년 가을호), 293-322를 수정한 것이다.
2) Philip Sheldrake, *Spirituality and History : Questions of Interpretation and Method* (Maryknoll, NY : Orbis Books 1991), 41.
3) Elizabeth Dreyer, *The HarperCollins Encyclopedia of Catholicism*, R. McBrien, ed., (San Francisco : HarperCollins, 1995), 1, 216.
4) Sandra Schneiders, "Christian Spirituality : Definition, Methods and Types," *The New Westminster Dictionary of Christian Spirituality*, ed. Philip Sheldrake (Louisville : KY, WJK), 1-2.
5) 김영수, "융 심리학적 관점에서 바라본 그리스도교 영성," 「신학과 실천」 53(2017/2), 342.
6) 샌드라 슈나이더스, "성서와 영성", 「기독교영성(I) : 초대부터 12세기까지」, 유해룡, 이후정, 정용석, 엄성옥 역(서울 : 은성, 1997), 32.
7) Barbara Green, "The Old Testament in Christian Spirituality," *The Blackwell Companion to Christian Spirituality*, ed. Arthur Holder (Wiley-Blackwell, 2011), 37.
8) Schneiders, "성서와 영성", 31-2.
9) Schneiders, "성서와 영성", 41-2.
10) Green, "The Old Testament in Christian Spirituality," 42.
11) Sheldrake, *Spirituality and History*, 48.

12) Schneiders, "성서와 영성," 45.
13) Sandra Schneiders, "Spirituality and Scripture," *The New Westminster Dictionary of Christian Spirituality*, ed. Philip Sheldrake (Louisville, KY : SCM Press, 2005), 62.
14) Green, "The Old Testament in Christian Spirituality," 44.
15) Schneiders, "성서와 영성," 51.
16) Green, "The Old Testament in Christian Spirituality," 46.
17) Green, "The Old Testament in Christian Spirituality," 47.
18) 김회권, "성서 영감론에 비추어 본 한경직의 설교,"「신학과 실천」53(2017/2), 151.
19) Schneiders, "Spirituality and Scripture," 65.
20) Schneiders, "성서와 영성," 51.
21) W. Randolph Tate, *Biblical Interpretation : An Integrated Approach* (Peabody, MA : Hendrickson, 1991), 3.
22) Richard E. Palmer, *Hermeneutics : Interpretation Theory in Schleiermacher, Dilthey, Heidegger, and Gadamer*, Northwestern University Studies in Phenomenology & Existential Philosophy (Evanston, IL : Northwestern University Press, 1969), 93.
23) Martin Heidegger, *Being and Time*, trans. John Macquarrie and Edward Robinson (New York : Harper Perennial Modern Classics, 2008), 147.
24) Paul Ricoeur, *Interpretation Theory : Discourse and the Surplus of Meaning* (Fort Worth, TX, The Texas Christian University Press, 1976), 32. 폴 리쾨르의 해석학 이론에 관심이 있다면 한국어로 번역된「해석이론」(김윤성, 조현범 역, 서광사)을 참고해도 좋다.
25) Ricoeur, *Interpretation Theory*, 26.
26) Sandra M. Schneiders, *The Revelatory Text : Interpreting the New Testament As Sacred Scripture* (Collegeville, MN : The Liturgical Press, 1999), 158.
27) 정상영, "록 뮤지컬 '지하철 1호선,'······'밑바닥 싣고' 오늘도 달린다,"한겨레, 2006. 2. 22, (접속일 2017. 4. 4.) http://www.hani.co.kr/arti/culture/music/104290.html.
28) Sandra M. Schneiders, "Biblical Spirituality," *Interpretation : A Journal of Bible and Theology*, 2016, Vol. 70(4), 418-9에서 슈나이더스가 예로 든 "음악학과 음악가"의 비유를 "드라마학과 예술가"의 비유로 바꾸어 서술해 보았다.
29) 그리스도교 영성학은 '간학문적 영성 연구' 방법론을 선호하고 있다. 이는 샌드라 슈나이더스가 제안한 세 가지 방법론(해석학적 방법론, 학제 간 방법론, 자기-참여적 방법론) 중에 하나이다. 이강학, "이세종의 영성지도와 한국 교회 목회 현장 적용에 관한 연구,"「신학과 실천」49(2016 여름), 220; 이 학제 간 연구 방법론은 영성학 연구 대상인 체험이 매우 복합적인 양상을 띠고 있기 때문에 역사, 문학, 발달심리학, 심지어는 여성학까지 동원될 때, 그 경험의 본질적 특성을 끌어낼 수 있는 방법론이다. 유해룡, "한국적 상황에서의 영성의 연구동향,"「신학과 실천」47(2015 겨울), 188.
30) Schneiders, "Biblical Spirituality," 421.
31) 그녀의 신학과 신미학의 개념은 아래의 저널에 자세히 언급되어 있다. Schneiders, "Biblical Spirituality," 417-30.

32) 이러한 연구는 필자의 박사 학위 연구 논문에 잘 소개되어 있다. Kyoung-Hee Lee, 「2 Samuel 11-12, Luke 24, and Biblical Spirituality : The Role of Narrative in Challenging Sacrificial Substitution and a New Perspective on René Girard」, Thesis (Ph. D.), GTU, 2016.
33) 여기에서는 단순히 '저자의 세계'라고 기술했지만, 사실 이 세계는 생각보다 조금 복잡하다. Jerome T. Walsh는 성서 본문을 좀 더 세분하게 분석하면서, 저자(Real author)가 독자(Real Reader)에게 준 것이 성서 본문(Text)이고, 그 본문(Text)안에서 저자라고 추정되는 자(Implied author)는 독자라고 추측되는 자(Implied reader)에게 준 것이 서사(Narrative)이고, 그 서사 안에 이야기를 이끌어 가는 자(Narrator)가 이야기를 받는 자(Narratee)에게 주는 것이 이야기(Story)이고, 이 작은 이야기(Story)안에 등장인물, 작은 사건, 줄거리, 배경 등이 들어 있다고 말한다. Walsh의 책을 참고. Jerome T. Walsh, *Old Testament Narrative : A Guide to Interpretation* (Louisville : KY, Westminster John Knox Press, 2009).
34) 필자는 본 논고에서 두 번째와 세 번째 세계, 즉 문학 비평과 독자 반응 비평에 좀 더 집중하기 원해서 첫 번째 세계인 역사주의 비평에는 큰 할애를 하지 않을 것이다.
35) Robert Alter, *The David Story : A Translation with Commentary of 1 and 2 Samuel* (New York, NY : W. W. Norton & Company Ltd, 1999), 251.
36) P. Kyle McCarter, *II Samuel : A New Translation with Introduction and Commentary*, The Anchor Bible (Doubleday & Company, 1984), 285.
37) McCarter, *II Samuel*, 285.
38) 르네 지라르(1923-2015)는 프랑스 문학 비평가이자 인류학자로서 Stanford University에서 은퇴했다. 저서로는 「낭만적 거짓과 소설적 진실」(1961), 「폭력과 성스러움」(1972), 「희생양」(1982), 「나는 사탄이 번개처럼 떨어지는 것을 본다」(2004), 「대담집 '문화의 기원'」(2005) 등 30여 권이 있다.
39) 지라르가 1961년 「낭만적 거짓과 소설적 진실」을 썼을 때부터 2005년 「대담집 '문화의 기원'」을 썼을 때까지 그의 생각은 많이 달라졌다. 그는 처음에는 세르반테스, 스땅달, 도스또옙스키, 프루스트 등 문학 작품에 나타난 인간의 욕망에 대해서 고찰하였는데, 나중에는 그의 관점을 사회, 종교, 문화 등으로 확장 시켰다. 김성민, "인간의 욕망과 모방 : 르네 지라르의 사회인류학적 관점에서," 「신학과 실천」 47(2015 겨울), 263.
40) Michael Kirwan, *Discovering Girard* (Lanham, MD : Cowley Publications, 2005), 12.
41) 르네 지라르, 마이클 하딘 편집, 이영훈 역, 「지라르와 성서 읽기」(대전 : 대장간, 2017), 74.
42) René Girard, *I See Satan Fall Like Lightning*, trans. James G. Williams (Maryknoll, NY : Orbis Books, 2001), 118.
43) 정일권, 「십자가의 인류학 : 미메시스 이론과 르네 지라르」(대전 : 대장간, 2015), 63.
44) 이경희, "김교신과 민본의 그리스도교," 「백 투 더 클래식」, 권혁일 엮음(서울 : 예수전도단, 2015), 309.
45) 이냐시오의 의식성찰(양심성찰)은 '감사, 죄의 성찰과 청산을 위한 하나님의 은혜 구함, 생각과 말과 행함에 대하여 양심성찰, 하나님께 용서를 구함, 은혜를 힘입어 잘못을 고칠 결심'의 다섯 요점으로 구성된다. Ignatius of Loyola, *The Spiritual Exercise of St. Ignatius*, tr. Louis J Pahl (Chicago : Loyola Press, 1951), 43. 최승기, "평화의 영성을 향하여," 「신학과 실천」 52(2016/11), 494에서 재인용.

46) 머튼은 영적 지도를 "한 그리스도인이 성령의 은총(활동하심)에 충실히 응답함으로써 자신의 특별한 소명을 깨달을 뿐만 아니라 그 특별한 소명의 목적을 달성하고, 하나님과 일치적인 삶을 이룰 수 있도록 해주는 지속적인 양성과 지도의 과정"으로 정의한다. 토마스 머튼, 오지영 역, 「새 명상의 씨」(서울 : 가톨릭출판사, 2005), 47. 오방식, "토마스 머튼의 영적지도에 대한 연구," 「신학과 실천」 52(2016/11), 396에서 재인용.

시편의 영성 이해-비탄, 해방을 위한 '새 노래' : 고통의 기억 속에서 시편 137편 읽기

1) 이 글은 샌드라 슈나이더스(Sandra M. Schneiders)의 해석학적 접근법을 활용하여 시편 137편에 담긴 영성을 연구한 저자의 다음 논문을 우리말로 옮긴 것이다. Hyeokil Kwon, "Remembrance, Nonidentity, and Lament : A Reading of Psalm 137 for the Liberation from the Unfinished Suffering of Colonization," *Korean Journal of Christian Studies* 81 (2012), 59-78.

2) 시편 137편의 창작 시기에 대한 논쟁은 레슬리 알렌(Leslie C. Allen)의 시편 주석과 존 안(John Ahn)의 논문, "Psalm 137 : Complex Communal Laments"에 잘 정리되어 있다. Leslie C. Allen, *Psalms 101-150, Revised*, rev. ed., vol. 21 of Word Biblical Commentary (Nashville, TN : Thomas Nelson, 2002), 304; John Ahn, "Psalm 137 : Complex Communal Laments," *Journal of Biblical Literature* 127, no. 2 (2008), 270-271.

3) Walter Brueggemann, *The Message of the Psalms* (Minneapolis, MN : Fortress Press, 1984), 74.

4) Graham S. Ogden, "Prophetic Oracles against Foreign Nations and Psalms of Communal Lament : The Relationship of Psalm 137 to Jeremiah 49 : 7-22 and Obadiah," *Journal for the Study of the Old Testament* 24 (1982/10), 89; Mitchell Dahood, *Psalms Ⅲ : 101-150*, vol. 17A of The Anchor Bible (Garden City, NY : Doubleday, 1970), 269.

5) James Luther Mays, *Psalms*, Interpretation : A Biblical Commentary for Teaching and Preaching (Louisville, KY : Westminster/John Knox, 1994), 421.

6) Longman Dictionary of Contemporary English Online, s.v. "remember," http : //www.ldoceonline.com/dictionary/remember (2011년 12월 1일 접속).

7) Robert Alter, *The Book of Psalms : A Translation with Commentary* (New York : W. W. Norton, 2007), 473.

8) Erhard S. Gerstenberger, *Psalms, Part 2, and Lamentations*, vol. 15 of The Forms of the Old Testament Literature (Grand Rapids, MI : William B. Eerdmans Publishing, 2001), 395.

9) Robert Alter, *The Book of Psalms* (2007), 473.

10) 어떤 학자들은 음절의 수에 바탕을 두고 이 시편의 구조를 분석한다. David N. Freedman, "The Structure of Psalm 137," in *Near Eastern Studies in Honor of William Foxwell Albright*, ed. Hans Goedicke (Baltimore, MD : Johns Hopkins University, 1971), 187-205; Morris Halle and John J. McCarthy, "The Metrical Structure of Psalm 137," *Journal of Biblical Literature* 100, no 2 (1981/6), 161-167.

11) Rober Doran et al., *1 & 2 Maccabees, Job, Psalms*, vol. 4 of The New Interpreter's Bible : General Articles & Introduction, Commentary, & Reflections for Each

Book of the Bible, Including the Apocryphal/Deuterocanonical Books (Nashville, TN : Abingdon Press, 1994), 1227.

12) 본문의 인용구는 다음의 성서 번역본에서 가져온 구절을 다시 우리말로 옮긴 것이다. *JPS Hebrew-English Tanakh : The Traditional Hebrew Text and the New JPS Translation*, 2nd ed. (Philadelphia : Jewish Publication Society, 1999), 1584.

13) Lancelot C. L. Brenton, Sir., *The Septuagint with Apocrypha : Greek and English* (1851; repr., Peabody, MA : Hendrickson, 1987), 781.

14) 랜슬롯 브렌튼은 70인역 성서를 19세기 영어로 번역하였다. 그래서 필자는 브렌튼이 사용한 영어 단어가 당시에 어떤 의미를 갖고 있었는지를 알기 위해서 19세기에 처음 출판된 옛 영어 사전을 참조하였다. *The Concise Oxford Dictionary of Current English*, 5th ed. (Oxford : Clarendon Press, 1917), s.v. "raze."

15) 에리히 젱거(Erich Zenger)에 따르면, 시편 137편은 8-9절에 나타난 잔인한 저주 때문에 "가장 심각한 '폭력의 시편'으로 간주되어 왔으며, 그래서 그리스도인들은 그 전문을 거부해야 한다."고 여겨져 왔다. Erich Zenger, *A God of Vengeance? : Understanding the Psalms of Divine Wrath*, tr. by Linda M. Maloney (Louisville, KY : Westminster John Knox Press, 1996), 47.

16) Johann Baptist Metz, *Faith in History and Society : Toward a Practical Fundamental Theology*, tr. by Matthew Ashley (New York : Cross Publishing, 2007), 192.

17) Peter L. Berger, and Thomas Luckmann, *The Social Construction of Reality : A Treatise in the Sociology of Knowledge* (Garden City, NY : Doubleday, 1966), 132.

18) Johann Baptist Metz, *Faith in History and Society* (2007), 127.

19) 클라우스 베스터만(Claus Westermann)은 비탄의 시편의 표지가 되는 일련의 고정된 요소들이 있다고 논증한다. 그에 따르면, "비탄의 시편의 구조는 말 걸기, 비탄, 하나님께로 돌아감(신뢰의 고백), 간구, 찬양의 서원으로 이루어진다." Claus Westermann, "The Role of the Lament in the Theology of the Old Testament," *Interpretation* 28, no 1(1974/1), 26.

20) Erhard S. Gerstenberger, *Psalms, Part 2, and Lamentations* (2001), 394.

21) 루크 수사(Fr. Luke)에 따르면, 시온의 노래들은 문학적으로 시편의 하위분류들 중의 하나로서, (1) 하나님의 성인 시온을, (2) 시온의 하나님인 야훼를, 그리고 (3) 혼란을 끝내시는 야훼의 승리를 찬양하는 노래들이다. Fr. Luke, "The Songs of Zion as a Literary Category of the Psalter," *Indian Journal of Theology* 14, no 2(1965/4), 84-87.

22) Erich Zenger, *A God of Vengeance?* (1996), 94.

23) Johannes G. Vos, "The Ethical Problem of the Imprecatory Psalms," *Westminster Theological Journal* 4, no 2(1942/5), 123-138; W. Gary Crampton, "What about the Imprecatory Psalms?," *The Trinity Review* 282(2009/3), 1-3; Graham S. Ogden, "Prophetic Oracles against Foreign Nations and Psalms of Communal Lament" (1982), 89.

24) Walter Brueggemann, *The Message of the Psalms* (1984), 77; Konrad Schaefer, *Psalms*, Berbit Olam : Studies in Hebrew Narrative & Poetry (Collegeville, MN, Liturgical Press, 2001), 323.

25) Erich Zenger, *A God of Vengeance?* (1996), 48.
26) 이성훈, "탄원에서 구원의 찬양으로 : 시편 31편을 중심으로," 「한국기독교신학논총」 34 (2004/7), 70.
27) Johann Baptist Metz, *Faith in History and Society* (2007), 173.
28) Todd Breyfogle, "Forgiveness and Justice in a Secular Polity," *Reviews in Religion & Theology* 6, no 2(1999/5), 134.
29) Walter Brueggemann, *The Message of the Psalms* (1984), 75.
30) 비록 1880년대 후반 이후 개별적으로 미국에 건너간 소수의 한국인들이 있었지만, 많은 연구자들은 1903년 이주를 통해서 한국 "유배 공동체"가 미국에서 본격적으로 시작되었다고 간주한다. 1903년부터 아시아 이민자들의 미국 입국을 금지하는 이민 헌장(Immigration Act)이 통과된 1924년까지 만 명이 넘는 한국인들이 학생, 노동자, 결혼 이민자, 정치적 망명자 등의 신분으로 미국 땅을 밟았다. Su Yon Pak, et al., *Singing the Lord's Song in a New Land : Korean American Practices of Faith* (Louisville, KY : Westerminster John Knox Press, 2005), 3-5.
31) Ibid., 3.
32) Bong-Youn Choi, *Koreans in America* (Chicago : Nelson-Hall, 1979), 95.
33) 서광운, 「미주한인칠십년사」(서울 : 해외교포문제연구소, 1973), 27-30.
34) 제2세대 한국계 미국인들의 정체성과 관련된 자세한 논의를 보고자 하면 다음의 자료들을 참조하라. Philip Kyung Sik Park, "Korean Identity in North America," in *Korean American Christian Identity and Calling : Study Packet*, ed. Colleen Chun (Berkeley, CA : Pacific and Asian American Center for Theology and Strategies, 1977), 19-26; Rebecca Kim, "Second-Generation Korean American Evangelicals on the College Campus : Constructing Ethnic Boundaries," in *Religion and Spirituality in Korean America*, ed. David K. Yoo and Ruth H. Chung (Chicago : University of Illinois Press, 2008), 172-192.
35) 디아스포라 한국인의 고통과 정체성의 문제는 이 짧은 글에서 요약하기에는 너무 복잡하기 때문에, 여기서는 간단하게 언급만 한다.
36) Jin Yong-Seon, "Jeongseon Arirang," http : //www.arirang.re.kr/arboard/read.cgi?board=ar_s1&y_number=7&nnew=2 (2011년 12월 1일 접속).
37) 다음의 책 제7장을 참조하라. 진용선, 「러시아고려인아리랑연구」(정선 : 정선아리랑문화재단, 2009).
38) Claus Westermann, "The Role of the Lament in the Theology of the Old Testament" (1974), 32.
39) Theodor W. Adorno, *Negative Dialectics*, tr. by E. B. Ashton (New York : Routledge, 1990), 17-18.
40) 메츠에 의하면 위험한 기억, 곧 고통의 기억은 "특정한 희망의 형식으로서 (고통으로부터) 해방시키는 기억"이다. Johann Baptist Metz, *Faith in History and Society* (2007), 181.
41) Su Yon Pak, et al., *Singing the Lord's Song in a New Land* (2005), 32-33.
42) Margie Tolstory, "Woman as Witness in a Post-Holocaust Perspective," in *A*

	Shadow of Glory : Reading the New Testament after the Holocaust, ed. Tod Linafelt (New York : Routledge, 2002), 120.
43) 목회학자 존 패튼(John Patton)은 사람의 격렬한 분노를, 예를 들면 시편 137편의 집단적 격노를 다룰 때에는 목회적 돌봄이 중요하다고 주장한다. 그는 다음과 같이 쓴다. "하나님은 우리의 격노를 아시고 수용하시며, 우리가 그것을 간직하도록 도우신다. 하지만 격노는 단순히 표현되는 것만으로는, 심지어 그것이 기도 속에서 표현되는 것이라 할지라도 그것만으로는 극복될 수 없다. 격노는 반드시 억제되어야 하며, 파괴적인 행동으로 표출되지 않도록 지켜져야 한다. 그리고 모멸당하거나 완전히 무시되었다는 느낌들을 감소시킬 수 있는 관계를 통해서 점진적으로 극복되어야 한다." 필자는 한국인들이 자신들이 갖고 있는 일본에 대한 원한이나 부정적인 감정을 다룰 때에 목회적 돌봄이나 영성지도가 큰 도움이 될 수 있다고 생각한다. 그러나 이것들은 고통을 치료하거나 잊기 위한 필수조건은 아니다. 왜냐하면 성령은 인간적인 도움 안에 제한되지 않기 때문이다. John Patton, "Pastoral Ministry in a Fractured World," *Journal of Pastoral Care* 42, no 1(1988/Spring), 30.
44) 신학지남, 「流謫의 怨恨 : 시편 제137," 「신학지남」 16, no 2(1934/3), 40-41.
45) 이종하, 「아도르노 : 고통의 해석학」(파주 : 살림, 2007), 16-17.
46) 재외동포재단, "재외동포현황," http : //www.korean.net/portal/PortalView.do (2011년 12월 1일 접속).
47) Su Yon Pak, et al., *Singing the Lord's Song in a New Land* (2005), 33.

마르틴 루터의 칭의의 영성 이해

1) 이 글은 필자의 다음 논문을 우리말로 옮기고 교재 형태로 수정한 것이다. Jong-Tae Lee, "Living *Extra Se* : Martin Luther's Doctrine of Justification as Theology of Christian Life," *Korean Journal of Christian Studies* Vol. 105 (2017), 227-245.
2) 루터는 덧붙여 말한다, "그렇지 않다면 그는 그리스도인이 아니다." Martin Luther, *Martin Luther's basic theological writings*, ed. Timothy F. Lull (Minneapolis : Fortress Press, 1989), 408.
3) Tuomo Mannermaa, *Christ Present in Faith : Luther's View of Justification*, ed. Kirsi Stjerna (Minneapolis : FortressPress, 2005), 24.
4) *Lectures on Galatians* (1535), *Luther's Works(=LW)*, ed. Jaroslav Pelikan and Helmut T. Lehmann (St Louis, MO : Concordia publishing House, 1955-86) 26, 129; quoted in Tuomo Mannermaa, *Christ Present in Faith : Luther's View of Justification*, 27.
5) *Lectures on Galatians* (1535), LW 26 : 129.
6) Heiko A. Oberman, "'IUSTITIA CHRISTI' and 'IUSTITIA DEI' : Luther and the Scholastic Doctrines of Justification," *Harvard Theological Review* 59, no. 1 (January 1966), 20.
7) Tuomo Mannermaa, *Christ Present in Faith : Luther's View of Justification*, 26.
8) Anders Nygren, *Agape and Eros*, trans. Philip S. Watson (London : SPCK, 1953), 716.
9) Tuomo Mannermaa, *Christ Present in Faith : Luther's View of Justification*, 25.

만네르마아는 말하기를, *fides caritate formata*에 대한 루터의 비판은 "구원의 실체가 사랑이라는 관념"을 거부한 것이었다.

10) Anders Nygren, *Agape and Eros*, 717.
11) *Selected Works of Martin Luther*, vol. 1, trans. H. Cole (London : W. Simpkin & R. Marshall, 1826), 88-9.
12) Daphne Hampson, *Christian Contradiction : The Structure of Lutheran and Catholic Thought* (Cambridge : Cambridge University Press, 2001), 11.
13) Daphne Hampson, *Christian Contradiction : The Structure of Lutheran and Catholic Thought*, 11. 햄프슨은 루터의 그러한 관계론적 신학적 인간학은 "서구 사상사에 있어서 한 커다란 혁명"으로 여겨져야 한다고 주장한다.
14) Daphne Hampson, *Christian Contradiction : The Structure of Lutheran and Catholic Thought*, 29-30. 햄프슨에 따르면 가톨릭적 인간 이해에 있어서는 인간은 하나님 형상대로 창조되었다는 사실을 통해 이미 '설 땅'을 부여받은 존재다.
15) *LW* 10 : 355-356.
16) Steven E. Ozment, *Homo Spiritualis : A Comparative Study of the Anthropology of Johannes Tauler, Jean Gerson and Martin Luther (1509-16) in the Context of their Theological Thought* (Leiden : E. J. Brill, 1969), 105.
17) *LW* 10 : 356.
18) *D. Martin Luthers Werke : Kritische Gesammtausgabe(=WA)* (Weimar : H. Böhlau, 1883-1980) 4, 453.7 ff; 3,435.40 ff.
19) Steven E. Ozment, *Homo Spiritualis*, 105.
20) Daphne Hampson, *Christian Contradiction : The Structure of Lutheran and Catholic Thought*, 31.
21) Gordon Rupp, *The Righteousness of God : Luther Studies* (London : Hodder & Stoughton, 1953), 114.
22) Daphne Hampson, *Christian Contradiction : The Structure of Lutheran and Catholic Thought*, 29-32.
23) Tuomo Mannermaa, *Christ Present in Faith : Luther's View of Justification*, 26.
24) *Lectures on Galatians* (1535), *LW* 26 : 129-130.
25) Alister E. McGrath, *Iustitia Dei : A History of the Christian Doctrine of Justification*, 2nd ed. (Cambridge : Cambridge University Press, 1998), 201.
26) *Lectures on Galatians* (1535), *LW* 26 : 129.
27) Wolfhart Pannenberg, "Freedom and the Lutheran Reformation," *Theology Today* 38, no. 3(October 1981), 292.
28) Bruce D. Marshall, "Justification as Declaration and Deification," *International Journal of Systematic Theology* 4, no. 1(March 2002), 20.
29) Bruce D. Marshall, "Justification as Declaration and Deification," 18.
30) Bruce D. Marshall, "Justification as Declaration and Deification," 19.
31) Heiko A. Oberman, "Simul Gemitus et Raptus," in *The Dawn of the Reformation*

(Grand Rapids : Eerdmans, 1992), 150.
32) *Lectures on Galatians* (1535), *LW* 26 : 129-130.
33) Wolfhart Pannenberg, "Freedom and the Lutheran Reformation," 292.
34) Bruce D. Marshall, "Justification as Declaration and Deification."
35) Bernhard Lohse, *Martin Luther's Theology : Its Historical and Systematic Development*, trans. Roy A. Harrisville (Minneapolis : Fortress Press, 1999), 260-264.
36) Daphne Hampson, *Christian Contradiction : The Structure of Lutheran and Catholic Thought*, 12.
37) Heiko A. Oberman, "'IUSTITIA CHRISTI' and 'IUSTITIA DEI,'" 21.
38) Alister E. McGrath, *Iustitia Dei : A History of the Christian Doctrine of Justification*, 2nd ed. (Cambridge : Cambridge University Press, 1998), 205.
39) 참고. Matt Jenson, *The Gravity of Sin : Augustine, Luther and Barth on 'Homo Incurvatus in Se'* (London : T&TClark, 2006), 49-54.
40) See Daphne Hampson, *Christian Contradiction : The Structure of Lutheran and Catholic Thought*, 24-7.
41) *WA* 56 : 347.8 ff.
42) Matt Jenson, *The Gravity of Sin : Augustine, Luther and Barth on 'Homo Incurvatus in Se,'* 59.
43) Daphne Hampson, *Christian Contradiction : The Structure of Lutheran and Catholic Thought*, 12.
44) 앞서 'substantia'에 대한 루터의 재정의에 대해 논한 부분 참조.
45) Heiko A. Oberman, "Simul Gemitus et Raptus," in *The Dawn of the Reformation* (Grand Rapids : Eerdmans, 1992), 150.
46) 판넨베르크 역시 칭의와 자유를 긴밀히 연결짓는다. 참고. "Freedom and the Lutheran Reformation."
47) Daphne Hampson, *Christian Contradiction : The Structure of Lutheran and Catholic Thought*, 34.
48) *WA* 40/I, p. 650.9.
49) Anders Nygren, *Agape and Eros*, 726.
50) Anders Nygren, *Agape and Eros*, 210.
51) *WA* 7.36.3-4.
52) *WA* 17,II.97.29 f.
53) Matt Jenson, *The Gravity of Sin : Augustine, Luther and Barth on 'Homo Incurvatus in Se,'* 63-5.

생태영성의 이해
1) 이 글은 최광선, "생태위기와 그리스도교 영성 : 토마스 베리의 우주론을 바탕으로 한 생태시대의 영성탐구,"「한국신학논총」vol. 12(2013.12), 9-38을 수정한 것이다.

2) 브라이언 스윔과 토마스 베리, 「우주 이야기 : 태초의 찬란한 불꽃으로부터 생태대까지」 (서울 : 대화문화아카데미, 2008), 맹영선 옮김, 8.
3) 생태 위기에 대한 담론이 활발하기 이전부터 베리는 생태 위기의 크기와 범주를 극복할 새로운 담론을 모색하였다. 1979년 "새 이야기(The New Story)"를 통해 과학이 들려주는 관찰적 우주와 종교가 들려주는 우주를 이해하는 지혜를 통합하는 기틀을 마련한 후, 1992년 과학자 브라이언 스윔과 공저로 「우주 이야기」를 저술하였다. 이 우주 이야기를 통하여 생태시대로 전환에 필요한 영적 심리적 힘을 인류에게 제공하기를 원했다. 베리는 그간 「지구의 꿈」, 「위대한 과업」, 「그리스도교 미래와 지구 운명」등을 포함하여 8권의 책을 저술하였고, 리버데일 페이퍼(Riverdale Papers) 및 수많은 논문을 발표하였다.
4) 쟌 캅 주니어, "서문," 토마스 베리, 황종열 옮김, 「그리스도교 미래와 지구의 운명」(서울 : 바오로 딸, 2011), 7-11.
5) 신학 연구에서 그의 영향을 받은 학자를 언급하자면, Sallie McFague, Rosemary Radford Ruether, Denis Edwards, John Haught 등이 있으며, 세계 종교 연구 분야에서 영향을 받은 학자로는 Mary Evelyn Tucker, John Grim, Beatrice Bruteau, Jay McDaniel, Ted de Bary, Christopher Chapple 등이 있다. 윤리학자로는 Paul Waldau과 Larry Rasmussen, 정치경제학자로는 David Korten과 John B. Cobb, Jr., 정치가로는 Al Gore, 법학자로는 Mike Bell, Martin S. Kaplan, Brian Brown, 활동가이자 저술가로는 Satish Kumar, Joanna Macy, Charlene Spretnak, Ellen Laconte, 예술가로는 Paul Winter, Mary Southard, Catherine Deignan 등이 그의 사상에서 영향을 받았다고 할 수 있다.
6) 이재돈, "생태신학(8)-토마스 베리의 생태사상," 「그리스도교사상」 620(2010), 264-274.
7) 이정배, "그리스도교 생태영성," 「생태영성과 그리스도교의 재주체화」(서울 : 동연, 2010), 93-109.
8) 김준우, "빌 매키븐 : 지구는 더 이상 우리가 알던 생성이 아니다," 「기후붕괴의 현실과 전망 그리고 대책」(서울 : 한국그리스도교연구소, 2012), 37-60.
9) Thomas Berry, *The Christian Future and the Fate of the Earth*, ed., Mary Evelyn Tucker and John Grim (Maryknoll : Orbis Books, 2009), 117.
10) 베리는 초창기에는 문화변혁 즉 새로운 생태문화의 시대에 관심을 보였으나 점진적으로 지구 공동체가 지질학적으로 새로운 시대에 진입하였음을 확신하였다.
11) 스윔과 베리, 「우주 이야기」, 9.
12) 베리는 문화사학자(cultural historian)로서 서구의 역사해석을 통해 서구의 과거와 현재를 진단하고 미래에 대한 비전을 제시한다. 그가 사용한 이러한 방법의 기원은 어거스틴의 「신의 도성」이다. 이 작품은 베리에 의하면 중세 문명을 만들어낸 에너지와 방향을 제공했고 현재 서구세계를 창조했다. 「신의 도성」은 창조에서 시작하여 천년왕국에 이르는 연속적인 여섯 단계로 이뤄졌다. 12세기 플로렌스의 요하킴은 성부의 시대, 성자의 시대 그리고 다가올 시대를 성령의 시대로 보았다. 쟘바티스타 비코는 신의 시대, 영웅의 시대, 인간의 시대로 서구사회를 설명하였다. 19세기 콩트(Auguste Comte)는 신화적 종교의 시대, 형이상학 시대를 걸쳐 실증주의 시대로 이어지는 순서를 제시했다. 슈펭글러는 서구역사가 창조적 발전과 안정의 시기를 지나 20세기 피할 수 없는 쇠퇴의 시기에 접어들었다고 한다. 역사해석은 오랫동안 서구사회와 그리스도교를 이해하는 큰 틀을 제공하였다.
13) "The Five Worst Mass Extinctions," (Accessed on Oct 28, 2013), http : //

www.endangere-dspeciesinternational.org/overview.html.

멸종 시기	연대	멸종 크기
충적세(신생대 끝)	현재	50% 이상(90년 이내)
백악기(중생대 끝)	6천5백만 년 전	75-80% 멸종
투라이아스기-쥐라기	2억 년 전	55% 멸종
페름기-트라이아스기	2억5천만 년 전	95% 멸종
후기 데본기	3억6천만 년 전	70% 멸종
오르도비스기-실루리아기	4억4천만 년 전	55% 멸종

14) Will Steffen, Jacques Grinevald, Paul Crutzen, and John McNeill, "The Anthropocene : conceptual and historical perspectives," *Philosophical Transactions of The Royal Society* 369(2011), 842-867.

15) Ibid., 843.

16) 인류는 지금 거대한 대 전환기에 직면해 있다는 베리의 주장은 조애나 메시가 생태혁명, 또는 지속가능성 혁명이라 부르거나 레슬리 스폰셀이 고요한 혁명이라 부르는 시기와 유사하다. 신학자 파니카는 현 시대를 우주신인비전(cosmotheandric)의 시대라 부르며 인간 중심의 경제시대와 그로 인한 결과로 생태 위기에 직면한 현 인류의 다음 시대를 새로운 비전으로 제시한 것과도 비슷하다.

17) 김준우, 「기후붕괴의 현실과 전망 그리고 대책」, 41.

18) Wesley Granberg-Michaelson, ed., *Tending the Garden* (Grand Rapids, MI : Wm. B. Eerdmans, 1987), 3. 김준우, 「기후붕괴의 현실과 전망 그리고 대책」, 277에서 재인용.

19) 프란츠 알트, 「생태주의자 예수」, 손성현 옮김(서울 : 나무심는 사람, 2003).

20) 참고 베리, 「지구의 꿈」, 맹영선 옮김(서울 : 대화문화아카데미, 2013), 170-189.

21) Ibid., 175-176.

22) Berry, Thomas and Thomas Clarke, *Befriending the Earth : A Theology of Reconciliation Between Humans and the Earth*, ed. by Stephen Dunn and Anne Lonergan (Twenty-Third Publications, 1991), 115.

23) 베리,「지구의 꿈」, 176.

24) Ibid.

25) Lynn White, "The Historical Roots of Our Ecological Crisis," *Science* 155(1967), 1203-1207.

26) 스윔과 베리, 「우주 이야기」, 318.

27) Ibid., 360.

28) Berry, *The Great Work : Our Way into the Future* (New York : Bell Tower, 1999), 103.

29) 베리, 「지구의 꿈」, 178.

30) Paul Santmire, *The Travail of Nature : The Ambiguous Ecological Promise of Christian Theology* (Minneapolis : Fortress Press, 1985).

31) 참고, Gerrge Hendry, *Theology of Nature* (Philadelphia : Westminster, 1980).

32) 베리, 「지구의 꿈」, 202.

33) 베리, 「그리스도교 미래」, 76.
34) 스윔과 베리, 「우주 이야기」, 368.
35) 베리, 「그리스도교 미래」, 76.
36) Pierre Teilhard de Chardin, *The Heart of Matter* (Harcout Brace Jovanovich, 1979), 35. 원문은 다음과 같다 : "Matter is the matrix of Spirit. Spirit is the higher state of Matter."
37) 베리, 「그리스도교 미래」, 77.
38) 베리, 「지구의 꿈」, 36.
39) 베리, 「그리스도교 미래」, 78.
40) Ibid., "나의 친구 테이야르 데 샤르댕에게서 온 편지," 피에르 르로이 편집(뉴욕 : 바울 출판사, 1976), 137에서 재인용.
41) 베리, 「신생대를 넘어 생태대로」, 125.
42) 스윔과 베리, 「우주 이야기」, 123.
43) Thomas Berry, "Twelve Principles : For Understanding the Universe and the Roles of the Human in the Universe Process," in *Thomas Berry and the New Cosmology*, eds. Anne Lonergan and Caroline Richards (Mystic, Connecticut : Twenty-third Publications, 1987), 107.
44) 베리, 「신생대를 넘어 생태대로」, 39.
45) Ibid., 40.
46) St. Augustine, *De Civitate Dei*, Book, XVI.
47) M. Luther, *Martin Luther on Creation*. Caesar Johnson, *To See a World in a Grain of Sand* (Norwalk, Conn : C.R. Gibson Company, 1972), 24에서 재인용.
48) 영성을 숨과 관련하여 이해한 내용은 호남신학대학교에서 발행하는 「말씀과 함께」 2016년 가을호, "하나님의 숨으로서 영성"에서 발췌하였다.
49) 황종열, 「한국 가톨릭 교회의 하느님의 집안살이」(대구가톨릭대학교출판부, 2015), 289.
50) Abram David, *The Spell of the Sensuous : Perception and Language in a More-Than-Human World* (Vintage Books, 1996), 252.
51) Neil Douglas-Klotz, *The Hidden Gospel : Decoding the Spiritual Message of the Aramaic Jesus* (Quest Books, 1999), 53.
52) 베리, 「지구의 꿈」, 180.
53) Ibid., 81.
54) 필자가 다른 필자들처럼 생태영성(ecological spirituality)이라 칭하지 않고, 생태 시대 (Ecozoic era)의 영성이라 칭하는 이유는 생태 시대 진입을 위해 헌신하는 그리스도교 영성을 모색하기 위함이다. 필자가 생태 시대 영성이라 할 때는 생태 시대의 영성을 줄여 쓴 말이다.
55) Stephen B. Bevans, *Models of Contextual Theology : A Political Theology of the Environment* (New York : Continuum, 1997), 3.
56) Charles Cummings, *Eco-Spirituality : Toward a Reverent Life* (Mahwah, N.J. :

Paulist Press, 1991), 10.
57) 베리는 기능적 영성(functional spirituality)은 인류가 기능적 우주론(functional cosmology)에 뿌리를 둔 기능적 인간론(functional anthropology)을 통하여 창조 세계와 상호 증진적 방법으로 존재하게 하는 영성이 필요하다고 주장한다. 참고 Berry, *Dream of the Earth*, 120.
58) Santmire, *Travail of Nature*, 252.
59) D. Kinsley, *Ecology and Religion : Ecological Spirituality in Cross-cultural Perspective* (Upper Saddle River, N.J. : Prentice-Hall, 1995), XXI.
60) Berry, "Spirituality of the Earth," 155.
61) Dennis O'Hara, "The Implications of Thomas Berry's Cosmology for an Understanding of the Spiritual Dimension of Human Health," (Ph.D. diss., St. Michael's College, 1998), 29.
62) Cummings, *Eco-Spirituality*, v.
63) R.J Raja, "Eco-Spirituality in the Psalms," *Vidyajyoti Journal of Theological Reflection* Vol. LIII, no. 12 (1989), 640.
64) 구체적인 논의는 참고 Berry, "Spirituality of the Earth," in *Liberating Life : Contemporary Approaches in Ecological Theology*, ed. by Charles Birch, William Blake, and Jay B. McDaniel (Wipf&Stock Pub, 1990), 151-158.
65) 스윔과 베리, 「우주 이야기」, 390.
66) James Hansen, *Storms of My Grandchildren : the Truth about the Coming Climate Catastrophe and our last Chance to save Humanity* (New York : Bloomsbury USA, 2009).
67) The Common Declaration of Pope John Paul II and Ecumenical Patriarch Bartholomew (June 2, 2002), http://www.vatican.va/holy_father/john_paul_ii/speeches/2002/june/documents/hf_jp-ii_spe_20020610_venice-declaration_en.html (accessed on Nov 17, 2011).

폴 틸리히(Paul Tillich)의 기도 신학 이해
1) 이 글은 백상훈, "폴 틸리히의 기도신학에 관한 소고," 「신학과 실천」 제41호, 123-149를 수정한 것이다.
2) Philip Sheldrake, "Practice, Spiritual," Philip Sheldrake ed. *The New Westminster Dictionary of Christian Spirituality* (Louisville : Westminster John Knox Press, 2005), 502-503.
3) 유해룡, "개혁교회 영성의 현재와 미래," 「신학과 실천」 2(1998), 63.
4) Paul Tillich, "The Permanent Significance of the Catholic Church for Protestantism," Carl Heinz Ratschow, ed. *Main Works : Theological Writings* (Berlin : De Gruyter, 1992), 241. 본고의 모든 인용은 용어의 일관성을 위해서 필자의 번역을 사용한다.
5) Paul Tillich, "Vertical and Horizontal Thinking," *The American Scholar Forum*, vol. 15, no. 1(winter, 1945-1946), 103.
6) Paul Tillich, 이계준 역, 「永遠한 지금」(서울 : 대한기독교서회, 1973), 89.

7) Ibid.
8) Paul Tillich, *Systematic Theology Ⅲ* (Chicago : University of Chicago Press, 1963), 238.
9) Paul Tillich, *Systematic Theology Ⅰ* (Chicago : University of Chicago Press, 1957), 127.
10) 김수천, "동방정교회 영성의 고전 「필로칼리아(The Philokalia)」에 나타난 무정념(apatheia)에 이르는 길," 「신학과 실천」 16(2008), 254-258.
11) '종교중독'은 종교 활동의 파괴적 성격을 지시하는 말로써 고통의 현실로부터의 도피를 핵심적인 메커니즘으로 삼는다. 정연득, "종교중독에 대한 목회신학적 대응," 「신학과 실천」 26-2(2011), 45-76.
12) Paul Tillich, *Interpretation of History* (New York : Scribner, 1936), 85-93.
13) Paul Tillich, *Systematic Theology Ⅲ*, 119.
14) Paul Tillich, 류장환 역, 「조직신학 Ⅱ」(서울 : 한들출판사, 2001), 184.
15) Ibid., 184-185.
16) Paul Tillich, 송기득 역, 「파울 틸리히의 그리스도교 사상사」(서울 : 대한기독교서회, 2005), 169.
17) Paul Tillich, 차성구 역, 「존재의 용기」(서울 : 예영커뮤니케이션, 2006), 224-225.
18) Paul Tillich, *Systematic Theology Ⅰ*, 127.
19) Paul Tillich, 이계준 역, 「永遠한 지금」, 131.
20) Ibid., 192.
21) Sebastian Painadath, *Dynamics of Prayer : Towards a Theology of Prayer in the Light of Paul Tillich's Theology of Spirit* (Bangalore : Asian Trading Corporation, 1980), 203f.
22) 유해룡, "영성지도의 시대적 요청과 분별의 주체로서의 마음," 「신학과 실천」 28(2011), 426-429.
23) Paul Tillich, 남정우 역, 「문화의 신학」(서울 : 대한기독교서회, 2002), 115.
24) Paul Tillich, "Art and Society," in *On Art and Architecture*, Jane Dillenberger & John Dillenberger, eds. (New York : Crossroad, 1987), 12.
25) Paul Tillich, "One Moment of Beauty," in *On Art and Architecture*, 234-235.
26) Thomas Merton, *Contemplative Prayer* (New York : Doubleday, 1996), 29-30.
27) Ibid.
28) Ibid., 33.
29) Thomas Merton, *The Hidden Ground of Love*, William H. Shannon, ed. (New York : Farrar, Straus, Giroux, 1985), 577.
30) Thomas Merton, *Contemplative Prayer*, 41.
31) 오방식, "자기 초월의 관점에서 바라본 토마스 머튼의 자기(self) 이해," 「신학과 실천」 34(2013), 292-294.
32) Thomas Merton, *Contemplative Prayer*, 34.
33) Paul Tillich, 이병섭 역, 「信仰의 다이내믹스」(서울 : 전망사, 1982), 19-20.

34) Paul Tillich, *Systematic Theology* Ⅲ, 192.
35) Ibid., 192-193.
36) Paul Tillich, 류장환 역, 「조직신학 Ⅲ」(서울 : 대한기독교서회, 2005), 132-133.
37) Paul Tillich, 류장환 역, 「조직신학 Ⅲ」.
38) Paul Tillich, 남정우 옮김, 「문화의 신학」, 32.
39) Paul Tillich, 강원용 역, 「새로운 存在」(서울 : 대한기독교서회, 1960), 32.
40) Paul Tillich, *Systematic Theology* Ⅲ, 243.
41) Paul Tillich, 이계준 역, 「永遠한 지금」, 19.
42) Paul Tillich, 강원용 역, 「새로운 存在」, 210.
43) Paul Tillich, 이계준 역, 「永遠한 지금」, 192-193.
44) Ibid.
45) Paul Tillich, 류장환 역, 「조직신학 Ⅱ」, 147.
46) 이에 대한 구체적인 설명은 다음을 참조하라. Sanghoon Baek, "Baptized Mysticism : An Exploration of Paul Tillich's Theology of Mysticism and Its Spiritual Theological Implications," (Th.D. diss. The University of Toronto, 2014), 311-321.

제Ⅲ부 영성에 대한 교회사적 이해

사막 수도자들의 영성에 관한 사회학적 고찰 : 21세기 한국 교회를 위한 전략적 요소

1) 이 글은 2016학년도 서울신학대학교 대학연구비에 의하여 수행된 조성호, "사막 수도자들의 영성에 관한 사회학적 고찰 : 21세기 한국교회를 위한 전략적 요소 연구," 「복음과 실천신학」 제39권(2016), 178-205를 수정한 것이다.
2) 오현철, "실천신학의 역사," 한국 복음주의 실천신학회 편, 「21세기 실천신학개론」(서울 : 기독교문서선교회, 2006), 37.
3) 사회적 측면의 신학 연구는 비단 영성 분야에 한정되지 않는다. 설교를 포함한 다양한 실천신학 주제들이 기아, 전쟁, 폭동, 재난, 사회적 무질서, 경제 침체, 정치 혼란 등의 사회적 상황들과 성서, 교회 역사와 전통들을 연결한 통전적인 내용 전개를 활발하게 진행하고 있다. 김창훈, "사회적 이슈에 대한 설교, 어떻게 할 것인가?," 「복음과 실천신학」 31권(2014), 48.
4) 지금까지의 그리스도교 영성 연구가 반드시 파편화된 방법론에 의존한다고 말하는 것은 논리의 비약이다. 하지만 한국 교회의 현실에 접목할 수 있는 적용 가능성이 배제된 연구 범위의 확대 필요성을 주장하는 것이 본 연구의 의도이다. 특정한 시대나 인물, 훈련 방식 자체가 지닌 영적 유용성을 부정하지 않지만, 실천신학의 본질이 지니는 사회적 연관성이 결여된 개인주의적 접근방식은 개선이 필요하다. 이를 통해 성직자들뿐 아니라 성도들 각자의 삶에 적용 가능한 수도 생활의 원리가 비로소 실제적 성격을 지닐 수 있기 때문이다.
5) 이 주장은 그동안 그리스도교 영성에 대한 연구 방법론이 특정 개인에 집중된 개인주의적 성향이 강하다는 자성에서 비롯된다. 특정 개인의 훈련 방식이나 영성에 대한 신학적 고찰 등의 연구가치가 높은 점을 인정하지만, 그와 같은 방식의 영성 체험과 훈련의 서술은 자칫 환원주의로 귀속될 개연성이 높음도 기억해야 한다. 특히 그리스도교 영성이

구약성서의 '영'과 신약성서의 '성령'의 어원과 용례를 전제로 할 때, 영성은 통시적이고 공시적인 차원, 거시적이고 미시적 측면, 개인과 사회 전체를 아우르는 통전적인 접근방식이 필요하다.

6) Jesús A. Gómez, 강운자 역, 「수도 생활 역사 Ⅰ」(서울 : 성 바오로 출판사, 2001), 49.
7) 수도 생활의 보편성에 긍정한다면 수도 생활이 지니는 인간 실존과의 필연적인 상호관계에 동의하게 된다. 즉 수도 생활은 소수 특수한 집단의 기이한 행적들에 국한된 현상이 아니라 인간 내면에 잠재된 본질적인 측면이라는 주장을 수용한다. 그에 따라서 수도 생활의 동기는 단순히 종교성의 특화로 제한되지 않고 인간의 존재 자체에 대한 의문과 탐구, 실현에 대한 무의식적 욕구를 포함하는 범주로 확장된다. 이런 차원에서 특정한 개인이나 공동체, 훈련 방식 등을 통해 수도 생활의 영성을 탐구하는 방법론은 인간 존재의 심연을 지향하며 그를 통해 물질문명과 사회적 환경, 기타 여러 삶의 상황과 요건만으로는 응답할 수 없는 인간의 특수한 존재론적 본성 탐구에 집중한다.
8) Karl S. Frank, 최형걸 역, 「기독교 수도원의 역사」(서울 : 도서출판 은성, 2006), 12.
9) 초기 그리스도교 공동체가 추구했던 영성의 고유한 특성은 초월적인 하나님의 역사적 실존이었던 예수님 그리스도를 따르는 삶을 공동체의 일원이 되는 것과 불가분의 관계로 이해했다는 점에서 찾을 수 있다. 공동체 형성 이전에 각 개인의 수도 생활이 보편적이었던 동양 종교와 달리 그리스도교는 하나님을 지향하는 영성의 최고 가치를 공동체 구성원들과의 실존적인 헌신과 사랑, 봉사와 섬김 관계에서 찾았다. Bernard McGinn, 방성규·엄성옥 역, 「서방 그리스도교 신비주의의 역사 : 신비주의의 토대, 그 기원부터 5세기까지」(서울 : 도서출판 은성, 2000), 115.
10) 앞의 책, 15-17.
11) 일반적으로 그리스도교 수도 생활은 분열과 해체의 위기에 처한 인간 실존을 다시 통합, 회복시키기 위한 치유의 과정으로 인식된다. 이런 통합과 회복은 자기중심적 애착과는 다른 차원이며 공동체 구성원들을 향한 진정한 사랑과 친교를 지향하는 데 궁극적인 목적이 있다. 따라서 사회적 차원에서의 영성 생활연구는 개인 단위의 수도 방식이나 훈련과정의 가치 폄하를 의미하지 않는다. 다만 영성의 체험과 심화는 자의적 의지로 시행되어야 할 사항이라는 점을 지적하는 동시에 객관적인 연구결과로 제시하기 힘들다는 한계를 밝힐 뿐이다. 박효섭, "현대 세계와 수도원 영성," 「그리스도교사상」 675권(2015), 40-41.
12) 허성석, 「수도 생활의 기원」(경북 왜관 : 분도출판사, 2015), 20.
13) 앞의 책, 22.
14) Hans von Balthasar, "그리스도교 신비주의의 자리매김," in *Grundfragen der Mystik*, eds. Werner Beierwaltes, Hans von Balthasar and Alois, M. Hass, 김형수 역, 「신비주의의 근본 문제」(서울 : 가톨릭대학교 출판부, 2014), 79-85.
15) 고대 로마 말기에 글을 읽을 수 있는 계층이 20퍼센트 이내라는 사실과 초대 교회의 구성원들이 주로 하류층이었다는 점을 감안하면 교부들이나 수도자들의 저술들이 일반인들에게 직접 영향을 미칠 수 있는 한계는 분명히 존재했다. 그러나 당시 교부들의 신학저술이 순수한 개념과 추상적인 이론의 토대가 아니라, 실제 그리스도인들의 삶의 관심으로부터 출발했음 역시 부정할 수 없다. 방성규, "초대 교회 역사 연구의 방법론적 시도 : 성인전(hagiography)과 영성(spirituality)," 「모래와 함께 살던 사람들 : 방성규 박사 추모논문 1집」(서울 : 그리스도교영성 연구소, 2008), 13.
16) Gómez, 「수도 생활 역사 Ⅰ」, 10-11.

17) 앞의 책, 104.
18) 선교를 교회의 주요 목회 사역들 중 하나가 아니라 존재론적인 본질 회복 차원에서 다룬다는 측면에서 사막 수도 생활은 현대 실천신학의 주요 화두인 missional church 이론과도 접촉할 개연성을 지닌다. 이승진, "선교적 교회론과 교회 갱신 방안," 「복음과 실천신학」 30권(2014), 229.
19) Edward Gibbon, *The Decline and Fall of the Roman Empire*, vol. I., The Series of Great Books of the Western World, vol. 37 (Chicago : Encyclopedia Britanica, Inc., 1990), 599.
20) Thomas Merton에 따르면, 4세기 이후 등장한 사막 수도자들을 최초의 그리스도교 수도자들로 분류할 수 있다. 그들에게 이방 세계는 구원을 방해하는 난파선으로 여겨졌고 구원을 위해 헤엄쳐 탈출해야할 대상이었다. 물론 그들 추장의 공정성 여부와 이분법적 세계관에 대한 논의가 필요하지만, 사막 수도자들의 세계관이 교화의 도구로 등장했다는 점은 당시 사람들의 정신세계와 역사적 맥락을 탐구하는 단서로 작용한다. Thomas Merton, *The Wisdom of the Desert : Sayings from the Desert Fathers of the Fourth Century* (New York : A New Directions Book, 1960), 3.
21) 오히려 괴담의 유형으로 등장한 원인이 무엇인지를 분석함으로써, 당시의 시대정신과 사회정황을 탐구할 수 있는 가능성이 역설적으로 존재한다. 방성규, 「모래와 함께 살던 사람들 : 방성규 박사 추모논문 1집」, 17-18.
22) Athanasius, 엄성옥 역, 「성 안토니의 생애」서울 : 도서출판 은성, 2009), 8-12.
23) 귀신들은 단순히 영적 실재에 대한 당시 사람들의 두려움을 제시한 차원을 넘어 인간 내면의 불규칙하고 불완전한 요소들을 총체적으로 반영한다. 따라서 하나님에 대한 영성 훈련을 통해 불완전한 내면을 스스로 성찰하고 자신의 덕을 함양하려는 노력은 현실도피적인 삶의 양태에 국한되지 않는다. 사막 수도자들은 현실을 도피한 것이 아니라 더 깊숙한 현실의 본질에 접근하려는 의도를 지녔으며, 그런 노력은 가시적인 현실의 장애들과 심리적, 영적 실재들에 대한 내용 전체를 포함했다. 또한 지리적 격리에도 불구하고 수도자들이 그들을 찾아오는 일반 성도들의 질의에 수시로 응답했던 상황은 그들의 지리적 격리가 격리 자체를 위한 것이 아님을 강하게 반영한다. 어려운 심신의 곤란을 겪는 이들에게 집중된 그들의 관심은 깊은 영성으로의 진보가 지닌 사회학적 방향을 명백하게 드러낸다.
24) Athanasius, 「성 안토니의 생애」, 36-43.
25) Palladius, 엄성옥 역, 「팔라디우스의 초대 사막 수도사들의 이야기」(서울 : 도서출판 은성, 2009), 10.
26) 앞의 책, 23-31.
27) 본고에서 다루는 사회학의 범주는 삶의 사회적 배경이 사건이나 행위들이 무작위적으로 나열된 것이 아니라 특이한 방식으로 구조화 또는 유형화된다는 신념을 반영한다. 그러나 이런 구조화 또는 유형화의 과정은 항상 치밀한 의도에 의해 결정되지 않으며, 의도한 결과와 의도하지 않은 결과의 혼합된 결과로 나타나는 복잡한 구조를 지닌다. 비록 접근방식의 차이는 존재하더라도, 사회학의 초기 선구자들인 August Comte, Emile Durkheim, Karl Marx, Max Weber의 사회학 이론은 사회가 개인들의 무작위적 연합체가 아니라 기본적인 구조와 유형들을 전제로 전개되는 일정한 법칙과 체계를 지닌다는 점에서 공통점을 보인다. 본고 역시 사회학에서 설명하는 기본 요건들이 사막 수도자들의 삶과 영성을 통해 나타내는 특징들에 주목한다. Anthony Giddens, 김미숙

외 6명 공역, 「현대 사회학」(서울 : 을유문화사, 1997), 30-36.

28) 수도 생활을 사회학적 차원의 과제로 접근하는 방식은 분명 개선과 변화를 지향한다는 의도로부터 출발한다. 그를 위해 수도 생활은 역사, 구조, 사회적 범주, 주제의 범위들과 같은 요소들을 포함한다. Joe Holand & Peter Henriot, *Social Analysis* (New York : Orbis Books, 1998), 21-30.

29) Frank, 「기독교 수도원의 역사」, 20.

30) 앞의 책, 25.

31) 앞의 책, 31.

32) Jordan Aumann, 이홍근 역, 「가톨릭 전통과 그리스도교 영성」(왜관 : 분도출판사, 2007), 42.

33) Joachim Jeremias, 한국신학연구소번역실 역, 「예수님시대의 예루살렘」(천안 : 한국신학연구소, 1994), 131-139.

34) 수도 생활과 경제 구조 사이에 항상 긍정적인 결과만 도출된 것은 아니다. 중세 클루니 수도원 같은 경우, 끝없이 반복되는 전쟁의 참상으로부터 사람들에게 평화와 휴식을 제공하려는 사회적 요청 때문에 노동의 신성함을 의도적으로 축소하고 기도에만 전념했고 이로 인해 후일 시토수도회가 청빈운동을 주창하는 강력한 계기로 작용했기 때문이다. 하지만 시토수도회로 대표되는 수도 생활 공동체는 영적 생활의 중심지였을 뿐 아니라, 불모의 땅을 개간함으로써 농경지를 확보하고 서양의 문명화를 촉진하는 큰 역할을 담당했던 사실은 수도 생활 영성과 경제 구조 개선 사이의 상호 개연성을 보여 주는 실례이다. 비록 이런 구체적인 모습은 초기 사막수도자들보다 훨씬 후대의 일이기는 하지만 기본적인 정신이 사막수도자들로부터 태동했다는 측면에서 금욕적 삶과 분리된 수도 생활형태 등이 지니는 사회적 의미는 매우 중요하다. Jesús A. Gómez, 강운자 역, 「수도 생활 역사 Ⅱ」(서울 : 성 바오로 출판사, 2001), 52-57.

35) 스토아학파로 대변되는 당시 그리스 세계의 수도 생활의 이상은 인간의 감정과 운명으로부터 벗어나 자연과 일치함으로써 모든 애착에서 풀려나는 것이었다. 하지만 기독교 수도 생활은 순교 등을 통해 예수님을 따르는 삶을 이 세상에서 실현함으로써 저 세상에서의 상급을 대비한다는 확대된 범주를 적극적으로 채택했다는 차이가 있다. Karl S. Frank, 「기독교 수도원의 역사」, 35.

36) Josef Weismayer, 전헌호 역, 「교회 영성을 빛낸 수도회 창설자 : 초기 교회」(서울 : 가톨릭출판사, 2000), 27.

37) 앞의 책, 16.

38) Pachomius, 엄성옥 역, 「파코미우스의 생애」(서울 : 도서출판 은성, 2010), 29.

39) Weismayer, 「교회 영성을 빛낸 수도회 창설자 : 초기 교회」, 31.

40) 앞의 책, 32.

41) Pachomius, 「파코미우스의 생애」, 11-12.

42) sarabitarum은 수도 생활의 모습을 띠고 있지만 오직 자신의 욕망에만 치중하며 옳고 그름과 거룩한 것의 기준을 자기 선호에만 맞추는 이들이며, girovagum은 한 번도 정주하지 않으면서 자신의 뜻과 탐식에 빠진 이들로 sarabitarum보다 더 악하게 묘사된다. Benedictus, 이형우 역, 「베네딕도 수도 규칙」(왜관 : 분도출판사, 2009), 54-57.

43) 허성석, 「중용의 사부, 베네딕도의 영성」(왜관 : 분도출판사, 2015), 29.

44) 기독교 공동체의 존재 가능성은 오직 하나님의 무조건적 사랑과 수용에 의해서만 가능하다. 양병모, "헨리 나우웬 영성이 현대 기독교 영성에 미친 영향,"「복음과 실천신학」26권(2012), 85.

45) 막대한 재산을 지녔던 Anthony는 수도 생활을 시작하기 전, 여동생을 위한 약간의 재산을 제외한 모든 소유를 가난한 이들에게 분배했다. Athanasius, 「성 안토니의 생애」, 58.

46) 앞의 책, 59.

47) Palladius, 「팔라디우스의 초대 사막 수도자들의 이야기」, 29.

48) Benedicta Ward, 이후정·엄성옥 공역, 「사막 교부들의 금언」(서울 : 도서출판 은성, 2005), 24.

49) 이집트 출신의 유명한 수도자였던 Macarius는 타인의 돈을 빌린 후 그 돈을 보관한 장소를 말하지 않은 채 사망한 남편 때문에 곤경에 처한 유가족을 돕는다. 이 과정에서 그는 죽은 남편의 묘지 앞에서 질문을 던지고 시신은 그의 질문에 답변한다. 앞의 책, 215.

50) Henry J. M. Nouwen, 신현복 역, 「사막의 영성」(서울 : 아침영성지도연구원, 2003), 36-37.

51) 앞의 책, 36.

52) Bradley P. Holt, *Thirsty for God : A Brief History of Christian Spirituality* (Minneapolis, MN : Fortress Press, 2005), 22-31.

53) 다른 용어로 표현하자면 수도 생활을 통한 그리스도교 영성이해는 명사형이 아니라 형용사형의 모습이 되어야 한다는 주장이다. 명사는 변개가 불가능한 구조적인 한계를 지니지만 형용사형은 수식하는 대상에 따라 다양한 의미의 파생이 가능하기 때문이다. 물론 이런 다양한 의미 창조의 기능을 무분별한 다원주의의 남발로 오해해서는 안 된다. 다원주의는 근본적인 원리나 궁극적인 방향성의 설정을 불허하지만, 형용사형 영성이해와 적용은 그리스도교의 가장 핵심적인 가치인 삼위일체 하나님에 대한 신앙고백의 원칙을 지키면서 그리스도를 따르는 다양하고 구체적인 삶의 방식을 통한 통전적인 구원의 여정을 목표로 지향하기 때문이다.

54) Robert Wuthnow, *After Heaven : Spirituality in America Since the 1950s* (Berkeley, CA : University of California Press, 1998), 12.

55) 20세기 이전에도 개인과 사회의 상호 작용은 현존했지만, 20세기에 들어와 그 빈도와 속도가 현격히 증가했다는 뜻이며, 그런 상호 관계를 의식적인 차원에서 독립적으로 감지하기 시작했음을 의미한다. Peter L. Berger, *The Sacred Canopy : Elements of a Sociological Theory of Religion* (New York : Anchor Books, 1990), 3.

56) 앞의 책, 26-27.

57) 예를 들어 교회의 생존에 직결되는 출산율 저하 및 고령화와 같은 사회 현상들은 교회가 더 이상 외면할 수 없는 중요한 이슈들이다. 전통적인 신학용어와 개념으로는 접근할 수 없을 정도로 완전히 새로운 사회 환경은 교회와 사회를 이분법적으로 구분하던 전통적인 방식 자체의 용도 폐기를 당연한 논리로 귀결한다. 여한구, "저출산 고령시대의 목회설계,"「복음과 실천신학」29권(2013), 125.

58) Robert Wuthnow, *Christianity in the 21st Century : Reflections on the Challenges Ahead* (Oxford : Oxford University Press, 1993), 3.

59) 앞의 책, 32.

60) 앞의 책, 33-41.
61) 강근환, 「한국 교회의 형성과 그 요인의 역사적 분석」(서울 : 대한기독교서회, 2004), 39-52.
62) 서울신문 김성호 기자는 한국 사회 종교들의 성원 감소가 급격히 발생한 가장 큰 이유로 인구 감소와 성직자들의 비윤리적이며 윤택한 삶, 권력욕과 파벌 싸움 등이라고 지적했다. 즉, 종교 본연의 가치와 상관없는 요인들이 발생하면서 다수의 젊은 세대들이 종교에 염증을 내고 있다면서, 이벤트성 유인대책보다 내부 정화의 필요성을 역설했다. 김성호, "김성호 기자의 종교 만화경 : 종교썰물", 「서울신문」 2015년 10월 1일, http://www.seoul.co.kr/news/newsView.php?id=20151001500097&spage=1
63) 현대 산업구조 자체의 복잡성과 그 운용 체계가 과거와는 비교할 수 없을 만큼 고도로 발전했으며, 단순했던 과거 경제 생활의 원리를 동일하게 적용하는 것은 무리가 있다. 이런 차원에서 경제적 불평등과 사회적 양극화, 서열화 등을 해결할 수 있는 제도 자체를 수도원생활로부터 도입하는 방식이 아니라, 근본 취지를 재고하는 신학적 응답을 재정립하는 방안을 찾자는 뜻이다.

에바그리우스 폰티쿠스(Evagrius Ponticus)의 영성과 인간 이해

1) 이 글은 유재경, "영적 성장의 관점에서 본 에바그리우스의 인간이해," 「한국기독교논총」 79권(2012. 1.)을 수정한 것이다.
2) Owen Chadwick, *John Cassian* (Cambridge : Cambridge University Press, 2008), 36.
3) Louis Bouyer, *The Spirituality of the New Testament and the Fathers* (New York : Seabury, 1963), 381.
4) Luke Dysinger, *Psalmody and Prayer in the Writings of Evagrius Ponticus* (Oxford : Oxford University Press, 2005), 28.
5) *Ibid.*, 27-47.
6) Jula S. Konstatinovsky, *Evagrius Ponticus : The Making of a Gnostic* (Surrey : Ashagte, 2009), 6.
7) Hans Urs von Balthasar, "The Metaphysics and Mystical Theology of Evagrius," *Monastic Studies* 3(1965), 183-195.
8) Augustine Casiday, "Gabriel Bunge and the Study of Evagrius Ponticus," *St Vladimir Theological Quarterly* 38 : 2(2004), 249-297.
9) Kevin Corrigan, *Evagrius and Gregory : Mind, Soul and Body in the 4th Century* (Surrey : Ashgate, 2009); Michael O'Laughlin, "Origenism in the Desert : Anthropology and Integration in Evagrious Ponticus," (Ph.D. diss. Harvard University, 1987); David Alan Ousley, "Evagrius Theology of Prayer and the Spiritual life," (Ph.D. diss. University of Chicago, 1979).
10) Dysinger, *Psalmody* (2005), 28-29.
11) Andrew Louth, *The Origins of the Christian Mystical Tradition : From Plato to Denys* (Oxford : Clarendon Press, 1981), 102-113.
12) Bouyer, *The Spirituality* (1963); Bernard McGinn, *The Foundations of Mysticism*, vol 1 (New York : Crossroad, 2003), 144; Louth, *The Origins* (1981), 102-113.

13) John Eudes Bamberger, *The Praktikos Chapters on Prayer* (Kentucky : Cistercian Publications, 1972), vii.
14) Jeremy Driscoll, *Steps to Spiritual Perfection* (New York/Mawah : The Newman Press, 2005), 1-9.
15) Dysinger, *Psalmody* (2005), 31.
16) Bamberger, *The Praktikos* (1972), XVIII.
17) Konstatinovsky, *Evagrius* (2009), 183.
18) SP(Scholion on Psalm) 144. 3, in *The Evagrian Ascetical System : The Psychological Basis of Mental Prayer in the Heart* by Fr. Theophanes (Constantine, 2006-2007), http://timiosprodromos10.blogspot.com; *The Kephalaia Gnostica* by Luke Dysinger, O.S.B (2009). Greek text based on, http://www.ldysinger.com/Evagrius.
19) GN(Gnostikos) 27, in *Theophanes The Evagrian* (2006-2007); Dysinger, *The Kephalaia* (2009).
20) GN. 41.
21) Balthasar, "The Metaphysics" (1965), 194; Louth, *The Origins* (1981), 109; Bamberger, *The Praktikos* (1972), xc; Konstatinovsky, *Evagrius* (2009), 48-49; Bernard McGinn, *The Foundations* (2003), 154-156.
22) KG(Kephalaia Gnostica) 3. 88, in *Theophanes The Evagrian* (2006-2007); Dysinger, *The Kephalaia* (2009).
23) SP. 144. 3.
24) McGinn, *Foundations* (2003), 155.
25) 이 책은 1952년에 안톤 귀오몽(Antoine Guillaumont)에 의해 출판되었고, 이 책의 출판으로 오리겐 논쟁은 새로운 전기를 맞이했다. 이 책을 통해 이전의 이해와는 달리 오리겐의 논쟁이 6세기 교회에 아주 중요한 역할을 했다는 것을 보여 주었다.
26) 에바그리우스의 사상적 배경은 기본적으로 그가 처음 학문의 길을 시작한 갑바도기아 교부들의 영향을 말할 수 있을 것이다. 즉, 바실, 나지안의 그레고리, 그리고 니사의 그레고리 등을 들 수 있을 것이다. 그리고 그가 예루살렘 올리브산의 수도원에 머물면서 배운 것을 말할 수 있을 것이다. 특히 오리겐의 사상에 대한 깊은 영향은 그의 신학 체계의 기본이 되었을 뿐 아니라 사후에까지 스캔들이 되었다. 그리고 그가 이집트 사막에서 사막 교부들에게 배운 수도원 전통을 들 수 있을 것이다. Bamberger, *The Praktikos* (1972), lxxi-lxxv; Corrigan, *Evagrius* (2009); McGinn, *The Foundations* (2003); Louth, *The Origins* (1981).
27) McGinn, *The Foundations* (2003), 147.
28) KG. 3. 2-13.
29) William Harmless, *Desert Christians : An Introduction to the Literature of Early Monasticism* (Oxford : Oxford University Press, 2004), 355.
30) 에바그리우스에게 있어서 이중 창조, 즉 첫 번째 창조와 두 번째 창조에 대한 이해는 아직도 논쟁중이다. 일반적으로 에바그리우스는 오리겐의 전통에 따라 물질적 창조를 두 번째 창조로 이해한다. 그러나 드리스콜은 에바그리우스가 오리겐이 말하는 물질적 창조를 두 번째 창조로 말하지 않는다고 지적했다. 나아가 번지는 물질적 세계의 창조 즉 두 번째

창조보다는 세례에 대해서 말한다. 참고, Dysinger, *Psalmody* (2005) 32쪽 각주 100.
31) KG. 6. 20.
32) KG. 1. 68.
33) Bamberger, *The Praktikos* (1972), lxxv.
34) 앞의 언급에서 첫 번째 창조를 일반적으로 마음(nous)으로 표현했다. 그러나 여기서는 두 번째 창조에서 영혼을 세 부분으로 나눌 때 영혼의 가장 윗부분의 이성적 부분 즉 마음을 묘사하기 위해서 첫 번째 창조의 마음(nous)을 마음(nous1)으로 표현하고, 두 번째 창조에서 영혼의 최고 윗부분의 마음을 마음(nous2)으로 표현했다. 여기에 대해서는 버나드 맥긴의 에바그리우스 인간론을 참고하기 바란다(McGinn, *The Foundations* 〈2003〉, 144-157).
35) Parmentier, Evagrius Evagrius of Pontus' "Letter to Melania" I. II in Recent Studies in *Early Christianity : a Collection of Scholarly Essays*, Everett Ferguson, ed. (New York and London : Garland Publishing, 1999), 26.
36) Parmentier, Evagrius (1999) "Letter to Melania" VI. 191-198.
37) KG. 5. 15; 맥긴은 마음이 에바그리우스의 용어 가운데 가장 어려운 용어들 중의 하나라고 한다. 그러면서 그는 이 마음이 이성(logikos)과 동의어로 사용된다고 했다. McGinn, *The Foundations* (2003)의 385쪽 각주 72를 참고하라.
38) Konstatinovsky, *Evagrius* (2009), 51-52.
39) KG. 5. 50.
40) Ousley, *Evagrius* (1979). 147.
41) Ibid., 148.
42) Kallistos Ware, "Prayer in Evagrius of Pontus and the Macarian Homiles" in *An Introduction to Christian Spirituality*, Ralph Waller and Benedicta Ward, eds., (London : SPCK, 1999), 14.
43) Ibid., 14.
44) Pr(Prayer), 3. in Robert E. Sinkewicz, *Evagrius of Pontus : The Greek Ascetic Corpus* (Oxford : Oxford University Press, 2006).
45) Pr, 113-120.
46) KG. 6. 73.
47) Michael O'Laughlin, "Origenism" (1987), 172-173 재인용.
48) KG. 3. 49.
49) 천사와 악마도 인간과 비교될 수 있지만 그들은 영혼을 가지고 있는 것으로 말하지 않는다.
50) KG. 3. 28.
51) Praktikos, 89. in Sinkewicz, *Evagrius* (2006).
52) KG. 5. 51.
53) PR(Praktikos), 86 in Robert E. Sinkewicz, *Evagrius* (2006).
54) Ousley, "Evagrius" (1979), 55.

55) KG. 3. 59.
56) KG. 4. 22; 5. 77.
57) O'Laughlin, "Origenism" (1987), 169.
58) KG. 2. 8.
59) KG. 6. 50.
60) 에바그리우스는 비물질적 육체, 육체 없는 영적 존재를 언급했다. KG 3. 25; KG 2. 82.
61) KG. 6. 81.
62) KG. 2. 35.
63) Konstatinovsky, *Evagrius* (2009), 85.
64) O'Laughlin, "Origenism" (1987), 160.
65) KG. 2. 35.
66) Driscoll, *Steps* (2005), 12.
67) Louth, *The Origins* (1981), 102.
68) Bamberger, *the Praktikos* (1972), lxxvi-lxxvii.
69) Parmentier, *Evagrius* (1985), 30; "Letter to Melania" I, 177.
70) TH(Thoughts) in Sinkewicz, *Evagrius* (2006), 66-90.
71) TH. 25. 8-18.
72) KG. 5. 40.
73) KG. 4. 62.
74) KG. 4. 68.

기독교적 완전에 대한 니사의 그레고리오스의 교훈

1) 이 글은 김수천, "니싸의 그레고리오스의 '모세의 생애'에 나타난 영성의 개념," 「신학과 실천」 32권(2012), 631-657을 수정한 것이다.
2) Athanasius, *On the Incarnation* (Lexington, KY : 2011), 28-30. 아타나시우스는 성자의 성육신 의미를 신화의 관점에서 설명한다. 즉, 성자는 구속의 제물만이 아니라 신화의 길을 가는 신자에게 구체적인 모범자가 되기 위하여 성육신했다는 것이다. "하나님의 말씀이 그 자신의 인격으로 오셨는데 그 이유는 성부의 형상인 그분만이 인간을 그 형상에 따라 재창조할 수 있기 때문이다. …… 그가 감각으로 볼 수 있는 대상이 되셨다. 그래서 구체적인 것들 안에서 하나님을 추구하는 자들이 성육하신 말씀이 육신 가운데서 행한 일들을 통하여 성부를 이해하게 되었다."
3) 이로써 그 보배롭고 지극히 큰 약속을 우리에게 주사 이 약속으로 말미암아 너희가 정욕 때문에 세상에서 썩어질 것을 피하여 신성한 성품에 참여하는 자가 되게 하려 하셨느니라.
4) 본 장에서는 다음의 두 자료를 사용하였다. 영역본 : *Gregory of Nyssa : The Life of Moses* (New York : Paulist Press, 1978). 헬라어본 : ΑΓΙΟΥ ΓΡΗΓΟΡΙΟΥ ΝΥΣΣΗΣ ΕΙΣ ΤΟΝ ΒΙΟΝ ΤΟΥ ΜΩΥΣΕΩΣ, ed.
Archimandrite Pangratios Mprousalis (Athens : Αποστολικὴ Διακονία, 1990). 이 책은

*Η ζωή του Μωυσή*의 현대 헬라어본으로 평생 니사의 그레고리오스 연구에 헌신한 Archimandrite Pangratios Mprousalis에 의해 서론, 고전 헬라어, 현대 헬라어, 주석과 함께 편집되었다.

5) John Meyendorff, "Preface," in *Gregory of Nyssa : The Life of Moses* (New York : Paulist Press, 1978), XVI. 동서방 교회의 모든 영성가들의 대표적 작품들을 시리즈로 출판한 *Classics of Western Spirituality*에서는 그레고리오스의 작품으로 모세의 생애를 선정하였는데 그것은 모세의 생애의 가치를 증명한다고 하겠다. 오코넬도 이것을 주장한다. Patrick F. O'connell, "The Double Journey in Saint Gregory of Nyssa : The Life of Moses," *Greek Orthodox Theological Review*, 28 no 4, Win (1983), 301.

6) 김수천, "기독교 영성가들에게 있어서 관상(Contemplation)에 이르는 길과 관상 기도(Contemplative Prayer)의 의미-동방정교회(The Eastern Orthodox Church)의 관점을 중심으로," 「협성신학논단」 제9집 (2008년 겨울), 137-138. 영성가들에게 있어 관상의 대상은 성삼위만 해당하지 않는다. 예를 들어, 다메섹의 피터(St. Peter of Damaskos)는 동방정교회 영성의 고전 「필로칼리아」에 실린 "관상의 여덟 단계"라는 글에서 관상에 관한 동방정교회 영성가들의 가르침을 요약한다. 관상의 첫째 단계는 현세의 고난과 시련들에 대한 지식이고, 둘째 단계는 우리 자신의 잘못과 하나님의 관대하심에 대한 지식이며, 셋째 단계는 자신의 죽음의 순간에 대한 지식이다. 넷째 단계는 예수님 그리스도의 생애와 제자들과 교부 및 성자들의 가르침에 대한 지식이고, 다섯째 단계는 사물의 본질과 변화에 대한 지식이며, 여섯째 단계는 눈에 보이는 창조에 대한 지식과 이해다. 일곱째 단계는 하나님의 영적 창조에 대한 이해이며, 마지막 단계는 신에 관한 지식, 소위 '신학'이다.

7) Kenneth Scott Latourette, *A History of Christianity*, vol. 1. rev. ed. (New York : Harper San Francisco, 1975), 162-163.

8) 한스 폰 캄펜하우젠, 김광식 옮김, 「희랍교부연구-동방 교부들의 생애와 사상」(서울 : 대한기독교서회, 2002), 161.

9) Abraham J. Malherbe and Everett Ferguson, "Introduction," in *Gregory of Nyssa : The Life of Moses* (New York : Paulist Press, 1978), 6-7.

10) Andrew Louth, "The Cappadocians," in *The Study of Spirituality*, ed. Cheslyn Jones, Geoffrey Wainwright, and Edward Yarnold (New York : Oxford University Press, 1986), 166-167.

11) Abraham J. Malherbe and Everett Ferguson, "Notes," in *Gregory of Nyssa : The Life of Moses* (Paulist Press, New York, 1978), 146. 아브라함 마허비와 에버렛 퍼거슨은 이 구절에 대한 해석을 통하여 이것이 플라톤의 영혼 불멸사상과 유사함을 지적한다.

12) Gregory of Nyssa, *Gregory of Nyssa : The Life of Moses* (New York : Paulist Press, 1978), 63.

13) Ibid., 81.

14) 블라디미르 로스키(Vladimir Lossky), 박노양 옮김, 「동방 교회의 신비신학에 대하여」(서울 : 한국장로교출판사, 2003), 37. 로스키는 이 부정의 신학 방법에 대하여 다음과 같이 말한다. "실제로 모든 지식들은 존재하는 어떤 것을 대상으로 삼는다. 그러나 신은 존재하는 모든 것 위에 계신다. 그분에게 다가가기 위해서는 그분에게 미치지 못하는 모든 것, 다시 말해 존재하는 모든 것을 부정해야만 할 것이다. …… 인식 가능한

모든 대상들 너머에 계신 분을 아는 것은 바로 무지를 통해서다. 부정에 의해 나아감으로써 우리는 존재의 열등한 수준으로부터 그것의 절정에 이르기까지 상승해 간다."

15) 블라디미르 로스키(Vladimir Lossky), 주승민 옮김, 대니얼 B. 클린데닌 편집, "부정의 신학과 삼위일체 신학," 「동방정교회 신학」 (서울 : 은성, 1997), 241.
16) Robert W. Jenson, "Gregory of Nyssa The Life of Moses," *Theology Today*, 62 (2006), 537.
17) Gregory of Nyssa, 136.
18) 김수천, "4세기의 이집트 수도자 마카리오스와 에바그리오스의 영성 사상 고찰," 「신학과 실천」 19 상권(2009, 여름), 247-249.
19) 서방 교회에서는 이 성서 묵상을 렉시오 디비나(Lectio Divina)라고 불렀는데 관상 기도의 첫 단계로 실시한 렉시오 디비나는 묵상을 위한 수단만으로 그치지 않았다. 성서 묵상을 통하여 동시에 삶과 하나님에 대한 깨달음도 얻고자 하였다. 강치원, "성 빅토르의 휴고(Hugo von St. Viktor)에게 있어서 거룩한 독서(Lectio Divina)," 「한국 교회사 학회지」 20(2007 봄), 7-8.
20) Gregory of Nyssa, 41-42.
21) Ibid., 83-84.
22) Ibid., 131-132.
23) Ibid., 132.
24) Ibid., 59-60.
25) Ibid., 60.
26) 출애굽기 20 : 21
27) Gregory of Nyssa, 95.
28) Fr. John Break, "Prayer of the Heart : Sacrament of the Presence of God," *St. Vladimir's Theological Quarterly*, 39 no 1 (1995), 26.
29) 이 성서 구절은 모세의 죽음을 기록한 신명기 34 : 5~7을 그레고리오스가 임의로 생략하여 기록한 것이다.
30) Gregory of Nyssa, 135-136.
31) Ibid., 37.
32) Ibid., 125.
33) Ibid., 117-118.
34) O'connell, 318-319.
35) Abraham J. Malherbe and Everett Ferguson, "Notes," 171.
36) Gregory of Nyssa, 64. 한편, 아브라함 마허비는 이 구절에 대한 주석에서 인간의 노력과 그에 대한 성부의 도움이 결합되어 인간의 노력을 완성하게 해 준다는 신인협력설이 잘 나타난다고 주장하는데 타당한 견해다. Abraham J. Malherbe and Everett Ferguson, "Notes," 165.
37) Archimandrite Pangratios Mprousalis, "Notes," in *EIΣ TON BION TOY MΩYΣEΩΣ* (Athens : Αποστολική Διακονία, 1990), 363. 므프루살리스는 여기서

구름을 성령으로 해석한 것은 그레고리오스가 오리게네스를 따른 것으로 오리게네스가 *Homilies on Exodus* (5,1)에서 그렇게 해석하였음을 지적한다. 또한, 신약에서 바울은 고린도전서 10 : 2에서, 그리고 예수님은 요한복음 3 : 3에서 그렇게 해석하였다고 지적한다.

38) ΑΓΙΟΥ ΓΡΗΓΟΡΙΟΥ ΝΥΣΣΗΣ, ΕΙΣ ΤΟΝ ΒΙΟΝ ΤΟΥ ΩΙΣΕΩΣ, (121). 151.

39) Gregory of Nyssa, 82.

40) Abraham J. Malherbe and Everett Ferguson, "Notes", 165.

41) 아브라함 마허비는 그레고리오스가 여기서 '하나님의 형상($εἰκόνα\ θεοῦ$)'이란 단어를 아타나시우스가 그랬던 것처럼 '닮음'을 의미하는 $ὁμοίωσις$와 같은 뜻으로 쓰고 있다고 지적한다. 한편 그는 모세의 생애에서 이 단어가 이 책의 거의 마지막 부분에서 사용되고 있음에 주목한다. 즉 덕을 추구하는 삶의 마지막 목적은 하나님을 닮는 것임을 암시하기 위해 그레고리오스가 그렇게 했을 것이라고 설명한다. Abraham J. Malherbe and Everett Ferguson, "Notes," 194.

42) Gregory of Nyssa, 136.

43) Ibid., 114-115.

44) 동방정교회에는 이 영적 아름다움에 대한 사랑을 나타내는 말로 필로칼리아(philokalia)라는 단어를 사용한다. 필로칼리아란 '삶과 진리 계시의 초월적 근원으로 이해되는 아름다운 것, 고귀한 것, 탁월한 것에 대한 사랑'을 의미한다. G. E. H. 팔머, 필립 쉐라드, 알키맨드라이트 K. 웨어(G. E. H. Palmer, Philip Sherrard and Archimandrite K. Ware), "서문," 「필로칼리아」, 성산의 성 니코디모스와 코린트의 성 마카리오스(St. Nikodimos of the Holy Mountain & St. Makarios of Corinth) 편집, 엄성옥 옮김, vol. 1(서울 : 은성, 2002), 11-12.

45) Gregory of Nyssa, 56.

46) O'connell, 305.

47) ΑΓΙΟΥ ΓΡΗΓΟΡΙΟΥ ΝΥΣΣΗΣ, ΕΙΣ ΤΟΝ ΒΙΟΝ ΤΟΥ ΜΩΙΣΕΩΣ, (319). 265.

48) Gregory of Nyssa, 137.

49) Mprousalis, 451.

50) Gregory of Nyssa, 133.

51) Kristina Robb-Dover, "Gregory of Nyssa's 'Perpetual Progress'," *Theology Today*, 65, (2008), 213. 도버는 그레그리오스의 이러한 진보적 성장의 개념이 완전을 정적인 개념으로 이해한 플라톤주의 철학을 넘어서는 사상적 기여라고 평가한다.

52) Everett Ferguson, "God's Infinity and Man's Mutability : Perpetual Progress according to Gregory of Nyssa," *Greek Orthodox Theological Review* 18 (1973), 60-61. 퍼거슨은 그레고리오스 이전에도 필로의 *The Posterity of Cain*, 이레나이우스의 *Against Heresies*, 알렉산드리아의 클레멘트의 *Stromata*, 그리고 오리게네스의 *Homilies on Numbers*, *On Prayer*와 *Commentary on Isaiah*와 같은 저술들에도 지속적인 진보(perpetual progress-$ἐπέκτασις$)의 어휘가 이미 사용되었지만 그레고리오스에 의하여 이 어휘가 신학적으로 정립된 개념으로 사용되고 있음을 지적한다. 따라서 이 어휘는 그레고리오스 영성신학의 한 특징적인 개념이라고 할 수 있다.

53) O'connell, 315.

54) Ken Parry, "Apophatic Theology," in *The Blackwell Dictionary of Eastern Christianity*, ed. Ken Parry, David Melling, Mimitri Brady, Sidney Griffith & John Healey (Malden, MA : Blackwell Publishers, 2002), 36. 이러한 부정의 진리 탐구 방법론은 이미 3세기에 플로티누스의 *Enneads*에서 발견된다. 그런데 그레고리오스는 하나님의 본질을 완전히 이해하는 것이 가능하다고 주장한 유노미오스(Eunomios)의 사상에 맞서기 위해 이러한 방법론을 적용하게 되었다.

55) 그레고리오스의 이 부정의 신비신학은 아레오바고의 디오니시우스(Denys the Areopagite)의 부정의 신비신학으로 계승되었다. 디오니시우스는 자신의 신비신학에서 신적 어두움을 향해 상승하는 모세에 대하여 언급하였는데 그의 언어들에서 그레고리오스의 영향이 있었음을 알 수 있다. Andrew Louth, "Denys the Areopagite," in *The Study of Spirituality*, ed. Cheslyn Jones, Geoffrey Wainwright, and Edward Yarnold (New York : Oxford University Press, 1986), 188.

56) Gregory of Nyssa, 137.

57) 김수천, "성 시메온(St. Symeon the New Theologian)의 가르침에 나타난 신성의 빛의 의미," 「한국 교회사학회지」 제27집(2010), 60.

어거스틴의 종교적 회심과 영성 이해

1) 이 글은 김동영, "종교적 회심을 통전적으로 이해하기-성 어거스틴을 중심으로," 「목회와 상담」 18권(2012, 봄), 37-83을 수정한 것이다.

2) Lewis R. Rambo, *Understanding Religious Conversion* (New Haven : Yale University Press, 1993), 7-18, 165-170.

3) Julie T. Klein, *Interdisciplinarity : History, Theory, and Practice* (Detroit, MI : Wayne State University Press, 1990), 55-56.

4) Walter Conn, "Conversion," Philip Sheldrake, ed. *The New Westminster Dictionary of Christian Spirituality* (Louisville : Westminster John Knox, 2005), 214-215.

5) Jose O. Reta, "Conversion," Allan D. Fitzgerald, ed. *Augustine through the Ages : An Encyclopedia* (Grand Rapids : Eerdmans, 1999), 239.

6) William James, *The Varieties of Religious Experience* (New York : Penguin, 1982), 189.

7) William S. Bainbridge, "The Sociology of Conversion," H. Newton Malony & Samuel Southard, eds. *Handbook of Religious Conversion* (Birmingham, AL : Religious Education Press, 1992), 187.

8) Diane Austin-Broos, "The Anthropology of Conversion : An Introduction," Andrew Buckser & Stephen D. Glazier, eds. *The Anthropology of Religious Conversion* (New York : Rowman & Littlefield, 2003), 2.

9) Donald K. McKim, *Westminster Dictionary of Theological Terms* (Louisville : Westminster John Knox, 1996), 62.

10) Lewis R. Rambo, *Understanding Religious Conversion*, 5.

11) William James, *The Varieties of Religious Experience* (New York : Penguin, 1982); Walter Conn, *Christian Conversion* (New York : Paulist, 1986); Chana Ullman, *The Transformed Self* (New York : Plenum, 1989); V. Bailey Gillespie, *The Dynamics of Religious Conversion* (Birmingham, AL : Religious Education Press, 1991);

Brian J. Zinnbauer & Kenneth I. Pargament, "Spiritual Conversion," *Journal for the Scientific Study of Religion* 37 (1998), 161-180; James W. Fowler, *Becoming Adult, Becoming Christian* (San Francisco : Jossey-Bass, 2000).

12) John Lofland & Rodney Stark, "Becoming a World-Saver," *American Sociological Review* 30 (1965), 862-875; David. A. Snow & Richard Machalek, "The Sociology of Conversion," *Annual Review of Sociology* 10 (1984), 167-190; Brock K. Kilbourne & James T. Richardson, "The Communalization of Religious Experience in Contemporary Religious Groups," *Journal of Community Psychology* 14 (1986), 206-212; Nancy T. Ammerman, *Bible Believers* (New Brunswick, NJ : Rutgers University Press, 1987); William S. Bainbridge, "The Sociology of Conversion," H. Newton Malony & Samuel Southard, eds. *Handbook of Religious Conversion* (Birmingham, AL : Religious Education Press, 1992).

13) Robin Horton, "On the Rationality of Conversion (Pt. I & II)," *Africa* 45 (1975), 219-235, 373-399; Roland Robertson, *Meaning and Change* (New York : New York University Press, 1978); Alan R. Tippett, "The Cultural Anthropology of Conversion," H. Newton Malony & Samuel Southard, eds. *Handbook of Religious Conversion* (Birmingham, AL : Religious Education Press, 1992); Robert W. Hefner, "World Building and the Rationality of Conversion," Robert W. Hefner, ed. *Conversion to Christianity* (Berkeley : University of California Press, 1993); Diane Austin-Broos, "The Anthropology of Conversion : An Introduction," Andrew Buckser & Stephen D. Glazier, eds. *The Anthropology of Religious Conversion* (New York : Rowman & Littlefield, 2003); Rebecca S. Norris, "Converting to What? Embodied Culture and the Adoption of New Beliefs," Andrew Buckser & Stephen D. Glazier, eds. *The Anthropology of Religious Conversion* (New York : Rowman & Littlefield, 2003).

14) David F. Wells, *Turning to God* (Grand Rapids : Baker, 1989); Frederick J. Gaiser, "A Biblical Theology of Conversion," H. Newton Malony & Samuel Southard, eds. *Handbook of Religious Conversion* (Birmingham, AL : Religious Education Press, 1992); Donald L. Gelpi, *The Conversion Experience* (New York : Paulist, 1998); Manfred Marquardt, "Christian Conversion : Connecting Our Lives with God," Randy L. Maddox, ed. *Rethinking Wesley's Theology for Contemporary Methodism* (Nashville : Kingswood, 1998); Richard V. Peace, *Conversion in the New Testament* (Grand Rapids : Eerdmans, 1999); Gordon T. Smith, *Beginning Well* (Downers Grove, IL : InterVatsity, 2001).

15) 어거스틴의 신학사상과 삶에 대해서는 Peter Brown, *Augustine of Hippo : A Biography* (Berkeley : University of California Press, 2000); Carol Harrison, *Augustine : Christian Truth and Fractured Humanity* (Oxford : Oxford University Press, 2000); Gerald. Bonner, *St. Augustine of Hippo : Life and Controversies* (Norwich : Canterbury, 2002); James J. O'Donnell, *Augustine : A New Biography* (New York : Ecco, 2005)를 참고하라.

16) David Bakan, "Some Thoughts on Reading Augustine's Confessions," *Journal for the Scientific Study of Religion* 5 (1965), 149-152; James E. Dittes, "Continuities between the Life and Thought of Augustine," *Journal for the Scientific Study of Religion* 5 (1965), 130-140; Paul Rigby, "Paul Ricoeur,

Freudianism, and Augustine's Confessions," *Journal of the American Academy of Religion* 53 (1985), 93-114; E. R. Dodds, "Augustine's Confessions : A Study of Spiritual Maladjustment," Donald Capps & James E. Dittes, eds. *The Hunger of the Heart* (West Lafayette, IN : Society for the Scientific Study of Religion, 1990); Charles Kligerman, "A Psychoanalytic Study of the Confessions of St. Augustine," Donald Capps & James E. Dittes, eds. *The Hunger of the Heart* (West Lafayette, IN : Society for the Scientific Study of Religion, 1990).

17) William James, *The Varieties of Religious Experience* (1982); W. Paul Elledge, "Embracing Augustine," *Journal for the Scientific Study of Religion* 27 (1988), 72-89; Donald Capps, "Augustine's Confessions : The Story of a Divided Self and the Process of Its Unification," *Pastoral Psychology* 55 (2007a), 551-569.

18) Volney Gay, "Augustine : The Reader as Selfobject," *Journal for the Scientific Study of Religion* 25 (1986), 64-76; Andres G. Nino, "Restoration of the Self : A Therapeutic Paradigm from Augustine's Confessions," *Psychotherapy* 27 (1990), 8-18; William B. Parsons, "St. Augustine : 'Common Man' or 'Intuitive Psychologists'?," Journal of Psychohistory 18 (1990), 155-179; Dixon, *Augustine : The Scattered and Gathered Self* (St. Louis, MO : Chalice, 1999); Kim Paffenroth, "Book Nine : The Emotional Heart of the Confessions," Kim Paffenroth & Robert P. Kennedy, eds. *A Reader's Companion to Augustine's Confessions* (Louisville : Westminster John Knox, 2003); Donald Capps, "Augustine's Confessions : Self-Reproach and the Melancholy Self," *Pastoral Psychology* 55 (2007b), 571-591.

19) William J. O'Brien, "An Approach to Teaching Augustine's Confessions," *Horizons* 5 (1978), 47-62; E. Ann Matter, "Conversion(s) in the Confessiones," Joseph C. Schnaubelt & Frederick Van Fleteren, eds. *Collectanea Augustiniana—Augustine* (New York : Peter Lang, 1990); Frederick Van Fleteren, "St. Augustine's Theory of Conversion," Joseph C. Schnaubelt & Frederick Van Fleteren, eds. *Collectanea Augustiniana—Augustine* (New York : Peter Lang, 1990).

20) Mary J. Kreidler, "Conversion : Augustine's Theology of Ministry," *Review for Religious* 49 (1990), 509-522; Alan Kreider, *The Change of Conversion and the Origin of Christendom* (Eugene, OR : Wipf and Stock, 1999); Garry Wills, *Saint Augustine's Conversion* (New York : Viking, 2004).

21) Henry Chadwick, *Augustine* (New York : Oxford University Press, 1986); Philip Cary, *Augustine's Invention of the Inner Self* (New York : Oxford University Press, 2000); John J. O'Meara, *The Young Augustine* (New York : Alba, 2001); Serge Lancel, *Saint Augustine* (London : SCM, 2002).

22) Carol Harrison, *Augustine : Christian Truth and Fractured Humanity* (2000); Adolar Zumkeller, *Augustine's Ideal of the Religious Life* (New York : Fordham University Press, 1986); George Lawless, *Augustine of Hippo and His Monastic Rule* (Oxford : Clarendon, 1987).

23) David Burrell, "Reading the Confessions of Augustine," *The Journal of Religion* 50 (1970), 327-351; Judith C. Stark, "The Dynamics of the Will in Augustine's Conversion," Joseph C. Schnaubelt & Frederick Van Fleteren, eds. *Collectanea Augustiniana—Augustine* (New York : Peter Lang, 1990); Colin Starnes, *Augustine's*

Conversion (Waterloo, ON, Canada : Wilfrid Laurier University Press, 1990); Frederick H. Russell, "Augustine : Conversion by the Book," James Muldoon, ed. *Varieties of Religious Conversion in the Middle Ages* (Gainesville, FL : University Press of Florida, 1997); Carl G. Vaught, *Encounters with God in Augustine's Confessions* (Albany : State University of New York Press, 2004).

24) Eugene TeSelle, *Augustine the Theologian* (Eugene, OR : Wipf and Stock, 2002); Karlfried Froehlich, "'Take Up and Read' : Basics of Augustine's Biblical Interpretation," *Interpretation* 3 (2004), 5-16; John M. Quinn, *A Companion to the Confessions of St. Augustine* (New York : Peter Lang, 2007).

25) Richard Fenn, "Magic in Language and Ritual," *Journal for the Scientific Study of Religion* 25 (1986), 77-91; William Harmless, *Augustine and the Catechumenate* (Collegeville, MN : The Liturgical Press, 1995); Thomas M. Finn, *From Death to Rebirth* (New York : Paulist, 1997); David F. Wright, "Augustine and the Transformation of Baptism," Alan Kreider, ed. *The Origins of Christendom in the West* (New York : T. & T. Clark, 2001).

26) Raymond Canning, *The Unity of Love for God and Neighbour in St. Augustine* (Heverlee, Belgium : Augustinian Historical Institute, 1993); Mary T. Clark, *Augustine* (New York : Continuum, 2000); Thomas F. Martin, *Our Restless Heart* (Maryknoll, NY : Orbis, 2003); Bernard McGinn & Patricia F. McGinn, *Early Christian Mystics* (New York : Crossroad, 2003).

27) 위니캇 계열의 대상관계 심리학자들은 과거의 인간 상호간의 관계가 현재의 인간관계 (및 신적인 존재와의 관계)에 어떠한 영향을 끼치는지에 대하여 연구하여 왔다. 대상관계이론은 한 사람의 인격형성과 하나님에 대한 이미지 형성의 발달과정에 영향을 주는 어린 시절의 인간관계적 경험의 중요성을 강조한다. 다음 세 가지 측면들-인간관계들, 하나님에 대한 이미지들, 그리고 신적인 존재(the divine/sacred)를 만나고 경험하는 것-은 기존의 연구들과 밀접하게 연관되어져 있으며, 또한 전 연구들의 주제들을 이해하는 데 도움을 줄 것이다 : 대인관계의 경험들이 하나님에 대한 이미지 형성과 재형성에 주는 영향(Ana-Maria Rizzuto, *The Birth of the Living God* [Chicago : University of Chicago Press, 1979]; John McDargh, *Psychoanalytic Object Relations Theory and the Study of Religion* [Lanham, MD : University Press of America, 1983]; Michael St. Clair, *Human Relationships and the Experience of God* [New York : Paulist, 1994]); 인간의 심리발달과 종교 체험 간의 상호 작용 (William W. Meissner, *Psychoanalysis and Religious Experience* [New Haven : Yale University Press, 1984]); 자기(self)에 대한 새로운 감각, 하나님에 대한 이미지 변화, 그리고 신적인 존재의 경험 사이의 상호 작용(James W. Jones, *Contemporary Psychoanalysis & Religion* [New Haven : Yale University Press, 1991]); 변화의 세계(transitional/illlusionistic world) 속에서 창조적 놀이하기, 상상하기, 종교성을 회복하기(Paul W. Pruyser, *The Play of the Imagination* [New York : International Universities Press, 1983]); 변화의 과정 속에서 자기가 회복되는 경험들(Chris R. Schlauch, *Faithful Companioning* [Minneapolis, MN : Fortress Press, 1995]). 이 글에서 대상관계이론은 우리에게 어거스틴의 인간관계의 경험들이 그의 성격과 종교성에 일생 동안 어떠한 영향을 주었는지를 이해하는 데 도움이 된다. 또한 어거스틴의 회심이 변화의 공간 안에서-놀이하기(play), 상상하기(imagination), 창조하기(creativity), 그리고 상징화하기(symbolization)를 통하여-그의 관계적 자기를 어떻게 새롭게 형성

했는지를 이해하는 데 도움이 된다. 더 구체적으로 말하자면, 대상관계이론은 다음과 같은 상호관계를 이해하는 데 통찰력을 줄 것이다 : (1) 어거스틴의 분열된 자아와 그의 내적 불안감, (2) 어거스틴이 어린 시절에 받은 학대와 그의 하나님에 대한 부정적인 이미지 형성, (3) 어거스틴이 다른 사람들로부터 사랑스러운 돌봄을 받음/그 자신이 하나님을 직접 경험함과 그의 하나님에 대한 긍정적 이미지 형성, 그리고 (4) 변화의 공간 안에서 어거스틴의 창조적 놀이하기와 그의 회심 경험.

28) Ana-Maria Rizzuto, *The Birth of the Living God*, 3, 177-201. 한 개인의 대인관계 속에서 하나님의 이미지가 형성되고 재형성됨을 강조하는 리주토의 모델에 대하여 존 맥다그는 다음과 같이 비판한다 : 하나님의 형상에 대한 이미지형성을 단지 인간의 대인관계의 결과물로만 해석하려는 것은 부당하다. 왜냐하면 이러한 해석은 하나님의 이미지 형성의 과정에 신적 존재가/하나님 자신(the reality of God)이 직접 영향을 줄 수 있다는 점-하나님과 인간 사이의 직접적인 관계-을 간과하고 있기 때문이다(John McDargh, "Creating a New Research Paradigm for the Psychoanalytic Study of Religion," Janet L. Jacobs & Donald Capps, eds. *Religion, Society, and Psychoanalysis* [Boulder, CO : Westview, 1997], 192).

29) Melford E. Spiro, "Collective Representations and Mental Representations in Religious Symbol Systems," Jacques Maquet, ed. *On Symbols in Anthropology* (Malibu, CA : Undena, 1982), 45.

30) Moshe H. Spero, *Religious Objects as Psychological Structures* (Chicago : University of Chicago Press, 1992), xvi.

31) "예수께서 이르시되 네가 온전하고자 할진대 가서 네 소유를 팔아 가난한 자들에게 주라 그리하면 하늘에서 보화가 네게 있으리라 그리고 와서 나를 따르라 하시니"(마 19 : 21).

32) 어거스틴이 밀란의 정원에서 하나님의 말씀을 통하여 하나님의 개입하심에 응답했던 것처럼, 그의 친구 알리피우스도 하나님의 말씀을 통하여 부르심을 받았다 : "믿음이 연약한 자를 너희가 받되 그의 의견을 비판하지 말라"(롬 14 : 1).

33) Mary T. Clark, "Augustine : The Eye of the Heart," Annice Callahan, ed. *Spiritualities of the Heart* (New York : Paulist Press, 1990), 31.

34) Thomas F. Martin, *Our Restless Heart*, 49.

35) 어거스틴과 그의 어머니 모니카는 하나님과의 연합을 향한 영적 순례의 여정에 대하여, 그리고 성인들(the saints)의 영원한 삶에 대하여 이야기를 나누었다. 또한 하나님의 영광을 위한 그리스도교인의 삶에 대하여 이야기를 나누는 동안, 서로의 마음이 하나가 되어 공동체적 영성의 신비 체험을 하게 되었다(*conf.* 9.10.24).

36) Dong Young Kim, *Understanding Religious Conversion : The Case of St. Augustine* (Pickwick Publications, 2012), 333.

37) 앞의 책, 336.

38) 폰티시아누스의 두 친구들은 초대 이집트 사막의 수도자 안토니의 회심과 영성을 다룬 책, 즉 「안토니의 삶」(*The Life of Anthony*)을 읽은 이후에 로마 제국 내의 높은 지위를 포기하고, 수도원 공동체에 들어가게 되었다(*conf.* 8.6.15).

39) 빅토리누스는 원래 로마에서 수사학 분야의 교수로서 이교도의 종교의식을 추종하는 사람이었다. 하지만, 빅토리누스는 성서와 그리스도교 회심에 관련된 문헌들을 읽은 후에, 그리스도교의 신앙을 받아들이고, 공개적으로 세례를 받게 되었다. 그 당시 이교도 로마 황제 줄리안은 칙령을 발표하여 로마 제국 내에서 그리스도교인이 되는 사람

은 공직을 내어 놓도록 하였다. 하지만, 빅토리누스는 자신의 교수직을 내어놓으면서 그리스도교인이 되었을 뿐만 아니라, 자신의 이교도 친구들이 그리스도교의 신앙을 받아들이도록 하는 데 노력하였다(conf. 8.2.3-5, 8.5.10).

40) Dong Young Kim, *Understanding Religious Conversion : The Case of St. Augustine*, 365.

41) 람보의 회심 모델을 바탕으로 다른 회심의 사례들을 연구하고자 할 때에는 개인적, 사회 문화적, 그리고 종교적 상황들을 심도 있게 고찰해 보아야 할 것이다. 이러한 과정 속에 각 회심 이야기의 구체적인/개인적인 측면(unique/personal dimension)과 보편적 측면(universal dimension)이 함께 어우러진 해석이 제시되어야 할 것이다. 특히 포스트모더니즘 시대에 살고 있는 우리들이 회심의 경험들과 회심 이야기들을 나눈다는 것은 쉽지 않은 일이라고 본다. 최소한 옛날의 회심 이야기를 단지 고찰해 본다는 자세는 넘어서야 한다고 본다. 회심 이야기들 속에 담겨진 중요한 주제 중의 하나는 '창조적 변화'라고 본다. 오늘 이 시대를 살아가고 있는 우리들에게도 끊임없이 창조적 변화가 요구되고 있다. 이러한 맥락에서, 우리가 회심의 이야기들을 효과적으로 나눔으로써 창조적 변화를 우리가 살고 있는 삶 속에서, 우리가 살고 있는 시대 속에서, 그리고 우리가 발 딛고 있는 그리스도교 영성과 목회적/목회상담의 현장 속에서 '현재화' 시킬 수 있다고 본다.

아빌라의 테레사의 영성 이해

1) 이 글은 박세훈, "정감적 영성 : 영적 결혼을 통한 하나님과의 연합," 「신학과 실천」 57호 (2017. 11.), 295-320을 수정한 것이다.

2) 버나드 맥긴(Bernard McGinn)은 역사적 접근을 기반으로 영성을 "신앙의 살아 있는 경험"으로 정의내리고 있다. "기독교 영성이란 기독교 신앙을 삶 속에서 일반적인 형태로, 또는 보다 특수화된 형태로 실제로 체험하는 것을 말한다." 유해룡, 이후정, 정용석, 엄성옥 공역, 「기독교 영성 I : 초대부터 12세기까지」(서울 : 은성, 1997), 10.

3) 자신의 생애 동안 종교재판의 위협 가운데 시달렸던 테레사는 사후에 수도원 개혁 운동과 저작에 있어서 그 가치와 정당성을 인정받았으며, 1970년에 발표된 33인의 교회박사 목록에 여성으로서는 두 명 중 한 명으로 그 이름을 올리게 된다.

4) Sonya A. Quislund, "Elements of a Feminist Spirituality in St. Teresa," *Carmelite Studies : Centenary of St. Teresa*, ed. John Sullivan (Washington, DC : Institute of Carmelite Studies, 1984), 28.

5) 아빌라의 테레사, 「천주 자비의 글」(서울 : 분도출판사, 1983), 59.

6) Ibid., 77-82.

7) 1559년에 종교재판관 발데스는 이전에 발표한 금지도서 목록을 확장하여 253권의 추가 목록을 덧붙였다. 이 금지도서 목록을 발표함으로써, 스페인어로 된 문학작품들을 엄격하게 검열하였다. Lu Ann Homza, *The Spanish Inquisition, 1478-1614 : An Anthology of Sources* (Indianapolis : Hackett, 2006), 212.

8) Kieran Kavanaugh, "The Introduction to *The Interior Castle*," Kieran Kavanaugh and Otillio Rodriguez, trans., *The Collected Works of St. Teresa of Avila*, volume two (Washington, D.C. : ICS Publication, 1980), 278-79.

9) 테레사, 「천주 자비의 글」, 32.

10) 테레사는 간절한 간구의 순간이나 성만찬을 받을 때에 신비적인 경험으로서 환상들 경

험하였다. Gillian T.W. Ahlgren, *Teresa of Avila and the Politics of Sanctity* (New York : Cornell University Press, 1996), 102.

11) "얼마동안 멎었던 내 생애에 대한 이야기로 다시 되돌아가겠습니다. …… 지금부터야말로 새 책, 즉 새 생활이 시작됩니다. 내가 처음에 이야기한 것은 내 생활이었고, 그다음에 기도의 여러 상태에 대해서 이야기하기 시작한 때부터는, 만일 내가 잘못 안 것이 아니라면, 내 안에서의 하나님의 생활입니다." 테레사,「천주 자비의 글」, 215.

12) Ibid., 94-95.

13) 아빌라의 테레사는「천주 자비의 글」을 쓸 당시까지 거둠(잠심) 기도와 고요의 기도의 구분을 명확하게 하지 않는다. 하나님의 주도적 은혜에 초점을 두고 사람의 기능이 수동적인 상태가 되는 측면만을 강조하며 접근하기 때문에 독자들에게 다소 혼동을 주기도 한다. 그러나 이후에는 기도의 단계에 대하여 보다 명확히 구별할 수 있게 되어 그 차이점에 대해서도 상세히 설명해 주게 된다. Ibid., 123.

14) "실상 모든 능력은 거의 다 하나님께 온전히 일치해 있습니다. 그렇지만 그것은 작용할 수 없을 만큼 온전히 사로잡혀 있지는 않습니다." Ibid., 143.

15) Ibid., 160.

16)「천주 자비의 글」을 쓸 당시에 테레사는 네 번째 단계의 경험을 연합이라고 표현하기 보다는 주님이 영혼에 매우 가까이 하신다고 다소 우회적으로 표현한다.

17) Kieran Kavanaugh, "The Introduction to The Way of Perfection," Kieran Kavanaugh and Otillio Rodriguez, trans., *The Collected Works of St. Teresa of Avila*, volume two (Washington, D.C. : ICS Publication, 1980), 15-16.

18) 아빌라의 테레사,「완덕의 길」(서울 : 바오로딸, 1973), 207.

19) 아빌라의 테레사,「영혼의 성」(서울 : 바오로딸, 1970), 23-24.

20) "그럼, 이제 궁실이 많다는 그 궁성으로 되돌아갑시다. 여러분은 이 궁실들이 마치 한 줄로 늘어서 있듯이 하나씩, 하나씩 나란히 있는 줄로 알아서는 안 됩니다. 눈을 들어 맨 한 가운데 임금님이 계시는 그 궁실을 바라보십시오. 그리고 그것은 팔미토와 같다고 생각하십시오. 팔미토의 가장 맛있는 속을 껍데기가 겹데기으로 덮고 있는 것처럼, 여기 이 궁실 둘레도 여러 궁방들이 위 아래로, 옆으로 싸고 있는 것입니다. 영혼에 관한 일이라면 항상 깊이와 넓이와 크기를 가지고 생각해야 됩니다." Ibid., 35.

21) "여기서 한 가지 알아두어야 할 것이 있습니다. 저 생명의 샘, 아니면 영혼의 중심에 계시는 저 빛나는 해님은 그 빛살과 아름다움을 잃지 않으신다는 것입니다. 영혼 안에 계시는 해님의 그 아름다우심을 아무 것도 앗아갈 수 없습니다." Ibid., 32.

22) 테레사는 7궁방에 이르러 삼위일체에 대한 지성의 보임을 경험하게 되는데 이를 통해 성삼위 하나님의 현존 방식에 대한 깊은 이해를 얻게 된다. Ibid., 251.

23) Ibid., 116-18.

24) 테레사는 참된 탈혼의 한 증거는 그 경험 가운데 하나님께서 영혼을 인도하셔서 천상에서 누리게 될 하나님과의 결혼 관계를 조금 보여 주신다고 기록한다. Ibid., 178.

25) Ibid., 251.

26) Gillian T. W. Ahlgren, *Entering Teresa of Avila's Interior Castle* (Mahwah, NJ : Paulist Press, 2005), 114-15.

27) 테레사,「영혼의 성」, 257.

28) Bernard McGinn, "Mystical Union in the Western Christian Tradition," *Mystical Union and Monotheistic Faith : An Ecumenical Dialogue*, eds. Moshe Idel and Bernard McGinn (NY : Macmillan, 1989), 60.

29) Augustin Poulain, "Mystical Marriage," *The Catholic Encyclopedia*, vol. 9 (New York : Robert Appleton, 1910. 23 Apr. 2016), http://www.newsadvent.org/cathen/09703a.htm.

30) E. Ann Matter and Keith Botsford, "Mystical Marriage," *Women and Faith*, eds. Lucetta Scraffia and Gabriella Zarri (Cambridge : Harvard Univ. Press, 1999), 31.

31) "His Majesty said to me : 'Don't fear, daughter, for no one will be a party to separating you from Me,' making me thereby understand that what just happened didn't matter. Then He appeared to me in an imaginative vision, as at other times, very interiorly, and He gave me His right hand and said : 'Behold this nail; it is a sign you will be My bride from today on. Until now you have not merited this; from now on not only will you look after My honor as being the honor of your Creator, King, and God, but you will look after it as My true bride. My honor is yours, and yours Mind.' This favor produced such an effect in me I couldn't contain myself, and I remained as though entranced." Teresa of Avila, *The Collected Works of St. Teresa of Avila*, vol. 1, 402.

32) "자기 소통의 삼위일체적 사랑이신 하나님은 우리를 하나님의 형상대로 개인적(인격적) 타자성 안에서 수립하신다. 하나님의 초청하시는 사랑은 우리로 하여금, 신성한 삼위일체적 인격적 관계적 실존으로 이끄시는 하나님의 부르심에 대한 열정적인 응답을 가능하게 했다." 빌마 실라우스 지음, 오방식 옮김, 「기도 가운데 생기는 분심, 축복인가 저주인가?」(서울 : 은성 출판사, 2010), 210.

요한 웨슬리의 영성 세계

1) 웨슬리 영성 전반에 관한 충분하고 상세한 이해를 위해서는 필자의 저서, 이후정, 「성화의 길 : 오늘을 위한 웨슬리의 영성」(서울 : 대한기독교서회, 2001)을 참고하라. 웨슬리의 설교집과 논문집은 한국웨슬리학회에 의해 번역, 출판되었다.

2) 웨슬리에 관한 포괄적인 연구들을 편집한 최근의 개론서로는 Randy L. Maddox & Jason E. Vickers, ed. *The Cambridge Companion to John Wesley* (Cambridge : Cambridge University Press, 2010)를 참고하라.

3) 웨슬리와 그가 일으킨 감리교회 전통이 역사적으로 표출한 영성의 각 형태를 위해서는 Gordon S. Wakefield, *Methodist Spirituality* (Petersborough : Epworth Press, 1999)를 참고하라.

4) 요한 웨슬리의 회심과 성령 체험적 영성에 관해서는 웨슬리의 일지(Journal) 및 설교(Sermons) 속에서 관련된 부분들을 참고하라. 존 웨슬리 저, 나원용 역, 「존 웨슬리의 일기」(서울 : 도서출판 kmc, 2007).

5) 올더스게이트 회심 체험과 그것에 대한 분석을 위해서는 Albert C. Outler, ed. *John Wesley* (New York : Oxford University Press, 1964) 51-69를 보라. 이 책은 A Library of Protestant Thought 중 하나로 편집된 주된 웨슬리 이해의 입문서로서 원자료들과 그것에 대한 해설을 포함하고 있다.

6) 복음주의적 관점에서 회심을 기술한 A. Skevington Wood, *The Burning Heart : Jonn*

Wesley-Evangelist (Exeter : Paternoster Press, 1967), 59 이하를 참고하라.

7) 웨슬리의 성령(종교적인) 체험에 대한 성숙한 신학적인 이해를 위해서는 Theodore Runyon, *The New Creation : John Wesley's Theology Today* (Nashville : Abingdon Press, 1998), 146 이하를 참고할 수 있다.

8) 완전한 사랑의 영성에 관해서는 필자의 저서, 논문들 및 필독해야 할 원자료로서 존 웨슬리, 이후정 역, 「그리스도인의 완전」 (서울 : 감리교신학대학교 출판부, 2006)을 참고하라.

9) 웨슬리와 동방교부 전통의 영성, 신학적 관계에 관해서는 Albert C. Outler에 의해 관심이 시작되었다. 그의 에세이들을 편집한 Thomas C. Oden & Leichester R. Longden, *The Wesleyan Theological Heritage* (Grand Rapids, Michigan : Zondervan Publishing House, 1991), 97 이하, "John Wesley's Interest in the Early Fathers of the Church"를 참고하라. 필자는 이러한 연구 방향에 기초하여 웨슬리와 동방교부 중 특히 Macarius의 관계를 중심적으로 연구하였다. Randy L. Maddox, ed. *Rethinking Wesley's Theology for Contemporary Methodism* (Nashville : Abingdon Press, 1998) 중 필자(hoo-Jung Lee)의 글 "Experiencing the Spirit in Wesley and Macarius," 197 이하. 특히 웨슬리 신학을 동방 교회 영성 전통과 연관시켜 해석한 책은 Randy Maddox, *Responsible Grace : John Wesley's Practical Theology* (Nashville : Abingdon Press, 1994)를 참고할 수 있다.

10) 마카리우스를 포함한 주된 동방정교회 교부전통들과 웨슬리의 영성을 비교하여 연구한 논문집은 ST Kimbrough, Jr. ed. *Orthodox and Wesleyan Spirituality* (Crestwood, New York : St Vladimir's Seminary Press, 2002)로 출판되었다.

11) 웨슬리의 영성 수련에 관해서는 데이비드 트리켓, "초기 웨슬리운동의 영적 이상과 훈련," 루이스 두프레 외 편집, 엄성옥, 지인성 역, 「기독교 영성 III」 (서울 : 은성출판사, 2001) 중 제11장; Henry H. Knight III, *The Presence of God in the Christian Life : John Wesley and the Means of Grace* (Metuchen, NJ : The Scarecrow Press, 1992); 동 저자, *Eight Life-Enriching Practices of United Methodists* (Nashville : Abingdon Press, 2001) 참조.

12) 은혜의 수단에 관한 최근의 해석을 위해서는 프레드 샌더스, 이근수 역, 「웨슬리가 말하는 그리스도인의 삶 : 사랑으로 새로워진 마음」(서울 : 아바서원, 2015), 265 이하를 참고하라.

13) 웨슬리의 속회 등 소집단 영성 훈련과 그 의의를 위해서는 David Lowes Watson, *The Early Methodist Class Meeting* (Nashville : Discipleship Resources, 1985)가 주된 연구서이다.

14) 웨슬리의 성서 해석에 관해서는 W. Stephen Gunter ed. al. *Wesley and the Quadrilateral : Renewing the Conversation* (Nashville : Abingdon Press, 1997) 중 Scott J. Jones가 저술한 제2장 "Ther Rule of Scripture"의 39 이하를 참고할 수 있다.

15) 웨슬리는 영성 독서를 위한 가이드를 그가 편집하여 출판한 영성의 고전 Thomas a Kempis의 「그리스도를 본받아」 속에서 잘 설명해 주고 있다. *The Christian's Pattern by John Wesley or An Extract of The Imitation of Christ by Thomas a Kempis* (Salem, Ohio : Schmul Publishers) 중 preface, 5-6.

16) 초대 교회 교부들의 영성 및 신비주의를 위해서는 Olivier Clement, *The Roots of Christian Mysticism* (New York : New City Press, 1993)를 보라. 동방 교회 영성전통에 대한 포괄적인 이해를 위해서는 Tomas Spidlik, *The Spirituality of the*

Christian East (Kalamazoo, Michigan : Cistercian Publications Inc. 1986)이 좋은 지침서가 될 수 있다.

한국 교회의 기도원 영성 이해

1) 이 글은 2011년 영국 Lancaster University Ph.D. 학위논문을 수정한 것이다.
2) 우리나라의 성령운동은 서구의 성령운동과는 다르다는 의미에서 토착성령운동이라는 용어를 쓴다. 한국의 성령운동은 서구의 성령운동과 한국종교, 특히 무교가 섞여있는 형태라고 생각하기 때문이다.
3) 박만용, 「기도원 운동과 신앙 성장」 (서울 : 쿰란출판사, 1998); 노봉옥, "한국 기도원의 분포유형과 이용실태에 관한 연구," (성신여대 박사학위 논문, 2001).
4) Yohan Lee, "The Analysis of the Christian Prayer Mountain Phenomenon in Korea," (Ph.D. dissertation, School of World Mission, Fuller Theological Seminary, 1985); Sung-yong Lee, "Korean Prayer Mountain Movement from the Perspective of Contextual Theology : Focused on Na Woon-mong of Yungmunsan," (Ph.D. Thesis, Asian Center for Theological Studies and Mission, 2005).
5) Colin Whittaker, *Prayer Mountains : How Paul Yonggi Cho and the Church in Korea tapped the Power of Prayer* (Eastbourne : Kingway, 1989).
6) Yohan Lee, op. cit.
7) L. Kendall, *Shamans, Housewives, and Other Restless Spirits : Women in Korean Ritual Life* (Honolulu : University of Hawaii Press, 1985), 84.
8) Ibid., 83.
9) Ibid., 83-84.
10) Ibid., 83.
11) Ibid., 84.
12) 유해룡, 「기도체험과 영적지도」(서울 : 장로교신학대학교출판부, 2014), 36.
13) Ibid.
14) 유동식, 「한국무교의 역사와 구조」(서울 : 연세대학교출판부, 1997), 345-346.
15) Yohan Lee, op. cit.
16) 박종현, "미국 남장로교 여선교사의 기도회 연구," 「한국 교회사학회지」 25(2009), 219-246.
17) Ibid., 결론의 둘째.
18) Youngsook Kim Harvey, "The Korean Shaman and the Deaconess : Sisters in Different Guises," in *Religion and Ritual in Korean Society*, edited by Laurel Kendall and Griffin Dix (California : Institute of East Asian Studies, 1987).
19) Fang-Ian Chou, "Bible Women and the Development of Education in the Korean Church," in *Perspectives on Christianity in Korea and Japan : The Gospel and Culture in East Asia*, edited by Mark R. Mullins and Richard Fox Young (Lewiston, Queenstn, and Lampeter : Edwin Mellen Press, 1995), 31.
20) Youngsook Kim Harvey, op.cit., 155.

21) Hyo-chae Lee, "Protestant Missionary Work and Enlightenment of Korean Women," *Korea Journal* 17(11, 1977), 48.
22) Ibid., 47.
23) Yung-chung Kim, *Women of Korea : A History from Ancient Times to 1945* (Seoul : Ewah Women's university Press, 1982), 208.
24) 최준식, 「한국인에게 문화는 있는가?」 (서울 : 사계절, 2006), 132.
25) Sang-chin Choi and Kibum Kim, "Chemyeon—Social Face in Korean Culture," *Korea Journal* (Summer, 2004), 33.
26) Heean Choi, *Korean Women and God* (New York : Orbis Books, 2005), 135-138.
27) Victor W. Turner, *The Ritual Process* (Ithaca, NY : Cornell University Press, 1966).
28) Brouria Bitton-Ashkelony, *Encountering the Sacred* (Berkeley, CA : University of California Press, 2005), 127.
29) Rebecca Y. Kim, "Second-Generation Korean American Evangelicals : Ethic, Multiethnic, or White Campus Ministries?," *Sociology of Religion* (2004), 19-34; Miller Mcpherson, Lynn Smith-Lovin, and James M. Cook, "Birds of Feather : Homophily in Social Networks," *Annual Review Sociology* (2001), 415-444.
30) Rebecca Y. Kim, Ibid.
31) 주종훈, "삶의 형성을 위한 예배 기도의 이해와 실천," 「개혁논총」 27(2013), 204-206.
32) Ibid.
33) Ibid., 206.
34) Peter Scazzero, *Emotionally Healthy Spirituality* (Nashville Dallas, Mexico City, Rio De Janeiro : Thomas Nelson, 2006), 135-152.
35) 유해룡, op. cit., 40-42.
36) Constance Fitz Gerald, "Impass and Dark Night," in *Women's Spirituality*, edited by Joann Wolski Conn (New Jersey : Paulist Press, 1996), 412.
37) Ibid., 413.
38) Ibid., 414.
39) Ibid.

제Ⅳ부 영성에 대한 실천신학적 이해

개신교 영성 훈련의 현재와 전망

1) 이 글은 김경은, "개신교 영성훈련의 현재와 전망-관계적·통전적 경험의 내면화를 지향하며," 「한국기독교신학논총」 102집(2016. 10), 193-219를 수정한 것이다.
2) N. T. Wright, "순전한 그리스도교 : 이해를 추구하는 그리스도교 신앙," Eric Metaxas 엮음, 박명준 옮김, 「도시의 소크라테스」(서울 : 새물결플러스, 2015), 316.
3) 위의 책, 316-317.

4) Michael Downey, 안성근 옮김, 「오늘의 그리스도교 영성 이해」(서울 : 은성, 2001), 30.
5) 케네스 리치는 이런 차이를 은사주의 운동, 내면세계 탐구, 사회정의에 대한 관심으로 크게 구분하였다. 현대 영성학에서 은사주의에 대한 것은 많이 다루고 있지 않은 상황이다. Kenneth Leech, *Soul Friend : Spiritual Direction in the Modern World* (Harrisburg, PA : Morehouse Publishing, 2001), 25-29.
6) Christopher Cocksworth, "Sprit, Holy," in *The New SCM Dictionary of Christian Spirituality*, ed. Philip Sheldrake (London : SCM Press, 2005), 594.
7) 다니엘 밀리오리는 삼위일체론의 형성 과정을 설명하면서 초대 교회의 신학이 그리스도인의 경험과 분리되지 않았다고 한다. "삼위일체론은 복음에서 선포되고 그리스도교 신앙에서 경험되는 하나님의 자유로운 은혜의 신비를 정합적으로 표현하는 교회의 노력인 것이다." Daniel L. Migliore, 신옥수/백충현 옮김, 「그리스도교 조직신학 개론」(서울 : 새물결플러스, 2012), 133. 사라 코우클리는 바울서신서에 등장하는 기도의 경험은 성부, 성자, 성령의 세 가지 측면을 아우르며 삼위일체적 논리가 형성되는 근거가 되었다고 본다. "초대 교회 그리스도인의 기도는 …… 그리스도를 통해 하나님의 사랑으로 편입되는 경험"이라는 것이다. Sarah Coakley, "Why Three? Some Further Reflections on the Origins of the Doctrine of the Trinity," in *The Making and Remaking of Christian Doctrine : Essays in Honour of Maurice Wiles*, ed. Sarah Coakley & David A. Pailin (Oxford Clarendon Press, 1993), 29-56. 위의 책 132에서 재인용.
8) Joann Wolski Conn, "Spiritual Formation," *Theology Today* 56 no.1(1999), 88.
9) Sandra M. Schneiders, "Horizons on Spiritual Direction," *Horizons*, 11/1 (1984), 104. Sandra M. Schneiders, "The Contemporary Ministry of Spiritual Direction," in *Spiritual Direction : Contemporary Readings*, ed. Kevin G. Culligan (New York : Living Flame Press, 1983), 45. 다우니는 슈나이더스의 영성에 관한 정의는 폭넓은 접근법이기 때문에 종교가 없더라도 정의와 평화를 추구하는 일에 헌신하는 사람들은 정의와 평화의 영성을 추구하며 산다고 말할 수 있다고 한다. Michael Downey, 안성근 옮김, 「오늘의 그리스도교 영성 이해」, 31.
10) Sandra M. Schneiders, "Christian Spirituality : Definition, Methods and Types," in *The New SCM Dictionary of Christian Spirituality*, ed. Philip Sheldrake, 1-2.
11) 위의 책.
12) Philip F. Sheldrake, "Christian Spirituality as a Way of Living Publicly : A Dialectic of the Mystical and Prophetic," *Spiritus* 3(2003), 22-23.
13) Eugene H. Peterson, 이종태/양혜원 옮김, 「현실, 하나님의 세계」(서울 : IVP, 2006), 24.
14) Alister McGrath, 박규태 옮김, 「종교개혁시대의 영성」(서울 : 좋은 씨앗, 2005), 40.
15) 유해룡, "한국적 상황에서의 영성의 동향연구," 「신학과 실천」 47(2015), 200.
16) 총회목회정보정책연구소 편, 「목회매뉴얼 : 영성목회」(서울 : 한국장로교출판사, 2012), 79.
17) Henri J. Nouwen, "Spiritual Direction," *Worship* 55 no. 5(1981), 399-400.
18) Michael Downey, 안성근 옮김, 「오늘의 그리스도교 영성 이해」, 132.
19) 위의 책, 131-132.
20) Bradley P. Holt, 엄성옥 옮김, 「기독교 영성사」(서울 : 은성, 1994), 41.
21) Christopher Cocksworth, "Spirit, Holy," 594.

22) John De Gruch, *Reconciliation : Restoring Justice* (Minneapolis : Fortress Press, 2002), 4.
23) Kenneth Leech, 최승기 옮김, 「영성과 목회」(서울 : 한국장로교출판사, 2000), 52.
24) 위의 책, 65.
25) David Lonsdale, "Spiritual Direction as Prophetic Ministry," in *Handbook of Spirituality for Ministers : Perspectives for the 21th Century*. vol.2. ed. Robert J. Wicks (New York/Mahwah, NJ : Paulist Press, 2000), 333.
26) Janet Ruffing, "Socially Engaged Contemplation : Living Contemplatively in chaotic Times," 위의 책, 432-433.
27) 김광묵, "장 칼뱅의 경건과 현대 신학적 과제," 「한국조직신학논총」 36 (2013), 56.
28) Alister McGrath, 박규태 옮김, 「종교개혁시대의 영성」(서울 : 좋은 씨앗, 2005), 41.
29) Howard L. Rice, 「개혁주의 영성」(서울 : 기독교문서 선교회, 1995), 58-59.
30) John Calvin, 「기독교강요」, Ⅲ. XIX, 2.
31) John Calvin, 「기독교강요」, Ⅰ. Ⅱ, 1.
32) 이수영, "칼뱅에 있어서의 경건의 개념," 「교회와 신학」 27(1995), 362, 371.
33) 위의 논문, 362-366, 371.
34) David F. Ford, *The Shape of Living : Spiritual Directions for Everyday Life* (Grand Rapids, MI : Baker Books, 1997). Ford는 이 책을 통해 삶의 형태는 소명과 관계된다고 한다.
35) Marjorie J. Thompson, 최대형 옮김, 「영성형성 훈련의 이론과 실천」(서울 : 은성, 2015), 34.
36) Joseph Driskill, *Protestant Spiritual Exercises : Theology, History, and Practice* (New York/Harisburg/Denber : Morehouse Publishing, 1999), 98.
37) Jonathan H. Rainbow, "Double Grace : John Calvin's view or the relationship of justification and sanctification," *Ex Auditu*, 5(1989), 200.
38) John Hesselink, "Calvin, Theologian of Sweetness," CTJ 37(2002), 318-332.
39) "20세기에 '영성신학'이라 불리는 학문은 18, 19세기에는 로마가톨릭에서 신비신학과 수덕신학으로 구분되어 있었다. 신비신학은 '신비가'라고 불리는 특별한 기독교인들의 경험을 다루는 것이었고, 수덕신학은 기독교인들의 영성 생활과 덕의 실천에 대한 것이었다." Bradley P. Holt, 「기독교 영성사」, 23-24.
40) Lawrence S. Cunningham, 엄성옥 옮김, 「주제별 기독교영성」(서울 : 은성, 2004), 165.
41) 위의 책, 169.
42) 유해룡, 「영성의 발자취」(서울 : 장로회신학대학교출판부, 2011), 88.
43) Ronald Rolheiser, 유호식 옮김, 「聖과 性의 영성 : 그리스도인들의 영성 탐구를 위하여」(서울 : 성바오로, 2006), 18-19. 캐나다 영성학자인 롤하이저는 "우리의 내적 갈망을 가지고 궁극적으로 무엇을 하는가? 갈망의 방향성이 어디로 향하도록 하는가?"가 영성이라고 말한다. 그는 건전한 영성은 우리를 통합으로 이끌고 생명력있게 살게 하지만 건전하지 않은 영성은 우리를 분열과 파괴로 이끈다고 한다. 위의 책, 16, 27-32.

44) Oscar Cullmann, 김상기 옮김, 「기도」(서울 : 대한기독교서회, 2007), 30-31.
45) 총회목회정보정책연구소 편,「목회매뉴얼 : 영성목회」(서울 : 한국장로교출판사, 2012), 47-63.
46) 위의 책, 56, 89.
47) Ben Johnson, "종교개혁 전통의 영성지도," Gary W. Moon & David G Benner, 신현복 옮김, 「영성지도, 심리치료, 목회상담 그리고 영혼의 돌봄」(서울 : 아침영성지도연구원, 2011), 177-179.
48) John Owen, 이근수 옮김, 「개혁주의 성령론」(서울 : 여수룬, 1988), 418. 현요한은 성령 안에서 형성되어지는 습성을 형성하는데 도움이 되는 훈련방법이 잘 개발되지 않았기 때문에 개신교에서 성화의 열매가 부족한 것으로 보여진다고 했다. 현요한, "성화 : 거룩한 습성(habitus)의 형성,"「한국기독교신학논총」68(2010), 127.
49) Jonathan Edwards, "Faith," WJE, 21 : 420, 현요한, 「신학은 하나님배우기 : 신학, 영성, 실천의 재연합」(서울 : 대한기독교서회, 2011), 213에서 재인용.
50) 정승훈,「종교개혁과 칼빈의 영성」(서울 : 대한기독교서회, 2000), 17. Philip Sheldrake, *Spirituality : A Brief History* (UK : Wiley-Blackwell, 2013), 180. 유진 피터슨, 「현실, 하나님의 세계」(서울 : IVP, 2006) 참고.
51) Ben Johnson, "종교개혁 전통의 영성지도," 180-182. 장로교 전통에서 현대 개신교 영성 프로그램은 공식적으로 1979년 미국 샌프란시스코 신학대학원에서 시작되었으며, 이후 여러 신학교나 교육기관으로 확대되었다.
52) Enzo Bianchi, 이연학 옮김, 「말씀에서 샘솟는 기도」(왜관 : 분도출판사, 2001), 5. 김수천은 렉시오 디비나 적용의 한 방법으로 렉시오 디비나를 응용한 QT와 침묵기도 방법을 제안하고 있다. 김수천, "신을 향한 갈망,"「한국기독교신학논총」99(2016), 139-141.
53) M. Nicol, *Meditation bei Luther.* Zweite, durchgesehene und ergaenzte Auflage (Goettingen : Vandenhoeck & Ruprecht, 1991), 91 이하. 강치원, "중세의 영성과 루터-렉시오 디비나(Lectio Divina)를 중심으로"「장신논단」33(2008), 127에서 재인용.
54) Luther, "Sermon von der Betrachtung des heiligen Leidens Christi" (1519), 강치원, 위의 논문 127에서 재인용.
55) Alister McGrath, 「종교개혁시대의 영성」, 129.
56) James C. Wilhoit and Evan B. Howard/홍병룡 옮김, 「렉시오 디비나 : 거룩한 독서의 모든 것」(서울 : 아바서원, 2016), 8, 23-24.
57) Jean Calvin. Corinthians I. 36. Calvin's Commentaries. 22 Vol. Various trans. Edinburgh : Calvin Trans Society(CTS), 1843-56. Reprint (Grand Rapids, MI : Baker Book House, 2005).
58) Bonnie L. Pattison. *Poverty in the Theology of Calvin* (Eugene, OR : Pickwick Publications, 2006), 197-198.
59) Comm. Matthew. 16 : 22, 303. Calvin's Commentaries.
60) Calvin, Institute. 1539, Ch.5.8 Randal C. Zachman, *Image and Word in the Theology of John Calvin* (Notre Dame, Indiana : University of Notre Dame Press, 2007), 409에서 재인용.
61) Joyce Huggett, "Why Ignatian Spirituality Hooks Protestants," *The Way Supplement* 68 (Summer 1990), 22-34.

62) David Lonsdale, *Listening to the Music of the Spirit : The Art of Discernment* (Notre Dame, Indiana : Ave Maria Press, 1992), 164-165.
63) 필자는 박사 공부를 하는 기간 동안 스코틀랜드에 위치한 영성 훈련센터에서 3년간 영성 훈련 프로그램에 참여했고, 두 곳의 영성 훈련센터에서 박사 논문을 위한 면담을 진행한 경험이 있다. 영성센터에 관련된 개신교인들(장로교인들)은 목회자 혹은 목회자 사모가 많은 비중을 차지하고 있었지만, 평신도들도 참여하고 있었다. 그들과의 대화와 면담은 스코틀랜드 장로교인들의 영성추구에 대한 이유와 영성 훈련의 현재 상황을 이해하고 방향성을 모색하는 데 많은 도움이 되었다. 북미를 비롯한 많은 지역에서 가장 체계화된 영성 훈련과 영적지도자 양성을 위한 프로그램을 제공하는 기관이 이냐시오 영성센터이다. 스코틀랜드의 영성센터도 이냐시오식 영성 훈련을 기반으로 하고 있는데, 영성에 관심이 있는 사람이 찾을 수 있는 유일한 장소이며 개신교 신자들과 가톨릭 신자들이 연합하여 사역하고 있다. 영성센터에서 제공하는 이냐시오식 영성 훈련이 가톨릭을 배경으로 하기 때문에 개신교인들은 편하지 않은 부분도 있다고 지적한다. 그래서 그들은 가톨릭적인 내용을 제거하고 개신교적으로 변형된 형태의 기도자료로 영성 훈련을 하고 있다고 한다.
64) 김경은, "일상과 영성의 통합의 관점에서 본 영성지도," 「신학과 실천」 44(2015), 279-301에서 김경은은 일상의 삶에서 영성형성을 위한 방법으로 이냐시오식 기도의 유용성을 밝히고 있다.
65) 총회목회정보정책연구소 편, 「목회매뉴얼 : 영성목회」, 89-97 참고.
66) Janet Ruffing, *Tell the Sacred Tale : Spiritual Direction and Narrative* (New York/Mahwah, NJ : Paulist Press, 1989, reprinted, 2011), 44, 50, 135.
67) David Benner, *Care of Souls : Revisioning Christian Nurture and Counsel* (Grand Rapids, Michingan, Baker Books, 1998), 30-31. Leech, Soul Friend, 80.
68) Ben Johnson, "종교개혁 전통의 영성지도," 176-177.

현대 관상 기도 이해

1) 이 글은 오방식, "관상기도의 현대적 이해," 「장신논단」 30권(2007. 12), 271-310을 수정한 것이다.
2) 하나님과의 일치, 하나님과의 연합에 대한 미국 시카고 대학의 역사 신학자인 버나드 맥긴의 이해를 참고할 필요가 있다. 그는 "신비주의의 목표가 하나님과의 연합이고, 만일 이 하나님과의 연합이 개인의 인격이 상실되면서 이루어지는 흡수나 동화와 연합의 경험으로 간주된다면 우리 그리스도교 역사에 신비주의자는 거의 존재하지 않는다."고 역설한다. 버나드 맥긴의 표현으로 이해하자면, 하나님과의 연합은 하나님으로의 흡수나 동화됨이 아니라, 하나님과의 친밀한 교제의 상태를 말하는 것으로 '그리스도가 자신 안에 있고 자신이 그리스도 안에 있는 상태'인 것이다. Bernard McGinn, "The Presence of God : A History of Western Christian Mysticism," *The Foundations of Mysticism : Origins to the Fifth Century* (New York : Crossroad, 1992), XI-XX.
3) 미국의 트라피스트회 수도승들인 윌리엄 메닝거, 바실 페닝턴, 토마스 키팅에 의하여 1970년대부터 시작된 기도다. 이 기도는 성서의 가르침과 요한 카시아누스, 무지의 구름, 아빌라의 데레사, 십자가의 요한, 토마스 머튼의 기도에 대한 가르침을 기초로 바쁜 일상을 살아가는 현대인들이 관상적인 삶을 살아갈 수 있도록 고안된 단순 기도다. 이 기도는 우리 안에 임재하신 하나님께 우리 자신을 열어드리고 우리 안에서 활동하시는 하나님께 끊임없이 우리 자신을 내어 맡겨드리는 것이다. 이 기도에서는 지향을 상징하

는 거룩한 단어를 사용한다. 우리가 침묵 가운데 이러한 우리의 지향을 상징하는 거룩한 단어를 의식 속에 불러드림으로써 기도를 시작하는데 어떤 형태의 잡념이든지 떠오르면 우리의 지향을 새롭게 하기 위하여 거룩한 단어를 외우는 것이다. 일반적으로 하루에 20분씩 2회에 걸쳐 기도할 것을 권한다.

4) 예수 기도는 4세기부터 동방 교회에서 시작된 기도다. 예수 기도는 성서에서 많은 사람들이 예수님의 이름을 불렀듯이 "하나님의 아들 예수 그리스도시여, 이 죄인을 불쌍히 여기소서."를 끊임없이 일상 안에서 반복하는 것이다. 예수님의 이름을 끊임없이 반복하여 부름으로 내면화하여 항상 예수님의 현존 의식 가운데 살아갈 수 있도록 하나님의 은총을 구하는 기도다.

5) 한국 교회 안에서 1990년대부터 시작된 단순 기도다. 이 기도는 예수님의 마음에 우리의 마음을 합하고, 성령의 인도에 의존하면서, 하나님 아버지께 온 마음과 온 정성과 온 힘으로 드리는 기도다. 이 기도의 방법은 짧은 기도문을 반복하는 것이다. 그런데 이 기도 가운데 일어나는 분심을 다루는 것이 매우 중요한데, 그 분심이 현재 일이나 미래 일에 대한 분심이라면 흘려보내버리고, 과거의 상처나 아픔인 경우에는 기도 안에서 예수님과의 대화를 통해 다루도록 한다. 충분히 기도를 드린 후에 다시 원래의 기도문으로 돌아와 계속해서 암송하는 기도다.

6) 그리스도교 묵상은 영국 베네딕도 수도회 수도승인 존 메인이 요한 카시안의 기도에 대한 가르침에서 착안한 기도다. 카시안이 "하나님 저를 도우소서. 주님, 어서 오사 저를 도우소서."라는 성구를 끊임없이 되뇌는 수행을 했듯이 "마-라-나-타"를 단순하게 되뇜으로써 내적 고요와 침묵에 이르고 이를 통해 하나님으로 충만하게 되기를 원하는 기도이다.

7) Thomas Keating, *Intimacy with God* (New York : The Crossroad Publishing Company, 1996), 56. 키팅은 그림을 통해 기도 안에서 인간의 활동과 성령의 지배의 상호관계를 보여 준다. 또한 관상을 준비시켜주는 그리스도교 전통의 다양한 기도들을 가장 주의 집중적인 기도(가장 능동적인 기도)에서부터 가장 수용적인 기도까지 순서적으로 열거해 보여 주고 있다. 키팅은 센터링 침묵 기도를 현재 사람들이 실천하는 관상기도들 가운데 가장 수용적인 기도에 위치시키고 있다.

8) '템플럼'(*Templum*)은 로마인들이 예언을 위하여 다른 공간들과는 구분하여 하늘이나 땅위에 지정한 성스러운 공간이다. 가톨릭대학교 고전라틴어연구소 편찬, 「라틴-한글 사전」 (서울 : 가톨릭대학교출판부, 1995), 936.

9) William Shannon, "contemplation, contemplative prayer," *The Dictionary of Catholic Spirituality* (Collegeville, MN : The Liturgical Press, 1993), 209-210.

10) 이러한 어원적 의미와 일치하는 그리스도교적 관상에 대한 묘사를 토마스 머튼의 표현에서 찾아볼 수 있다. 머튼은 관상을 "우연적인 실체 안에서 모든 실체의 바탕이며, 참 실체이신 하나님을 보는 것"이라고 정의한다. Thomas Merton, *The New Seed of Contemplation* (Norfolk, CT : New Directions, 1962), 3.

11) 성서 안에 관상으로 번역되는 단어는 없다. 관상의 성서적 근거를 제시하기 위하여 본문의 본래적인 의미를 무시하고 성서구절을 인용하는 것은 경계할 필요가 있다. 그러나 관상이라는 용어가 없다고 관상 자체를 부인하는 것도 잘못된 것이다. 왜냐하면 성서 안에 관상의 의미를 함축하는 내용이나 표현, 이미지, 단어들이 많이 나오기 때문이다. 관상의 의미를 강력하게 말하는 신약의 책은 네 번째 복음서인 요한복음이다. 특별히 요한복음 14장부터 17장에 깔린 모티브는 예수님의 하나님과 하나 됨이다. 요한복음은 "menein"이라는 동사를 자주 사용하는데, 이것은 '영원히 거하다', '살다', 등의 뜻으로

'예수님이 우리들 가운데 영원히 거하신다', '예수님이 제자들과 함께 하나가 된다.'는 것을 묘사한다. 예수 그리스도와 성도들이 하나라는 주제는 사도 바울의 가르침에서도 발견할 수 있다. 사도 바울에게 있어 예수를 주로 고백하는 자들의 공동체는 따로 떨어진 개인들이 단순히 모인 것이 아니라, 그리스도 안에서 하나님과 하나 되는 유기적인 관계 안에서 연합한 사람들의 집합이다. 이러한 제자도 안에서의 하나 됨은 사도 바울이 '그리스도 안에서' 그리고 '그리스도의 몸'이라고 표현한 것 안에서 나타난다. Shannon, "contemplation, contemplative prayer" (1993), 210.

12) Thomas Keating, *Intimacy with God* (1996), 39.
13) דעת(da'ath, 다아트)는 동사 ידע(yada, 야다)에서 온 것인데, 성서에서, 특히 호세아에서 하나님을 힘써 알라고 했을 때 이 용어를 사용한다.
14) 라틴어 'contemplatio'와 비슷한 그리스어 단어는 'theoria'인데, 이것은 'theorein'에서 온 것이다. 'theorein'은 '어떤 대상을 목적을 가지고 집중해서 보다'라는 뜻을 가진다.
15) 앞의 책, 39.
16) Thomas Merton, *The Inner Experience : Notes on Contemplation*, ed. by William H. Shannon (New York : HarperSanFrancisco, 2004), 67.
17) 앞의 책, 68.
18) Shannon, "contemplation, contemplative prayer" (1993), 210.
19) 신비적 관상 또는 순수 관상이라고 부르기도 하는데, 유사-디오니시오는 '신비신학'이라 부른다.
20) Merton, *The Inner Experience* (2004), 68-70.
21) 머튼에 의하면, 신학(theologia)은 사랑 안에서 이루는 하나님과의 접촉인데, 이 접촉은 무엇보다 무지의 어둠 속에서 이루어진다. 이는 지성의 상징과 직관을 초월하며 창조된 형상의 매개물 없이 하나님께 이른다는 사실이다. 매개물이 있다 해도 그것은 지적인 것, 즉 사고의 형상이나 종류가 아니라 사랑에서 비롯된 우리 전 존재의 성향이다. 이 사랑은 우리로 하여금 하나님을 똑같이 닮게 하기 때문에, 우리는 마치 그분이 나의 자아인 양 우리 내면의 자아 안에서, 그리고 그것을 통하여 신비롭게 그분을 체험할 수 있다. 그리스도 안에서 승격되고 변화되고, 성령으로 말미암아 아들 안에서 아버지와 연합한 신비가의 내적 자아는 이제 하나님을 알되 객관적 형상의 매개물을 통해서라기보다 신적 존재가 된 자신의 주관을 통해서 알게 된다. 앞의 책, 69.
22) 그리스도교 전통에서의 관상 이해를 고찰함에 있어 중요한 인물은 바로 대 그레고리오이다. 대 그레고리오는 관상(contemplatio)을 "사랑으로 가득히 충만한 하나님에 대한 지식"이라고 정의했다. 그는 관상을 하나님의 말씀에 대한 묵상의 열매이자 동시에 하나님께서 주신 고귀한 선물이라고 말한다. 그는 관상을 '하나님 안에 쉼'이라고 불렀다. 이러한 쉼의 상태는 마음과 가슴이 더 이상 하나님을 찾지 않는 것을 말한다. 이것은 하나님을 아는 것을 멈추거나 정지한 상태를 말하는 것이 아니라, 많은 활동과 사고들이 하나의 활동과 사고로 합쳐지는 것을 말한다. 즉, 깊은 내면 안에서 하나님의 임재와 활동하심에 자신이 동의하는 것과 같은 하나의 단순한 활동과 사고로 집중되는 것을 의미한다. Keating, *Intimacy with God* (1996), 40-41.
23) 토마스 키팅, 「마음을 열고 가슴을 열고」(서울 : 가톨릭 출판사, 1997), 38. 키팅은 16세기 이전까지는 그리스도교 전통 안에 'mental prayer'(마음 기도, 또는 정신 기도)라는 용어가 존재하지 않았다고 주장한다. 엄무광은 「마음을 열고 가슴을 열고」에서 'mental prayer'를 정신 기도로 번역한다. '정신 기도'라는 표현에는 이성의 기능을 주

로 사용한다는 의미가 함축되어 있기 때문에 'mental prayer'의 본래적인 의미나 이 기도가 포괄하는 기도의 전체적인 의미를 제대로 담아낼 수 없다. 그럼에도 불구하고 '정신 기도'로 오래 동안 번역 또는 사용되어 온 것은 르네상스 이후에 기도나 묵상에 있어서 이성의 기능이 주로 사용되고 매우 강조되었기 때문일 것이다.

24) 하워드 L. 라이스, 「개혁주의 영성」(서울 : 기독교문서선교회, 1995), 142-144.
25) 필자는 오리겐과 니사의 그레고리의 관상 이해를 위하여 기독교 영성 사전에 실린 샤논 교수의 관점을 요약하였다. Shannon, "contemplation, contemplative prayer" (1993), 210-211.
26) "창세로부터 그의 보이지 아니하는 것들 곧 그의 영원하신 능력과 신성이 그가 만드신 만물에 분명히 보여 알려졌나니 그러므로 그들이 핑계하지 못할 지니라"(롬 1 : 20).
27) 마음 기도는 소리 기도(vocal prayer)에 대한 상대적 개념이다. 그리스도교회 전통에서 소리 기도는 기도문을 사용하여 드리는 기도이며, 마음 기도는 마음과 정신을 다하여 우리를 기도로 초청하신 사랑의 하나님께 주목하여 드리는 친밀한 사귐의 기도이다. 마음 기도를 정신 기도나 묵상 기도로 번역하기도 하는데, 만일 우리가 마음 기도를 이성만으로 드리는 기도로 제한시킨다면 이 기도의 의미를 축소하는 것이다. Kieran Kavanaugh, "How to Pray : From the Life and Teachings of Saint Teresa," *Carmelite Studies, Carmel and Contemplation : Transforming Human Consciousness* (Washington, DC : ICS Publications, 2000), 127.
28) 존 메인, 「침묵으로 이끄는 말」(서울 : 분도출판사, 2006), 19. 존 메인은 그리스도교 전통이 일반적으로 기도의 깊이 수준이나 방법적인 차이로 구별하여 묵상과 관상이라는 용어를 사용해 왔던 이해나 구조를 취하지 않고, 자신의 묵상 이해와 묵상 기도를 위해 이 모든 용어를 같은 것으로 사용한다. 그는 묵상을 다음과 같이 정의한다. "묵상은 무엇보다, 우리 안에 내재한 신성이 주는 평화에 감사하고 자신과 평화로이 있을 준비를 하는 매우 단순한 과정을 말한다." 그는 계속하여 그리스도교 묵상의 가장 중요한 목표를 제시한다. 그것은 "하나님의 신비롭고도 말 없는 현존이 우리 안에서 그저 하나의 실제성이 아니라 우리 삶의 유일한 실제성이 되도록 허락하는 것이다. 또한 우리가 하는 모든 일에, 우리 존재를 드러내는 모든 일에, 의미와 형태와 목적까지 부여하는 바로 그 실제성이 되도록 허락하는 것이다." 묵상은 이러한 것이 우리 안에 이루어지도록 행하는 학습 과정이다. 주의를 기울이고, 집중하며, 주목하는 것을 배우는 과정이다.
29) 관상과 관상 기도의 관계를 다룬 글들 가운데 중요한 작품들을 소개하면 다음과 같다. Ernest E. Larkin, "Today's Contemplative Prayer Forms : Are They Contemplation?" *Review for Religious* 57(1998/1-2), 77-87; Shannon, "contemplation, contemplative prayer" (1993). 라킨과 샤논이 관상과 관상 기도의 관계를 다루지만 샤논은 라킨보다 포괄적인 관상 이해를 가지고 관상 기도에 접근하고 있다. 라킨은 기도 안의 경험으로서 관상을 다루는데 반해, 샤논은 하나님의 임재 안에서의 삶으로 관상을 이해한다. 윌리엄 샤논에게 관상의 전제는 하나님과 인간의 비이원성이다. 비이원성이란 우리의 존재가 하나님과 구별되지만 분리되지 않는다는 것이다. 이것은 우리가 하나님께 속했으며 하나님은 우리 존재의 바탕이 되신다는 것이다. 우리는 이미 하나님의 임재 안에 존재하고 있다. 그러나 우리는 이러한 임재 의식을 가지고 있지 못하든지 아니면 그 의식이 희미할 따름이다. 샤논의 관상 기도는 바로 이 의식이 온전히 깨어나 우리가 진정으로 하나님의 현존 안에서 살아가도록 하는 데 있다. 그래서 그에게 있어서 기도의 의미는 하나님을 깨달음이며, 이러한 면에서 관상 기도를 깨달음의 기도(prayer of

awareness)라고 부른다. 필자는 관상에 대한 이해로 포괄적인 샤논의 입장에 동의하면서 이 글에서의 초점은 기도 안에서 우리가 경험하는 관상과 관상 기도의 관계로 제한하여 구체적으로 다룰 것이다. 참고 : 윌리엄 샤논, 「깨달음의 기도」(서울 : 은성출판사, 2002), 51-57.
30) 기독교 영성 사전으로는 유일하게 한국어로 번역된 「기독교 영성사전」에 나오는 '관상'에 대한 정의에서는 관상과 관상 기도를 구분하지 않고 있다. 그러나 이 사전이 실제적으로 다루고 있는 내용은 관상이 아니라 관상 기도이다. "그리스도교에서 사용될 때에 이 단어는(관상, contemplation) 일반적으로 정신이 추론적으로 기능하지 않으며 한 가지에 초점을 두고 단순하게 주의를 집중하는 상태가 되는 기도를 지칭한다." J. 네빌 와드, 고든 웨이크 필드 편, "관상," 「그리스도교 영성사전」(서울 : 은성출판사, 2002), 52.
31) Larkin, "Today's Contemplative Prayer Forms" (1998), 78.
32) 앞의 논문, 78.
33) 그러나 라킨이 키팅의 관상과 관상 기도에 대하여 분석한 내용에는 오류가 있다. 그는 키팅이 관상과 관상 기도를 "하나님 안에서의 쉼"으로 이해하여 이 둘을 동일한 것으로 보고 있으므로 자신의 이해와 다르다고 주장한다(앞의 논문, 78). 그러나 키팅의 관상과 관상 기도(센터링침묵 기도)의 관계에 대한 이해는 바로 위의 문단에서 필자가 센터링 침묵 기도와 관상의 관계에 대한 설명으로 제시했듯이 라킨의 것과 전혀 다르지 않음을 볼 수 있다.
34) 데레사는 「영혼의 성」에서 자신의 영혼을 많은 방을 가지고 있는 아름다운 성으로 이해하며, 각 궁방에 따른 기도를 묘사한다. 각 궁방을 따라 소리 기도, 추리적 묵상의 기도, 정감의 기도, 거둠의 기도, 고요의 기도, 일치의 기도의 단계가 있다. 이 중 거둠의 기도는 능동과 수동의 전환이 이루어지는 차원의 기도이다. 고전적인 의미에서 거둠의 기도는 "초자연적인 단계로 들어가는 입구"이다. 관상 안에 있기 보다는 관상으로 들어가는 문턱에 있는 기도라고 말할 수 있다. 이 거둠의 기도에는 능동적 거둠과 수동적 거둠이 있는데, 「완덕의 길」에는 능동적 거둠이 나오고, 「영혼의 성」에는 수동적 거둠만이 나온다. 수동적 거둠은 수동적 차원의 신비적인 기도가 시작되는 단계다. 고요의 기도에서부터는 순수한 관상이 이루어지는 단계의 기도라고 말할 수 있을 것이다.
35) William Johnston, *Mystical Theology* (London : Harper Collins, 1995), 134; Larkin, "Today's Contemplative Prayer Forms" (1998), 79에서 재인용.
36) Thomas Merton, *What Is Contemplation?* (Springfield, IL : Templegate Publishers, 1950), 36.
37) 앞의 책; Thomas Merton, *The Ascent to Truth* (New York : Harcourt Brace, 1951).
38) 또한 관상을 습득적 관상, 주부적 관상으로 나누기도 하는데 이는 각각 자연적 관상, 초자연적 관상 그리고 능동적 관상, 수동적 관상에 상응하는 용어들이다.
39) Merton, *The Inner Experience* (2004), 66-67.
40) Larkin, "Today's Contemplative Prayer Forms" (1998), 81.
41) Lawrence S. Cunningham and Keith J. Egan, *Christian Spirituality : Themes from the Tradition* (New York : Paulist Press, 1996), 84.
42) 앞의 책, 85.

43) 성서를 끊임없이 읽고, 듣고, 기억하며, 그것을 반복적으로 되풀이하고 되씹음으로써 말씀으로부터 영적 자양분을 얻는 것을 잘 묘사하는 단어가 바로 'ruminatio'(되새김, 반추)다. 기도하는 마음으로 성서 본문을 되씹어 맛보고 그 본문의 깊고 충만한 의미를 깨달아 자기 것으로 만드는 것이다.
44) 김균진 교수는 독일어 'Meditation'(영어 meditation)을 명상, 그리고 'Kontemplation' (영어 contemplation)을 관조라 번역했다.
45) 위르겐 몰트만, 「생명의 영」(서울 : 대한 기독교서회, 1992), 272.
46) 귀고 2세, "수도승의 사다리," 허성준, 「수도 전통에 따른 렉시오디비나」(왜관 : 분도출판사, 2003), 197.
47) 기독교 전통에서 관상은 철저하게 하나님의 순수한 선물이라고 말한다. 우리 인간의 노력으로 순수한 선물인 관상을 획득할 수는 없다. 그러나 관상은 선물이지만, 교회 전통은 또한 관상이 준비된 영혼에게 선물로 주어지는 것임을 가르친다. 우리가 성서 말씀을 읽더라도 그 말씀을 묵상하지 않고 관상의 선물을 기대할 수는 없다. 관상은 우리가 말씀을 읽고 묵상할 때 하나님의 은총으로 우리에게 주어지는 하나님의 선물인 것이다. 그리스도교 전통에서 학구적인 렉시오 디비나의 단계를 체계화한 귀고 2세는 성서말씀 읽기와 묵상, 그리고 기도와 관상에 이르는 관계의 역동을 다음과 같이 요약한다. "묵상 없는 독서는 메마르며, 독서 없는 묵상은 오류에 빠지기 쉽습니다. 묵상 없는 기도는 냉담하고, 기도 없는 묵상은 열매를 맺지 못합니다. 기도가 열정적일 때 관상에 이르는 것이지, 기도 없이 관상에 이르는 경우는 거의 없으니 그것은 기적에 가깝습니다." 앞의 책, 82.
48) 라킨은 현대 관상 기도로서 대표적인 센터링 침묵 기도와 그리스도교 묵상을 갈멜 수도회 전통의 관상 기도들과 비교하며 이 새로운 기도들의 과거와의 연속성과 새로운 측면을 추적한다. Ernest E. Larkin, "The Carmelite Tradition and Centering Prayer/Christian Meditation," *Carmelite Prayer : A Tradition for the 21st Century*, ed. by Keith J. Egan (New York : Paulist, 2003), 202-222.
49) 각주 30번을 참고하라. 데레사는 「영혼의 성」에서 각 궁방에 따른 기도의 성격을 이야기한다. 그 기도들은 각각 소리 기도(구송 기도), 추리적 묵상의 기도, 정감의 기도, 능동적 거둠의 기도, 수동적 거둠의 기도, 고요의 기도, 일치의 기도로 명명할 수 있다.
50) 예수의 데레사, 최민순 옮김, 「완덕의 길」(서울 : 바오로딸, 1967), 28장 4절.
51) Basil Pennington, *Centering Prayer : Renewing an Ancient Christian Prayer Form* (New York : Image Books, 2001), 40-41. 참고 「완덕의 길」31장에서 데레사는 단순 기도로서 센터링 침묵 기도와 매우 유사한 기도의 형태를 소개하고 있다. "하나님께서 우리 안에서 하시고자 하는 것을 이루시도록 혼자만의 시간을 갖는 것은 좋은 일입니다. 우리가 할 일은 불이 꺼지려고 하면 살며시 불어 불을 살리듯이, 가끔 거룩한 단어를 외는 것입니다. 불이 잘 탈 때 입김을 불면 불은 꺼집니다. 말을 많이 하면 분심이 들기 마련입니다. 그냥 살며시 '후'하고 부십시오." 이 기도는 요한 카시안이나 동방 교부들의 기도처럼 짧은 기도문을 끊임없이 반복하는 기도와는 다르다. 이 기도는 「무지의 구름」에서 제안하는 것처럼 하나님의 현존 안에 머무르며 하나님을 주목하여 보다가 하나님을 향하는 열망의 불이 꺼지려고 할 때, 즉 필요할 때 거룩한 단어를 외움으로 다시 하나님을 오로지 주목함으로 계속하여 하나님의 현존 안에 머물고자 하는 기도이다. 이런 면에서 데레사의 기도의 가르침은 현대 센터링 침묵 기도의 원리나 지침과 상당히 유사한 면이 있음을 알 수 있다.
52) Ernest E. Larkin, "St. Teresa of Avila and Centering Prayer," *Carmelite Studies*

3 (Washington : Institute of Carmelite Studies, 1984), 191-211.
53) 「천주자비의 글」에서 데레사는 물의 상징을 통해 이를 잘 표현하고 있다. 관상은 마치 물을 얻기 위하여 두레박과 도르래가 더 이상 필요하지 않는 상태와 같다. 이전에는 능동적으로 물을 올리기 위한 노력이 필요했으나 관상의 상태에서 물은 이제 내면의 샘에서 흘러나오게 된다.
54) 요한이 말하는 영혼의 어둔 밤의 세 가지 표시는 다음과 같다. 첫째는, 기도와 일상생활이 무미건조해진다. 하나님과의 관계에서 있었던 감각, 맛, 위로, 달콤함이 다 사라진다. 피조물이나 어떤 세속적인 것에도 만족이 없음을 알게 됨으로써 하나님만이 자신에게 진정한 만족을 줄 수 있음을 알게 된다. 둘째는, 자신이 영적 진보에 있어서 거꾸로 가고 있을지도 모른다는 두려움과 자기 자신이 저지른 어떤 개인적인 잘못이나 실수로 하나님의 뜻을 거역할지도 모른다는 두려움을 갖게 된다. 다시 표현하자면, 이것은 이전까지는 논리적인 묵상이나 감각에 의존하여 하나님의 뜻을 찾고 만나는 은혜를 입었는데, 이제는 그런 것을 사용할 수도 없고 그런 것을 매개로 은혜가 주어지지 않기 때문에 영적으로 자신이 후퇴하는 것이 아닌가, 또는 하나님의 뜻을 거스르는 것이 아닌가 하는 두려움을 가질 수 있다는 의미다. 셋째는 이 '감각의 어둔 밤'에서는 논리적인 묵상을 할 수 없게 되거나 하려는 마음이 없어진다. 그 단계에 이르기 전까지 기도자는 묵상을 위해 자신의 기능들을 사용한다. 그러나 '감각의 어둔 밤'에 이르러서는 하나님을 갈망하거나 추리적인 묵상을 할 수 없게 되어 내면의 방황을 경험하게 된다.
55) Larkin, "Today's Contemplative Prayer Forms" (1998), 84.

영성지도의 현대적 이슈들 이해

1) 이 글은 이강학, "영성지도의 현대적 이슈들," 「장신논단」 46, 4(2014. 12), 197-223을 수정한 것이다.
2) 유해룡, "영성지도의 필요성과 실천적 제안", 「장신논단」 18(2002. 12), 433.
3) Kenneth Leech, "Interrogating the Tradition," *The Way Supplement* 54 (Autumn 1985), 13-17.
4) Janet Ruffing, *To Tell the Sacred Tale : Spiritual Direction and Narrative* (Mahwah, NJ : Paulist Press, 2011), 15-18.
5) William A. Barry and William J. Connolly, *The Practice of Spiritual Direction* (New York : HarperOne, 2009), 34.
6) Frank J. Houdek, *Guided by the Spirit : A Jesuit Perspective on Spiritual Direction* (Chicago, IL : Loyola Press, 1996), 1-2.
7) Jeannette Bakke, *Holy Invitations : Exploring Spiritual Direction* (Grand Rapids, MI : Baker Books, 2000), 54.
8) Kenneth Leech, "Interrogating the Tradition," *The Way Supplement* 54 (Autumn 1985), 13.
9) Norvene Vest, *Tending the Holy : Spiritual Direction across Traditions* (Harrisburg, PA : Morehouse Publishing, 2003).
10) Lavinia Byrne, ed., *Traditions of Spiritual Guidance* (Collegeville, Minnesota : The Liturgical Press, 1990).
11) Robert Manning, ed., *Spiritual Direction : Contemporary Readings* (Locust Valley,

NY : Living Flame Press, 1983).
12) Irénée Hausherr, *Spiritual Direction in the Early Christian East* (Kalamazoo, Michigan : Cistercian Publications, 1990).
13) Joseph J. Allen, *Inner Way : Toward a Rebirth of Eastern Christian Spiritual Direction* (Brookline, Massachusetts : Holy Cross Orthodox Press, 2000).
14) John Chryssavgis, *Soul Mending : The Art of Spiritual Direction* (Brookline, Massachusetts : Holy Cross Orthodox Press, 2000).
15) Benedict M. Ashley, *Spiritual Direction in the Dominican Tradition* (New York : Integration Books, 1995).
16) Peter Ball, *Journey into Truth : Spiritual Direction in the Anglican Tradition* (New York : Mowbray, 1996).
17) Peter Ball, *Anglican Spiritual Direction* (Harrisburg, NY : Morehouse Publishing, 2007).
18) Leech, *Soul Friend*, 73-83.
19) Howard Rice, *The Pastor as Spiritual Guide* (Nashville, TN : Upper Room Books, 1998), 17.
20) Howard Rice, *Reformed Spirituality : An Introduction for Believers* (Louisville, Kentucky : Westminster John Knox Press, 1991) : 120-151.
21) Wesley D. Tracy, "John Wesley, Spiritual Director : Spiritual Guidance in Wesley's Letters," *Wesleyan Theological Journal* 23 (1988), 148-162.
22) Steven Harper, "John Wesley : Spiritual Guide," *Wesleyan Theological Journal* 20, no. 2 (Fall 1985), 91-96.
23) Wesley D. Tracy, "Spiritual Direction in the Wesleyan-Holiness Tradition," in *Spiritual Direction and the Care of Souls : a Guide to Christian Approaches and Practices*, ed. Gary W. Moon and David G. Benner (Downers Grove, IL : InterVarsity Press, 2004), 115-136.
24) W. Paul Jones, *The Art of Spiritual Direction : Giving and Receiving Spiritual Guidance* (Nashville, TN : Upper Room Books, 2002).
25) George E. Demacopoulos, *Five Models of Spiritual Direction in the Early Church* (Notre Dame, Indiana : University of Notre Dame Press, 2007).
26) P. Gregg Blanton, "Narrative Family Therapy and Spiritual Direction : Do They Fit?," *Journal of Psychology and Christianity* 27, no.1 (2005), 68-79.
27) Ruffing, *To Tell the Sacred Tale*, 20-22.
28) Blanton, "Narrative Family Therapy and Spiritual Direction," 75-76.
29) Leech, *Soul Friend*, 116.
30) Susan S. Philips, *Candlelight : Illuminating The Art of Spiritual Direction* (Harrisburg, NY : Morehouse Publishing, 2008), 7.
31) Leech, *Soul Friend*, 96-100.
32) Anne Winchell Silver, *Trustworthy Connections : Interpersonal Issues in Spiritual*

      Direction (Cambridge, Massachusetts : Cowley Publications, 2003), XIV-XV.
33) Philips, *Candlelight*, 7.
34) Walter E. Conn, *The Desiring Self : Rooting Pastoral Counseling and Spiritual Direction in Self-Transcendence* (New York : Paulist Press, 1998), 113-133.
35) Leech, *Soul Friend*, 101-116.
36) 체스터 마이클(Chester P. Michael)도 그의 책에서 "사람을 거룩함으로 안내하는 데 있어서 심층심리학의 이론들이 유용하다"고 주장한다. *An Introduction to Spiritual Direction : A Psychological Approach for Directors and Directees* (New York : Paulist Press, 2004), 5.
37) Leech, *Soul Friend*, 110-111.
38) 위의 책, 115.
39) Kevin G. Culligan, ed., *Spiritual Direction : Contemporary Readings* (Locust Valley, NY : Living Flame Press, 1983).
40) Nich Wagner, *Spiritual Direction in Context* (Harrisburg, PA : Morehouse Publishing, 2006).
41) Kathleen Fischer, *Women at the Well : Feminist Perspectives on Spiritual Direction* (New York : Paulist Press, 1988).
42) Margaret Guenther, *Holy Listening : The Art of Spiritual Direction* (Cambridge, Massachusetts : Cowley Publications, 1992).
43) Jean Stairs, *Listening for the Soul : Pastoral Care and Spiritual Direction* (Minneapolis, MN : Augsburg Fortress Press, 2000).
44) Rose Mary Dougherty, *Group Spiritual Direction : Community for Discernment* (New York : Paulist Press, 1995), 13.
45) Duane R. Bidwell, *Short-Term Spiritual Guidance* (Minneapolis : Fortress Press, 2004), xii.
46) Barbara A. Sheehan, *Partners in Covenant : The Art of Spiritual Companionship* (Cleveland, Ohio : The Pilgrim Press, 1999), 38-39.
47) Gerald A Arbuckle, "Cross-Cultural Pastoral Intimacy," *Human Development* 23, no. 1 (Spring 2002), 17; Peter C. Phan, "Spiritual Direction in a Multicultural Church : Helping Others Encounter God in Their Own Cultures," *New Theology Review* 13, no. 1 (2000), 18; Peter Bisson, "Cultural Conversion and Cross-Cultural Communication : A Basis for Communal Discernment," *The Way Supplement* 85 (Spring 1996), 57.
48) Leonard Blahut가 파푸아 뉴기니에서의 경험을 바탕으로 한 짧은 글도 문화간 영성지도에 대한 실제적인 통찰을 담고 있다. "The Spiritual Director as Guest : Spiritual Direction in a Cross Cultural Situation," *Presence* 3, no.2 (May 1997), 57-61.
49) Susan Rakoczy, "Cross-Cultural Issues in the Ministry of Spiritual Direction," in *Heavy Blessings, Light Burdens : Challenges of Church and Culture in the Post Vatican II Era*, ed. Mary Heather MacKinnon, Moni McIntyre, and Mary Ellen Sheehan (Quincy, IL : Franciscan Press, 2000), 267-79.
50) 상호 교감(interpathy)이란 "다른 사람과 함께 느끼고 함께 생각하는 경험"을 말한다. 나

는 이 사람이 하는 것처럼 믿고, 느끼고, 생각하려고 노력한다. 라코치는 이 개념 "상호 교감"을 데이빗 아욱스버거(David Augsburger)에게서 빌려왔다. *Pastoral Counseling Across Cultures* (Philadelphia : The Westminster Press, 1986). 아욱스버거에 따르면 "상호 교감이란 다른 사람의 생각들과 느낌들을 의도적으로 인식하기 위해 마음에 그리고 정서적으로 경험하는 것이다. 비록 생각들은 다른 앎의 과정에서 나오고, 가치들은 다른 도덕적 사고의 틀에서 나오고, 느낌들은 다른 가정을 근거로 나온다고 할지라도."

51) Rakoczy, "Unity, Diversity, and Uniqueness," 18.
52) Theresa Utschig, "Bridging the Gap : Cross-Cultural Spiritual Direction," *The Way* 42, no. 2 (April 2003), 19.
53) Phan, "Spiritual Direction in a Multicultural Church," 20.
54) 위의 논문, 22. 북미의 지도자들이 아시아인들을 보는 관점에 대한 팬의 예시는 무척 적나라하다 : "아시아인들은 솔직함과 개방성이 기대되는 성적인 문제들을 토론할 때 심하게 과묵해지는 것 같다. 그들은 또한 영성지도자들을 포함해서 권위적인 위치에 있는 인물들에 대해 지나치게 비굴해지는 경향이 있다. 그들은 어떤 지시사항들과 요청들이 자신들의 역량을 초과하는 경우에도 그들의 상관들에 대항하는 것이 되거나 실망시키는 것이 될까봐 두려워서 묵묵히 따를 것이다. 더욱이, 질문에 대해 그들이 예라고 대답한다고 해서 그것이 항상 동의나 수용을 의미하는 것은 아니다. 그리고, 그들의 웃음도 때로는 무척 수수께끼 같다. 도덕적인 문제들에 있어서, 그들은 사회 윤리적인 이슈들보다는 개인 윤리적인 이슈에 더 관심을 갖는 경향이 있다." (위의 논문, 16).

예술목회와 영성 수련

1) 이 글은 이주형, "예술목회를 위한 영성수련 : 상상적 관상을 중심으로," 「기독교교육논총」 46집(2016, 6), 319-351을 수정 보완한 것이다.
2) Alejandro Garica-Rivera, "Aesthetics," *The Blackwell Companion to Christian Spirituality*, eds. Arthur Holder (Malden, MA : Blackwell Publishing, 2005).
3) Belden C. Lane, "Jonathan Edwards on Beauty, Desire, and the Sensory World," *Theological Studies* 65 (2004) : 45.
4) 대표적인 저서들로는, Edward Farley, *Faith and Beauty : A Theological Aesthetics* (Burlington, vt. : Ashgate, 2001); Louis J. Mitchell, "The Theological Aesthetics of Jonathan Edwards," *Theology Today* 64 (2007); Sang Hyun Lee, "Edwards and Beauty," *Understanding Jonathan Edwards : An Introduction to America's Theologian*. ed. Gerald McDermott (New York : Oxford University Press, 2009), 113-126.
5) 심광섭, 「예술신학」(서울 : 대한기독교서회, 2010).
6) 손원영, "예술영성 형성을 위한 기독교 교육과정 개발에 관한 연구(1) : 놀이를 중심으로," 「종교교육학연구」 제47권(2015), 5
7) 이 외에, Sandra Scheniders는 그리스도교영성의 특징과 방법론을 다음과 같이 열거하고 있다 : 해석학적 접근(hermeneutical approach), 영적경험(Lived Experiences)을 향한 탐구, 통합적 전인적 접근(Holistic and Integrating Approach), 변화와 갱신(transformation and renewal), 간학문적 접근 (interdisciplinary methods). Sandra Schneiders, "the Study of Christian Spirituality : Contours and Dynamics of a Discipline," *Minding the Spirit : The Study of Christian Spirituality*, eds. Elizabeth A. Dreyer & Mark S. Burrows (Baltimore, Maryland; Johns Hopkins University Press, 2005), 5-24; San

Schneiders, "A Hermeneutical Approach to the Study of Christian Spirituality," *Minding the Spirit : The Study of Christian Spirituality*, eds. Elizabeth A. Dreyer and Mark S. Burrows, 49-60.

8) Sandra Scneniders, "Approaches to the Study of Christian Spirituality," *the Blackwell Companion to Christian Spirituality*, ed. Arthur Holder (Malen, MA : Blackwell Publishing, 2005), 29-31.

9) Elizabeth Liebert, "The Role of Practice in the Study of Christian Spirituality" *Minding the Spirit : The Study of Christian Spirituality*, eds. Elizabeth A. Dreyer & Mark S. Burrows (Baltimore, MD : Johns Hopkins University Press, 2005), 79. 인식론적 지식과 존재론적 지식은 상충되거나 갈등 구조를 형성하지 않고, 오히려 서로 보완적이며 상호 호혜적 역동성을 지향해야 한다.

10) Ibid., 85.

11) Ibid., 87.

12) Ibid, 89-90. Liebert는 자신의 논지의 근거를 Howard Gardner의 The Disciplined Mind로부터 인용하고 있다.

13) 어떤 수련자는 기도를 직접 참여하며 지식을 터득할 수 있고, 어떤 학생은 그 영성 수련 창시자인 성 베네딕트의 삶의 이야기를 통해 Lectio Divina의 역사적 지식을 얻을 수 있고, 다른 학생은 성 베네딕트 영성이 유럽에 어떤 영향을 미치는지를 탐구하면서 Lection Divina를 알게 될 것이다.

14) 이 영신수련 방법론의 타당성과 가치는 서양 그리스도교 역사 속에서 유례없는 관심과 보편적 사용을 통해서도 발견된다. 근대 사회를 넘어 포스트모던 세대에까지 예수회 공동체를 넘어, 이젠 천주교와 개신교 신도들에게까지 개인과 공동체 영성의 변화와 갱신을 위해 사용되고 있다.

15) Brendan Byrne, "To See with the Eyes of the Imagination······ : Scripture in the Exercises and Recent Interpretation," *The Way Supplement* 72 (Autumn 1991) : 6.

16) Katherine Dyckman, Mary Garvin and Elizabeth Liebert, *The Spiritual Exercises Reclaimed : Uncovering Liberating Possibilities for Women* (New York : Paulist Press, 2001), 122.

17) Antonio T. De Nicolas and Ignatius, *Ignatius De Loyola, Powers of Imagining : A Philosophical Hermeneutic of Imagining through the Collected Works of Ignatius De Loyola*, with a Translation of These Works (Albany : State University of New York Press, 1986), 32.

18) Kathleen Fischer, "The Imagination in Spirituality," *The Way Supplement* 66 (Autumn 1989), 98.

19) Paul G. Growley, "Between Earth and Heaven : Ignatian Imagination and the Aesthetics of Liberation," *Through a Glass Darkly : Essays in the Religious Imagination*, ed. John C. Hawley (New York : Fordham University Press, 1996), 63.

20) 정제천 역, 「로욜라의 성 이냐시오 영신수련」(서울 : 이냐시오영성연구소, 2010), 14.

21) 현재 진행되고 있는 이냐시오 영신수련은 4주에 걸쳐 진행되지 않고, 길게는 40일로부터 11일 수련과 짧게는 4일 수련 프로그램이 진행되고 있다. 한국 예수회에 소속되어 있는 수도원 혹은 피정의 집들에 직접 전화상담을 통해 알아본 정보이다. 자세한

사항은 예수회 공식 홈페이지를 통해 확인할 수 있다. www.jesuits.or.kr.
22) Walter Burghardt, "Contemplation : A long loving look at the real," *Church* (winter 1989) : 14-18.
23) "주님께는 하루가 천 년 같고, 천 년이 하루 같습니다"(벧후 3 : 8, 새번역).
24) Burghardt, 14-15.
25) Katherine Dychkman, Mary Garvin and Elizabeth Liebert, *The Spiritual Exercises Reclaimed : Uncovering Liberating Possibilities for Women* (Mahwah, NY : Paulist Press, 2001), 119.
26) Ernest Ferlita, "The Road to Bethlehem-Is It Level or Winding? : The Use of Imagination in the Spiritual Exercises," *Studies in the Spirituality of Jesuits* 29 (November 1997) : 17.
27) 영적 실망과 영적 위안이란 개념은 이냐시오의 영신수련으로부터 근거하는데 특히 영적 분별의 규칙에서 중요하게 다뤄지는 개념이다. 영적 실망은 하나님으로부터 멀어지게 되는 내적 움직임이며, 영적 위안은 하나님과의 친밀한 관계가 심화되어가는 내적 상태나 움직임을 지칭한다. 자세한 설명은 영신수련의 "영적분별규칙(313-336)"을 통해 확인할 수 있다. 「로욜라의 성 이냐시오, 영신수련」 130-139.
28) Henri Nouwen, *The Return of The Prodigal Son : A Story of Homecoming* (New York : Image Book, 1992), 15-18.
29) Ibid., 98-102.
30) Dan Kimbell, *the Emerging Church; Vintage Christianity for New Generation* (Grand Rapids, Michigan; Zondervan, 2003), 148-149.
31) William A. Barry & William J. Connelly, *The Practice of Spiritual Practice* (San Francisco : HarperSanFrancisco, 1986)
32) 이주형, "기독교 영성 고전 학당 "산책길"과 함께 : 하나님의 임재에 참여하는 영적 대화법," 「목회와 신학」 (2015, 2), 172-175.

'관계'에 대한 대상관계이론과 관계적 영성

1) 이 글은 학술 등재지 「신학사상」 138호(2007)와 「신학연구」 67호(2015)에 실린 저자의 논문을 수정 편집한 것이다.
2) J. D. Nasio, 「무의식은 반복이다」, 김주열 역(서울 : NUN, 2015), 8-9.
3) U. T. Holmes, 「목회와 영성」, 김외식 역(서울 : 대한기독교서회, 1999), 320-321.
4) Nelson S. T. Thayer, 「영성과 목회」, 백상렬 역(서울 : 대한기독교서회, 1989), 8.
5) Ibid, 56.
6) U. T. Holmes, 29-38.
7) O. F. Bollnow, 「실존철학과 교육학」, 이규호 역(서울 : 박영사, 1967), 78.
8) Martin Buber, *I and Thou*, W. Kauffmann trans. (New York : Scribners, 1970), 54.
9) Martin Buber, 「나와 너」, 김천배 역(서울 : 대한기독교서회, 1999), 15-16.
10) 이 이론의 중심사상은 현재의 인간관계는 이미 과거에 이루어진 관계의 영향을 받는다

는 것이다. 즉, 어릴 때의 내재화된 대상관계(Introjected Object Relationship)가 그 후 모든 대상관계에서 반복되고 재현되는 것이다. 그러므로 오늘의 나의 감정, 판단과 결정, 행동은 과거 대상과의 경험의 결과물이다. 내재화(Internalization)란? 어린이가 대상들을 자기 나름대로 판단하고 인식하며, 자신의 상상대로 대상을 만들기도 하여, 그 이미지를 마음속에 자신의 일부로 갖게 되는 것을 말한다. 대상도 내재화되지만 관계의 양상도 내재화된다.

11) '리비도'와 '집중', '끌림'이라는 용어는 개인이 어떤 주제나 대상에게 관심이 집중된 상태나 매료된 상태를 일컫는다.

12) 프로이트는 1900년에 출판된 「꿈의 해석」에서 '쾌락원리'에 대해 역동적인 관점에서 처음으로 자세하게 설명하였다.

13) Stephen A. Mitchell & Margaret Black, *Freud and Beyond* (New York : Basic Books, 1995), 115.

14) W. R. D. Fairbairn, *An Object Relations Theory of Personality* (New York : Basic Books, 1954), 60.

15) R. D. Hinshelwood, *A Dictionary of Kleinian Thought* (London : Free Association Books, 1989), 326, 362.

16) W. R. D. Fairbairn, *An Object Relations Theory of Personality*, 212.

17) J. Hughes, *Fairbairn's Revision of Libido Theory : The Case of Harry Guntrip In Fairbairn and the Origins of Object Relations*, ed. J. Grotstein and D. Rinsley (New York : Guilford Press, 1994), 251.

18) W. Ronald D. Fairbairn, 「성격에 관한 정신분석학적 연구」, 이재훈 역(서울 : 한국심리치료연구소, 2003), 257.

19) Martin Buber, *I and Thou*, 160.

20) Ibid., 123-4.

21) Ibid., 158.

22) Martin Buber, 「예언자의 신앙」, 남정길 역(서울 : 대한기독교서회, 1977), 49.

23) Ibid., 10.

24) Martin Buber, *I and Thou*, 110.

25) Ibid., 111.

26) Martin Buber, *Between Man and Man* (New York : Macmillan Publishing, 1966), 16.

27) 최한구, 「마틴 부버의 생애와 사상」(서울 : 대한기독교서회, 1992), 96-97.

28) Heinz Kohut, *How does analysis cure?* (Chicago and London : The University of Chicago Press, 1984), 61.

29) Ibid., 1.

30) Ibid., 76.

31) Ibid., 52.

32) Ibid.

33) Heinz Kohut, *The Restoration of the Self* (Madison : International Universities

Press, 1977), 99.
34) Heinz Kohut, *The Analysis of the Self* (New York : International Universities Press, 1971), 27.
35) Ibid, 106.
36) Heinz Kohut, *How does Analysis Cure?*, 76.
37) Michael St. Clair, *Object Relations and Self Psychology : An Introduction* (Belmont, CA : Books/cole, 2000), 142.
38) Stephen A. Mitchell & Margaret Black, *Freud and Beyond*, 161.
39) John Steiner, 「정신적 은신처」, 김건종 역(서울 : NUN, 2011), 16.
40) Richard G. Erskine, Janet P. Moursurd, Rebecca L. Traumann, 「공감, 그 이상을 추구하며」, 김병석 외 7인 역(서울 : 학지사, 2014), 31.
41) Michael St. Clair, *Object Relations and Self Psychology* (C. A. : Thomson Learing, 2000), 59.
42) 대상이란 사랑과 미움이 투여된 사람, 장소, 사물, 환상 등을 의미하며, 내적 대상이란 정신적 표상, 즉 다른 사람과의 관계에 대한 이미지, 생각, 환상, 감정 혹은 기억들을 말한다. N. Gregory Hamilton, *Self and Others* (Maryland : Rowman & Littlefield Publishers, 2004), 6.
43) Ibid.
44) John Steiner, 16-17.
45) Ibid., 116.
46) 최영민, 「쉽게 쓴 정신분석이론」(서울 : 학지사, 2013), 172.
47) John Steiner, 91.
48) 주이상스란? 라깡의 용어로 향유, 향락, 희열의 의미를 포함하는 강렬한 쾌락이고 현실원칙을 파괴하기 때문에 결국 고통이 되는 전복(顚覆)의 충동이다. 주이상스는 병리적 인격조직에 의한 무의식의 반복이라는 측면에서 보면, 외상을 당하는 아이가 겪는 강렬하고 폭력적이고 모순된 감정 덩어리를 의미한다. 느끼기는 하지만 아직 미성숙하고 공포 때문에 흐려진 의식이 등록하지 못한 감정이다. 따라서 주이상스는 겪었지만 의식으로 표상화 되지 못한, 혼란스럽게 경험되지만 외상을 입은 자아에 의해 동화되지 못한 감정의 혼합체이다.
49) J. D. Nasio, 86-91.
50) R. D. Hinshelwood, *Clinical Klein* (London : Free Association Books, 1994), 136.
51) Anselm Grun, Meirad Dufner, 「아래로부터의 영성」, 전헌호 역(서울 : 분도출판사, 1999), 13.
52) Ibid., 73.
53) Ibid.
54) Anselm Grun, Meirad Dufner, 78.
55) Ibid.
56) Ibid.

57) Carl, Jung, *Man and his symbols* (New York : Dell, 1964), 34.
58) Ibid., 38.
59) James S. Grotstein, 「흑암의 빛줄기」, 이재훈 역(서울 : 한국심리치료연구소, 2012), 405.
60) Louis M. Savary, Patricia H. Berne, Strephon Kaplan Williams, 「꿈과 영적인 성장」, 정태기 역(서울 : 예솔, 1993), 19.
61) Henri J. M. Nouwen, 「영성의 길」, 김명희 역(서울 : IVP, 2002), 116-119.
62) John Kie Vining, Edware E. Decker Jr., *Soul Care* (New York : Cummings & Hathaway, 1996), 21.
63) John Wesley, "Upon our Lord's Sermon on the Mount", *John Wesley's Fifty-three Sermom*, ed. Edward H. Sugden (Nashville : Abingdon Press, 1983), 248-256.
64) Matthew Fox, 「영성-자비의 힘」, 김순현 역(서울 : 다산글방, 2002), 39.
65) Ibid., 64-65.
66) Ibid., 89.

목회상담과 영성지도의 관계 이해

1) 이 글은 필자의 글 "목회상담과 영성 : 목회적 돌봄, 목회상담, 영성 지도의 관계를 중심으로." 「기독교학의 과제와 전망」, 한중식・한석환 엮음(숭실대학교 출판부, 2004), 379-404의 글을 이후의 연구 결과를 반영하여 수정 보완했음.
2) 안석모는 찰스 거킨의 책을 번역하면서 'pastoral care'를 '목회 양호'라고 번역했다. 찰스 거킨, 안석모 옮김, 「살아 있는 인간문서 : 해석학적 목회상담학」(서울 : 한국심리치료연구소, 1998), 9 참조.
3) 힐트너가 사용한 shepherding을 목양이라 번역하고 있다. 박근원은 힐트너를 따라 자신의 교역이론을 전개하면서, 목양은 개인의 내면 영혼의 돌봄, 목회는 교회의 회중을 섬기는 일, 목민은 사회적인 차원에서 목회자가 섬기는 일로 구분하고 있다. 박근원, 「오이쿠메네 신학실천 : 박근원 신학 순례기」(서울 : 대한기독교서회, 2015), 216.
4) 보수 성향의 학자나 상담가는 목회상담을 기독교 상담으로 사용하는 경향이 있다.
5) '교역'이란 말은 영어의 'ministry'란 단어의 번역이다. 그런데 교회 현장에서는 목회로, 일부에서는 사역(使役)이라고 번역하기도 한다. 사역이란 단어의 의미가 '다른 사람을 교육하여 봉사토록 하는' 의미가 강하게 풍긴다. 그러나 ministry의 본래의 의미가 '봉사'이기 때문에, 봉사라는 뜻의 '교역'(教役)이란 번역이 신학적으로 가장 바르고 적절하다고 판단하여 필자는 '교역'이란 말을 주로 사용한다.
6) 찰스 거킨, 유영권 옮김, 「목회적 돌봄의 개론」(서울 : 은성, 1999), 28.
7) Ibid., 29.
8) E. Brooks Holifield, *A History of Pastoral Care in America : From Salvation to Self-realization* (Nashville : Abingdon Press, 1983), 198.
9) 찰스 V. 거킨, 「목회적 돌봄의 개론」(1999), 70-73 참조.
10) 이기춘, '제1장 역사와 전개', 「목회임상교육 : 원리와 실제」, 이기춘 외 지음(서울 : 감리교목회상담센터 출판부, 1998), 32.

11) 거킨, 「목회적 돌봄의 개론」(1999), 73.
12) Ibid., 77-81 참조.
13) Carroll Wise, *Meaning of Pastoral Care*, 8, 거킨, 「목회적 돌봄의 개론」(1999), 79에서 재인용.
14) 시워드 힐트너, 민경배 역, 「목회신학원론」(서울: 대한기독교서회, 1968), 120.
15) Seward Hiltner, *Preface to Pastoral Theology* (New York: Abingdon Press, 1958), 90.
16) William A. Clebsch and Charles R. Jaekle, *Pastoral Care in Historical Perspective* (New York: Jason Aronson, 1975), 8.
17) Seward Hiltner, *Preface to Pastoral Theology* (1958), 91-2.
18) William A. Clebsch and Charles R. Jaekle, *Pastoral Care in Historical Perspective* (1975), 4, 56-66 참조.
19) 권명수, 「요한 칼빈의 목회훈련에 관한 한 연구」(한신대학교 대학원 석사학위청구논문, 1984).
20) Nelson S. T. Thayer, *Spirituality and Pastoral Care*, Theology and Pastoral Care Series, edits by Don S. Browning (Philadelphia: Fortress Press, 1985), 61.
21) Ibid., 63.
22) Ibid.
23) Howard Clinebell, *Growth Counseling for Marriage Enrichment* (Philadelphia: Fortress Press, 1975), 2, Thayer, *Spirituality and Pastoral Care* (1985), 70에서 재인용.
24) Gordon S. Wakefield ed., "Spirituality," *A Dictionary of Christian Spirituality* (London: SCM Press, 1983), 361. 영성의 의미에 대한 좀더 자세한 논의는 유해룡, "한국적 상황에서의 영성의 연구동향," 「신학과 실천」 47호(2015), 180-184를 참고 바람.
25) Ewert Cousins, "Preface," in *Christian Spirituality I*, World Spirituality vol. 16, XIII. 유해룡, 「영성 훈련의 의미와 방법」, 「한국 교회와 정신건강」, 사미자 편(서울: 장로회신학대학 출판부, 1998), 234에서 재인용.
26) Ibid.
27) Sandra M. Schneiders, "Theology and Spirituality: Strangers, Rivals, or Partners?," *Horizon* 13 (1986), 266.
28) Thayer, *Spirituality and Pastoral Care* (1985), 57.
29) 시워드 힐트너, 「목회신학원론」(1968), 218; Seward Hiltner, *Preface to Pastoral Theology* (1958), 161-2.
30) Thayer, *Spirituality and Pastoral Care* (1985), 71.
31) Joann Wolski Conn, *Spirituality and Personal Maturity* (New York: Paulist Press, 1989), 92-3.
32) 헨리 나우웬, 이봉우 옮김, 「생활한 상기자로서의 사목자」(왜관: 분도출판사, 1993), 30.
33) John Patton, *Pastoral Care in Context: An Introduction to Pastoral Care* (Louisville: Westminster/John Knox Press, 1993), 212.

34) Alan Jones, "Spiritual Direction and Pastoral Care," *Dictionary of Pastoral Care and Counseling*, General Editor Rodney J. Hunter (Nashville : Abingdon Press, 1990), 1213.

35) 렌 스페리, 문희경 옮김, 「목회상담과 영성지도의 새로운 전망」(서울 : 솔로몬, 2007). 이와 비슷한 입장은 이만홍, 「영성과 치유 : 심리치료와 영성지도의 통합을 위하여」(로뎀포스트, 2017).

36) Alan Jones, "Spiritual Direction and Pastoral Care," (1990), 1213.

도시의 세속화와 오순절 영성 목회

1) 이 글은 저자가 2014년 11월 14일 한세대에서 열린 제17차 한국오순절신학회 학술발표회 : 오순절주의와 세속화에서 발제한 "도시의 세속화를 극복하기 위한 오순절영성목회방안"을 수정 보완한 것이다.
2) "장로들 '위기 원인, 목회자 영성·인성과 교회의 세속화'," (온라인 자료); http://www.christiantoday.co.kr/view.htm?id=273805, 2014년 9월 18일 접속. 이 설문조사는 중복조사와 직접설문조사의 방식으로 진행되었으며, 95% 신뢰수준에 최대 허용오차는 ±2.5%P이다.
3) 권문상, "한국전통문화와 한국 교회의 세속화," 「성서와 신학」 38(2005), 125-26.
4) "세속화" (온라인 자료), http://ko.wikipedia.org/wiki/%EC%84%B8%EC%86%8D%ED%99%94, 2014년 9월 18일 접속.
5) Harvey Cox, 구덕관 외 역, 「세속도시」(서울 : 대한기독교서회, 1993), 26-7.
6) Cox., 8.
7) 권문상, 128-29.
8) Robert E. Webber, 차명호 역, 「하나님의 포옹」(서울 : 미션월드, 2007), 125
9) Webber, 126-127, 이형원, "세속화 시대의 기독교 영성 회복을 위한 구약성서적 제언" 「성서와 신학」 49(2009), 4에서 재인용.
10) Harry Blamires, 황영철 역, 「그리스도인은 어떻게 사고해야 하는가?」(서울 : 두란노, 1993), 9-10.
11) 이형원, 4-5.
12) Bryan R. Wilson, *Religion in Sociological Perspective* (Oxford : Oxford University Press, 1982), 148. 정재영, "종교 세속화의 한 측면으로서 소속 없는 신앙인들에 대한 연구," 「신학과 실천」 39(2014, 여름), 579에서 재인용.
13) Cox, 9.
14) 조명래, 「현대 사회의 도시론」(서울 : 도서출판 한울, 2002), 16-21.
15) 김안제 외 2인, 「도시행정론」(서울 : 한국방송통신대학 출판부, 1986), 44.
16) 김상백, 「도시를 깨우는 영성목회」(서울 : 도서출판 영성, 2010), 15-6. 조명래는 현재 우리 국민 10명 중 약 9명은 도시에 살고 있고 한국의 도시화율은 이미 90%에 육박한다고 했다. 그는 서구 선진국의 경우에 도시화율이 75%를 정점으로 둔화되는 경향이 있는데, 한국의 경우 세계에서 그 유래를 찾을 수 없을 정도로 도시화율이 급속하고 지속적이라고 평가했다. 조명래, 3.
17) Cox, 47-8.

18) 김상백, 「도시를 깨우는 영성목회」, 78-82.
19) David Claerbaut, *Urban Ministry* (Grand Rapids : Zondervan Pub. House, 1983), 18.
20) Harvie M. Conn and Manel Ortiz, *Urban Ministry : The Kingdom, the City, and the People of God* (Downers Grove : InterVarsity Press, 2001), 359.
21) 도시사회학자들은 도시의 구심력을 융합적 변형(heterogenetic transformation)이라고 하고, 도시의 원심력을 정형적 변형(orthogenetic transformation)이라고 한다. 김상백, 「도시를 깨우는 영성목회」, 72.
22) Cox, 9-12.
23) 한화룡, "약속의 도시를 향한 출정가," 「목회와 신학」, 2002년 3월, 78-79.
24) 김상백, 「도시를 깨우는 영성목회」, 89.
25) 한화룡, "약속의 도시를 향한 출정가," 79.
26) Cox, 25.
27) Ibid., 71-73.
28) "실용주의" (온라인자료), http://new.kwangju.co.kr/read.php3?aid=1199360592282144087, 2014년 10월 2일 접속. 실용주의는 19세기 후반 이후 미국을 중심으로 한 실용주의 철학에서 비롯되었다. 제임스(William James), 듀이(John Dewey) 등이 대표적인 실용주의 학자이다.
29) 김상백, 「도시를 깨우는 영성목회」, 80-81.
30) "한국 사회 도시화의 문제점 한국 교회에도 고스란히……" (온라인자료), http://www.christiandaily.co.kr/news/한국-사회-도시화의-문제점-한국-교회에도-고스란히-40265.html, 2014년 10월 3일 접속.
31) Harvie M. Conn, *A Clarified Vision for Urban Mission* (Grand Rapids : Zondervan Publishing House, 1987), 38.
32) "아노미"(anomie), 「학원대백과사전」.
33) 원석조, 「사회 문제론」(경기도, 파주시 : 양서원, 2008), 76-77.
34) Cox, 71-72.
35) John Naisbitt, 김홍기 역, 「메가트랜드 2000」(서울 : 한국경제신문사, 1997), 421-422.
36) "개인주의," 「학원세계대백과사전」.
37) 김상백, 「도시를 깨우는 영성목회」, 113-114.
38) Murray H. Leifffer, 박근원 역, 「도시교회목회론」(서울 : 대한기독교출판사, 1985), 52-53.
39) 임성빈, "경제문제, 과연 신앙으로의 길에 걸림돌인가?" 「교회와 신학」 69(2007, 여름), 24.
40) 김찬호, 「도시는 미디어다」(서울 : 책 세상, 2002), 38-39.
41) Harvie M. Conn, 한화룡 역, 「현대도시교회의 전망」(서울 : 여수룬, 1992), 61-64.
42) 손희영, 「세속화와 복음」(서울 : 복 있는 사람, 2010), 70-73.
43) 포스트모더니즘의 특징은 ① 확고하다는 것을 모두 거부하는 불확실성(indeterminacy), ② 차이를 활성화하고 병렬을 주장하는 단편화(fragmentation), ③ 경건, 규범, 전통을 반대하는 탈경전화(decanonization), ④ 경계를 마음대로 넘나드는 다원주의적 이종혼합(hybridization) ⑤ 고급문화나 엘리트 문화를 적시 하는 대중주의(popularism)이다. 결국 포스트모더니즘을 따르는 신학은 기독교신앙의 기초가 되는 경전에서 멀리 이

탈해서 계시도 규범도 고백도 없다. 이동주, 「현대선교신학」(서울 : 기독교문서선교회, 1998), 77.

44) 이은선, "세속화 시대의 기독교 영성 : 관상 기도에 대한 비판적 고찰을 중심으로," 「성서와 신학」 49(2009), 78.

45) 옥성호, 「마케팅에 물든 부족한 기독교」(서울 : 부흥과개혁사, 2007), 89-90.

46) 전용우, "초기 오순절주의의 '종말론적 삶'의 모티브와 십자가 영성," 「오순절신학논단」 10(2012), 180.

47) "Spirituality," *A Dictionary of Christian Spirituality*, 1983 ed.

48) Urban T. Holmes Ⅲ, *Spirituality for Ministry* (Harrisburg, PA : Morehouse Publishing, 2002), 5-6; Urban T. Holmes Ⅲ, 김외식 역, 「목회와 영성」(서울 : 대한기독교서회, 1988), 29-38.

49) Andrew Murray, 정혜숙 역, 「앤드류 머레이의 위대한 영성」(서울 : 도서출판 브니엘, 2010), 16.

50) 김경재, "주기도문의 영성과 씨올사상," 「한국 교회의 영성」 5(1998. 5), 9.

51) 김상백, 「도시를 깨우는 영성목회」, 123.

52) Garry Thomas, 윤종석 역, 「영성에도 색깔이 있다」(서울 : 도서출판 CUP, 2003), 28-30. 토마스는 역사 속에 등장하는 아홉 가지 영적 기질을 자연주의 영성, 감각주의 영성, 전통주의 영성, 금욕주의 영성, 행동주의 영성, 박애주의 영성, 열정주의 영성, 묵상주의 영성, 지성주의 영성으로 소개했다.

53) Thomas, 38.

54) Ibid., 25.

55) 방성규, "오순절 영성과 문화," 「오순절 신학논단」 4(2005. 11), 159.

56) Land, 23.

57) 송계남, "수도원의 부활" (온라인자료), http://blog.daum.net/mam4rang/9257, 2014년 10월 8일 접속.

58) Robert E. Webber, 김지찬 역, 「예배학」(서울 : 생명의말씀사, 1988), 13.

59) Aiden Wilson Tozer, 이용복 역, 「이것이 예배이다」(서울 : 규장, 2006), 55, 111-113.

60) Paul W. Lewis, "The Baptism in The Holy Spirit as Paradigm Shift," *Asian Journal of Pentecostal Studies* Vol 13, No 2 (July 2010), 319-320.

61) Ibid., 316.

62) Ibid., 316.

63) Henri J. M. Nouwen, 이상미 역, 「영적 발돋움」(서울 : 도서출판 두란노, 1998), 16-17.

64) 박문옥, 「오순절신학의 이해」(서울 : 도서출판 한글, 1999), 132-133.

65) 김상백, 이명희 편, "도시사회에서의 영성목회," 「21세기 목회론」(서울 : 침례신학대학교 출판부, 2013), 230-232.

66) Albert M. Wolters and Michael W. Goheen, 양성만, 홍병룡 역, 「창조, 타락, 구속」(서울 : 한국기독학생회출판부, 2007), 12.

67) Skye Jethani, 이대은 역, 「하나님을 팝니다?」(서울 : 죠이선교회, 2011), 23.
68) 전용우, 181.
69) 김상백, 「성령과 함께하는 목회상담」(서울 : 도서출판 영성, 2010), 140-141.
70) 박정렬, 「오순절신앙의 뿌리와 그 비전」(서울 : 기하성출판국, 2003), 320.
71) "OECD 자살율 1위 불명예, 이유는 충분하다" (온라인자료), http : //www.ohmynews.com/NWS_Web/view/at_pg.aspx?CNTN_CD=A0001004727, 2009년 6월 12일 접속, 김상백, 「성령과 함께하는 목회상담」, 13에서 재인용.
72) 이명희, 「현대목회론」(대전 : 엘도론, 2010), 30-31.